青少年课外知识全知道

李昕 编著

中国华侨出版社

北京

图书在版编目 (CIP) 数据

青少年课外知识全知道 / 李昕编著 . —北京 : 中国华侨出版社 , 2014.8 (2019.7 重印)
ISBN 978-7-5113-4860-9

Ⅰ . ①青… Ⅱ . ①李… Ⅲ . ①科学知识—青少年读物 Ⅳ . ① Z228.2

中国版本图书馆 CIP 数据核字 (2014) 第 202559 号

青少年课外知识全知道

编　　著 : 李　昕
责任编辑 : 茂　素
封面设计 : 施凌云
文字编辑 : 朱立春
美术编辑 : 盛小云
经　　销 : 新华书店
开　　本 : 720mm × 1020mm　　1/16　　印张 : 28　　字数 : 710 千字
印　　刷 : 北京市松源印刷有限公司
版　　次 : 2015 年 4 月第 1 版　　2019 年 7 月第 2 次印刷
书　　号 : ISBN 978-7-5113-4860-9
定　　价 : 68.00 元

中国华侨出版社　北京市朝阳区静安里 26 号通成达大厦 3 层　邮编 : 100028
法律顾问 : 陈鹰律师事务所
发行部 : （ 010) 58815874　　　　　　传真 : （ 010) 58815857
网　　址 : www.oveaschin.com　　　　E-mail : oveaschin@sina.com

如果发现印装质量问题，影响阅读，请与印刷厂联系调换。

前　言

　　渊博的知识，需要从点点滴滴的积累开始；天才的培养，需要从智慧的启迪起步。我们都知道，青少年阶段是学习的黄金时期，他们精力充沛，学习能力、接受能力和消化能力都是最强的，记忆能力也是最旺盛的，如果能在这一阶段得到合理的引导和启发，便可以为自己架构一个全面而立体的知识体系，学以致用，不断进步，最终学有所成。然而，目前的教育现状却是，课堂上所学到的知识点非常有限，知识体系也略显苍白。只有在课堂之外多读、多看、多学、多付出些精力，点滴积累，才能完善自己的知识储备，让青少年的精神世界变得丰富多彩，赢在成长的起跑线上。

　　值得庆幸的是，优秀的课外知识读本足以弥补这一缺憾，令读者受益匪浅。《青少年课外知识全知道》正是针对这一点，专门为青少年编写的一册经典、全面的课外知识手册，浓缩了目标读者所需的信息精华，其中既有必备知识，也有热门知识，更不乏一些新奇有趣的冷门知识，是青少年在课堂之外拓展知识面的绝佳选择。

　　本书汇集了古往今来各个学科和领域的基础知识，网罗了古今文明的宝贵成果，融合了人类社会各个领域的信息精华，由编者在参考大量权威百科读物的基础上编纂而成，倾注了大量心血。在知识点的编排方面，编者注重权威性、基础性、条理性、简明性和实用性，内容丰富，方便检索，知识准确；在版式编排方面，书中穿插有大量精准而生动的插图，包括实景实物照片、手绘原理图和步骤图、人物肖像、艺术作品等，实现了文图互动，旨在增加学习课外百科知识的趣味性，达到寓教于乐的目的。

　　打开这本书，你就像走进了一座小型图书馆，在这里，你将收获最宝贵的知识财富。它将带你遨游浩瀚而神秘的宇宙，了解我们所赖以生存的地球家园，探寻源远流长的人类历史，走近和人类共同生活在同一片蓝天下的动植物王国，解析地球生物的生存环境，近距离接触音乐、舞蹈、绘画、雕塑等不朽的人类艺术成果，置身激动人心的体育世界，仰观浓缩了人类文明精华的世界文化，纵览影响社会进程的各种思想，掌握代表世界科技发展漫长历程和伟大成就的科学、信息与技术，参观与我们的生活息息相关的农林牧副渔等各个产业，学习涵盖了经济、法律、教育等重要信息的社会科学，探秘左右世界局势风云变幻的军事科学……可以说，这本书几乎涵盖了知识领域的各个方面，架构了一个立体、全面的课外知识殿堂。

　　全书共涉及60多个学科门类，共2000多个条目，300多幅插图，是一部大型的青少年课外知识读本，是人类科学文化知识的集锦，也是启迪智慧的明灯。《青少年课外知识全知道》放下了百科全书"权威性"的架子，它没有森严繁复的分类，没有高不可攀的学科罗列和冗长的条目释文，只是将丰富多彩的知识点以一种严谨的条理为线索，用通俗的文字和生动的插图相映成趣的形式呈现给读者，力争成为青少年读者的良师益友。

我们知道，学习是一种持续积累、不断进步的过程。如果说知识的学习是一幢大楼的建设，那些零碎的小知识便是一砖一瓦，而积累则是将砖瓦堆砌成高楼的过程。一个人若在青少年时期不积累丰厚的知识，储存足够的养料，那么将失去最佳时机，是巨大的智力浪费。希望本书能使青少年开阔眼界，全面丰富他们的课外知识，快速提升其知识素养，帮助青少年在知识的海洋里轻松畅游！

目　录

宇宙·地球

生命·环境

生命

一、生物学基础

人 体

文化·思想

中国文学

一、中国文学名著

二、中国古代和近代思想家及文史学家

世界文学

一、外国文学名著

艺术·体育

音 乐

信息·技术

社会·军事

经 济

法 律

军 事

教 育

宇宙·地球

宇 宙

一、天文学

天文学

天文学是研究宇宙内所有天体和散布于其中的一切物质的起源、演化、组成、距离和运动的科学。了解天体本质以及解释所发生的事件，一直是人类努力的方向。

古代宇宙学说

最早期的天文研究对象是太阳、月球以及它们在天空的运行轨迹。早在古代，中国与美索不达米亚已经知道黄道与赤道间的差异。

公元前3世纪左右，阿里斯塔克就提出了最早的日心说。而迦勒底天文学者所持的地心说则认为太阳与行星都围绕着地球运行，恒星则是高挂在宇宙的苍穹上。

公元前2世纪中叶，天文学家喜帕恰斯反对日心说而推崇地心说。他的理论被托勒密进一步解释。此后托勒密的宇宙模型一直雄霸西方，直到16世纪哥白尼正式创立了日心说，天文学家才获得解放。日心说认为太阳处于宇宙的中心，地球和其他行星都绕太阳转动。这在科学发展史上具有划时代的意义。

现代天文学

现代科技的快速发展推动了天文学的发展，先进的计算机使我们得到星球内部的详细模式。现代天文学可以约略区分为几个主题领域：太阳、太阳系、恒星、星际物质、银河系结构与星系

统。这些主题可依其观测时所用的电磁波谱而多方面加以研讨。γ射线、X光、可见光、红外线及无线电就是电磁波谱中的不同部分，但是各部分间并没有严格的界限。

宇宙论原理

在特定距离之外，所有的星系都远离我们银河系而去。在宇宙中任一星系上的观察者，都将看到他所在的星系似乎在膨胀的宇宙中心。此即著名的宇宙论原理。它以三种方式来描述宇宙：（1）宇宙膨胀得越来越快；（2）宇宙均匀地膨胀；（3）宇宙减慢了膨胀速度。前两种情形表示宇宙在极其久远以前有单一的起源，第三种情形则表示在无穷的时间中可能是脉动的宇宙，但只能追溯其中一个脉动。

稳恒态宇宙论

如果宇宙在膨胀变化，则其外在部分应该和内部十分不同。然而长久以来，情形并非如此，因而导致宇宙论原理的延伸。此延伸需要宇宙的一般本质在任何时刻、任何地点都一样，即暗示宇宙有一固定的密度。这就是著名的稳恒态宇宙论。

为了符合宇宙论原理，它必须不停地创造物质。然而，在对宇宙做高解析度无线电波测量中，发现有些星系输出极大的无线电能。这种星系称为射电星系。由统计数量来看，离银河系愈远，射电星系愈多。因此宇宙在同时间内并非到处都是一样的。天文学家似乎必须放弃稳恒态宇宙论。目前用可见光对极遥远星系的研究，显示宇宙的膨胀速率在减慢中，即宇宙显然是脉动的。

宇宙模型

宇宙模型是对宇宙的大尺度时空结构、运动形态和物质演化的理论描述，又称模型宇宙。宇宙大尺度结构有两种不同的模型：一是均匀模型，即认为大尺度上物质的分布基本上是均匀的；另一种是等级模型，即认为天体的分布是逐级成团的，物质分布在任何尺度上都具有非均匀性。

一种宇宙模型是把红移解释为系统性运动，各种膨胀宇宙模型都属此类。另一种则把红移解释为另外机制。前者认为宇宙大尺度上的物质分布和物理性质随着时间有明显的变化，后者认为宇宙的基本特征不随时间而变化。

大爆炸宇宙论

多数天文学家认为，宇宙是在大约 150 亿年前的某一时刻，在一种超高温、超密度的高能辐射火球状态下诞生的。1927 年，比利时天文学家勒梅特首先提出，现在的宇宙是由一个"原始原子"爆炸而诞生的。这是大爆炸说的前身。美国天文学家伽莫夫接受并发展了勒梅特的思想，于 1948 年正式提出了宇宙起源的大爆炸学说。到了 1965 年，宇宙背景辐射的发现使大爆炸学说得到了普遍的承认。大爆炸学说曾预言宇宙中

创世大爆炸示意图

约 150 亿年前，宇宙经过一次巨大的爆炸，即"创世大爆炸"，开始了它膨胀和变化的过程，而这种膨胀和变化至今仍在继续进行着。经过千百万年之久逐渐形成了星系、恒星以及我们今天所知道的宇宙。

还应该到处存在着"原始火球"的"余热"。令人惊奇的是，伽莫夫预言的"余热"温度恰好与宇宙背景辐射的温度相当，即 3K。

由于有关的天文学基本数据已被改进，根据这个数据推算出来的宇宙膨胀年龄，与天体演化研究中所发现的最老的天体年龄是吻合的。由于大爆炸学说比其他宇宙学说能够更好地解释宇宙观测事实，因此愈来愈显示出它的生命力。

哈勃定律

哈勃定律是反映天体退行速度和天体与地球观测者之间距离的定律。1929 年，美国天文学家哈勃发现由红移算出的河外星系视向退行速度与河外星系的距离成正比，即距离愈远，视向速度就愈大。这种关系后来被称为哈勃定律。

光年

光年是天文学中使用的距离单位。用于测量太阳系外天体的距离。1 光年为光在真空中经历一年所走的距离。真空中光速为 299792.458 千米 / 秒，那么 1 光年等于 94605.3 亿千米，或 63239.7 天文单位，或 0.306595 秒差距。

离太阳最近的恒星半人马座比邻星距离为 4.22 光年。银河系的直径约 10 万光年。人类所观测的宇宙深处已达到 150 亿光年。

现代天文学技术

天文学包括天体测量学、光度学与光谱学，可应用于所有不同领域的研究。如果所研究的是天体的基本组成与能源、光谱中的能量分布，则称为天文物理。如果主要研究天体的运动，则属天体力学。研究宇宙学的学者，主要针对宇宙

中星系如何分布进行研究。

方位天文学

在人类观察星空的历史上，最早引人注意的是天体的位置，后来逐渐发展成为方位天文学。古人相信天体可以分为两类：一类是恒星，在天空中彼此之间相对位置不会改变；另一类是行星，它们在恒星的背景间移动。有关行星运动的研究为牛顿万有引力定律提供了有力的线索，并衍生出测量天体位置的天体测量学。但方位观测本身并不是天体物理学的一部分。

天体物理学

天文学的分支，主要探讨天体及天文现象的物理与化学性质。除了受地球影响以外的任何事物均归属其范畴内。天体物理的研究对象不能在控制下进行实验，研究方法相当受限制。虽然近年来的太空探索使这方面有所改善，但其特征仍在于观测的本质。天体物理学源于特殊观测法的发展，其范围也随着时间推移而变化。

天体摄影术

一项应用于天文学范畴的摄影技术。它的发明和运用改变了整个天文学研究的课题。除了一些特别的问题，例如从地表来研究行星表面的特征，或者测量密接双星的间隔距离。天体摄影研究法已基本取代了过去的使用望远镜的肉眼观测法。今天，天体摄影已成为天文学家日常工作的一部分。虽然在一些场合中，天文学家已开始利用光电管来分析天体的光谱，但是传统的摄影法仍将继续沿用下去。

射电天文学

天体物理学史上有两个重大发现：一项是宇宙射线的发现，借助它能获得有关天体的新资料；另一项是射电天文学的发展，其研究对象是射电源，即宇宙中许多天体向外发射的较强的无线电波，并能为地球的射电望远镜接收到。射电望远镜对天空的观测开启了许多重要的研究领域。

搜寻星际生命

地球之外的天体上是否也有生命存在，这是天文科研极为关心的课题。在可见的宇宙中约有1022颗恒星，其中部分可以确定有行星，可以说一定会有与地球类似的。在新世纪到来之际，天文学家在太阳系外，已找到了50多颗行星。无论如何，人们仍致力于发现宇宙中的智慧生命。

观测技术的发展

要想解决未来天文学所面对的问题，需要更多的天文学者与更好的望远镜。地球大气层大量吸收紫外线，波长超过40米的无线电波被电离层反射回太空。只有在大气层外，才能观测电磁波谱的这些范围。

天文学家将研制出更好的仪器装置在望远镜上，并大量依赖电脑来处理资料，借助理论来更详细地解析天文问题。

二、太空

宇宙

宇宙涵盖整个现存的实体和活动过程，是广漠空间内存在的各种天体以及弥漫物质的总称。人类最早理解宇宙结构是采用神话形式描述的。世界各民族都有对宇宙的认识和想象。中国古代有盖天说、浑天说等；古代欧洲有地心说、宇宙有限说以及日心说等。随着人类科学技术的巨大进步，以及天文观测手段的革命性进展，天文学家已观测到上百亿光年远的宇宙空间，了解到了天体百亿年的演变，并且建立了各种各样的宇宙模型。

星系

星系是恒星和星际物质组成的系统。银河系属于旋涡星系。银河系之外的称河外星系。星系内含有气体、微尘和无数的星球。有椭圆形、不规则形和旋涡形三类。

银河系

银河系是一个庞大的恒星系统，是地球和太阳所属的星系。包含了 2000 多亿颗恒星。它由一些年轻恒星和年老恒星集合而成。另外，则是一些星际气体和宇宙尘埃。银河系的中心叫核球，直径约 1.2 万光年，是恒星最密集的地方。核球的四周叫银盘，其内的恒星和星系物质分布不均匀。核球能发出很强的红外线、X 射线和 γ 射线辐射。

美丽的银河系
银河系的外形像一个中间厚、边缘薄的扁平盘状体。圆盘部分称为银盘，银盘的直径为 10 万光年，由年龄不满 100 亿年且重金属含量较高的星球组成，银河系的主要物质都密集在这个盘状结构里，银盘是银河系的主体，中央厚约 1 万光年，边缘处厚 3000 ~ 6000 光年。

河外星系

银河系之外的星系称为河外星系。每个河外星系都由数百万至上万亿颗恒星、星云和星际物质组成。其外观和结构是多种多样的，根据其外形特征可以分为椭圆星系、旋涡星系、棒旋星系和不规则星系等。每个河外星系都处于运动之中，而且也是成团存在的。

星团

由十几个至数百万颗恒星聚集的恒星集团称星团。星团分为疏散星团和球状星团。它们之间的主要区别在于它们的物理性质和它们的空间分布。疏散星团中的恒星密度要低得多。为人熟知的疏散星团有金牛座中的昴星团和毕星团、巨蟹座中的鬼星团等。典型的球状星团有武仙座 M13 星团，半人马座 ω 星团等。

星云

星云是体积比恒星巨大，而密度非常稀薄的天体，从形态上可分为弥漫星云、行星状星云和网状星云。弥漫星云又分为亮星云和暗星云。亮星云有两种：在恒星附近并会反射星光的反射星云，以及本身也发光的发光星云。暗星云不发光，且会遮住其后的恒星。行星状星云是在恒星周围膨胀的明亮气壳。典型的网状星云是天鹅座纤维星云。

总星系

人们观测所及的宇宙部分。也有人认为，总星系是一个比"超星系团"更高一级的天体层次，其尺度可能小于、等于或大于观测所及的宇宙部分。总星系的典型尺度为百亿光年。总星系是否构成一个天体层次，尚无观测证据。河外天体都在退行，表明总星系在膨胀。

三、繁星

恒星

恒星是能产生辐射并发光的球状天体。它内部的热核反应能产生热和其他形式的能量。恒星是宇宙的重要组成部分。太阳就是一颗普通的恒星。古时候，由于没有办法对恒星的真实面目进行估计和猜测，恒星曾一度被认为是环绕地球的水晶球上的光源，或是黑暗天幕上的一个洞。随着天文仪器的日渐精确，人类对恒星的认识也越来越多。恒星起源于星际介质中的气体尘埃云。可能由于磁场或其他因素，气体尘埃云的密度超过某一界限后开始收缩，原星中央的压力使之发光。为了使结构稳定，对流将热传到原星表面，快速收缩，直达赫罗图上主序星时为止，并由核反应释放出能量。

质量比太阳小一点的恒星，其演化过程比太阳长。如果恒星的质量非常大，演化过程就短得多，当演化到后期，就可能成为超新星。超新星爆炸后，残留为中子星等，散射出大量物质回到星际介质。此过程会改变星际介质的成分，由此形成的下一代恒星将十分不同。

变星

有些恒星亮度有明显的、周期性变化，这就是变星。变星可分为食变星、脉动变星和爆发变星三大类。食变星是双星中的两颗子星相互绕转、相互掩食造成光度变化，其道理像日食。脉动变星的光度变化是由于恒星在演化过程中有规律地膨胀、收缩造成的，膨胀时明亮，收缩时暗淡。爆发变星包括新星和超新星。

双星

遵循万有引力定律，绕共同质心旋转，彼此之间有物理联系的两颗恒星称双星，又称物理双星。一般分为目视双星、分光双星、交食双星、密近双星等类型。目视双星能通过望远镜和照相技术分辨出，分光双星只有观测光谱才能分辨出，交食双星就是食变星，由于潮汐作用而互相交换气体的、两颗相当近的双星叫密近双星。近年来还发现射电双星、脉冲双星等。有些实际相距很远的两颗恒星，但看上去很近，那是因为它们在我们视线的同一方向，它们被称为光学双星。

中子星

中子星主要由中子构成，是密度极高的恒星。典型的中子星直径约为10千米，质量约等于太阳的质量。密度极高，大体相当于原子核内部的密度。一般认为中子星是由其自身引力吸在一起的巨核，在表面以下，由于压力太高，单个原子核不能存在。1967年首次发现脉冲星，至今已发现300多颗。它们被认为是中子星。

北斗星

北斗星是大熊座的七颗亮星。把它们连接在一起就像一把勺子。我国古代天文学家给这七颗星起了专名，它们分别是：天枢、天璇、天玑、天权、玉衡、开阳和摇光。北斗星能帮助人们确定方向。

北极星

北极星又名小熊座α，是目前地球上的北极星。位于小熊座尾部末端。北极星实际上是三合星。两颗可见的子星

北斗七星的指极星正在坚守岗位，"指示"着北极星。

中，比较亮的一颗是分光双星，另一颗是造父变星。它的光度变化很小，肉眼几乎不能察觉。北极星对北半球而言具有指向作用。

织女星

织女星又名天琴座 α，为天琴座中最亮的一颗星。是一颗蓝白色、光谱型为 A 的年轻恒星，视星等为 0.04，绝对星等 0.5，距离地球约 26.4 光年。1.3 万年以前，织女星曾是北极星。由于地轴的运动，现在的北极星是小熊座 α。然而，再过 1.4 万年以后，织女星又将回到北极星的位置上。

天狼星

天狼星是由两颗星组成的目视双星。主星是全天第一亮星；伴星是白矮星，质量比太阳稍大，而半径比地球还小。天狼星与地球的距离为 8.65 光年。

牛郎星

牛郎星又名河鼓二，为天鹰座中一颗黄色的一等星。距离地球约 16 光年。自转速度很快，约 7 小时自转一周，所以呈扁圆球形。牛郎星的两侧各有一颗较暗的星，分别为河鼓一、河鼓三，与牛郎星一起合称为"河鼓三星"。

行星

行星是绕太阳或其他恒星公转的天体。绕太阳公转的已知八大行星，按距太阳由近到远的顺序依次是：水星、金星、地球、火星、木星、土星、天王星、海王星。八大行星的轨道是椭圆形的，并以逆时针方向公转，这些行星的轨道面几乎是一致的。根据质量、大小和化

太阳系八大行星的运行轨道

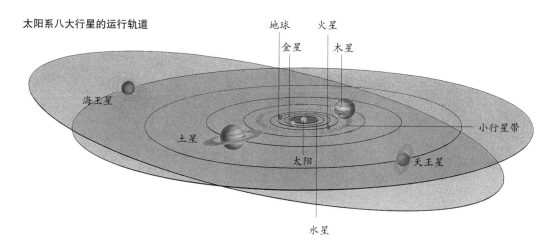

学成分的不同可分为类地行星和类木行星两种。

四、太阳系

太阳系

太阳系是以太阳为中心，包括八大行星、小行星、卫星、彗星、流星体和行星际物质构成的天体系统。好像一个大家庭，太阳是一家之主，行星绕太阳运行，卫星绕行星运行。在火星和木星轨道之间有至少50万颗小行星。流星体和行星际物质更是不计其数。目前已发现大行星的卫星66个，其中土星最多，有23个。一些小行星也带有卫星。人们曾把冥王星的轨道视为太阳系的边界，它距太阳约60亿千米，现在认识到彗星要远得多，太阳的引力范围已超出2光年。

太阳

太阳是一个炽热巨大的气体星球，是地球与整个太阳系光和热的源泉。太阳距离地球1.5亿千米，是离我们最近的恒星。太阳的年龄大约为50亿年，主要由氢和氦组成，这两种元素占太阳质量的97%以上。太阳直径约为140万千米，是地球的109倍。表面温度约为6000℃，中心温度为1500万摄氏度。

太阳内部由于温度高，压力大，原子核反应不断地大规模进行，这样就产生了巨大的能量，并不断地向周围辐射光和热。太阳正以每秒400万吨的速度失去重量。

类地行星

水星、金星、地球、火星是类似地球的行星。与类木行星相比，类地行星体积相对较小，具有固体的外壳和较大的密度，没有行星环。另外，不像类木行星有众多卫星，地球只有一个卫星——月球，火星有两个体积很小的卫星，而水星、金星没有卫星。

水星

水星是太阳系中距离太阳最近的一颗行星。虽然称为水星，实际却连一滴水也没有，而且没有大气圈。白天表面温度可达427℃，黑夜地表温度可降到-173℃左右，昼夜温差竟达600℃。

水星绕太阳公转一周，相当于地球上的88天，自转一周相当于地球上的59天。所以在水星上看太阳，太阳几乎是不动的，而且是西升东落。水星很小，体积和质量都不到地球的6%。

1973年，美国空间探测器"水手"10号飞抵离水星表面只有320千米的高空，拍下了几千张照片。从照片上可以清晰地看到，水星表面布满大大小小的环形山、平原和盆地，地形、地貌与月球十分相似。

金星

金星是太阳系中距太阳第二近的行星。绕太阳公转的轨道介于水星和地球之间。和其他行星一样，金星不发光而反射太阳光。它在夜空中比其他行星和恒星都亮，一方面由于比较接近地球，另一方面是表面覆有高反射率的云层。从地球上看，金星有时出现在黎明前，有时出现在日落后。我国古代称其为启明星和长庚星。

八大行星中，金星的大小和质量与地球最为接近。直径约12100千米，相当于地球直径的95%。质量大约是地球的81%，密度大约是地球的90%。金星表面的重力加速度大约是地球的88%。

金星上的一昼夜相当于地球上 117 天，白昼和黑夜各相当于地球上 59 天左右。

美国的轨道太空船于 1979 年进行了极为精密的测量，但未能探测到金星磁场。虽然在太阳风中，轻微扰动的磁场始终存在。苏联自 1961 年起多次向金星发射行星探测器。探索到金星大气层形成了全球性的"温室效应"。金星的地表温度在 480℃左右，大气中二氧化碳含量占 97% 以上，从而推翻了生命存在的猜想。

火星

火星是太阳系八大行星中距太阳第四近的行星。与太阳平均距离 1.52 天文单位，即 2.28 亿千米。赤道直径为地球的 53%，质量为地球的 11%，密度为水的 3.9 倍。公转周期 687 天，自转周期 24 时 37 分。火星的赤道面与黄道面的交角为 23°59′，所以火星上也有四季，每季长 5 个多月。大气相当稀薄，大气压相当于地球上 30 ~ 40 千米高处的大气压。

火星上大气的主要成分是二氧化碳。表面温度在赤道上白昼可达 28℃，夜间降至 -132℃。表面有岩石、火山和沙漠，还有纵横交叉的河床，但没有水。"海盗"号等探测器曾着陆火星，没有发现生命的迹象。

地球

地球的年龄约 46 亿年，是太阳系中唯一一个有生命存在的行星。地球的主要成分是铁、氧、硅和镁。它有地核、地幔和地壳同心球层结构。地核占地球体积的 16.2%，地幔占 83.3%，地壳占 0.5%。外部有水圈、大气圈和磁圈。

地球赤道半径约 6378 千米，地表面积为 5.1 亿平方千米，其中，70.8% 为辽阔的海洋所覆盖，陆地和岛屿仅

太空中看到的地球

占 29.2%。地球上最高的山峰是珠穆朗玛峰，海拔 8844.43 米，最深的海沟是太平洋的马里亚纳海沟，深处达 11034 米。绕地轴以 23 时 56 分 4 秒的周期自西向东自转，同时自西向东绕太阳以一恒星年为周期公转。黄道和赤道有一个约 23°26′ 的交角，因而形成地球上的昼夜、四季和五带。地球和近地空间有类似磁棒磁场的偶极磁场，地磁轴和地轴交角为 11°，磁极位置有较长期的变化。

类木行星

类木行星又称巨行星。指八大行星中质量大、体积大的行星。包括木星、土星、天王星和海王星。空间探索的最新成果证实了它们的主要成分是氢和氦。除了可能有一个很小的岩核外，不会有任何固体表面。类木行星平均密度小，卫星多，有行星环，自身能发出红外辐射。因此类木行星也称为气态行星。

木星

木星是太阳系中体积和质量最大的行星，体积是地球的 1300 多倍，质量是

地球的 318 倍。太阳系里所有的行星、卫星、小行星等大大小小的天体加在一起，还没有木星的分量重。

木星运行在火星和土星轨道之间，绕太阳公转一周约 11.86 年。木星有比地球强得多的磁层和辐射带，表面磁场约比地球强 10 倍。有辐射热源，热容量大，昼夜几乎无温差。大气浓密，主要成分为氢、氦、氨、甲烷等；南热带椭圆形大红斑是由大气中的巨大风暴形成的；平行赤道交替分布的亮带和暗纹是由大气中激烈运动的云形成的。

在太阳系大行星中，木星自转最快，平均密度仅大于土星。分固态核、幔、大气三部分，核的主要成分为铁和硅，幔可分为液态金属氢和液态分子氢两层。已知其有 16 颗卫星。

土星

土星是太阳系中最美丽的行星，因其宽大的光环而闻名。土星也是密度最小的大行星，如果有足够的水，土星可以漂起来。土星自转一周为 10 时 14 分，是太阳系中最扁的一颗行星。与太阳平均距离 9.45 个天文单位，即 14.27 亿千米。土星有磁场、磁层、辐射带和内在能源。大气组成以氢和氦为主。表面温度约 –140℃。土星有巨大的光环，分布在土星赤道面上，由石块和冰粒组成，有导电性能，环外有巨大氢云。它还有 23 颗卫星，是八大行星中卫星最多的。

天王星

天王星是赫歇耳于 1781 年发现的。是人类在太阳系中发现的第一颗新行星。在此之前，人们只知道太阳系中有水、金、地球、火、木、土六颗行星，这一发现在天文学上有深远的意义。天王星距离太阳平均值为 19.18 天文单位。其主要成分是氢、氦和甲烷，并初步认为有同温层和对流层。大气浓密，有厚云层。表面有效温度仅 –211℃。有磁场，其外形就像一个带有蓝色条纹的巨大弹子球。自转轴倒在轨道平面上，昼夜、四季与地球大不相同。天王星有 5 颗卫星。1977 年，中、美等国科学家发现了天王星光环。

海王星

海王星是继天王星之后发现的第二颗新行星。它是由德国人伽勒发现的，它的发现是科学预见的结果。海王星绕太阳公转一周约为 165 年，自转一周为 15 时 48 分。

海王星质量是地球的 17.2 倍，离太阳很远，表面上又暗又冷，温度在 –200℃ 以下。主要成分为氢、甲烷和氨。表面有效温度为 46K。呈淡绿色。从内到外分岩石层、冰层和浓密大气层三部分。有光环和 8 颗卫星。

地月系

地月系是地球和它的天然卫星～月球所构成的天体系统。地球是它的中心天体，由于地球质量同月球质量相差悬殊，地月系的质量中心距地球中心只有约 1650 千米。通常所说的日地距离，实际是太阳中心和地月系质心的距离；通常所说的月球绕地球公转，实际是地球和月球相对于它们的共同质心的公转。

月球

月球是地球唯一的卫星，也是最靠近地球的天体。月球的体积相当于地球的 1/49，质量约是地球的 1/81。月球自转周期为 27.32 天，因此，它的一个昼夜

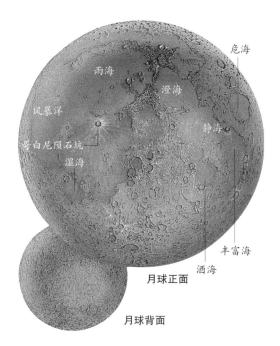

雨海　　澄海　　危海

风暴洋

哥白尼陨石坑

湿海　　静海

丰富海

酒海

月球正面

月球背面

变化需要一个月时间。它的公转周期和自转周期相等，所以月球总是有一个半球对着地球。月球上没有任何形态的水，也没有大气，昼夜温差达300℃，是一个没有生命的"世界"。月球表面崎岖不平，有洼地和山脉，环形山是月球表面最明显的特征。

日食与月食

　　日食是太阳被月球全部或部分遮掩时产生的天象。分为日全食、日偏食和日环食三种。由日、地、月三者排列近似成一线的程度决定。因月球在农历的每月初一（也就是朔日）运行到太阳与地球之间，所以日食必定发生在朔日。但由于月球轨道面与地球轨道面之间有5°左右的夹角，三个天体并不一定都在一条直线上，所以每逢朔日，也不一定都有日食发生。

　　月食是月球被地影全部或部分遮掩的现象。分为月全食、月偏食两种。发生在望日，地球处于太阳和月亮之间。

但由于地球公转轨道和月亮公转轨道的差异，望日时，也不一定都能发生月食。

彗星

　　彗星又叫扫帚星，是绕太阳运行的一种质量较小的天体。彗星有一条形状像扫帚的长尾巴，中国古代称"妖星""蓬星"等。彗星的轨道多数是抛物线和双曲线，少数是椭圆形。它由彗头和彗尾两部分组成。彗头的主要部分彗核是冻结的气体和尘埃。当彗星接近太阳时，在太阳风的作用下，冻结物质汽化，被压成背向太阳的一个很长的彗尾。彗星有周期彗星和非周期彗星两种。最著名的周期彗星是哈雷彗星，约76年绕太阳一圈。

流星和陨石

　　行星际空间有一些很小的固体物质，运行轨道同地球轨道相交。当它们闯入地球大气层时，以每秒十几至几十千米的速度和大气摩擦，发热发光，划过天空，这就是流星。流星体较大，未能燃烧完而残余部分落在地上的，叫陨石。按其所含成分可分为铁陨石、石铁陨石、石陨石、玻璃陨石、陨冰等。

流星雨

　　短时间内天空几乎充满流星的壮观现象。由于出现时就像下雨一样，故称流星雨。虽然流星体大小不一，但流星体所产生的流星雨在天空中与地球几乎是同一方向的移动。只要在可见的天空范围内都可以观测流星雨。流星雨通常按辐射点所在的星座命名。如英仙座流星雨便是辐射点在英仙座的大流星雨，每年8月份都可以观测到。据统计，大多数流星雨与周期彗星抛弃物有关。

五、星座

星座

自古以来，为了认星方便，人们把明显的若干恒星想象出特殊图形，把天空中的恒星划分成许多区域。中国古代有三垣二十八宿。巴比伦和埃及划分出若干星座。在希腊、罗马又做进一步发展，用神话中的人物、动物等给星座命名。2世纪，托勒密在《天文集》中列出48个星座。1922年国际天文学联合会通过决议，确定全天88个星座。1928年正式公布统一使用。

在88个星座中，北半天球有29个，南半天球有47个，沿黄道有12个。

星图

星图是将天球上的天体按其球面视位置投影在平面上绘制的图。不同于地图的是：上北下南，左东右西。我国唐代的敦煌星图绘有1350多颗恒星，是世界上最古老和星数最多的星图。1536年德国天文学家艾皮厄纳斯制成欧洲较早的天体图。星图种类繁多，是天文学家和天文爱好者必备的天文观测工具之一。

小熊座

小熊座是北天星座之一，紧挨着大熊座，由28颗六等以上的恒星组成。位于其尾巴末端的恰为北极星，该座因而著名。除北极星外，其他恒星都不太引人注目。

大熊座

大熊座是北方天空中最重要的星座之一。北斗是大熊的后部，由5颗二等星和2颗三等星所组成，其凹槽部分的前2颗是指极星，其连线延长5倍距离

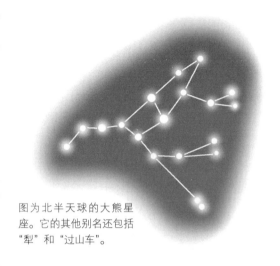

图为北半天球的大熊星座。它的其他别名还包括"犁"和"过山车"。

之处即北极星所在。大熊座在4月份仰角最高，对于北半球中、高纬度的观测者而言，一年四季都可看到。

室女座

室女座是12个黄道星座之一。是天区中面积较大的星座，包括95颗肉眼可见的恒星以及数千个星系。室女座的直线图案呈现出一个手持麦穗的少女。星座中最亮的角宿一是蓝巨星。

狮子座

狮子座为12个黄道星座之一。北斗七星中两颗指极星的反方向即狮子座的位置。在希腊神话里，狮子座代表着被赫拉克勒斯杀死的狮子。座中最亮的恒星是轩辕十四，亮度约1.34等。每年的11月份都有狮子座流星雨从该座方向辐射而出。

长蛇座

长蛇座是面积最大的星座，横跨南天四分之一。许多暗星组成的轮廓象征长蛇的躯体，在巨蟹、狮子、室女等星座以南蜿蜒盘旋。有5颗三等星和四等星组成的圆圈是长蛇的头部。

人马座

人马座是黄道 12 星座之一。因其西半部分较亮的 6 颗星连接起来的形状似斗勺，并且紧挨银河，遂有"银河斗勺"之称。相对于北斗七星，又有南斗六星的称谓。人马座内最亮的两颗恒星是箕宿三和斗宿四。东半部分有球状星团 M55，肉眼可见。礁湖星云和三裂星云等均是天文学家所关注的天体。

天鹅座

天鹅座位于银河中，并与银河两岸的天鹰座、天琴座鼎足而立，在夏季的夜空中非常耀眼夺目。座中较亮的星连接起来为一个大十字架，称"北十字"，被古希腊人联想为一个展翅飞翔的大天鹅。座内有一等亮星天津四。天鹅座 61 星是最先测出其周年视差的恒星之一。

天鹰座

天鹰座的面积大半浸于银河中。北面是天琴座和天鹅座。主星牛郎星是黄色的一等星。

天琴座

天琴座很小，因包含了织女星而闻名。织女星视星等 0.03 等，是北天最亮的恒星。行星状星云也位于天琴座中。每年的 4 月 19 日至 23 日，还能看到壮观奇特的流星雨，流星雨的辐射点位于织女星旁天琴 K 星附近。

武仙座

武仙座是北天星座。座中没有太著名的亮星，仅有一些三等星和四等星，但整体呈现的亮度比较壮观。武仙座中有一个包括 30 多万颗恒星的著名球状星团。1934 年，有一次十分耀眼的新星爆发，被天文学家观测到。

天龙座

天龙座位于北半天球，因其形状如龙而得名。位于天球北极附近，龙头在武仙座之北，龙尾介于大熊座和小熊座之间。龙尾上的 α 星曾是四千年前的北极星。

仙后座

仙后座是北天著名星座。因希腊神话中埃塞俄比亚王后而得名。仙后座与大熊座正好处在北极星相对位置的两边。由 5 颗二等和三等星所组成的 W 形，形状如仙后的座椅。著名的 1572 年超新星出现于此星座。380 年后，天文学家自这颗消失的星星位置上接收到一个强大的射电源，是那颗超新星的残余所发出的。

仙王座

仙王座是北天秋季星座。在希腊神话中，仙王是一位埃塞俄比亚国王，也是仙后的丈夫、仙女的父亲。这个星座

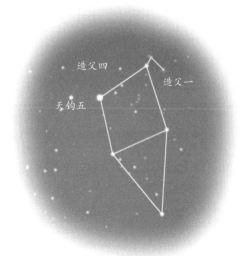

仙王座

接近北天极，几颗较主要的星组成"扁五边形"图案，但不起眼。仙王座有一颗著名的变星，叫造父一，是第一颗观察到亮度呈脉动变化的恒星。

仙女座

仙女座是北天秋季星座，位于英仙座和飞马座之间。其头部位置 α 星是仙女座的主星，与其余四颗星排成一列。仙女座有不少星云、星团，其中以仙女座大星云 M31 最为著名。在晴朗无云没有月亮的晚上看到的大星云是一片模糊朦胧的巨大光斑。它距银河系 220 万光年，包括 3000 多亿颗恒星。20 世纪 20 年代，美国天文学家哈勃证实 M31 是一个庞大的河外星系。

飞马座

飞马座是北方天空的一个大星座。其座中最亮的三颗星和仙女座中最亮的一颗星，组成所谓的"飞马—仙女大四边框"。

大犬座

大犬座是南天冬季星座。位于猎户座的东南方，天兔座的正东方。其形状犹如一只飞奔的猎犬，正扑向位于它西侧的天兔。座中因拥有全天最亮的天狼星而格外引人注目。

小犬座

小犬座是北天冬季的小星座。位于双子座以南、大犬座以北、银河的边缘上。神话中是猎户的第二条狗（第一条是大犬座）。小犬座中最亮的 α 星 – 南河三是全天空第八亮星。与猎户 α 星参宿四、大犬 α 星天狼星构成一个巨大的等边三角形，即著名的"冬季大三角形"。

双子座

北天春季星座，位置横越黄道，是 12 个黄道星座之一。主星是北河二和北河三。天文学中预测的海王星和冥王星均在此区域内被发现。

金牛座

金牛座是北天冬季星座，黄道 12 星座之一。位于猎户座的正北方，与御夫座隔着银河遥遥相望。在希腊神话中它是一头白色公牛，为宙斯的化身，驮走了腓尼基公主欧罗巴。座内有昴星团和毕星团两个著名的疏散星团。著名的蟹状星云在此被观测到，系超新星（天关客星）爆炸后形成的残骸。

猎户座

猎户座是赤道带星座之一，冬季最显耀的星座。座内目视星等亮于六等的星有 120 颗，其中一等星 2 颗，二等星 5 颗。参宿四、参宿七、参宿五、参宿六构成一个大矩形，被描绘为一个勇士。位于矩形中部的参宿三、参宿二、参宿一，列成一线，代表勇士的腰带。星座内有著名的猎户座大星云 M42，肉眼可见。

六、历法节气

历法

解决历日、月、年平均长度接近自然日、月、年同期长度的方法，叫历法。历法最基本的分类是太阴历、太阳历和阴阳历。

农历

农历也叫夏历，是阴阳历在我国的叫法。我们日常生活中讲的阴历实际上指的就是阴阳历。历月和太阴历相同，历年兼顾朔望月和回归年。农历每个历年有 12 个或 13 个历月，即平年或闰年，都是朔望月的整数倍；平均历年又等于回归年。这种历法的日期既有十分明确的月相意义，也有大体上的季节意义。农历安排有二十四节气，用以指导农事活动，所以叫农历。在采用太阳历以前，世界各国大都使用过阴阳历。

公元纪年

公元纪年是国际通用的公历纪元。是大多数国家纪年的标准，从传说的耶稣诞生那一年算起。我国从 1949 年正式规定采用公元纪年。公元纪年的算法是一年 365 天，分 12 个月，大月（1，3，5，7，8，10，12 月）每月 31 天，小月（4，6，9，11 月）每月 30 天，2 月是 28 天。因地球绕太阳一周实际为 365.24219 天（太阳年），所以每 400 年中有 97 个闰年，闰年在二月末加一天，全年是 366 天。

二十四节气

根据太阳在黄道上的位置，将全年划分为 24 个段落，以节气的开始一日为节名。二十四节气的划分，起源于中国黄河流域。在春秋时代，已运用圭表测日影的方法定出春分、夏至、秋分、冬至四大节气。以后，通过农业生产实践，又逐渐充实改善。到秦汉时，二十四节气已完全确立，成为农事活动的主要依据。

天干地支

天干 10 个：甲、乙、丙、丁、戊、己、庚、辛、壬、癸；地支 12 个：子、丑、寅、卯、辰、巳、午、未、申、酉、戌、亥。将十天干和十二地支按顺序搭配，就构成了 60 个干支，俗称"六十甲子"。

中国传统历法中的干支纪时制就是用这六十甲子来依次、循环纪年、纪月、纪日和纪时辰的。一时辰相当于现在的 2 小时，一天分为 12 个时辰。

每个人出生的年、月、日、时辰，共需四个干支来表达。我国习俗上的"生肖"是以地支来表示的，十二地支对应着"十二生肖"。

七、天文观测

圭表

圭表也叫土圭，是我国古代用来测量日影长度以定方向、节气和时刻的天文仪器。包括两部分：表是直立的标杆，圭是水平横卧的尺。表放在圭的南端，并与圭相垂直。利用圭表可以方便地测出日影长度。日积月累地记录，就可以求出回归年的数值。现陈列在紫金山天文台的圭表是明正统年间（1436—1449 年）所造。

日晷

日晷是在圭表基础上发展起来的我国古代测时仪器。由晷盘和晷针组成。晷盘是一个有刻度的盘，中央装有一根与盘面垂直的晷针。中国的日晷独具特色，晷盘为平行于赤道面、倾斜安放的圆盘。晷针为指向正南方向的金属针。针影随太阳运转而移动，刻度盘上的不同位置表示不同的时刻。按晷面的不同放置，日晷可以分为地平日晷、赤道日晷、立晷、斜晷等。其中最常见的是前两种。

漏壶

漏壶是古代计时的器具，用铜制成，分为播水壶、受水壶两部。播水壶有二至四层，均有小孔，可以滴水，最后流入受水壶。受水壶里有立箭，箭上划分一百刻，箭随蓄水量增加逐渐上升，露出刻数，用以表示时间。

浑仪

浑仪也叫浑天仪，是中国古代测定天体位置的一种仪器。仪器的支架上固定两个互相垂直的地平圈与子午圈，还有若干个与地轴平行转动的圈，分别代表赤道、黄道、时圈、黄经圈等。在转动的圈上，附有绕中心旋转的窥管，用以观测天体。

浑仪

浑仪是世界上最早用来演示星空运动的天文仪器。通过它可以知道日月星辰和节气的变化。

简仪

简仪是中国古代测量天体坐标的一种仪器，由元代王恂、郭守敬创制。它由赤道经纬仪、地平经纬仪和日晷三种仪器组成。现陈列在紫金山天文台的简仪，为明正统年间（1436—1449 年）所造。

星盘

星盘是测量天体的仪器。即一个刻有度数的圆盘，圆盘上通过中心有一个可以旋转的窥管。使用时将星盘垂直悬挂，观测者通过窥管对准天体，便可以从圆盘周界上的刻度得到观测天体的高度。18 世纪以后星盘被六分仪代替。

天文望远镜

天文望远镜是观测天体的光学望远镜。聚光能力强，能观测到微弱的天体。由物镜（凸透镜或凹镜）造成的天体实像可用目镜观测。也常用各种附属设备，如照相底片、光电光度计、摄谱仪、光电像管和电荷耦合器件等观测。有折射式、反射式和折反射式三种类型。随着天文观测波段的扩展，还相应发展有射电望远镜、红外望远镜、紫外望远镜和 X 射线望远镜等。

射电干涉仪

射电干涉仪具有较高的分辨率，利用它可以完成观测宇宙射电源的亮度分布、结构和精密定位工作。它是按照光学干涉方法中的迈克耳孙干涉仪原理制作的。

天文馆

天文馆是专门从事传播天文知识及其科学研究的场所。世界上第一座天文馆于 1923 年在德国的慕尼黑建立。中国第一座天文馆于 1957 年在北京建立。

观象台

观象台是中国古代用来观测天象的台子，也是早期的天文台。古代帝王在这里祭天，同时还任命专职人员在这里观测天象，占卜吉凶，编制历书进行授时。

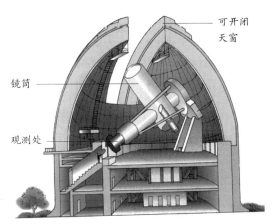

天文台圆顶观测室

观星台

观星台也是中国古代观测天象的台子。是早期专门观测星相的天文台。

天文台

天文台是从事天文观测和研究的场所。为减少地球大气干扰，多建造在山上。台中有各种天文望远镜，安装在圆顶室内，用以观测天体。也有各种测量仪器和电子计算机，用以分析观测资料。近年来，为了克服地球大气对紫外线、X射线、γ射线的部分红外辐射的吸收，发射了围绕地球运行的轨道大文台和轨道空间站，其中有的可载人观测。天文台利用观测结果，编制各种星表和历书，进行授时，并对天体的分布、运动、结构、物理特性、化学组成和演化等进行研究。

天文圆顶室

天文圆顶室是天文台的标志，是天文台的主体建筑。圆堡的顶部有一个长长的天窗，用时打开，不用时关上，还可以随意转动，使望远镜对准天空中任何一个方位。为了防止室内昼夜温差大，圆堡的外面都涂了一层银粉漆，可以反射阳光。

八、中外天文学家

张衡（78—139 年）

字平子，河南南阳人。东汉时期著名天文学家、文学家。他博学多才，历任南阳郡主簿、郎中、尚书侍郎。115 年任太史令。浑天说的代表人物之一。认识到行星运动的快慢与距离变化有关，正确解释月食等天象。他观测了 2500 颗恒星，并将它们连成 124 个星座。还设计了漏水转浑天仪、候风地动仪、指南车、记里鼓车等仪器。还把浑象和漏壶结合起来，让漏壶滴水推动齿轮系统，使浑象均匀地一天转动一周。张衡留有许多关于天文、数学、地理、文学的著作。其中《灵宪》和《灵宪图》等属于天文著作。

祖冲之（429—500 年）

南北朝杰出的天文学家、数学家。他通过长期观测，总结前人的经验，结合自己精通的数学推算，于 33 岁时创立了《大明历》，比当时的一些历法更为精确。他还发明了一种用圭表确定冬至时刻的方法。1959 年，苏联拍下月球背面照片时，以祖冲之的名字命名一个环形

祖冲之

山。我国紫金山天文台把 1964 年 11 月 9 日发现的小行星（国际编号为 1888 号）命名为祖冲之小行星。

一行（683—727 年）

俗姓张，名遂。唐代著名天文学家。自幼学习天文，年轻时就以渊博的学识而闻名于长安。他先后在嵩山和天台山钻研佛教经典和天文、数学。唐玄宗开元五年（717 年）奉召回京都长安，主持修订历法。为了观测天象，他参与制作了多种天文观测仪器，并在全国设立 12 个观测站，主持大规模的天文大地测量工作。历时两年，编制成了《大衍历》。并在世界上首次测定子午线长度。

郭守敬（1231—1316 年）

顺德邢台（今河北邢台）人。元代杰出的天文学家、水利学家、数学家和仪器制造家。先后任太史令、都水监等职，后来升任昭文馆大学士兼知太史院事。与王恂等编制了《授时历》，取回归年为 365.2425 日，与现在通用公历值一致。是我国古代历法史上施行最久、最为先进的历法。还曾主持 27 个观测点的天体测量，比较全面地测定了恒星的位置，推算出回归年长度和精度很高的黄赤交角。制造并改进了 10 余种天文仪器。编著有《推步》《立成》《历议拟稿》等 14 种 105 卷天文历法著作。

徐光启（1562—1633 年）

明末著名科学家。上海县（今上海市）人。他曾任翰林院检讨、礼部尚书兼东阁大学士、文渊阁大学士等职。在农业、水利、天文学、数学和军事等方面都有重要贡献。是中国吸收和传播西方科学知识的先驱者。曾主持编译《崇祯历书》，为中国近 300 年的历法奠定了基础。有《农政全书》《徐氏厄言》等著作，翻译《几何原本》等。

张钰哲（1902—1986 年）

现代天文学家。福建闽侯县人。1929 年获芝加哥大学博士学位。他曾任紫金山天文台台长达 42 年，后任中国天文学会理事会理事长。中国近代天文学奠基人之一。1928 年他发现小行星"中华"。和助手们发现近千颗小行星、3 颗以"紫金山"命名的彗星。有《天文学论丛》《行星物理》等多部著作。

毕达哥拉斯（约公元前 585—公元前 500 年）

古希腊哲学家、数学家、天文学家。他在意大利南部建立的学园，成为学术研究中心。他对天文学进行研究，注意到月球轨道面的倾斜，指出地球是球体。他的学派创立天体的观念。其弟子菲洛劳斯曾推想地球在宇宙中运动。

阿里斯塔克（约公元前 310—公元前 230 年）

古希腊天文学家。他认为地球在自转的同时，和行星一起都绕静止的太阳运转。恩格斯称他为"古代的哥白尼"。他在《论日月的大小和距离》著作中，提出一种测定日地、月地距离的简便方法，并证明太阳比月球大得多。

喜帕恰斯（约公元前 190—公元前 125 年）

古希腊天文学家、地理学家、数学家。方位天文学的创始人。他将恒星按亮度分为 6 级，并编有 850 颗恒星的星表。改进了日月视运动的计算方法，编成了几个世纪内的日月运行表，并以此推算出日月食。他第一个发现岁差并解释了产生的原因。还提出确定地面点位置的精确方法。

托勒密（约 90—168 年）

古希腊天文学家、地理学家和数学家，"地球中心说"的代表人物。他认为太阳、月球、行星和恒星都在绕地球运动，而地球则静止不动。著有《天文学大成》（13 卷），是古代天文知识的百科全书。他将古希腊地心说加以系统化，形成托勒密地心体系。此体系在 16 世纪前一直在天文学中占统治地位。还写了《地理学指南》（8 卷）一书，集古代地理知识之大成。

哥白尼（1473—1543 年）

波兰天文学家，日心说的创立者，近代天文学的奠基人。他曾在波兰和意大利研究数学、天文学、法学和医学。他发现了地球中心说存在许多不能解释的问题，并对此产生了怀疑。在1510—1515 年间，提出地球应与太阳换位的设想，还从数学方面进行多方论证。哥白尼的太阳中心说带来了科学革命，同时也带来了慌乱与恐惧。统治者视其为洪水猛兽，把它列为邪说禁书。直到 1835 年，教会才不得不把他的《天体运行论》从禁书中去掉。1839 年，在波兰首都华沙建起哥白尼塑像，纪念这位为人类认识宇宙做出了不朽贡献的伟大科学家。

第谷·布拉赫（1546—1601 年）

丹麦天文学家。他发现了黄赤交角的变化、月球运行的二均差等。还重测了岁差值，证明彗星是一种天体。他一生做过大量精确的天体方位测量，编制了当时最精确的大型星表，并制造了许多大型精密天文仪器。

布鲁诺（1548—1600 年）

意大利唯物论哲学家、思想家和诗人，哥白尼学说最坚定的捍卫者。他在很多方面超越了哥白尼的见解，提出宇宙无限的观点。1584 年，布鲁诺的著作《论无限宇宙和世界》在伦敦出版，触犯了罗马教皇。1592 年，他被控为异教徒遭到教会逮捕，并被押送到罗马宗教裁判所。1600 年 2 月 17 日，在罗马的百花广场，这位伟大的思想家被宗教法庭活活烧死。1889 年，后人在罗马的百花广场上建造了布鲁诺铜像，以示他的思想永放光辉。

开普勒（1571—1630 年）

德国天文学家，近代天文学的创立人之一。他在天文学中最突出的成就是整理了丹麦天文学家第谷的观测资料，深入细致地研究了火星的运动，从而发现了行星绕太阳运动的三定律。此外，还提出大气折射的近似定律，发明了用双凸透镜做物镜和目镜的望远镜，发现银河系内的一颗超新星，观测过哈雷彗星等。开普勒奠定了经典天文学的基础，并为万有引力定律的发现做出铺垫。1609 年，开普勒在《新天文学》一书中郑重宣布，行星各自"沿椭圆轨道绕太阳运行，太阳处于焦点之一的位置"。这一发现比哥白尼认为行星沿圆形轨道运行要深入了一大步。

惠更斯（1629—1695 年）

荷兰天文学家。他发现了土卫六和土星光环、火星极冠、木星表面条纹，辨认出猎户座大星云中的恒星。曾经改进望远镜和测量行星角直径的测微器。著作有《宇宙论》。

哈雷（1656—1742 年）

英国天文学家。英国皇家学会会员，格林尼治天文台第二任台长。他准确预言了"哈雷彗星"（后人命名）的再次回归时间。他在《彗星天文学论说》一书中，记述了 24 颗彗星的轨道。他建立了南半球的第一座天文台，发表了第一个南天星表。还发现一些恒星的自行和月球运动的长期加速现象。

威廉·赫歇耳（1738—1822 年）

英国天文学家，恒星天文学的创始人。出生于德国，后迁居英国。他用自制的大型反射望远镜发现天王星及其两颗卫星，观测了土星的两颗卫星以及太阳的空间运动，观测和研究过星云、星团以及银河系结构，被誉为"恒星天文学之父"。1773 年，开始制造天文望远镜，先后制造了几架水平很高的天文望远镜。依靠这些先进的观测工具，编制出有 269 对双星的"双星表"。由于他成就卓著，英国国王乔治三世授予他奖章，聘他为宫廷天文学家。1821 年，他被选为英国

赫歇耳提出银河系是庞大的天体系统，由恒星连同银河一起构成。

皇家天文学会第一任会长。

拉普拉斯（1749—1827 年）

法国天文学家、数学家。他毕生致力于天体力学研究。汇集数学、天文学的研究成果，著成经典天体力学的代表作《天体力学》，讨论了地球形状、行星摄动、三体问题等。他的《宇宙体系论》，探讨了太阳系的起源，从数学和力学角度，阐述了康德的星云假说，后被称为"康德－拉普拉斯星云说"。

高斯（1777—1855 年）

德国天文学家、数学家。在天体光学和星历表计算中有重要贡献。定出了最早发现的 2 颗小行星的轨道。创造性地运用三次观测确定小行星轨道的计算方法、太阳等高法、多星等高法、最小二乘法，以及在天体摄动理论、球面三角学和内插计算法方面的研究结果等，从而使这些方法在天文学上获得广泛应用。

贝塞耳（1784—1846 年）

德国天文学家和数学家。他测定了天鹅座 61 的视差和木星质量，正确预言了天狼星和南河三暗伴星的存在。对日食、彗星和地球形状等也有研究。修订《布拉德莱星表》，并编制一份精确的大气折射表和一份包括 75000 多颗恒星的基本星表，此表后被人扩充为《波恩巡天星表》。

夫琅和费（1787—1826 年）

德国天文学家、物理学家。天体分光学的创始人。他发明了衍射光栅，发现了太阳光谱中的暗线，观测了日、月、水星和金星等的光谱，并且改进了消色差物镜的制造方法。

亚当斯（1819—1892 年）

英国天文学家。曾当选为英国皇家天文学会会长和法国科学院院士。他和勒威耶分别同时计算出当时还未发现的海王星的轨道和坐标。研究有关月球运动长期加速现象、地磁场、狮子座流星群的轨道等。著有天体力学方面的著作。

坎农（1863—1941 年）

美国天文学家，牛津大学第一位女荣誉理学博士。她早年研究变星。之后数十年如一日专注于恒星分类工作。她改进了皮克林创立的恒星分类法，按恒星表面温度高低顺序，排出 10 级序列，对 36 万多颗恒星进行分类研究，是恒星光谱学的先驱。

赫茨普龙（1873—1967 年）

丹麦天文学家。他发现了恒星的光度和颜色的统计关系，按亮度将恒星分为"巨星"和"矮星"，并最早提出绝对星等概念。

罗素（1877—1957 年）

美国天文学家。对食双星和太阳光谱等做过深入研究。他确定出一些双星的轨道以及恒星的某些物理参量，并且第一个测定了太阳的化学成分。著有《太阳系及其起源》《天文学》。在赫茨普龙之后独立发现了恒星光度和光谱关系，并以图示之，这就是著名的"赫罗图"。

哈勃（1889—1953 年）

美国天文学家，星系天文学的奠基人。著有《星云世界》《用观测手段探索宇宙学问题》等。自 1919 年起一直在威尔逊天文台工作。他首次利用造父变星的周光关系，确认仙女座大星云位于银河系外，是和银河系一样的恒星系统。提出星系距离的哈勃分类法，也就是人们通常所说的"红移"。

巴德（1893—1960 年）

德裔美国天文学家。1942 年，他将恒星分为星族 I 与星族 II。1956 年，修正周期 – 光度曲线，并测定仙女星系的距离，对星系天文学的研究做出重大贡献。

扬斯基（1905—1950 年）

美国工程师。他于 1931 年测得来自太空的无线电杂讯，即射电源。美国业余天文学家富伯据此于 1937 年制造了第一台真正的射电望远镜。但是射电天文学在第二次世界大战后才由洛维耳与奥尔特奠定其地位。

霍依尔（1915—2001 年）

英国天文学家。1948 年与邦迪、戈尔德创立了稳恒态宇宙模型。为避免违背能量守恒定律，他提出了"负能"的标量场。对天体物理学做了许多贡献，解释了恒星和超新星中元素形成的过程，提出了生命存在必需的复杂分子的见解，还推出了冰河期的新理论。

赖尔（1918—1984 年）

英国射电天文学家。在干涉测量和综合孔径研究中起了重大作用。他将不同的射电望远镜信号组合起来，获得射电源天体的高清晰度图像，还编制了有 5000 个射电源的星表。证明了宇宙早期星系较为集中，是宇宙大爆炸理论的有力证明。

斯蒂芬·霍金（1942—2018 年）

英国理论物理学家。他对黑洞和宇

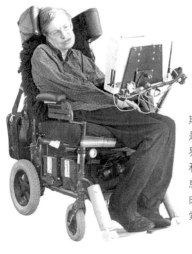

斯蒂芬·霍金是一位享誉世界的物理学家和数学家。他患有严重的肌肉萎缩脊髓侧索硬化症。

宙的起源理论进行了开创性的研究。他写过一些具有启迪意义的书，向普通人解释复杂的科学概念。通过这些书他向大众宣传了宇宙的进化。

地球概况

一、地球的结构

地球形状

在现代，除用大地测量方法外，还可用重力测量确定地球的形状。人造卫星的运用，使得地球动力测地方法得到很大发展。地球不是正球体，而是不规则扁球体。极半径为 6356.755 千米，赤道半径为 6378.139 千米，扁率为 1/298.257。体积为 1.083×10^{21} 立方米。

地球质量

地球的质量为 5.976×10^{21} 吨，这是根据万有引力定律测定的。地球质量的确定提供了测定其他天体质量的依据。从地球的质量可以得出地球的平均密度为 5.52 克／立方厘米。

地球自转

1543 年，哥白尼在《天体运行论》一书中首先完整地提出地球自转的概念。1851 年，法国物理学家傅科在巴黎成功地进行了一次著名的实验，证明了地球的自转。地球自西向东自转的周期约为 23 时 56 分 4 秒。地球自转的速度是不均匀的，有长期变化、季节性变化和不规则变化。地球的自转决定了昼夜的更替。

地球公转

地球公转的轨道是椭圆形的。公转一周为 365.25 个平太阳日。日地距离平均值约为 1.5 亿千米，轨道偏心率为 0.0167，公转平均速度为每秒 29.79 千米，黄道与赤道交角为 23° 27′。地球自转和公转的结合产生了地球上的昼夜交替、四季变化和五带的划分。

地球重力场

地球质量产生引力，地球自转产生离心力。二者共同作用，地球表面存在重力作用，其空间范围即地球重力场。地球表面各点重力不同，重力由赤道向两极增大。

地磁场

地球和近地空间存在着磁场。磁场主要来源于地球内部，而来自外层空间的成分还不到 1%。可以把地磁场主要看成偶极磁场，它存在着南北两个磁极。连接南北两磁极的轴称地磁轴，地磁轴与地球自转轴并不重合，有约 11° 的交角。磁极的位置有长期变化。

大气圈

大气圈是指包围地球的气体层。由氮、氧、氩、氖、氦、氢、臭氧、水汽、二氧化碳等气体组成。其中氮和氧分别占空气总量的 78.9% 和 20.95%。另外，大气层中还含有一定量的水和多种尘埃杂质，它们是形成云、雨、雾、雪的重要物质。大气圈内的空气质量有5000多亿吨，主要集中在距地面16千米以内的大气层里。离地面越高，空气就越稀薄。科学家们按照高度以及性质的不同把大气圈划分为若干层次。

生物圈

生物圈是指地表生物有机体及其生存环境的总称，是地壳的组成部分。包括地壳上层（主要为风化壳）、水圈和大气对流层。这里有能维持生命活动的光、热、水分和土壤等一切条件。生物圈是一个复杂而巨大的生态系统，其形成是大气圈、水圈和地壳间相互接触、相互渗透、相互影响的结果。

水圈

水圈是指地球表层水体的总称。包括地表水、地下水和大气中的水分。以地表水为主，主要指海洋、河流、湖泊、冰川、沼泽等。水圈内水体的总储量约13.86亿立方千米，相当于地球体积的0.128%。96.5%的水在海洋中，陆地水仅占3.5%。水圈与大气圈的对流层及生物圈、地壳上层相互联系、相互渗透。地球水圈处于不间断的循环运动之中。

地壳

地壳是一个相对很薄的由各种岩石组成的固体硬壳，由外部圈层和内部圈层两部分构成。地壳的厚度在5～70千米之间，其中大陆地区平均约33千米，大洋地区平均约8千米，总体的平均厚度约为地球半径的1/400。地壳的体积约占地球总体积的1.55%，占地球总质量的0.8%。

地壳的横向变化明显，按其物质组成、结构、构造及演化特征，可分为大陆地壳和大洋地壳两种类型。前者上部是由沉积岩、花岗岩类组成的硅铝层，下部是由玄武岩、辉长岩类组成的硅镁层。后者只有硅镁层。据岩石测量资料，38亿年前，地壳便已开始形成。

地幔

地幔介于地壳和地核之间，其体积占地球的82.3%，质量占67.8%，是地球的主体部分。它主要由固态物质组成。根据地震波波速的变化，以650千米为界，地幔可分为上地幔和下地幔两个次级圈层。

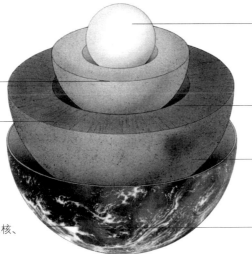

外地核是地球唯一的液态圈层，厚度为2000千米，由铁、镍组成，但可能还含硫等其他物质。

地幔的厚度为2900千米。

固态的内地核半径为1370千米，由铁、镍组成，它处于高温状态，但因受压力作用而不致熔化。

地球最厚的部分是下地幔，它由含硅酸盐矿物的石类物质组成。

上地幔呈固态，其顶部较软的层面是岩石圈的组成部分。上地幔与下地幔的差别在于所含矿物不一样。

地球的外圈层包括地壳和上地幔的顶部，它们一起构成岩石圈。

地球结构剖面图
地球从内到外依次分为地核、地幔和地壳三层。

在上地幔上部从深 60 ～ 250 千米范围内，存在一个不连续的软流层。软流层位于岩石圈之下，温度高、塑性大、易于移动，这对解释构造运动、板块移动和极移等现象都有重要意义。

地核

地核是地球的核心部分。根据对地震波波速变化的研究，地核可分为外核、过渡层和内核三层。根据横波不能通过和纵波大幅度衰减的事实，推断外核的物质呈液态。过渡层中波速的变化很复杂，可重新测得横波，表明它已向固态过渡。内核又能测得横波和纵波，并发现纵波进入内核时可转化为横波，在穿出内核时又转化为纵波的现象，证实内核为固态物质。

二、地球演化

地球起源

地球作为一个行星，远在 46 亿年以前起源于原始太阳星云。它同其他行星一样，经历了吸积、碰撞等物理演化过程。地球形成伊始，温度极低，也无分层结构。由于陨石的袭击、放射性衰变致热和原始地球的重力收缩，地球温度逐渐增加，内部物质具有越来越大的可塑性，出现局部熔融现象。在重力作用下，外部较重的物质逐渐下沉，内部较轻的物质逐渐上升。一些重的元素沉到地球中心，形成一个密度较大的地核。物质的对流伴随着大规模的化学分离，逐渐形成现今的地壳、地幔和地核等层次。

地质年代

地质学家利用放射性同位素，测定地壳各岩层岩石、岩层中埋藏的古生物化石，建立起一个国际通用的年代地层

系统和相应的地质年代表。将地球 46 亿年的历史划分为不同的时间单位。地质年代的划分由大到小分为宙、代、纪、世、期、时 6 个级别，分别与年代地层系统的宇、界、系、统、阶、带相对应。宙、代、纪、世是适用于全球范围内的地质时间单位，期、时则适用于大区域。

冥古宙

冥古宙又称无生代。地球上尚无生物存在的证据。地球自灼热逐渐降温。最初的原始大气也已逸散，地球被缺少氧的次生大气所包围。在地球降温过程中，次生大气中的水也逐渐凝固。在冥古宙末期，在地表低洼处形成最初的高温酸性原始大洋。据测算，自地球形成后约 6 亿年为冥古宙。

太古宙

太古宙开始于约 40 亿年前，结束于 25 亿年前。这一时期经过地壳变动和岩浆活动，所有岩石受到深度的变质，化石一般很难保存下来。已发现的可靠的化石记录有晚期出现的菌类和低等的蓝藻。组成的岩石主要为片麻岩、片岩、板岩和片麻状花岗岩等。中国辽东半岛、山东半岛、山西等地都有太古宙地层发现。这一时期形成的地层叫"太古宇"。

元古宙

元古宙开始于距今 25 亿年，止于距今 5.7 亿年，是地球上发生较大变动的时代。表现为现代大气形成、现代大洋水形成、生物开始繁盛和稳定型盖层沉积的广泛分布等。此时大气中含氧量逐渐增加至相当于现代大气含氧量的千分之一左右。在距今 20 亿年左右，还原性的次生大气已经被现代大气所代替。在距今 20 亿—15 亿年间酸性缺氧的大洋水

也完成了向现代大洋水的过渡。

生物的繁盛是元古宙的重要事件。除早期的原核生物、原始的真核生物之外，到元古宙末期，还出现了包括多种动物门类的伊迪卡拉动物群。元古宙火山作用已减弱，但末期曾发生全球性的大冰期。

显生宙

显生宙是从距今5.7亿年至今的一段地质时期。以大量动物出现为标志。它分为古生代、中生代和新生代。古生代包括寒武纪、奥陶纪、志留纪、泥盆纪、石炭纪和二叠纪，并可以分为早古生代及晚古生代两部分，各包括二个纪。中生代分为三叠纪、侏罗纪、白垩纪。新生代包括第三纪和第四纪，通常把第三纪分为老第三纪和新第三纪。每个纪下可分为若干世，一般分为早、中、晚三个世或早、晚两个世。世下再分为期。纪和世、期的划分以地壳变动和生物群的面貌为标志，并参以同位素年龄。

古生代

古生代始于距今5.7亿年，止于距今2.5亿年。包含寒武、奥陶、志留、泥盆、石炭、二叠6个纪。寒武纪早期，有奇形怪状的和微小的小壳化石。在中国有澄江天帽山动物群，在加拿大有布尔基司动物群。这些动物的总体面貌与震旦纪的伊迪卡拉动物群相比，已有很大区别。自志留纪末起陆生植物开始出现，并很快发展。在石炭纪及二叠纪形成高大的成煤植物森林。古生代陆块周围有广褒的陆表海，整个古生代是分散的陆块逐渐拼合对接的过程。

中生代

中生代始于距今2.5亿年前，止于距今6500万年前。包括三叠纪、侏罗纪、白垩纪。陆地植物以裸子植物为主，晚期出现被子植物。始祖鸟首先出现于中生代中期稍晚些时候，有牙齿的鸟则大量出现于白垩纪晚期。中生代还是哺乳动物最初获得发展的时代，但哺乳动物数量少、种类少、个体小，地域分布不广，对于划分对比地层的意义不大。中生代末发生的地壳运动及气候的剧变，尤其是大气中氧含量的减少，造成许多生物种类的绝灭。

白垩纪

白垩纪是中生代的最后一个纪。因欧洲西部该年代的地层主要为白垩沉积而得名。开始于1.35亿年前，结束于6500万年前。初期的生物群中爬行类和裸子植物仍很繁盛，到本纪末恐龙已完全绝灭。海中无脊椎动物有孔虫兴盛，菊石、箭石等由繁盛走向灭绝。真骨鱼类兴盛。晚期被子植物出现。

新生代

新生代始自6500万年前，一直延续至今。新生代包括第三纪、第四纪或老第三纪、新第三纪和第四纪。新生代为被子植物和哺乳动物大发展的时代。人类也在新生代出现。新生代的造山运动在中国称为喜马拉雅运动，以喜马拉雅山的隆起、特提斯海的闭合和北美落基山与南美安第斯山的隆起为特征。

第四纪

第四纪是新生代的最后一个纪。始于距今160万年前，直到现在仍未结束。可分为更新世和全新世。第四纪的海陆位置及动植物群的面貌均与现代极为接近。气候自上新世末期的寒冷期后，即处于大冰期中，气候波动较大。由于现代环境变迁及其演变规律是人类认识环境及预测未来的重要环节，第四纪不同阶段的环境及其规律的研究正日益引起重视。

冰川沉积

冰川沉积是指冰川携带的各种大小不同的岩石碎屑在冰川运动中，因搬运能力减弱而产生的堆积作用。

移动的冰川

褶皱

褶皱也称"褶曲"。是成层岩石受力后发生的波状弯曲，但其连续性并未受破坏的一种构成变形。

地层

地层也就是地壳的岩层。包括各个不同的地质年代所形成的沉积岩、变质岩和岩浆岩。一般来说，先形成的地层在下，后形成的地层在上。在其形成过程中，生命也不停地从低级向高级进化。不同时期的地层有不同的化石与之相对应。地层从古老的地质年代开始，层层叠叠地到达地表。它的堆积物的性质和组织结构，代表着不同地质年代的自然地理状态。

断层

断层是岩石受力破裂并沿破裂面有明显相对移动的断裂构造。主要是因为地壳运动产生的强大压力或张力超过了岩石的强度而形成的。岩层断裂错开的面叫断层面。

地壳变迁

地壳变迁是指地壳受内力地质作用的影响而产生变位或变形的运动。按运动的方式分为水平运动和垂直运动。水平运动也可导致地块的升降，垂直运动也可引起地块在水平方向上的运动。

板块运动

板块是地球岩石圈的巨大刚性块体。板块运动是板块对于另一板块的相对运动。板块运动的驱动力来自地球内部，可能是地幔中的物质对流。它的运动方式是绕一个极点发生转动，其运动轨迹为小圆。

大陆漂移

大陆彼此之间和大陆相对于大洋盆地间的大规模的水平运动称为大陆漂移。研究大陆漂移的学说为大陆漂移说。

海底扩张说

海底扩张说是 20 世纪 60 年代初由赫斯和迪茨等人提出的有关海底地壳生长和运动的一种假说。他们认为，在地幔层内有一个几百千米厚的软流层，这里物质不断进行对流运动，速度为每年 1 厘米到几厘米。运动中较重的物质逐渐向地核中心集中，较轻的物质缓慢地向上升。当上升到岩层底部时，因受阻而分流。高温高压的软流层物质向四周流动，把岩层拉裂，岩浆便沿裂缝涌出地壳表面，冷却后形成岩墙，并且不断地增高、延伸。于是新的海底不断地延伸，最终形成海底山脉。至今软流层还在不断地运动，当达到海沟附近后，又重新降到地幔中。就这样边生长，边消亡，需要 2 亿 ~ 3 亿年发生一次巨大变化。

板块构造说

板块构造说是在大陆漂移说、地幔对流说和海底扩张说的基础上发展起来的。它将大陆地质的研究与海底地质的研究统一起来，找出了它们之间的本质联系，成功地解释了一些大地构造现象。板块构造说为解释地壳运动的分布和规律提供了一个模式，是当今影响最大的全球构造理论。研究表明岩石圈的构造单元是板块。全球共可分为六大主要板块：欧亚板块、太平洋板块、美洲板块、非洲板块、印度 – 澳大利亚板块、南极洲板块。

地幔对流说

一种说明地球内部的物质运动，解释地壳或岩石圈运动机制的假说。地球岩石圈下面的软流圈有 10% 的熔融体。岩石圈下的固定地幔也会因为高温高压而表现为黏滞的液体，并产生流动。在温度升高的地方，地幔物质密度变小。向上运动形成上升流，到达软流圈顶部转为平流，经一定距离后，与另一相向运动的平流相遇，汇聚而成为下降流，从而在地幔内部形成环形对流体。地幔流驮着岩石圈板块做大规模的缓慢的水平运动，在上升流处形成洋中脊，板块在下降流处俯冲，插入地幔。

三、矿藏

矿物

矿物是由地质作用形成的天然单质体和化合物，具有相对固定的化学组成和稳定的内部结构，是组成岩石和矿石的基本单元。已知的矿物约有 4000 种，绝大多数是固态无机物。矿物千姿百态，可以根据矿物的颜色、光泽、硬度、比重等来鉴定。

金矿

天然的金矿有山金和沙金两大类。在地壳的石头里平均每 300 吨才有 1 克金。当 1 吨岩石中含金量达到 2 克时，就可以称之为金矿石。目前，已探知金矿物有 25 种。其中主要的是以单质形成产出的自然金，另外，还有的金矿寄生于黄铁矿、毒砂矿、黄铜矿里。现在，世界上的产金量较大的国家是南非、俄罗斯、美国、加拿大、澳大利亚和中国。

银矿

银矿是金矿的"姐妹矿"。根据金矿物中的银含量的比例多少，也称金银矿和银金矿。世界上的银大部分产在铜、铅、铁、镍的硫化物矿床中。常见的银矿物有辉银矿、角银矿和自然银银矿。世界主要产银国有墨西哥、秘鲁、美国、加拿大、中国，年产量都在千吨以上。

铜矿

铜在地壳中的含量有十万分之七。开发和利用得较早，被称为"人类文明的使者"。铜矿上部的氧化带中，常见有一种绿得惹人喜爱的孔雀石，别号叫"铜绿"，是寻找铜矿的标志。目前已发现的含铜矿物有 280 多种，主要的只有 16 种。有自然铜、黄铜矿、斑铜矿、辉铜矿等。我国开采的有黄铜矿、辉铜矿和斑铜矿。铜矿储量最多的国家是智利，占全世界 1/3。其次是赞比亚。

铁矿

人类认识铁的历史比铜更早。由于它熔点高，因此在人类发展史上，铁器时代要晚于青铜时代。铁是自然界中最丰富的矿产之一。构成铁矿床的含铁矿物主要有磁铁矿、赤铁矿。全世界已探明铁矿石储量有 2000 多亿吨，俄罗斯的铁矿储量和产量均居世界之首。储量较多的还有加拿大、巴西、澳大利亚、印度、美国、法国及瑞典。我国的铁矿储量也相当可观。

锡矿

锡在地壳中的含量只有 0.004%。目前已发现的含锡矿物有 50 余种，最具工业意义的是锡石。锡矿床大约形成于 2 亿年前的中生代。主要存在于 SiO_2 超过 65% 的灰岗岩中。中国、马来西亚、印度尼西亚、玻利维亚等是主要产锡国。我国云南个旧、广西南丹产量最丰富。

钨矿

钨形成于花岗岩岩浆活动中。已发现含钨的矿物有 20 余种。世界钨的年产量中，65% 是黑钨矿，35% 是白钨矿。中国钨矿储量居世界首位，其次是加拿大和美国。

锰结核

锰结核是一种自生于深海底的特种矿物，含有锰、铜、镍、钴、铁等 50 多种元素。因其中锰含的比例最大而得名。锰结核是球状或块状结核体，表面是黑色或棕褐色，大的如土豆，小的如蚕豆，也有直径 20 多厘米，甚至 1 米以上的。主要分布在水深 2000 ~ 6000 米的海底表层。目前有提取价值的是锰、镍、钴、铜。据估计，仅太平洋中深海锰结核就有 1.7 万亿吨，其中含锰

4000 亿吨，按目前消耗量计，可供全世界使用 1.8 万年。

石棉

石棉是具纤维状集合体而又能分剥成柔韧的细纤维的硅酸盐矿物的总称。按成分和结构分为角闪石石棉和蛇纹石石棉。纤维较长者加工成防火的纺织物，如石棉绳、石棉带、石棉布等；纤维较短者可广泛用于制造石棉水泥制品。石棉具有隔音、隔热、保温、防腐、防酸、防碱等性能。但石棉及其制品对环境及人体会造成危害。

稀有金属

稀有金属是指地壳中含量较少、分布较散、提炼较难的金属。共分为五类：高熔点稀有金属有钨、钼、钽、钛、钒、铌、锆等；稀散金属有镓、铟、铊、锗等；稀有轻金属有铍、锂、铷、铯等；稀土金属有钪、钇等；放射性稀有金属有铀、钍、镭、钋、钫等。

云母

云母是一族层状结构铝硅酸盐矿物的统称。颜色随成分而异。是重要的造岩矿物，主要产于伟晶岩、花岗岩及云母片岩中，也常见于砂岩中。常见的云母有白云母、黑云母、金云母、锂云母等。其中白云母和金云母用作绝缘材料；锂云母是提取锂的主要矿物原料。

石盐

石盐是分布极广的最重要的含钠的卤化物矿物。无色透明，或为白色。易溶于水。晶体常呈立方体，通常呈粒状或块状集合体。风化面呈现油脂光泽。主要形成于干涸盐湖、浅水潟湖、干涸的海湾中。主要用于食料和防腐剂。为

制取金属钠、盐酸和其他多种化学产品的原料。

石膏

石膏是钙的硫酸盐矿物。成分是含水的硫酸钙，大都呈白色半透明晶体。透明而呈月白色反射光的石膏晶体称透明石膏；纤维状集合体具丝绢光泽者称纤维石膏；细粒致密块状者称雪花石膏。主要见于蒸发作用明显的盐湖中的化学沉积物。石膏广泛用于造纸、水泥、化工等工业，还是重要的中药材。中国的石膏矿储量居世界首位。

石墨

石墨为灰黑色不透明晶体，有金属光泽，质软，有润滑性，能导电、导热。在催化剂作用下，石墨于1600℃～1800℃高温和5万个大气压下可转变成金刚石。石墨在工业上大量用来制作电刷、套筒轴承、密封圈、冶金模、坩埚、化学反应器内衬、泵、管、阀和其他工艺设备的零部件。能做电子管的阳极。还可做固体润滑剂、颜料和铅笔芯等。

汞矿

汞在地壳中的含量为0.009%。自然界存在天然水银，含汞的矿物有20多种。水银、朱砂、丹砂，是硫化汞的结晶，猩红色，有金属光泽。全世界已探明汞的储量为15.5万吨，其中西班牙储量占近三分之一。我国也有丰富的汞矿。

沸石

沸石是含水的碱或碱土金属的铝硅酸盐矿物的总称。含水量在不同环境下发生变化。已发现的天然沸石有40种，人工合成的有150种。颜色一般为浅灰色，也有黄、绿、棕、红等色。沸石具有吸附性、离子交换性、催化和耐酸耐热等性能。广泛被用作吸附剂、离子交换剂和催化剂。世界上已发现的沸石矿床有1000个以上，集中分布在太平洋地区和地中海一带。

金刚石

金刚石是碳的一种结晶形态，天然含量稀少，是自然界已知最硬的物质。由它加工制成的商品叫钻石，因稀少、名贵而被誉为"宝石之王"。现在，人造金刚石的技术有很大提高，最典型的是通过石墨等碳质元素和某些金属（合金）反应生成金刚石。目前，人造金刚石产量已超过天然金刚石。

金刚石是机械加工工具尤其是加工陶瓷类硬脆材料必不可少的材料。各国对超硬材料的生产量与使用量已成为工业发展水平的重要标志之一。世界上产金刚石的国家有南非、澳大利亚、博茨瓦纳、刚果（金）等。中国的辽宁、山东、贵州、湖南也产金刚石。

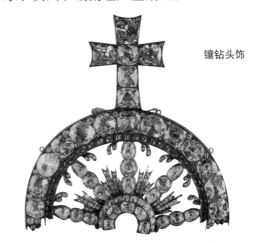

镶钻头饰

红宝石

红宝石是红色透明的刚玉晶体。评价红宝石主要依据其颜色，最优者为血红，依次为鲜红、粉红、紫红至深紫红。除显六道放射光的星光红宝石为不透明或半透明外，红宝石均要求透明。因为红宝石多产于缅甸，故又称缅甸红宝石。红宝石在宝石中仅次于钻石。人工制成的红宝石晶体，在工业上作为激光发生器和手表轴承的材料而被广泛应用。

蓝宝石

蓝宝石是蓝色透明的刚玉晶体。蓝宝石最好的颜色是蔚蓝，太深或太浅均不理想。蓝色是由于铁及钛离子所致。有星线的蓝宝石，称星光宝石，若颜色理想则为最佳蓝宝石。自然界产出的蓝宝石比红宝石多，大颗粒者也常见。最大者重达951克拉，5克拉以上的优质者已属很贵重的宝石。人造蓝宝石不用作宝石，而只用于工业。世界上最著名的蓝宝石产地是缅甸、巴基斯坦、柬埔寨、斯里兰卡。

祖母绿

祖母绿又称纯绿宝石、翠绿宝石、吕宋绿。其矿物名称叫绿柱石，是铍和铝的硅酸盐矿物。绿宝石的化学物质稳定，硬度仅次于金刚石和刚玉。晶体较小，呈长柱状体。清澈透明者极优。祖母绿一般大小为0.2～0.3克拉，大于0.5克拉的优质品由于稀罕难得，其价值高于优质钻石。主产国有哥伦比亚、津巴布韦、坦桑尼亚、巴西和俄罗斯。

水晶

水晶是无色透明的石英柱状晶体。透明洁亮，化学成分是二氧化硅。含有铝、铁、锰等杂质的，可呈白、黄、紫、茶等颜色。如果水晶中有水珠，则称为水胆水晶，尤为名贵。按其用途和特性可分为压电水晶、光学水晶、工艺水晶和熔炼水晶。按颜色分有紫晶、金黄水晶、蔷薇水晶、茶晶、墨晶等。巴西盛产水晶，我国的水晶产地有海南的羊角岭、江苏的东海县。

玛瑙

玛瑙是二氧化硅的胶状凝聚物，硬度超过水晶。因含色素离子及一些杂质常呈现出灰、褐、红、蓝、绿、黑等色，各色相间形成各种不同色彩的美丽的层纹状、条带状、条纹状等花纹。玛瑙致密坚硬耐磨，常用于制作研钵，较透明者可作为宝石或工艺制品的原料。世界上著名的玛瑙产地有乌拉圭、巴西、俄罗斯、美国、印度等。黑龙江省的逊克县是中国的"玛瑙之乡"。

玉

玉是坚韧、致密结构的矿物。质地匀实细腻、色泽典雅洁润，分硬玉和软玉。还包括许多用于工艺美术雕刻的矿物和岩石，如岫玉、密玉、碧玉等。一般说来，玉的硬度应在4.0以上，具有蜡状或玻璃状光泽。如硬度不够，则不属玉或玉雕材料，而只算石雕材料，如汉白玉、青田石。任何未经加工的原石，都叫作璞。

猫眼石

猫眼石是具有猫眼效应的金绿色宝石，是一种极珍贵的宝石。所谓"猫眼"是指宝石表面有形如猫眼中所见的那道垂直闪光带，又称"活光"，且恰在宝石正中，称猫眼状闪光。猫眼石主要有两种：一种是产于澳洲的澳洲猫眼，是含水较少的蛋白石，其硬度稍大于同类成分的宝石，呈黄色、棕色或乌黑色。一种是产于斯里兰卡的锡兰猫眼，也称东方猫眼或金绿猫眼，优质者呈金黄绿色、黄绿色、蜜黄色、黄褐色等。

碧玺

碧玺是电气石质宝石的统称。一般为中级宝石。优质的碧玺颜色丰富多彩、鲜艳夺目、晶莹通透、无包裹物及瑕疵。碧玺品种以颜色命名。呈石竹、玫瑰红、枣红、大红等色者均称为红碧玺。颜色为碧绿、浅绿者称作绿碧玺。绿色是由铬和钒离子引起的。碧玺多产于巴西、俄罗斯、意大利、纳米比亚和美国。我国新疆阿泰勒和内蒙古等地的伟晶岩石中，都有碧玺产出。

四、灾害

地震

地震是地壳运动的一种形式。当地壳的岩层经不住力的冲击而发生断裂，或者有裂缝的地方再次发生错动时，就要发生地震。按地震的强度可分为10级。5级以上的称为强烈地震，也叫破坏性地震。按成因可分为构造地震、火山地震、陷落地震和诱发地震等。衡量地震大小、强弱及其危害程度的指标主要有震级、烈度和灾度等。

构造地震

构造地震是地下岩层断裂错位形成的地震，是地震研究的主要对象。它引发了世界上绝大多数的地震，特别是大地震。其特点是活动频繁，延续时间较长，影响范围最广，破坏性最大。构造地震的成因和震源机制研究是地震理论中最核心的问题。

火山地震

在火山喷发前夕或同时，岩浆冲破岩层而引起的震动，称为火山地震。火山地震为数不多，只占地震总数的7%。其特点是震源常限于火山活动地带，是一般深度不超过10千米的浅源地震。震级较大，多属于没有主震的地震群型，影响范围小。

诱发地震

人为因素诱发的地震，称为诱发地震。诱因为深井注水、人工爆破、地下核爆炸、水库蓄水等。人工爆破诱发地震是由于爆炸时产生的压力脉冲使原有断层滑动而产生的。水库蓄水引起的地震称水库地震，主要是因为水库蓄水后，水体的静压力以及润滑剂作用，增加了岩层断层的活动性，便形成了地震。

震级

震级是根据地震仪记录到的地震波强弱程度（震幅和周期）测定的地震大小等级。1935年，美国地震学家C.F.里克特首先制定了测定震级的方法。80年代，安艺敬一研究发现，利用矩震级可以较好地估算出全部地震波的总能量。矩震级是震级的新发展。据史料记载，我国所有省份都发生过5级以上的地震。华东地区是地震活动最频繁、强烈的地区，已经记录到多次8级和8级以上的剧震。

环太平洋地震带

环太平洋地震带是一条非常活跃的地震带。它的范围从太平洋东岸的智利环绕洋岸，一直延伸到西南岸的印度尼西亚和新西兰。中国台湾省就在这条地震带上。

地中海—喜马拉雅地震带

地中海–喜马拉雅地震带，西起地中海，经土耳其、中亚、印度北部、中国西南部，直到印度尼西亚与环太平洋地震带相遇。地震带上分布着很多火山。

滑坡和泥石流

在重力作用和地表水、地下水、河流冲刷、地震及人为因素等影响下，山地斜坡上的岩石或土块，沿滑动面整体向下滑动的现象称为滑坡。滑坡多发生在大雨期间。开挖坡脚、爆破、水库蓄水、矿山开采等也会诱发滑坡。

泥石流是大量泥沙、石块等固体物质，在重力和水的作用下，沿着斜坡或沟谷突然流动的现象。泥石流历时短、暴发急、来势猛，能将数十万立方米，甚至上千万立方米的固体物质，从山内搬到山外。泥石流具有极大的破坏力，严重危害人们的生活。人为不合理的开挖、滥伐乱垦加重水土流失等是造成泥石流的重要原因。

火山喷发

火山是由地球内部的炽热岩浆及伴生的气体和碎屑物质喷出到地表后冷凝、堆积而成的山体。是地球内部能量的一种强烈释放形式。典型的火山地貌表现

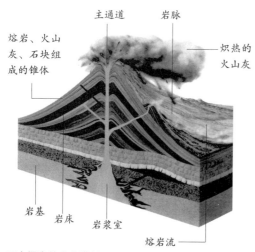

正在爆发的火山横断面
除了由主火山通道喷出来，附近被称为岩脉的通道熔岩也能流出来。岩床指岩石层间充满熔岩的通道。

为顶部为漏斗状洼地的锥体孤立山峰，如日本富士山。山顶的洼地称火山口，火山口蓄水则形成湖泊，称火口湖。火山分为死火山、休眠火山和活火山。火山喷发多具间歇性，其分布受板块构造控制。火山喷发是地球上最壮丽的自然景观之一。它是在地壳出现裂隙时，位于岩石圈下面的岩浆从中喷射而出的现象。1963年11月14日，冰岛南海岸附近的大西洋洋面上发生了一次火山喷发，为冰岛添了一块新的领土。

海啸

由海底地震、海底火山爆发、水下塌陷和滑坡等原因引起海水的长周期波动叫海啸。发生时海水激荡、上涌形成惊涛骇浪，声如虎啸，因而称之为海啸。海啸是一种波长为几十米至几十千米、周期为2～200分钟的重力长波。传播到接近海岸地带，由于水深度逐渐变浅，海底阻力加大，波浪变形，波高急剧增大（可达10余米），便形成巨浪冲向陆地。因能量集中，所以常造成严重的灾害。强大的低气流通过洋面时产生的海啸，称为风暴海啸。

龙卷风

龙卷风是由强烈雷暴所形成的小范围强烈旋风。出现在陆地上的称陆龙卷；出现在海面上的，称海龙卷或水龙卷。龙卷风以漏斗状从雷雨云中向下扩展。所形成的大风及突然下降的气压使其所经之地遭到破坏。龙卷风威力巨大，可拔树倒屋，把汽车、人畜卷入空中，造成生命财产重大损失。

热带气旋

热带气旋是指大气涡旋在热带海洋

气流做逆时针方向旋转。直径一般几百千米，最大可达1000千米以上。热带气旋区域内的风速，以近中心为最大。国际上常以近中心最大风速作为强度分类的标准，将其分为低压区、热带低压、热带风暴、强热带风暴、台风或飓风。

台风

发生在热带、副热带海洋上的气旋性空气涡旋，也称热带气旋、热带风暴和飓风。台风的范围大小不等，大的涡旋半径可达1000千米以上，小的也有200～300千米，大多数在500千米左右。

国际规定：最大风力6～7级为热带低压；8～9级为热带风暴；10～11级为强热带风暴；12级以上为台风。70%集中在7～10月。

台风或热带风暴基本上沿着大范围环境的平均气流移动。在中国登陆的热带风暴、强热带风暴和台风的总数平均一年有7个，最少的一年为4个，最多的一年达12个。

台风

台风伴随着的狂风、暴雨和巨浪常常给海上航运、渔业、盐业生产和沿岸人民的生命财产造成很大危害。

沙尘暴

沙尘暴是地面有松散的尘或沙的地区，在强风作用下沙尘被吹起达到相当的高度，并随风散布到本地以外的现象。出现时空气混浊，水平能见度小于1千米，严重时可使能见度等于零。沙尘暴在中国西部、北部春季常见，特别是在地面无植被、完全为松散的尘沙覆盖的地区，当强冷空气来时就易形成沙尘暴。

凌汛

下游河段河面封冻，而上游的水流携带冰块不断涌来，以至出现冰坝，阻塞水流，造成河水猛涨，这种现象称之为凌汛。我国凌汛主要发生在黄河中游的河套地区和下游的山东境内。

雾凇

雾凇是在冬季有雾的情况下，空气中的水汽直接凝华，冻结在物体表面而形成的乳白色冰晶物。常呈毛茸茸的针状或表面起伏不平的粒状，多附着在细长物体的迎风面上。根据雾凇形成条件的不同，可分为粒状雾凇与针状雾凇。我国雾凇出现最多的地方在吉林省。

霜和霜冻

深秋、寒冬和早春季节的早晨，草地上、树叶上甚至某些建筑物上面铺盖着一层白色冰晶物，这就是霜。它是由于夜间空气辐射冷却，近地面层空气温度低于0℃时，水汽在地面或近地面物体上凝华而成的白色冰晶。

霜与我们经常听到的霜冻是有区别的。霜冻是指在农作物生长季节，地面或植物表面温度下降，致使农作物遭受伤害或死亡的现象。

雪崩

雪崩是在地势险峻、降水充分的高山积雪区所发生的积雪崩塌现象。当积

33

雪达到一定厚度时，下部地层的温度明显比上部高，饱和水汽压也比上层大，水汽从下部往上部逸散。上部的地层接受水汽后发生凝华，下层地层则不断升华造成雪体下滑趋势。一旦遇到轻微地震、滚石、大气压的变化、风的吹袭、动物的爬行、大的声响等，就能诱发雪崩。雪崩可冲毁桥梁、路基、车辆和通信设施，堵塞河道，引发洪水，破坏房屋，伤害人畜，是自然界的"白色死神"。中国天山西部、阿尔泰山、西藏东南部是雪崩多发地区。

旱涝灾害

旱涝对农业生产和人民生活危害极大。大范围的长期干旱，可使农作物枯死，导致人口的流散，城市的灭亡。强烈的暴雨造成洪水暴发、江河溃决，淹没城市和大片农田，从而酿成涝灾。由于中国气候的特点，旱涝灾害在不同地区和不同季节往往交替出现。

地理知识

一、洋

太平洋

太平洋是世界上最大、最深、边缘海和岛屿最多的大洋。它位于亚洲、大洋洲、南极洲和南北美洲之间。南北最长约15900千米，东西最宽约19000千米，总面积16526万平方千米，平均深度3957米，最大深度11034米。

太平洋的边缘海绝大部分集中在亚洲沿岸，如白令海、鄂霍次克海、日本海、黄海、东海和南海等。岛屿众多，主要分布在中部和西部，其中新几内亚岛（伊里安岛）是世界第二大岛。流入太平洋的河流有亚洲大陆的长江、黄河、珠江、黑龙江、湄公河以及美洲大陆的育空河、哥伦比亚河及科罗拉多河等。

太平洋东西两岸的海岸类型有明显差别。东海岸的山脉走向与海岸平行，海岸线平直陡峭，大陆架狭窄；西岸自北向南分布着一系列的岛弧，岛屿错列，岸线曲折，岛弧后深海盆较浅，大陆架宽广。

太平洋气候以热带和亚热带气候为主，兼有各种气候带。太平洋海洋资源丰富。其中，渔业生产居世界各大洋之首，占世界总渔获量的一半以上。主要渔场有西太平洋渔区和秘鲁渔场等。目前矿产资源勘探、开发主要在浅海区，主要是海底石油。近年来，在太平洋深海中发现大量锰结核矿层，其分布范围、储藏量和品位均在各大洋之首。太平洋在世界海运中的地位仅次于大西洋，海运的大宗货物主要是石油、矿石、谷物等。

大西洋

大西洋是世界第二大洋。位于欧洲、非洲、南北美洲和南极洲之间。大西洋轮廓略呈S形。总面积为10646万平方千米，平均深度3597米，最大深度9218米。南半部海岸较平直，较重要的边缘海仅有南极大陆与南极半岛之间的威德尔海；北半部岸线较曲折，重要的边缘海、内海和海湾有地中海、黑海、波罗的海、北海、比斯开湾、几内亚湾、加勒比海、墨西哥湾、圣劳伦斯湾、哈得孙湾和巴芬湾等。

大西洋的大陆架面积约921万平方千米，占该洋面积的10%。表层海水温度最高达 27℃，最低为 -2℃。表层海水盐度为 33‰ ~ 37‰，其平均值居四大洋之首。海冰主要分布在南大西洋的南部和北大西洋的西北部，包括冰山和浮冰两类。

大西洋矿产资源极为丰富，主要有石油、天然气、煤、铁和锰结核等。生物资源丰富，北大西洋主要有鳕鱼、毛鳞鱼、鲱类及鲭鱼、鲽鱼、贝类；南大西洋则以沙丁鱼、油鲱、无须鳕、贝类为主，邻近南极洲周围海域有磷虾、企鹅、鲸等。

大西洋在世界航运中具有十分重要的地位。它西通巴拿马运河连接太平洋，东穿直布罗陀海峡，经地中海、苏伊士运河通向印度洋，北连北冰洋，南至南极海域。航路四通八达，非常便利。

印度洋

印度洋是世界第三大洋。面积 7344 万平方千米，平均深度 3890 米，最大深度 7450 米。在亚洲、大洋洲、南极洲与非洲之间。北部封闭，南部开敞。东、南、西三面岸线平直，只有北面岸线曲折，形成一系列边缘海、内海及海峡，自西向东有红海及亚丁湾、阿拉伯海、阿曼湾及波斯湾、孟加拉湾、安达曼海，以及澳大利亚大陆与马来群岛和新几内亚岛之间的帝汶海和阿拉弗拉海。在澳大利亚南岸有大澳大利亚湾，在非洲大陆东南岸与马达加斯加岛之间有宽阔的莫桑比克海峡。

印度洋的洋流系统有季风暖流系统、南赤道暖流系统（自东向西流）和西风漂流（寒流）系统。该洋盐度最大的海域为红海（40‰）、波斯湾（37‰ ~ 39‰）和阿拉伯海（36‰以上）。

印度洋南缘为永冰区，海冰分布界线随季节而变化。

海底油气资源丰富，其中波斯湾是世界上已探明的最大的海底含油气区。印度洋是联系亚洲、非洲、大洋洲的交通要道。往西经过红海、苏伊士运河，经地中海而进入大西洋；向东经过马六甲海峡进入太平洋。石油及其他矿石、谷物是印度洋的主要运输物资。

北冰洋

北冰洋是世界最小和最浅的大洋。面积 1225.7 万平方千米，平均深度 988 米，最大深度 5502 米。位于地球最北端，为亚、欧、北美大陆和格陵兰岛所环抱。

北冰洋海底地形的突出特点是大陆架非常宽阔，面积为 584 万平方千米，约占整个大洋面积的 40%。洋底中央分布有罗蒙诺索夫海岭、门捷列夫海岭和南森海岭。

北冰洋是北半球海洋中寒流的主要发源地。其中以东格陵兰寒流和拉布拉多寒流最强。也受到北大西洋暖流的较大影响。

北冰洋海冰总体积为 2.6 万立方千米。海洋生物资源较少，在沿岸岛屿和浮冰上栖息着北极特有的北极熊、海象、海豹、北极狐等。矿产资源以石油、天然气为主，分布在北美、亚欧大陆沿岸大陆架，有良好的开发前景。

南大洋

南大洋是环绕南极大陆的太平洋、大西洋、印度洋的南部海域及其附属海。曾有南冰洋、南极海、南极洋等名称。是一些国家的传统称法，并未形成国际统一认识。仅有的一条深海沟南桑威奇海沟是南大洋的最深处。南极海冰主要有海水冻结而成的海冰及由冰架前缘崩解而成的冰山两类。南大洋生物资源丰富，尤其是磷虾和鲸。此外，海豹、企鹅、鱼类等资源也十分引人注目。

二、海

海洋

海洋由海水水体、溶解或悬浮于其中的物质、生活于其中的海洋生物、邻近海面上空的大气和围绕海洋周缘的海岸及海底等组成。一般把海洋中心部分称为"洋"，边缘部分称为"海"，但也有处于大陆之间、伸入大陆内部或被包围于海水之中的海。海洋是全球生命支持系统的基本组成部分，也是维持并联系人类持续发展的资源宝库。

内海

内海是四周被大陆或岛屿、群岛所包围，但有狭窄水道或海峡与大洋相通的海。按照内海的水文状况、海底地质及地貌特点，通常将面积较小、平均深度浅、地貌较单纯、深入一个大陆并受大陆影响较显著者称为陆内海；面积大、水深较大、海底地质及地貌较复杂、位于大陆或几个大陆之间，受大陆影响较弱者称为陆间海。

海浪

海浪是由风力引起的波浪，包括风浪、涌浪和近岸浪。在不同的风速、风向和地形条件下，海浪的规模变化很大。海浪蕴藏着巨大的能量，可以产生很大的破坏性，但是人们掌握了它的规律后就可以变害为利。现在人们已经可以利用海浪发电。

潮汐

潮汐是月球和太阳对地球各处引力不同所引起的地球水位、地壳、大气的周期性升降现象。根据对象的不同分别称为"海潮""陆潮"和"气潮"。白天出现的涨落称为"潮"，夜晚出现的涨落称为"汐"。其中由月球引起的潮称为"太阴潮"，由太阳引起的潮称为"太阳潮"。由于月球比太阳距地球近得多，因此月球起潮力是地球潮汐的主要原因，太阳潮可对太阴潮起增强和减弱作用，形成"大潮"和"小潮"。潮汐的制动作用使地球的自转变慢。潮汐蕴含的能量非常大，世界上靠近海岸线的浅海和河口处的潮汐能达 10 亿多千瓦，是一种有

海鸥在海浪间穿梭时，犀利的目光总是对准洋面，搜索食物。它们通常栖息在海岸边。不过，许多其他种类的鸟却会深入大洋深处，直到繁殖期才返回大陆。对于它们而言，陆地是一个陌生而又危险的地方。

开发价值的能源。

潮差

高潮与低潮之间的水位高度差，即为潮差。我国杭州湾的澉浦最大潮差为 9 米，被誉为"天下奇观"。

风浪

风浪是在风直接作用下产生的水面波动。风浪出现时会同时出现许多高低、长短不等的波。波面较陡，而且波峰附近通常有浪花或大片泡沫。

涌浪

涌浪通常是指风浪离开风吹的区域后所形成的波浪。风速、风向等因素的突变，也可能使风区内原来的风浪转变为涌浪。涌浪比风浪更具有较规则的外形，在传播过程中，其波高、周期和波长有显著变化。

海洋地质构造

海洋地质构造主要研究海洋地壳结构、构造形象、空间分布、形成原因及演变历史。海洋地壳结构有 3 层，上层为沉积岩，中层为玄武岩，下层为辉长岩等。海洋地壳构造形象表明，海底主要构造单元是大洋板块和板块边缘。一般用海底扩张说和板块构造模式来解释大洋构造的演变历史。

海岸

海岸是指现代平均高潮线以上的狭窄的沿岸地带，包括上升的古海岸带。这一地带又称为潮上带。现代海岸线大部分时间裸露于海面之上，海岸是位于其上的狭长地带。除了潮上带，还有高潮水位与低潮水位之间的潮间带，又称海滩。以及一直在水下的潮下带，又称水下岸坡。全球海岸的分类，通常是以

夏威夷北部海岸是由火山岩组成的，海水很容易就能将这些火山岩冲破。大浪和犬牙交错的海岸使得船舶靠近变得十分危险。

形态成因原则而对各种海岸类型进行科学分类的。

海岸变迁

过去地质历史时期同一海岸地带海水入侵或海水从陆地退出的现象叫海岸变迁。自古以来中国就有"沧海桑田"的科学成语，表明中国对海陆变迁的认识较早。海岸变迁的原因是由于地壳运动和冰川消长引起的海平面升降。此外，还有海底构造运动引起的洋盆水容量增减，冰川均衡作用等导致的海平面升降。

海成阶地

海成阶地是因水动型海面升降或地动型陆地升降，使海蚀台或海滩抬升或下沉而形成的阶梯状地形。一般可分为上升阶地和下降阶地。高于海面以上的上升阶地，阶面上往往残留有少量海洋沉积物或有海蚀遗迹。海面以下的下降阶地，一般称为水下阶地，阶面上往往被后期海洋沉积物所掩埋。同一地区的海岸或海面在地质历史上曾经历过多次升降，可形成多级海成阶地。

海底地貌

海底地貌是海水覆盖下的地球起伏形态的总称。海底地貌可分为大洋中脊、

大洋盆地和大陆边缘三个巨型基本地形单元。三个地形单元又可进一步划分出次一级的海底地形类型。

陆间海

陆间海是处于几个大陆之间的海。其面积和深度均较大，有海峡与毗邻海区或大洋沟通。地中海是世界上最大的陆间海。

边缘海

位于大陆边缘，以岛屿、群岛或半岛与大洋分隔，仅以海峡或水道与大洋相连的海域，叫边缘海。边缘海可按其主轴方向分为纵边缘海和横边缘海。主轴平行于附近陆地的主断层线，为纵边缘海，如白令海、鄂霍次克海、日本海等。主轴线与断层大体上呈直交的为横边缘海，如北海等。边缘海水文特征受大陆影响，变化比大洋大。

海洋调查

海洋调查指对海洋环境状况或现象及其时空变化进行调查、监测、监视。它是由各种观测设备、海洋调查船、执行辅助海洋观测的作业船只、岸边和岛屿海洋站、海洋天气船站、观测浮标、卫星、飞机、雷达和其他形式的观测平台，以及获取标准海洋学资料的组织和管理机构所组成。

深海钻探计划

1968 年 8 月至 1983 年 11 月进行的一项海底地球科学研究计划，用大洋钻探获得的海底岩芯，及井下测量资料来研究大洋地壳的组成、结构、成因、历史及其与大陆的关系。此项计划的完成获取了大量的珍贵资料，填补了深海地质学的空白，验证了海底扩张说和板块构造说，为古海洋学的建立奠定了基础，极大地推动了海洋地质学的发展，为近代地质学理论和实践作出了重大贡献。

三、岛和半岛

群岛

群岛是在海洋中彼此相距很近、类型一致、在成因上有一定联系的许多岛屿的合称。如我国的舟山群岛、西沙群岛等。

波利尼西亚群岛
法属波利尼西亚群岛散布在辽阔的太平洋上，从最北边的岛屿到最南边的岛屿大约有 2000 千米，每年大约有 20 万游客前往各岛游览。

大陆岛

大陆岛是指在地质构造上同大陆相似或相联系的岛屿。一般位于大陆边缘。大陆岛原为大陆的一部分，后因地壳沉降或海面上升与大陆分离而成岛。如中国的台湾岛、舟山群岛和欧洲的不列颠群岛。

火山岛

火山岛是大洋岛的一种。由海底火山喷发物质堆积而成。有的单独耸立在海上，如太平洋皮特凯恩岛；也有的是一系列火山，如夏威夷群岛的大部分岛屿。

冲积岛

冲积岛又称堆积岛，由河流泥沙堆积而成。分布于河流、湖泊、近海岸带。地势低平，大多由沙和黏土等碎屑物质组成。形态和大小随水流动力条件而变化，如中国的崇明岛。

珊瑚岛

珊瑚岛属于大洋岛。是由珊瑚礁构成的岩岛或由珊瑚礁碎屑构成的灰砂（砾）岛。主要分布在热带和亚热带。岛屿地势低平，面积很小，如中国的南海诸岛、中途岛等。

珊瑚礁

珊瑚礁是热带、亚热带海洋中的一种石灰质岩礁。分岸礁、堡礁、环礁几种。一般由造礁珊瑚的石灰质遗骸和钙藻、贝壳等长期聚结而成。造礁珊瑚生长于大陆、岛屿沿岸和海底山顶顶部水深40米左右海区内。太平洋中部和西部、澳大利亚东北岸、印度洋西部以及大西洋西部从百慕大至巴西一带的海区珊瑚礁最发达。

岸礁

岸礁是沿大陆或岛屿边缘生长发育与陆地相连的珊瑚礁。宽度一般数十米至数百米，最宽达数千米。退潮时可以见到宽度不一的礁平台。中国海南岛东岸、雷州半岛南部和台湾岛南部沿岸均有岸礁分布。

堡礁

堡礁是以带状浅海同陆地隔开的长形珊瑚礁，又称"离岸礁"或"堤礁"。一般在海面下，退潮时呈链状列岛露出海面。澳大利亚东海岸的大堡礁，伸延达2000多千米。

环礁

环礁是海洋上呈环带状或马蹄状的一种珊瑚礁。与外海多有水道相通，低潮时礁体往往露出水面。环礁直径数十米至数十千米，宽度一般较窄。常有灰砂（砾）岛或礁岩岛。其形成原因是由于堡礁或岸礁环绕的岛屿继续下沉或海面上升，岛屿被海水淹没，珊瑚礁继续向上生长，原岛屿范围成为湖，由堡礁或岸礁演变为环礁。

大堡礁

大堡礁是世界最大的珊瑚礁群，由一系列珊瑚岛礁组成。位于澳大利亚东北岸处，绵延伸展约2000千米。最宽处240千米，最窄处仅19.2千米。面积20.7万平方千米。包括近千个岛礁和浅滩，很多岛屿中有茂密的棕榈树和椰子树。周围景色优美，是著名的游览胜地，是世界上最大的海洋公园。

大堡礁位于澳大利亚昆士兰州以东，是世界上景色最美、规模最大的珊瑚礁群，每年都会吸引无数的游客。

台湾岛

台湾岛位于中国的东南部。南北长394千米，东西最大宽度为114千米。属大陆岛，地质历史时期曾与大陆相连。包括台湾岛、澎湖列岛、龟山岛、火烧岛、兰屿、彭佳屿、钓鱼岛和赤尾屿等岛屿，总面积3.6万平方千米。人口2000多万。台湾自古以来为中国领土。

台湾山地占三分之二。北回归线穿过中部，气候热湿，属热带、亚热带气候。年降水量曾超过8000毫米，是中国降水最多的地区。夏、秋两季多台风。矿产以煤、石油、天然气、铜、金、银、锰为主。农产以稻、甘蔗、茶叶、水果（香蕉、菠萝等）为主。特产天然樟脑和香茅油。有日月潭、北投温泉、阳明山、太鲁阁、北港妈祖庙等名胜古迹。

海南岛

海南岛是中国第二大岛。因地处琼州海峡之南，故名海南岛。北隔琼州海峡同雷州半岛相望。南北长245千米，东西宽258千米，面积3.4万平方千米。地形以山地和台地为主，山地、丘陵、台地及平原依次环状分布。北部为平原。中部有黎母岭和五指山，南渡江、万泉河、昌化江等均源于此。

气候终年炎热。除稻、薯类、甘蔗外，还产橡胶、椰子、剑麻、油棕、海岛棉、咖啡和热带水果等。有长臂猿、猕猴、短尾猴、海南坡鹿、红树林等珍贵动植物。林业和矿产资源丰富。沿海渔、盐业发达。名胜古迹有五公祠、海瑞墓、牙龙湾、天涯海角等。

南海诸岛

位于中国海南岛东南和南面海域的南海诸岛，由250个岛屿、沙洲、暗礁、暗沙和暗滩组成。包括4个部分，分别是东沙群岛、西沙群岛、中沙群岛和南沙群岛。南海诸岛地处热带海洋。栽培植物有椰子、番木瓜、菠萝蜜、剑麻、香蕉和木麻黄等。浅海重要鱼类有40多种。还有珊瑚、海龟、玳瑁、贝类、虾、蟹、海藻等。

长山群岛

长山群岛位于辽东半岛东侧黄海海域。包括大长山、小长山、广鹿岛、石城岛、海洋岛、獐子岛等50多个岛屿，又称长山列岛。面积170余平方千米。长山群岛是与辽东半岛分离的大陆岛。海蚀地貌发育，海蚀洞、海蚀柱广为分布。群岛周围渔场广阔，自古以来是中国著名的天然鱼仓，产鱼虾百种以上。因地处北温带寒暖流交汇处，所以冬不冷，夏不热，阳光充足，海水洁净，是良好的旅游胜地。

庙岛列岛

庙岛列岛位于辽东、山东二半岛之间，纵跨渤海、黄海分界处。由南北长山岛、庙岛、大小黑山岛、大小竹山岛、车由岛、猴矶岛、高山岛、砣矶岛、大小钦岛、南北隍城岛等40多座岛屿组成。岛群纵列于渤海海峡中，各岛间有众多水道。气候宜人，是旅游避暑胜地。海洋水产资源丰富，是中国著名渔场。

蛇岛

蛇岛位于辽宁省大连市旅顺口西北海中，是与辽东半岛分离的大陆岛。面积0.6平方千米。据统计，岛上有3万多条蝮蛇。蛇岛气候受季风影响十分明显，属温带季风型，气候温和湿润。盛夏无酷暑，隆冬少严寒，夏秋多湿润，春秋多候鸟。

崇明岛

崇明岛位于上海市北部，长江的出口处。是中国第三大岛和最大的冲击岛，由江中的沙洲逐渐演变发育而成。地面平均高度3.3～4.2米，面积1083平方千米。岛南岸受到较强烈水流冲刷，已加固了堤岸，修建了丁坝。岛东西端和北岸淤涨快，面积日益扩大。气候温和湿润，四季分明。河流纵横，土地肥沃，有发达的农、牧、渔业。

舟山群岛

位于浙江省东北部，杭州湾以东，是中国沿海第一大群岛。由771个岛屿组成，面积1246平方千米。主要岛屿有嵊泗列岛、崎岖群岛、舟山岛、岱山岛、六横岛等。群岛主要由火山喷出岩和花岗岩组成，地貌特征以丘陵为主。位于亚热带季风区，地处台湾暖流和长江、钱塘江、甬江淡水及其海水团的交汇区，加之海域磷、硅含量高，水质肥沃，饵料丰富，是中国最大的渔场。

冲绳诸岛

冲绳诸岛由主岛冲绳及伊平屋、伊江、久米等70余座小岛组成。第二次世界大战后为美国占领，1972年归还日本。面积1400平方千米。气候湿热，月降水量100毫米以上，常有台风暴雨袭击。森林很多，主产甘蔗、菠萝。工业以制糖等食品加工为主，建有石油化工和水泥等企业。

马来群岛

马来群岛是世界上最大的群岛，旧称南洋群岛。位于太平洋西南部，包括大巽它、小巽它、菲律宾及马鲁古群岛等2万多个岛屿。南北长约3500千米，东西宽约4500千米，陆地面积243万平方千米，分属印度尼西亚、菲律宾、马来西亚、文莱和东帝汶等国家。山岭纵横，河流短小，多火山、地震。赤道横贯，炎热多雨。遍布热带森林，盛产稻米、橡胶、甘蔗、椰子、油棕、胡椒、木棉等。

苏门答腊岛

印度尼西亚的最大岛屿，世界第六大岛。东北隔马六甲海峡与马来半岛相望，西临印度洋，东濒爪哇海，东南与爪哇岛遥望，面积43.4万平方千米。赤道横贯岛的中部，大部分属热带雨林气候。由于地理位置与地形影响，各地降水有明显差异。

大不列颠岛

欧洲第一大岛，为大不列颠群岛的主岛之一。是英国领土的主要组成部分。在大西洋中，隔北海与欧洲大陆相对。包括英格兰、威尔士、苏格兰三部分，面积21.98万平方千米。海岸曲折，多海湾、半岛。属温带海洋性气候，温凉湿润，日照较少。矿藏有煤、铁等。

冰岛

冰岛地处欧洲西北大西洋，接近北极圈。3/4的土地是高原，沿海有狭小平原。岛内多火山、温泉和瀑布。约13%土地为冰雪覆盖。北部属寒带苔原气候，南部属温带海洋性气候。南部沿海一带受北大西洋暖流影响，气候较同纬度其他地区温和。年降水量南岸达2000毫米，北岸约450毫米。秋、冬季常有极光出现。地热和水力资源丰富，矿产贫乏。

克里特岛

克里特岛是希腊最大的岛屿，在地中海东部。东西长250千米，南北宽12～60千米，面积8336平方千米。约4000年前，这里就兴起了以克诺索斯为中心的王国。公元前16世纪，农业、手工业已很发达，并同欧、亚、非各地有密切贸易关系。近代考古证明，岛上最早产生爱琴海区域古代文化。岛内多山，北部沿海有狭窄平原。地中海式气候，适宜种植油橄榄、葡萄、柑橘等。工业有仪器制造、制皂、皮革等。旅游业兴盛。

马达加斯加岛

马达加斯加岛为世界第四大岛。南北长约1570千米，东西最宽处580千米，面积62万平方千米。中部为海拔1000～2600米的高原，东西两侧为沿海平原。河流众多，水力资源丰富。有石墨、铬、铝土、云母、金刚石等矿产。东部属热带雨林气候，西部属热带草原气候。

夏威夷群岛

夏威夷群岛是太平洋中北部岛群。由夏威夷岛、毛伊岛、瓦胡岛、考爱岛等大小132个火山岛和珊瑚岛组成，西北至东南延伸2400多千米。面积16729平方千米。仅10个大岛有居民，以亚洲移民后裔和波利尼西亚人为主。首府火奴鲁鲁。1810年建夏威夷王国，1900年归属美国。1959年成为美国第五十州。

夏威夷群岛多火山，冒纳罗亚火山海拔4169米，为群岛最高峰。气候湿热，林地约占42.3%。考爱岛的韦埃利勒峰向风坡年平均降水量11684毫米，是世界上平均降水量最多的地方。群岛有热带海滨和火山奇观，以及独特的文化风情，是著名的度假、游览胜地。农业有甘蔗、菠萝、咖啡、香蕉、蔬菜等。工业以制糖、水果罐头等为主。

新几内亚岛

太平洋最大岛，世界第二大岛。又称伊里安岛。位于太平洋西南部。由印度尼西亚的伊里安查亚省和巴布亚新几内亚独立国组成。面积约78.5万平方千米。岛上蕴藏金、铜、镍、石油和天然气等矿产资源。山区河流拥有丰富的水力资源。森林面积广大，多为热带原始森林。受制于经济发展水平和交通条件，多数资源尚未开发利用。

百慕大群岛

百慕大群岛是北大西洋西部的岛群，面积53.3平方千米，由145个岛屿和许多岩礁组成。仅20个岛有居民。群岛风光宜人，为著名旅游胜地。附近海域常有船舶失踪，被世人称为神秘的百慕大三角。

俯瞰百慕大群岛

格陵兰岛

格陵兰岛是世界上最大的岛屿。隶属丹麦，位于北美洲东北部，北冰洋和大西洋之间。面积217.56万平方千米。岛内居民90%为因纽特人，主要分布在西部和西南部。通行因纽特语和丹麦语。首府戈特霍布。全岛约4/5在北极圈内，气候严寒。经济活动以渔猎、采矿为主。

山东半岛

中国三大半岛之一。从山东省东部、胶莱谷地以东，伸入渤海、黄海。隔渤海海峡与辽东半岛相对。面积3.9万平方千米，主要由花岗岩和变质岩组成。地形多波状丘陵。属暖温带季风气候。农业以小麦、高粱、花生、甘薯、柞蚕丝和水果为主。海岸曲折，沿海盛产鱼、盐。有青岛、烟台、威海等港口。有崂山、成山角、蓬莱阁等名胜古迹。

辽东半岛

中国三大半岛之一。位于辽宁省南部。面积 3.7 万余平方千米。是全国果树、柞蚕和花生主要产区。矿产有煤、铁、铜等。海岸曲折，港湾多，有大连、旅顺等良港。

中南半岛

中南半岛是亚洲南部三大半岛之一，又称"中印半岛"。东濒南海，西临孟加拉湾。包括越南、老挝、柬埔寨、缅甸、泰国、中国云南和马来西亚西部。面积约 200 万平方千米。地势北高南低。山川相间分布，南北延伸。以热带季风气候为主，干湿季分明。岛内多森林，锡矿、钨矿丰富。盛产柚木、稻米、天然橡胶、油棕等。

阿拉伯半岛

阿拉伯半岛位于亚洲西南部，是世界最大的半岛。东北临波斯湾和阿曼湾，东南濒阿拉伯海，西隔红海与非洲大陆相望。面积 322 万平方千米。气候干热，沙漠广布，常年有水的河流极少，有绿洲。矿藏丰富、盛产石油。

巴尔干半岛

巴尔干半岛是欧洲南部三大半岛之一。位于欧洲东南部，介于亚得里亚海、伊奥尼亚海、爱琴海和黑海之间。北至多瑙河及其支流萨瓦河。面积约 50 万平方千米。地处欧、亚、非三洲之间，地理位置极其重要。大部为山地，有巴尔干山脉、罗多彼山脉、迪纳拉山脉、品都斯山脉等。穆萨拉峰海拔 2925 米，是半岛最高峰。海岸曲折，多岛屿。西部沿海多狭长形岛屿、港湾和海峡，为典型的达尔马提亚型海岸。仅北部和东部有局部平原。西岸、南岸属地中海式气候，内陆是大陆性气候。森林和水力资源丰富，有石油、煤、铬、铜等矿藏。

斯堪的纳维亚半岛

欧洲最大的半岛。范围在巴伦支海、挪威海、北海和波罗的海之间，东北部与大陆相连，其间没有明显的自然界线。面积约 80 万平方千米，包括挪威、瑞典和芬兰北部的一小部分。半岛属寒温带海洋性气候，全年盛行西风和北风，并受北大西洋暖流的影响，冬季气温明显高于同纬度的其他地区。铁矿丰富。

佛罗里达半岛

佛罗里达半岛位于美国东南部，面积 11.5 万平方千米。地势低平，湖泊众多。属亚热带湿润气候，多飓风。隔佛罗里达海峡和古巴相望。

拉布拉多半岛

拉布拉多半岛位于加拿大东部，在哈得孙湾和大西洋之间。面积 130 万平方千米。大部分为低高原，海拔 300 ~ 900 米。湖泊众多，有"湖泊高原"之称。沿海多峡湾。半岛东岸有拉布拉多寒流经过，气候冷湿。河流湍急，水力资源丰富。

四、海湾海峡

海湾

海湾是伸入陆地、深度逐渐减小的海或洋的部分水域。海湾分界线一般以

太平洋岛国帕劳首都科罗尔优美的海湾

湾口附近两个对应海角的连线划分。海湾大小不一，有的海湾甚至比一般的海还大，如加拿大的哈得孙湾。有些海湾实质上是海，如墨西哥湾。

孟加拉湾

位于印度半岛、中南半岛、安达曼群岛、尼科巴群岛之间。面积271.2万平方千米，是世界上最大的海湾。平均深2586米，最大深度5258米。属季风洋流。有恒河、布拉马普特拉河等注入。重要港市有加尔各答、马德拉斯、吉大港等。

波斯湾

印度洋边缘海。位于阿拉伯半岛和伊朗之间，长970多千米，宽56～338千米，面积24.1万平方千米。其海底和周围陆上是世界最大的石油宝库，石油蕴藏量占世界总蕴藏量的3/5。产量约占世界石油总量的1/3，输出量则占60%。主要供给世界上经济发达的美国、日本、西欧一些国家。有很丰富的渔业资源，盛产的鱼类品种很多，还有著称于世的珍珠和珍珠母。

几内亚湾

位于帕尔马斯角和洛佩斯角之间，是西非沿岸大西洋的一部分。大陆架窄小。沿岸多浅滩、潟湖和红树林。有尼日尔、沃尔特等大河注入。地处赤道带，气候湿热。主要港口有阿比让、阿克拉、洛美、拉各斯等。

墨西哥湾

位于墨西哥、美国和古巴之间，是大西洋伸入北美大陆东南部的一个海湾。东西长1609千米，南北宽1287千米，面积154.3万平方千米。是仅次于孟加拉湾的世界第二大海湾。海湾地处热带和副热带，深居内陆，赤道暖流的流入使得海湾表层水温较高。海水盐度也较大，为36‰～36.9‰。沿岸的主要港口有休斯敦、新奥尔良、坦帕、坦皮科、哈瓦那等。

哈得孙湾

哈得孙湾伸入加拿大东部内陆。北经福克斯湾与北冰洋相通，是北冰洋的边缘海，东北通过哈得孙海峡与大西洋相连。向东南伸出部分是詹姆斯湾，是一个近乎封闭的内陆浅海。海底地形东北深、西南浅，中北部是海盆，中部是浅滩。西部海岸比较平坦，东部海岸比较复杂。海湾东、西两岸居住着因纽特人，他们以捕鱼和狩猎为生。

峡湾

峡湾是滨海地区由古冰川侵蚀成的冰川谷。主要分布于纬度较高地带的大陆山地海岸。特点是深入陆地，港湾狭长，两岸陡峭，槽谷水深。以挪威西海岸最为典型。

海峡

海峡是连接两个海或洋，在两块陆地之间的狭窄水道。如沟通东海和南海的台湾海峡，连接北冰洋和太平洋的白令海峡，沟通地中海和大西洋的直布罗陀海峡。海峡在海运和军事上都具有重要意义。一般水深流急，多涡流，海水盐度、温度、水色和透明度等水文要素在垂直方向比水平方向上变化较大。

台湾海峡

中国福建省与台湾省之间的狭长海域。位于东海大陆架南部，与南海北部大陆架相连，是连接东海与南海的通道。南北长 380 千米，东西最狭处 130 千米，平均深度为 60 米。台湾海峡有复杂的地形，其绝大部分属东海大陆架，而东南部却属大陆坡。其面积虽不大，但地形急转直抵南海深海盆。海峡潮流较强，海浪较大，且季节变化明显，最大海浪出现在夏季台风期间，浪高可达 15 米以上。台湾浅滩是中国重要渔场之一，是著名的鱿鱼基地。养殖业很发达。此外，海峡地区富有油气。

马六甲海峡

马六甲海峡连接南海与安达曼海，处在马来半岛和苏门答腊岛之间，沟通太平洋和印度洋。全长 1185 千米，水深 25 ~ 151 米。可通航 20 万吨海轮，是国际重要通航海峡之一。

霍尔木兹海峡

在伊朗南部与阿曼之间，是波斯湾通往阿拉伯海的唯一出口。是海湾地区石油外运的重要通道。

直布罗陀海峡

直布罗陀海峡位于欧洲伊比利亚半岛南端和非洲西北角之间，北岸为西班牙，南岸为摩洛哥。长 65 千米，宽 14 ~ 44 千米，平均水深 375 米，是大西洋和地中海之间的海上通道。沿岸有直布罗陀、休达等港口。

英吉利海峡

英吉利海峡在英国和法国之间。西连大西洋，东北通北海。长 563 千米。最宽处 241 千米，最狭处 33 千米，平均水深 53 米，是世界上最繁忙的海上要道之一。

五、洋流

大洋环流

大洋环流是大洋中海水做大规模的、连续的、并按一定路线由一个海域流入另一海域的流动系统。主要是在海面风力、热盐等作用下进行的。其中最显著、最重要的是在赤道南北的低纬度海域，在东南和东北信风作用下分别形成赤道逆流。在北半球的中纬度地区，海水在西风作用下形成北大西洋流和北太平洋流。在南半球的中纬度地区，在西风作用下形成南极环极流。在南半球的高纬度地区，海水在东风的作用下，向西流动，称为极地东风流。这些洋流在低纬至高纬地区，分别形成热带环流、亚热带环流和亚寒带环流等环流系统。其海水状态不一，水温、盐度各异。

洋流

又称海流，指因风力、海底地形、海水密度、地转偏向力、陆地、压强梯度力、岛屿屏障等作用的影响，造成的有相对稳定流速和流向的大规模水运动。依照成因可分为风海流、地转流、密度流、补偿流、倾斜流、潮汐流等；依照稳定性和持续时间分为定常流、非定常流、周期流等；依照水温高于或低于流经海区又可分为暖流和寒流。

大洋上海水蒸发、结冰、降水和融冰等热盐效应，造成的海水密度不均，

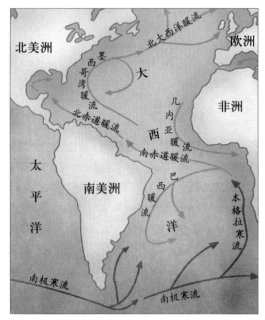

大西洋洋流示意图

45°，北半球右偏，南半球左偏，且其偏向随深度增加，而流速随深度减小。因此漂流只能在海面和摩擦阻力深度之间流动，而该深度以下可与表面流向相反。世界各大洋近表层洋流系统的成因主要属于风海流。

季风流

季风流是风海流的一种形式，是印度洋北部随季风交替出现的洋流系统。印度洋北部的海区，因季风影响，洋流流向产生明显的季节变化。冬季主要为东北季风，夏季主要为西南季风。顺时针方向的西南季风环流较之逆时针方向的东北季风环流的流速大，持续的时间长。

密度流

由海水密度分布不均匀产生的水平压强力与地转偏向力、湍流摩擦力共同作用所生成的流动。随深度增大而减弱。在忽略湍流摩擦力和非线性作用的特殊情况下形成的密度流，便是地转流或梯度流。

补偿流

海水从某一海区流出而引起海面降低，而邻近海区海水则随之流入补充，这种海水的流动称为补偿流。补偿流可以是水平的，也可以是垂直的。垂直方向补偿流又分上升流和下降流。

沿岸流

沿着局部浅海海岸流动的海流叫沿岸流。包括由于风力作用或河流入海作用，形成的沿着局部海岸流动的海流，以及在海岸带由于波浪作用形成的近岸流系。另外，沿着海岸运动的水流也称为沿岸流。中国近海有黄海沿岸流、东海沿岸流和南海沿岸流，它们是由河水

产生大洋热盐环流。海洋中的种种物理过程、生物过程、化学过程、地质过程及海洋上空气候的变化对洋流均有一定影响。

暖流

海水温度高于所流经海区的海流称暖流。通常暖流自低纬海区流向高纬海区，在流动过程中海水温度逐渐降低，对沿途气候有增温和增湿作用，对于表层水的混合也起重要作用。墨西哥湾暖流、黑潮、北大西洋暖流都是最强盛的暖流。

寒流

水温低于所经海区的海流称为寒流。通常自高纬流向低纬，如千岛寒流、秘鲁寒流等。对沿途气候有降温、减湿作用。

风海流

风海流是由风对海面作用所产生的切应力引起的海水流动。在地转偏向力作用下，表层海水的流向多偏离风向

和海水混合形成且具冲淡水性质的低盐水流。

赤道洋流

热带范围内海水受信风控制产生自东向西的大规模运动。在北半球称北赤道洋流，在南半球称南赤道洋流。势力强大，流向稳定。表层海水温度高，盐度大。太平洋和大西洋形成南北赤道洋流，印度洋仅有南赤道洋流。赤道以北受到季风影响而形成季风洋流。

赤道逆流

赤道逆流是赤道两侧南、北赤道海流之间的逆向海流。它自西向东流，补充大洋东部被赤道海流所带走的海水。由于赤道附近终年高温多雨，因此赤道逆流表层海水具有高温低盐性质。由于赤道北面和南面都出现向东的海流，所以赤道流可分为北赤道逆流和南赤道逆流。

赤道潜流

出现在赤道附近海域次表层中的海流，称为赤道潜流。它处在赤道暖流上部，与表层南、北赤道暖流的流向相反，自西向东流动，其流速比表层大。太平洋的赤道潜流核心位置自西向东上升，几乎横跨太平洋。大西洋的赤道潜流的特点与之相似，只是其流幅狭窄。

六、山

山地

高度在海拔 500 米以上，有较大相对高差的地貌类型，是山、山岭、山脉、山系、山原等的总称。按形态可分为高于 5000 米的极高山、3500～5000 米的高山、1000～3500 米的中山、200～1000 米的低山。低于 200 米的丘陵有时也可称山地。

山脉

具有明显走向呈条状分布的连绵山体，叫作山脉。山脉往往有一定的排列顺序，脉络一般很分明，所以有大地骨架之称。连续的多条山脉可以组成庞大的山脉，构成了横贯亚洲、欧洲、非洲的横向山系。这些山脉由大地构造，尤其是板块构造作用而形成。

山系

山系是在成因上有联系并沿一定走向规律分布的若干相邻山脉的总称。如喜马拉雅山系、天山山系、科迪勒拉山系等。

丘陵

丘陵是连绵起伏、坡度低缓的低矮山丘。一般是山地或高原由于长期受各种外动力的侵蚀而形成的。丘陵海拔一般在 500 米以下，相对高度不超过 200 米。没有明显的脉络，具有较缓的坡度和浑圆的顶部，常与低山一起构成低山丘陵。

喜马拉雅山脉

喜马拉雅山脉是一条由多列平行山脉组成的弧形山脉。位于中国西藏高原和印度次大陆之间，分布于中国、巴基斯坦、印度、尼泊尔、锡金、不丹境内。东西长达 2500 千米，南北宽 200 400 千米。山势挺拔高峻，高峰林立，平均海拔在 6000 米以上。超过 7000 米的高峰有 40 多座，8000 米以上的高峰有 10 座。其主峰珠穆朗玛峰海拔 8844.43 米，位于中、尼边界上，为世界第一高峰。

喜马拉雅山脉制约着南北两侧的大气环流，冬季阻挡北方的寒冷气流进入

喜马拉雅山脉

印度，同时迫使西南季风在跨越山脉北去之前降下大部分雨水，从而在印度一侧产生大量雨雪，而另一侧西藏则气候干燥。

喜马拉雅山区资源丰富，有许多可耕地、森林和草场，还有矿藏和水力资源。受交通的限制，不易开采。

昆仑山脉

昆仑山脉西起帕米尔高原，在新疆与西藏之间逶迤东行，经青海省到达四川省西北部，长达 2500 千米，平均海拔 5500 ~ 6000 米，素有"亚洲脊柱"之称。

昆仑山分为西、中、东三段。西昆仑山平均海拔 6000 米，高出塔里木盆地 4000 米左右。主要山峰有公格尔山（7719 米）、慕士塔格山（7546 米）、公格尔九别峰（7595 米）等。这些高山地带发育有现代冰川，其融水汇成的河流是塔里木盆地荒漠绿洲的宝贵水源。

中昆仑山位于塔里木盆地东南缘和柴达木盆地南缘，平均海拔 5000 米。分为三支，北支为祁漫塔格山，中支为阿尔金山，南支为可可西里山。火山较多，可可西里山是珍贵的藏羚羊栖息繁殖地。

东昆仑山位于青藏高原垭口以东，北支为阿尼玛卿山，又名积石山；南支

为巴颜喀拉山。东昆仑山发育较好，有冰川 138 条，总面积 690 平方千米。这里水草丰美，山脚有许多牧场。

乌拉尔山脉

乌拉尔山脉位于东欧平原和西西伯利亚平原之间。其东麓为欧、亚两洲分界线。北起喀拉海岸，南至奥尔斯克附近，绵延 2000 多千米，宽 40 ~ 150 千米。是伯朝拉河、伏尔加河、乌拉尔河与鄂毕河的分水岭。西坡缓，东坡陡。可分极地、亚极地、北、中、南五段。海拔一般在 500 ~ 1200 米。最高点亚极地乌拉尔的纳罗达峰，海拔 1895 米。铁、铜、铬、镍、铝土、钒、钾盐等矿藏丰富。

阿尔卑斯山脉

阿尔卑斯山脉是欧洲最高山系。长 1200 千米，宽 120 ~ 260 千米，呈弧形，蜿蜒于法国、意大利、瑞士、德国、奥地利境内。平均海拔 3000 米，主峰勃朗峰海拔 4807 米。主脉东延为喀尔巴阡山脉，东南为迪纳拉山脉，南为亚平宁山脉，西南为比利牛斯山脉。山区气候湿润，年平均降水量 1200 ~ 2000。莱茵河、罗讷河、波河等河流发源于此。受冰川作用，形成莱茵湖、苏黎世湖、博登湖等众多湖泊，风光秀丽。经辛普伦、圣伯纳德、勃伦纳、圣哥大山口等，修建有铁路隧道，是南北交通要道。阿尔卑斯山脉森林茂密，高处为草地。许多高峰终年积雪，多山谷冰川，水力资源丰富。

科迪勒拉山系

科迪勒拉山系是世界上最大的山系，纵贯美洲大陆西部。北起阿拉斯加，南

到火地岛，绵亘18000千米，穿越17个国家。分为北美科迪勒拉山系和南美科迪勒拉山系，各由数条平行山脉组成。山脉多呈南北或西北—东南走向。北美部分较宽、较低，一般海拔2000～3000米；南美部分较窄、较高，大部在海拔3000米以上。

落基山脉

落基山脉坐落在北美科迪勒拉山系东部。北起阿拉斯加北部，纵贯加拿大、美国，南同墨西哥东马德雷山脉相接，全长约4800千米。是北美大陆重要的气候分界线和河流分水岭。海拔一般在2000～3000米，有48座4000米以上的高峰。南段的埃尔伯特山海拔4399米，为最高峰。落基山脉中有很多平行的狭长山脉，并夹有山间盆地和高原。高山峰顶多冰川地貌。中段和南段植物垂直带分异较显著，自下而上有草原、针叶林和高山草甸。铜、铅、锌、钼、银等有色金属和煤蕴藏丰富。

安第斯山脉

安第斯山脉是南美科迪勒拉山系主干，位于南美洲西部。山脉多相平行，并同海岸走向一致。东北从特立尼达岛到南端的火地岛，长8900千米，宽约300千米。北段山岭和广谷、低地相间；中段夹有宽广的山间高原和谷地；南段低滑破碎，雪线很低，冰川发达。大部海拔3000米以上，50多座高峰超过6000米，山顶终年积雪。汉科乌马山海拔7010米，为美洲最高峰。图蓬加托火山海拔6800米，是世界最高活火山之一。安第斯山脉森林茂密。富产铜、锡、铋、钒、硝石等矿藏。对南美大陆气候、水文、土壤及交通等有重要影响。山中

多隘口，有横贯大陆的铁路通过。

七、河

河源

河源是河流的发源地。通常是溪涧、泉水、冰川、沼泽或湖泊。在侵蚀作用下，河源可不断向上移动或改变位置。世界上大的河流都有固定的发源地，如亚洲许多江河（长江、黄河等）都发源于青藏高原。

河口

河口分为入海河口、入湖河口及入流河口。它是河流注入海洋、湖泊或其他河流的河段。其水文特征及形态变化受河流及其所注入水体的双重影响。入海河口一般分为河流近口段、河口段及口外海滨段。

长江

长江是中国第一大河。发源于唐古拉山脉主峰各拉丹冬雪山西南侧。上源当曲与沱沱河汇合后称通天河；南流到玉树市巴塘河口以下至四川省宜宾间称金沙江；宜宾以下始称长江。宜宾至宜昌段又称川江，枝城到城陵矶段名荆江，扬州以下旧称扬子江。干流流经青海、西藏、四川、云南、重庆、湖北、湖南、江西、安徽、江苏、上海等省、市、自治区，最后注入东海。

长江全长6300千米，仅次于尼罗河和亚马孙河，居世界第三位。流域面积1807199平方千米，占全国面积的1/5。江口年平均流量为31060立方米/秒。有雅砻江、岷江、沱江、嘉陵江、乌江、湘江、汉江、赣江、于弋江和黄浦江等支流。

湖北省宜昌市以上为上游，长 4529 千米，水急滩多，有著名的三峡，建有长江三峡水利枢纽工程。宜昌至江西省湖口间为中游，长 927 千米，支流发达，多湖泊（鄱阳、洞庭两湖最大）；湖口以下为下游，长 844 千米，江宽水深，江口有崇明岛。水量和水力资源丰富。

沿江重要城市有重庆、武汉、南京、上海等。有扬子鳄、中华鲟、鲥鱼等珍稀动物和鱼类。3 亿多人生活在长江的怀抱中，受其恩赐和哺育。

黄河

黄河是中国第二条大河，也是世界著名的多沙河。由于河水浑浊呈黄色而得名。发源于青海省巴颜喀拉山脉的雅拉达泽山，发源处海拔 4830 米，正源叫约古宗列渠。流经青海、四川、甘肃、宁夏、内蒙古、陕西、山西、河南和山东九省区，在山东省垦利区注入渤海。黄河流域面积为 752443 平方千米，河流全长 5500 千米，河口年平均流量为 1820 立方米 / 秒。

黄河是世界上输沙量最多的河流，大约每年有 4 亿吨泥沙堆积在下游河床里，使河床每年在抬高。黄河流域又是中华民族的发祥地，是中华民族的文化摇篮。中国六大古都中西安、洛阳、开封都建在黄河流域。在古代很长的历史时期，黄河中、下游地区均为政治、经济与文化的中心。

黑龙江

黑龙江是亚洲的大河之一。因河水含腐殖质多，水色发黑而得名。上游有两个源头：北源石勒喀河出蒙古国北部肯特山麓；南源额尔古纳河。南北源在漠河以西洛古河村汇合后称黑龙江。蜿蜒东流，沿途接纳结雅河、布列亚河、松花江、乌苏里江等，注入鄂霍次克海。全长 4510 千米，流域面积 184.3 万平方千米。在中国境内长 3420 米，河口年平均流量为 8600 立方米 / 秒。黑龙江流域水量丰富，森林以及金、煤等矿产资源丰富。

珠江

珠江旧称粤江，是中国南方最大的河流。西江为干流，上源南盘江源出云南省曲靖市马雄山，流经黔、桂两省区，到广东省磨刀门入南海，长 2210 千米。北江源出湘、赣两省南部，长 468 千米。东江源出江西省南部，长 523 千米。三江在三水镇以下汇合。

珠江流域面积 452616 平方千米（中国境内 44.26 万平方千米）。河口冲积成珠江三角洲，港汊分歧，主要入海口有虎门、横门、磨刀门、崖门等处。流量丰富，河口年平均流量为 11070 立方米 / 秒，流域年径流量为 3492 亿立方米，仅次于长江。南宁、柳州以下可通航，海轮可达广州市的黄埔港。珠江水力资源丰富，主要集中在西江流域，干流上建有大化、岩滩等大型水电站。

雅鲁藏布江

雅鲁藏布江意为"高山上流下的雪水"，是中国海拔最高的大河，也是世界上海拔最高的大河之一。发源于喜马拉雅山北麓的杰马央宗冰川，由西向东横贯西藏南部，绕过喜马拉雅山脉最东端的南迦巴瓦峰转向南流，经巴昔卡出中国国境。进印度后称布拉马普特拉河，流到孟加拉与恒河相汇合后注入孟加拉湾。全长 2900 千米，其中中国境内部分长 2057 千米，流域面积 240480 平方千

西藏境内雅鲁藏布江两岸美丽的景色

米。流出国境年平均流量约为 4425 立方米 / 秒。其天然水能蕴藏量近 1 亿千瓦，仅次于长江居全国第二位。

雅鲁藏布江源头海拔 5590 米，流出国境处海拔仅 155 米，总落差 5435 米。里孜以上为上游，长 268 千米，水面落差 1190 米。河谷形态为高原宽谷型，一般宽 10 ~ 30 千米。里孜到米林县的派区为中游，长 1293 千米，水面落差 1520 米，汇入支流众多，流量大，河谷宽，气候温和，水利用较好，是西藏自治区农业最发达的地区。米林县派区以下为下游，河段 496 千米，水面落差 2725 米。从南迦巴瓦峰顶到墨脱的雅鲁藏布江水面，水平直线距离仅 40 千米，高差竟达 7100 多米，是世界上切深最深和最大的峡谷。

塔里木河

塔里木河全长 2137 千米，是中国第一大内陆河。位于新疆维吾尔自治区塔里木盆地的北部。历史上塔里木河曾多次改道。1921 年主流下游北移，东流沿孔雀河注入罗布泊。1952 年中段的岔流拉因河口筑起塔里木大坝，阻断流入孔雀河的通道，河道主流沿铁干里克故道，改向东南流入台特马湖。上游的三个源头：阿克苏河源出天山山脉，叶尔羌河及和田河源出喀喇昆仑山脉。在阿瓦提县肖夹克附近汇合后称塔里木河。在尉犁县以南折向东南，经塔克拉玛干沙漠的东北部，流入铁干里克的大西海子（长 2000 千米）。从阿克苏与叶尔羌河相汇处，到大西海子共长 800 千米，流域面积 19.8 万平方千米。现在，河水主要来自阿克苏河（占 72.0%）、和田河（占 22.5%）和叶尔羌河（占 5.5%）。

叶尼塞河

亚洲大河之一。在亚洲北部，由源出东萨彦岭和唐努乌拉山的大小叶尼塞河汇合而成，沿中西伯利亚高原西侧曲折北流，注入北冰洋喀拉海的叶尼塞湾。汇合点以下长 3487 千米。流域面积 258 万平方千米。河口处年平均流量 1.98 万立方米 / 秒，年径流量 624 立方千米，是俄国水量最大的河流。水系明显不对称，右岸支流水量为左岸的 5 ~ 6 倍。流域内森林、煤炭、铁、有色金属以及水产资源丰富，水力资源尤为突出，河谷地形特点有利于水能开发。

鄂毕河

鄂毕河是亚洲的一条大河。纵贯西西伯利亚平原，向北流入北冰洋鄂毕湾。全长 4070 千米。流域面积约 299 万平方千米。流域内煤、铁、天然气、石油、有色金属、森林及水力资源丰富。大部分河段可通航。

伏尔加河

伏尔加河是欧洲第一大河，是俄罗斯内河航运干道。源出瓦尔代高地，曲折流贯于东欧平原，注入里海。长 3690 千米，流域面积 136 万平方千米。主要支流有卡马河、奥卡河等。河口处年平均流量 7710 立方米 / 秒。具有平原型河流特点：比降小，河道弯曲，多沙洲浅滩。通过伏尔加河 – 波罗的海运河接波罗的海，经北德维纳水系和白海 – 波罗的海运河通白海，通过莫斯科运河、列宁伏尔加河 – 顿河运河沟通亚速海和黑海。建有雷宾斯克、高尔基、古比雪夫、萨拉托夫、伏尔加格勒等大型水利工程。干、支流大部分河段通航，承担全国河运总量的 2/3。航期 7 ~ 9 个月。主要河港有雅罗斯拉夫、下诺夫哥罗德、喀山、伏尔加格勒等。

多瑙河

多瑙河是欧洲第二大河。发源于德国西南部黑林山东麓，干流向东流经奥地利、斯洛伐克、匈牙利、克罗地亚、塞尔维亚、罗马尼亚、保加利亚、摩尔多瓦、乌克兰等国，在罗马尼亚的苏利纳附近注入黑海。长 2850 千米，有支流 300 多条，是世界上干流流经国家最多的河流。流域面积 81.7 万平方千米，中游和下游有广阔平原。河口年平均流量 6430 立方米 / 秒。河口形成三角洲，面积 4300 平方千米，是世界最大芦苇产区。罗南边境建有铁门水电站。从德国乌尔姆至河口 2588 千米可通航，有多瑙河 – 黑海运河（1984 年）和莱茵 – 美因 – 多瑙河运河（1992 年），组成横贯欧洲中部的航运大动脉。

刚果河

非洲大河。全长 4640 千米，河口年平均流量 4.13 万立方米 / 秒，年入海水量达 1.3026 亿立方米，流域面积 376 万平方千米。流量和流域面积都仅次于亚马孙河，居世界第二位。刚果河水运发达，干流及 39 条支流构成巨大的水运网，通航里程近 2 万千米。水利资源丰富，估计水力蕴藏量 1.32 亿千瓦，占世界总蕴藏量的 1/6。

密西西比河

密西西比河是北美洲第一大河。"密西西比"在印第安语中意为"河流之父"，亦有"老人河"之称。干流源出美国明尼苏达州艾塔斯卡湖，自北向南流经大平原中部，注入墨西哥湾。干流长 3950 千米。最长的支流为密苏里河，以其源计，密西西比河全长 6262 千米，居世界第 4 位。流经美国的 31 个州和加拿大的 2 个省，流域面积 322.1 万平方千米，居世界第 5 位。主要支流西岸有密苏里河、阿肯色河、雷德河等，东岸有俄亥俄河、田纳西河等。

密西西比河水量丰富，河口平均流量为 18100 立方米 / 秒。水位春涨秋落，季节变化大。密西西比河干流及其众多支流构成美国最大的内河航运网。北经俄亥俄河和伊利诺伊水道与五大湖相连。水深 2.75 米以上的航道 1 万千米，可航水路达 2.5 万千米。重要河港有明尼阿波利斯、圣保罗、圣路易斯、格林维尔、维克斯堡和新奥尔良等。

亚马孙河

亚马孙河是世界上水量最大的河流，是世界第二长河。发源于秘鲁安第斯山；北流接纳马拉尼翁河后始称亚马孙河。东流经亚马孙平原，在巴西马拉若岛附近注入大西洋。长 6480 千米，1000 千米以上的支流有 20 多条。流域面积 705 万平方千米，约占南美大陆面积的 40%。

亚马孙河
世界上流量最大、流域面积最广的河流。已知的支流有 1000 多条。亚马孙河全年通航。

位处赤道附近多雨地区，水量终年充沛。

河口年平均流量 22 万立方米 / 秒，年入海水量达 6.94 万亿立方米，占世界河流入海总水量的 1/5。水深河宽，海轮可上溯至距河口 3700 千米的伊基托斯（在秘鲁）。下游河宽达 20 ~ 80 千米，河口呈喇叭形海湾，并散布着许多浅滩和岛屿。涨潮时出现涌潮现象。

运河

运河是人工挖成的通航水道。用以沟通不同河流、水系和海洋，连接重要城镇和工矿区，便利水上运输。在综合利用水利资源的原则下，对灌溉、排涝、泄洪、发电等方面也起重要作用。跨越分水岭或高地和比降较大的运河，需建船闸，使河水分成若干级段。如中国的京杭运河、巴拿马运河，都是船闸运河。

京杭大运河

京杭大运河即大运河，是我国古代伟大的水利工程，是世界上开凿较早、里程最长、工程最大的运河。北起北京，南至杭州，经北京、天津、河北、山东、江苏、浙江 6 省市。全长 1747 千米。它于公元前 5 世纪（春秋末期吴王夫差开

挖的邗沟）开凿。后经隋、元两代大规模扩建，利用天然河道加以疏浚修凿连接而成。全程分七段：北京市区到市郊通州段称通惠河，通州至天津段称北运河，天津至临清段称南运河，临清至台儿庄段称鲁运河，台儿庄至淮阴段称中运河，淮阴至扬州段称里运河（古称邗沟），镇江至杭州段称江南运河。

京杭运河是历代漕运要道，对我国的南北经济和文化交流曾起重大作用。后因铁路兴起而作用逐渐缩小。河道淤浅，多处断航。近年来进行整治，拓宽加深，裁弯取直，增建船闸，并建成了江都、淮安等水利枢纽工程，使之成为"南水北调"主要通道之一。季节性通航里程达 1100 多千米。1988 年底京杭大运河和钱塘江实现沟通，将长江、黄河、淮河、海河和钱塘江五大水系连接起来。

苏伊士运河

苏伊士运河是著名国际通航运河。在埃及东北部，连接地中海与红海，是亚、非两洲分界线。于 1859–1869 年凿成。经讨多次疏浚拓宽，全长 195 千米，宽 300 米，水深 19.5 米，可通行 15 万吨级船舶。苏伊士运河上没有船闸，船只能够很方便地通过，是世界上最繁忙的运河之一。

巴拿马运河

巴拿马运河是沟通太平洋和大西洋的国际运河，位于中美洲巴拿马共和国中部。全长 81.3 千米。两端各有水闸 3 座，升降调节水位 26 米。1881 年起开凿，其间中断 5 年，1914 年完工，1915 年通航，1920 年向国际开放。使太平洋和大西洋沿岸航程缩短 1 万多千米。1971 年扩建后，河宽 152.4 ~ 304 米，水深

13.5 ~ 26.5 米，可通 4 万 ~ 4.5 万吨海轮。每年通过船只 1.5 万多艘，总吨位 1.5 亿吨以上。其沿岸宽 16.09 千米，面积 1432 平方千米的地带，被划为巴拿马运河区。

基尔运河

也叫北海—波罗的海运河，在德国北部日德兰半岛上。从易北河口的布伦斯比特尔科格到基尔港的荷尔泰诺。沟通波罗的海和北海，缩短航程 685 千米。1887–1895 年开凿。长 98.7 千米，河面宽 111 米，平均深度 11.3 米，有船闸 8 座和高 40 多米的桥梁 7 座，能通过载重 2 万吨的海轮。

八、湖

构造湖

构造湖是地壳构造运动使地面凹陷积水而成的湖泊。特征为深度大，岸坡陡峻，多呈长条形。如非洲的坦噶尼喀湖、中国的滇池等。

火山湖

火山喷发熄灭后，形成的岩石洼池，后来蓄水而成的湖，叫火山湖。

哥斯达黎加的博阿斯火山湖

堰塞湖

堰塞湖是河道由于山崩、地震、滑落的冰碛物、泥石流或火山熔岩流阻塞而成的湖泊。多见于山区的河谷中，如我国东北的镜泊湖。

冰成湖

冰成湖也叫冰川湖，是由于冰川作用产生的洼地积水而成的湖泊。形状多样，湖岸曲折。主要分为冰蚀湖和冰碛湖。中国冰川湖主要分布在青藏高原。

太湖

太湖古称震泽、笠泽，位于江苏省南部，是中国第三大淡水湖。水位正常时，湖面高程海拔 3.1 米。平均水深 1.94 米，最深 4 米，面积 2425 平方千米。湖水流经黄浦江、苏州河等水道入海。太湖连接大小河流 200 多条，维系湖泊 180 多个，成为江南水网中心。

太湖是一个典型的碟形浅水湖泊，在国内外享有盛名。是旅游胜地，也是重要的水源地。太湖流域土地肥沃，气候适宜，是江南的鱼米之乡。湖中有 51 个大小岛屿，以洞庭西山最大。太湖东岸与北岸山水相连，风光秀丽，有灵岩山、惠山、鼋头渚等景点。太湖周围盛产茶叶、桑蚕、亚热带水果，是江南金三角的腹心地区。

鄱阳湖

鄱阳湖是中国第一大淡水湖，位于江西省北部。南北长 110 千米，东西宽 50 ~ 70 千米，北部狭窄处仅有 5 ~ 15 千米。有赣江、修水、鄱江、信江、抚江等入湖，湖水流经湖口注入长江。在平水位（14 ~ 15 米）时湖面积为 3050 平方千米，高水位（21 米）时为 3583 平方千米，最大水深 16 米。枯水时湖面仅为 500 平方千米。鄱阳湖对长江洪水具有调节作用，可减少赣江洪峰流量的 15% ~ 30%。

鄱阳湖水草丰美，利于水生生物繁殖，产鱼 100 余种。湖滨盛产水稻、黄麻。鄱阳湖周围南昌、都昌等地建有河蚌自然保护区，以三角河蚌、褶纹蚌为主要保护对象。鄱阳湖自然保护区以白鹤等珍稀候鸟为主要保护对象。

青海湖

蒙古语称青海湖为"库库诺尔"，藏语称"温布错"，都是"青色的湖"的意思。古时称为西海。处在青海省东北部大通山、日月山、青海南山间，由断层陷落而成。面积 4583 平方千米，湖面海拔 3196 米，最深达 27 米，贮水量 778 亿立方米。是中国最大的咸水湖。有大小 50 多条河流流入其中，最大的布哈河从西北注入。

青海湖盛产无鳞湟鱼。湖中小岛以海心山、鸟岛最为著名。鸟岛是数万候鸟的栖息地，是中国鸟类自然保护区之一。近年来湖水每年下降 0.1 米，鸟岛已与陆地相连，成了半岛。湖岸有广大草原，是畜牧的好地方。

死海

死海是世界上最咸的湖泊，也是世界上最低的湖泊。位于西亚中部约旦和巴勒斯坦之间。湖盆南北长 80 千米，东西宽 5 ~ 16 千米，面积为 1050 平方千米。湖水平均深度 300 米，湖面低于海平面 422 米。东岸有半岛突入湖中，将湖分为两部分，北半部分 780 平方千米，南半部分 260 多平方千米。湖表层盐度接近 30%，下层盐度高达 33.2%。水生植物和鱼类几乎都无法生存，故有死海之名。

湖水上层富含碳酸盐与碳酸氢盐，底层富含硫化物、钠与氯化物。全湖氯化物储量约 420 亿吨以上，氯化钠（食盐）蕴藏量 110 亿吨。如全部开采，可供全世界 60 亿人吃用 1400 年。湖区阳光充足，水面空气清新，含氧量高，有治疗某些疾病的功效。

里海

里海是世界最大的湖泊，也是最大的咸水湖。处于欧亚两洲交界处，沿岸国家有阿塞拜疆、俄罗斯、哈萨克斯坦、土库曼斯坦和伊朗。南北长 1200 多千米，平均宽 320 千米。因气候干旱，蒸发剧烈，水位下降，面积由 1929 年的 42.2 万平方千米减至 1980 年的 36.8 万平方千米。湖面低于海平面 28.5 米。平均深度 184 米，最深处达 1025 米。有伏尔加河、乌拉尔河等 130 多条大小河流注入里海。

里海盛产鲟、鲑、鲱等鱼类。石油、天然气和芒硝等资源丰富。航运繁忙，以运输石油为主。主要港口有阿塞拜疆的巴库、俄罗斯的阿斯特拉罕和伊朗的恩泽利港等。

贝加尔湖

贝加尔湖曾是中国北方部族的主要活动地区，当时称北海。是世界最深和蓄水量最大的淡水湖，位于俄罗斯东西伯利亚高原南部。湖面海拔 456 米，长 636 千米，平均宽 48 千米，最宽 79.4 千米，面积 3.15 万平方千米。平均深 730 米，中部最深达 1620 米，蓄水量 2.3 万立方千米，约占地表淡水总量的 1/5。

湖中有 27 个岛，最大的奥利洪岛面积约 730 平方千米。有色楞格河等 336 条大、小河流注入，叶尼塞河支流安加拉河由此流出。贝加尔湖可以通航 7 个月，冰期长约 5 个月。湖中有植物 600

多种，水生动物 1200 种，其中 3/4 为特有种类，如贝加尔海豹、凹目白鲑等。湖区为著名旅游休憩地。

坦噶尼喀湖

坦噶尼喀湖是非洲第二大湖，是世界第二深水湖。南北长 720 千米，东西宽 48 ~ 70 千米，面积约 3.29 万平方千米。在刚果（金）、坦桑尼亚、布隆迪、赞比亚等国交界处，处于东非大裂谷中。由断层陷落形成。狭长水深，由南北两个深水盆地组成，北部最深处 1310 米，南部最深处 1470 米，湖面海拔 774 米。湖岸蜿蜒曲折，由于断裂的原因，湖岸弯曲处多呈钝角。

湖区风景秀丽，气候宜人，植物茂密，动物成群。是旅游休憩的好地方。流入湖的河流多是短小流急的溪流。有许多瀑布，其中位于坦、赞边界的卡兰博瀑布高达 216 米，是非洲第二个落差大的瀑布。

北美五大湖

北美五大湖是苏必利尔湖、休伦湖、密歇根湖、伊利湖、安大略湖。总面积 24.5 万平方千米，是世界上最大的淡水湖群。其中苏必利尔湖面积 8.24 万平方千米，为世界第一大淡水湖。五大湖处在美国和加拿大之间，湖区气候温和，航运便利，矿藏丰富，是北美的经济发达地区之一。沿岸有很多工业城市，美、加两国在沿湖地区开辟了许多国家公园，吸引了大批游客前去旅游、度假。

的的喀喀湖

的的喀喀湖是南美洲地势最高、面积最大的淡水湖，也是世界最高的大淡水湖之一。处在玻利维亚和秘鲁两国交

的的喀喀湖的香蒲文明

香蒲是一种芦苇类的多年生草本植物，高达 3 ~ 4 米，茂密地生长在的的喀喀湖浅水处，可用来编织香蒲筏和其他日用品，为乌罗人生活的基础。

界的科亚奥高原上，海拔 3812 米，被称为"高原明珠"。面积约 8290 平方千米。中南部水域狭窄，将湖体分为两部分：东南部较小，称维尼亚马卡湖；西北部较大，称丘奎托湖。湖岸曲折，周围群山环绕，有很多高度在 6000 米以上的山峰，峰顶常年积雪。沿岸自然资源丰富。暗青色的香蒲草是湖区特产，是编制小船、蒲席、围墙和盖房的上好材料。

湖中有数十个岛屿，以的的喀喀岛面积最大。著名的月亮岛和太阳岛上有公元前的古城遗迹，有精美壮观的宫殿、庙宇、金字塔及其他石头建筑物。终年通航。水力资源丰富。

九、高原

高原

高原是指以宽阔平坦地面为主的、面积广大的高海拔地区。根据分布状况，可分为山间高原、山麓高原、大陆高原（或台地）、海底高原等。按组成岩性不同，可分为黄土高原、岩溶高原等。中国的高原面积约占全国面积的 26%。

高原地区接受太阳辐射多，日照时

间长，太阳能资源丰富。高原地区由于海拔高，气压低，氧气含量少，利用这一缺氧环境，可以提高人体的耐力。

青藏高原

青藏高原是世界上最高的，也是最年轻的高原，号称"世界屋脊"，是中国四大高原之一。位于中国西南部。北界昆仑山、阿尔金山、祁连山，南到喜马拉雅山，东南至横断山脉。包括西藏自治区、青海省、四川省西部、甘肃省西南部和新疆南部。面积约250万平方千米，平均海拔4000米以上。

青藏高原是东亚、东南亚和南亚各大河流的发源地。高峰终年积雪，冰川覆盖面积约4.7万平方千米，占全国冰川总面积的80%以上。有辽阔的草原牧场，有丰富的地热资源，石油、煤炭、有色金属等蕴藏丰富。

云贵高原

云贵高原是中国四大高原之一。位于中国西南部，西与青藏高原相接。包括云南省东部（哀牢山以东）、贵州全省、广西壮族自治区西北部及四川、重庆南部和湖北、湖南部分地区。西北高，东南低。海拔1000～2000米。

受金沙江、元江、南盘江、北盘江、乌江、沅江及柳江等河流切割，地形较零碎。石灰岩广泛分布，是世界典型的喀斯特地区。路南石林、安顺龙宫等均为著名的旅游胜地。西部滇东高原地形较完整，多山间盆地（坝子），东部贵州高原地形崎岖，多峡谷。云贵高原还有着丰富的林业和矿产资源。

黄土高原

黄土高原是中国四大高原之一，也

千沟万壑的黄土高原，是北方的风沙源之一。

是世界最大的黄土地。地处黄河中游，包括陕西、甘肃、宁夏、山西、青海、河南等省、自治区的大部或一部分。东西长1000多千米，南北宽700千米，面积约40万平方千米，海拔1000～2000米。黄土的厚度一般在100米以上，厚的地方超过200米。高原上分布着许许多多的沟谷、山梁、岩岛和石脉。还有一些黄土高原独具特色的窑洞。

黄土高原的形成是由于西北风卷来的沙子，遇到秦岭的阻挡，风力减弱，沙子降落下来，长期以来，积聚而成。黄土高原是中华民族祖先繁衍生息的地方，也是中国农业、蚕桑业的重要发源地。

蒙古高原

蒙古高原是亚洲中部高原。东界大兴安岭，南界阴山山脉，西接阿尔泰山脉，北接萨彦岭—肯特山和雅布洛诺夫山脉，是一个久经侵蚀的古老内陆高原。平均海拔1580米，大部分为单调的台地。地表结构主要为岩石裸露的垄岗与浅平洼地。高原属温带大陆性气候。高原上最大的河流是色楞格河。主要矿藏有煤、钨、铜、钼、锡、石油等。其中南部为中国四大高原之一的内蒙古高原。

帕米尔高原

帕米尔高原位于亚洲中部的中国新疆维吾尔自治区西南部、塔吉克斯坦东南部、阿富汗东北部一带。是天山、昆仑山、喀喇昆仑山和兴都库什山等交汇而成的大山结。

高峰有公格尔山（7719米）、慕士塔格山（7546米）等。高原上气候寒冷，山峰终年积雪，冰川广布。西北角的菲德钦科冰川长达71.2千米，为世界上最长的高山冰川之一。

埃塞俄比亚高原

埃塞俄比亚高原有"非洲屋脊"之称。处于埃塞俄比亚中西部，面积80多万平方千米。由地壳断裂、隆升和熔岩堆积而成。平均海拔2000～2500米，许多死火山海拔3500米以上，最高的达尚峰海拔4620米。

中部有东北—西南走向的大裂谷穿过，宽40～60千米。其底部有兹怀湖、阿巴亚湖、查莫湖等一系列湖盆。埃塞俄比亚高原不仅是非洲重要农业区，而且是咖啡原产地。

巴西高原

巴西高原位于南美洲的中东部，介于亚马孙平原和拉普拉塔平原之间，面积500多万平方千米。地表起伏和缓，大部分海拔600～900米，从东南向西北倾斜。

巴西高原的巴拉那河流域，有大面积的熔岩。属热带草原气候，有良好的天然牧场。一年中有四五个月是旱季。在干旱严重的地方生产的巴萨尔木，是南美洲特有的植物，又叫"纺锤树"。

许多河流源出东南或南部，分别向西、北、东流贯，在高原边缘部分，形成急流和瀑布。东南边缘近大西洋岸有著名的大崖壁。高原矿藏丰富，有铁、锰、有色金属、稀有金属及水晶等。

十、平原

平原

陆地上地表面低于海拔200米，地面开阔、平坦的土地叫平原。平原地区一般地势低，土地肥沃，人口密集，经济发达。世界上大部分人口生活在平原上。

平原的形成一般都是河流冲击的结果，河流在拓宽自己河床的同时，把大量的泥沙堆积在两岸，日积月累，这些沉淀物就慢慢形成了平原。按其形成原因可以分为构造平原、侵蚀平原、侵蚀—堆积平原和堆积平原。

东北平原

东北平原又叫松辽平原，是中国最大的平原。位于东北地区中部，南北长约1000千米，东西最宽400千米，总面积35万多平方千米。东西两侧为长白山地和大兴安岭山地，北边为小兴安岭山地，南端濒辽东湾。由松嫩平原、三江平原和辽河平原三部分组成。东北平原处于温带和暖温带范围，有大陆性和季风型气候特征，夏季短促而温暖多雨；冬季漫长而寒冷多雪。冬夏之间季风交替。东北平原土地肥沃，资源丰富，是中国重要的粮食、大豆、畜牧业生产基地，也是钢铁、机械、能源、化工基地。

华北平原

华北平原也称黄淮海平原。面积31

万平方千米，是中国第二大平原。位于中国东部偏北、黄河下游。西起太行山和豫西山地，东到黄海、渤海和山东丘陵，北起燕山，西南到桐柏山和大别山，东南至苏、皖北部，与江淮平原相连。主要由黄河、淮河、海河、滦河冲刷堆积而成。地势低平，大部海拔在50米以下。冬季寒冷，夏季炎热，春秋短促，是中国重要的粮食、棉花生产基地。石油、煤等矿产资源丰富。

长江中下游平原

长江中下游平原是中国三大平原之一。位于湖北省宜昌市以东的长江中下游沿岸，由两湖平原（湖北江汉平原和湖南洞庭湖平原）、鄱阳湖平原、苏皖沿江平原、里下河平原和长江三角洲组成。面积约20万平方千米。气候温暖湿润，降水丰沛，河网密布，湖泊众多。作物可一年两熟，长江以南可发展双季水稻连作的三熟制。长江中下游平原是重要的粮、油、棉生产基地，也是中国水资源最丰富地区。

河套平原

河套平原是阴山山脉与鄂尔多斯高原间的断陷冲积平原，位于内蒙古自治区西南部。北至阴山南麓，断层崖矗立于平原之北，界限明显；南到鄂尔多斯高原北缘的陡坎，由于库布齐沙漠散布，界线较模糊；西与乌兰布和沙漠相连；东及东南与蛮汗山山前丘陵相接。面积约2.6万平方千米，海拔900～1200米。地势由西向东微倾，西北部第四纪沉积层厚达千米以上。山前为洪积平原，面积约占平原总面积的1/4，其余为黄河冲积平原。河套平原人口密度约为145人/平方千米。

西西伯利亚平原

西西伯利亚平原是世界最大平原之一。面积约260万平方千米。位于俄罗斯中部，介于乌拉尔山脉和叶尼塞河之间，北起北冰洋喀拉海岸，南抵哈萨克丘陵和阿尔泰山。地势开阔平坦，中、北部一般海拔50～150米，南部220～300米。鄂毕河水系纵贯全境。平原上湖泊、沼泽密布。从北到南有苔原、森林（针叶林）、森林草原和草原带。石油、天然气、森林等资源丰富。

东欧平原

东欧平原包括俄罗斯的欧洲部分和东欧的大部。面积400多万平方千米，是东半球面积最大的平原。地形波浪起伏。各地的气候不同，动植物分布的差异也很大。从北向南，依次是严寒的苔原带、比较寒冷的森林带、气候适中的森林草原带、最南边的草原带。其中森林带占了平原总面积的一半以上。有伏尔加河、顿河和第聂伯河等著名的大河。

东欧平原上有丰富的煤、铁、石油、锰等矿藏资源。人口稠密，工农业和水陆交通发达，以莫斯科为中心，分布着很多重要工矿区。

亚马孙平原

亚马孙平原位于南美洲亚马孙河中下游，介于圭亚那高原和巴西高原之间，西接安第斯山脉，东临大西洋。是世界上面积最大的冲积平原。面积560万平方千米。平原西宽东窄，地势低平坦荡，大部分在海拔150米以下。

亚马孙平原上遍布热带森林。木材蓄积量占世界总量的1/5。有许多珍贵的树种，如巴西樱桃果、红木、西班牙杉等。矿藏主要有石油和锡。

十一、盆地

盆地

周围被山地或高原环绕所形成的四周高、中间低的盆状地形叫作盆地。盆地规模大小不一，高差悬殊。按成因不同，可以分为构造盆地、侵蚀盆地等。

柴达木盆地

柴达木盆地位于中国青海省西北部。海拔 2600 ～ 3000 米，是中国海拔最高的盆地。东西长 800 千米，南北宽 350 千米，面积约 20 万平方千米，是高原型盆地。

盆地西高东低，西宽东窄。四周有昆仑山脉、祁连山脉、阿尔金山、日月山围绕，是一个封闭的内陆盆地。盆地内降水稀少，风力强劲，风沙地貌广泛发育。植被稀疏，以超旱生及旱生灌木和半灌木为主。地形结构从边缘至中心，依次为戈壁、丘陵、平原、湖泊。

盆地铅、锌、铬、锰等金属及煤炭、石油、石棉、钾盐等资源丰富，畜牧业发达，有"聚宝盆"之称。

吐鲁番盆地

吐鲁番盆地在中国新疆维吾尔自治区东部。东西长 200 千米，南北宽 80 千米。面积 3470 平方千米。地势北高南低，中部的艾丁湖（觉洛浣）水面低于

吐鲁番盆地

海平面 154 米，是中国陆上最低点。典型的干旱大陆性气候，日照强烈，夏季炎热，降水稀少，是中国夏季最炎热地区，气温最高曾达 48.9℃，古有"火洲"之称。

全区有坎儿井 1100 多条，井长 3 ～ 30 千米，灌溉 70% 的田地。盆地内盛产棉花、葡萄、哈密瓜。

刚果盆地

刚果盆地又称扎伊尔盆地。位于非洲中西部，赤道横贯中部，大致包括刚果河流域大部分，面积约 337 万平方千米。大部分在刚果（金）境内，部分属刚果（布）和中非。略呈方形。除西南部有狭窄缺口外，均为高原山地包围。盆地底部与周缘山地高原间的过渡地带有不少蚀余孤山、丘陵及河谷阶地，平均海拔 500 ～ 600 米。属热带雨林气候，年平均气温 25℃ ～ 27℃，年降水量 1500 毫米以上。刚果河汇集众多支流，呈向北弯曲的大弧形，下游穿过高地形成著名的利文斯敦瀑布群，注入大西洋。

大自流盆地

大自流盆地位于澳大利亚大陆中部偏东，介于东部高地与西部高原之间，自卡奔塔利亚湾向南，直至达令河上源和艾尔湖盆地。包括昆士兰州的三分之一地区、新南威尔士州和南澳大利亚州的大部以及北部地方的一部分区域。面积 175 万平方千米，是世界上最大的地下水分布区。大自流盆地地下水含水层是侏罗纪多孔砂岩，含水层上下均为不透水层。砂岩含水层出露于降水丰富的东部高地，随着雨水的渗透作用，一部分降水沿渗水层流入盆地中部。由于地势东高西低，水源压力很大，降水可源

源不断地向盆地中部运行。只要在上部承压层凿井或穿眼，地下水就会喷涌而出，形成"自流水"。

十二、草原

草原

草原是温带地区半湿润、半干旱气候条件下形成的多年生草本植物占优势的地带。草原地区冬季寒冷，夏季湿热，降水较少，蒸发强烈。草原植物的群落结构简单。依水热条件不同，草原可分为典型草原、荒漠化草原、草甸草原、高寒草原等类型。按热量生态条件，可分为中温型草原、暖温型草原和高寒型草原。

在中国，草原广布于东北地区西部、内蒙古、黄土高原北部、西北荒漠地区山地和青藏高原大部分地区。

草原是现代化畜牧业基地，它起着调节气候，涵养水源，保持水土，防风固沙的作用。不仅是大自然生态平衡的保证，还是人们旅游、休憩的理想场所。

内蒙古草原

内蒙古草原位于内蒙古高原东部，夏季比较温暖，晴天多，阳光充足，对牧草生长有利。这里约有6亿亩草场，生长着多种多样的优良牧草。

内蒙古草原和新疆草原、青藏草原并称我国三大牧场，其中内蒙古草原是最优良的一个。呼伦贝尔的三河马、三河牛，锡林郭勒的蒙古马和蒙古细毛羊，都是著名的优良畜种。草原上还有许多的珍贵野生动物。

潘帕斯草原

潘帕斯草原位于南美洲南部。东起大西洋岸，西至安第斯山麓，北达大查科平原，南接巴塔哥尼亚高原。面积约76万平方千米，其中66.3万平方千米在阿根廷境内。地势由西向东缓倾，地表低平坦荡。大致以500毫米等雨量线为界分东、西两部分，东部湿润，西部干燥。植被以针茅属、早熟禾属、三芒草属等硬叶禾本科草类为主，其次是菊科植物，构成所谓潘帕斯群落。

十三、沙漠

沙漠

沙漠是荒漠中面积分布最广的类型，是指地表覆盖大片流沙、广布各种沙丘的荒漠。全球陆地有1/10的面积是沙漠，主要分布于北非、西南亚、中亚和澳大利亚。中国沙漠面积约有64万平方千米，约占国土面积的7.4%。沙漠主要是干燥气候的产物，干燥少雨是沙漠形成的必要条件。从整个地球来看，干燥气候区域（干旱区）的形成，主要与纬度、大气环流等因素有关。在南北纬15°～35°之间，是副热带高压带（又称回归高压带）控制的范围，终年为信风吹刮的区域。在高压带内的空气具有下沉作用，空气下沉时形成绝热增温，使相对湿度减小，空气非常干燥。信风是由副热带高压带吹向赤道低压带的稳定风向，它在吹向赤道的过程中不断增热；空气越热，消耗的水量也就越大，结果使它成为十分干燥的旱风。这样，在副热带高压带控制区，大气很稳定，湿度低，成为地球上雨量稀少的干旱区。世界上多数大沙漠都分布在这里，如撒哈拉沙漠、阿拉伯沙漠、阿塔卡马沙漠等。

塔里木盆地中部有干旱的塔克拉玛干沙漠,由于沙粒性质不同,这里的沙褶皱好似条条游龙,故有"世界第二大流动沙漠"之称。

塔克拉玛干沙漠

塔克拉玛干沙漠位于塔里木盆地中部。东西宽,南北窄,面积33万平方千米,约占中国沙漠总面积的一半。是我国最大的沙漠,也是最干旱的沙漠。降水量极少,蒸发量却很大,因此特别干旱。沙漠中布满了一个个高低起伏的巨大沙丘,沙丘的形状多种多样,一般高达100米左右,而且大多数是流动的。沙漠中唯一的交通工具是骆驼。塔里木河自西南向东北穿过沙漠东北部,两岸生长着胡杨树和灌木丛,是荒漠中的绿洲。

撒哈拉沙漠

撒哈拉沙漠是世界上最大的沙漠。北起阿特拉斯山地和地中海,南到大约北纬14°线,西濒大西洋,东临红海。东西长5600千米,南北宽1600千米,面积近1000万平方千米。地表起伏和缓,气候炎热干燥,多沙丘、砾漠。富含石油、天然气、地下水资源。沙漠里动植物不多,具有耐旱、耐渴的性能。骆驼是主要的交通工具。

十四、七大洲

亚洲

亚洲全称亚细亚洲,是亚欧大陆的一部分,是世界上最大的洲。面积4400万平方千米,约占全球陆地面积的29.4%。位于东半球东北部,北、东、南分别临北冰洋、太平洋和印度洋,西靠地中海和黑海。西以乌拉尔山脉、乌拉尔河、里海、高加索山脉、黑海、黑海海峡与欧洲分界;西南以苏伊士运河、红海与非洲相邻;东北部隔白令海峡与北美洲相望;东南以帝汶岛和澳大利亚之间的海面与大洋洲为界。

国家概况

亚洲是世界上面积最大、人口最多的洲,具有悠久的历史和文化。世界四大文明古国中,有三个在亚洲,它们是中国、印度和古巴比伦。亚洲居民主要有黄种人、白种人、黑种人。按文化区域划分为西南亚、南亚、东南亚、东亚、

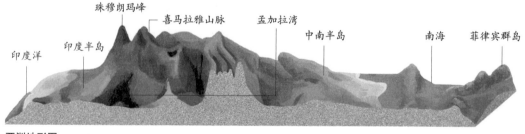

印度洋　印度半岛　珠穆朗玛峰　喜马拉雅山脉　孟加拉湾　中南半岛　南海　菲律宾群岛

亚洲地形图

北亚、中亚。

地形

亚洲地势较高，山地、高原、丘陵占全洲面积的 3/4。全洲约 1/3 的地区海拔超过 1000 米。以帕米尔高原为中心，向西主要山脉有兴都库什山、厄尔布尔士山、扎格罗斯山和苏来曼山等；东南主要有喜马拉雅山、喀喇昆仑山、昆仑山、横断山等；向东有昆仑山、祁连山、秦岭等；东北有天山、阿尔泰山、萨彦岭等。其中喜马拉雅山脉中最高峰珠穆朗玛峰海拔 8844.43 米，是世界最高峰。

亚洲的主要高原有青藏高原、蒙古高原、伊朗高原、中西伯利亚高原、阿拉伯高原和德干高原，其中青藏高原海拔最高，有"世界屋脊"之称。

亚洲的平原，低地面积占全洲面积的 1/4，主要分布在西部和东部沿海一带。北亚的西西伯利亚平原是世界著名的大平原。死海是世界上陆地最低的地方。

亚洲沿海多半岛和岛屿。半岛面积约 1000 万平方千米，是世界上半岛面积最大的一个洲。其中阿拉伯半岛是世界上最大的半岛。

水系

亚洲拥有几条世界上著名的河流。主要有：幼发拉底河、底格里斯河、印度河、恒河、布拉马普特拉河、伊洛瓦底江、萨尔温江等，注入印度洋；黑龙江、长江、黄河、珠江、湄公河等注入太平洋；鄂毕河、叶尼塞河、勒拿河等注入北冰洋。内流区域约占 1/4。里海是世界上最大的内陆水域。此外，还有咸海、贝加尔湖和死海。这些水域对周边

国家的影响很大，涉及生活、饮用、航运、渔业等很多领域。

气候

亚洲属显著的大陆性气候，温差较大，降水较少。四季明显，受极地气团的影响面很大。冬季干冷，夏季湿热。呈明显的季风气候特征。亚洲的气候是多样的，除温带海洋性气候和冰原气候外，其他的各类型气候在亚洲都有。

动物

亚洲的动物分布随纬度和海拔而异。北极沿岸有候鸟、驯鹿、北极狐、北极兔、海豹、海象和旅鼠；泰加林中有麋鹿、驯鹿、棕熊、猞猁、黑貂和野兔；大平原和沙漠地区有羚羊、野绵羊和山羊；中亚高地有野牦牛、雪豹、土拨鼠、西伯利亚虎和西伯利亚野狗；亚洲东部有鹿、浣熊、黑熊、熊猫、虎和猴子；亚洲南部有亚洲象、犀牛、豹、长臂猿、鳄鱼、眼镜蛇和孔雀。在季风气候的长期影响下，这些动物的适应能力都很强。

人口

亚洲人口约占世界总人口的 3/5。亚洲总人口的年平均增长率约为 2‰。近些年，一些国家在计划生育和广泛采用的避孕措施方面都取得了显著效果。

亚洲大陆人口分布差异明显。西伯利亚和中亚以及西南亚部分地区人口分布相对稀少，而印度次大陆和东亚则人口稠密，占亚洲总人口的 2/3 以上。

亚洲居民通常居住在土壤肥沃的平原、河谷地区。约有 70% 的人口分布在农村，但自 20 世纪之后，农村人口开始大量向城市迁移。

宗教

亚洲是许多宗教的诞生地。印度教是源于南亚的几种宗教中最古老的一种。耆那教和佛教出现于公元前6世纪和公元前5世纪。道教和儒家学说发源于公元前6世纪或公元前5世纪，对于华夏民族甚至整个亚洲的文化有极其深远的影响。

印度佛教建筑

语言

亚洲基本语系或语种有汉藏语系、印度—雅利安语支系、日本语、澳斯特罗尼西亚语族、澳斯特罗—亚细亚语族、闪米特语、突厥语、伊朗语和朝鲜语。西伯利亚中部和北部以及中亚长期居住着少数讲通古斯满语、蒙古语、古西伯利亚语和突厥语的民族。但已经逐渐被俄罗斯族和汉族所同化。中国人讲汉藏语系的若干种语族。印度次大陆地区大多数人讲印欧语系中的印度-雅利安语支系各种语言。东南亚众多民族中大部分讲澳斯特罗—亚细亚语族或澳斯特罗—尼西亚语族的各种语言。西南亚各族人民讲闪米特语、突厥语或伊朗语。在亚洲，俄语和汉语分布很广，汉语是世界上使用人数最多的语言。印度的地方语言是印第安语和英语，而讲乌兹别克语和塔吉克语的人数在不断上升。

耕地

亚洲有15%以上的土地为可耕地。至少3/4的可耕地主要用于生产水稻和小麦。有1/4的土地是牧草地或放牧地，饲养牛、马、羊、猪、骆驼等，产量占世界上很大的比例。

矿藏

亚洲矿藏蕴藏量十分丰富。锑、镁、锡、铁和钨的储量占世界总储量的一半以上。铋、钛、锰、镍、锆的储量占全球总储量的1/4。亚洲矿物燃料的蕴藏量也很巨大，石油和天然气储量超过全球总储量的2/3，煤的储量占全球总储量的1/2。亚洲的石油资源约有80%分布在波斯湾沿岸，天然气资源约有一半分布在俄罗斯。亚洲的煤矿资源约有2/3分布在中国。

经济状况

亚洲各国家之间和国家内部贫富差距很大。日本、新加坡和阿拉伯半岛石油资源丰富的国家已达到很高的生活水平，东亚地区的韩国和中国台湾地区工业化进程也发展迅速。但像孟加拉、印度尼西亚、越南和缅甸，这些国家多数居民还生活在贫困之中。中国的人均收入相对较低，但兴旺的农业和不断扩展的消费品工业在一定程度上弥补了这一不足。印度的中产阶级人数众多，但大多数人仍旧生活在贫困之中。

欧洲

欧洲全称欧罗巴洲，地处亚欧大陆西部。北临北冰洋，西濒大西洋，南隔地中海与非洲相望，东以乌拉尔山脉、乌拉尔河、里海、大高加索山脉、黑海、博斯普鲁斯海峡、马尔马拉海、达达尼尔海峡同亚洲分界。面积1016万平方千米，其中岛屿和半岛约占全洲面积的31%。较大的有冰岛、大不列颠岛、爱尔兰岛、西西里岛和斯堪的纳维亚半岛、伊比利亚半岛、亚平宁半岛、巴尔干半岛等。

国家概况

欧洲现有40多个国家和地区。按地理位置通常分西欧、北欧、中欧、东欧和南欧5个地区。西欧包括英国、爱尔兰、法国等国家。北欧包括挪威、瑞典等国家以及法罗群岛（内部自治）。中欧包括德国、波兰等国家。东欧包括俄罗斯、爱沙尼亚、拉脱维亚等国家。南欧位于阿尔卑斯山以南，包括三大半岛上的国家，有西班牙、意大利、罗马尼亚等十几个国家，此外，还包括土耳其的西北角。

地形

欧洲大部分地形是起伏不大的低地，其中包括东欧平原、北欧平原、波德平原、多瑙河中游平原、多瑙河下游平原、波河平原、西欧平原和卢瓦尔平原等。中部山地和高原区为侵蚀的山地和高原，这一地区包括德国中部和南部的高地、法国的中央高地、西班牙的中央高地和波希米亚高地。这些地区以南为一系列地质年代较近的东西方向山系，有欧洲最高峰和极为崎岖的地貌。欧洲大陆的南缘有断续的山地、半岛和岛屿。北部为斯堪的纳维亚半岛，海岸曲折。

水系

欧洲大陆水量充沛，河川众多，大湖极少。伏尔加河是欧洲最长的河流，全长3690千米，流域面积136万平方千米。另外，还有多瑙河、第聂伯河、顿河、莱茵河、维斯瓦河、易北河、罗讷河和奥得河等。欧洲许多主要河流由运河连接，形成一体的运输航道。湖泊约占欧洲水面的2%，绝大多数为冰川湖。俄罗斯西北部的拉多加湖是欧洲最大的淡水湖。

挪威的峡湾

气候

欧洲地处北极圈以南和热带地区以北，气候变化很大。横贯东西的山带阻碍了热带气团和极地气团的相互交换，造成了下列气候状况：西部属海洋性气候，雨量充沛，气候温和；中欧属过渡性气候，年降雨量在500～1000毫米之间，冬冷夏热；东北部为大陆性气候，年降雨量在250～500毫米之间，冬季漫长。南部冬温湿、夏干热，属地中海式气候。

矿产

欧洲的矿产资源主要有石油、天然

气、铁、铜、铅和锌。俄罗斯的矿产蕴藏非常丰富，但多分布亚洲部分。西欧有数量可观的石油和天然气，绝大部分蕴藏在北海海底。总体上说，欧洲的矿产资源相对而言比较贫乏。

人口

欧洲人口约占世界总人口的1/7。绝大部分属欧洲地区人种。人口密度仅次于亚洲，但人口自然增长率最低。有的国家的人口净增长率甚至为零。

西欧和中欧的人口密度大于俄罗斯的欧洲部分，人口密度最高地区西起英格兰，跨越法国北部及低地国家至德国的莱茵—鲁尔区，再转向南到意大利北部。随着工业化程度的提高，欧洲人口已高度城市化。英国和德国城市化程度最高。

语言

欧洲大约有60种民族语言，分为罗曼语族、日耳曼语族和斯拉夫语族三大类。罗曼语族起源于拉丁语，现有法语、西班牙语、葡萄牙语、意大利语、罗马尼亚语和罗曼什语。日耳曼语族起源于斯堪的纳维亚南部和丹麦古代民族的一种通用语言，现有德语、英语、荷兰语、丹麦语、挪威语、瑞典语和冰岛语。斯拉夫语族包括俄语、波兰语、捷克语、斯洛伐克语、乌克兰语、白俄罗斯语、保加利亚语、斯洛文尼亚语和塞尔维亚—克罗地亚语。另外，欧洲还有希腊语、芬兰—乌戈尔语和各种突厥语等语种。

宗教

基督教是欧洲影响最大的宗教，其三个分支都有大批的信仰者。意大利、西班牙、法国、爱尔兰、波兰、乌克兰和中东欧的其他一些罗曼语族的国家，主要信仰天主教；英国和中北欧地区则主要为基督教新教徒。俄罗斯和巴尔干部分地区东正教徒广布。

移民

许多欧洲人前往美洲、大洋洲、南部非洲和新西兰定居和进行经济开发。自19世纪初以来，已约有6000万人移居海外。另一方面，欧洲虽然人口密度很高，却吸引着其他大陆移民前往。这些移民多数是为了寻找就业机会或追求更高的生活水准。

经济

欧洲是世界上的主要工业地区，人均收入居各洲之首。西欧大部分国家是世界上最繁荣的发达国家。各国的经济形态是较为先进的现代经济，主要以市场为导向，兼有不同程度的政府干预。

哥德堡是斯堪的纳维亚半岛最大的港口。

非洲

非洲全称阿非利加洲，在东半球西部，亚欧大陆西南面。面积3020余万平方千米，是世界第二大洲。北隔地中海和直布罗陀海峡同欧洲相望，东北以红海和苏伊士运河与亚洲相邻，西濒大西洋，东临印度洋。

国家概况

非洲是人类起源地之一，具有悠久的历史和丰富的文化遗产。非洲有 50 多个国家和地区。人口 7.4 亿，人口密度 24.5 人／平方千米。尼罗河下游及三角洲地区是人口最稠密地区。每平方千米高达 1000 人以上。西北非沿海平原、东非高原湖滨地区、南非东南部工矿区也是人口集中的地区。2/3 人口为尼格罗人种，其余为欧罗巴人种和蒙古人种。还有晚期的外来移民及其后裔，包括印度人、巴基斯坦人、叙利亚人和黎巴嫩人等。

非洲斑马

非洲动物种类繁多，多种野生动物在其中南部的草原和森林繁衍。图为肯尼亚热带稀树草原常见的斑马。

地形

非洲全大陆是一个高原，平均海拔约 750 米，东南半部大部在 1000 米以上，称高非洲；西北大部在 500 米以下，称低非洲。高非洲有世界最大的断裂带，形成东非大裂谷和坦噶尼喀、马拉维等一系列大湖；低非洲大部为世界最大的撒哈拉沙漠，西北部有阿特拉斯山脉。

气候

由于赤道横贯中部，非洲绝大部分属热带气候，年平均气温在 20℃ 以上。赤道附近终年湿热多雨。南北回归线一带，尤其是北部大陆干旱少雨，多沙漠。沙漠同雨林之间是广阔的热带草原。

水文

非洲以尼罗河和刚果河两河水系为主，两河流域占非洲大陆面积的 1/4。非洲最大的湖泊维多利亚湖是尼罗河的主要蓄水池。坦噶尼喀湖和马拉维湖是在非洲大裂谷系的深谷内形成的一连串湖泊中最大的两个。非洲其余外流水系主要有西部的尼日尔河和南部的赞比西河、奥兰治河及其支流，北部的乍得湖和南部的卡万戈沼泽位于南北两个盆地之内。

矿产

非洲主要矿产有石油、铝土、铀、铜、磷等。在世界矿产储藏量上，石油占 8%、铝土占 27%、铀占 29%、铜占 20%，灰石的储量占全世界总储量的 2/3。此外，铁、锰、铬、钴、铂、钛等矿产的含量也相当丰富。刚果（金）、南非、安哥拉、纳米比亚、加纳和博茨瓦纳的金刚石产量占全世界的 80% 以上。南非、加纳和津巴布韦的黄金产量几乎占全球的一半。

语言

非洲各民族的语言复杂多样，约有 800 种，从埃及到毛里塔尼亚、苏丹皆以阿拉伯语为主。沿地中海的马格里布地区，住有操柏柏尔语的居民，多集中在摩洛哥和阿尔及利亚，但也广泛使用阿拉伯语。撒哈拉沙漠以南地区各民族的语言多种多样，除了西南非的科依桑语族外，大多使用班图语，有多种方言。以阿拉伯语为主的北非和使用班图语的中部和南部非洲之间，住有使用尼日尔—刚果语族其他语言的居民。操沙里—尼罗语的居民多居住在尼罗河中游、白尼罗河和东非湖沿岸地区。中非和西非操班图语和其他尼日尔—刚果语系诸语言的民族是定居的园艺者。

人口

整个非洲的人口密度低于世界一般水平，非洲国与国之间以及一国内部的人口密度差别很大。非洲人口的年增长率约为3‰，居各洲之首，高出非洲实际经济增长数倍。出生率和死亡率在各地区的差异很大，南部非洲的人口出生和增长率最低，东西非的出生率最高。尼日利亚是非洲唯一人口超过1亿的国家。

经济

非洲经济在整体上属发展中地区。北非地中海沿岸各国和尼日利亚经济较发达；科特迪瓦、加蓬、留尼汪岛、肯尼亚、喀麦隆、加纳、津巴布韦、纳米比亚和毛里求斯经济中等发达，其余各国经济较为落后。南非是非洲唯一一个在经济上接近发达地区的国家。

北美洲

北美洲是北亚美利加洲的简称，是世界第三大洲，面积2422.8万平方千米。在西半球的北部。大部分地区位于北极圈和北回归线之间。东濒大西洋，西临太平洋，北濒北冰洋，南临墨西哥湾和加勒比海，以巴拿马运河与南美洲分界。

国家概况

北美洲包括加拿大、美国（夏威夷除外）、墨西哥、中美各国、西印度群岛和格陵兰。人口约占世界人口的8%，共有30多个国家和地区，其中独立国家23个。中部和北部有美国和加拿大以及丹麦属格陵兰，南部为墨西哥等。人口分布极不平衡，86%左右集中于美国、墨西哥、加拿大3个国家。主要居民是白人、黑人、印第安人和混血种人。英语为美国的官方语言，英语、法语为加拿大通用的官方语言。

地形

北美洲地形的基本特征是南北走向的山脉分布于东西两侧，与海岸平行。东部是久经侵蚀的阿巴拉契亚山脉，西部是属整个美洲科迪勒拉山系的北段，中部为大平原。北部、东部岛屿众多，岛屿面积居各洲首位，其中格陵兰岛是世界第一大岛。

水系

北美洲水系特别发达。密西西比河流域，面积约325万平方千米，占北美洲大陆总面积的1/8，并占该大陆径流总量的1/5左右。马更些河、育空河和纳尔逊河三条河的流域总面积大于密西西比河的流域面积，径流总量几乎与密西西比河相等。密西西比河及其各支流提供的内河航道，再加上五大湖和圣劳伦斯河的内陆航道，构成了北美洲庞大的水系。

大熊湖、大奴湖和温尼伯湖以及南面的五大湖，有丰富的淡水储量。哥伦比亚河与科罗拉多河可用于农田灌溉和水力发电。格兰德河构成墨西哥与美国之间的部分边界。中美洲的马那瓜湖和

密西西比河
北美洲最长河流。流域面积约325万平方千米，占北美大陆面积的1/8。河流可分为3段，全部在美国境内，为世界上最繁忙的商业河道之一。

尼加拉瓜湖地势较低。

气候

北美洲气候大部分属亚寒带和温带大陆性气候。哈得孙湾至墨西哥大部分地区通常以温和的气候条件为主。各地年平均温度随纬度和高度而变化，降水量主要取决于区域的气候变化。多雨地区主要分布在西北部的太平洋沿岸、中美洲大部地区以及加勒比海群岛中的多米尼加共和国。最干旱地区位于穿过美国西部和西南部大盆地区域并伸入墨西哥北部的沙漠，以及极北部地区，包括大部分北极岛屿。比较潮湿的地区主要包括美国东南部和加勒比海的许多岛屿。内陆低地区与加拿大地盾区的许多地方年降水量在500～1300毫米之间。大平原和加拿大北部大部分地区的降水量为250～500毫米，且年年都有变化。无霜期在北美各国长短不一，美国和加拿大一带，为90～120天，在墨西哥和美国边境沿线一带，则为240～270天。

人口

北美洲的人口组成是欧洲国家移民的后裔、黑人、印第安人、因纽特人以及日本人、华人等。加拿大人口在北美洲总人口中约占6%，其总体人口密度相对较低。近一半人口为英国人后裔，3/5以上的人会讲英语。约1/4的人口能讲法语，另有约1/5的人口惯常只讲法语。美国人口占该洲总人口的一半以上，英语为官方语言。约12%的人口是非洲人后裔，约6%具有西班牙人血统。平均人口密度高于加拿大。墨西哥、加勒比海诸岛屿和中美洲的全部人口占北美洲总人口的1/3以上，并且仍在迅猛增长。

经济

加拿大和美国属经济发达国家，墨西哥、中美洲许多国家及一些加勒比海岛国属部分发达国家。在人均国民生产总值上，有世界高水平的百慕大、美国和加拿大，也有一些水平较低的国家，如海地和洪都拉斯。发达国家的国民生产总值主要来自制造业与服务业，而在部分发达和发展中国家则主要来自矿业或农业。

南美洲

南美洲是南亚美利加洲的简称。是世界第四大洲，面积约1797万平方千米。位于西半球的南部，东临大西洋，西濒太平洋，北靠加勒比海，南隔德雷克海峡与南极洲相望。以巴拿马运河为界与北美洲分开。

国家概况

南美洲现在除法属圭亚那和英国、阿根廷的争议地马尔维纳斯群岛外，共有十几个独立国家，均为发展中国家。各国普遍采用过去宗主国的语言为官方语言。除巴西使用葡萄牙语外，大多数国家讲西班牙语。

美洲驼

美洲驼对于玻利维亚、秘鲁和厄瓜多尔的印第安土著民来说不可或缺。它们不但可作为驮畜，还是食物、毛绒、皮革或制腊用油的重要来源。

地形

南美洲地势西高东低，大陆分为三个南北纵列带：（1）东部是波状起伏的高原，北是圭亚那高原，中是巴西高原，南是巴塔哥尼亚高原;（2）西部为狭长的安第斯山脉，属美洲科迪勒拉山系，多 6000 米以上的雪峰和火山，地震频繁;（3）中央是平原，北为奥里诺科平原，中为亚马孙平原，南是拉普拉塔平原。分别有奥里诺科河、亚马孙河和巴拉那河贯穿其间。岛屿面积 15 万平方千米，不到全洲面积的 1%。

水文

亚马孙河流经南美大陆 1/3 以上的陆地，最后注入大西洋。其长度居世界第二位，仅次于尼罗河。流量居世界第一位，是长江的近 7 倍。还有奥里诺科河、巴拉圭—巴拉那—拉普拉塔河及圣弗朗西斯科河三条重要的河流，它们都注入大西洋。南美洲的大部分湖泊是安第斯山区或其山麓地带的山地湖泊。

气候

南美洲分为热带、温带、干燥带和寒带 4 个明显的气候区。热带气候区分为热带多雨或雨林区以及热带湿干或稀树草原区。热带多雨或雨林区出现在哥伦比亚的太平洋海岸、亚马孙河流域、圭亚那海岸及巴西的部分海滨地区;热带湿干或稀树草原区分布在热带多雨地带周围的较干燥区域、奥里诺科河流域、巴西高原及厄瓜多尔西部的部分地区。温带气候区分布在智利、阿根廷、巴拉圭及巴西南部等地区。干燥带气候区主要分布在安第斯山脉东侧的巴塔哥尼亚、太平洋海岸部分地区和巴西东北部。寒带气候区分布于阿根廷和智利的最南部及安第斯山脉的高处。南美洲大部分地区雨量充足，年平均降雨在 1016～2032 毫米之间，其中亚马孙河流域雨量最大，智利北部的阿塔卡马沙漠雨量最少。

种族和语言

南美洲的人口由美洲印第安人、伊比利亚人、非洲人和来自德国、南欧、南亚和日本的海外移民组成。巴西使用葡萄牙语，法属圭亚那使用法语，圭亚那使用英语，苏里南使用荷兰语，其他国家的官方语言是西班牙语。

人口

巴西人口超过 1.5 亿，几乎占南美洲总人口的一半。温带南美洲由于从 20 世纪 50 年代开始的低生育率，以及多数国家实行了家庭计划生育，人口增长率较低。出生率在城市和许多受过教育的妇女中比较低。在大多数南美国家中 15 岁以下儿童占全国人口的 1/3 以上。沿海地区人口稠密，内地人口相对稀少。沿海地区已变得高度城市化，乌拉圭、阿根廷、智利和委内瑞拉都有 80% 以上人口居住在都市区。

经济

巴西是南美洲最主要的经济大国，几乎占南美洲经济产值的 3/5。其次为阿根廷、委内瑞拉、哥伦比亚和智利。工业化程度最高的有巴西、阿根廷和乌拉圭。大多数国家人民收入贫富不均，总人口中穷人仍占绝大多数。大多数国家经济形态是自由市场经济与国营和私营企业共存的混合型经济。

大洋洲

大洋洲是世界上最小的洲，位于亚洲东南面的太平洋上。包括澳大利亚、新西兰、巴布亚新几内亚和由散落在整个太平洋上的无数火山岛和珊瑚岛、礁组成的三个主要岛群：密克罗尼西亚、美拉尼西亚和波利尼西亚。大洋洲有十几个独立国家，其他地区为美、英、法等国的属地。

人口

大洋洲的人口约占世界总人口的0.5%。其中欧洲移民的后裔占居民的70%以上，主要分布在澳大利亚和新西兰。澳大利亚人口最多，有2172万人（2009年4月），占全洲人口的65%。各岛国人口密度差异显著。

地形

大洋洲海拔一般在600米以下，只有少数山地超过2000米。地势低缓，自西向东可分为大陆西部高原区、中部平原区、东部山地区等。

气候

大洋洲绝大部分地区位于热带和亚热带，南回归线横贯澳大利亚大陆中部。受副热带高压影响，沙漠半沙漠地区占60%。总的说来，澳大利亚大陆炎热干燥，降水量较少。

种族和语言

大洋洲的居民主要是美拉尼西亚人、巴布亚人、波利尼西亚人等，印度人约占1%。此外，还有混血种人、华人、日本移民等。各民族均有本族语言，官方语言为英语。

农业

澳大利亚和新西兰两国有现代化的农牧业。其他岛国多以农业生产为主，发展水平较低。主产椰子、甘蔗、可可等。粮食不能自给，以薯类为主。渔业资源丰富，但由于捕捞方式落后，产量有限。

矿业

金属矿物资源丰富。澳大利亚为集中产区，采矿业十分发达。铁、铝、镍、铜、锡等矿物的产量均居世界前列，煤炭资源丰富。新西兰采矿业历史悠久，以煤、铁、石油等为主。瑙鲁和新喀里多尼亚盛产磷酸盐。

工业

工业主要集中于澳大利亚和新西兰。有钢铁、有色冶金、机械制造、化工、建筑材料、纺织等工业。其他国家和地区工业比较落后，多为农、林产品加工业等。瑙鲁和新喀里多尼亚以矿业为国民经济命脉。

交通

大洋洲是世界上一些重要海上和空中航线的必经之地。主要港口有澳大利亚的悉尼、墨尔本与新西兰的奥克兰等。铁路网和公路网绝大部分集中在澳大利亚和新西兰两国。多数岛国没有铁路，公路网也比较稀疏。

南极洲

南极洲地处地球南端，由南极大陆、陆缘冰及附近的岛屿组成。四周被太平洋、印度洋和大西洋所包围。面积1400万平方千米，平均海拔高度2350米，是世界最高的洲。大陆几乎全被冰所覆盖，露岩只占2%。冰层厚度在1720米左右，甚者达4000米以上。南极洲是国际上在

南极洲风光

科研方面进行广泛合作的重要区域。

地形

南极洲大部分地区位于南极圈内。横贯南极山脉绵亘 3000 千米。连通太平洋和大西洋最南端的两大深海罗斯海和威德尔海，将南极洲分成大小不等的两部分。森蒂纳尔山脉的文森山是南极大陆的最高点，海拔 5140 米。海岸线达 30000 千米，遍布冰山、冰河、冰块和大浮冰，不利于航行。

冰原

覆盖南极大陆的冰原体积达 3000 万立方千米，约占世界冰川总量的 90%。比尔德莫尔、尼姆罗德和里迪等冰川汇成的大冰河从横贯南极山脉的一些缺口处冲流而下，注入罗斯冰棚。少数从极地冰流出的河水，如麦凯、戴维和普里斯特利冰川，使冰山崩解并注入罗斯海中。

罗斯海和威德尔海的深海湾大部分被冰棚或漂浮在海上的冰原所覆盖。这些冰棚以及其他陆缘冰棚约占南极冰区的 10%。沿南极海岸，冰棚、冰川及冰原将崩解的冰块源源不断地送往大洋。

气候

南极洲是世界上最寒冷的大陆。1983 年 7 月在内陆高地冰原上观测到的最低气温为 -89.2℃。最冷月份的平均气温沿海为 -20℃ ~ -30℃，内陆为 -40℃ ~ -70℃。极地高原的最冷时期一般是在 8 月。夏季南极半岛最高气温可达 15℃。沿海地区平均气温为 0℃，内陆为 -20℃ ~ -35℃。沿海地区，特别是东南极洲大多狂风肆虐。

植物

南极的寒漠气候仅适合少数耐寒植物和微生物生存，包括地衣、苔藓、地钱、霉菌、酵母菌、淡水藻类。

动物

沿海有 40 多种鸟类生活。大陆有企鹅、南极海燕和南极贼鸥三种海鸟在繁衍。阿得利企鹅和帝王企鹅在大陆分布较广。南极水域有大量的磷虾，是各种鲸、鱼和鸟类的饵食。哺乳类动物包括海象、海豹、海豚和鲸。

矿产

南极洲有多种金属矿藏，包括锑、铬、铜、金、钼、锡、锌、铀及铁。但所有矿藏都没有经济开采价值。横贯南极山脉的矿层是世界最大的煤田之一，有半无烟煤、无烟煤、天然焦炭。

北极地区

地球的极北区域，由一片几乎完全被几个大陆所包围的大洋盆地构成。北极地区包括加拿大、美国阿拉斯加、俄罗斯、挪威和斯瓦尔巴群岛等地的北部，以及冰岛、格陵兰和白令海的大部分。北极圈是北极地区的南界。区内每年有一段时期出现极昼或极夜现象。北极地区的显著特征是其植被、气候等具有明显的极地属性。

土地

北冰洋周围的北极地区陆地一般平坦而低洼。格陵兰与加拿大北极地区东部有明显的高地。格陵兰冰盖大部分超过海拔 2500 米。俄罗斯的勒拿河三角洲和西阿拉亚东北部半岛上有一系列高地。阿拉斯加有一条较窄但更高的山脉带，其中麦金利山高达 6194 米。加拿大—格陵兰地盾、波罗的海地盾和安加拉地盾三处是北极地区主要地质结构。地盾岩石一般都覆盖有平缓的古生代沉积，边缘是古生代以后的沉积岩造山带，其中有俄罗斯乌拉尔北部和新地岛的褶皱山脉。

矿产

北极地区富含铁、镍、铜、锌等矿产资源，其边缘上的沉积岩含有煤和石油资源。阿拉斯加北部曾发现石油，并进行过石油勘探。

河流

北极地区河流的主要特征是流量极具有季节性。夏季排水量一般较小，由于永久冻土和稀少的植被几乎不截留雨水，因此受暴雨影响极大。流域完全处于北极地区的河流，如阿拉斯加的科尔维尔河冬季几乎干涸。有些发源于低纬度的河流，如鄂毕河、马史些河，则全年都能保持一定流量。

气候

北极地区冬季漫长、寒冷，由于太阳相对地面的角度太低，雪层呈斑片状，很薄；春季和初夏时，地面由于融雪而变成沼泽状态。北冰洋上空夏季气温接近0℃，周围陆地较暖，常超过15℃。降水量很小，大部分地区干旱。内地年降水量一般不足130毫米。龙卷风和暴风雪是北极地区常见的现象。

冰川

冰川大多位于加拿大北极区的东部高地，以及欧亚大陆西北部的海岛和半岛上。格陵兰冰川面积约170万平方千米，是北半球最大的冰原。中心处冰的底面在海平面以下300多米。此外，冰岛有五大冰川，其中最大的是瓦特冰川，面积7800平方千米。西伯利亚东北部和阿拉斯加的布鲁克斯山脉中有冰斗冰川。

永久冻土

永久冻土是北极地区的显著特征。永久冻土的温度恒低于0℃。北美洲林木线以北的大部分北极区都位于连续永久冻土带内。俄罗斯林木线以北和乌拉尔山脉以东是连续的永久冻土带。永久冻土深达450～600米，其体积近4/5为冰。

植被

北极地区以林木线为界可分为两大植被区：亚北极的绕极北方森林区和苔原区。亚欧大陆的森林主要有落叶松、松和枞。北美主要有白云杉、黑云杉及落叶松。近林木线有蓝化豆、野生藏红花、北极芙蓉红和虎耳草等开花植物。苔原区主要为苔藓地衣类石南苔原，还有少数的开花植物。矮灌木、柳、桦、桧也生长在这里。

图中显示的是放大了两倍的来自世界上"最矮的树"——北极柳树上的单朵柔荑花。这种坚韧的冻土带植物常常通过大黄蜂来授粉。只要春季一来临，大黄蜂就会迫不及待地来到这些植物丛中。

动物

北极地区的动物分布与植被和气候的影响有密切关系。苔原区有麝牛和驯鹿。众多的雁类栖息于格陵兰东部。肉食类动物有北极狼、北极狐、北极熊和雪鸮等。

人口

北极地区是世界人口最稀少的地区之一。只有俄罗斯人、挪威人、瑞典人和芬兰人在区内定居。而且居住方式也各式各样。在俄罗斯北极区的几座城市中,人口已超过 10 万,而在格陵兰和斯瓦尔巴群岛的城镇中,人口还不到 1 万。主要的土著居民有拉普人、涅涅茨人、因纽特人、北欧高加索人、格陵兰人、雅库特人、通古斯人、尤卡吉尔人、楚克奇人等。自 20 世纪 30 年代以来已有不少外来移民,到 20 世纪末人数已大大超过土著人。

经济状况

由于气候和地域等原因,北极地区不宜种植庄稼,差不多所有土著居民依靠海洋资源维持生计,能自给。然而从其他地区进入北极区进行经济开发的浪潮,正在逐渐改变北极区的经济面貌。北美洲、欧洲、俄罗斯和日本的许多公司在这里开采石油和其他矿产。

北极开发

各国政府在北极地区的开发计划差异很大。苏联体系曾立足长远规划,投入大量资金进行大规模开发;北美体系着眼于短期经济开发,基础设施建设只根据经济的需要来制定;丹麦为了不让别国插手格陵兰,减少了经济开发活动,进行巨大的基础设施建设。

社会状况

虽然北极地区的保健设施很差,但各国居民的健康水平都很高。20 世纪 80 年代初,北美大陆的卫生部门曾对结核病进行了根治。因气候严寒,所以营养需求量极高。北极区内居民的平均预期寿命在格陵兰为 62 岁,挪威为 75 岁。北极主权国家文化模式对区内土著民族的传统文化已构成了冲击。现代的北极区居民点形式多种多样,既有孤立的科学考察站,又有颇具规模的采矿城镇和设有学校及教室的地方行政中心。

气象与气候

一、气象

大气层

大气层又叫大气圈,地球就被这一层很厚的大气层包围着。大气层的成分主要包括氮气、氧气、少量的二氧化碳、稀有气体(氦气、氖气、氩气、氪气、氙气、氡气)和水蒸气。大气层的空气密度随高度而减小,越高空气越稀薄。大气层的厚度在 1000 千米以上,但没有明显的界限。整个大气层随高度不同表现出不同的特点,分为对流层、平流层、中间层、热层和外逸层,再往上就是星际空间了。

对流层

对流层是指地球大气圈底部对流运动显著的气层。对流层的分布,在赤道为 16 ~ 17 千米,中纬度平均厚度为 10 ~ 12 千米,极地为 8 ~ 9 千米,并有季节变化,夏季增大,冬季减小。对流层的温度随高度递减,平均每上升 1 千米降低 6.5℃。对流层集中整个大气质量的 75% 和水汽的 90% 以上,风、云、雨、雪、雷暴等天气现象都发生在这里。对流层对人类生产、生活影响很大,是气象学研究的主要对象。

平流层

平流层是指从对流层顶到约 50 千米高度的大气层。平流层内空气的运动特征主要是水平运动,对流和垂直交换过程微弱,缺少云、降水的净化作用,所以大气污染物进入平流层后,能长期存

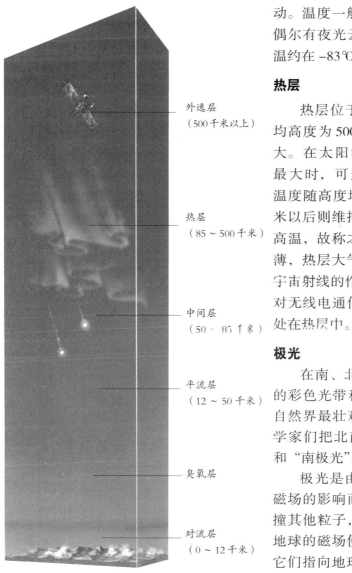

外逸层
（500千米以上）

热层
（85～500千米）

中间层
（50～85千米）

平流层
（12～50千米）

臭氧层

对流层
（0～12千米）

大气层的结构
我们生活在大气的底层。飞机在平流层飞行，极光等现象发生在热层。

在。由于臭氧对紫外辐射的吸收，平流层内温度随高度的增加，下半部保持不变，又称同温层，上半部反而增高，又称逆温层。

中间层

中间层是指平流层顶以上到约85千米的大气层。空气极稀薄，却有垂直运

动。温度一般随高度增高而降低，顶部偶尔有夜光云出现。中间层顶年平均气温约在 −83℃。

热层

热层位于中间层之上。热层顶的平均高度为 500 千米，随太阳活动变化较大。在太阳活动最小时，达 260 千米。最大时，可达 700 千米。热层的下部，温度随高度增加而迅速增高，到 250 千米以后则维持恒定，可达 2000℃左右的高温，故称之为热层。这里大气极其稀薄，热层大气在强烈的太阳紫外辐射和宇宙射线的作用下，处于高度电离状态，对无线电通信极为重要的电离层大部分处在热层中。

极光

在南、北极的冬天，出现在夜空中的彩色光带和光幕，称为极光。极光是自然界最壮观、最神奇的景象之一。科学家们把北南极的极光称为"北极光"和"南极光"。

极光是由来自太阳的粒子流受地球磁场的影响而发生偏转，在大气圈中碰撞其他粒子，发生电离而产生的。由于地球的磁场使粒子偏离赤道地区，并使它们指向地球的磁极，所以极光在南北极频频出现。

极光的光弧一般出现在 65～105 千米的高空，最高的极光可能远离地表1000 千米。

外逸层

外逸层是大气层的最外层，即离地面 500 千米以上的大气层。该层空气极其稀薄，带电微粒受地球磁场的磁力线控制并运动着，中性微粒基本上按各自抛物线轨迹运动。速度较大的分子，则

可挣脱地球引力而逸散到行星际空间。又称外大气层或散逸层。

温室效应

大气能够透过短波辐射，吸收长波辐射，同时对地面存在逆辐射，使地表增温的作用，称之为温室效应。起到温室效应的气体称为温室气体，主要有二氧化碳、水蒸气、臭氧、甲烷等。近半个多世纪以来记录到地球大气中几种主要的温室气体有连续增长的趋势。同时地球大气有变暖的趋势。因此有关人类活动引起温室气体的增加从而导致全球气候变暖的问题已成为人类环境研究的中心课题。

气象

气象是指地球大气中各种物理状态和物理现象的总称。包括冷、暖、干、湿、风、云、雨、雪、霜、雾、雷、电等。能够表明大气特征的物理状态为气温、气压、湿度等。物理现象如降水现象、大气光象等，称为气象要素。被广泛应用于天气预报、气候分析和有关科学研究等方面。

气温

表示大气冷热程度的物理量，即大气的温度。它是空气分子运动的平均动能。中国习惯上用摄氏温度表示。气温在地球表面的平均分布主要与季节、地理纬度、海陆分布、下垫面的性质、海拔高度等因素有关。一天中，气温极大值出现在 13 ~ 15 时，极小值出现在日出前。北半球中高纬度大陆上，一年中最高气温、最低气温分别出现在 7 月和 1 月。在气象观测中，地面气温是指百叶箱在离地面 1.5 米高处量得的空气温度。

常规地面气温观测的项目有定时气温、日最高气温等。

湿度

空气的干湿程度，或表示含有的水蒸气多少的物理量，称为湿度。单位体积的空气中含有的水蒸气的质量叫作绝对湿度。由于直接测量水蒸气的密度比较困难，因此通常都用水蒸气的压强来表示。空气的绝对湿度并不能决定地上水蒸发的快慢和人对潮湿程度的感觉。人们把某温度时空气的绝对湿度和同温度下饱和气压的百分比叫作相对湿度。

高压脊和低压槽

在天气图上，海拔相同的平面上等压线呈闭合状，而且中心气压值比四周高的区域称为高气压，简称高压。高压向外延伸的狭长区域，中心气压高于毗邻三面而低于另一面，好像山脊一样，因此称为高压脊。在高压脊内，多为下沉气流，多晴好天气。

在海拔相同的平面上，中心气压低于周围气压的区域叫低气压，简称低压。低压向外延伸的区域，就像地形上的山谷，中心气压低于毗邻三面而高于另一面，因此叫低压槽。在低压槽内，多为上升气流，多阴雨天气。

气团和锋

气团是在水平方向上性质比较均匀的大块空气。其水平范围，小气团数百平方千米，大的数百万平方千米，垂直厚度在数千米到数万米。同一气团占据的范围内，天气状况基本类似。两个性质不同的气团的交界面叫作锋面。锋面与地面相交的线叫锋线。锋面附近常伴有云、雨、大风等天气现象。根据锋面两侧冷暖气团的移动方向，可把锋分为冷锋、暖锋、准静止锋等类型。

气旋和反气旋

在大气中常常会形成一些大大小小的旋涡。这些空气旋涡随着大气运动，像河水里的漩涡一样不停地旋转。在北半球，空气环绕中心做逆时针方向旋转的大型空气旋涡，称为气旋；做顺时针方向旋转的大型空气旋涡称为反气旋。在南半球则相反。大陆上许多剧烈的短变化大多是气旋和反气旋造成的。

气压梯度

空气从高压区流向低压区，存在一种气压梯度力推动空气流动。一个地区气压高而邻近地区气压低，在两地区间就存在气压由高到低逐渐接近的变化，这就叫作气压梯度。

云

云是指悬浮在大气中的小水滴或冰晶微粒或两者混合的可见聚合体。云粒子的大小一般在 1 ~ 100 微米。云中小水滴有可能多到每立方厘米几千个。云的形态各异，成因也不相同，一般将它们分为积状云、层状云、波状云三大类。按高度可分为低云、中云、高云和直展云。

雾

雾是近地气层中悬浮的小水滴或冰晶造成的视程障碍的现象。水平能见距离小于 1000 米称雾。雾与云没有本质的区别。按其成因可分为辐射雾、平流雾、蒸发雾、锋面雾。它对交通、航运有不利影响。

露

当较热的空气碰到地面温度较低的物体时，便会发生饱和而凝结成小水珠，滞留在物体上，这就是露。露水对农作物生长很有利。

降水

水以雨、雪、雹等形式从云中降落到地面称为降水。单位时间内的降水量为降水强度。上升气流一方面向云中输入水汽，凝结成云体不断发展；另一方面它还可以托住云滴，使其充分长大。当云滴增长到一定程度时，增长速度变得缓慢。这时云滴靠上下翻动相互碰撞，迅速增长，最后云滴形成了水滴。上升气流再也托不住它们时，降落到地表形成降水。通常按上升气流特征，把降水分为对流性降水、地形性降水和系统性降水三种。

雨

雨是从云中降下的小水滴。按其强度分为小雨、中雨、大雨、暴雨、大暴雨、特大暴雨。短时暴雨常导致山洪及泥石流。雨水是主要的淡水资源，所有的江、河、湖水及地下水都来源于雨水。

由于季风气候影响，中国夏季雨多，冬季雨少。东部及南部雨多，西部及北部雨少。各年也不一样，有些年多，有些年少。山上雨多，平地雨少。

梅雨

梅雨是指初夏发生于中国江淮流域到朝鲜半岛、日本南部的带状区域内的雨水。因正值中国江南梅子黄熟季节，故称"梅雨"。又因这段时间阴雨连绵，湿度大，温度较高，器物极易因潮霉烂，故又称"霉雨"。

梅雨是东亚春夏季节特有的现象，是大陆气团和南方季风气团在江淮流域长期交融，造成大范围雨带停滞的结果。在梅雨时期，雨量充沛，湿度大，风力小，气温高，天气闷热。

雪

雪是白色不透明的固体降水，从云中降下的冰晶。雪花的形状、大小变化很大，随它们形成的温度和云的条件而不同。基本形状为六角形，有时雪花上还有一些小雨滴冻结在上面，聚集成雪片或雪团下降，俗称鹅毛雪。

冰雹

冰雹属固态降水，是从积雨云中降下的小冰块，呈球形、锥形或不规则形状，有透明、半透明或完全不透明的。较大的冰雹常由透明及不透明的冰层相间组成。

冰雹是农业的一大灾害，常有突发性和地方性的特点。有时冰雹、山洪、大风一齐出现，对农作物、果树等造成很大损害，甚至颗粒无收。还毁坏房屋，危及人畜安全。

人工降水

人工降水是用人为的手段促使云层降水的措施。根据不同云层的物理特性，向云层播撒盐粉、碘化银、干冰等催化剂，以促使降水发生。世界上先后有80多个国家和地区开展了人工降水的试验。1958年以来，中国也曾在北方的冬春季节和南方的夏旱季节，先后进行过人工降水试验。

雷电

闪电和打雷是大气中的一种放电现象。由于地面的热空气携带着大量的水汽不断上升到天空，形成大块大块的积雨云。积雨云的不同部位聚集着正负两种电荷。这时地面因受到近地雨云中的电荷感应，也带上了不同的电荷。再加上云中的电流很强，通道上的空气就会被烧得炽热，发出耀眼的白光，这就是闪电。雷声是因为通道上的空气和云滴受热而突然膨胀后发出的巨大声响。

闪电和雷声是同时发出的，闪电是光，它的速度要比雷的声音速度快得多，所以我们平时总是先看到闪电，后听到雷声。雷电可以击毁房屋，造成人畜伤亡，还会引起森林火灾，破坏高压输电线路。雷电还是飞机安全飞行的大敌。但它能使空气中的氮气和氧气直接化合成二氧化氮，对农田极为有利。

彩虹

夏日雨后，悬挂于空中的七色彩弧就是虹。有时，在虹的外侧有一道光彩比虹稍弱的副虹或霓。虹和霓色彩的次序刚好相反。虹的色序是外红内紫，而霓的色序是外紫内红。

虹的色彩鲜艳程度和虹带的宽度与空气中的水滴大小有关。水滴小，虹就鲜艳清晰，比较窄；水滴大，虹就淡，也比较宽。如水滴过小，就可能没有虹。

雨后，天边出现了一道绚烂的彩虹，把蔚蓝的天空衬托得格外美丽。

风

空气相对于地面的水平运动称为风，风向指风的来向，以八方位或更细的十六方位来表示，也可以用角度来表示。风力即风速，就是单位时间内空气的行程。

风是天气变化的主要因素，不同的风可产生不同的天气。它对人类有利也有弊。一年一度的季风给我们带来了大量的雨水，它是无污染的能源。但台风、龙卷风等又给农业和人民生命财产带来威胁。

季风

季风是指大范围盛行的风向随季节而显著变化的风系。冬季陆地比海洋冷，大陆上为冷高压，近地面空气自陆地吹向海洋；夏季陆地比海洋热，大陆上为热低压，近地面空气自海洋吹向陆地。

在季风区域，随着风向的季节变化，天气和气候也发生明显的季节变化。世界上季风明显的区域主要有南亚、东亚、非洲中部、北美东南部、巴西东部和澳大利亚北部等，其中最为著名的是南亚季风和东亚季风。东亚季风的强弱和开始早晚，对我国陆地旱涝和冷暖有很大影响。

信风

发生在低纬地区，风向稳定、风速少变的风系，因为其规律性较强，故名信风。在使用帆船进行海外贸易的年代里，人们往往利用这种风穿越大洋，因此也叫"贸易风"。在低层大气中，长期存在从副热带高压带吹向赤道低压带的定向风。在地转偏向力的作用下，北半球的风向向右偏转，形成东北信风；南半球的风向向左偏转，形成东南信风。

天气预报

天气预报指根据气象资料和经验，对某地区未来一定时段内的天气情况变化的预测。根据预测时期的长短，可分为短期（一般为3天以内）、中期（3～10天）、长期（10天以上）和超长期几种预报。按范围可分为大范围（全球或国家）、中范围（省、地区）、小范围（县、市、水库、港口、机场等）预报。气象台预报天气的方法，主要有天气图预报法、数值天气预报法和统计天气预报法。

天气图

天气图是按一定格式把观测到的气象资料填在空白地图上或填在按不同需要设计的各种空白图表上而制成的。常用的天气图包括地面天气图和高空天气图，此外还有辅助天气图。天气图上填写的气象资料是世界各地的气象站根据统一规范，在相同的时间观测所得到的气象要素及天气现象记录。天气图在综合分析判断天气变化中起重要作用，已成为常规天气分析预报的主要工具。

气象卫星

从外层空间对地球及其大气层进行气象观测的人造地球卫星。通常由气象观测专用系统和保障系统两部分组成。按用途分为极地轨道气象卫星和静止轨道气象卫星。极地轨道气象卫星可以获得全球的环境遥感资料，主要用途是每天两次收集全球环境的气象参数。静止轨道气象卫星又称高轨道卫星或地球同步卫星，主要用途是天气预报，通常每30分钟便可获得一次气象资料，便于及时做出天气警报和天气预报。

二、气候

气候

气候是地球表面长期以来大气现象的综合体现，既包括稳定的情况，也包括极端情况。太阳辐射、地面状况、大气环流等是决定气候变化的基本自然因素。火山爆发和人类活动也对气候产生一定影响。要获知某一地方的气候状况，就需对该地天气资料进行统计。世界气象组织规定，统计常规气候特征，所需的资料年份至少要有30年。

海洋性气候

海洋性气候的特点是夏日凉爽，冬天不冷，日温差小。由于海水吸收热量的能力比陆地强得多，辐射到海洋上的太阳热量很少被反射回去，因此大部分被海水吸收，并通过海水的波动，把热量存贮在海洋内部。即使在烈日炎炎的夏季，海洋里的温度也不会骤然升高。到了冬季，虽然太阳辐射减少了，但海洋里所贮存的大量热量开始稳定地释放出来，于是，海洋及其附近地域的温度比同纬度的其他陆地地区要高。

海洋性气候地区的自然景观

大陆性气候

大陆性气候的特点是气候干燥，冬冷夏热。处在远离海洋的大陆腹地，由于得不到海洋的调节，温差要比沿海地区大得多。在我国西部内陆的许多地方，气温日差一般都在20℃～25℃之间，而在吐鲁番盆地，气温日差则高达50℃。大陆性气候气温变化剧烈，春来得早，夏去得也早，春温高于秋温。年降水量少，一年中降水的季节分配不均匀，以夏季降水为最多。

热带气候

热带地区气温较高、四季不明显，可分为热带沙漠气候、热带草原气候、热带季风气候和热带海洋气候等多种类型。一年常分干、湿两季，风暴较多。

温带气候

温带气候的特点是冬冷夏热，四季分明。我国大部分地区属温带气候。根据地区降水量的不同，可分为温带海洋性气候、温带大陆性气候、温带季风气候和地中海式气候几种类型。温带气候分布较广，类型复杂，从而为生物界创造了良好的气候环境，形成了丰富多彩的动植物界。

极地气候

极地气候是指南北极及其附近地区的气候。它的主要特点为长年低温，年平均气温在0℃以下。北极地区由大陆环绕，为永冻水域，南极地区由海洋包围，终年被冰雪覆盖。在极圈附近的亚极地区域，最暖月平均温度在0℃以上，虽无树木生长，但可生长苔藓类低等植物，因而称之为苔原气候。

南极大陆东部为平均高度在2000米以上的高原，还具有高原气候的某些特点。在南极高原腹地曾测得目前世界最低气温纪录（－89.2℃）。在东南极沿岸地区，受冰盖下滑的下降风的影响，瞬时最大风速可达 100 米 / 秒。

草原气候

草原气候具有半干旱、干旱的大陆性气候特点，属荒漠气候与森林气候之间的过渡性气候。土壤水分能供草类植物和耐旱作物生长的半干燥地区，一般年降雨量较少。主要集中在春季或初夏，以阵雨为主，雨量变化也较大。夏季温度较高，冬季则因地理位置的不同而有差异，有的较冷，有的较暖。中国西北以及内蒙古等地气候属于草原气候。

沙漠气候

沙漠地区降水稀少，空气干燥，风沙盛行，昼夜温差大，这样的大陆性气候叫沙漠气候。沙漠气候大致可分为热带沙漠气候和中纬度沙漠气候两类。热带沙漠气候主要分布于南、北纬 20° 左右的赤道两侧，夏季炎热，冬季不冷，长期处于副热带高压控制下，盛行下沉气流，降水量远小于蒸发量。中纬度沙漠气候主要分布于大陆腹地，难以受到海洋湿润空气调节，夏季炎热，冬季寒冷，降水极少。

阿拉伯沙漠
夏季酷热，日间温度高达 54℃，年降雨量平均不足 100 毫米。

高原气候

高原海拔高、地面宽广、起伏较平缓。高原气候的形成主要由于海拔高度的作用。高原上大气厚度较小，空气较干燥洁净，白天太阳直接辐射很强，尤其紫外辐射要比平原强得多。夜间水汽较少，地球反射到大气层外的红外辐射也多，因此总的辐射能量收入很少，导致气温日变化比同纬度平原地区大，冬季更大。另外，高原上的向阳面和背阳面的气温相差非常大。水汽难以到达高原内陆，降水很少；但迎风一面的边缘降水却较多，而且多是降雪，积雪时间长。高原上由于地形起伏，所以不同地方的气候也存在明显的差异。例如，云贵高原上就有"十里不同天"的说法。

季风气候

季风气候是盛行风向随季节而转换，受季风影响和支配地区的气候。分为温带季风气候、亚热带季风气候和热带季风气候。温带季风气候区主要在亚洲东部，季风主要由海陆热力差异的季节性变化引起，冬季盛行来自西伯利亚的偏西北气流，天气晴朗、寒冷、干燥；夏季受海洋偏东南气流影响，高温、湿润多雨，夏季风力弱。亚热带气候的特征是冬季风时干燥少雨，夏季风时潮湿多雨，夏季风力强。热带季风气候以西非地区为典型，季风主要由南北两半球的东南信风及东北信风带位置的季节性变化引起，冬季干燥，夏季湿润多雨。

地中海式气候

地中海式气候的主要特征是夏季干燥少雨、炎热，冬季湿润多雨、温和。大致分布于南、北纬 30° ~ 40° 的大陆两岸。属于这一气候的地区有地中海沿岸、非洲南部、澳大利亚南部和西南部、北美洲加利福尼亚沿岸和南美洲智利中部。

厄尔尼诺现象

厄尔尼诺是西班牙语"圣子"之意。指北太平洋一支暖流越过赤道南下到达秘鲁沿海，抑制了冷洋流的上升，水温反常升高。这造成大量鱼群死亡，鱼群死亡导致食鱼的鸟类也大量死亡。通常厄尔尼诺每隔 3～5 年发生一次，且有强弱之分。强烈的厄尔尼诺现象往往可使海水温度比常年高出 3℃～6℃。这种高温洋流可影响信风大气，从而影响整个热带大气环流，甚至热带外的大气，造成气候反常。

1987 年，当厄尔尼诺再次横行全球时，孟加拉国暴雨成灾。20 世纪 90 年代以后，厄尔尼诺现象越来越频繁，严重地威胁着人类的生产、生活。

拉尼娜现象

拉尼娜在西班牙语里为"圣女"之意。厄尔尼诺现象过后，热带太平洋有时会出现拉尼娜现象。即往往会出现海温下降引起全球性气候异常，东太平洋海温明显变冷的现象。东西太平洋之间海表温度梯度变化和信风一起，使海洋大气耦合系统的准平衡状态被打破，造成鱼类大量死亡。

据统计，从 1950 年到 1998 年共发生了 16 次厄尔尼诺现象，10 次拉尼娜现象。

自然奇观

一、特色地理风貌

大格伦峡谷

大格伦是苏格兰一条天然分界线，以北、以西是西北高地；以南、以东是格兰山和城镇。它是地壳上一条深陷的断层。许多断层近乎垂直，可通过比较断层南侧因弗内斯附近的福耶斯花岗岩露头与断层北侧的威廉堡西部的斯特朗廷花岗岩露头显露出来。断层的延伸方向十分清晰。这种位移所需要的能量，来自于一连串地震的推动。实际上大格伦的名声主要是由于尼斯湖神秘怪兽的出现。从 6 世纪就有人见到，自 19 世纪 30 年代起，见到的人越来越多。人们已经花了无数的时间探寻传说中的怪兽。

巨人岬

巨人岬是一道通向大海的巨大的天然阶梯，神话传说中是由爱尔兰巨人芬·麦克库尔建造的。他把岩柱一个一个地移到海底，那样他就能走到苏格兰，与对手决战。事实上在大西洋早期，由于北美大陆和欧洲大陆之间新形成的海道依然处在发展之中，北大西洋的边界也正在形成和变化阶段。大约 8000 万年前，格陵兰的东南海岸与不列颠群岛的西北海岸紧紧相连。6000 万年前，这些海岸开始分离，留下关于洪水、高原和玄武岩的记录。喷发出来的玄武岩形成的大块熔岩，遍布整个火山活动区。熔岩遇冷结晶，爆裂成规则的图案，常常是六角形。熔岩由于其裂缝直上直下伸展，水流可从顶部通达底部，形成了独特的玄武岩柱网络。所有的玄武岩柱捆扎在一起，只有极细小的裂缝。这就形成了"柱状玄武岩"。这是巨人岬科学的解释。同时，巨人岬也是这种独特现象的完美体现。

巴伦

巴伦是西欧石灰岩最重要、最壮观的地区，占地面积约376平方千米。许多原始海洋无脊椎动物化石保存在2.5亿年前地体抬升之前的石灰岩中。

在巴伦裸露的石灰岩缝隙间有丰富多彩的植物。植物的组合非常独特，卢西塔尼亚型（地中海型）、温带型以及北极—高山型植物相互混合，而且全是本地种。植物物种十分丰富，有长势缓慢的北极—高山型路边青，有血红色的老鹳草，还有伦兰花等。常见于山顶的海石竹紧挨苔藓状的虎耳草生长。那里曾广泛分布着稀有植物，现在分布区已缩减。著名的稀有种包括紫罗兰、委陵菜、百里香等。

巴伦地区的动物也相当闻名，尤其是种类繁多的蝴蝶。这里还是爱尔兰珍珠色边豹纹蝴蝶的唯一产地。

多佛尔的白色悬崖

多佛尔是通往英格兰的重要途径，悬崖高高地耸立于海面上，呈现出耀眼的白色。英格兰南部海岸全为白垩悬崖，悬崖上盛开着鲜花，其中最著名的有海甘蓝、海蓬子、海罂粟和野兰花。

悬崖上以形成于晚白垩纪的白垩地层为主。由无数的微生物和富含碳酸钙的贝壳组成的白垩层，受到海水和风力的侵蚀，引起石灰岩分解。当盐水渗入岩石缝隙并溶蚀了岩石时，悬崖上的易

损之处变得更为脆弱。缝隙水也会随温度的变化而热胀冷缩，导致岩石碎裂。当遇到海浪猛击悬崖底部时，海水便进入岩石缝隙，并以巨大能量拓宽着逐步爆裂的岩石。退潮时，波浪携走卵石，在低处刻蚀出悬垂的崖壁和岩洞。这样最终会使上层悬垂的崖壁崩裂。由于这个过程不断地重复，悬崖逐步后退，便形成了著名的多佛尔白色悬崖。

上法涅高地

上法涅高地位于比利时与德国交界处的阿登高原，是一块仅有39.1平方千米的较小保留地，由高位泥炭地组成。周围是橡树、山毛榉和云杉。这里的泥炭矿层中含有最近一次冰期保留在泥炭中的树木躯干化石和各种植物的花粉。而今已被普通席草、紫沼茅、岩高兰、欧洲越橘、牙疙瘩和轮生叶欧石楠等熟悉的种类所覆盖。

沼泽水仙、白喙莎草等稀有种以及沼泽龙胆和沼泽马醉木等也时有所见。泥塘和沼泽地区也孕育了许多种类的蜘蛛。在清晨的阳光下，布满带有露珠的蜘蛛网的植被错综复杂，神奇而富有吸引力。上法涅高地的动物包括马鹿、狍和野猪。

这里还是众多鸟类的重要繁殖地，包括黑琴鸟、大灰伯劳、旋木雀以及稀有的黑点啄木鸟和斑点啄木鸟。坦格玛姆猫头鹰、长耳猫头鹰、鹞、鹬鹑、苍鹰等各种猛禽也大量生存在这里。

卡马格

卡马格位于法国地中海沿岸罗讷河入口的圣玛丽湾，是一片保持原始完整性的沿海湿地。1970年它被指定为拉萨姆尔遗产地，1977年成为生物圈保留地。

卡马格是由海滩、沙丘、芦苇荡、盐湖、河边森林、牧场以及广阔的盐沼组成的复杂的混合体，是许多鸟类迁徙途中的停留地。每年有以百万计的来自西伯利亚和欧洲的鸭、鹅、涉水禽鸟在此停留，而且有一些在此筑巢繁衍。其中著名的有肯特郡鸻、细嘴鹬、领燕鸻。那里的淡水芦苇是麻鸦、小鸦、草鹭、黄池鹭、白鹭、牛背鹭以及巨大的沼泽鹞的栖息地。

卡马格的盐沼特别适宜于海虾生长。海虾是一些鸟类尤其是火烈鸟的重要捕食对象。具有盐沼这样的安全巢址和接近丰富的食物源地，因能聚集不计其数的鸟类而闻名。另外，令卡马格享誉世界的还有一种当地繁殖的黑牛，以及一种被看作始祖马直系后裔的白马。所有这些构成卡马格的神奇画面，令人神往。

韦尔东峡谷

韦尔东峡谷位于法国东南部的上阿尔卑斯省的韦尔东河上游，是一个由韦尔东河切割而成的特别的峡谷。峡谷长19千米，从峡谷上缘到河流的最大深度可达700米，是法国最深、最长的峡谷。峡谷两岸是悬崖峭壁，有些地方仅相距200米。陡峭的崖壁高耸入云，下方是水流湍急、怒涛汹涌的河流。许多无畏的探险者，常来这里攀岩探险和欣赏造物的神奇。崎岖的淡灰色石灰崖壁与青翠平缓的山林坡地之间的强烈对比一览无遗。

峡谷被切割成的石灰岩地层上有许多溶洞。但迄今为止，没有足够的证据证明峡谷形成的真正原因。

上陶恩

上陶恩是奥地利境内的阿尔卑斯山的最高部分，通常分为三组山群：从西向东分别是韦内迪格山、格拉纳特斯匹茨山和格洛克纳山。有广泛的冰川。

韦内迪格山的最高峰是大韦内迪格峰，高3670米，是一个为冰雪覆盖的金字塔形的山峰。格拉纳特斯匹茨山是很好的登山场所和眺望周围农村的最佳观景点。格洛克纳山雄踞群山之首，大格洛克纳峰高达3797米，狭窄的山脊从峰顶向下陡降，陡峻的冰坡位于山地的四侧，上有斑斑的冰裂隙和下泻的冰瀑。围绕低坡环行的帕斯特泽冰川，长10余千米，是阿尔卑斯山脉东支最长的冰川。河的一侧是该区风景最优美的地方。上陶恩已被奥地利开辟为国家公园，成为专门的动植物保护区和地质构造保护区。

马特峰

马特峰位于意大利和瑞士边境，是阿尔卑斯山最引人注目的一个山峰。高约4480米，由坚硬的结晶岩构成，是一个典型的金字塔形山峰，受冰川作用形成。冰斗由冰川磨蚀而成，构成了马特峰难以攀缘的四面。著名的马焦雷湖和卢加诺湖就位于冰川凿蚀的凹陷处。自1865年始，已有不少不畏艰险的人登上峰顶。而今，缆绳和人工的立足点让业余的登山者也能登上峰顶，一览雄奇的自然景象。

弗拉萨斯溶洞群

意大利中部地区的弗拉萨斯溶洞群地处埃西诺河附近，一直是洞穴学家和旅游者的钟爱之处。溶洞群中最精彩的大风洞，不仅巨大，而且连接着周围的隧洞和通道。给人印象最深刻的洞穴是蜡烛宫，其穹顶上垂下成千的钟乳石。还有无极宫，里面的钟乳石和石笋长得相当长，有的已成为雄伟的石柱。

弗拉萨斯溶洞群从一个溶洞逶迤至另一个溶洞，展露出由矿物沉积而成的一碰即碎的地质构造，甚至可以透过光线。巨大厚实的尖塔，像巨龙的牙齿。在许多溶洞中，滴水由于富含矿物质而五光十色，斑斓夺目。另一个壮观的景象是蝙蝠洞，每到黄昏，成千上万只小动物在溶洞口乱成一团，它们在黑夜间捕捉飞蛾和其他昆虫。由于石灰岩沉积受到埃西诺河及其支流森蒂托河的侵蚀，形成深切峡谷。流水不断地刻蚀和溶解隧洞中脆弱的岩石。

里农的土金字塔

博尔扎诺位于马尔莫拉达以西 3200 米处，是由一系列山峰组成的山脉。它的东北面是广袤而起伏不平的高原，称为里农。高原由坚硬的结晶岩构成，具有大粒的单晶。高原的顶峰是里特纳霍恩，高 2261 米。那里可看到多洛米蒂山和奥地利格洛克纳山的壮丽景色。

芬斯托巴克山谷风景如画，掩映在树林中的就是著名的土金字塔，或称为里农土柱。这些土柱本身是群集的土塔尖，许多土柱上还整齐地覆盖着圆石。这奇特的地貌现象与最近的冰期有关，当时该区被厚层冰川所覆盖。冰川退缩留下的冰碛物形成泥砾沉积物。泥砾主要由细泥组成，包含有砾石，裸露的泥砾风化成泥土。由于雨水的冲刷，砾石的周围和下面的泥土被冲走，留下的砾石就停置于塔尖的顶端。当支撑的土柱变得太窄不能支撑砾石时，便会倒塌。雨水不断冲刷尖塔的顶端，下一个尖塔便会重新出现。

梅特奥拉

希腊梅特奥拉位于品都斯山东坡河谷中的卡兰巴卡小镇的北面，以其奇特的山峰吸引着人们的视线。山峰的四侧陡峭崎岖，任何一面对攀岩者都是一种挑战。

这里的岩石都是砂岩和砾岩，成水平状沉积，覆盖范围十分广阔。不同的地层对风化和侵蚀的反应方式各不相同，结果形成了岩突和裂隙。相伴随的压实和成岩作用，形成垂直节理，成为天然的线状脆弱带。在成岩过程中，饱含石灰和氧化硅的水会渗透到岩石中，并将某些矿物沉积下来，使岩石变得十分坚硬。

欧罗巴山地国家公园

西班牙欧罗巴山地国家公园位丁桑坦德港、奥维耶多和莱昂之间的三角地带，占地 77.2 平方千米，伴有从原始森林演变过来的高山草甸。山脉都是由石灰岩构成的陡峭山峰。每年 12 月到第二年 5 月，都被厚厚的积雪覆盖，冰雪融化时，许多草甸上鲜花盛开，呈现出一片勃勃生机。

欧罗巴山地的较低地区，由栎树和山毛榉混交林组成的天然植被已被开发为草甸牧场。林地的其余地区，以及科瓦东加国家公园和萨亚自然保护区有许多动物种群，最著名的有伊比利亚狼和棕熊，还有野猫、青猫、獭、松貂、野猪和岩羚羊。

山区的食鸟猛禽特别多，包括埃及兀鹫、格里芬兀鹫、短趾金靴鹰、乌灰鹞等。草甸牧场植物种群特别丰富和多样化，有 550 多种显花植物集中在这个小区域内。生长在这里的花卉有大鼻花、绒毛花、日光花、老鹳草和水仙花。各种品种都很丰富，还有石委陵菜和欧洲百合等稀有种。

梅塞塔

梅塞塔高原占据了西班牙中部的大部分地区，平均高度为 900 ~ 1200 米。高原中央的最高点阿尔曼索尔高达 2592 米。位于瓜达拉马山的佩纳拉峰也有 2468 米。

梅塞塔的多数地区由坚硬、古老的结晶岩构成，也有石灰岩的分布区。马德里以东的一处石灰岩露头区，从远处看，就像一座城市建筑物耸立于地平线上。由于微酸的雨水侵蚀着各处的石灰岩，形成各种奇特的形状。因而，此处被称为"迷人的城市"。

罗托鲁阿

罗托鲁阿紧靠新西兰北岛的中心，多年来其地热活动吸引了众多的游客。镇上有许多矿泉疗养地，城镇边缘有沃卡雷瓦地热区和弗拉特间歇泉。波胡图"飞溅"间歇泉是新西兰最大的间歇泉，通常每隔 20 分钟左右就喷射一次，高度约 30 米。附近有沸腾的含硫水塘。

罗托鲁阿东南是著名的怀曼古湖，这是个死火山口中的热水湖。湖水在深处受热，向上喷涌的过程中溶解了各种矿物质，变成了蓝绿色。每个湖泊都从岩石中滤取了不同的矿物质，形成不同的颜色。湖泊周围的低崖上因氧化铁形成反差强烈的红色，黄色则是由含硫沉积物造成的。1900 年，怀曼古间歇泉曾出现于此。这是当时世界上最强大的间歇泉。

艾尔斯岩

艾尔斯岩位于澳大利亚北部地区的西南角。这块巨石长 2.4 千米，宽 1.6 千米，周长 9 千米，屹立于沙漠之上，高达 348 米，是世界上最大的裸露地表的

艾尔斯岩
土著居民称其为乌卢鲁，为世界上最大的独立岩石，位于澳大利亚中部的乌卢鲁—卡塔楚塔国家公园内，每年吸引大批的游客前往参观。

独块石头。巨石的成分主要是长石，还有铁的多种化合物。外表随光线而变化，当光线逐渐暗淡时，巨石则由橘棕色变成深红色。拂晓时分大独石展示出更加美丽而朦胧的色调。

艾尔斯巨石因其庞大的规模让人难忘。同时也赋予了画家、诗人、摄影师以灵感。

奥尔加山

奥尔加山位于澳大利亚艾尔斯巨石西部 24 千米处，以其奇特著称于世。这里有 36 个圆顶山丘，从沙原拔地而起。当地称之为卡塔朱塔，意思是多头山。其中奥尔加山比周围地面高出 457 米，海拔高度为 1069 米。

这里遍布久经暴雨刻蚀而成的深切峡谷与沟壑。尽管外面是灼热的沙漠，峡谷和沟壑内却是一片绿洲，盛开着金合欢、雏菊等植物。每年有 8 万游人到这里观光，欣赏大自然造物的神奇和巧夺天工的美景。

火地岛

火地岛是南美大陆最南端的一个群岛，总面积 72520 平方千米。曾经是南极半岛连续延伸的陆地，约在 2500 万年前开始分离。两地岩石结构和类型以及

化石记载均证明了这一说法。火地岛是麦哲伦于 1520 年发现的，并为它命名。

1832 年，达尔文也曾到达这块荒芜孤寂的陆地。那时，大约有 3000 个亚冈印第安人生活在那里，有着粗放的生产方式，以贫乏的植物维持生计。他们驾着小舟进出多山的海域。火地岛有着无与伦比的美丽山脉和冰川，英国航海家斐兹罗依给绵延下伸至猎犬海峡的冰雪覆盖的山脉取名为达尔文山。

阿塔卡马沙漠

阿塔卡马沙漠位于智利北部和秘鲁南部狭长海岸带。整个区域异常干燥，温度较低，常年不下雨，是地球上最干旱的地区之一。由于气候恶劣，再加上农业的贫乏，极少有人居住在这里。该地区的主要工业部门是采矿业。硝酸盐矿的产量高达 300 万吨。铜的产量也相当丰富，安第斯山脉的丘基卡马塔和沿海的帕皮索都已发展了采铜业。

加拉帕戈斯群岛

厄瓜多尔加拉帕戈斯群岛位于东太平洋的赤道上，是世界上最孤独、最美丽的群岛之一。它是由海底抬升的熔岩堆积物形成的一组海岛。由 15 个大岛、42 个小岛和 26 个岩礁组成。总面积约 7800 平方千米，其中 96.9% 的面积现为国家公园。岸边低地贫瘠、干旱，植物以仙人掌科为主。而 200 ~ 500 米的山坡上则生长着茂盛的常绿林，海拔最高的地区是布满苔藓、蕨类植物的旷野。

加拉帕戈斯群岛是地球上唯一有海鬣蜥的地方。海鬣蜥通过发育不完全的蹼足适应了海上生活方式。群岛上另一种著名的爬行动物是巨龟。成熟的巨龟重达 135 ~ 180 千克。

在加拉帕戈斯群岛附近的水域发现两种海生动物。加拉帕戈斯海狗是亚南极属中唯一的热带代表，喜夜间活动；而加拉帕戈斯海狮则在白天活动。

伊瓜苏瀑布

伊瓜苏河在穿越巴拉那高原前有支流汇入而使河水上涨。河流途经 70 多个瀑布，最大的为伊瓜苏瀑布，落差达 40 米。伊瓜苏河汇入巴拉那河前不远处，在伊瓜苏瀑布上方直泻而下。此处的伊瓜苏河在壮观的新月形陡崖处倾泻而下。共有 275 股独立的大小瀑布，其中有些瀑布径直插入 82 米深的大谷底，另一些被撞击成一系列较小的瀑布汇入河流。这些小瀑布被抗蚀能力强的岩脊所击碎，腾起漫天的水雾，在阳光照耀下呈现出绚丽彩虹。

周围棕榈、翠竹和花边状的树蕨密布。树下秋海棠、凤梨科植物和兰花争奇斗艳。这里还有鹦鹉、金刚鹦鹉及其他鸟类。白水瀑布，绿色丛林，各色小花，各种鸟类构成一个壮观、绚丽、生机勃勃的人间奇境。

巴西和阿根廷两国的国家公园位于两侧，每到雨季，瀑布最为壮观。在一年中任何时间里都有美景。

奥里诺科平原及其三角洲

由奥里诺科河及其主要支流组成的泛滥平原位于委内瑞拉和哥伦比亚东部。6 月至 10 月间的多雨季节，大草原泛滥成灾，形成面积 10 万余平方千米的湿地。4 月下旬旱季开始，洪水退去，许多小河都变成一系列断断续续的水潭。奥里诺科三角洲面积为 36260 平方千米，沿岸有红树林、永久性淡水沼泽、棕榈和高地热带常绿林。

这里是水禽鸟极为重要的生息地。有品种繁多的朱鹭、美洲鹳、苍鹭、白鹭和野鸭，以及大量的鹰、鸢、猎鹰和兀鹫。半水生的水豚是世界上现存最大的啮齿目动物。此外还有美洲豹。

三角洲中的淡水湖和河流中也繁衍着许多不同的动物，包括海牛、大水獭、世界上最大的蟒蛇和已被列为濒危动物之一的奥里诺科鳄。

安赫尔瀑布

安赫尔瀑布是世界上落差最大的瀑布，位于委内瑞拉东南部奥丘伦河上。第一级落差807米，第二级落差172米，总落差为979米。

从远处望去，陡崖边缘的细细白线随着水的向下坠落逐渐加宽成一道白而宽的水幕，然后消失在热带丛林的绿色屏障之中。

由于瀑布所处位置偏僻，长期以来很少有人到达这一地区。1935年美国人

安赫尔瀑布
安赫尔瀑布底宽152米，落差979米，位于卡罗尼河的支流丘伦河上，是世界上最高的瀑布，原名为卡隆迈鲁瀑布。

安赫尔发现了这一瀑布，就以他的姓氏命名。现在因其声名远扬而促进了旅游事业的开发。人们可以乘坐带马达的独木船或小型飞机，到瀑布区旅行。

沥青湖

沥青湖是一个由灰黑色软泥组成的冒泡的火山口，是目前世界最大的沥青矿产地之一。它位于特立尼达岛的西南海岸，由40%的沥青、30%的黏土和30%的盐水所组成。深达82米，占地面积45公顷。湖面的柏油十分坚固，人可以在上面行走。湖面由厚厚黏黏的沥青褶皱组成，沥青中的油散布在各个水潭中，在变幻的光照下，形成熠熠生辉的彩虹颜色。

科学考察表明，大约5000万年以前，大量微小的海洋微生物体死于海底，被分解成油，浸入渗透性岩石中。由于地壳的变动，油返回地表，并受太阳熏烤，成为硬实的地层。沥青湖目前仍处在发展之中，新的沥青不断渗出并向周边扩散。

考爱岛

考爱岛被誉为夏威夷的绿宝石岛，是夏威夷群岛中最葱翠、美丽的岛屿。考爱岛有着浓密的绿色植被，金色的沙滩和碧蓝的海洋。它是由500万年前的火山活动形成的。岛屿中心是一座死火山。怀厄莱阿莱山高1600米，是地球上最潮湿的地方，每年的平均降雨量为11700毫米。

岛屿的传统产业是甘蔗种植业。许多工人是从中国、日本、菲律宾招募而来的，所以，岛上有着浓厚的多元文化背景。考爱岛上最壮观的美景之一是纳帕利海岸，沿岸的悬崖峭壁直落入海。

怀厄莱阿莱山的坡地分布着一些小植物，滔滔不绝的水流从上游流出。附近的怀梅阿峡谷，绿色的火山岩，与一条流速很快的混浊河流沿着基岩打着漩涡。考爱岛还有几千米长的空旷沙滩。

卡尔斯巴德溶洞

美国卡尔斯巴德溶洞发育于 2.5 亿年以前厚层石灰岩沉积的时候。石灰岩中裂缝渗出的水，溶解了岩石，刻凿出隧洞和洞穴。后来，石灰岩沉积被抬升，形成瓜达卢普山。水从洞穴中流出，并继续下滴，留下的微量矿物质形成石笋、钟乳石以及其他的滴水岩造型。

卡尔斯巴德溶洞的第一个也是最深的一个洞穴，取名绿湖厅。洞穴里布满了精美的钟乳石。皇后厅有奇异的帷幕，那里的钟乳石形成一道光线能照透的石幕。太阳寺的滴水岩造型呈现出黄色、粉色和蓝色组成的柔和色彩。"扭怩的大象"看起来像一头从背部到尾巴的大象，而著名的"老人岩"是一个巨大的石笋，孤独、雄伟地挺立在黑暗的壁龛中。"巨人厅"中三个巨大的人形石笋在站岗放哨，而"王宫"的天花板上撒下一排炫目的钟乳石。整个岩洞中充满了神奇与梦幻色彩。

石化林

美国石化林国家公园内大部分岩石都是在 2.3 亿年至 7000 万年前的中生代沉积的砂岩。大部分地区曾经是地势低下的沼泽化泛滥平原，生长着以针叶树为主的茂密森林。许多树被风暴击倒后被淹埋于沼泽中。多层火山灰与沉积物混合在一起，从沉积物中渗滤出来的地下水溶解了某些矿物质，然后将二氧化硅矿物再淀积于树的细胞中，逐渐地取代木质。这样，树就被石化了。随着沉积物的不断堆积，它们就越埋越深，被完整地保存下来。当再次遭受浅海入侵，深厚沉积物对沙和泥加压并使其硬化，变成砂岩和页岩。

在中生代末期，西侧发生了较大的地质变动，东侧的落基山脉开始形成。侵蚀力开始作用于显露的海底。百万年前的沉积岩被逐渐搬移，石化树重又露出地表。

在今天，国家公园内的石化树得到保护，石化树的颜色取决于取代矿物的成分。碧玉产生一种不透明的砖红色，紫晶为净紫色，玛瑙则五彩缤纷。

红杉和巨杉

红杉如今只存在于从美国俄勒冈州南部的克拉马斯山到加利福尼亚州北部的蒙特雷湾的一个狭长地带。长势最好的红杉在加州北部的红杉国家公园里。这种高大的树长在向阳坡和海岸带山谷中，树皮厚实、坚韧而且耐火，树冠非常浓密，能存活 3000 年以上。

巨杉是 2.08 亿 ~ 1.44 亿年前的侏罗纪代表植物。而今生长地域大大缩小，只能在内华达山脉坡地见到。加州中部的国家公园是其主要保留地。已知有的巨杉已 4900 多岁。最大的一株巨杉以南北战争时期的名将命名，叫"谢尔曼将军"，大约 4000 岁，重达 300 万千克。

莫哈韦沙漠和索诺兰沙漠

莫哈韦沙漠位于美国加利福尼亚州东南角。大部分地区是由仅 160 万年的地质沉积物组成的。多年来，风雨侵蚀和长期的干涸使这里形成了世界上最荒凉、最幽美的地方。

莫哈韦沙漠和索诺兰沙漠年平均气温 23 ℃，但是温差特别大。白天的高温可达40℃以上，而夜间气温仅1℃～2℃。这里的平均年降水量为50～150毫米，有些地区甚至多年滴雨不下。

这里的植被是高度特种化的。莫哈韦沙漠以灌木植被为典型，它由约书亚树、杂酚油灌木丛和偶见的仙人掌植物一起组成。索诺兰沙漠生长着广阔的有刺灌木丛，树种有牧豆树属、铁木和一系列肉质植物。除多年生植物外，这里还有许多一年生或短命植物，如罂粟属、半日花和禾本科植物等。当雨降临沙漠时，植物迅速做出反应。短时间内萌芽、生长、开花，沙漠几乎在一夜之间就变得多姿多彩。

和植物一样，沙漠的动物也能适应严酷的条件。这里生活着各种昆虫、蛇、蜥蜴、鸟类以及一些哺乳动物，大部分是夜间活动。

黄石公园

黄石公园是世界上第一个国家公园，也是面积最大的公园。地处美国西北部的怀俄明州、蒙大拿州和爱达荷州交界处的落基山间高原，大部分分布在怀俄明州。占地8956平方千米，因两旁峡壁呈黄色的黄石河而得名。

公园里保持着大自然的原野景色。到处是高大挺拔的黑松。公园的间歇泉是闻名世界的奇景。最具代表的间歇泉叫"老实泉"。它能把大量热水喷向50～60米的高空，而且发出咝咝的响声，十分壮观。它每隔65分钟喷发一次，极有规律。

这里的温泉由许多大大小小的热水池组成，池岸呈红、黄、蓝、白、紫、褐等色，相互映照，构成了一幅幅色彩鲜艳的图案。池中的热水从高处跌落，经过一层层凝结着泡沫状的碳酸钙石台阶，流淌到黄石河，汇成了一条条银色大瀑布。纵贯公园北部的是黄石峡谷，峡谷的岩层由橙黄色或橘红色的火成岩和黑曜石构成，就像两条曲折的彩带，当阳光照耀时，与河中的瀑布相映成趣，熠熠生辉。

生活在这里的有美国野牛、大角鹿、黑熊、灰熊等，还有白鹭、天鹅等200多种鸟类。是一个十分优美的旅游风景区和野生动物的保护地。

科罗拉多大峡谷

位于美国亚利桑那州西北部的科罗拉多高原上，全长约350千米，是世界上著名的河流峡谷。由科罗拉多河水深深切割而成。大峡谷深达1830米，两岸是悬崖峭壁，谷壁呈阶梯状，上部开阔，下部陡窄。

当地气候干燥，植物稀少。谷壁上

科罗拉多大峡谷的岩石十分奇异，褐色的岩石在阳光的照射下，色彩各异。

呈现出从古生代到新生代的各期地层。在阳光下，谷壁显示出不同的色彩，景色变幻无穷。进入峡谷，有各种奇形怪状的岩石和千姿百态的山峰。阳光照射下，岩石五颜六色，美不胜收。在悬崖或吊桥上俯瞰科罗拉多河的滔滔洪流，更是一泻千里，气势不凡。这里发现的动物有90余种，鸟类180多种。流泉飞瀑，共有五六处之多。

1919年，风光秀奇的大峡谷被美国划为国家公园。登上公园内的游览车直抵山顶观望台，可利用望远镜观赏峡谷风光。每年来这里的观光客达200多万人。

宰恩国家公园

位于犹他州的西南角，在美国西南部的大沙漠地区。公园内有一系列迷人的岩石造型，主要是在主体岩石纳瓦霍岩上雕凿出来的。一组从深红色、淡玫瑰色到粉色排列而成的高耸的峭壁、望而生畏的穹丘和万丈深渊，随着太阳和季节的变化，不断地变幻着颜色。

宰恩国家公园内，棋盘状的平顶山在风和水的作用下，表面纵横交叉地被雕刻成许多方块。在佛金峡谷，一个天然的圆穹横跨在两个陡崖中间，而怀特大皇座顶部却平坦而魁伟。国家公园的最高点是威斯特教堂，它高出峡谷底部1158米。维尔京塔峰是一组锯齿状的砂岩峰顶，排列于峡谷的西壁；而锡纳瓦伐教堂的天然圆穹形建筑是环视四周峭壁和穹丘的最佳观测点。

公园内另一个独具特色的景点是泪水岩。水从高处岩石间流出，沿着地表下淌，就像从悬崖下滴的泪水。宰恩峡谷西缘的灰白色山坡线条清晰，纳瓦霍砂岩分层整齐、规则。湍急的水流在岩石上冲刷出众多洞穴，为各种鸟类、小型哺乳类动物和昆虫提供了避难所。

约塞米蒂国家公园

约塞米蒂谷坐落在加利福尼亚州的内华达山脉中部，这里有许多辉煌壮丽的自然美景。有默塞德河以及许多瀑布，其中约塞米蒂瀑布高达739米，世界高度排名第六。还有世界上最大、最雄伟的花岗岩岩壁，尤其是埃尔卡皮坦岩壁，由谷底垂直向上高达1099米。

约塞米蒂谷实际上只是约塞米蒂国家公园的一小部分。整个国家公园占地3079平方千米。在公园的南入口附近，马里波萨丛林里长有巨大的红杉树，树龄有数千年。其东侧是图奥勒米草甸高地。巨大的石圆丘耸立在郁郁葱葱的草甸上，湖水清澈。

越过图奥勒米草甸后是3031米长的泰奥加山隘，它是公园的最高点，有一条险峻的路径向下通过内华达山脉东侧的因约国家森林。其北部是很少有人涉足的约塞米蒂高山区，包括图奥勒米河大峡谷和1913年建造的赫奇水库，它灌溉着一个几乎可与约塞米蒂谷媲美的谷地。

恐龙国家纪念地

流经科罗拉多州和犹他州交界处的柏林河和扬帕河的恐龙国家纪念地是恐龙遗迹的理想保存地。1909年，首次在这里发现恐龙骨骼化石。从那以后，共搬走了450多吨恐龙骨骼化石。这是个高12米，宽12米，长122米的巨大恐龙坟地。目前尚无法断定为什么有那么多的恐龙聚集在这里。

该区也是著名旅游胜地之一。两条河流切穿水平的砂岩，形成深切的河谷和峡谷，显露出层面整齐的峭壁断面。带给旅游者美不胜收的自然奇境，但也伴随着危险性。在纪念地总部有个精致的博物馆，展示许多种标本。有一块名叫"超级蜥蜴"的恐龙肩胛骨，重10吨。除恐龙化石外，博物馆里还有海龟和鳄鱼化石标本。

魔鬼塔

魔鬼塔耸立在美国黑山松林附近的怀俄明州波状平原上，塔基周围林木葱郁。它是方圆数十千米范围内的最高点。从底部矗立，高达265米，底部直径300米，顶部直径85米。大约形成于5000万年前，当时怀俄明州还位于海平面下，沉积了许多砂岩、石灰岩、页岩和石膏等沉积岩层。同时，来自地壳内部深处的压力迫使大量岩浆侵入沉积岩。岩浆冷却结晶、收缩、断裂，形成多边形柱体。

岩浆侵入所形成的火成岩比周围的沉积岩要硬得多，经过数百万年，海底隆起形成坚硬的陆地，侵蚀作用开始蚕食沉积层，即使是坚硬的火成岩，也难免受到侵蚀。

由于水渗进柱体之间的空隙，随温度的变化而膨胀、收缩，迫使一些柱体从岩石主体上坍落下来。碎裂的柱体散布于塔基，形成岩屑斜坡。

尼亚加拉瀑布

尼亚加拉瀑布在北美洲的伊利湖和安大略湖之间的尼亚加拉河上，是世界著名的大瀑布之一。尼亚加拉河从海拔174米的伊利湖流出，流经56千米，注入海拔75米的安大略湖。在美国和加拿大国界线上一陡崖处形成瀑布。它有两个宽大的水帘，左边的属加拿大，宽914米，落差49.4米，称马蹄形瀑布；右边的在美国境内，宽305米，落差50.9米，叫亚美利加瀑布。尼亚加拉瀑布在印第安语中意为"雷神之水"，是闻名世界的旅游胜地，每年观光客达上千万人。

好望角

好望角在南非共和国境内，是连接大西洋和印度洋的重要交通要道。每年进出的船有几万艘之多。西欧、北美、南美所需的石油，绝大部分要通过好望角运入。西方国家把这条航线叫作"海上生命线"。

好望角由于地处西风带，终年刮偏西风，风力常达11级以上，一年有1/3

尼亚加拉瀑布

的风暴天。海浪一般情况下都很高，经常发生海难事故，是海上航行的"鬼门关"。被世人称为"风暴之角"。

芬迪湾

芬迪湾位于加拿大新不伦瑞克和新斯科舍之间，拥有世界上最大的潮差。米纳斯湾前端的伯恩考黑德处平均大潮差达14.5米。这里的海岸线就是悬崖的前缘，一天潮起潮落两次，在有斜坡的沙滩，进潮量巨大。潮水来势凶猛，经常造成意想不到的灾难。当狂风伴随潮水而来时，就会形成比平常更高的浪潮。这是一个真正的潮波，在潮波发生的河口，由于其逆流而上，遇到河流流入大海所产生的阻力引起波峰的交汇，就会造成涌潮。与中国著名的"钱塘江涌潮"有着同样的奇观。

伯吉斯页岩

伯吉斯页岩位于加拿大不列颠哥伦比亚省的菲尔德山和沃普塔山之间，这是已发现的最重要的化石沉积。这一岩石露头现已被保护在约霍国家公园内。

伯吉斯页岩使考古学家们可以深入了解5.15亿年前的古生代时栖居于海底和上层水域中的海生无脊椎动物惊人的丰富多样性。这些页岩沉积物是在动物遗体几乎没有坚硬部位的情况下保存下来的。其中有许多动物在化石记录中并不经常出现。

隶属一个广泛种系的动物有120多种，其中许多种系的后裔存活至今，例如海绵动物、腔肠动物、环节动物、棘皮动物、软体动物和节肢动物。这一发现彻底改变了我们对寒武纪海洋生物的看法，揭示了动物的规模和多样性的新信息。

加拿大省立恐龙公园

省立恐龙公园位于加拿大艾伯塔大草原区中部的雷德迪尔河两岸。在省立公园里发现的恐龙化石的丰富性与重要性使其建立起一个世界遗产地。这是世界恐龙化石遗产地中最好的一个。公园较小，占地60平方千米，但它却是个极具魅力的地方。在这里发现了35种恐龙的遗存物，而更多的恐龙种类尚未发现。许多恐龙都被陈列在条件极好的蒂勒尔考古现场博物馆内。沿着公园的小路，来到近处的发掘现场，可以观察到化石是怎样发掘出来的。与原物同样大小的恐龙复制品，对年轻人有特殊的吸引力。

阿克塞尔·海伯格岛化石林

加拿大北极群岛除了地衣和苔藓能在短暂的极地夏季生存几个月外，几乎没有其他植物生长。在离北极1094千米的阿克塞尔·海伯格岛上，一些树木被方解石溶液矿化了，而另一些树木则有效地干化了。一些树干和树根保留着原来的生长状态，就像正在从地下长出来那样。已成为化石的昆虫都保存完好。

极地化石林中还发现了一些较大的森林动物的化石。这表明短鼻鳄、海龟、陆龟、蛇、蝾螈、貘、鹤和类似河马的冠齿兽也曾在这里定居过。

桌状山

桌状山高高地耸立于南非开普敦市上方，它经常笼罩在白云中。但云时升时降，唯有残雾像"桌布"一样披挂在桌状山的一端，显露出秀丽的景色。

桌状山位于开普敦与好望角之间的山脉的北端。山脉由覆盖在较古老的花岗岩和页岩之上的砂岩和石英岩组成。

"桌布"披挂在桌状山的顶部,而从不到达山坡的低处。山顶的暴雨侵蚀出许多深邃的沟壑,它们沿着悬崖面向下发育,最深的沟壑称为"峡谷",也是到山顶最短的路线。

大西洋、印度洋和南太平洋,在南非的顶端相遇。南方来的寒流与印度洋的暖流相遇,是形成袭击好望角周围地区的暴风雨的主要原因。

第一个到达开普敦地区的欧洲人是葡萄牙探险家迪亚士(1488年到达),他将该地命名为"风暴角"。直到1652年才有荷兰人在桌湾旁边建立聚落,为过路的东印度公司的船只供应新鲜蔬菜。

奥卡万戈三角洲

博茨瓦纳西北部的奥卡万戈三角洲是一个由非洲最后留存的大片荒原区组成的绿洲。是世界上最大的一个内陆三角洲体系。这里是多种动植物的避难所。上游段分布着以莎草植物占优势的广袤、密集的芦苇荡。生活着鳄鱼和多种羚羊。

奥卡万戈三角洲是最大的残存红驴羚集中分布的家园,至少有2万头红驴羚靠泛滥草地为生。这里还是数量众多的各种鸟类之家,包括一些非洲最稀少的非洲鱼鹰、小蜂虎、冠翠鸟、苍鹰和白鹭。

在下游段,分布着有刺灌木丛和多草的泛滥平原,吸引着斑马、水牛、大象、羚羊以及狮子、豹、鬣狗等动物。

多草平原上居住着当地赫雷罗部落的牧牛人。牛群和牧民进入沼泽地带,从而缩小了羚羊的活动范围,羚羊数目不断减少,荒原脆弱的整体性受到威胁。目前,莫雷米野生动物保留地已经建立。

莫西奥图尼亚瀑布

非洲最大的瀑布,旧称维多利亚瀑布。位于赞比亚和津巴布韦边境,赞比西河上。当赞比西河水量充足时,水流以每秒7500立方米的流速,从马兰巴和卡塔拉克特之间奔腾而下,响声如雷,腾起的水雾能上升300多米,远达40千米处都可以看到,当地人称之为"霹雳之舞"。

长达1800米的瀑布群分为5段,分别为魔鬼瀑布、主瀑布、马蹄瀑布、彩虹瀑布、东瀑布。其中主瀑布落差122米。

阿尔达布拉环礁

阿尔达布拉环礁位于印度洋中,珊瑚外缘被3个进出口分割,两个深的进出口把环礁分成4个大岛。内含一个由红树林镶边的潟湖,占地面积150平方千米。塞舌尔政府把整个区域列为"严格的自然保护区"。

阿尔达布拉有大量的地方性动植物种群。有273种显花植物和蕨类,其中19种为地方种。该岛有1000多种昆虫,包括127种蝴蝶和蛾,其中36种是地方种。还有陆蜗牛、塞舌尔飞狐、阿尔达布拉大龟以及只生活在雨水池塘中的淡水鱼。

阿尔达布拉是大、小军舰鸟在西印度洋的主要繁殖地,还有大量的红脚鲣鸟和面具鲣鸟以及娇小玲珑的燕鸥。最引人注目的两种鸟是阿尔达布拉薮鸟和白猴秧鸡。阿尔达布拉薮鸟是世界上最珍稀的鸟类之一。白猴秧鸡是残存的不会飞的鸟。

恩戈罗恩戈罗火山口

坦桑尼亚北部的恩戈罗恩戈罗保护区是世界遗产地和野生动物的乐园。8.09万平方千米的保护区内有森林、沼泽、湖泊、河流和广阔的草原。中心部分的恩戈罗恩戈罗火山口是世界第六大死火山口，直径 18 千米。250 万年前火山最后一次爆发，山体被炸飞了至少一半。留下了边缘相当完整的"环形山"。火山口内面积达 260 平方千米，生活着 50 多种哺乳动物，包括角马、斑马、瞪羚、旋角大羚羊、河马、长颈鹿、大象和黑犀牛等食草动物，以及狮子、豹、猎豹、斑鬣狗等食肉动物，还有 200 多种鸟类。

保护区内的奥杜威峡谷以发现 170 多万年前的南方古猿头盖骨和能人化石残骸而闻名于世。

乞力马扎罗山

乞力马扎罗山是非洲最高的山脉。山坡较低部位已被开垦，种植咖啡和玉米等作物。热带雨林的上界为 2987 米。再往上是草地，在 4420 米处草地被地衣和苔藓取代。在山脉的顶部是永久冰川。但伴随着火山的增温，加速了融冰过程。

乞力马扎罗山实际上有三座火山，通过复杂的喷发过程将它们连接在一起。最古老的火山是希拉火山，它位于主峰的西面。次古老的火山是马文济火山，是一个独特的山峰，附属于主峰的东坡。三座火山中最年轻、最大的是基博火山，是一系列喷发的产物，海拔 5899 米。顶部是直径 2500 米、深达 300 米的火山口。

茂密的热带森林里有大象、黑犀牛、小羚羊、林羚、黑疣猴和丛猴，还有麝狮狼、野猪、野牛等，而最著名的栖居动物是山地大猩猩。

东非大裂谷

东非大裂谷是世界上最长的裂谷，位于非洲东部和亚洲西部。它的东支南起赞比西河河口，向北经马拉维湖、坦桑尼亚和肯尼亚一系列小湖和洼地、图尔卡纳湖，纵贯埃塞俄比亚高原，过红海沿岸，至西亚死海—约旦河谷地。西支从马拉维向西北方，经鲁夸湖、坦噶尼喀湖、基伍湖、爱德华湖至艾伯特湖。裂谷一般宽度为 50 ~ 80 千米，最宽处可达 200 多千米，最窄处只有 3 千米。东支长达 6400 多千米。从高空俯瞰就像两道长长的伤疤。因此被形象地称为"地球的伤疤"。

大裂谷深达数百米至 2000 多米。谷壁陡峭，谷底地势起伏，密布洼地和深湖。两侧是莽莽高原和高峻的山脉。

富士山

日本富士山地处本州岛，距首都东京西南 80 多千米。高 3776 米，是日本最高的山峰，是世界著名的火山，也是日本文化的主要组成部分。富士山的形状非常完美，它祥和、宁静的景象被看作是众神之家。公元 781 年至 1707 年共喷发 18 次。现仍有喷气现象。山顶终年积雪，有温泉、瀑布和湖泊。风景秀丽，是著名的游览胜地。

日本著名的活火山——富士山

喀拉喀托火山

爪哇的喀拉喀托火山处在地壳的两大板块的交会处。印度洋板块向亚洲板块下面俯冲时，引起俯冲带震颤，火山爆发。在 3281 千米长的整个俯冲带沿线有众多火山。1883 年 8 月 27 日，喀拉喀托火山喷发。喷出物质约有 20 立方千米，巨大尘柱升空 80 千米，36000 多人丧生。当火山活动平息时，10.5 平方千米的火山岛只剩下不到 1/3 的地盘。成为 3 个小岛环抱的火山口湖。1928 年火山口湖冒出新喀拉喀托火山。20 世纪 80 年代时高达 180 多米。

孙德尔本斯

孙德尔本斯是世界上最大的三角洲综合体。现在已划出保护区。三角洲周围大面积的红树林，是世界上现存最大的树林沼泽连续分布区，有 300 多种植物生长在这里。孙德尔本斯有丰富多样的动物种群，有 35 种爬行动物、40 多种哺乳动物和 270 多种鸟类。其中包括 700 多只孟加拉虎和濒危的大型印度犀牛。

桂林山水

山清、水秀、石美、洞奇的桂林风景，自古就有“桂林山水甲天下”的美誉。漓江两岸的岩石山峰由厚层石灰岩组成，这些石灰岩曾处于古海洋下。几百万年间，陆地抬升，酸雨开始溶解那里的岩石。留下由抗蚀性较强的石灰岩组成的独立的峰林、溶洞等喀斯特地貌。

山林由雨水侵蚀而形成了许多迷宫似的深洞和岩溶通道，其中最著名的是芦笛岩和七星岩，有“大自然艺术宫”之称。洞内有造型奇特的各种景物，形形色色的钟乳石，奇形怪状的石头，有的敲击时还能发出悦耳的声音。

黄果树瀑布

黄果树瀑布是我国最大的瀑布，位于贵州镇宁布依族苗族自治县境内白水河上。高 60 多米，宽 80 多米。飞流直泻，水花飞溅，云蒸雾绕，气势磅礴。夏日夕照下常有长虹飞架，蔚为壮观。急流冲击而成一深潭，传说藏有神犀，故名犀牛潭。瀑布对面建有观瀑亭，可一览奇观。据考察，白水河多处断裂、塌陷，形成一系列跌水、瀑布、暗河。其上、下游还有多处瀑布。

兰伯特冰川

南极洲的兰伯特冰川是世界上最大、最长的冰川。宽达 64 千米，长约 708 千米。它下泄了南极大陆冰盖 1/5 的水量，也就是说，地球上约 12% 的淡水都流经兰伯特冰川。冰川流动缓慢，每年约以 230 米的速度滑过查尔斯王子山，最后在阿梅里冰锋区加速到每年 1000 米。

冰川表面的天然冰垒指明了冰川的流向。在冰层表面，由于冰川内部流速不同而形成了梯形排列的冰脊。但是裂隙也可能是不规则的冰川底部，沿途遇到障碍物形成的。由冰面坡度的骤变而形成的冰裂隙区，称作冰瀑。当冰川流入阿梅里冰架时，冰川被迫环绕吉洛克岛流动，于是就在岛的下方形成裂隙，有些裂隙宽达 402 米，最长达 402 千米。这些巨大的冰裂隙或冰裂谷以覆雪为桥，但却能相当安全地通过，而不致对行人造成危险。

罗斯冰架

罗斯冰架是南极洲最大的冰架，是一块大致呈三角形的浮冰。向海的前缘厚约 183 米，向大陆一侧厚达 300 米。其面积达 542344 平方千米。它是漂浮的，并随潮水而起落。大部分冰架破碎成平顶冰山。罗斯冰架靠冰川补给。比尔德莫尔等许多冰川以及从玛丽伯德地流出的冰流都为其提供了大量的冰。

冰架的大部分地区尚未破裂。冰架相对平坦，疏松的雪面只能由人、狗或拖拉机来拉雪橇。风吹而成的坚硬的雪垄是最常见的，其槽沟被疏松的雪填满时，表面就呈现出平坦的现象。

南阿尔卑斯山脉的冰川

南阿尔卑斯山脉沿新西兰南岛西侧形成一道高山屏障。其最高点库克峰，是新西兰的最高峰。从顶峰向西通过海岸带到太平洋只有32千米，向东越过坎特伯雷平原到海岸的距离为129千米。从塔斯曼海刮来的西风携带湿润气流逆山而上，沿途普降大雪，补给最著名的三大冰川：塔斯曼冰川、福克斯冰川和法兰士约瑟夫冰川。

山脉西坡短而陡峻的冰川，直达浓密的亚热带常绿雨林。形成冰川与雨林并存的难得一见的奇观。山脉东坡的冰川上游陡峭而崎岖，形成冰裂隙网络的格局。再往下，冰川流向低海拔地区，几乎远达中部平原。

福克斯和法兰士约瑟夫冰川都位于韦斯特兰国家公园内。国家公园内有高峰、雪场、冰川、森林、河流和湖泊。马锡逊湖与库克峰、塔斯曼峰和拉佩鲁兹峰构成一处别致的风景。从库克峰流淌下来的塔斯曼冰川形成一条27千米长的狭窄冰舌，总面积为52平方千米。有些地方冰川厚达610米，是新西兰最大、最活跃的冰川。流速每天达51～64厘米。一直被人们形容为最难忘的奇景。

二、自然之谜

飞碟

飞碟是一种"不明飞行物"。国际上通称UFO。目前科学家们对飞碟的态度不一，有的肯定，有的否定。大体上对这种现象的解释有以下几种：某些还未被充分认识的自然现象，对已知物体或现象的误认，心理现象及弄虚作假，地外高度文明的产物。世界各国有一批专家参加此项工作，中国也建立了中国UFO研究会，并出版了有关UFO的科普刊物《飞碟探索》。

黑洞

黑洞是广义相对论预言的一种天体，是一种质量比太阳大8倍的恒星演化到后期，出现超新星爆发，遗留的致密星质量大于2.3个太阳质量时所形成的天体。当它的半径收缩到引力半径以内时，黑洞边界是一个封闭的视界面。外来物质能进入视界，而视界内物质却不能逃出来。因此，远处的观测者无法看到来自黑洞中的质量能否转化为辐射。黑洞的质量愈少，其温度愈高，辐射愈多。直到现在，黑洞尚未最终确认，但从恒星层次和星系的核心已研究到一些天体，可能是黑洞的候选者。

地外文明

有的科学家认为外星人是存在的，因为任何天体只要条件合适就有可能产生生命，甚至进化为高级生物。当然其生理结构和文明程度可能与地球人有差异。而这些高等理智生物的文明，就是我们所说的地外文明。但是，到目前为止，还没有证据可以肯定这些观点。

史前巨石

数千年来，英国维特夏郡的巨石石柱、埃夫伯里的巨石圈、法国布列塔尼地区的卡尔纳克石林、爱尔兰纽格兰奇的石室、苏格兰奥克尼群岛的马梅斯霍巨石、法国中部的巴涅巨石，都让欧洲民众和考古专家百思不得其解。这些由一根或多根未经修整的石块单独或成群竖立所形成的纪念碑，到底是怎么建成的呢？由于对其起源及功用的不了解，起初人们称之为巨人之墓、德鲁伊特术士之石及神仙窟等。19世纪初期才开始采用巨石这一名称。同时也了解到巨石纪念碑遍布全球各地。自西欧至波利尼西亚都有其踪迹。在亚洲、非洲到处都有巨石纪念碑的竖立和使用。

19世纪的扩散学说认为所有的巨石纪念碑都互相关联，有所谓"巨石族"和"巨石人"从一个共同中心向世界各地扩散，而且埃及就是中心之说。目前的学者认为各类巨石纪念碑并无共通性，建造巨石的技术源自世界各地。所有的巨石建造者唯一的共同点是搬运和竖立此等重达数十吨到上百吨巨石的技术。那么，这么重的石头在当时是怎样搬运和竖立的呢？至今仍是一个谜。

通古斯大爆炸

1908年6月30日，格林尼治时间零时许，俄国西伯利亚叶尼塞河上游支流石泉通古斯卡河流域的原始森林里，连续发生了空前未有的大爆炸。离该地不远的伊尔库茨克地震站测定其爆炸当量相当于1000万～1500万吨TNT炸药，超过第二次世界大战末期美国扔在日本广岛原子弹的500～750倍。方圆2000平方千米范围内的树林被掀倒，靠近爆炸中心的树木全部被烧焦。

根据目击者的叙述，爆炸似乎是一团从天而降的巨大火球引起的。人们都认为是大陨石坠落，然而多年来科学家们搜遍爆炸区的所有角落，都没有找到一块残存的陨石。有人认为是来自太空的一颗彗星，所以坠落后没有留下固体碎片。1965年，美国诺贝尔奖获得者李比等在英国《自然》杂志上发表文章，认为通古斯大爆炸是反物质的爆炸。还有人提出，通古斯灾难可能是来自宇宙的一个微小黑洞造成的。

1986年，美国的太空探测器发现，宇宙中有无数巨大的冰山状天体在运动。于是有人认为，20世纪初光顾西伯利亚的"天外来客"正是这种含有碳氢化合物的巨大冰块。可是，这种说法又解释不了为什么爆炸会引起地磁和放射性异常以及生物的遗传变异等现象。看来，这个世纪之谜只能留待后人去揭开了。

生命·环境

生 命

一、生物学基础

进化

也叫"演化""天演"。是指生物由低级到高级、由简单到复杂，种类由少到多的逐渐演变过程。地球上原来无生命，大约在 30 亿年前，在一定的条件下，形成了原始生命，其后由于变异、遗传与自然选择作用，生物不断地进化，直至今天世界上存在 200 万 ~ 450 万种物种。

退化

即生物体的某一或某些器官在进化过程中全部消失或部分残留成为痕迹器官的现象。如人的阑尾、马的趾是局部退化的器官。另有一类退化称为"一般退化"或"简化式退化"，是指生物体的形态结构、生理功能发生全面的简单化。如寄生在人或动物肠内的绦虫，由于退化，既无运动器官，又无感觉器官、消化器官，通过体壁吸收营养，虽在形态和生理方面退化，但有利于种族的繁衍。

生命产生

在地球历史的一个时期，生命由非生命物质产生，其过程发生在含有必需的化学物质的海洋里。分子慢慢地组合、再组合，以便更有利于进行能量转换，进而能进行繁殖。这是地球上生命起源理论的基础。

生存竞争

又称"生存斗争"。是同种或异种生物个体相互竞争以维持个体生存和种族繁衍的自然现象，是达尔文自然选择学说中所认为的推动生物进化的重要因素。

斑马与各种植物和动物一起形成了一个群落——一个生活在同一个栖息地上的多种生物的混合群落，彼此利用对方来生存。斑马需要食草，也在啃掉其他种类植物的同时帮助了草籽的传播。

非洲草原和其上的野生动物形成了地球上最具特色的生态系统之一。这个生态系统因其具有丰富的食草哺乳动物群而出名。

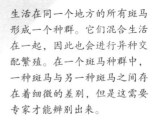

生物圈

生活在同一个地方的所有斑马形成一个种群。它们混合生活在一起，因此也会进行异种交配繁殖。在一个斑马种群中，一种斑马与另一种斑马之间存在着细微的差别，但是这需要专家才能辨别出来。

竞争获得胜利的个体能产生较多的后代，种族得以繁衍，它们的遗传性状渐占优势，可能促使新类型的形成。

生物圈

地球表层中生物栖居的范围，包括全部生物和它们赖以生存的自然环境。也包括岩石圈、水圈、大气圈。

生物圈中的各个生物系统，表面看起来好像毫不相干，实际上都存有一定

草地是地球上十几个生态系统之一。大部分生态系统之间没有严格的界限，通常是彼此交融在一起的。所有的生态系统组成了生物圈，是地球上所有生物的家。

的联系。

人类是生物圈的成员。1971年，联合国教科文组织制订了"人与生物圈"的研究计划，谋求协调人与生物圈的关系。

生物节律

指生物体内与环境周期变化相对应的周期性变动。这是生物对环境周期性变化的本能反应。造成生物节律现象并使之得以维持的内部机制称为生物钟。以24小时为周期的节律称为近日节律（日节律、太阳日节律），如人每天总是在相似的时间起床、饮食、睡觉等。

生物钟

又称生物节律，是动物体内调节自身行为和生理变化节律的机制。动物活动周期与自然界的周期具有同步现象。保持节律现象是因为在动物体内具有生物钟机制。生物钟就如钟表一样，在外界影响下可以调节。当生物钟受到外界抑制性因素影响时，其节律变化停止。当抑制因素取消，恢复正常外界节律时，生物钟又与外界同步化。

花钟

18世纪瑞典植物学家林奈曾经把一些开闭时间不同的花栽种在一处花坛上，利用花的开闭时间报时，并把这个大花坛称为"花钟"。

生物多样性

地球上现有生物200万~450万种。生物具有多种多样的形态结构，生活方式也变化多端。从生物的基本结构单位细胞来考察，有的生物尚不具备细胞形态。在已具有细胞形态的生物中，有的由原核细胞构成，有的由真核细胞构成。从组织结构水平来看，有的是单生的或群体的单细胞生物，有的是多细胞生物。从营养方式来看，有的是光合自养，有的是吸收异养或腐食性异养，有的是吞食异养。形式各异的生物按它们在生态系统中的作用可分为生产者、消费者、分解者。生物多样性是生物的基本特征之一。

生态系统

即生物群落及其生存环境共同组成的开放性动态平衡统一体。生物群落由存在于自然界一定范围或地域内相互依存的一定种类的动物、植物、微生物组成，其生存环境包括无机环境和有机环境。生物群落及其生存环境之间，生物

群落内不同种群生物之间不断进行着物质交换和能量流动，并处于相互作用和相互影响的动态平衡当中，共同构成生态系统。自然界里的生态系统大小不一、种类多样。一个完整的生态系统由非生物物质、生产者有机体、消费者有机体和分解者有机体这4个营养级组成。当生产、消费和分解之间，即能量和物质的输入与输出之间接近平衡状态时，系统即发展到成熟的相对稳定阶段。生态系统研究能为人类合理利用和保护自己的生存环境提供理论和方法，具有重大的科学和实际意义。

食物链

又称营养链，指各种生物之间由于食物关系而形成的一种联系。生物通过取食建立的联系是相当稳定的，一般是始于植物或植食性动物，而终于肉食性动物，一环套着一环，环环相扣。其中任何一环的改变都会引起整个食物链的变动。

食物网

即许多食物链相互交错，构成的错综复杂的网络。生态系统内的生物种类越稳定，食物网越复杂，生态系统也就越稳定。食物网维持着生物系统的平衡。在一个生态系统中，不论是生产者还是消费者，只要其中某一种群的数量突然发生变化，就必然牵动整个食物网，从而影响生态系统的平衡。

寄生链

生物体内以寄生方式而形成的食物链叫作寄生链，如马蛔虫寄生在马的体内，某些原生物又寄生在马蛔虫的体内。

腐生链

专以动植物遗体为食物而形成的食物链，叫腐生链，多出在热带雨林中。

生态平衡

即生态系统的生产者、消费者、分解者和无生命物质构成一个有机的统一整体，相互之间沿着一定的途径，不断进行物质和能量的交换，在一定条件下，保持着暂时的、相对的动态平衡。系统的内部因素或外界因素的变化都可能对系统发生影响，引起系统改变，甚至破坏系统的平衡，这称为生态失调。生态失调的原因有自然原因和人为原因，如火山爆发、地震、台风、海啸、流行病等，以及人类对自然资源的不合理利用和工农业发展而带来的环境污染。

生物群落

居住在一个地区的一些生物所组成的共同体。其基本特征包括群落中物种的多样性、群落生物形式的多样性、群落空间结构的多样性。

它不仅有一定的结构，还有一定的功能，群落功能可从生产、有机物质的分解和养分循环三方面来描述。

它总是处于不断的变化之中，某些基本特征还会保持着。在大多数情况下，生物群落的演替过程中的主导成分是植物，动物和微生物只是伴随植物的改变而发生改变的。因此，在一定区域内的生物群落的结构都与环境中的各种生态因素有着密切的关系。

陆生群落

即陆地生物群落，是高等有花植物占优势的群落。森林是其分层最复杂的群落，一般可分为地下层、地表层、草被层、灌丛及低植物层、乔木的树冠层和顶层等。各层内均栖息着许多复杂的、具有典型生活习性的动物类群。群落分层使单位面积上可容纳的生物数目加大，使它们能更安全、更多方面地利用环境条件，大大减弱了它们之间的竞争强度，而且多层群落比单层群落有更大的生产力。

优势种

指植物群落的各个层次中占优势的植物。几个优势种所构成的群落，称为"多优势种群落"，它们共同起着建群种的作用。

浮游生物

指大多数用肉眼看不见、悬浮在水层中且游动能力很差、主要受水流支配而移动的生物。它们大都由一个细胞组成。包括单细胞动植物、细菌、小型无脊椎动物和某些动物的幼体，以及极少数的大型种等。浮游生物是食物链中的重要一环，而且还是远古时代形成石油的重要基础。

浮游动物

即体形细小，仅有微弱游动能力的水生动物。如变形虫、放射虫、有孔虫、纤毛虫、鞭毛虫等单细胞动物，轮虫，以及许多甲壳类等。它们是鱼类等的重要食料，在水产养殖方面有一定经济意义。

浮游植物

一种漂浮于水中的小型藻类植物，广泛分布于河流、湖泊和海洋中。包括单细胞的、集成群体的和丝状的蓝藻、绿藻、硅藻、甲藻、黄藻等。其种类和个体数量，随地理分布和垂直分布而异，且具有季节性动态。浮游藻类是水生生态系统中的初级生产者，它们与水生动物的生活和渔业生产关系密切。

游泳生物

指能在水中克服水流阻力而自由游动的水生动物。主要由鱼类、水生哺乳类、头足类，以及甲壳类、爬行类和鸟类的少数种类组成。

其在全球分布，从海洋到内陆水域，从两极到赤道水域都可以见到。大多数具有洄游习性。这是对外界环境条件长期适应的结果。它们是人类的伙伴，是重要的工业原料。

底栖生物

即生活在海底、河底、湖底中移动不远，或固定在水底物体上，或穴居于海底泥沙中的生物，它们是水生生物中的一个重要生态类型。其种类繁多，淡水中的主要是水草、软体动物、环节动物等。海洋中最多，从海岸到超过万米的海底深处都有生存，有无脊椎动物的绝大部分门类、大型藻类和少数种子植物（海草、红树林）。

许多底栖生物是渔业捕捞或养殖的对象，具有重要的经济价值。其中最主要的是虾蟹类和贝类。不少底栖生物是鱼类等的天然饵料，它们数量的多少影响着鱼类等资源的数量。

发光生物

即能够发出光辐射的生物体。自然界中具有发光能力的生物种类很多。从最简单的细菌、原生动物到植物、无脊椎动物和鱼类中都有，这些生物体内会分泌一种能发光的物质或具有发光细胞。

目前，全世界已发现的发光生物有30纲538属。生物发光启发人类从工程角度研究，模拟这种发光效率极高而产热量极少的荧光现象。在军事上，观察海洋动物发光的突然爆发，可以判断水下是否存在军事设施及其他种类敌对目的物。

海洋发光生物

在水深 600 ~ 700 米以下水层中，大部分动物都能发光。发光鱼类大都栖息在海洋深处，这些鱼身体上有发光细胞或附着发光细菌。发光鱼的发光部位和器官各不相同，鳒鱼的发光器是它的一对眼睛，深海鲨鱼、星光鱼是腹部发光，灯笼鱼是身体侧面发光。这些深海鱼类发光，可以吸引饵料生物、迷惑和逃脱敌害、寻求配偶。另外，发光还可以帮助寻找伙伴，通知伙伴自己所处的位置。

海洋微生物

即以海洋水体为正常栖居环境的一些微生物，包括单细胞藻类、细菌、真菌及噬菌体等。海洋微生物的颉颃作用可以消灭陆源病菌，它们的分解潜能可以净化各种类型的污染，还可以提供新抗生素以及其他生物资源。具有嗜盐性、嗜冷性、嗜压性、低营养性、趋化性、多样性等特点。随着研究技术的进展，它们日益受到重视。

二、生物工程

生物工程

又名生物工艺学。是利用有生命物质来影响或改变无生命现象，或用自然科学的方法和技术来影响或改变有生命现象从而达到为人类服务的自然过程。生物工程的范围非常广，可以划分为分子水平的酶工程、基因工程，细胞水平的细胞工程，以及发酵工程。仿生学虽然不是利用生物作为手段，但也是通过深入了解生命现象的规律来解决工程技术问题，也属于广义的生物工程学范畴之内。通过生物工程学的研究，能够充分、合理地利用生命物质为人类造福。

生物技术

即将生物科学研究获得的进展应用于其他行业的技术。现在已用它来制造包括人类干扰素（一种抗病毒物质）、人类胰岛素和人类生长激素等在内的许多价廉物美的药品。利用它，人类还制造出了能降解油污和有毒废料的细菌。

生物地理学

是生物学的一个分支。主要研究动植物的地理分布及影响动植物分布的各种因素。科学家们发现，动植物的分布模式是由过去和现今众多因素造成的。这些因素包括现今气候及地理条件、陆块的地质历史及气候，以及有关动植物分类单位（如属、种）的进化等。

生物物理学

即应用物理科学的原理和方法研究生物学问题的学科。其主要研究范围包括三个方面：（1）依赖物理因子的生物学功能，如神经传递的电脉冲；（2）生物体与光、声和离子辐射等物理因子之间的相互作用；（3）生物体与其环境之间的相互作用，如导航和通信等。

微生物工程

即通过现代工程技术，利用微生物的特殊性质来进行工业化生产的一种现代生物技术。其应用可分为：（1）微生物菌体的生产和应用，如饲料蛋白的生产。（2）微生物代谢产物的应用，如抗生素等生理活性物质的生产。（3）微生物机能的利用，如利用微生物对废水进行处理等。

细胞

是生物体的结构和功能的基本单位。一般由细胞核、细胞质以及细胞膜组成。在细胞质内还有许多小器官，称细胞器。植物细胞在细胞膜之外还有一层较厚的细胞壁。细胞通常很微小，必须用显微镜才能见到，但大型的卵细胞，肉眼可见，如禽类的蛋，有的神经细胞的突起可长达1米以上。细胞以分裂法繁殖，有些细胞器官也能分生繁殖。在多细胞生物中，细胞的形状可以随其生长、分化和功能而有很大的变化，有卵圆形、柱形、鳞形、梭形或树枝形等。

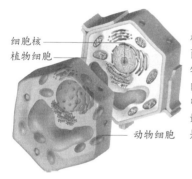

细胞核
植物细胞

植物细胞横截面图显示了植物细胞的诸多内部结构。其中位于中心的、最主要的结构是细胞核。

动物细胞

细胞核

是细胞内遗传信息的储存、复制和转录的主要场所。它是英国科学家布朗于1831年发现并命名的。大多呈球形或椭圆形。通常一个，也有两个或多个的。借双层多孔的核膜与细胞质分隔。核内含有核液、染色质（或染色体）和核仁。

原核细胞

指没有真正细胞核的细菌和蓝藻等低等生物体。此类生物只有一个基因带（或染色体），为环状双股单一顺序的脱氧核糖核酸分子，称为原核或拟核。脱氧核糖核酸没有组蛋白结合。外层原生质中有70S核糖体与中间体，缺乏高尔基体、内质网、线粒体和中心体等。转录和翻译同时进行，四周质膜内含有呼吸酶。无有丝分裂和减数分裂，脱氧核糖核酸复制后，细胞随即分裂为二。

真核细胞

指具有真正的由核膜包被的细胞核的细胞。这类细胞核内含染色质、核液和核仁。整个核由核酸、组蛋白、酸性蛋白及酶等组成，其功能为复制脱氧核糖核酸或转录核糖核酸。细胞质中有80S核糖体和内质网，信使核糖核酸于此翻译合成蛋白质。还有其他细胞器，如线粒体、叶绿体、高尔基体和溶酶体等，也进行代谢活动。细胞质外有质膜包围。在有丝分裂或减数分裂时，核膜破裂，核仁消失，同时出现纺锤体和中心体等分裂器，染色质凝缩成多个染色体，它们被平均分配到两个子核中。

细胞融合

指在融合剂的作用下，两种细胞彼此融合并形成杂交细胞的技术。动物的体细胞融合以病毒为媒介，多种微生物的细胞融合，可以采用酶法消化。细胞融合在开始时，两个细胞核并不融合，这就是所谓的异核体，以后逐渐与细胞核融合，形成真正的杂交细胞。细胞融合基本上是在细胞水平上进行的，无须对基因进行分离、提纯、剪接等基因操作，因此大大提高了转移率。

染色体

即细胞有丝分裂时出现的、容易被碱性染料着色的丝状或棒状小体。由核酸和蛋白质组成，是遗传的主要物质基础。各种生物的染色体都有一定的数目、形状和大小。体细胞通常是双倍体，有两组染色体。精子和卵子都是单倍体，只有一组染色体。在雌雄异体的个体中，染色体均分为两类：性染色体和常染色体。

常染色体

指除性染色体以外的染色体。人有23对染色体，其中一对染色体与性别决定直接相关，因而称为性染色体。其余的22对染色体统称为常染色体。

性染色体

指能携带专一基因、能部分地决定个体性别的染色体。在大多数动物中，通常有 X 和 Y 两种，其中包含同质和异质两个区域，前者可以互相配对交换，后者则不能。通常一种性别有一对相同的性染色体，因而产生的配子是相同的。而另一性别则有两个不同的性染色体，能产生两种不同的配子。由雌雄配子结合产生的后代个体中，两种性别的数目大致相等。雌性哺乳动物的两 X 之一的异染色体质化，在上皮细胞核中呈巴氏小体，在多核血白细胞中形成鼓槌；雄性的 Y 在核内呈强荧光 Y 小体。由此可以判断个体的性别。

蛋白质

又称"朊"。是生命活动的基础，是生物体的主要组成物质之一。它是由多种氨基酸结合而成的长链状高分子化合物。按分子形状可分为纤维状蛋白和球状蛋白，按溶解度可分为白蛋白、球蛋白、醇溶蛋白和不溶的硬蛋白，按组成可分为简单蛋白和复合蛋白。1965 年，我国首先人工合成具有生物活力的蛋白质 – 牛结晶胰岛素。

氨基酸

指含有氨基的有机酸。它是组成蛋白质的基本单位。它的熔点很高，溶于水成两性离子。其类别有：（1）脂肪性侧链——甘氨酸、丙氨酸、缬氨酸、亮氨酸、异亮氨酸和脯氨酸；（2）羟基脂肪性侧链——丝氨酸和苏氨酸；（3）芳香族侧链——苯丙氨酸、酪氨酸和色氨酸；（4）碱性侧链 – 赖氨酸、精氨酸和组氨酸；（5）酸性侧链——天冬氨酸和谷氨酸；（6）酰胺侧链——天冬酰胺和谷氨酰胺；（7）含硫侧链——半胱氨酸和甲硫氨酸。人体所需的氨基酸中，必须由食物中蛋白质供给的"必需氨基酸"有甲硫氨酸、缬氨酸、亮氨酸、异亮氨酸、赖氨酸、苏氨酸、色氨酸和苯丙氨酸。"非必需氨基酸"有甘氨酸、丙氨酸、天冬

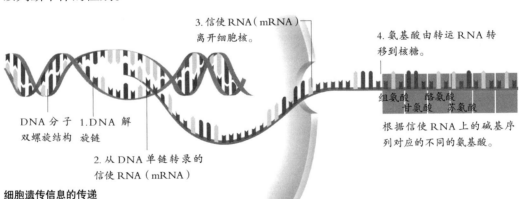

3. 信使 RNA（mRNA）离开细胞核。

4. 氨基酸由转运 RNA 转移到核糖

DNA 分子双螺旋结构　1.DNA 解旋链

2. 从 DNA 单链转录的信使 RNA（mRNA）

组氨酸　酪氨酸
甘氨酸　苏氨酸

根据信使 RNA 上的碱基序列对应的不同的氨基酸。

细胞遗传信息的传递

氨酸、天冬酰胺、谷氨酸、谷氨酰胺、脯氨酸、组氨酸、酪氨酸、精氨酸和半胱氨酸。

核酸

高分子化合物的一类，是生命的最基本物质之一。由许多（至少几十）个核苷酸通过磷酸二酯键连接而成，存在于所有动植物细胞、微生物和病毒、噬菌体内，对生物的生长、遗传、变异等现象起着决定作用。根据所含成分，可分为核糖核酸（RNA）和脱氧核糖核酸（DNA）两类。核酸与遗传、肿瘤的发生、病毒的感染性、射线对机体的作用都有重要关系。

核苷酸

核酸的基本结构单位。分子结构是由碱基与糖、磷酸基相连接组成的一类有机化合物。还可以进一步分解生成碱基和戊糖。核酸中的碱基分两类：嘧啶碱和嘌呤碱。常见的嘧啶碱有三类：胞嘧啶（C），尿嘧啶（U）及胸腺嘧啶（T）。RNA中常见的嘌呤碱有两类：腺嘌呤（A）及鸟嘌呤（G）。

根据其组成中的戊糖的不同，将其分为两大类：核糖核苷酸（RNA）及脱氧核糖核苷酸（DNA）。

RNA主要由A、G、C、U四种碱基组成，DNA主要由A、G、C、T四种碱基组成。从碱基组成来看，DNA与RNA之间仅差一个碱基，DNA中的T代替了RNA中的U。

脱氧核糖核酸

属核酸的一种。因分子中含有脱氧核糖而得名。英文缩写DNA。其主要的组成物核苷酸为脱氧腺苷酸、脱氧鸟苷酸、脱氧胞苷酸和脱氧胸苷酸。存在于细胞核、线粒体、叶绿体中，也可以游离状态存在于某些细胞的细胞质中，大多数已知噬菌体、部分动物病毒和少数植物病毒中含有脱氧核糖核酸。它是储藏、复制和传递遗传信息的主要物质基础。动物胸腺和精子含脱氧核糖核酸较多，常用为制备这类核酸的材料。

核糖核酸

核酸的一类。因分子中含有核糖而得名，英文缩写RNA。存在于一切细胞核中，也存在于大多数已知的植物病毒和部分动物病毒以及一些噬菌体中。是由许多个核苷酸通过磷酸二酯键连接而成，组成核苷酸的主要是腺苷酸、鸟苷酸、胞苷酸和尿苷酸四种。细胞内的核糖核酸，又可因其功能的性质不同，主要分为三种：转移核糖核酸、信使核糖核酸、核糖体核糖核酸。病毒和噬菌体的核糖核酸也起着极为重要的作用，它们的感染力和遗传信息是由核糖核酸所决定的。1981年中国科学家在世界上首次人工合成了与天然分子完全相同的由核苷酸组成的核糖核酸－酵母丙氨酸转移核糖核酸，具有全部生物活性。

遗传与变异

遗传学中，遗传是指遗传物质从上代传给下代的现象。一般指亲代的性状又在下代表现的现象。当同一起源的个体间的性状出现差异，环境相同而遗传不同时，会出现变异；遗传相同而环境不同时，也会产生变异。前者称遗传变异，后者称非遗传变异或环境变异。通常看到的变异可属两者之一，或为两者的总和。遗传变异可因遗传物质的改变，包括基因突变和染色体畸变，也可因基因的分离而产生。

中心法则

指生命活动中，遗传信息由 DNA 经 RNA 流向蛋白质的过程。其基本过程为遗传信息从 DNA 生物大分子"转录"到信使 RNA，再"转译"成一定序列的氨基酸，从而"翻译"构成特定的蛋白质，这种传递方式，称为生物学遗传的中心法则。比较特殊的是致癌病毒的 RNA，也能通过反转录酶转录成 DNA，说明遗传信息可以倒流，它丰富了中心法则的内容。

基因

生物体携带和传递遗传信息的基本单位。一个基因是一段苷酸序列编码蛋白质，也就是说决定特定蛋白质一级结构的是结构基因。生物体的一切性状几乎都是许多基因与周围环境相互作用的结果。基因首先在真核生物中发现，而真核生物的染色体都在细胞核中，因而基因是核基因或染色体基因的同义词。在线粒体、叶绿体等细胞器中也存在着编码某些蛋白质的遗传因子。为了区别于核基因，这些基因统称"细胞质基因"。

基因工程

又称 DNA 重组技术。采用类似工程设计的方法，人为地转移和重新组合生物的遗传基因，从而改变生物性状和功能，创造新的生物品种的技术活动。于 20 世纪 70 年代兴起。它是指在生物体外将不同来源的 DNA 进行剪切和重组，然后将之导入宿主细胞，从而使之获得新的遗传特性，形成新的基因产物。其理论和实际意义是极其深远的。

遗传工程

利用现代分子生物学技术定向改造生物性状的一种先进技术。主要是通过改变生物体的基因组成，来改变生物的遗传特性，因而可使生物的性状发生改变，使之有利于人类利用。

克隆绵羊

克隆的意思是无性繁殖。克隆绵羊多利是英国罗斯林研究所的科学家们用成年绵羊的体细胞繁育而成的。他们从一头白种成年绵羊身上取出足够的乳腺细胞，在实验室内将其培养成一个细胞系，然后将这些培养细胞核一一取出，又逐一将细胞核转移到一头苏格兰黑绵羊的胞核卵子细胞内。此后，研究人员利用适当的电流刺激植有培养细胞核的卵子细胞，使之融合并诱发卵子细胞开始发育，最后将试管中的卵子细胞移植到另一头代母绵羊的子宫内。于是培养出的细胞基因在代母羊体内孕育成另一头遗传特征与白绵羊完全相同的胚胎。

克隆绵羊的诞生在国际上引起极大反响，专家们认为这将会引起生物学界的一次革命，它将帮助人类培养出众多

这是维尔莫特与他创造的世界上第一只克隆羊多利的合影照片。多利出生在 1996 年，在被认为是一项科学突破的同时也引发了一场关于克隆在伦理方面的热烈争论。

的优良作物和家畜品种，从而带来巨大的经济效益。在医学和拯救濒危动物方面也能得到极为广泛的应用。另外，克隆绵羊的问世，也给人类提出了十分严峻的法律及伦理道德问题。因为从理论上讲人类是可以"克隆"的，克隆培育法一旦被用于人类，将给社会带来无法想象的严重后果。因此许多国家已决定拟定有关法律，严禁"克隆人"的研究。

核移植

指通过移植细胞核改变生物性状的细胞工程。其方法是在显微镜下，将一个生物细胞的细胞核移植到另一个除去细胞核的细胞中，形成杂交细胞。优良家畜的无性繁殖和对濒临绝迹的珍贵动物的保护都是这一技术的重要应用。

性决定

又称生物性别决定，主要是由生物体的性染色体决定的。生物中性染色体普遍存在的类型有两种：XY型和ZW型。属于XY型的，其中含有XX性染色体的合子发育成雌性个体，含有XY性染色体的合子发育成雄性个体。属于ZW型的，其中含有ZW性染色体的合子发育成雌性个体，含有ZZ性染色体的合子发育成雄性个体。性别除了受生物体的性染色体决定外，还受环境和生理因素的影响。

驯化

即野生动物经人长期饲养后逐渐改变原来的习性，听从人的指挥。如野牛、野马等经过驯化，成为家畜。另一种指野生植物经过引种培育并不断选择，逐渐成为人类所需要的栽培植物。

返祖现象

是祖先的某些性状隔若干代之后，在后代中出现遗传现象。

返祖现象不单见诸于人类，在其他动物体上也会出现。这种隔几代出现的与祖先相似性状的现象，通常是由于物种演化过程中已经分开的、产生这一特性所必需的两个或多个基因重新结合在一起所造成的。

返祖现象是偶然出现的，因为控制与祖先相似性状的基因在物种形成的历史时期里已经分开，在父母双方体内同时出现的概率非常低，而产生这个特性所必需的概率就更低。

酶

即一种大分子蛋白质。是生物体进行新陈代谢、物质合成、分解、转化必不可少的生物催化剂。由于它的存在，使生物体内的各种化学变化得以顺畅地进行。它除具备一般催化剂的特点之外，还具备高效率、专一性以及温和的作用条件等特点。这些特点使它在生物体新陈代谢中发挥强有力的作用，酶的调控使生命活动中各个反应得以有条不紊地进行。

酶工程

指利用酶的特异催化功能，快速、高效生产出生物制品的技术。酶的分离、提纯和应用是这一技术的难点和重点。酶工程利用酶的催化作用使我们要利用的化学反应过程呈现出反应条件温和、速度快、效率高等特点。固相酶反应器应用很广，它是人们利用酶在反应中自己不被消耗的性质，将利用提纯蛋白质的方法纯化的酶固定在载体上做成的。利用它可使催化效率大大提高，使产品的提纯、回收工艺大大简化。

糖类

又称碳水化合物，是一类有机化合物。分为单糖、双糖和多糖。葡萄糖是单糖，麦芽糖、蔗糖、乳糖是双糖，植物细胞中最重要的糖是淀粉和纤维素，动物细胞中最重要的多糖是糖元。植物淀粉是植物细胞中储存能量的物质，糖元是动物细胞中储存能量的物质。以上各种糖都是由碳、氢、氧3种元素组成的，它们的分子结构和性质也都有共同特点。

食用糖类被吃掉后经过一系列的化学变化，最后都要变成单糖－葡萄糖，葡萄糖氧化分解时释放的能量可以供给生命活动的需要。糖类是生物体进行重要活动的主要能源物质，也是构成细胞的一种成分。

脂肪

又称"真脂""中性脂肪"；学名"三酰甘油""甘油三酯"。由甘油和脂肪酸构成。生物体的储能物质，每克提供的能量，超过蛋白质或糖类两倍有余。是食油的主要成分。动物脂肪（如猪油、牛油等）含大量饱和脂肪酸，呈固态；植物油中不饱和脂肪酸占较大比例，呈液态。脂肪对动物体有保护和支持的功能，是人体内不可缺少的能源物质。

脂肪酸

链状羧酸的总称。同甘油结合生成脂肪，是构成生物膜的重要成分。一般从脂肪水解制得，也可人工合成。自然界的脂肪酸多含偶数碳原子，分布最广的有软脂酸、硬脂酸和油酸三种。前两者属饱和脂肪酸类，后者为不饱和脂肪酸。亚油酸、亚麻酸和花生四烯酸三种必需脂肪酸碳链中分别含有两个、三个和四个双键。也有带支链的、环状的和含氧的脂肪酸。

淀粉

是由许多葡萄糖分子缩合而成的多糖。分子式为（$C_6H_{10}O_5$）n。是植物细胞中贮存能量的物质。成粒状，广泛存在于植物谷粒、果实、块根、块茎、球茎等中。不溶于冷水，和水加温至50℃～60℃，膨胀而变成具有黏性的半透明胶体溶液。分为直链淀粉和支链淀粉，一般是二者的混合物。除供食用外，常用于发酵、纺织等工业。

维生素

又称"维他命"，生物的生长和代谢必需的微量有机物。已知的20余种维生素大致可分为脂溶性维生素和水溶性维生素两类。一般人们比较熟悉的有维生素A、B、C、D、K等。人和动物若缺乏维生素就不能正常生长，并会发生特异性病变。病人、特殊工种劳动者、儿童和孕妇等的需要量比常人高。许多维生素现在已可提纯或人工合成，另外，只要在饮食上稍加注意便能保证各种正常生理活动的需求。

激素

又称"荷尔蒙"，是指人和动物的内分泌腺器官直接分泌到血液中去的对身体有特殊效应的物质。消化道器官及胎盘等组织也分泌激素。各种激素的协调作用对维持身体的代谢与功能是必要的。有些激素是酚类衍生物，有些是多酞蛋白质，有些是类固醇化合物。许多激素制剂及人工合成产物在医学上及畜牧业中都有重要用途。

内分泌

即体内某些细胞、组织、器官产生

的激素，经体液传至其他细胞后发挥刺激或抑制作用的过程，用以调节细胞机能。如胰岛素分泌后直接进入血液，调节糖类代谢。

新陈代谢

是维持生物体的生长、繁殖、运动等生命活动过程中化学变化的总称。生命的基本特征之一。通过代谢，生物体同环境不断地进行物质和能量的交换。其方向和速度受着各种因素的调节，以适应生物体内外环境的变化。生物体将从食物中摄取的养料转换成自身的组成物质，并储存能量，称为"同化作用"或"合成代谢"。反之，生物体将自身的组成物质分解以释放能量或排出体外，称为"异化作用"或"分解代谢"。代谢由酶所催化，具有复杂的中间过程，新陈代谢失调会产生疾病；代谢一旦停止，生命就终止了。

三、人物

林奈（1707—1778 年）

瑞典植物学家。受过医学教育，但他的大半生用于研究植物。曾周游欧洲，并编著了几本书，列举他所遇到的动、植物。为了将它们分类，提出二名制的学名。他使用这种名称是为了节省时间，因为当时所采用的学名可能长达 10 个词。林奈的分类制至今仍为生物学家所采用。

斯帕兰扎尼（1729—1799 年）

意大利生物学家。他通过实验证明，生物总是由其他生物产生的。他认识到微生物的存在，并且进行了许多实验以观察它们在肉汤中如何发育。他将肉汤封在容器内，然后杀死全部微生物。他发现容器在空气中打开以前没出现微生物，证明了自然发生说不正确。

达尔文（1809—1882 年）

英国生物学家。生于什罗普郡。达尔文对自然科学最人的贡献就是提出了进化的优胜劣汰论。这是他根据自己的大量考察笔记，并查阅大量资料，经过反复研究验证提出的。1859 年 11 月 24 日发表于《论物种通过自然选择的起源，或在生存斗争中有利种类的保存》一书中。在以后三本书中达尔文对他的理论做了全面的解释，分别是《动物和植物在家养下的变异》（1868 年）、《人类的由来及性选择》（1871 年）、《人类和动物的表情》（1872 年）。

达尔文的进化论打破了宗教的神创论，为近代自然科学的腾飞作出了贡献。主要著作还有《论攀缘植物的运动和习性》（1875 年）、《食虫植物》（1875 年）、《蠕虫作用下腐殖土的形成》（1881 年）。

巴斯德（1822—1895 年）

法国化学家和微生物学家。生于多勒。其科学贡献属于涵盖面最广和最有价值之列。1848 年 5 月 22 日，26 岁的巴斯德建立了分子不对称学说，证明化学物质的生物学性质不仅取决于组成这个物质的原子的性质，还取决于这些原子的空间排列方式，为立体化学做重要的先驱工作。1854 年开始研究发酵。不久便证明了酵母是可以自我繁殖的生物，随后又发现了巴斯德效应。1867 年证明了食物接触空气中的细菌时发生分解，腐坏是细菌造成的。1868 年他宣布发现了两类不同疾病的细菌，证明了微生物能引起疾病。并发现防止它们传染和检查病株的方法。1881 年首创了疫苗，用以接种羊群以预防炭疽病并取得成功。

巴斯德进行的预防狂犬病的研究，是他最辉煌的成就。1885 年他因救了一个被狂犬咬伤的 9 岁儿童而誉满海内外。

孟德尔（1822—1884 年）

奥地利修道士，创立了遗传学。他曾做过许多实验，以探索豌豆植株如何遗传其特征。他仔细地挑选繁殖的植物亲本，结果发现特征是成对遗传的。他还发现，通常一对特征中只有一种特征在表现型中被再现出来。他的研究工作是一项重大的突破，但在当时并未引起注意。

格里格·孟德尔原名约翰·孟德尔，1843 年进入修道院后才更名。他的豌豆种植实验奠定了现代遗传学的基础。

巴里（1831—1888 年）

德国植物学家，最早的真菌学家之一。他将多种真菌，其中包括用显微镜才能看见的物种加以分类。他还发现地衣是由真菌和藻类形成的共生体。他是采用共生一词来描述两物种之间的互利伙伴关系的第一人。这个术语现已适用于更广泛的不同生物之间的关系。

巴甫洛夫（1849—1936 年）

苏联生理学家。俄罗斯梁赞人。提出了著名的条件反射的概念，并因对消化生理的研究而获 1904 年诺贝尔生理学或医学奖。他的早期研究是在 1888—1890 年间，主要研究循环系统生理，阐明了左、右迷走神经对心脏活动的影响。后研究消化生理，设计了在动物消化研究中有重要地位的巴氏小胃等手术方法。1890—1930 年间研究大脑皮层及皮层下中枢活动的生理机制等。创立了条件反射学说，并证明言语功能是以语词作为刺激的条件反射。

摩尔根（1866—1945 年）

美国生物学家、遗传学家。肯塔基州列克星敦人。1904 年后，他在总结孟德尔学说和达尔文学说理论后，利用果蝇属昆虫进行实验，并借此建立了遗传学的染色体理论。1933 年因发现"果蝇中的遗传传递机制"而获诺贝尔生理学或医学奖。著作有《进化与适应性变化》（1903 年）、《评进化论》（第二版，1925 年）、《遗传与性》（1913 年）、《基因论》（1926 年）、《蛙卵的发育：实验胚胎学导言》（1897 年）、《实验胚胎学》（1927 年）和《胚胎学与遗传学》（1934 年）等。

克里克（1916—2004 年）

英国生物化学家。最先研究 DNA 的科学家之一，他利用 X 射线揭示出 DNA 分子的形状，这些照片为 DNA 的复杂螺旋形提供了重要的证据。沃森和克里克利用这一发现开展研究工作。1953 年，他们建立了一个实验模型，首次演示出 DNA 的结构，这是现代科学中最重要的发现之一。

科拉纳（1922—2011 年）

印度裔美国生物化学家。科拉纳是协助解开遗传密码的生物化学家之一。

当他开始研究遗传密码时，科学家们已知遗传密码依靠三碱基组作用。碱基只有 4 种，因此，三碱基组共有 64 种可能的组合。科拉纳制出含有全部 64 种可能密码的分子，以找出每个密码分子分别指定何种氨基酸。由于他的研究，揭示了遗传密码的全貌。

四、诺贝尔生理学或医学奖

生理学

生理学是研究生物的生命活动与功能的科学，是指导医学实践的重要基础理论。19 世纪末，人们对于自身的消化、呼吸、条件反射、能量代谢、内分泌、神经冲动传递、视觉、听觉等基本现象的机理还知之甚少。众多科学家的研究成果，使今天的人们不仅更加了解了自身体内的奥秘，而且可以根据生理规律防治多种疾病、维护健康。获奖者为巴甫洛夫（苏联生理学家）、拉蒙－卡哈尔（西班牙细胞学家、生物组织学家、神经组织学家）、谢灵顿（英国神经生理学家）、艾德里安（英国生理学家）、埃克尔斯（澳大利亚生理学家）、赫克斯利（英国生理学家）、霍奇金（英国生物物理学家）、休伯尔（美国神经生理学家）、威塞尔（瑞典医学家、生理学家）、斯佩里（美国心理生物学家）、希尔（英国生理学家）、迈尔霍夫（德裔美国生理学家、生物化学家）、吉尔曼（法裔美国医学家、内分泌学家）、沙里（波兰裔美国医学家、内分泌学家）、迪夫（比利时细胞学家、医学家）、克劳德（比利时细胞学家、生物化学家）、帕拉德（美国细胞生物学家）、内尔（德国细胞生理学家）、萨克曼（德国细胞生理学家）。

病原微生物学

20 世纪 50 年代以前，由病原微生物引起的炎症和传染病是人类健康的最大威胁。19 世纪后半叶以来，微生物学的发展，使人们陆续发现了寄生虫、细菌。进入 20 世纪后，人们又进一步认识了螺旋体、立克次体和病毒等病原微生物。病原微生物学的研究，是抗生素、免疫接种技术的发展以及病理学研究的重要基础。获奖者为罗斯（英国细菌学家）、科赫（德国细菌学家）、拉韦朗（德国寄生虫学家）、尼科尔（法国细菌学家、病理学家）、斯坦利（美国生物化学家、病毒学家）、恩德斯（美国医学家）、韦勒（美国医学家、病毒学家）、罗宾斯（美国儿科医学专家）、布卢姆伯格（美国医学家）、盖克塞克（美国医学家、病毒学家）、普鲁西纳（美国神经学家）。

临床医学

在生理学和医学领域，临床医学是最直接服务于人类健康的。在诺贝尔生理学或医学奖的获奖名单中，临床医学的成果虽不多，但仅就外科学方面的获奖成果来看，从 20 世纪初的甲状腺手术方法和血管缝合术，到 90 年代的器官移植，即可看出现代临床医学的飞速发展。获奖者为科赫尔（瑞士医学家、外科医生）、卡雷尔（法裔美国外科医生）、兰斯坦纳（奥地利裔美国病理学家）、托马斯（美国医学家）、默里（美国医学家）。

药物学、药理学

曾有人做过统计，青霉素的诞生使人类的平均寿命提高了大约 10 岁。由此即可说明药物学、药理学研究的重要性。20 世纪 50 年代以前的获奖成果多为某一种药物的发明、发现，而此后的获奖成

弗莱明在第一次世界大战中在英国皇家军事医院服役。他的经历对他寻找治疗伤口感染的方法产生了很大的影响，并促使他发现了第一种抗生素——青霉素。

果则侧重于药理学的基础研究。药理学研究药物与机体相互作用的规律和原理，为科学合理地用药和开发新药提供理论指导。获奖者为埃利希（德国细菌学家、免疫学家）、多马克（德国病理解剖学家、细菌学家）、弗莱明（英国细菌学家）、钱恩（德裔英国生物化学家）、弗洛里（英国病理学家）、瓦克斯曼（俄裔美国微生物学家）、艾克曼（荷兰病理解剖学家、细菌学家）、霍普金斯（英国生物化学家）、肯德尔（美国生理化学家）、亨奇（美国生理化学家）、赖希施坦因（波兰裔瑞士化学家）、班廷（加拿大生理学家、外科医师）、麦克劳德（英国生理学家）、布莱克（英国药理学家）、希钦斯（美国药物学家）、埃利昂（美国女药物学家）、弗奇戈特（美国药理学家）、穆拉德（美国药理学家）、伊格纳罗（美国药理学家）。

免疫学

免疫学是研究机体对抗原物质（如细菌、病毒、异体蛋白、异体细胞和组织等）的规律的科学。在20世纪前期，获奖的免疫学成果侧重于对抗体抗感染免疫现象的认识和免疫技术的探索。50年代后，免疫学理论获得突破性进展，对人类认识与防治自身多种免疫性疾病和成功地实施器官、组织、细胞移植提供了重要的理论指导。获奖者为贝林（德国细菌学家、免疫学家）、梅契尼科夫（俄国生物学家）、埃利希（德国细菌学家、免疫学家）、里歇（法国生理学家）、博尔德（比利时生物学家、血清学家）、梅达沃（英国生物化学家）、伯内特（澳大利亚免疫学家）、埃德尔曼（美国生物化学家）、波特（英国生物化学家）、斯内（美国遗传学家）、贝纳塞拉夫（美国免疫学家）、多塞（法国免疫学家、医学家）、杰尼（丹麦免疫学家）、利根川进（日本分子生物学家）、多尔蒂（澳大利亚免疫学家、病理学家）、金克纳格尔（瑞士免疫学家、病理学家）。

肿瘤学

恶性肿瘤（癌症）是一个尚未被人类完全揭开的谜团，它每年吞噬着数百万人的生命。肿瘤学是研究恶性肿瘤的发生、发展及防治规律的科学。它的研究成果关系着千百万人的生命和健康，日益受到人们的关注。获奖者为劳斯（美国医学家、病毒学家）、特明（美国病毒学家）、巴尔的摩（美国病毒学家、生物化学家）、杜尔贝科（意大利裔美国病毒学家）、毕晓普（美国生物化学家、病毒学家）、瓦慕斯（美国微生物学家、病毒学家）、柯里（德裔美国女生物化学家）、柯里（捷克裔美国生物化学家）、奥赛（阿根廷生物学家）、李普曼（德裔美国生物化学家）、克雷布斯（德裔英国生物化学家）、布朗（美国分子生物学家、遗传学家）、戈德斯坦（美国分子生物学家、遗传学家）、费希尔（美国生物化学家）、布雷布斯（美国生物化学家）。

遗传学

即研究生物遗传与变异规律的科学，为人类提示了物种延续与变异的奥秘，并可以帮助我们了解自身的某些病因和培育所需要的新物种。1933 年，诺贝尔生理学或医学奖首次授予了遗传学家，这不仅意味着遗传学与医学的密切关系，而且表明了该奖对于整个生命科学的高度关注。获奖者为摩尔根（美国生物学家）、缪勒（美国遗传学家）、比德尔（美国生物学家、遗传学家）、塔特姆（美国生物化学家）、莱德伯格（美国遗传学家）、麦克林托克（美国女遗传学家）。

分子生物学

20 世纪 50 年代初，随着遗传学和生物化学的发展，诞生了一门新学科——分子生物学，它的任务是在分子的水平上研究生命。它诞生的本身，即表明了人类对生命科学的研究已经从描述现象深入到阐明生命体的物质基础和基本规律。获奖者为德尔布吕克（德裔美国生物学家、物理学家）、卢里亚（意大利裔美国生物学家）、赫尔希（美国遗传学家）、沃森（美国生物学家）、克里克（英国生物化学家）、科恩伯格（美国生物化学家）、奥乔亚（美国生物化学家）、莫诺（法国生物学家）、雅各布（法国生物化学家、分子生物学家）、尼伦伯格（美国生物化学家）。

生物工程

当人类了解了动植物品种的优劣和自身的某些疾病是由于遗传基因所导致

的之后，自然而然地就要根据人类的需要试图改变遗传基因。于是，以基因工程为核心的生物工程技术便应运而生了。获奖者为阿尔伯（瑞士微生物遗传学家）、史密斯（美国分子生物学家、遗传学家）、内森斯（美国微生物遗传学家）、米尔斯坦（阿根廷裔英国生物化学家）、科勒（德国免疫学家）。

植 物

一、植物学基础

植物

指能自己创造养料的一类真核生物。包括藻类、苔藓、蕨类、裸子植物和被

根据植物之间不同的特征，把植物界分成不同的种群或者类别，主要的种群如图中所示。

阔叶树、灌木丛、花和草本植物
有花植物
银杏类植物
苏铁属植物
松类植物
蕨类植物
苔藓植物
地衣类
杉叶藻
苔藓类
地钱类
菌类
藻类
需要用显微镜观测的植物

子植物等，已发现有 30 多万种，遍布于自然界。自养的绿色植物，借光合作用以水、二氧化碳和无机盐等无机物制造有机物，并释放出氧。少数异养的非绿色植物有的分解现成的有机物，释放二氧化碳和水；有的则属寄生类型。

植物是自然界能量流动转化和物质循环的必要环节。其活动及其产物同人类经济文化生活关系极其密切。衣、食、住、行、医药和工业原料以及保护自然、改造自然等，都离不开植物。

植被

指地球表面某一地区所覆盖的植物群落。依植物群落类型划分，可分为草甸植被、森林植被等。它与气候、土壤、地形、动物界及水状况等自然环境要素密切相关。从全球范围可区分为海洋植被和陆地植被两大类。但由于陆地环境差异大，因而形成了多种植被类型，可将其划分为植被型、植物群系和群丛等多级分类系列。还可分为自然植被和人工植被。人工植被包括农田、果园、草场、人造林和城市绿地等。自然植被包括原生植被、次生植被等。

木本植物

指茎内木质部发达，支持力强的植物。不仅有粗大的主干，而且一般为多年生植物，寿命长。它包括乔木和灌木。巨杉、桉树以及高大的松、柏、杨树等乔木，它们的主干明显而且直立，一般都较高大，在主树干上距离地面较高的地方分生枝丫。灌木则在近地面处同时有粗细相似的分枝，主干不明显，一般都较矮。美国加利福尼亚州约瑟夫国家公园有一株被称为"世界爷"的巨杉，它的树干基部被凿出一个隧道，可以驶过一辆汽车。

木质部

指维管植物体内具有输导和机械作用的一种复合组织。由导管、管胞、木纤维和木薄壁细胞等组成，常与韧皮部结合组成维管束，分布在植物体内形成维管系统。导管和管胞为输导水和溶于水的无机盐的管状分子，为木质部的主要组成部分。

木质部细胞的壁多数木质化，故有一定的机械支持作用。由茎与根的近端部的原形成层分化形成初生木质部，多年生木本植物由于维管形成层的逐年活动，不断增长次生木质部，从而长成粗壮的树干。

草本植物

指茎内的木质部不发达，含木质化细胞少，支持力弱的植物。草本植物体形一般都很矮小，寿命较短，茎干软弱，多数在生长季节终了时地上部分或整株植物体死亡。根据完成整个生活史的年限长短，分为一年生、二年生和多年生草本植物。

藤本植物

指茎干细长，不能直立，匍匐地面或攀附他物而生长的植物。按其茎的质地，可分为草质藤本植物，如牵牛花；木质藤本植物，如葡萄。依其攀附方式，则有攀缘藤本植物，如白藤；缠绕藤本植物，如牵牛花；吸附藤本植物，如爬山虎；卷须藤本植物，如葡萄。

被子植物

又称显花植物，是植物界中最大和最高级的一类，在自然界广泛分布。全世界的被子植物有 300 ~ 450 个科，25

万种，中国约有 2.5 万种，分隶于 291 科 3050 属。是现在植物界里最占优势的一个类群。其主要特征是具有根、茎、叶、花、果实和种子，胚珠的外面有子房壁包被着，并因为种子的外面有果皮包被着而被命名。

根

植物的营养器官，是茎向地下或在水中的延伸。对植物来说除起固着和吸收作用外，还有合成和贮藏有机物质以及进行繁殖的功能。同茎一样有分枝，但分枝来源不同。大多数现存的蕨类植物、裸子植物和被子植物有真正根的结构。有些植物的根，在形态、结构和生理功能上，都出现了很大的变化。这种变化称为变态，即变态根。变态根是植物长期适应环境的结果，其特性形成后相继遗传，成为稳定的遗传性状。一株植物所有的根称为根系。根系有直根系、须根系之分。

茎

是植物的主要营养器官，起着输导、支持、贮藏和繁殖的作用。有节和节间的分化，能生叶或芽。大部分直立生长，但也有攀缘茎、匍匐茎等。多为圆柱形，内部结构大致相同，起着支撑树冠，支持叶、花、果的作用。有贮藏营养的功能。地下茎及部分地上茎还可用于繁殖。茎在长期的发展中演化形成了不少的变态茎，如藕、竹鞭的根状茎等。

花

种子植物的有性生殖器官，也常指裸子植物的孢子叶球（球花）。花含有性细胞，通过传粉、受精作用，产生果实和种子，使种族得以延续。由花芽发育而成。通常颜色鲜艳、有香气的花多是被子植物的花，尤其是虫媒花。风媒花和水媒花并不艳丽。一般的花由花柄、花托、花萼、花瓣、雄蕊群和雌蕊群组成。花的形态和结构因植物的种类不同而异，但其特征较稳定，成为鉴定植物的主要依据。

果实

是被子植物的雌蕊经过传粉受精，由子房或花的其他部分参与发育而成的器官。一般包括果皮和种子两部分，起传播与繁殖的作用。

多数被子植物的果实是直接由子房而来的，叫作真果。也有的果实，除子房外尚有其他部分，如花被或花托一起形成果实，这样的果实叫作假果，一朵花中只有一个雌蕊，形成的果实叫作单果，这是多数植物的特点。也有些植物，一朵花中具有许多离生雌蕊聚生在花托上，以后每一雌蕊形成小果，它们聚生在花托上，叫作聚合果，或由一个花序发育而成的叫作复果，或称花序果、聚花果。

种子

指植物果实中能长成新植物的部分，由种皮、胚、胚乳三部分组成。胚乳通常位于胚的四周，呈白色，细胞中含丰富的营养物质，如淀粉、蛋白质、脂肪等，供种子萌发时用。有胚乳的种子如玉米、稻、麦等；无胚乳的种子如大豆、杏、向日葵等。有些植物种子的营养物质包围在胚乳外部，称外胚乳，如胡椒、甜菜、石竹、槟榔等。高等植物的种子，因植物种类不同，种子类型也有区别。

固氮作用

生物的固氮作用是自然界中分子态

氮转化为氮素化合物的主要作用。全世界每年由生物固氮作用所固定的氮素量高达 0.63 亿 ~ 1.75 亿吨，对农业生产具有重大意义。固氮微生物一般分为两类：一类是在土壤中能够独立生活的自生性固氮微生物。另一类是能够与植物共生的根瘤菌以及与某些植物共生的其他细菌、放线菌和真菌。

光合作用

即绿色植物利用它特有的叶绿素吸收日光能，将二氧化碳和水等无机物转化为富含能量的有机物，并释放氧气的过程。是地球上规模最大的无机物转化为有机物的过程，也是太阳能转变为化学能并蓄积在合成的有机物中的过程。地球上只有绿色植物能通过光合作用，直接从太阳光截获能量，并利用它将无机物还原成有机物，作为自身的养料。所以它保证了整个生物界生命活动的进行和生命的延续。光合作用可以分为原初反应、电子传递和光合磷酸化、光合碳同化三个阶段。三大阶段紧密连接起来组成一个完整过程，它们必须彼此密切配合才能正常运转。

叶绿体

即存在于植物绿色细胞中进行光合作用的细胞器，是含有叶绿素和其他色素的质体。其总表面积比叶面积大得多，从而扩大了与外界的物质交换和对太阳能的吸收面积。在高等植物中，可看到叶绿体随光的强弱而移位。成熟的叶绿体被双层膜包围着，称外套膜或外被。其整个层膜系统，实际上由一个连续的双层膜所构成，它偶然在一定区域折叠而形成基粒。

叶绿素

存在于叶绿体中，是植物进行光合作用时吸收传递光能的主要物质。其分子由一个附有戊酮环的卟啉、一个镁原子和叶醇等构成。不溶于水，溶于有机溶剂；主要吸收红光和蓝光，能发生荧光和磷光，也能进行一些光化学反应。在活体内，叶绿素以一定的结合状态处于片层膜上。目前已能人工合成。

植物向光性

指植物受外界光线的影响而发生的定向运动，如向光、向地等。植物枝叶大多呈正向光性，逐光生长。有些植物的叶甚至随着日出日落而转移方向，在弱光下通常保持叶面与光线垂直，但在强光下有些植物的叶面却与光线平行，从而减少了被灼伤的可能。向光性对植物的生活有很大

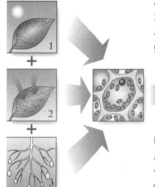

光合作用过程中的主要步骤
1. 植物通过叶子收集光能。
2. 植物通过叶子吸收二氧化碳。
3. 植物通过根部吸收水分。
4. 利用太阳能，叶绿体将水和二氧化碳合成葡萄糖。
5. 葡萄糖是一种富含能量的糖分，或者说是一种简单

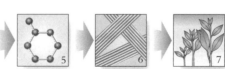

的碳水化合物。植物可以将葡萄糖转化成多种有用物质，其中一种便是纤维素，这是一种质地坚韧的碳水化合物 "建筑材料"。
6. 植物利用纤维素组成新的细胞壁。
7. 新细胞的产生实现植物的生长。

意义，茎朝向有光的一面生长，就能使叶子接受到充足的太阳光。

顶端优势

指植物的主茎顶端生长占优势，同时抑制着它下面邻近的侧芽生长，使侧芽处于休眠状态的现象。原因是茎尖产生的生长素运输到侧芽，抑制了侧芽生长。

为了促使主干长得又高又直，就要维护植物的顶端优势，任它自由生长并及时除去侧芽。在农作物（如棉花）的栽培中，也常根据其原理进行摘心，来达到增产的目的。

食虫植物

指能够捕食昆虫及其他小动物的植物。食虫植物具有特殊构造的器官，能引诱捕获并消化小动物补充营养。其种类很多，全世界有500多种，其中最有名的要算猪笼草，而且它的捕虫器（变态叶）最为精巧复杂。食虫植物的捕虫器官都是叶的变态。它们之所以要吃昆虫等动物，主要是因为它们所处的环境大多是缺乏氮素和矿物质养料的贫瘠之地或沼泽地带。由于长期的自然选择和遗传变异作用，它们的叶子逐渐演变，发展成了各种各样的奇妙的捕虫器，靠捕捉昆虫和其他动物补充营养，维持生命。

二、珍稀植物

珍稀植物

指珍贵、稀少的植物种类，如中国的银杉、珙桐、银杏、水杉、金花茶、鹅掌楸等。中国由于具有复杂而多样的自然条件，而拥有北半球几乎所有的植物群落类型。在中国的亚热带常绿阔叶林区，保存了很多珍贵稀有的植物。它们具有极为重要的科研、经济、文化价值。

濒危植物

指处于灭绝境地的野生植物，有的植株已经减少到快要灭绝的临界水平，或者它所要求的特殊生态环境被破坏或被剧烈地改变到不再适宜生长的程度。如银杉、水杉、珙桐、银杏、桫椤等。

全世界正面临着生态环境的大破坏。森林的大面积砍伐、草原的沙漠化、大气和水的污染等，都可导致无数植物种的绝灭和濒临绝灭。保护濒危植物的主要意义在于它的科研价值和观赏价值，以及保护基因不致丧失。

银杏

又名白果树、公孙树。著名的活化石植物。落叶乔木，高可达40米，有长短枝之分。叶呈扇形，雌雄异株，雌、雄球花均生短枝上。它是中生代的孑遗植物，为中国特产，国家二级保护植物，广泛栽培于世界各地。树龄长，常见数

银杏树

百年和千年以上大树。树形和叶优美，为庭院、寺庙和行道树优良树种；材质优良，可供建筑、雕刻和制绘图版；种子可食和入药，叶子也可药用。

水杉

裸子植物门杉科中的一种。落叶乔木。高可达35米，胸径可达2～3米。叶对生、条形、扁平。雌雄同株，球果下垂，种子扁平。水杉喜湿润，耐严寒，适应性强，生长快，材质轻软。水杉已成为中国的主要绿化树种和公园中的观赏树种，被列为国家一级重点保护植物。

银杉

属松科。常绿乔木。枝平列，小枝有毛。叶两型，长枝上的放射状散生，长4～5厘米；短枝上的轮生，长不到2.5厘米，皆条形，下面有两条白色气孔带。球果生于叶腋，卵圆形、长卵圆形或长椭圆形。为中国一级保护植物。树姿优美，可供欣赏。

秃杉

属杉科。常绿乔木。木质轻软且细密，纹理顺直，是中国最有名的建材树种之一。产于云南、贵州等地及缅甸北部，极为罕见，为中国一级保护植物。

桫椤

蕨类植物，桫椤科。木本。茎柱状，直立，高3～8米。叶柄与叶轴深棕色，密生小刺。叶片长1～3米，三回羽状分裂、生于溪边林下或草丛。分布于中国南部，为国家一级保护植物。

望天树

龙脑香科。常绿大乔木。树干通直修长，高可达70米。板状根发达。小枝、托叶、苞片、叶背等处被有糠粃状或星状毛。产于中国云南西双版纳。是名贵树种，木材用于建筑房屋和制造船舶、车辆、家具等。

珙桐

属珙桐科。落叶乔木，叶宽卵形，前端渐尖，基部心形，有锯齿。初夏开花，形奇特，苞叶呈乳白色，内有圆球形的头状花序。果实有核，呈椭圆形，紫绿色。珙桐是中国一级保护植物，是植物中的"活化石"之一。

金花茶

属山茶科。常绿灌木或小乔木，高2.5～5米。树皮灰白色或灰褐色，平滑。叶革质，狭长圆形、倒卵状长圆形或披针形，长11～20厘米。花单生或两朵聚生于叶腋，稍下垂，直径3.5～6厘米。果实三棱状扁球形或四棱状扁球形，成熟时黄绿色或带淡紫色，室背开裂。种子近球形或具棱，淡褐色。生于海拔50～500米的丘陵或低山下部阴湿沟谷及溪旁林下，喜温暖湿润和肥沃土壤。分布于广西南部，越南也有。是珍稀观赏植物，被列为国家一级重点保护植物。具有较高的经济价值和药用价值。木质坚硬、致密，可做器具和工艺品。种子可以榨油。

百岁兰

又称千岁叶、百岁叶、千岁。裸子植物门百岁叶科的唯一种类。分布于安哥拉及非洲热带东南部，生长在气候炎热和极为干旱的多石沙漠、枯竭的河床或沿海岸的沙漠上。其树干形状似倒圆锥，非常短矮而粗壮。树干上端或多或少成二浅裂，沿裂边各具一枚巨大的革质叶片，叶片长带状。生命期长，可谓长命百岁，所以有"百岁叶"之称。百岁叶的叶具明显的旱生结构，气孔为复唇形。其次生木质部除管胞外，还有导管，是沙漠中难能可贵的矮壮木本植物，能固沙保土。

动 物

一、动物学基础

低等动物

低等动物是与高等动物相对而言的。一般指身体结构简单，组织及器官分化不显著，没有脊椎的无脊椎动物。

高等动物

在动物学中，高等动物与低等动物无明确的界限。一般指体制复杂，组织及器官分化显著，并具有脊椎的脊椎动物。

变温动物

又称"冷血动物"。是指体温随环境温度的改变而变化的动物。如爬行类、两栖类和鱼类等动物。

在加拉帕戈斯岛上，鬣蜥在投入冰凉的海水中捕食之前大规模地聚集在一起来取暖，从而升高它们的体温。

恒温动物

又称"温血动物"。是指具有完善的体温调节机制，能在环境温度变化的情况下保持体温相对稳定的动物。鸟类和哺乳类均为恒温动物。

无脊椎动物

是没有脊椎的各类动物的通称。一般是软体，有的具外骨骼，如螺、虾、昆虫等。绝大多数门类没有供肌肉附着的内骨骼，一般心脏在背面，神经在腹面。无脊椎动物有 33 门。

动物消化

消化是机体通过消化管的运动和消化腺分泌物的酶解作用，使人块的、分子结构复杂的食物分解为能被吸收的、分子结构简单的小分子化学物质的过程。在动物进化的过程中，消化系统经历了不同的发展阶段。原生动物的消化与营养方式有光合营养、渗透营养、吞噬营养三种方式；腔肠动物由内胚层细胞所围成的原肠腔即消化腔完成消化；线形动物的消化系统进一步分化，消化管内形成嗉囊、砂囊、小肠、后肠和肛门；脊椎动物的消化系统高度分化，形成了消化管和消化腺两大部分。

动物吸收

吸收是机体从环境中摄取营养物质到体内的过程。单细胞动物直接从生活的环境中摄取营养物质；多细胞动物通过消化管（腔）的消化道上皮细胞，把消化产生物和水分、盐类等物质输入血液和淋巴。吸收的方式多种多样，但都是为了供应机体营养和保持机体内环境的恒定。

动物呼吸

呼吸是动物从其生活的环境获得氧

气和排出二氧化碳的交换过程。是动物进行物质需氧代谢的一个重要生理活动，是动物生存的基本生理功能之一，与动物所有器官有不可分割的联系，是维持内环境相对恒定的重要条件。

动物排泄

排泄是动物机体新陈代谢过程中产生的终产物排出体外的生理过程。由于动物进化水平不同和必须适应多变环境，排泄系统一般可分为5类：原生动物的伸缩泡、昆虫的马尔皮基氏小管、甲壳动物的触角腺、无脊椎动物的肾器官、脊椎动物的肾脏。

寄生

寄生指异种生物交互作用的一种形式。交互作用的一方得益（寄生物），另一方受害（寄主或称宿主）。通常不置受害者于死地。寄生现象的进化趋势是：交互作用双方的关系，先是相互适应，最后温和共处。寄生现象的分类主要根据寄生物的特化程度。特化到脱离寄主便不能存活的称专性寄生物，仍有独立生活能力的称兼性寄生物。另外，寄生关系可以是持久的，也可以是暂时的，或只在某个发育阶段才营寄生生活。最常见的寄生物分类以寄生部位为依据，如外寄生物和内寄生物。寄生于寄生物身上的现象称为超寄生（或重叠寄生）。如蚤寄生于兽类身上，其肠内又有原虫寄生。

寄生虫

寄生动物的统称。按照寄生的必须性，可分为专性寄生虫和兼性寄生虫。专性寄生虫是终生或某些生活阶段必须营寄生生活才能完成生长发育。兼性寄生虫指的是通常并不依靠寄生方式生活，但条件许可时也能营寄生生活。

共生

又称"互利共生"。泛指两个或两个以上有机体生活在一起的相互关系。一般指两种生物，其中一种生物生活于另一种生物的体内或体外，且相互有利的关系。地衣是真菌和藻类的共生联合体，藻类通过光合作用制造有机物，供给真菌；真菌吸收无机盐和水分，供给藻类。若互相分离，有些真菌就不能独立生活。有些生态学家给共生下的定义是：凡生活在一起的两种生物之间有不同程度利害的相互关系，也包括共栖和寄生，就叫共生。

冬眠

又称冬蛰。是某些动物为了适应寒冷生活条件而进行的休眠现象。天气寒冷时，冬眠动物体温被调节到接近环境温度水平，动物停止活动，不进食，心率、代谢率和其他生理功能均相应降低，进入冬眠状态。恒温动物中的异温动物和变温动物都会出现冬眠，但它们是有区别的：异温动物在冬眠开始之前，体内贮存大量脂肪供冬眠期间需要。而变温动物冬眠前无这样明显的贮存现象。异温动物在冬眠时遇到威胁生命的低温时能够觉醒，而变温动物就不能苏醒过来。

休眠

是指生物的相对静止状态，伴有代谢活动的明显降低。包括微生物孢子的休眠，植物种子、其地下部分或整个植株的越冬休眠，以及高等脊椎动物的冬眠和夏眠等，但不包括动物日周期的生理睡眠。休眠多是季节性的，受外界条件的变化促发，而控制它的是机体的内在节律。

夏眠

又称"夏蛰"，是休眠现象的一种。是动物对炎热和干旱季节的一种适应方式，主要表现为心跳缓慢，体温下降和进入昏睡状态。

再生

指机体的一部分在损坏、脱落或截除之后重新生成的过程。再生现象可分为生理性再生和病理性再生（又称创伤后再生或补偿再生）两类。前者指的是在正常生命活动中进行的再生，如羽毛的脱换、红血细胞的新旧交替等。后者指的是操作引起的再生，通常的伤口愈合，或骨折后的重新接合，都包含再生过程。

二、无脊椎动物

原生动物

指动物界中最原始、最简单、最低等的单细胞动物。目前已知的原生动物约 6.8 万种，其中一半是化石种类。现生种类中，营自由生活的占 2/3，营寄生生活的占 1/3。原生动物的形状变化很大。有原生质随意流动、形状不定的变形虫，有结构精巧的放射虫和有孔虫。原生动物的生命周期包括生殖期和孢囊。生殖期可分为无性生殖和有性生殖。原生动物的生存受温度、盐度、光、地质、水流、风浪等环境因素的影响。

腔肠动物

指肉胚层低等多细胞动物，身体呈辐射对称，体壁只有内、外两个胚层。由内胚层围成的身体内腔是消化腔，腔肠另一端封闭无肛门。

腔肠动物有两种生殖方法，即无性生殖和有性生殖，并往往出现在同一种的生活史中。即水螅型世代用无性出芽生殖方式产生水母型后代，而水母型个体脱离母体，长大成熟以后，又以有性生殖方式产生水螅型个体。

扁形动物

最原始的无体腔三胚层动物。扁形动物既能游泳又能爬行，体形背腹平扁两侧对称。身体明显具有前、后、左、右及背腹之分，体前端形成一个可辨认的头部，身体一般较小。大部分种类是寄生生活，为数不多的在陆地上的潮湿土中生活，而自由生活种类则广泛分布于海水和淡水的水域中。全世界约 1.2 万种，中国已发现近 1000 种。按其形态结构及生活习性分为三纲：涡虫纲、吸虫纲和绦虫纲。

线形动物

即具有假体腔的多细胞动物。特征是身体细长或圆筒形，两侧对称，不分节，有假体腔，消化管有口和肛门，体表有角质层，没有呼吸系统和循环系统。已知种类只有 230 种左右，大多数种类分布于热带和温带的淡水水域和潮湿的土壤里，少数种类分布于海洋。该门现分铁线虫纲和游线虫纲两个纲，铁线虫纲生活于淡水水域和潮湿的土壤里，游线虫纲分布于海洋。

环节动物

即两侧对称、分节的裂生体腔动物。常见种有蚯蚓、蚂蟥、沙蚕等。体长从几毫米到 3 米。在海洋、淡水或潮湿的土壤里栖息，是软底质生境中最占优势的潜居动物。环节动物门通常分多毛纲、寡毛纲和蛭纲。提高土壤肥力，利于改良土壤，这是环节动物的一大功能。它可促进固体废物还原；可做饵料，增加动物蛋白质；可用于医疗。

软体动物

动物界的第二大门。这类动物身体柔软，左右对称，不分节，由5部分组成，即头部、足部、内脏囊、外套膜和贝壳。该门动物共分8纲，有10余万种，从平原到高山到处可以见到，分布从寒带、温带到热带，从海洋到河川、湖泊，极为广泛。生态习性因种类而异。软体动物中有很多种类可以为人类所利用。可食用，可药用，可用于工艺或装饰等。但也有许多种类危害人体，常造成经济上的损失，陆生的蜗牛、蛞蝓等吃植物的叶、芽，危害蔬菜、果树、烟草等。

节肢动物

动物界最大的一门。全世界100余万种。多数节肢动物雌雄异体。陆生种类常行体内受精，而水生种类有很多为体外受精。一般是卵生，也有卵胎生。此外，生殖形式还有孤雌生殖、幼体生殖和多胚生殖等。生活环境极其广泛的节肢动物，其踪迹遍及海水、淡水、土

所有蜻蜓静止的时候，翅膀均保持水平伸出状态。蜻蜓目昆虫有丰富的翅脉，图中这只墨西哥赤灰蜻蜓身上的翅脉清晰可见。

壤、空中等。有些种类还寄生在其他动物的体内或体外，节肢动物共包括4个亚门19个纲，其中有昆虫纲、甲壳纲、蛛形纲等。

昆虫纲

节肢动物门的一纲。世界上的昆虫约有100万种，约占动物界种数的80%，每年出现0.5万~1万新种。中国有12万~15万种。昆虫习性歧异，分布范围很广，除海洋或水域之中以外，凡有植物生长的地域都有昆虫。昆虫的飞翔能力很强，其微小的身躯又易随气流传播，所以其踪迹遍及赤道至两极。

某些昆虫对农业、林业、牧业、仓储物资、建筑材料等方面的危害很大。另外，又对牲畜疾病产生传播作用。不过，昆虫也有其有利的一面：昆虫产品可以利用，如蚕丝、蜂蜜、蜂蜡、紫胶、白蜡等；某些昆虫传播花粉，可使植物增产；食虫性和寄生性昆虫可用来防治害虫；某些水栖昆虫是鱼类食饵，也可用作环境污染的指标；某些昆虫可做仪器或禽畜饲料；少数药用昆虫可以治疗疾病。

十足目

甲壳纲一目。体分头胸部及腹部。胸肢八对，前三对形成颚足，后五对成为步足。包括虾类、寄居虾类和蟹类。虾类体长，腹部发达，末端有尾扇，如对虾、沼虾、白虾、毛虾等。蟹类体短，腹部扁平，紧贴于头胸部下，无尾扇，如河蟹、梭子蟹、青蟹、招潮蟹、椰子蟹等。多数可供食用，是经济意义最大的一类甲壳动物。

蜘蛛目

蛛形纲的一目。种类很多，中国有

记载的约 1000 种。蜘蛛目分为古蛛亚目、原蛛亚目、新蛛亚目三个亚目，其中，新蛛亚目科种最多。

蜘蛛主要捕食小昆虫，是许多农业害虫的天敌。蜘蛛可以入药，主治脱肛、疮肿、腋臭等症。少数蜘蛛，如黑寡妇（毒寇蛛）的毒液对人畜有害。

棘皮动物

动物界体腔动物的一门。属后口动物，在无脊椎动物中进化地位很高。主要为底栖生活，少数海参行浮游生活。自由生活的种类能够缓慢移动。摄食方式为吞食性、滤食性和肉食性。现生棘皮动物分为 5 个纲：海百合纲、海参纲、海星纲、海胆纲和蛇尾纲。海参、海胆等棘皮动物是珍贵食品。

三、脊椎动物

脊椎动物

属脊索动物亚门，是动物界最高等的类群。脊椎动物身体里有一条由许多块脊椎骨组成的脊柱。一般分头、躯干和尾三部分，并有发达的头骨。中枢神经系统在身体背侧，心脏在腹侧。可分为 7 个纲，即圆口纲、软骨鱼纲、硬骨鱼纲、两栖纲、爬行纲、鸟纲和哺乳纲。脊椎动物与人类生活的关系极其密切。人类的许多工业原料都要靠饲养野生动物获得，而且它们中的很多种类可用于科研和实验材料。

软骨鱼纲

鱼类是脊椎动物亚门中最原始最低级的一群，是长期生活在水中，用鳃呼吸，用鳍辅助身体平衡与运动的变温脊椎动物，有 200 余种。一般分无颌和有

颌两大类。鱼类的食性通常分为 4 种类型：滤食性、草食性、肉食性、杂食性。鱼肉富含动物蛋白质和磷质等，营养丰富，滋味鲜美，易被人体消化吸收，对人类体力和智力的发展具有重大作用。鱼体的其他部分可制成鱼肝油、鱼胶、鱼粉等。有些鱼类如金鱼、热带鱼等体态多姿、色彩艳丽，具有较高的观赏价值。某些鱼类如食蚊鱼等可消灭疟疾、黄热病等传染媒介，有益于人类健康。

软骨鱼是脊椎动物亚门的一纲。主要分布在低纬度的海洋中，偶尔有栖息于淡水的。这类生物无任何真骨组织，外骨骼不发达或退化，体常被盾鳞。脑颅为原颅，上颌由腭方软骨、下颌由梅氏软骨组成。鳃孔每侧 5～7 个，分别开口于体外，或鳃孔 1 对，被以皮膜。雄鱼腹鳍里侧鳍脚为交配器。肠短，具螺旋瓣。心脏动脉圆锥有数列瓣膜。无鳔。无大型耳石。泄殖腔或有或无。卵大，富于卵黄，盘状分裂，体内受精。卵生、卵胎生或胎生。全世界约有 800 种，中国已知的有 200 多种。

硬骨鱼纲

脊椎动物亚门的一纲。有肺鱼亚纲、总鳍鱼亚纲及辐鳍鱼亚纲。总鳍鱼类和肺鱼类的鳍通常具有肉质鳍叶，鳍的内骨骼也非常集中，因而合称肉鳍鱼类。辐鳍类的鳍以内骨骼不是集中的和通常没有肉质鳍叶，而明显区别于前者。棘鱼类既可列为硬骨鱼类的一亚纲，也可将它与硬骨鱼类并列为一纲，且把二者合称为真口鱼类。也有人主张棘鱼类介于真口鱼类与板鳃形类包括盾皮鱼纲和软骨鱼纲之间。

位于全球各种水域中的辐鳍鱼类、

总鳍鱼类、肺鱼类以及棘鱼类，是比较相近的鱼类，其地质历程很长。大致从早期的软骨硬鳞鱼类进化到全骨鱼类，再到真骨鱼类。真骨鱼类现在仍十分繁盛，遍布各种水域中。棘鱼类在二叠纪末即已绝灭。总鳍鱼类、肺鱼类只有少数种类在局部地区残存下来。

两栖纲

两栖动物是脊椎动物亚门的一纲。分为迷齿亚纲、壳椎亚纲和滑体两栖亚纲三个亚纲。属变温动物。现生两栖动物皮肤裸露，个体发育有变态。生活于水中的幼体以鳃呼吸，营陆地生活的成体以肺呼吸。现存的有3目约40科400属4000种。除南极洲和海洋性岛屿外，遍布全球。中国现有11科40属270余种，主要分布于秦岭以南，华南和西南山区属种最多。除了海洋和大沙漠以外，平原、丘陵、高山和高原的各种环境中均有分布。垂直分布可达5000米。个别种能耐半碱水。在热带、亚热带湿热地区种类最多，南北温带种类递减，仅个别种可达北极圈南缘。有水栖、陆栖、树栖和穴居等。

爬行纲

是脊椎动物亚门的一纲。是真正的陆生脊椎动物。皮肤具由表皮形成的角质鳞或真皮形成的骨板，一般缺乏皮肤腺。用肺呼吸。心脏由两心耳和分隔不完全的两心室构成。体温不恒定。现存的爬行类，可分喙头目、龟鳖目、蜥蜴目、蛇目和鳄目五目。全球约有6300种，有近400种发现于中国。

鸟纲

脊椎动物亚门的一纲。可分为古鸟亚纲和今鸟亚纲。全世界已发现9021种；中国有1186种。鸟的前肢覆盖着初级与次级飞羽和覆羽，从而变成飞翔的构造，尾羽能在飞翔中起定向和平衡作用。鸟类主要靠角质喙和灵活的舌部摄取食物。鸟类的食性可分为食肉、食鱼、食虫和食植物等类型，还有很多居间类

受精卵发育为蝌蚪。

蝌蚪长出腿，并慢慢变为幼蛙。

幼蛙的尾巴退化，变为小青蛙。

蟾蜍成体。

蝾螈成体。

青蛙是典型的两栖动物，其生命循环过程与蟾蜍、蝾螈是类似的。青蛙把卵产在水草丛中，蟾蜍则把卵产在细长的水草上，蝾螈每次产卵多为1粒。

型和杂食类型。

鸟类因迁徙习性的不同，可分为留鸟、夏候鸟、冬候鸟、旅鸟、迷鸟等几个类型。鸟类的迁徙通常在春秋两季进行。秋季迁徙为离开营巢地区，速度缓慢；春季迁徙由于急于繁殖，速度较快。

四、飞行动物

金丝燕

鸟纲雨燕目金丝燕属鸟类的通称。体形比家燕小，体质也较轻，一般都是轻捷的小鸟。名贵的滋补营养品燕窝，就是由褐腰金丝燕、灰腰金丝燕、爪哇金丝燕和方尾金丝燕用以造巢的唾液经风吹凝固起来后，形成的半透明的胶质物。

产燕窝的金丝燕大都分布在印度、东南亚、马来群岛，群栖生活。产于马来西亚沙捞越的方尾金丝燕，仅在尼亚海滨的一个大崖洞里就有 200 万只以上，可算是金丝燕数量最大的集聚点。海南省大洲岛上的爪哇金丝燕可生产数量有限的食用燕窝。

蜂鸟

鸟纲雨燕目蜂鸟科鸟类的通称。是世界上最小的鸟类，体长约 5 厘米，体重一般仅 2 克左右，主要分布于南美洲

蜂鸟完全在飞行中采蜜，这在鸟类中独一无二。

的森林里。种类约有 3000 种，羽毛较艳丽。以花蜜和小昆虫为食。常常给许多植物授粉，是大自然中辛勤的耕耘者。

天鹅

又称大天鹅或鹄，属鸟纲雁形目鸭科动物，是大型游禽。在世界上分布较广，品种也较多，如疣鼻天鹅、小天鹅、黑天鹅、黑颈天鹅等。天鹅食水生植物，也吃杂草种子和蚯蚓、水生昆虫等小型动物。筑巢于芦苇草丛地面，迁徙时在高空快速飞行，时而排列成"一"字形，时而排列成"人"字形。天鹅体态优美，是珍贵鸟类，繁殖于新疆、东北的西北部，迁徙到长江、黄河以南地区越冬。在中国属国家二级保护动物。

孔雀

属鸡形目雉科的陆生禽类。有绿孔雀和蓝孔雀之分。绿孔雀雄鸟通体呈蓝绿色，后背闪着紫铜色反光，头顶有一簇直立的冠羽，体后拖曳长达 1 米以上的尾屏，并缀有七彩斑斓的眼状斑；蓝孔雀体羽蓝色显著，每一枚冠羽只在顶端有小圆形羽片。

绿孔雀在热带、亚热带稀树草原和较开阔的林带栖息，以植物果实、种子、昆虫、蛙和蜥蜴等为食。繁殖期雄鸟常将尾屏展开，即孔雀开屏，不断抖动，进行炫耀来吸引雌鸟。蓝孔雀分布在印度及斯里兰卡，绿孔雀分布于我国云南南部及孟加拉、缅甸、中南半岛等地。孔雀是著名的观赏鸟，绿孔雀是中国一级保护动物。

喜鹊

属鸟纲雀形目鸦科。喜鹊的羽毛黑白相间，常常有紫色光泽，后面拖着一

条紫色长尾，栖息时上下翘动，惹人喜爱。喜鹊的食性较杂，常吃蝗虫、蝼蛄、松毛虫和夜蛾等害虫，被誉为"田野卫士"。喜鹊在中国的分布较广，遍及各地。常筑巢于大树上。中国民间一向有"喜鹊到，喜事到"的说法。

啄木鸟

属䴕形目。嘴长、硬而坚，舌细长，前端有钩；脚稍短，具4趾，尾羽大都12枚，羽干坚硬富有弹性，在啄木时支撑身体。除大洋洲和南极洲外，均可见到。中国各地均有分布。常见种黑枕绿啄木鸟体长约30厘米，通体绿色。啄木鸟常攀树索虫为食，但也到地面觅食。春夏两季大多吃昆虫，秋冬两季兼吃植物。在树洞里营巢。是著名的森林益鸟，被称为"森林医生"。其凿木的痕迹可作为森林卫生采伐的指示剂。白腹黑啄木鸟是中国国家二级保护动物。

琴鸟

雀形目琴鸟科琴鸟属鸟类的通称。形略似母鸡，体大，浑身浅褐色。整个尾形颇似古希腊七弦竖琴，因而得名。仅分布于澳大利亚的新南威尔士，有华丽琴鸟和艾伯氏琴鸟2种。

雄鸟善效其他鸟类的鸣声，甚至可效仿某些兽叫和人的语言。雌鸟也会效鸣，但远不如雄鸟。求偶期间，雄鸟在树顶上搭一个直径约1米的圆形"舞台"，且舞且歌，琴羽横伸，纤羽上摆，犹如一把阳伞。琴鸟有美丽的琴尾和学舌的本领，是一种珍贵的观赏鸟类。

军舰鸟

鸟纲鹈形目军舰鸟科军舰鸟属鸟类的通称，分布于南太平洋、大西洋、印度洋。主要以飞鱼为食，有时劫掠其他海鸟的捕获物。军舰鸟多在灌丛或树上筑巢，与其他鸟的巢区接近。中国有小军舰鸟、白腹军舰鸟和白斑军舰鸟三种。多分布在广东等地诸岛屿，其中白腹军舰鸟是国家一级保护动物。

秃鹫

又称"坐山雕"，属鸟纲鹰科。是大型猛禽，体长约1.2米。体羽主要为黑褐色，飞羽和尾部更黑，领部羽毛淡褐而近白色。头被绒羽，颈后有部分裸秃，故名秃鹫。栖息高山，嗜食鸟兽等尸体。终年留居中国西部山地，偶见于东部。属国家二级保护动物。

翠鸟

又称"钓鱼郎"，属鸟纲翠鸟科。体长约15厘米，头大、体小，嘴硬而直。额、枕和肩背等部羽毛以苍翠、暗绿色为主。耳羽棕黄，颊和喉白色。飞羽大部分黑褐色，胸下栗棕色，尾羽甚短。常栖息于水边树枝或岩石上，等鱼虾游近水面，突然俯冲啄取。翠鸟对渔业有害，是中国东部、南部常见的留鸟。

苍鹭

又称"青庄""老等"，属鸟纲鹭科。多活动于河湖边或沼泽间，以小鱼或蛙类为食。体长85～90厘米。喙和虹膜黄色。头部白色，只头侧和枕部饰羽黑色。颈羽灰白，前颈有两或三条纵长黑纹，下颈有白色矛状羽。背部和尾苍灰色。下体白色，缀以黑色细长纵斑。幼鸟体羽灰色更多，饰羽很短或全缺。苍鹭的分布遍及中国各地，多为留鸟，在台湾主要为冬候鸟。

三趾鹑

又称"水鹌鹑"。属鸟纲三趾鹑科。形似鹌鹑但比鹌鹑小，缺后趾。其食性也似鹌鹑。中国较常见的为黄脚三趾鹑，体长15～18厘米。头面顶黑褐色，颊黄色。背部羽毛主要为黑、赭、灰三色相杂。翼羽淡黄，缀有黑点。胸部淡红，两侧亦具黑点，腹部白色。三趾鹑夏季在东北、河北、山东和长江中下游一带繁殖，秋季则迁到华南以及泰国、越南等地越冬。

五、哺乳动物

哺乳动物

通称兽类，是脊椎动物亚门的纲。哺乳纲是动物界进化地位最高的自然类群，除南、北极中心个别岛屿外，几乎遍布全球，现存19目123科1042

一头母狮正在衔着一只小狮子行走，这只小狮子不超过2个月大。在这个阶段，小狮子仍然需要喝母狮的奶，但是再过一两个月，就能吃肉食了。

属4237种。中国有11目，都是有胎盘类。哺乳动物的主要特征是：体表被毛，牙齿有门齿、臼齿和犬齿的分化，有胸腔和腹腔，用肺呼吸，体温恒定，胎生，哺乳。

单孔目

哺乳纲的一目，最低等的哺乳动物。卵生。肠和尿殖管共同开口于泄殖腔，由一共同的孔通体外，故名"单孔目"。乳腺管开口于腹部两侧的乳腺区而无乳头；体有毛被；体温较低但具有调节体温的能力。如鸭嘴兽、针鼹等，分布于澳大利亚和新几内亚。

鸭嘴兽

属哺乳纲单孔目鸭嘴兽科。体肥，雄体长约60厘米，雌体长约46厘米。喙扁平突出，状似鸭嘴。无外耳，眼小。尾短而扁。毛细密，深褐色，有光泽。四肢有蹼，适于游泳，趾有尖锐爪，适于掘土。穴居水边，营半水栖生活。以蠕虫、水生昆虫和蜗牛等为食。卵生，由雌兽孵化。无乳头，幼兽从雌兽腹面乳腺区濡湿的毛上舐食乳汁。产于澳大利亚南部及塔斯马尼亚岛。

有袋目

哺乳纲的一目，低等的哺乳动物。雌兽一般在腹部有一育儿袋（个别种类雄兽也有）。除少例外，均无胎盘。幼崽生时发育未完全，在育儿袋内含住乳头而逐渐成长。脑原始，体温不恒定。种类繁多。主要分布在澳大利亚和新几内亚，其次是美洲。如袋鼠、袋狼等。

袋鼠

属哺乳纲袋鼠科。体大小不一，雌兽腹部有一育儿袋。前肢短小，后肢很发达，第四趾特别大，适于跳跃。以植物为食。胎儿发育未完全即产出，在育儿袋内哺育。种类繁多。例如大袋鼠，体长约2米，尾长1米，体灰色。

食虫目

最原始的真兽亚纲哺乳动物。齿尖锐，分化不明显；有能动的唇；大脑小，无脑回；跖行性。通常以虫类为食，因此称为食虫目。除澳大利亚、南美洲和南极、北极不产外，其他地区都有分布。如刺猬等。

翼手目

哺乳纲的一目。具有飞翔能力的哺乳动物。前肢变为翼，故称为翼手目。趾间、前肢与后肢间、后肢间有薄而无毛的翼膜，胸肌发达，胸骨形成龙骨。胸部有乳头一对。夜行性。分为大蝙蝠亚目和小蝙蝠亚目。

蝙蝠

属哺乳纲翼手目蝙蝠科。牙齿尖锐，耳短而宽，前方有耳屏。背毛灰褐色，腹毛浅棕色。尾发达，包裹在翼膜内。有乳头一对。蝙蝠白天倒悬睡眠，黄昏出动，在河边、池塘的草地附近捕食昆虫。蝙蝠能发出超声波，借助回声定位原理，捕食昆虫、避开障碍物。蝙蝠常集体在岩洞冬眠，以增强御寒效果。蝙蝠分布于世界各地。其粪便可制成医药"夜明砂"，对夜盲症、白内障等有治疗作用。

食肉目

俗称猛兽、食肉兽，是哺乳纲的一目。食肉目现有8科89属250种，其体形、形态和行为各具特点。食肉类体形矫健，肌肉发达，四肢的趾端具锐爪，以利于捕捉猎物。生活方式为掠食性，猎物多为有蹄类、各种鼠类、鸟类以及某些大型昆虫等。捕杀方式多种多样，或埋伏要路等待，或嗅迹跟踪、潜伏靠近，凭借利齿和锐爪为武器进行突然袭击。另一种攻击方式是长距离的追逐捕杀。食肉动物多昼伏夜出。有犬科、熊科、浣熊科、大熊猫科、鼬科、灵猫科、猫科和鬣狗科8科，广泛分布于世界各地。

蹄兔目

哺乳纲的一目。为陆栖或树栖的小型兽类，因有蹄状趾甲而得名。喜嚎叫，又名啼兔。体长30～60厘米，尾长1～3厘米或无外尾。外貌似穴兔，但前足四趾，有似蹄状的趾甲；后足三趾，其内趾和第二趾有一长而弯的爪，另一趾短、扁平、蹄状趾甲。分布于非洲中部和南部。

土豚

又称"非洲食蚁兽"，属哺乳纲管齿目土豚科。体长90～140厘米，尾长48～60厘米。吻长，管状。无门齿和犬齿，颊齿圆柱形。舌细长，适于舐取食物。耳长大而尖。四肢短，前肢四趾，后肢五趾，各具强爪。皮厚，红褐色或白色，被有稀疏的刚毛。昼伏夜出，以蚂蚁和白蚁为食。每胎一崽。产于非洲南部和中部。

偶蹄目

哺乳纲的一目。因四肢末端的蹄均呈双数而得名。头上多有角；四肢中第三、四趾同等发育支持体重，胃大都为复室性，盲肠短小。除大洋洲外，分布于世界各大洲。如野猪、河马、鹿等。

长颈鹿

属哺乳纲偶蹄目长颈鹿科。身体最高的哺乳类动物，雄性高达5米多，雌性高4米多。体重550～1800千克。雌雄均具角，角有茸毛，终生不脱落。颈和四肢特长。颈椎7枚。足具4趾，并形成蹄。尾末端具丛状尾毛。体色暗淡，红棕至褐棕色，有浅黄色网状斑纹。腹部和四肢下端色浅。栖息于非洲的热带草原上，以鲜叶嫩芽为食，即使食高树上的枝叶，用长颈也能取得。将两前脚叉开饮水。奔驰很快。活动时成小群。主产地为苏丹地区。

驯鹿

属哺乳纲偶蹄目鹿科。肩高一般1米余。雌雄都有角，角长，分许多叉枝，有时超过30叉。蹄宽大，悬蹄发达。尾极短。体色夏毛深褐，冬毛棕灰，颊部灰白或乳白，尾白色。以地衣、嫩枝、谷类和草类为食。有迁移性，善游泳，性较温驯。分布于欧、亚、北美三洲的北极圈附近。中国仅分布于大兴安岭西北部，人类驯养已有千余年历史，在北美洲尚有野生的。可用以驮物和拉雪橇。

麝牛

属哺乳纲偶蹄目牛科动物。体长1.8～2.45米，尾长7～10厘米。头大而阔，耳小，被毛所遮。四肢粗短。体毛深褐色，颈背和体侧的毛长逾30厘米，下垂几及地面。雄的两角基部宽大，并在头顶中央相靠；雌的两角基部分开。因能发散如麝香气味，故名麝牛。栖息于多岩石的荒芜地方，群居性。仅分布于北美洲极北地区。

奇蹄目

哺乳纲的一目，因蹄数多为单数而得名。无锁骨，前后肢均通过第三趾支持体重。胃简单；盲肠大并呈囊状。奇蹄目下分马形亚目和貘形亚目，包括绝灭的类型在内，共有10多个科。现在只有马科、貘科和犀牛科。马类主要分布于亚洲和非洲。貘类见于亚洲南部和美洲。犀类分布在亚洲和非洲。

斑马

属哺乳纲奇蹄目马科动物。肩高1.2～1.3米。毛呈淡黄色，体有黑色斑纹、臀和股部斑纹较宽。产于南非和西南非山地。能与马和驴杂交，杂种可供役用。另有格瓦斑马，肩高1.4～1.6米，产于苏丹、埃塞俄比亚、索马里一带。草原斑马，肩高1.2～1.4米，分布于东南非和南非。这三种类型都是非洲特产动物。

犀牛

属哺乳纲奇蹄目犀科动物。体粗大，体长2～4米，尾长60～76厘米。头上有一或两角。前肢三或四趾，后肢三

5种犀牛：1.印度犀；2.爪哇犀；3.苏门犀；4.黑犀；5.白犀。

趾。门齿不发达，无上犬齿。皮厚而韧，多皱襞，色微黑。毛极稀少。以植物为食。现存的有独角犀、小独角犀、黑犀、双角犀、白犀等五种。

长鼻目

世界上最大的陆栖动物。鼻子长，柔韧，肌肉发达，有缠卷功能，这是它的主要外部特征。这种长鼻子也是它自卫和取食的有力武器和工具。该目现在仅有亚洲象和非洲象。亚洲象主要产于印度、泰国、柬埔寨、越南等国。中国云南省西双版纳地区也有小的野生种群。非洲象则广泛分布于整个非洲大陆。

象栖息于多种环境，尤喜丛林、草原和河谷地带。群居，雄象偶有独栖。以植物为食，食量极大，每日食量225千克以上。寿命约80年。有些象经驯养已成为家畜，可供骑乘或服劳役。

亚洲象

属长鼻目。亚洲象体形比非洲象小，成体肩高可达2.5米，体重3～4吨。鼻长可垂地，鼻孔在末端，鼻端有一突起。耳大，遮盖了颈部的两侧。前肢五趾，后肢四趾。尾细长。皮厚而有褶皱，全身有灰暗而稀疏的毛。成年雄象上颌门齿外突，长达1米多，俗称"象牙"。雌象无"象牙"。主食野芭蕉、树叶及嫩竹尖，也吃瓜类和水稻。在印度、斯里兰卡、缅甸、泰国、马来半岛和中国云南南部有分布。在中国是一级保护动物。

鲸目

海洋哺乳动物，哺乳纲的一目。鲸体形似鱼，用肺呼吸。古鲸亚目已绝灭。现生鲸类有2个亚目：齿鲸亚目和须鲸亚目，共有13科38属88种，其中中国有11科21属30种，占全世界种类的1/3。鲸类具许多水生生活适应性，嗅觉不灵，视觉不佳，但听觉和触觉发达。鲸类可在水下发声，靠回声来定位和寻找食物，并用于个体间交往。鲸可谓浑身是宝，现已成为国际保护动物。

蓝鲸

又称"剃刀鲸"，属哺乳纲鲸目鲡鲸科。为现存最大的动物，体长可达31米，而背鳍特别短小，身体通常为蓝灰色，有白色斑点。口中每侧有鲸须300～400片。主食磷虾。从北极至南极的海洋中都有广大的分布，南极数量最多。属国家二级保护动物。

抹香鲸

属哺乳纲鲸目抹香鲸科。雄性较大，雌性较小。头部为体长的三分之一，极大。下颌有齿20～28对，上颌仅有痕迹齿，且隐于齿龈而不露。无背鳍。背面黑色，微现赤褐，腹面灰色。常群栖。以章鱼、乌贼及鱼类为食。大西洋及太平洋都有分布，我国的黄海、东海、南海都是其产地。为国家二级保护动物。

海豚

又称真海豚，属哺乳纲鲸目海豚科。体呈纺锤形。在热带和温带海域栖息，以鲱、鲐、沙丁鱼、黄鱼、带鱼和乌贼等为主食。常对鱼类进行结群围食，或对鱼群戏水追逐。活动敏捷，眷恋性强，雌恋崽，雄恋雌，常结成数十只或数百只的大群。春秋交配，孕期10～11个月。广泛分布于太平洋、大西洋和印度洋。中国沿海均产。

海牛目

哺乳纲的一目，通称海牛。外形呈纺锤形，颇似小鲸，但有短颈，与鲸不同。体长 2.5 ～ 4 米，体重达 360 千克左右，海牛皮下储存大量脂肪，能在海水中保持体温。前肢特化呈桨状鳍肢，没有后肢，但仍保留着一个退化的骨盆，有一个大而多肉的扁平尾鳍。现代海牛目仅存两个科：海牛科下有 1 属 3 种，即南美海牛、北美海牛、西非海牛。儒艮科，仅 1 属 1 种——儒艮。

海牛

属哺乳纲海牛目海牛科。长 3 ～ 4.5 米。颈椎 6 枚。前肢呈鳍状，有残留的指甲状构造。后肢退化，尾圆形。成体无毛，仅头部保存稀疏硬毛和触毛，皮厚，灰黑色，有很深的皱纹。吻端尖，从吻端至颧弧后端呈三角形。枕骨大孔椭圆形，下颌明显弯曲。栖于浅海，或上溯河湖中，以海藻或其他水生植物为食。分布于大西洋北美东南沿岸及南美东北沿岸。

鳍足目

哺乳纲的一目。水栖。体形一般呈纺锤形，体长密被短毛。四肢呈鳍状，适于游泳。耳壳小或无。齿分化不显著。鼻和耳孔有活动瓣膜，潜水时可关闭。一生大部分时间生活在水中，通常仅在交配、产崽和换毛时期才到陆地或冰块上来。主食鱼类和软体动物。分布在寒带和温带海洋中。主要有海狮、海象等。

海豹

又叫"斑海豹"，属哺乳纲鳍足目海豹科。体长约 1.5 米。背部黄灰色，缀以暗褐色的斑点。尾很短，前、后肢均呈鳍状，适于水中生活，后肢不能曲向前方。主食鱼类，也吃甲壳类和贝类。产于温带和寒带沿海，多数在北半球，中国亦产。毛皮可做衣服、雨具和帐篷，

肉可食，脂肪可制机油。

啮齿目

哺乳纲中种类最多、分布最广的一目。无犬齿，故门齿与前臼齿或臼齿间有空隙。门齿很发达，无齿根，终生继续生长，常借啮物以磨短。上下门齿各一对。大多数种类繁殖极速。主食植物，少数为杂食性。陆生、树栖、穴居或水陆两栖。如松鼠、田鼠、家鼠等。其中有不少是毛皮兽，有许多是农林业害兽，也有的是疾病传播者。

灵长目

属哺乳纲的一目，是动物界最高等的类群。包括猴亚目和猿猴亚目。其特征为大脑发达，眼眶朝向前方，眶间距窄，手和脚的趾（指）分开，大拇指灵活，多数能与其他趾（指）对握。在灵长目动物中，有的种类是重要的实验动物，有的是著名的观赏动物，有的与人类有较近的亲缘关系。该目包括 11 科约 51 属 180 种，主要分布于亚洲、非洲和美洲温暖地带。大多栖息林区。灵长类中体形最大的是大猩猩，体重可达 275 千克，最小的是倭狨，体重只有 70 克。灵长目性成熟的雌性有月经。每年繁殖 1 ～ 2 次，每胎 1 崽，少数可达 3 崽。幼体生长比较缓慢。

六、珍稀动物

东北虎

又称乌苏里虎、满洲虎。食肉目猫科豹属虎的亚种之一。以野猪、鹿、熊、野兔、狼等为食。晨昏或夜间活动。与其他亚种相比，性情最温驯，胆量最大，动作敏捷性和灵活性均较差。原分布于

中国小兴安岭、乌苏里江流域及长白山等地。现存数量极少，被国际上列为濒危动物，在中国属一类保护动物。

中华鲟

又称鲟鱼，属硬骨鱼纲鲟形目鲟科。中华鲟身体呈纺锤形，背部青灰色或灰褐色，腹部灰白色。中华鲟的吻长，口位于吻的腹面，口前有 2 对吻须，鳃孔大，左右鳃膜不相连，其体侧有 5 行大型硬鳞，各行硬鳞之间皮肤光滑。中华鲟栖于江河及近海底，以水生昆虫、软体动物、虾蟹和小鱼为食。在朝鲜、日本和中国沿海及其相通的江河之中有分布。是珍贵鱼类，在世界上已处于濒危境地，我国人工繁殖已获得成功。

麋鹿

鹿科麋鹿属的唯一种。头、角、蹄、尾均似马、鹿、牛、驴而又不像，俗称"四不像"。是中国特产动物。麋鹿性喜水，善游泳。适于在雪地和泥泞地上活动。以青草、树叶、水生植物为食。在殷墟发掘的兽类骨骼中有麋鹿的骨骼，表明 3000 年前野生麋鹿即是人工饲养的种群。近代数量很少，大部分在英国。中华人民共和国建立后，曾由国外引进数十只，饲养在北京、江苏的麋鹿苑和其他动物园中。

极乐鸟

又称凤鸟，是雀形目凤鸟类的通称。额、颊、喉等为墨绿色，头、颈为黄色；上身暗赤栗色；肋部有饰羽；中央有铁丝状尾羽。主要分布于新几内亚及其附近岛屿，仅有少数种类见于澳大利亚北部和马鲁古群岛。以各种果实为食，也吃昆虫、蛙、蜥蜴等。红极乐鸟和大极乐鸟，是极乐鸟中最有名的种类。大极乐鸟产于新几内亚阿鲁群岛，在繁殖期间雄鸟非常艳丽。

树袋熊

别名考拉。有袋目双门齿亚目袋熊总科树袋熊科中唯一的属。树袋熊体肥，身体颜色为浅灰黄色，脸宽，鼻圆，眼小，耳上有绒毛，育儿袋向后开口，无尾。树袋熊隔年产 1 崽，幼崽在袋内生活 5 ~ 6 个月，之后伏于母兽背部约 1 年。树袋熊在澳大利亚有其分布，在桉树上栖息，仅食桉叶。树袋熊有着非常可爱的形态，在动物园饲养约可存活 20 年。

大熊猫

原属哺乳类食肉动物。大熊猫的家族非常古老，曾经和大熊猫同一时期的动物，早已绝灭并已成为化石，而大熊猫一直生存至今，因此有"活化石"之称，大熊猫目前仅存 1000 头左右，分布在中国四川西北部、陕西和甘肃南部的部分地区，是经历了百万年后遗留下来的珍奇动物。大熊猫因身体肥胖，外形很像熊而得名。身上毛色黑白分明，眼周、耳、前后肢和肩部黑色，其他部分都是白色，因黑白相间又称花熊。身长约 1.5 米，体重可达 100 ~ 180 千克。四肢差不多长短，前后肢都是 5 趾，趾端有爪，爬树很灵敏。

金丝猴

属哺乳动物灵长类猴科。是猴类中形态比较特殊的一种，因为背部披有金黄色的长毛而得名。它体长 50 ~ 83 厘米，是猴类中较大的类型；尾的长度与体长相等或长些；头顶、项、肩、上臂、背和尾是灰黑色，头侧、颈侧、躯体腹面和四肢内侧为褐黄色，面部为蓝色；嘴角处有瘤状突起，鼻孔大而斜向上仰，故又称"仰鼻猴"。四肢粗壮，后肢略长于前肢，生活在海拔 2500～3000 米的高山密林中。

褐马鸡

鸟纲雉科。雄鸟体长 1 米。体羽大部分为黑褐色；眼周裸出，呈红色。颏和上喉色白。耳羽亦白，并向头后延长，形成角状。腰羽和尾上覆羽呈银白色。尾羽的基部银白，至末端转黑而泛紫蓝色金属辉光。雌鸟稍小，羽色相似。栖于高山深林中，善疾走。营巢于灌木丛间的地面凹陷处。系中国特产稀有珍禽，为国家一级保护动物。

藏羚羊

属哺乳纲偶蹄目牛科。体长约 1.2 米；尾短而尖，长约 23 厘米。雄羚有角，角长而侧扁，其形笔直，侧面远望，颇似一角，故亦称"一角兽"。背毛厚密，浅红棕色，腹部呈白色，四肢浅灰白色。栖息于高原地带，常结群活动。胆小，常隐于岩洞中，产于中国青藏高原。为国家一级保护动物。

藏野驴

属马科，大型偶蹄类。外形与蒙古野驴相似，颈的背侧、肩部、背部为黄棕色。在冬季，黄棕色则变成浅棕色或棕褐色。藏野驴的腹侧、胸部、体侧、腹部均为白色，与背侧毛色有明显的分界线。藏野驴听觉极灵敏，能察觉百米处细小的声响。藏野驴活动在可可西里无人区的高寒荒漠地带，夏季迁徙到5000 多米的高山上。喜食茅草、苔草和蒿类。

坡鹿

属哺乳纲偶蹄目鹿科。体长约 1.8 米，尾长约 20 厘米，四肢细长。上体赤褐色，背有一条黑褐色脊带；体侧及腿部为土黄色，胸、腹为白色。栖息灌木林和草坡，群居。以多种植物的新枝、嫩叶为食。每胎产一崽。分布于中国海南，也产于印度、缅甸、泰国、越南。为国家一级保护动物。

白鲟

又称象鱼，硬骨鱼纲白鲟科。体长约 2 米。背灰绿色，腹白色。头颇长，口大，眼小。体裸露。春季溯江产卵。主要分布于中国长江，钱塘江和黄河下游亦有发现。是中国特产稀有珍贵动物，为国家一级保护动物。

七、濒危动物

濒危动物

指由于动物分布区、栖息地的生态系统遭到严重破坏，化学污染、气候变化和人类随意捕杀等原因导致濒临灭绝的动物类群。目前全世界处于濒临灭绝状态的脊椎动物有 100 多种，约有 1/4 的物种是由于自然演化造成的。而其余的则是由于人为的因素。中国的野生动物也有许多已濒临灭绝，如丹顶鹤、扬子鳄、大熊猫、华南虎等。所以保护栖息地，恢复被破坏的生态系统已迫在眉睫。

朱鹮

鸟纲鹮科。雄鸟体长 80 厘米，雌鸟稍小。全身羽毛白色，但上、下体的羽干、羽基以及飞羽均有粉红色渲染，初级飞羽渲染之色较浓。颈项部有若干延长而下垂的柳叶形羽毛。额、眼周、头

朱鹮

朱鹮是我国特有的珍稀鸟类，也是目前世界上的濒危动物，它对丰富生物多样性、平衡生态环境有着十分重要的作用。

顶以及嘴基部周围均裸露，呈橙朱红色。嘴黑色，于尖端及下嘴基部红色。活动于水田、沼泽及山区溪流附近。以蟹、蛙、小鱼及其他软体动物为食。仅产于中国、日本及俄罗斯，属我国一级保护动物。

丹顶鹤

又称仙鹤，鹤形目鹤科鹤属的一种。东北亚特产珍禽，最广分布于中国黑龙江等省。成鸟身高 1.2 米，重约 6.5 千克。体毛白色偏灰，喉、颊、颈部常呈暗褐色。尾羽白色、短，常被两翼的黑色飞羽所覆盖。头顶裸露，具鲜红色肉冠。生活于沼泽、湖泊等近水浅滩处，以鱼、昆虫、甲壳类、青蛙和谷类等为食。交配前雌雄个体间互相振翅、跳跃和高声鸣叫。每年秋季南下到江苏、安徽、江西等地的湖泊浅滩处越冬，次年 3～4 月飞回北方繁殖。到 1993 年底，中国有丹顶鹤 600 只左右，约占世界总量的 50%。丹顶鹤为中国一级保护动物。

华南虎

食肉目猫科豹属虎的亚种之一，是中国特有种。以湖南、江西分布数量为最多。体形较小，尾较细短，头大，眼大而圆。头、颈、背、尾及四肢外侧毛为黄色，毛色较深，常为橘黄或略带赤色，胸腹部及四肢内侧乳白色。身上有黑色条纹，宽而密集，体侧常出现上下两纹相连成的菱形纹。毛较短。体长平均 2 米左右，重 140～200 千克。夜行，听觉、嗅觉均较敏锐，以野猪、羚羊、鹿类、野兔等为食。善于游泳，栖于山林、灌木及野草丛生处。其性格凶猛、动作敏捷，有时危害家畜。华南虎已被列为中国一级保护动物。

扬子鳄

俗称猪婆龙，爬行纲鼍科。大者长达 2 米。背面的角质鳞有 6 横列，背部暗褐色，具黄斑和黄条；腹面灰色，有黄灰色小斑和横条。穴居池沼底部，以鱼、蛙、小鸟及鼠类为食，冬日蛰居穴中。为中国特产动物和国家一级保护动物。

白暨豚

哺乳纲鲸目淡水豚科。体长 1.5～2.5 米，嘴长约 30 厘米；上下颌共有 130 多枚圆锥形的同型齿。头圆有短颈。有背鳍。体背面淡蓝灰色，腹面白色，鳍白色。以鱼类为食。栖息于中国长江中下游一带。冬季常三五成群。能发超声波，有回声定位能力。为国家一级保护动物。

八、古老动物

始祖鸟

已绝灭的早期鸟类，是最早的鸟类化石。始祖鸟有由多节尾椎组成的长尾，胸骨不发达，没有龙骨，骨骼本身没有

目前保存得最为完好的始祖鸟化石，来自德国巴伐利亚的索侯芬石灰岩沉积。它大约生活在1.5亿年前的侏罗纪，现珍藏在德国柏林自然博物馆内。

气窝，颚上有齿，已变成翼的前肢上还有二个分开的趾骨，尖端有爪。其大小如乌鸦，体外有羽毛，前肢已变为翼，有由锁骨愈合形成的叉骨，耻骨向后伸长，足具四趾，这些特征与鸟类相似。始祖鸟是爬行动物演化到鸟类的过渡类型，代表了脊椎动物由陆地向空中发展的一支。

猛犸象

哺乳纲真兽亚纲长鼻目真象科的一种。大小与近代象相似，是高度特化的真象类。因其体外有长毛，故又名长毛象。猛犸象头骨短而高，正面成弓形，侧视顶部成圆顶三角形，额部下凹，枕脊部凸起很高。门齿长大，强烈弯曲并旋卷，最长的可达5米。臼齿宽大，高冠，第三臼齿有24个齿板，排列整齐而紧密。其生存时代为更新世晚期，可能到全新世初期。至今在亚洲、欧洲及北美阿拉斯加的寒冷地带还有分布。中国东北及内蒙古发现有真猛犸象化石。

三叶虫

节肢动物门中已绝灭的一纲。虫体的上壳纵分为一个中轴和两个侧叶，由前至后又横分为头、胸、尾三部，故称其为三叶虫。寒武纪早期出现，种属和数量都很多，到了晚寒武纪发展到高峰，奥陶纪仍然很繁盛，进入志留纪后开始衰退，至二叠纪末则完全绝灭。

三叶虫卵生，经过脱壳生长，在个体发育过程中，形态变化很大。一般划分为三期：幼虫期、中年期、成年期。三叶虫纲可分为球接子目、莱得利基虫目、耸棒头虫目、褶颊虫目、镜眼虫目、裂肋虫目及齿肋虫目等七目。中国三叶虫化石是划分和对比寒武纪地层的重要依据。

人 体

一、生理健康

人体元素

在自然界目前已发现的化学元素中，人体必不可少的元素有26种。其中主要的有11种，如碳、氢、氧、氮、硫、钙、磷、钾、氯和镁等。

有趣的是，人体内的各种元素的含量与自然界中元素的总值是相对应的，并以此平衡关系维持着人类的生存和健康。

矿物质

人类必须适量摄取各种矿物质来维持健康。矿物质不仅能增强骨骼和牙齿，保持免疫系统的功能，还可帮助维生素发挥作用。这些矿物质对于人体的生长或生殖都至少具有一种功能。就重量来说，这些矿物质仅占人体重量的3%～4%。人体对常量矿物质（如钙、镁、钠和钾）所需的数量相对较多，而对微量矿物质（如铁和锌）所需的数量相对较少。此外，人体对某些矿物质（如硒、锰和碘）所需的数量极少，它们因此被称为"微量元素"。

维生素

即维持机体正常生存所必需的一类复杂的化合物。可分为脂溶性（A、D、E、K）和水溶性（B、C）两种。如果饮食中缺乏维生素，就会引起营养缺乏症，例如缺乏维生素 C，会导致坏血病；缺乏维生素 A，会导致干眼病。但某种维生素过多也是危险的，如过多的维生素 A 会导致脱发、嗜睡。

人体防卫系统

由皮肤、毛发、皮脂腺、人体免疫系统、淋巴系统构成。

免疫系统

能识别和排斥外源性物质，比如移植的器官，还能识别和破坏癌细胞。当致病的细菌、病毒、真菌和其他微生物开始在人体繁殖时，免疫系统就开始发挥作用。免疫系统包括免疫器官（骨髓、胸腺、淋巴结、脾）、免疫细胞和免疫分子。这三者一般是相互协调、统一的。

白细胞中的淋巴细胞是免疫系统的重要成分之一，它随血液进入胸腺，在这里成熟为 T 淋巴细胞。一旦成熟，T 淋巴细胞便分布到淋巴组织的其他一些部位，如脾的一个功能是从血液中过滤除去循环的微生物，脾内的淋巴细胞随时准备对出现的外源性微生物做出反应。

淋巴在淋巴管中聚集，最后返回血液。它首先通过淋巴结，滤出微生物和癌细胞。如果存在感染，则淋巴细胞呈现增殖性反应，表现为淋巴结肿大。

免疫分子是由免疫细胞分泌的，以加强整个免疫系统对机体的保护。

抗原和抗体

抗原是指一切外源性物质，例如细菌的蛋白质外壳。当 T 细胞遇到抗原时，它们通过增殖和分裂做出反应，释放能刺激免疫系统其他细胞（包括其他 T 细胞）生长的分子，以尽早消除体内抗原。

一旦受到刺激，B 细胞增殖，其后成熟变为能分泌抗体的浆细胞，抗体是特异性分子，能与抗原结合，帮助免疫系统的其他部分清除外源性颗粒。抗体潜在的多样性是无限的，可对应每一个可能的抗原。一旦一个 B 细胞被刺激，结果是出现一种克隆浆细胞，它们都生成识别相应抗原的抗体。

免疫和记忆

B 细胞应答抗原分裂时产生的一些细胞被称为记忆细胞，这些细胞一旦产生便终生存在。当该个体再次遇到相同的抗原时，记忆细胞便迅速应答，而且比前次更加强烈。

免疫接种便是遵循这种原则发挥作用。疫苗的目的是使免疫系统做好识别病原微生物的准备，以便与相应的微生物遭遇时迅速做出反应。一些疫苗由已被杀死或减毒的细菌或病毒组成，它们能唤起保护性免疫应答，但疫苗本身已不再具有致病能力。

淋巴系统

由淋巴管、淋巴结和淋巴组织构成。淋巴液来源于组织液，经过淋巴结后获得大量的淋巴细胞，它在淋巴管内是单向流动的，最后在锁骨下静脉汇入血循

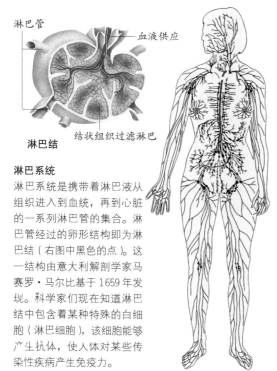

淋巴管 —— 血液供应

淋巴结

结状组织过滤淋巴

淋巴系统

淋巴系统是携带着淋巴液从组织进入到血统，再到心脏的一系列淋巴管的集合。淋巴管经过的卵形结构即为淋巴结（右图中黑色的点）。这一结构由意大利解剖学家马赛罗·马尔比基于 1659 年发现。科学家们现在知道淋巴结中包含着某种特殊的白细胞（淋巴细胞），该细胞能够产生抗体，使人体对某些传染性疾病产生免疫力。

环。淋巴液结分散在全身各处的淋巴液的回流通路上，是淋巴液回流的重要滤器，也是机体产生免疫反应的重要场所。而且淋巴系统还有回收蛋白、运输脂肪、调节血浆与组织间液的平衡、清除侵入机体的细菌等作用。

皮肤

完全覆盖住身体，形成一层防水并具有保护作用的外罩，对入侵人体的微生物构成了第一道屏障。它具有感觉及排泄功能，在调节体温方面发挥着重要的作用。有十多层细胞，最表层为角化层，可被下层细胞不断地更新。真皮是一层活组织，含有毛细血管、淋巴管、感觉神经末梢，同时还有汗腺及毛孔、毛囊和皮脂腺等组织。

皮肤感觉

皮肤感觉具有探查性，它主要包括冷、热、触、压、痛觉等几方面，不同的感觉，感受器也不同。一般由神经纤维构成的感受器都埋藏在皮肤、眼球、口腔等的表层，在某些区域，例如嘴唇、手掌、足底及外生殖器等处更为密集。当它们受到压力、温暖、寒冷和疼痛等刺激时，便产生电冲动，这种冲动沿感觉神经纤维传达到大脑皮质。大脑有特定区域感知皮肤一定区域的触觉或痛觉。当大脑特定区域接收到电冲动后，便会指挥机体做出相应反应。脑对如何处理这些信息能够进行选择，从而对重要感觉迅速做出反应。

毛发

分为露在皮外的毛干和埋于皮下的毛根两部分。毛根（毛囊）包埋在真皮里，其四周含有丰富的血管和神经，基部增大呈球状，含有不断分裂的细胞。这些细胞转变为角质蛋白并形成毛干。皮肤中有皮脂腺与毛囊相连，生成润滑毛发和皮肤的皮脂或油。

人体呼吸

肺中血液的氧化，各组织使用氧和产生二氧化碳，以及在肺中清除血液中的二氧化碳，所有这些被称为呼吸。

空气通过鼻子或口进入呼吸系统并沿气管下行，气管在肺中分成越来越小的细支气管最后形成肺泡，在肺泡里血液和气体紧密接触，二氧化碳和氧气间可以自由交换。

呼吸运动是由于肌肉收缩引起的。其中膈肌、肋间肌起的作用最大。这些肌肉的收缩增加了胸腔内的容积，肺部扩大，空气进入。肌肉停止收缩时，胸腔容积缩小，压缩肺部再次缩小，排出空气。

人体循环系统

指人体的血液、淋巴和组织液及其借以循环流动的管道组成的系统。循环系统分为心脏和血管两部分，又叫作心血管系统。循环系统是人体的运输系统，它将消化道吸收的营养物质和由肺吸进的氧输送到各组织器官并将各组织器官的代谢产物通过同样的途径输入血液，经肺和肾排出。它还输送热量到身体各部分以保持体温，此外，还有其他功能，如机体的保护作用、输送人体储存的脂肪和糖等。

呼吸和血液循环

人体的每个细胞都需要氧气和营养物质不断地供给。这是由呼吸系统、循环系统和消化系统共同完成的。对每一个细胞而言，这些物质的直接来源是组织间液，血液不断为组织间液提供氧气和营养物质，并从中运走细胞产生的二氧化碳和其他废物。

每升血约有 5×10^{12} 个含有血红蛋白的红细胞，血红蛋白在肺中与氧结合并将氧运送到各组织，使氧与二氧化碳在各组织中交换。如果一个人红细胞数减少或红细胞中血红蛋白减少了，就是患了贫血症，没有足够的氧运送到各组织，所以人会感到疲乏和气喘。

循环

心脏和血管组成一个封闭的系统，血液不停地在这个系统中循环。这个系统的循环包括肺循环、体循环两大部分。其中心脏通过搏动来推动血液流向身体的每一部分。右心房从身体各部分接收血液并送到右心室，然后，右心室将血液泵到肺部（肺循环）。富含氧气的血通过肺静脉返回到左心房并进入左心室，左心室将血液泵到身体的各个部分（体循环）。

为确保血液流动只朝一个方向通过心脏，心房和心室间以及心室和血管之间的开口都有瓣膜防止逆流。当动脉远离心脏时，血管分叉变成更小的动脉。在剖面中，动脉看似环形，有着很厚的肌壁。小动脉最后变成毛细血管，通过它发生血液和组织间液之间氧和其他物质的转移。

与此同时，二氧化碳和其他废物离开组织间液进入血液，再被毛细血管收集，汇入静脉。静脉壁上有静脉瓣，使血液抵抗重力影响，从身体下半部分向上运动。最终，所有静脉合并成两条大静脉——上腔静脉和下腔静脉，并最终将血液送回右心房。

心脏

由心肌构成，其大小近似于人的拳头，成人心脏约有 300 克。心脏是循环系统的中心，它的工作就是将血液送到身体的各个角落。为了使血液充分循环，

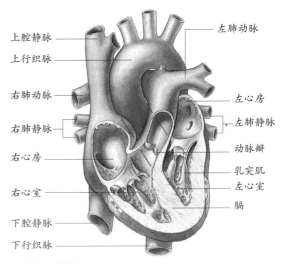

心脏的内部构造

这是心脏的切面图。心房将血液运往心室，然后心室将血液运往全身各处，所以心室的肌肉壁要比心房厚。

一天内心脏送出的血液量高达 4370 升。心脏位于胸腔内，在两片肺叶的中间，心底与膈膜相邻。心脏被胸骨和肋骨牢牢地保护着。

心脏以一定的节奏反复收缩和舒张，将血液不断地送出去，这种规则的律动称为心跳。心跳次数依据活动水平每分钟 60～200 次不等。人睡觉的时候，心跳最慢。运动的时候，由于肌肉需要大量的血液，因此心跳次数会增加。此外，吃饭中和饭后，为了输送血液到消化器官，心跳也会加快。体温升高的时候，因为人体需要更多的氧气，所以心跳次数也增加。

人体运动系统

由骨骼和骨骼肌组成。运动系统在人体中所占的比例很大：骨骼大约占体重的 1/6，骨骼肌则高达 2/5。骨骼、肌肉和关节是人体的支架，支撑着身体。骨骼间由韧带相连接，肌肉有的直接附着在骨骼上，有的靠肌腱连接，骨骼和关节由肌肉控制，做出各种动作。

运动原理

人的运动是由骨骼、关节、肌肉和神经协调动作的结果。不同的人有几乎相同的神经、骨骼、肌肉等解剖结构。

人运动的速度、控制力及身体的柔韧性等素质部分地取决于他是否从父母那里获得了健全的遗传基因。其中，肌肉的长度和厚度，关节韧带的疏松度在很大程度上于出生前就确定下来了，但是有规律的锻炼能使肌肉变得有力并使运动技能提高。

骨骼

除支撑我们的身体，协助我们运动之外，骨骼还起着许多重要的作用。颅骨、肋骨、椎骨包住并保护脑、肺、心脏及脊髓等维持生命的重要器官，使它们不受损伤。

我们血液的重要成分——红细胞也是由包括肋骨、骨盆、胸骨在内的一些骨骼中所含有的红骨髓所产生的。骨骼还负责储藏钙和其他一些机体所需的矿物质。

关节

骨骼相互间连接形成关节。人体有 6 种主要关节。关节的活动度取决于骨末端表面、关节腔以及充盈在关节腔内的液体的情况。

髋关节是杵臼关节，在这个关节处，两根骨的末端有大面积被软骨覆盖的光滑表面，两骨之间有滑液润滑。运动可在各个方向进行。

指间关节及膝和肘是屈伸关节，运动多在一个平面上。拇指和掌之间的关节是鞍状关节，使运动能在许多方向上进行。脊椎底部与骨盆之间的骶髂关节是一个平面关节，几乎不能活动。

第一块颈椎寰椎与其下的枢椎间形成一个寰枢关节。运动发生在寰椎的环与枢椎的齿状突之间，使头能自由转动而回顾。

肌肉的种类

肌肉基本有两种。我们的意识能控制的肌肉，称为随意肌或骨骼肌；我们不能控制的，称为平滑肌或不随意肌，主要包括血管壁的肌肉。虽然心脏肌肉也不受我们意识的控制，但通常因其独特的结构而单独归入一类——心肌。

随意肌

由包在外膜中的细长细胞或纤维组成，在显微镜下纤维呈深浅交错的色带，因此有时被称为横纹肌。深色带含有肌凝蛋白，浅色带含有肌动蛋白。

当脑通过神经向肌肉发出运动信息或者向肌纤维施以电刺激时，肌纤维就收缩，主要是浅色带变短，肌动蛋白和肌凝蛋白互相滑过。成千上万条肌纤维收缩的宏观体现就是我们四肢、躯干等的动作。

虽然我们能直接使随意肌收缩，但我们很少有人能意识到这种情况，通常是一个动作，如上楼梯，大脑发出的动作命令指挥整个肌群完成一个协调的动作。在一些肌肉完成屈腿、屈膝这类明显动作的同时，其他肌肉稳定身体平衡。

不随意肌

是结构最简单的肌肉，由纺锤形纤维组成，每根纤维含一个细胞核。位于消化道壁、呼吸系统、泌尿生殖系统中。不随意肌是小动脉的主要组织并且可以根据具体情况，调节这些血管的直径。通过调节小动脉的阻力，不随意肌控制着血液向不同组织和器官的分配。

在眼部，不随意肌通过调整瞳孔大小来控制进光量以保护视网膜。在皮肤中，不随意肌在人们感觉寒冷和恐惧时，使毛发竖立。有的不随意肌也能够进行强有力的收缩，如在分娩中，子宫的平滑肌通过强有力的收缩产出胎儿。

心肌

是人体中最特殊的肌肉，由成片和成束排列的圆柱状长纤维组成。心肌中的某些特殊纤维组成传导系统，电冲动通过这个系统传递给其他纤维并引起持续而有节律的收缩和舒张，这些节律性极强的动作将血液泵向全身器官组织。

人体内分泌系统

是人体内全身功能调节系统之一。内分泌腺设有导管，腺体的分泌物直接进入毛细血管或淋巴管，通过血液循环送至全身，选择性地作用于相应的细胞或器官。人体内主要的内分泌器官，有位于两个肾脏上方的肾上腺等。内分泌的作用主要涉及生殖和生长发育，维持内环境的稳定，调节机体的新陈代谢过程，增强机体对有害刺激和环境条件急剧变化的抵抗和适应能力。

内环境

为了使细胞能够更好地新陈代谢，人体内由水、蛋白质和矿物质组成的内环境是相对稳定的。这种动态平衡是众多的激素共同参与调节的结果。例如，来自脑垂体后叶的抗利尿激素和来自肾上腺皮质的醛固酮调节肾脏水和盐的排泄，甲状旁腺激素和维生素D一起控制血液中矿物质钙和磷的水平。

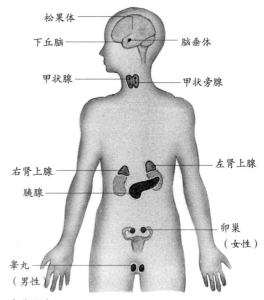

内分泌腺
内分泌腺的分泌物直接进入血液循环，合成化学物质，即激素。上图表明了人体内的主要内分泌腺。

代谢与激素

发生在生物活细胞中的所有生物化学反应过程，都称新陈代谢。它包含合成代谢和分解代谢两个过程。人体必须把食物转化成可用的能量，与此同时，人体储存部分能量以便空腹的时候使用。胰腺分泌的胰岛素和胰高血糖素在这方面起重要作用。另外，甲状腺素能促进物质与能量代谢，增加耗氧量和产热量。所以甲状腺机能减退的人，会遭受多种新陈代谢紊乱之苦，包括对寒冷极度敏感，以及头脑迟钝。而在甲状腺机能亢进时，新陈代谢率增长，病人会出现消瘦、感觉热、活动过度和焦虑不安等症状。

激素分泌

激素的分泌量是受到反馈调控的，以便能对生物学上的需要做出反应。激素浓度足够高时，通常会抑制同种激素的分泌量。许多激素是应激时分泌的。如促肾上腺皮质激素和肾上腺皮质激素表现为 24 小时的节律，分泌高峰出现在清晨，这其实是在大脑的支配下，为使身体适应起床造成的紧张而做好准备。

腺体和激素

多细胞生物体，细胞间建立彼此之间的联系，是通过两个基本机制完成的，即神经系统和内分泌系统。内分泌系统是由遍布全身的内分泌腺组成的，而激素是由分泌腺分泌的高效能的有机化学物质。内分泌激素通过血液运送到远处的组织（靶组织）并调节它们的活动。激素在 4 个生物领域发挥作用，即生殖、成长与发育、体内环境的控制以及能量调节。

脑垂体

是人体内最重要的内分泌器官。脑垂体位于颅骨的一个窝内，在脑的下面，由前叶和后叶组成。尽管脑垂体很小，直径不到 1 厘米，重不到 0.5 克，但它在内分泌系统中却起着关键作用。它分泌的激素，可以控制调节全身其他腺体激素的分泌。脑垂体前叶分泌的激素在控制生殖及新陈代谢方面起着最基本的作用。下丘脑是脑中接收有关内环境信息的区域，调整脑垂体激素分泌量。

人体神经系统

人体神经系统是一个巨大复杂的网状系统，控制着人的精神活动和行为的每一方面。这个系统交织遍布全身，接收、破译并对从外界及自身得到的信息采取行动。

控制这一网状系统的是中枢神经系统，它包括脑和脊髓以及它们之间的连接成分。中枢神经系统的作用主要与感觉和主动行为有关。传入和传出中枢神经系统的信息，是通过一直到达身体各个末端的周围神经系统逐渐分叉的纤维传导的。

神经细胞

神经系统的基本功能单位是神经细胞或称神经元。神经元包括大多集中在中枢的胞体和突起两部分。突起有两种，分为扩大与其他神经元联系的树突和将胞体的神经电冲动传出去的轴突。神经系统通过一个个树突可以从中枢神经系统一直延伸到手指或脚趾，并控制肌肉。轴突有一个类似电话电缆的中央电导体。神经元主动地更新信号为开或闭的电冲动，使其不断地被更新并在整个传导过程中保持。

脑

脑是由大量高度发达的神经细胞团构成的，位于中枢神经系统上端。成年人的脑平均重达1400克，大约相当于人体重的2%。大脑半球表面为灰质，即大脑皮层；其下是白质，功能是联系不同区域的灰质。

神经组织由两种类型的细胞构成：一种是神经元，它是神经系统的基本功能单位；另一种是参与信息传递的胶质细胞（或称神经胶质），它负责供养和支持神经元。脑和脊髓被三层脑膜包围以进行深层保护。脑脊液在脑室内循环使脑组织浸在其中，有利于缓和外力对脆弱的神经组织的冲击。

脑的划分

脑有三个主要部分，包括大脑、脑干和小脑。其中小脑位于大脑两半球下方，是负责调节人体姿势和协调动作的基本结构。脑干，跟脊髓顶端融合，内含重要的生命中枢，可维持身体的重大功能，如呼吸、心血管运动等。

大脑

人类脑的大部分由大脑构成。大脑被一个很深的沟裂分割成两个大脑半球，在其底部通过一个起联络作用的桥状物，即胼胝体把这两个大脑半球联系起来。每个大脑半球皆具有其特定的功能。

大脑是神经系统复杂的器官，负责控制语言、记忆及智力等智商层次的功能。而且大脑的特定区域控制特定的功能。大脑皮层（或称灰质）位于大脑表面，具有许多沟裂，是处理从丘脑和其他低级中枢传来的信息的主要部位。

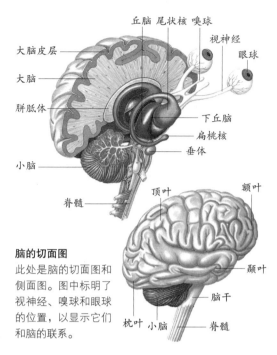

脑的切面图
此处是脑的切面图和侧面图。图中标明了视神经、嗅球和眼球的位置，以显示它们和脑的联系。

高级中枢

大脑中进化最复杂的部分是大脑皮层，它分为4个叶：额叶、顶叶、颞叶和枕叶，它们分别以覆盖其上的颅骨各部位的名称而得名。把各感受器接收到的各种信息进行筛选、分类并了解其意义，然后把这些信息整理为进行日常生活所必需的图像、声音、印象和思想，人由此感知并理解发生的事情。大脑皮层也是发动者，因为它能对各种刺激做出反应并指导身体各器官实施。

从额部和颞部向后延伸的额叶是4叶中最大的一叶，它担当着最重要的责任，进行最高深的智力活动。额叶负责各种随意运动，从最简单的身体动作到复杂的思维、语言和交谈活动。顶叶内有接收触觉的主要功能区和与空间感觉有关的功能区。颞叶与耳大致处在同一水平位置上。大脑皮层后部的枕叶是4叶中最小的一叶，接收并处理视觉图像。

单独的一种感觉信息不能提供完整

的图像，大脑必须对所有传入的信号同时处理并且相互补充，使之成为一个整体。这个过程由大脑皮层联合区完成，使我们对周围的环境有一个完整的认识。

嗅觉

是挥发性物质作用于嗅觉器官而产生的感觉。自大脑底部的嗅觉神经穿过筛板直到潮湿的鼻黏膜上，形成嗅觉感受器。鼻黏膜有上万个细小的腺分泌黏液。挥发性物质被吸入人体时，部分被溶入鼻神经黏液中，嗅觉感受器受到刺激，产生神经冲动。冲动一直被传到脑部的嗅叶和嗅脑。

低等动物的嗅叶非常大，有时占脑体积的一半以上。毫无疑问，这些动物以嗅觉"图像"来觅食和寻找配偶。举例来说，狗非常重视用气味标明它的地盘。

适应性是嗅觉极为显著的特点，对一种气味的适应是感觉不到它。

味觉

舌表面充满了称为味蕾的微小突起，它们含有味觉感受器，对咸、甜、酸、苦这四种基本味觉进行区分。舌的不同部位对味觉刺激的敏感性不同。如舌尖对甜、舌根对苦敏感等。

视觉

视觉接收的信息占一个正常人信息量的90%以上，所以视觉是人体最重要的感觉。眼球成对发挥作用，可以构成三维或立体视觉，这对判断距离和正在移动物体的速度尤为重要。

眼球壁分三层，巩膜是一层坚韧的膜，构成了眼球的外层。在眼前部，它与角膜接续。角膜是一层透明并凸起的膜，能折射光线并使之聚焦于视网膜上。

脉络膜、睫状体、虹膜构成第二层，对入眼光线的调节主要在这一层。泪腺位于眼上方的隐窝内，分泌由水、盐及有杀菌作用的溶菌酶组成的泪液。眼睑覆于眼球之上形成一对防护性的闸门，两者共同保护角膜及结膜囊免受感染。睫状体从脉络膜延出，含有肌纤维，与悬韧带连接，而悬韧带另一端连接着能折射光线的晶状体。虹膜为眼中调节入射光线量的肌性物质，位于角膜之后晶状体之前，其中央圆孔称瞳孔。瞳孔依据光线强度的不同而改变大小。在强光下瞳孔缩小，在暗光下瞳孔扩大。晶状体后的空间填充着胶状物质，即玻璃体。

视网膜对光敏感，是眼球的内层。它含有神经纤维、特异性的视椎和视杆细胞。视杆细胞大约有12.5亿个，主要负责在弱光中的视觉。视椎细胞有600万～700万个，在强光中发挥作用，主要负责精细视觉。它们主要集中在视网膜上的中心凹上。

眼球能通过一套复杂的动眼肌在眼窝中转动。因为眼眶内有6块肌肉调节双眼上、下、左、右的转动，使我们能观察到更多的情况。

脑和视觉

人眼在结构上与照相机相似，并且视觉原理可用物理中的光学基本理论解释。被晶状体聚焦于视网膜的光学图像被转换为电冲动，随之通过视神经传导到脑。一旦传入脑，便要求大脑根据过去的经验来解释眼所注视事物的电图像，直到图像能被"辨认"。例如，眼看到一张桌子，脑会接到电信息：一个有水平表面和四个竖直腿的物体。大脑对所见过的类似这种物体的所有其他图像进行整理分类——四条腿的动物、床，等等——最终，觉得它与过去见过的一张桌子相符合并将它标识出。

听觉

听觉是人体接收外部信息的一种重要感觉。听觉包括两个要素：机械要素和电神经冲动要素。声音通过耳郭（耳的可见部分）进入，耳郭扇形的轮廓保证了尽可能多的声音被反射到耳内。

声音在耳内沿外耳道传播，直到它碰到一层薄薄的称为鼓膜的皮肤上。声波的机械力量使鼓膜振动。然后这种振动由鼓膜另一侧先后经锤骨、砧骨、镫骨传过鼓室，进入耳蜗。

耳蜗是一个充满液体的管，内壁布满神经末梢，如同许多乐器。耳蜗稍宽的一端用来接收低音，而另一端略窄，用来接收高音。振动会在耳蜗内被转化为神经冲动传递至大脑，形成真正的听觉。

如果进入耳的振动在某一部位被阻挡了，那么这个人的这只耳将会部分或完全耳聋。老年人因为听神经细胞的退化，也常会患轻微的耳聋。助听器被用来加强声波振动，从而有利于接收更多的声波振动以形成听觉。

语音

当必需的神经通路形成及必要的头骨变化发生后，婴儿的言语行为便开始了。婴儿早期发出的声音比母语所需的声音范围更广，但是由于受到成人的语音的刺激，婴儿的语音逐渐地减少到婴儿能区分或发出的音素。同时，声调、语音和重音的变化逐渐形成，使婴儿的咿呀学语听来很像言语。同样道理，在使用多种语言的家庭里长大的孩子会记住自出生时就听到的各种语言的音素。

语言机能

语言可以使思想形式化，可以表达个性，可以与他人交流感情。真正的语言机能，只有人类才具有。清晰的语言也需要复杂的神经、解剖和生理结构协调一致地发挥作用。

正常的听觉是学习语言的前提。因为只有在听觉刺激下，婴儿才能有说话反应，并最终建立听—说双向交流。语言使说话区别于纯粹发声。咿呀学语的婴儿，能发出很多声音，对别人说的话有良好的反应。然而，只有当婴儿第一次发出一个对他和别人而言都有相同含义的词时，才能说这个婴儿会说话了。这个词使婴儿对语言的使用达到了进行交流的水平。

语音的发生

语音的形成需要三个"系统"：由喉及附属结构组成的发音系统，由呼吸系统组成的动力系统，由颅骨构造和口腔、鼻腔构成的共振系统。声带长度、张力和体积的变化能改变声调、音量、语音和声音的强度。当空气在压力的作用下使声带振动时，就产生了声音，在中枢的指挥下呼吸系统能够为声带的振动提供压力稳定的气流。

共振系统由所有调节音质的结构组成。发音系统包括喉、鼻、口、软腭和窦（颅骨里的空腔）。我们能懂的语音是在气流振动声带的前提下，通过改变舌、唇、软腭和下颌骨的位置产生的。咽喉和口的形状与大小的变化影响着发音的声学性质。

人体生殖系统

生殖系统是用以分泌性激素及繁衍后代的器官系统。生殖器官包括主性器官和附性器官。在男性，主性器官是睾丸；在女性，主性器官是卵巢。主性器官主要产生生殖细胞，男性为精子，女性为卵子。此外，还兼有内分泌性激素的功能，所以也称性腺。附性器官是完成生殖过程所必需的，男性附性器官有附睾、输精管、前列腺、精囊等；女性附性器官有输卵管、子宫、阴道等，它们主要是使精子和卵子会合，并为胎儿生长发育提供必要的场所。

生殖

生殖是人类生命延续的第一步。如果形象比喻的话，那么，一个人的生命始于只有字母"i"上方圆点大小的单细胞，之后成长为有6万亿个细胞的人。这么多的细胞全是由母亲的卵细胞和父亲的精细胞结合而成的受精卵发育而成的。受精卵中有遗传物质脱氧核糖核酸（DNA），这种物质决定人的一切，从眼睛的颜色到脚的大小。精细胞和卵细胞各携带23条染色体，结合而成的细胞就含有46条染色体，因为其中藏有父母的遗传物质，所以婴儿与父母有相似性。

两性的生殖功能

生殖是人类生命得以延续的唯一手段。两性的生殖功能是由脑垂体前叶分泌的促性腺激素（FSH 和 LH）以及卵巢和睾丸的类固醇激素控制的。

对女性来说，激素的波动控制月经周期，刺激排卵，使子宫为怀孕做好准备。分娩之后，催乳素和催产素控制奶水的产生及排出。对男性来说，脑垂体前叶分泌促性腺激素负责刺激精子的产生及生育能力。性类固醇激素会刺激第二性征的发育——男性胡须的生长，女性乳房的发育。

卵子和精子

卵子是女性所特有的。一名女婴在出生前就有了贮存在卵巢中待发育的全部卵子。卵巢在成人体内是两个鸽卵大小的腺体。成千上万个卵子中，只有少数卵子能够成熟并被排出。而只有被排出的卵子与精子结合才能受精。

精子是男性所特有的，状似蝌蚪，男婴生来就带有能在成人期产生精子的细胞。精子以每秒钟1000个的速度生成并储存在睾丸里。

精子成熟时，最初都有46条染色体，后来有一半会脱落。其中男性性染色体 XY 中，如果脱落的是 Y 染色体，然后使一个卵子受精成功，生出的将是女孩，如果脱落的是 X 染色体，生出的就是男孩。

男性生殖器官

男性的生殖器官基本在体外。阴茎是男性最明显的生殖器官，由能勃起的海绵体构成。中间有尿道贯通。尿道具有排尿和排精两种功能。阴茎末端最敏感的部位，包有一层可活动和伸展的皮肤称为包皮。生殖系统的主要器官——两个睾丸藏在阴囊内，每个睾丸都有几百条细小的管子，产生雄激素——睾丸酮和精子。

女性生殖器官

女性生殖器官的体外部分由阴蒂和外阴组成。阴蒂是有丰富的神经分布的高度敏感组织，可勃起。外阴由大阴唇和小阴唇构成。外边是一对大阴唇，里

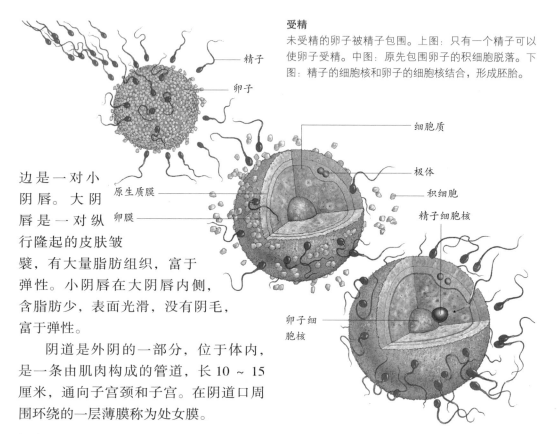

受精
未受精的卵子被精子包围。上图：只有一个精子可以使卵子受精。中图：原先包围卵子的积细胞脱落。下图：精子的细胞核和卵子的细胞核结合，形成胚胎。

精子
卵子
细胞质
极体
积细胞
原生质膜
卵膜
精子细胞核
卵子细胞核

边是一对小阴唇。大阴唇是一对纵行隆起的皮肤皱襞，有大量脂肪组织，富于弹性。小阴唇在大阴唇内侧，含脂肪少，表面光滑，没有阴毛，富于弹性。

阴道是外阴的一部分，位于体内，是一条由肌肉构成的管道，长 10 ~ 15 厘米，通向子宫颈和子宫。在阴道口周围环绕的一层薄膜称为处女膜。

排卵和月经

成熟女性一般每 28 天都有一个卵子成熟，从起保护作用的卵泡中脱离并被输卵管的穗状端抓起，再用 4 天时间，通过输卵管下行到子宫。卵子在这 4 天中只有几小时是处于一种准备受精的状态。未受精的卵子被排出女性体外。在此过程中形成的供血丰富的子宫内膜也随之脱落，这种血液的流失叫月经。

性交和受精

在性交过程中，阴茎射出精液，精子就浸在含有营养的精液中，并做类似于蝌蚪游泳的运动，精子的头部含有大量的葡萄糖，为它游向卵子提供了能量。一次射精中排出的 200 万 ~ 300 万个精子中第一个到达卵子的将和卵子结合，这个过程叫作受精。

细胞分裂和着床

在受精的最初几小时里，受精卵，即合子便开始分裂。4 天后，经 4 次分裂，形成了一个由 16 个细胞组成的卵裂球，同时，受精卵到达子宫。

卵裂球到达子宫后 3 天逐渐融入子宫内膜，称着床。这时卵裂球长只有 0.1 毫米，其细胞已分化成两种：胚层细胞最终将发育成婴儿；滋养层细胞将形成胎盘为胎儿成长提供营养。经扩展、凹陷、内褶等运动，胚层细胞很快形成内外两层。

胚胎发育

受精卵在子宫着床后第 3 周，胚层的内层细胞已形成一个梨形，外层细胞生出一道裂缝，使第 3 层得以在两层中间发育。最终，每一层细胞都将形成人体结构的特定部分。

形成心脏的雏形是在第 4 周，心脏已通过小动脉和静脉将血泵至开始形成内脏器官的内层细胞。胚胎已长到 4 毫米长。各细胞群或聚或散为形成特定器官或肢体做准备。

到第 7 周后，身长 10 毫米的胎儿已经能曲肘和移动手，手已有了清晰的手指。头部正在形成清晰可辨的眼睛、嘴和耳朵。脑已分化为负责思考、记忆、反射和情感的不同部分。整个胚胎的软骨也开始转变成骨。

到第 14 周，胎儿完全形成。此后，胎儿的机体不断成熟，体重不断增加，直到第 40 周胎儿出生。

出生

来自胎盘的营养不能满足胎儿的生长时，胎儿便会主动触发分娩过程。分娩有三个界定的阶段。在第一阶段，子宫壁逐渐加大收缩的强度和频率，与此同时，将已变薄、变软的子宫颈向上拉使子宫口开全。分娩的第一阶段时间最长，初产妇平均需要 8 ~ 10 小时。第一阶段结束时，胎膜破裂，在子宫内包着胎儿的羊水流出，称为破水。第二阶段时间较短（0.5 ~ 2 小时），但宫缩更剧烈。在这个阶段，母亲在不自主的宫缩和自主的腹肌协助下将胎儿沿产道娩出。第三阶段是胎盘的娩出。

身体发育

受精卵在子宫着床后，在前 6 个月以递增速度生长。分娩后经过婴儿期和儿童期，人的生长速度慢慢降低，在青春期生长速度又有短暂增加。身高的增长在 20 岁时基本停止。早期的生长多数是通过细胞分裂实现的，但当分裂获得

全部细胞后，细胞的质量、体积的增长就成为身体发育的主要方面。正因如此，发育中的胎儿受到伤害，对其以后的生长会造成长期而严重的后果。

生长

个体的组织器官的发育生长是在多种激素的调节下完成的。例如，生长激素对儿童时期骨骼的生长尤为重要，而甲状腺激素对中枢神经系统的成熟起关键作用。如果在婴儿期缺乏甲状腺激素，身体和心理就不能完全发育，导致身材矮小，心理发育迟滞。成年人生长激素过多，会导致骨骼和软组织异常增厚，称作肢端肥大症。

儿童期的生长

儿童期，指人自胎儿 28 周到青春发育开始（多在 7 ~ 12 岁前）。儿童期的生长主要依靠生长激素的调节。生长激素是由脑垂体分泌的，儿童的生长速度取决于它所分泌的生长激素的量，同时也受是否得到足够的营养的控制。儿童期的生长以一个逐渐降低的速度继续，直到被青春期的开始打断。

青春期

青春期，是从儿童发育到成人的过渡时期，一般从 7 ~ 12 岁起至 20 岁左右止。男子的青春期的开始和结束都较女子晚 2 年时间。在青春期，第二性征在女孩和男孩身上显示出来。这些特点包括女孩乳房的发育、男孩睾丸的增大，声音变得低沉，以及两性都出现的腋毛和阴毛的生长。

女性青春期的最早变化是卵巢开始分泌足够的雌激素促进乳房增大，与此同时，生长激素的分泌增加了。身高会增加约 20 厘米。并且在前 18 个月的时

间里生长速度越来越快，之后生长速度开始下降。到这个时候，卵巢排卵发生，女孩血液中雌激素周期性增加，子宫内膜也随之明显增厚和脱落，并从阴道流出一些血液（月经）。到15岁时，97%的女孩已经出现月经。在第一次月经后，排卵的间隔没有规律，至少18个月后排卵才有规律。

男孩的第二性征的出现比女孩的乳房发育要晚一些。但由于睾丸酮对生长有着更好的刺激作用，因此，男孩生长速度的高峰要高于女孩。最终身高比女孩平均高12.6厘米。这主要是由于男性儿童期的延长，而不是由于青春期的急剧生长。在急剧生长过程中，男孩的身高只比女孩多增长了一点儿。睾丸酮还可促进男孩内外生殖器的进一步发育，并且对骨骼和肌肉的发展都有促进作用。

绝经期

发育的女性在出生时就拥有一生所需要的全部100万个卵泡，卵子在卵泡中发育。卵泡消失的速度与剩下的卵泡数成正比，开始快，然后越来越慢。每次月经周期大约需要20个卵泡成熟，但只有一个卵泡破裂排出卵子。普通育龄妇女每年需要大约250个卵泡。

绝经期平均年龄是51岁，这时女性的卵巢中存在大量多余卵泡。因此，妇女的绝经不是由月经期卵泡的使用数目多少决定的，而是由影响卵泡消失的因素决定的。在某种程度上，这个过程受环境的影响。比如，吸烟妇女与不吸烟妇女比，其绝经期年龄要小。

泌尿系统

泌尿系统由肾脏、输尿管、膀胱、尿道组成。它们将细胞摄取养分及热量之后的代谢废物和水分一起排出体外。肾是重要的排泄器官。肾动脉进入肾脏之后变成细小的血管，形成微血管束。肾小管的前端形成袋状，将血管球体包起来，这个袋子称为肾小囊。肾小管从肾小囊延伸下来，然后连接输尿管。血液中的废物在肾小球过滤。进入肾脏的血液在流经肾小球时，血液中的水分、尿酸、盐分、糖等各种物质就会进入肾小囊过滤，过滤后的液体称为原尿。原尿经过肾小管的重吸收，经集合管到达肾盂，成为终尿。

尿液经输尿管下来后进入膀胱。膀胱是一个位于骨盆前方的袋子，膀胱壁上的平滑肌富有弹性，可以伸缩自如。每当膀胱贮满尿液时，膀胱壁内的末梢神经就会受到刺激，将神经的兴奋通过知觉神经、脊髓传到大脑，因而产生尿意。膀胱通往尿道的出口由内侧和外侧的两块括约肌控制，大脑传达排尿命令后，膀胱壁的肌肉收缩，括约肌舒张，于是尿液便流出尿道。

人体消化系统

消化系统是机体消化食物和吸收营养素的器官的总称，由消化道和消化腺组成。消化道包括口腔、咽、食道、胃、小肠、大肠及肛门。口腔主要负责咀嚼食物。食道专门将食物向胃输送。胃是一个柔软的肌肉组织，它不停地蠕动，对食物进行机械性和化学性加工。消化腺有唾液腺、胃腺、肝、胰等。它们能分泌各种消化液，促进食物分解成可吸收的营养物质。

食物与营养

动物，包括人类在内，必须从食物中获得所需的营养是蛋白质、碳水化合物、脂肪和维生素。这些食物中含有的营养被分解成适当的人体所需的成分，进而被人体吸收。水不是营养物，但我们需要吸收足够的水以补充每天通过皮肤、呼吸以及从大小便中失去的水。

蛋白质

蛋白质可以构成细胞，辅助抗感染，负责运输体内多种物质形成酶和激素，是生命的基础。它由许多种氨基酸组成。氨基酸约有 20 种，可以任意排列产生多种不同的蛋白质。其中 8 种氨基酸必须由饮食提供，称为必需氨基酸。蛋白质也提供能量。肉、蛋、奶、豆类都富含蛋白质。

碳水化合物

碳水化合物是人体各种生理活动所需能量的主要来源，由碳、氢、氧三种元素构成。碳水化合物可分为简单、复合两种。简单碳水化合物是单糖（葡萄糖、果糖和半乳糖）和双糖（蔗糖、乳糖和麦芽糖）。双糖由两个分子的单糖组成。例如蔗糖是葡萄糖分子和果糖分子的化合体。简单碳水化合物的主要来源是水果、蜂蜜、奶和食用糖。复合碳水化合物（多糖）含有几百个单糖。淀粉是葡萄糖组成的多糖。复合碳水化合物的主要来源是面粉、米和马铃薯等。

人体消化和吸收

消化和吸收是由整个消化系统共同作用完成的。食物在嘴里咀嚼与唾液混合，通过食道进入胃。胃作为临时的储存库将食物混合、挤压直到食物变成半液体的食糜。食糜慢慢进入十二指肠，多数消化作用在十二指肠中进行。胰腺分泌的酶，将蛋白质分解成氨基酸；在肝脏分泌的胆汁的参与下，将脂肪分解成脂肪酸和甘油；将多糖分解成葡萄糖、果糖。接下来，这些物质透过回肠（小肠的一部分）壁吸收。葡萄糖、果糖、氨基酸被吸收进入血液并运到肝脏。脂肪酸和甘油被吸收进入淋巴系统。不能消化的物质进入结肠（大肠的一部分），结肠里的细菌使一些化合物发酵后合成维生素 B、K 等，另一些化合物成为粪便通过直肠排出。

营养的储存和利用

餐后，血液将从肠道中吸收的营养物运送到肝脏。肝脏通过激活各种酶清除血液中的葡萄糖和氨基酸，阻止血中葡萄糖和氨基酸浓度上升太多。一部分葡萄糖被作为糖原储存起来，并能在血液中葡萄糖的水平开始下降时再被转化回葡萄糖。另一部分葡萄糖转化成甘油三酯并贮存在脂肪组织（结缔组织，其中充满了脂肪细胞）中。

氨基酸作为蛋白质被贮存，在需要时蛋白质可以分解释放氨基酸。通过去氨基作用，过剩的氨基酸可转化成碳水化合物并用作能量来源。被代谢的氨基酸中的氨基转化成尿素在尿中被排出。

脂肪酸也是一种能量来源。当葡萄糖的供应不足时，甘油三酯在肝脏和脂肪组织中分解，脂肪酸进入血液，被其他细胞吸收。

能量由葡萄糖和脂肪酸的氧化而产生并储存在高能量分子 ATP（三磷酸腺苷）中。随后，ATP 可以释放这种能量推动细胞内其他化学反应。脂肪酸氧化所产生的 ATP 分子是葡萄糖氧化所产生的 ATP 分子的两倍。每克碳水化合物和蛋白质提供 4 千卡（1.7 万焦耳）的热量，每克脂肪提供 9 千卡（3.9 万焦耳）的热量。

二、中国传统医学

中医

中医有广义和狭义之分。狭义的中医又称"汉族医学"，是中国传统医学的一部分，它与藏医、蒙医、朝医等少数民族医学共同构成广义的中医。所有这些民族医学，都是中华民族在长期的医疗、生活实践中，不断积累、反复总结而逐渐形成的具有独特理论风格的医学体系。

在3000多年前的殷商甲骨文中，已有中医的记载。在2000年前它的理论体系已具雏形。几千年来，中医在中国人民的医疗保健方面一直占有主导地位。直至19世纪西方医学传入中国并逐渐普及以后，中国的民族医学才被称作"中医"，以此有别于西方医学（西医）。

中医的基础理论主要包括阴阳、五行、藏象、经络等学说，以及病因、病机、诊法、辨证、治则和治法、预防、养生等内容。

中医诊法

包括"望、闻、问、切"四个不同的内容，简称四诊。通过观察病人的面、舌形态，询问病情，嗅闻病人分泌物和排泄物的气味，以及切按脉搏等手段来了解病情。但"四诊"不是孤立的，而是相互联系的。

中药

中药包括植物药、动物药、矿物药等。其中以植物药为主，长期以来人们习惯把中药称为本草。中药按照药性分为许多类型，每一类型的药物都具有许多功能及主治。中草药多用水煎汤口服，也可制成各种药丸、药片、药粉等服用，有的还可直接外用。

针灸

针是"针刺"，灸是"艾灸"，合称针灸。是中医外治法之一，它是根据患者的病情，用各种针具、燃着的艾绒作用于身体腧穴来治疗疾病的方法，是中医特有的治疗手段。其最直接的理论依据是经络学说，即外邪有病，可沿经络内传脏腑；脏腑有病，可以沿经络达于体表，所以针灸体表可以治疗脏腑的疾病。

推拿

推拿又称按摩，是中医外治法之一，指在人体体表经络腧穴及一定部位上运用各种手法，以及做某些特定的肢体活动来防治疾病的治法。具有疏通经络，滑利关节，调整脏腑气血功能，增强人体抗病能力等作用。

根据治疗疾病的不同，推拿可分为几类，其中小儿推拿以小儿疾病为治疗范围，并有独特的诊察手段、治疗穴位及操作方法。正骨推拿是以骨伤疾病为治疗范围。运动推拿是以体育运动员为对象，帮助其调整竞技状态、消除疲劳。

根据手法的不同，推拿也可以分为几类，其中指压推拿是以按、压、点、掐为主要手法治疗疾病，其中以背部穴位作为治疗部位的指压推拿，称为点脊法，以胸部穴位作为治疗部位的指压推拿，称为胸部指压疗法。

文化·思想

中国文学

一、中国文学名著

《尚书》

我国上古历史文献集。战国时总称为《书》，汉代改称《尚书》，意即"上古帝王之书"。就文学而言，《尚书》是古代散文已经形成的标志。春秋战国时期的散文是对《尚书》的继承和发展。秦汉后，各个朝代的制诏、律令、章奏之文，明显受它影响。

《诗经》

我国第一部诗歌总集。收集自西周初至春秋中期500年间黄河流域的诗歌305篇。分"风""雅""颂"三大类。"风"有十五国风，"雅"有《大雅》《小雅》，"颂"有《周颂》《鲁颂》《商颂》。国风多为各地民间歌谣，揭露阶级压迫和剥削，歌颂劳动和爱情；"雅""颂"部分，或为宴会乐歌，或为祀神祭祖，多是歌功颂德之作。形式以四言为主，杂以三五六言，也有七八言

《诗经原始》书影

清代方玉润著。方玉润，字石友，号鸿濛子，四川人，后居云南，屡试不第，不得已投笔从戎。本书是方玉润晚年的作品，他一反前人旧说，提出要把《诗经》作为文学作品来研究，对于一些论点，宁肯阙疑，亦不附会穿凿。

等。普遍运用赋、比、兴手法，其中的优秀篇什，语言丰富多彩、朴实优美，音节和谐，有很强的艺术感染力。《诗经》对中国2000余年的文学发展，有深远的影响。

《离骚》

屈原的代表作。370多句，2400多字，是古代最长的抒情诗。《离骚》所表现的思想极其丰富，是屈原用他的理想、遭际、热情，以至整个生命所熔铸而成的宏伟诗篇，闪耀着诗人鲜明的个性光辉。诗中大量运用古代神话、传说，以想象和联想，把现实人物、历史人物、神话人物交织在一起，产生强烈的艺术魅力。在语言上突破了《诗经》以四字句为主的格局，每句五、六、七、八、九字不等，通篇隔句用"兮"字，为此后兴起的骚体文学奠定了基础。《离骚》的高度艺术成就，使它卓绝千古。

《木兰诗》

我国南北朝时期的长篇叙事诗歌。它的产生年代及作者，从宋代起就有不同的记载和争议。《木兰诗》记述了木兰女扮男装代父从军，在战场上建立功勋，回朝后不愿做官，但求回家团聚的故事。诗中赞扬了这位奇女子勤劳善良的品质，保家卫国的热情，英勇战斗的精神，以及端庄从容的风姿。反映了北方人民憎恶战乱，渴望过和平安定生活的意愿。诗歌风格刚健古朴，保持了民歌特色，代表了北朝乐府民歌的杰出成就。

《柳毅传》

唐代传奇。作者李朝威。描写洞庭龙女远嫁泾川，受其夫泾阳君和公婆虐待。幸遇书生柳毅传家书至洞庭龙宫，

龙女被其叔父钱塘君救回，回归洞庭后，钱塘君即令柳毅与龙女成婚。而柳毅帮人并未有私心，所以告辞而去。龙女对柳毅是一片爱慕之心，后来二人终成眷属。故事富于想象，性格刻画鲜明。

《窦娥冤》

我国元代戏剧大家关汉卿的代表作之一。写一个弱小无靠的寡妇窦娥，在贪官的迫害下，被诬以"药死公公"的罪名，并斩首示众。窦娥的冤案有巨大的社会意义，作家提出了封建社会里"官吏们无心正法，使百姓有口难言"的问题，控诉了社会的黑暗。"地也，你不分好歹何为地？天也，你错勘贤愚枉做天！"窦娥的哭诉把这场悲剧升华到一个新的高度。千百年来，窦娥这个人物一直深得人们的同情。

《水浒传》

长篇小说。一般认为是元末明初施耐庵所作。今流行本为 120 回、100 回及 70 回。作者以见于史书的宋江起义为依据，将口头传说、话本、杂剧中彼此不连缀的水浒故事集中起来，加以再创作而成。全书塑造了 108 位梁山好汉，再现了农民起义队伍的产生、发展和失败的过程，暴露朝政的腐败和官吏豪绅的罪恶，突出"官逼民反"的社会矛盾，歌颂起义英雄。情节紧张曲折，语言生动丰富。

《三国演义》

长篇历史小说。元末明初罗贯中作。主要根据陈寿《三国志》和裴松之注等正史材料，以及民间传说、话本、戏曲等加以再创作而成。现存最早版本为明嘉靖本，后经清初毛纶、毛宗岗父子修改，成为现在通行的 120 回本。描写汉末至晋初百年间的历史事件，着重写魏、蜀、吴三国的兴衰过程，概括了广阔丰富的社会生活内容。结构宏大，人物众多，事件纷纭，矛盾错综复杂，故事波澜曲折，叙述有条不紊，善于描写战争。采用浅近的文言，明快流畅，雅俗共赏。

《西游记》

长篇神魔小说。明代吴承恩作。共 100 回。在民间流传的唐僧取经故事及有关话本、杂剧的基础上再创作而成。前 7 回叙述孙悟空出世和大闹天宫，此后写他保护唐僧去西天取经，一路上历尽艰险，降伏妖魔的故事。作者歌颂孙悟空疾恶如仇、不畏强暴、勇敢机智的斗争精神，揭示了只有亲历千难万险，才能取得"真经"，达到理想境界的道理。作品想象丰富，天上地下，人鬼神佛无所不包，情节奇幻，结构宏伟，语言生动诙谐，塑造了人民所喜爱的理想化的英雄形象。

《牡丹亭》

明代戏曲家汤显祖的代表作之一。写杜丽娘和柳梦梅的爱情故事。表现了

《牡丹亭》书影及插图

青年男女对自由爱情生活的追求，鞭挞封建礼教和家长对青年一代婚姻自由的束缚。描写最成功的人物当数杜丽娘，无论她的性格发展还是心理活动，都写得相当细致。《牡丹亭》还以文辞典丽著称。比如"良辰美景奈何天，赏心乐事谁家院"等，历代长传不衰。

《桃花扇》

清代诗人、戏曲作家孔尚任的代表作。内容写明末清初文人侯方域避乱南京，结识秦淮名妓李香君。两人一见钟情，后来香君得知婚事费用出自魏忠贤余党阮大铖，其意在结纳方域，以开脱罪名，她毅然退还赠品。李自成起义军入京后，奸臣马士英等建立南明王朝。李香君因怒斥他们而遭软禁。后来清兵南下，明朝灭亡，香君趁乱逃出，与侯方域在祭坛相遇，后双双出家入道。孔尚任以侯、李二人的爱情为线索，写出了一部南明兴衰之史。

《红楼梦》

清代长篇小说。一名《石头记》。共120回，前80回为曹雪芹作，后40回一般认为系高鹗所续。小说以贾宝玉、林黛玉的爱情悲剧为中心，真实细致地描写了悲剧发生、发展的复杂现实内容，揭示造成悲剧的全面而深刻的社会根源。同时展开了一个由众多相关人物构成的广阔的社会生活环境，描述了宁、荣二府父子、兄弟、妻妾、主仆之间的婚姻、道德、文化、教育、财产等各方面错综复杂的矛盾冲突，从而展示出渐趋崩溃的封建社会的真实内幕。作品规模宏大，几乎包容了社会生活的各个方面，其博大精深为世界文学史中所罕见；叙述与描写像生活本身那样丰富、深厚、逼真、自然，绝无斧凿痕迹，达到了艺术真实的最高境界；特别是塑造了一批栩栩如生、呼之欲出的各类人物形象，吸引了无数读者。

《聊斋志异》

清代文言短篇小说集。作者蒲松龄。故事来源于作者的亲身见闻，或采自民间传说，或为虚构。《聊斋志异》暴露了社会的黑暗，同情人民的反抗斗争。揭露科举制度的弊端，如《司文郎》；歌颂反对封建礼教的爱情与婚姻，如《婴宁》《阿纤》等。《聊斋志异》在艺术上的主要特色是想象丰富、构思奇妙、境界瑰丽。它对清代后期的文言短篇小说有很大影响。

《儒林外史》

清代小说家吴敬梓的代表作。作品展示了一幅18世纪中国社会的风俗画。它以封建士大夫的生活为中心，从揭露科举制度下士人丑恶的灵魂入手，讽刺了官吏、地主豪绅的昏聩贪吝。周进、范进是作品展示的两个被科举制度毒害的人物。周进考到60岁还未中举，去教村塾，受尽举人王惠的鄙视。一旦中了举，这个受人鄙视的穷老头子就被用金字写成的长生牌位供起来了。《儒林外史》是讽刺艺术的高峰，它开创了以小说直接评价现实生活的范例。

《官场现形记》

晚清小说家李宝嘉的代表作。为晚清四大谴责小说之一。以官场为对象，涉及的官僚十分广泛，这些大大小小的官僚为了升官发财，钻营、倾轧，不顾百姓死活。作品还揭露统治者对帝国主义奴颜婢膝的丑态和丧权辱国的劣迹。

小说问世后，逐渐形成了晚清谴责小说的高潮。

《格萨尔王传》

《格萨尔王传》是藏族英雄史诗。天帝爱子格萨尔看到妖鬼横行人间，遂下凡投生，为民除害。他历经种种磨难，终于成为岭国人的君主。在完成了拯救人民的大业后，重返天国。史诗结构宏伟，气势磅礴，奇丽的幻想和对人世生活准确的描绘融为一体。经过数个世纪的传唱和加工，现流传下来的有 60 余部 150 万行，近 1000 万言，是世界上最长的史诗。《格萨尔王传》还是研究古代藏族社会的百科全书。

《江格尔》

《江格尔》是蒙古族的英雄史诗。长达 10 万行左右，由数十部作品组成。除一部序诗外，其余每部作品都有一个完整的故事，可以独立成篇。故事繁多，归纳起来有三大类，即结义故事、婚姻故事、征战故事，以后一种最为常见。征战故事描绘的是以江格尔为首的英雄们降妖伏魔的故事。《江格尔》继承了蒙古族民间创作的艺术传统，语言优美、想象奇特，是蒙古族民间文学的瑰宝。

《阿诗玛》

《阿诗玛》是彝族长篇叙事诗。主人公阿诗玛是一个聪明、美丽、能干的姑娘。她被有钱有势的热布巴拉抢走，虽遭诱惑和恐吓但始终不屈服。哥哥阿黑为解救妹妹与热布巴拉父子斗智、比武，获得胜利。阿黑带着阿诗玛渡河之际，洪水把阿诗玛冲走。相传阿诗玛被仙人搭救。撒尼人民怀念她，常对着山谷呼唤她的名字，这时山谷就传来她的回声。作品生动地刻画了两个撒尼青年的可爱形象，歌颂了劳动、勇敢、自由和反抗的精神。

《阿Q正传》

鲁迅的代表作。以辛亥革命后的未庄为背景，塑造了贫苦农民阿Q的形象。阿Q受尽剥削压迫，可他在精神上却"常处优胜"。他夸耀过去，幻想未来，游手好闲。小说反映了阿Q在辛亥革命中的遭遇。他原以为革命就是造反，痛恨它，但当看到统治者在革命面前惊慌失措时，便要求参加革命。小说以阿Q的被杀结束。小说深刻揭示了当时社会的阶级矛盾和"精神胜利法"产生的历史根源，有力地批判了辛亥革命的不彻底性。

《子夜》

茅盾的代表作，是五四运动以来新文学发展的里程碑，奠定了长篇小说革命现实主义的基础。作品以"子夜"为书名，象征中国社会黎明前的黑暗。全书情节

《子夜》书影

以上海为中心，通过民族工业资本家和买办金融资本家之间的矛盾与斗争，反映了当时社会的全貌。作品通过典型环境中的典型生活来突出人物的性格特征。

《林家铺子》

茅盾的短篇小说。描写了一个苦心经营、精心算计却逃不脱破产倒闭命运

的林老板的人物形象。揭示了 20 世纪 30 年代中期尖锐的阶级矛盾和民族矛盾，展示出资产阶级的发展和命运。

《激流三部曲》

巴金的长篇小说《家》《春》《秋》的合称。《家》是其中的代表作，通过描写一个封建大家庭的没落，写出了封建宗法制度的崩溃和革命洪流在青年一代中的激荡。小说刻画了几类青年男女的形象，勇敢坚决的觉慧、初步觉醒而未冲破牢笼的觉新等。小说激励了中国几代青年读者的心灵。

《四世同堂》

老舍的长篇小说。包括《惶惑》《偷生》《饥荒》三部分。以祁家四代人为中心，描写抗日战争时期北平沦陷区市民的生活，表现了沦陷区人民的苦难经历和不断觉醒。作品结构宏大，具有浓郁的地方色彩。

《茶馆》

老舍话剧作品。以戊戌变法至抗日战争胜利后 50 年间的社会变迁为背景，描写了三个时代的茶馆生活，刻画了数十位各具个性的形形色色的茶客。全剧以茶馆为背景展开情节，王老板、松二爷、常四爷等主要人物贯穿始终，脉络清晰，人物性格鲜明，语言尤有特色，有强烈的时代感及乡土、生活气息。

《雷雨》

现代剧作家曹禺的处女作和成名作。《雷雨》通过周、鲁两个家庭，八个人物，前后 30 年间复杂的纠葛，写出了封建旧家庭的悲剧和罪恶。剧情在周朴园和侍萍的矛盾，周朴园与鲁大海的冲突，周朴园与工人们的矛盾之中展开。人物性格描绘准确，周朴园的专横伪善、繁漪的乖戾不驯都给人以深刻的印象。

二、中国古代和近代思想家及文史学家

孔子（公元前 551—公元前 479 年）

春秋时期思想家、教育家，儒家的创始人。名丘，字仲尼。鲁国陬邑（今山东曲阜）人。一生聚徒讲学，首开私人办学的"私学"之风，主张"有教无类""学而优则仕"等。50 岁时曾任鲁国司寇。曾周游列国，未得重用。晚年整理《诗》《书》《礼》《乐》等古代文献，修订《春秋》。提倡以"仁"为核心的学说，强调以德、礼治国，汉以后成为中国文化的正统，孔子本人也被奉为圣人。他还是中国最早的文艺理论批评家，提出了初具体系的文学理论、文学观点。主张"事君""事父"，同时"怨""刺"腐朽的政治与社会现实；主张"志于道，据于德，依于仁，游于艺"，即先德行，后文艺；认为《诗》三百篇"一言以蔽之，曰：思无邪"，主张诗应当"兴""观""群""怨"，较早较全面地概括了诗的特点，尤其是社会作用；反对"巧言令色"，主张"文质彬彬"，体现了"中和"的审美观点；其"尽善尽美"论、"文质兼备"论，则较好地阐述了内容与形式的关系。另外，其弟子根据他的言论辑录的《论语》一书，是先秦诸子散文中最早的语录体著作，行文简约含蓄，质朴无华，形象性、哲理性很强。

老子（约公元前 571—公元前 471 年）

活动年代约与孔子同时。春秋时期思

想家，道家的创始人。一说姓老名聃，一说姓李名耳。楚国苦县（今河南鹿邑东）人。曾任周朝管理藏书的史官，后退隐。所著《老子》把"道"看作是世界的本原，生成万物的客观实在。该书旨义玄幽，其文风格清远，笔法简净，声韵流畅。虽然《老子》的主要影响不在文学，但后世文学家受其影响者，仍不乏其人。

老子骑牛出关图 明

墨子（约公元前468—公元前376年）

战国初期思想家，墨家学派创始人。名翟。相传为宋国人。主张"兼爱""非攻"。有后人记载他的言行的《墨子》一书，现存53篇，是中国论辩性散文的源头，论辩方法为辟（譬喻）、侔（类比）、授（引例）、推（推论），逻辑严密，说理透彻。文风的突出之处是质朴。

孟子（约公元前372—公元前289年）

战国时期思想家、教育家。儒家主要代表人物之一。名轲，字子舆，鲁国邹（今山东邹城）人。曾为齐宣王客卿，因提出的主张不被采用而离去。以继承孔学为志，将其"仁"学发展为"仁政"说。他在《孟子》一书中提出了"知人论世"说和"知言养气"说，对后世的文学理论与创作影响很大。《孟子》在《论语》平实质朴、文字简约的基础上发展了一步，气势充溢，跌宕起伏，雄辩流畅。篇幅较长，尤长于譬喻，对后世散文大家韩愈、苏轼等影响较大。

庄子（约公元前369—公元前286年）

战国时期思想家，道家学派主要代表人物。名周。宋国蒙（今河南商丘东北）人。继承老子思想，以"道"为世界的本原；主张"物我两忘"、逍遥自得。著有《庄子》一书（其中外篇、杂篇为其后代弟子所作）。其文构思巧妙，想象奇特，语言活泼，善用寓言，使哲学著作富有浓厚的文学气息和浪漫主义色彩。它不仅在诸子散文中独树一帜，而且对后世著名作家如嵇康、阮籍、陶潜、李白、柳宗元、苏轼、曹雪芹，乃至鲁迅、郭沫若等人的思想和创作，都有着相当大的影响。书中"庖丁解牛""匠石运斤""螳臂当车""东施效颦"等寓言，至今常为人称引。寓言这一文学样式及其定名，即从庄子始。

屈原（约公元前339—公元前278年）

中国最早的诗人。名平，字原。又自称名正则，字灵均。战国楚人，故乡传说在今湖北秭归。曾任左徒、三闾大夫，后遭放逐，长期流浪在沅湘流域，因而接近人民，对黑暗现实日益不满。秦兵攻破楚都郢之后，他痛感无力挽救祖国的危亡，政治理想不能实现，于是投汨罗江自杀。据《汉书·艺文志》记载，有赋25篇。西汉刘向编《楚辞》收屈原作品《离骚》《九歌》《九章》《天问》等。其中《离骚》强烈地表达了进步的政治理想，愤世嫉俗的高洁品格，热爱祖国和人民的炽热感情与献身精神。此后，骚体便成为一个新的诗歌样式。

荀子（公元前 313—公元前 238 年）

战国末期哲学家、教育家、儒学大师。名况，字卿。赵国人。曾游学于齐，三任稷下学宫"祭酒"。于儒学中推崇孔学而排斥孟学，政治上主张礼法兼治。著有《荀子》一书。主张文学为政治服务，强调言志明道，重视功用，反对华辞巧说。《赋》含短赋 5 篇，对汉赋的兴起有一定影响。《成相》3 篇，为民间通俗词曲形式，被视为后世弹词之祖。文章说理透辟，议论风生，结构严谨，沉着深厚，在中国文学史上有一定地位。

韩非（约公元前 280—公元前 233 年）

战国末期哲学家，法家代表人物。韩国人，出身韩国贵族。他以法家思想为基础，吸收道、儒、墨各家思想，将法治理论化。强调文艺的功用标准，以对"法治"的作用来衡量作品。重内容，轻形式。其"画犬马难，画鬼魅易"的论画名言，含有现实主义文艺观的因素。《五蠹》《孤愤》《说难》为代表作，"守株待兔""自相矛盾""滥竽充数""削足适履"为其寓言名篇。其作品精细周密，长于说理，生动形象，独具特色，成为诸子散文的代表作家之一，对后世政论文体的写作和发展均有较大影响。

吕不韦（？—公元前 235 年）

战国末卫国濮阳（今河南濮阳西南）人。原为阳翟（今河南禹州）大商人，因扶植秦庄襄王即位有功，被封为相国。秦王嬴政年幼即位后，他继为相国，称"仲父"。嬴政亲政后，罢其相位，他被逐迁蜀郡，忧惧自杀。曾招集众多门客编写《吕氏春秋》。此书广罗各家学说，以儒、道为主，有不少颇具价值的历史资料、寓言故事。文章以短小精练见长，曾抄录悬挂于城门之上，能改一字者可获酬千金，故有"一字千金"之说。

贾谊（公元前 201—公元前 168 年）

西汉初政论家、辞赋家。洛阳（今河南洛阳）人。少年时便以强记能文扬名于世，20 多岁时被汉文帝召为博士，又提拔为太中大夫，因主张改革制度，受到守旧派排挤，被贬为长沙王太傅，后任梁怀王太傅。他的主要文学成就是政论散文，著有《新书》10 卷，主要总结了秦朝灭亡的原因，发展了先秦的民本思想。代表作有《过秦论》和《论积贮疏》等。文章气势豪迈，言辞激切，逻辑严密，还擅长比喻和铺陈夸张，具有刚健的文风。另有赋 7 篇，今存 4 篇。《吊屈原赋》和《鵩鸟赋》较有名，抒发怀才不遇的哀伤心情，情意委婉动人，形式上继承了楚辞传统并加以散文化。

刘安（公元前 179—公元前 122 年）

西汉思想家、文学家。沛（今属江苏）人。为高祖刘邦之孙，世袭淮南王。奉武帝之命著《离骚传》，为历史上第一篇解释《离骚》的著作。曾作赋 82 篇，仅存 1 篇。还招集数千宾客、方术之士，集体编著《内书》《外书》《中篇》等著作。仅存的《内书》（后又称《淮南鸿烈》或《淮南子》），保存了诸多古代神话传说，具有较珍贵的文献价值。

司马迁（公元前 145—？ ）

西汉史学家、文学家。字子长。左

冯翊夏阳（今陕西韩城）人。所著《史记》，是一部历史巨著，也是中国第一部传记文学专集。它语言生动，形象鲜明，纪事完备，记载古今人物的列传尤为精彩，对后世散文乃至小说、戏剧创作，影响深远。另有赋 8 篇，文集 1 卷，多佚。今存《悲士不遇赋》及《报任少卿书》，后者备述下狱经过和写《史记》的志愿，如泣如诉，感人至深。

刘向（约公元前 77—公元前 6 年）

西汉经学家、目录学家、文学家。沛（今属江苏）人。所著《九叹》等辞赋 33 篇，多亡佚。原有集，亦佚。《新序》《说苑》虽为杂史，但有一定文学价值。《谏营昌陵疏》融情于事，为阴柔之美的代表作。《新序》里"叶公好龙"的故事，已是魏晋小说先声。另有《别录》《洪范五行传》《列女传》等。

班固（32—92 年）

东汉史学家、文学家。字孟坚。扶风安陵（今陕西咸阳东北）人。16 岁入洛阳太学，博览群书，吸纳三教九流及百家之言。其父班彪曾著《史记后传》。父亲死后，班固继续收集史料，开始撰写《汉书》。章帝时任玄武司马。《汉书》在章帝建中初年基本完成。该书创立了用纪传体写断代史的方法，描写西汉时代不同社会阶层的人物，艺术技巧高超，富有文采，结构严谨，疏密得体。他又善作赋，以《两都赋》最著名。

曹操（155—220 年）

东汉末期政治家、军事家、文学家。字孟德，小名阿瞒。沛国谯（今安徽亳州）人。东汉末年以镇压黄巾起义起家，后"挟天子以令诸侯"，击败吕布、袁绍，统一北方。升任丞相后，率军南下，被孙刘联军败于赤壁。遗著《魏武帝集》，已佚，有明人辑本，又有今人辑校的《曹操集》。所存诗篇，以乐府旧题写新事，苍劲雄浑，慷慨悲凉。《短歌行》《步出夏门行》抒发其宏伟抱负，《蒿里行》《苦寒行》《薤露行》反映汉末战乱与人民苦难，被誉为"汉末实录，真诗史也"。散文质朴刚健，简约严明，直抒胸臆，无典雅浮华之弊。鲁迅称他为"改造文章的祖师"。

曹植（192—232 年）

三国时期魏国诗人。字子建，沛国谯（今安徽亳州）人。曹操第三子。少年即有文才，善诗文，能"定人事"，曹操一度欲立其为世子。后因"任性而行"而失宠。曹丕称帝后，他受到打击，"汲汲无欢"，郁郁而死。现存诗 80 余首，辞赋、散文 40 余篇，在建安作家中成就最大，亦最受后人推崇。诗以五言为主，钟嵘《诗品》称其"骨气奇高，词采华茂"。赋以《洛神赋》为代表，悲凉优美，富有艺术魅力。散文亦多名篇，《与杨德祖书》《与吴季重书》《求自试表》等，均自然流畅，言辞激切，情文并茂。

陈寿（233—297 年）

西晋史学家。字承祚。安汉（今四川南充）人。少年好学，在蜀汉为观阁令史，因不愿曲意奉承宦官黄皓，屡遭贬黜。西晋时历任著作郎、治书侍御史。晋灭吴后，他搜集三国时期官私著作，著成《三国志》。全书含魏书 30 卷，蜀书 15 卷，吴书 20 卷，共 65 卷。与《史记》《汉书》和《后汉书》并称为前四史。该书以曹魏为正统，称曹操、曹丕为帝。这是第一部将三国并列的史书。

陆机（261—303 年）

西晋文学家、书法家。字士衡。吴县华亭（今上海松江）人。吴国丞相陆逊之孙，大司马陆抗之子。太康末年，与弟云游至洛阳，名动一时，时称"二陆"。西晋时曾任平原内史，世称陆平原。其诗追求辞藻、对偶，多为拟古。骈文成就高于诗，《辨亡论》《吊魏武帝文》较有名。所作《文赋》为古代文论中的重要著作。

陶渊明（365—427 年）

东晋诗人。名潜，字元亮。浔阳柴桑（今江西九江）人。今存诗 126 首，成就最高的是田园诗。代表作有《归园田居》《饮酒》《读山海经》等。陶诗内容非常丰富，主要描写恬静自然的田园生活和躬耕劳作的多种体验，反映了他重返田园的欣慰心情和对污浊社会的强烈憎恶；有的诗还表现了农村生活的贫困状况，以及对理想社会的向往。陶诗最突出的艺术特色是平淡自然，又有深厚的意味。陶渊明所开创的风格独特的田园诗体，为古典诗歌展现了一个新的境地，对后代诗人写作田园诗以及唐代山水田园诗派的形成，都有很大影响。还存有辞赋 3 篇、韵文 5 篇、散文 4 篇。《归去来兮辞》是诗人辞官归田时所作，主要表现对昨日求仕生活的反悔和今日归隐田园的喜悦心情，是融抒情、写景与论理于一体的名篇。《桃花源记》以简练、生动的语言，描写出理想社会的生活画面，为千古名篇。

干宝（?—336 年）

东晋史学家、文学家。字令升。新蔡（今属河南）人。勤学博览，喜好阴阳术数。所著《晋纪》被称为"良史"。又收集神怪灵异故事，撰成《搜神记》30 卷，为魏晋志怪小说代表作，对后世影响颇大。原书已佚，今存 20 卷本为后人所辑。

范晔（398—445 年）

南北朝时期宋朝史学家。字蔚宗。顺阳（今河南淅川）人。喜好文章，通晓音律。所撰《后汉书》90 卷，不仅是纪传体史书，也是历史散文佳作。其文隽美，真切动人，凝练雅丽，尤以人物传记为人称道。《狱中与诸甥侄书》为自述创作甘苦的论文名作。原有集 15 卷，已佚，今存文 5 篇，诗 2 首。

刘勰（约 465—约 520 年）

南北朝齐梁年间文学理论家。字彦和。原籍山东莒县（今山东莒县），世居京口（今江苏镇江）。笃志好学，皈依沙门 10 余年，博通佛理，编定定林寺经藏。历任东宫通事舍人、步兵校尉等职，深受昭明太子萧统器重。晚年出家为僧，改名慧地。30 余岁撰成《文心雕龙》，是中国最早的一部有系统的文学批评巨著。书中总结并发展了前人的进步文艺思想，又有不少创见，涉及文学创作的许多方面。

郦道元（约 470—527 年）

南北朝北魏地理学家、散文家。字善长。范阳涿县（今河北涿州）人。撰《水经注》40 卷，为地理学巨著，又是散文名作，文笔简洁优美，历来为人传诵。《巫峡》《龙门》《大明湖》《阳城淀》等，尤为脍炙人口。

王勃（650—676 年）

唐代诗人。字子安。绛州龙门（今山西河津）人。为"初唐四杰"之首，诗文均负盛名。诗虽未能脱尽六朝华艳余风，但已力图突破，创出清新质朴之作。送别诗较有名，文以《滕王阁序》最为人称道。

贺知章（659—744 年）

唐朝诗人。字季真，自号四明狂客，义号五总龟。越州永兴（今浙江萧山）人。唐玄宗天宝三年（744 年），辞官回乡归隐。性格旷达豪放，不拘礼节，晚年尤为突出。他善诗文。《全唐诗》存其诗 1 卷，仅 19 首。诗歌语言清新通俗，时有新意。

孟浩然（689—740 年）

唐朝诗人。字浩然。襄州襄阳（今属湖北）人。孟浩然的诗作，以山水田园为主要题材，开盛唐山水田园诗派之先，对当时和后世的影响很大。他的诗生活气息浓厚，风格清淡简朴，富有超然自得之趣。形式上以五言诗成就最高，在当时与王维齐名。

王昌龄（约 690—约 756 年）

唐朝诗人。字少伯。京兆（今陕西西安）人。王昌龄擅长七绝，被称为"七绝圣手"。他的诗歌内容丰富，有反映边塞生活的，有表现宫女怨情的，还有各种题材的抒情小诗；风格雄浑自然、凝练含蓄。《全唐诗》录其诗 180 余首，其中绝句约占一半。

王维（？—761 年）

唐朝诗人、画家。字摩诘。祖籍太原祁县（今山西祁县东南）。王维诗现存约 400 首，前期诗作有昂扬的情调、奔放的气势。后期虽有些愤世嫉俗之作，但更多的是寄情于山水的田园诗和宣扬禅理的诗。王维兼通音乐，精于绘画，在创作中常熔诗、画和音乐之理于一炉。苏轼曾说："味摩诘之诗，诗中有画；观摩诘之画，画中有诗。"他的山水田园诗成就最高，善于捕捉多种多样动静相生的自然景物，构成清静闲远、富有禅趣的美好意境，语言凝练，色彩明丽，构思精巧，音律和谐。他是盛唐山水田园诗派的代表人物，在中国诗歌史上占有重要地位。

李白（701—762 年）

唐朝诗人。字太白，号青莲居士。祖籍绵州彰明（今四川江油）。李白诗歌内容丰富多彩，《古风》59 首，关心国事，讥讽黑暗政治，反映了贤士不遇的悲愤心情。其政治抒情诗，表现了诗人"功成而身退"的政治理想，及蔑视权贵、傲岸不羁的叛逆精神。描绘自然风景的诗篇，有长篇名作《蜀道难》，及许多写景绝句，如《望庐山瀑布》《望天门山》《早发白帝城》。还有不少赠送朋友、歌颂友情的诗，如《黄鹤楼送孟浩然之广陵》《沙丘城下寄杜甫》《赠汪伦》等。李白诗歌带有强烈的主观感情色彩。擅长抒写胸中炽烈奔放的激情，突出表现自我的傲岸豪迈的性格。他善于运用大胆的夸张、生动的比喻、丰富的想象，将神话传说、历史题材与山水景物交织在一起，构成离奇变幻的境界。如《梦游天姥吟留别》《蜀道难》。在体裁方面，擅长形式比较自由的古诗和绝句。在语言方面，具有清新自然、直率真切的特色。李白诗歌在唐代就名声很大，对后世产生了深远影响。

高适（约 701—765 年）

唐朝诗人，渤海蓨县（今河北景县）人。字达夫，一字仲武。早年家贫，潦倒失意，以耕钓为业。为宋州刺史张九皋荐举，任封丘尉。后任侍御史、御史大夫、淮南节度使、散骑常侍等职。善诗歌，题材广阔，尤其擅长他所熟悉的军旅生活，是"边塞诗派"代表人物。代表作《燕歌行》，苍凉悲壮，雄浑厚朴。著有《高常侍集》。

崔颢（704—754年）

唐代诗人。汴州（今河南开封）人。少年时即能做诗，但内容轻佻。从军边塞后，诗风发生变化。他的边塞诗描写边地风光，表现了戍边者报国赴难的昂扬情感。他的七律《黄鹤楼》最为后人称道。现有《崔颢诗集》1卷，共存诗40多首。

杜甫（712—770年）

唐朝诗人。字子美。原籍襄阳（今属湖北），后迁居巩县（今属河南）。杜甫的诗歌反映了唐代安史之乱前后20多年的社会面貌，生动记载了诗人一生的经历，有"诗史"之称，如《自京赴奉先咏怀五百字》《北征》《茅屋为秋风所破歌》等诗，都表现出杜诗将家事与国事、民情紧密结合的特点。还有不少诗直接反映了当时社会的时事政治，如《兵车行》《丽人行》，有名的"三

吏""三别"等。歌咏自然的诗，在抒情写景的同时，反映了时事，如《春望》。有的则表现了诗人热爱自然的心情，如《春夜喜雨》。还有不少咏物诗，是诗人身世境遇的写照。一些歌咏绘画、音乐、建筑、舞蹈的诗，以及咏史、抒情、怀念亲人与朋友的诗，也都各有特色。杜诗的形式多种多样，除五、七言古诗外，尤以五、七言律诗功力最深，颇多名篇。现留存有《杜工部集》，诗歌1400多首。

岑参（约715—770年）

唐代边塞诗人。南阳（今属河南）人。一生中曾几度出塞，"往来鞍马烽尘间十余载"，写下了多首描写边塞风光和军旅生活的边塞诗。在诗中，他不仅别开生面地描写了边塞的奇异景色，还将它们与军旅的日常生活和激烈战斗场面融合起来，给人以深刻印象。诗中还描写了边塞的风习和各族人民友好相处、征戍者思乡和将士的苦乐不均等，大大开拓了边塞诗的创作题材和艺术境界，为唐诗的繁荣做出了贡献。岑参的诗形式多样，尤其擅长七言歌行。

韩愈（768—824年）

唐代文学家、哲学家。字退之。河南河阳（今河南孟县南）人。自谓郡望昌黎，世称韩昌黎。曾任国子博士、刑部侍郎等职，因谏阻宪宗迎佛骨，贬为潮州刺史。他大力提倡儒学，以继承儒家道统为己任，开宋明理学之先声。坚决反对佛、道二教，反对藩镇割据。在文学上，他是古文运动的倡导者，主张继承先秦两汉散文传统，反对六朝以来的骈偶文风，强调"文以载道"；又主张"物不得其平则鸣"；力主务去陈言，要求文从字顺。这些主张对当时和后世

杜甫像

《杜工部集》书影

均产生过重大影响。为文气势雄伟，说理透辟，逻辑性强，感情充沛，被尊为"唐宋八大家"之首。又善诗，虽有"奇崛险僻"与"以文入诗"之病，但独辟蹊径，另树旗帜，颇富独创性。有《昌黎先生集》传世。

刘禹锡（772—842 年）

唐朝文学家、哲学家。字梦得。洛阳（今属河南）人。曾参加王叔文集团，失败后被贬。著《天论》三篇，为古代朴素唯物主义和辩证法著作。他为抒发政治上遭倾轧的愤懑，写了大量精警含蓄、发人深省的政治讽刺诗和怀古诗。《竹枝词》等描写江南风土人情的诗，具有民歌的清新自然、生动活泼的韵味。当时白居易称他为"诗豪"，历代诗人对他也很推崇。他的散文长于议论，也有名。

白居易（772—846 年）

唐朝诗人。字乐天，晚号香山居士、醉吟先生。祖籍太原（今属山西）。白居易一生留下近 3000 篇诗作，自按讽喻、闲适、感伤和杂律四大类进行了整理和编集。讽喻诗广泛反映了社会生活各方面的重大问题，着重描写现实的黑暗和人民的痛苦。著名的诗篇有《卖炭翁》《红线毯》等。闲适诗抒写对归隐田园宁静生活的向往和洁身自好的志趣，也有乐天安命的消极思想。感伤诗写一时感触，而往往有深沉的寄托。有著名的叙事长诗《长恨歌》和《琵琶行》。杂律诗在白居易诗作中数量最多。其中有价值的是一些耐人寻味的抒情写景小诗，如《钱塘湖春行》。白诗基本风格是平易、明畅。他把诗歌比作果树，提出了"根情、苗言、华声、实义"的著名论点。

他继承中国古代比兴美刺的传统诗论，提出"文章合为时而著，歌诗合为事而作"的创作原则。

柳宗元（773—819 年）

唐代文学家、哲学家。字子厚。祖籍河东（今山西永济），世称柳河东。与韩愈同倡古文运动，并称"韩柳"。后被列为"唐宋八大家"之一。散文谨严简洁，独具风格。其传记文多取材下层市井小民，《种树郭橐驼传》《梓人传》《童区寄传》均为名篇；山水游记有"精裁密致，璨若珠贝"之誉，《永州八记》写得高洁幽冷，自身寂寞之情与悲愤之感融透其间；《三戒》等寓言作品，篇幅短小，寓意深远。又善诗，多山水之作，风格清峻。《天说》《天对》等哲学论著，以朴素唯物主义的观点，批判天命论和各种迷信，犀利有力。他对后世文学影响颇大。

李贺（790—816 年）

唐代诗人。字长吉。祖籍陇西（今甘肃秦安），自称陇西长吉。家居福昌昌谷（今河南宜阳），后称他为李昌谷。他是已没落的唐宗室郑王之后，童年即能做诗，十五六岁时就以擅长乐府诗与先辈李益齐名。因避父讳而不得考科举，仕途阻塞，仅做过小官。一生潦倒，死时才 27 岁。李贺本是个有抱负的人，但因仕途困厄，疾病缠身，抱负无以施展。因此，他的诗除抒发自己的抱负外，更多的是生不逢时、怀才不遇的慨叹。而这种慨叹又多以描写鬼神世界的曲折手法表现。这就使李贺诗想象丰富、用辞瑰丽，呈现出奇幻的风格，在唐代诗坛独树一帜，对后世也颇有影响。

杜牧（803—852 年）

唐朝诗人。字牧之。京兆万年（今陕西西安）人。出身名门世族，他从青年起就有挽救危亡、恢复唐朝繁荣的理想。23 岁时写下著名的《阿房宫赋》，借秦事讽谏当时唐敬宗的奢华。但现实使他的理想落空，耿直的性格使他仕途不得意。苦闷之余他纵情声色，颓废放任。他的文学创作有多方面的成就。诗歌与李商隐齐名，并称"小李杜"。长篇五言《感怀》等夹叙夹议，笔力劲健。咏史七绝《过华清宫》《赤壁》等构思精巧，立意高远，颇负盛名。抒情写景的七绝《江南春》《山行》《清明》等才思俊逸、画面明丽。散文多写针砭时弊的内容，语言流畅、笔锋犀利，《阿房宫赋》融入了散文的句式和笔法，对后来赋体的发展有很大影响。

李商隐（813—858 年）

唐朝诗人。字义山，号玉谿生。怀州河内（今河南沁阳）人。李商隐流传下来约 500 首诗，其中相当大的部分是直接揭露朝政腐败，特别是朋党之争及其危害的。由于作者要抒发失意的郁闷，这些诗染有浓重的感伤色彩。他的咏史诗也有很高成就，具有词微意深的效果。还有一些独具一格的无题诗，写男女恋爱时的期待与失望、痛苦与留恋、执着与彷徨交织在一起的矛盾心情，具有经久不衰的艺术魅力。诗人还有一些抒情咏物的名篇。李商隐的诗文辞藻华美、用典精巧，尤擅长近体七律。在晚唐诗人中，其艺术成就最高。

柳永（987—1053 年）

宋朝词人。建州崇安（今福建武夷山市）人。字耆卿。原名三变，字景庄，排行第七，世称柳七。他精通音律，致力于写词，内容多为男女相思和羁旅行役，也有写城市风光与歌伎生涯者。发展了慢词，擅长白描，善于铺叙，写景、抒情、叙事融为一体。语言多口语化，故传播较广，有"凡有井水饮处即能歌柳词"之说。《雨霖铃》《八声甘州》二首最有名。

范仲淹（989—1052 年）

北宋政治家、文学家。字希文。苏州吴县（今属江苏）人。曾任陕西经略副使，与韩琦共同改革军事，加强防务。庆历三年（1043 年）任参知政事，主持"庆历新政"，不出一年即告失败。他主张文学创作"应于风化"。他的诗词和散文都较出色。其中词《渔家傲·塞下秋来》尤为慷慨悲壮，脍炙人口。散文《岳阳楼记》，则以写景壮丽、意境深远和"先天下之忧而忧，后天下之乐而乐"的名句，为古今传诵。

晏殊（991 或 993—1055 年）

宋代词人。字同叔。抚州临川（今属江西）人。从小就以文学才能扬名，其词擅长小令，文辞华丽，音调和婉，闲雅有情思。又善于熔铸佳句，"无可奈何花落去，似曾相识燕归来""春风不解禁杨花，蒙蒙乱扑行人面"等，脍炙人口。原有集 240 卷，已佚，仅存《珠玉词》1 卷。

欧阳修（1007—1072 年）

北宋文学家、史学家。宋朝仁宗、英宗、神宗三朝宰相。字永叔，号醉翁、六一居士。庐陵（今江西吉安）人。早期支持范仲淹等政治改良，晚年在变法问题上与王安石不合。他是北宋诗文革新运动的领袖，力倡古文，为"唐宋八大家"之一。苏洵父子、曾巩、王安石皆出其门下。诗、词、文均有较高成就，兼有雄健和委婉的风格。又有《六一诗话》，开创诗话这一论诗的新形式，于后世影响很大。曾与宋祁合编《新唐书》，又自撰《新五代史》。

苏洵（1009—1066年）

北宋文学家。字明允，号老泉。眉州眉山（今属四川）人。苏洵作文的目的是"言当世之要"，为了"施之于今"，能在其文章中提出一整套政治革新主张。他还"颇喜言兵"，在文章中系统地研究军事的战略战术问题。苏洵的散文论点鲜明，论据有力，语言犀利，善用比喻，具有雄辩的说服力。他以文学成就与其子苏轼、苏辙合称"三苏"，被列入"唐宋八大家"。

王安石（1021—1086年）

北宋政治家、文学家。字介甫，号半山。抚州临川（今属江西）人。熙宁二年（1069年）在宋神宗支持下推行变法。其文立意超卓，以曲折刚健著称，被列为"唐宋八大家"之一。诗风遒劲，成就超过散文。晚年所写抒情小诗，清新明丽。主张文以致用，"以适用为本"。所以他的文章多针砭时弊，有强烈的政治色彩。其诗成就较高，今存1530余首。退隐后，转为描写山光水色，如《江上》《泊船瓜洲》《金陵即事》等。其文存1000余篇，词存20余首，《桂枝香·金陵怀古》格调高峻，传为绝唱。著述有《王临川集》《三经新义》《王文公文集》等。

苏轼（1037—1101年）

北宋文学家、书法家。字子瞻，号东坡居士。眉山（今属四川）人。与其父苏洵、弟苏辙俱有文名，世称"三苏"。

苏轼像

苏诗的一个明显特点是爱发议论，长于理趣。苏轼的词，在宋词发展史上有重要意义，开拓了宋词的题材，使词成为一种可以随意抒写的新诗体。苏词表现出清旷豪放的格调，在婉约格调之外，自树一帜，成为南宋豪放词的先声。苏词中最值得注意的是那些抒发人生感慨，充满清旷之气的词，如《念奴娇·赤壁怀古》《水调歌头·中秋》《定风波》等。几首描写农村生活的《浣溪沙》，也清新可读。苏轼的散文，代表了北宋古文运动的最高成就，主要有三大类：一为政论和史论，二为碑传文、亭台记和游记等，三为书简、题跋和书札等。其中亭台记、游记，最有文学价值，多于叙事、写景中，阐发人生哲理，如《前赤壁赋》《石钟山记》等。其中书简、题跋和杂记，即兴而作，最能表现苏轼旷达、幽默的性格，艺术成就也很高。

李清照（1084—1155年）

宋代女词人。自号易安居士。济南章丘（今属山东）人。李清照诗词散文都有成就，词的成就最大。前期词反映她的闺中生活和思想感情，题材集中于自然风光和离别相思。风格清丽、明快。后期词则反映国破家亡后的种种遭遇，主要是抒发伤时念旧和怀乡悼亡的情感。风格凄凉、低沉。李清照极重视词的特殊格调和格律，在《词论》中有"词别是一家"说。她的词语言优美、精巧，被后人称为婉约派的代表，后人辑有《漱玉词》集。

陆游（1125—1210 年）

南宋诗人。字务观，号放翁。越州山阴（今浙江绍兴）人。他在诗、词、散文上都卓有成就，其诗今存 9300 余首，以收复中原、反对投降为主要内容，抒发了自己报国无门、壮志难酬的悲愤，激昂雄放，慷慨炽烈。亦有不少是描写田园、景物的，清新明丽。其词现存一百余首，兼有豪放与婉约风格。又善文，题跋尤为精妙。他的创作影响深远，时人称之为"小太白"，誉为一代诗史，后人多从他的爱国诗篇中汲取营养。

朱熹（1130—1200 年）

南宋哲学家、教育家、文学家。字元晦，号晦庵。徽州婺源（今属江西）人，后住在建阳（今属福建）。曾任秘阁修撰等职。师从李侗，为二程（程颢、程颐）再传弟子。学术上集北宋以来理学之大成，对经学、史学、文学、乐律以至自然科学均有不同程度贡献。文学理论上倡导文道一贯之说，强调文道统一，认为道是文的根本，文从道中流出。所作诗文，语言简洁明畅，有《晦庵先生朱文公文集》，又名《朱子大全》。

辛弃疾（1140—1207 年）

南宋词人。字幼安，号稼轩。历城（今山东济南）人。出生于金占区，曾参加抗金义军。绍兴三十二年（1162 年）归宋，历任湖北、江西、湖南、福建、浙东安抚使。他一生坚持主张抗金，而又长期遭到压抑，终忧愤而死。

现存词 600 余首，多为抒发收复失地、统一祖国的豪情壮志之作，又常谴责主和派误国丑行，流露自己怀才不遇、功业无成的悲愤，也有不少吟咏祖国河山的作品。词风豪放，笔力雄厚，上承苏轼，与苏轼并称"苏辛"，但更自如纵放，打破音律限制，别开生面。词作想象丰富奇幻，大量吸收口语入词，开拓了词的意境，扩大了词的表现力，深为后人推重。

姜夔（约 1155—约 1221 年）

南宋文学家、音乐家。字尧章，自号白石道人。饶州鄱阳（今属江西）人。一生未仕，往来于鄂、赣、皖、苏、浙、闽等地，出入仕宦家，与诗人词客交游，多才多艺。尤以词著称，格律谨严，跌宕多姿。亦善诗，清妙秀远。诗话颇可取。有《白石道人诗集》1 卷、《白石道人歌曲》4 卷、《白石道人诗说》1 卷、《绛帖平》《续书谱》等。

关汉卿（约 1230—约 1300 年）

元代剧作家。号已斋叟。大都（今北京）人。长期从事杂剧创作，在剧坛上有较高地位。他多才多艺，能吟诗演剧，吹弹歌舞。所著杂剧达 67 部，流传至今的有 18 种，被列为"元曲四大家"之首。代表作有《窦娥冤》《救风尘》《单刀会》《拜月亭》等。

文天祥（1236—1283 年）

南宋大臣、文学家。字宋瑞，一字履善，号文山。吉州庐陵（今江西吉安）人。文天祥一直坚持抗元活动，为我国古代著名民族英雄。诗、文、词均有成就，以诗为最。诗作多描绘南宋灭亡前的社会动乱，悲壮沉郁。曾自辑后期诗，以《渡扬子江》诗中"臣心一片磁针石，不指南方不肯休"之句命意，题名《指南录》。《指南录后序》及《正气歌》《金陵驿》诸诗，均为名作。《过零丁洋》诗中"人生自古谁无死，留取丹心照汗青"一联，千古传诵。

王实甫（生卒年不详）

元代剧作家。名德信。大都（今北京）人。活动年代约与关汉卿同时。他长期混迹于教坊、行院，与艺伎为伍，是位不得志的落魄文人。著有杂剧13种，现存《西厢记》《丽春堂》《破窑记》3种。他的作品多以"儿女风情"为题材，揭露封建势力对年青一代的压迫，歌颂青年争取婚姻自主的斗争，在历史上有深远的影响。他善于运用古典诗词渲染环境气氛，描摹人物情态，创造诗一般的意境，形成作品的优雅风格。

马致远（约1250—约1324年）

元代戏曲作家、散曲家。号东篱，大都（今北京）人。曾做过几年江浙行省官员，后退出官场。著有杂剧15种，现存7种，代表作为《汉宫秋》，写西汉元帝送王昭君出塞和亲的故事。一反历史上描写昭君的传统模式，以元帝和昭君的爱情故事为线索，谴责了怯懦自私的文臣武将。曾被译成多种外国文字。他的散曲声调和谐优美，语言清新，善于用形象构造意境，对散曲艺术的发展有重要贡献。《天净沙·秋思》是流传千古的佳作。另著有《东篱乐府》1卷。

施耐庵（约1296—约1370年）

元末明初小说家。名子安，耐庵为其号。兴化（今属江苏）人。他生活在元末明初社会大变动时期，目睹种种社会黑暗，满腔愤懑，借古讽今，写出《水浒传》，为中国文学史上第一部以农民起义为题材的长篇小说。"官逼民反"的主题、丰富复杂的情节、鲜明生动的人物，使之成为广受欢迎的名著。

宋濂（1310—1381年）

明初散文家。字景谦，号潜溪，又号玄真子。浦江（今浙江金华）人，著作甚多，以散文闻名当世。其文典雅雍容，辞采丰富，从容简洁。所作传记善于塑造人物，《王冕传》《秦士录》等为人称道。《送东阳马生序》传诵甚广。寓言体散文集《燕书》及《龙门子凝道记》风趣诙谐，启人深思。写景亦多佳作。

于谦（1398—1457年）

明代政治家、诗人。字廷益。钱塘（今杭州）人。明英宗正统十四年（1449年）土木之变后，他指挥明军在北京城外击退蒙古瓦剌部军。其诗歌质朴无华，刚健清新，除少量写景咏物、酬赠唱和之作外，大都抒发忧国爱民之情，如《石灰吟》表现了为国牺牲的壮志和坚贞不屈的节操；《荒村》《田舍翁》反映了尖锐的阶级矛盾和民生疾苦；《出塞》《夜坐念边事》抒发了深沉的爱国精神。作品被后人编为《于忠肃公集》13卷。

罗贯中（约1330—约1400年）

元末明初小说家。名本，号湖海散人。原籍山西太原，生于杭州。是一个有抱负、有理想并有一定军事、政治斗争经验的人物，据传曾参加过张士诚的起义军。明朝建立后，他结束了政治生涯，专心致力于小说创作。史传他曾编撰小说数十种，还著有《十七史演义》。

他根据民间传说、宋元话本、戏曲，参照有关史料写成的《三国志通俗演义》是我国章回小说的开山之作，也是我国长篇历史小说中最有成就的作品。

兰陵笑笑生（生卒年不详）

明代文学家。著有《金瓶梅词话》，被称为"明代四大奇书"之一。作者为躲避文祸仅署笔名，他的情况只能由作品中得到。《金瓶梅》借武松杀嫂一段为引子，描绘了明代中期官僚、富商阶层的腐朽罪恶的生活，所反映的生活面广泛，对社会黑暗披露无遗。可以看出，作者阅历很广，是位天才作家。《金瓶梅》是中国文学史上第一部由文人创作的长篇小说，开启了文人创作的源流。

吴承恩（约1500—约1582年）

明代小说家。字汝忠，号射阳山人。先世为江苏涟水人，后移居淮安山阳（今江苏淮安）。其曾祖、祖父两世为学官，至其父沦为小商人。吴承恩幼年即以文才出名，曾希望以科举进仕途，却屡试不中，一生困窘，除做过短期的县丞等小官外，大部分时间过的是一种卖文为生的清苦生活。吴承恩性格狂傲疏放，善谐谑，酷爱野史奇闻，曾创作短篇志怪小说《禹鼎志》。其诗文独出胸臆，不落俗套，对当时世风的堕落和政治的腐败多有批判，《瑞龙歌》《二郎搜山图歌》借用神话传说，寄托了扫荡妖魔、保国安民的理想。他创作的长篇小说《西游记》体现了这一理想，成为我国古典小说中的一部不朽之作。

汤显祖（1550—1616年）

明代剧作家。字义仍，号清远道人、茧翁等。江西临川人。辞职归乡后，创作《牡丹亭》《南柯记》《邯郸记》《紫钗记》，总名《玉茗堂四梦》。汤显祖与著名佛学大师达观交情很深，在哲学思想上深受达观影响。他的思想和当时著名的叛逆思想家李贽也是一脉相通的。在晚明的思想界、文学界，汤显祖属于进步流派的中坚分子，对要求改良政治、追求个性自由、探讨社会出路的进步思潮的形成和发展起了重要作用。他的代表作《牡丹亭》是中国戏曲史上的杰作之一。

冯梦龙（1574—1646年）

明代文学家、戏曲家。字犹龙，又字子犹。长洲（今江苏吴县）人。57岁成为贡生，后任福建寿宁知县，64岁离任回苏州。一生致力于编写通俗文学。辑有明代话本集《喻世明言》《警世通言》《醒世恒言》，合称"三言"；又辑有民歌集《桂枝儿》《夹竹桃》《山歌》；又修改汤显祖、李玉等传奇剧本多种，汇编为《墨憨斋定本传奇》。他才情出众，通经学，善诗文，尤善小说词曲，著有诗集《七乐斋稿》，曲谱《叶子新斗谱》，传奇《双雄记》；又有《智囊》《古今谭概》《春秋衡库》等。

徐霞客（1586—1641年）

明末旅行家、地理学家、散文家。名弘祖，字振之，号霞客。江阴（今属江苏）人。少年好学，博览古今史籍与图经地志。以30余年之艰难跋涉，考察大江南北，对所到之处的地理、地质、水文、动植物、民俗等均

徐霞客像

做了系统翔实的记述。所作游记资料除散逸者外，由季会明整理成《徐霞客游记》。其文清峻出俗，描绘生动，风格因山川不同而异，或雄放、或淡雅，被称为"古今纪游第一"。

蒲松龄（1640—1715 年）

清代文学家。字留仙，又字剑臣，号柳泉居士。山东淄川（今山东淄博）人。其父是因贫困弃儒经商的读书人。蒲松龄少年即有才华，19 岁时应童子试，连考县、府、道三个第一。以后却屡试不第。曾应友人之邀去高邮、宝应二县做幕宾。回乡后，长期在乡间做塾帅。71 岁时，援例成为贡生。蒲松龄一生穷困潦倒，对科举制度的腐败和社会的黑暗有深刻的认识。他具有多方面的艺术才华，喜爱民间文学和传奇志怪，热心搜集有关神异鬼怪的故事传说，积数十年努力，写成文言短篇小说集《聊斋志异》。还著有通俗俚曲 14 种，用山东方言和传统说唱形式，描写当时的世态人情，暴露社会黑暗和人间不平。

方苞（1668—1749 年）

清代散文家。字灵皋，号望溪。安徽桐城人。是桐城派散文的开创者，尊奉程朱理学和唐宋散文。他提出文章要讲"义法"。义，即"言有物"，指文章的思想内容；法，即"言有序"，即文章的篇章结构，字法句法。他还主张文章的语言要"雅洁"，这些主张虽有利于掌握古文的写作技巧，但在思想和艺术上都规定了不少清规戒律，适应了清朝统治者巩固思想统治和控制文风的需要。方苞的散文创作体现了其上述主张，其中《左忠毅公逸事》《狱中杂记》等篇颇为可取。

吴敬梓（1701—1754 年）

清代小说家。安徽全椒人。36 岁时，被推荐参加博学宏词科考试，他托病不赴，从此不再参加科举考试。以后生活更为贫困，常靠朋友接济为生，在这种情况下完成了长篇小说《儒林外史》。吴敬梓性格孤傲，愤世嫉俗。51 岁时适逢乾隆皇帝南巡，别人夹道拜迎，他却"企脚高卧向栩床"，表示了极大的蔑视。

曹雪芹（1715—1763 年）

清代小说家。名霑，字梦阮，号雪芹，又号芹圃、芹溪。祖籍辽阳。先世原是汉人，后来做了满洲正白旗内务府"包衣"（满语意为奴仆），曾祖、祖父、伯父三代世袭江宁织造，极受康熙皇帝宠信。雍正五年（1727 年），其父因事受株连，获罪革职，家产被抄没。次年，雪芹随家迁回北京，曹家从此日见衰落。乾隆年间，似又一次遭受祸殃，家道更加败落。家庭的衰变使曹雪芹由"锦衣纨绔""饫甘餍肥"的贵公子沦落到一贫如洗的境地。晚年，移居北京西山，"蓬牖茅椽，绳床瓦灶"，"举家食粥"。在这种境遇中，他开始创作《红楼梦》，"披阅十载，增删五次"，尚未完稿，就因幼子夭折，感伤成疾，于贫病交困中搁笔长逝。曹雪芹嗜酒狂放，愤世嫉俗，才气纵横，擅长诗、画。

袁枚（1716—1797 年）

清代诗人。浙江仁和（今杭州）人。曾任溧水、江浦、江宁等地知县。后辞官定居江宁（今江苏南京），著诗文自娱，晚年自号仓山居士。袁枚一生诗作甚多，今存 4000 余首，与赵翼、蒋士铨并称"乾隆三大家"。他性豁达，喜山水，好宾客，主张诗歌应抒写性灵，不为格式所窘。其诗歌真率自然，清新灵巧，以明快流畅的语言抒写现实生活中的独特感受，不论是即景抒情的咏景诗还是叹古讽今的咏史诗，都不乏佳作，较突出的有《沙沟》《秦中杂感八首》《马嵬》等。其散文独抒胸臆，情理兼长，《祭妹文》《黄生借书说》《峡江寺飞泉亭记》等颇为有名。

姚鼐（1731—1815 年）

清代散文家。安徽桐城人。字姬传，一字梦谷。姚鼐是清代重要散文流派桐城派的代表作家之一。他发展了桐城派的散文理论，提出作文要义理、考据、辞章三者并重，总结文章的"神理气味""格律声色"为八大要素，概括并分析了阳刚、阴柔两类文章风格。他编纂的《古文辞类纂》体现了桐城派的散文主张，影响很大。文章学习"唐宋八大家"以及归有光、方苞等，简洁平易，风格与欧阳修、曾巩相近。较著名的作品有《伍子胥论》《李斯论》《复鲁絜非书》《登泰山记》《朱竹君先生传》等。姚鼐的诗也很出色，清新淡远，富有韵味。

龚自珍（1792—1841 年）

清代思想家、文学家。一名巩祚。浙江仁和（今杭州）人。其诗歌多为伤时之作，揭露沉闷黑暗的现实，抒发报国壮志，想象奇特，感情奔放，文辞瑰丽，带有浪漫主义色彩。《咏史》《己亥杂诗》等极为有名。其散文紧密联系现实，针砭时弊，思想敏锐，形式灵活，在桐城派古文之外别开生面。《己亥六月重过扬州记》《病梅馆记》等久为人称颂。平生著述甚多，后人辑有《龚自珍全集》。

曾朴（1872—1935 年）

清末小说家。字孟朴，又字籀斋，笔名东亚病夫。江苏常熟人。清光绪年间举人。曾入北京同文馆习法文。后接触法国文学、哲学。光绪三十年（1904年）与徐念慈等在上海创办"小说林"书社，开始著译小说。其代表作长篇小说《孽海花》，以金雯青和傅彩云的故事为线索，描写了从同治初年到甲午战争失败前后 30 年间"文化的推移"和"政治的变动"，对帝国主义的侵略野心、清政府的腐败无能、封建士大夫的昏庸和堕落，进行了无情的暴露批判。作品结构工巧，文采斐然，被称为清末四大谴责小说之一。

刘鹗（1857—1909 年）

清代小说家。字铁云，别号鸿都百炼生。江苏丹徒（今镇江）人。喜西学，曾研究医术、水利学、数学等。1908年两江总督端方因夺取他的一件珍贵物品未得手，便治他一个"私售仓粟"罪，他被充军新疆，次年病死。著有小说《老残游记》20 回，反映晚清社会现实，文笔颇生动。

吴趼人（1866—1910 年）

清末小说家。广东南海（今广州）人。他的小说，大都暴露清末政治的腐败、官场的污浊，抨击帝国主义的侵略和封建官僚的无耻，题材广泛，表现手法多样，笔端富于感情。其代表作《二十年目睹之怪现状》，通过主人公九死一生在 20 年间耳闻目睹的无数怪现状，广泛描绘了清末的黑暗现实，揭示了专制王朝行将灭亡的腐朽本质，被誉为清末四大谴责小说之一。此外，他还著有《痛史》《恨海》。

李宝嘉（1867—1906 年）

晚清小说家。又名宝凯，字伯元，别号南亭亭长，笔名游戏主人、讴歌变俗人等。祖籍江苏武进（今常州）。自幼多才多艺，善诗赋及书画篆刻，曾从传教士学习英文。光绪二十二年（1896年）到上海办报，刊登了一些"俳谐嘲骂之文"，"假游戏之说，以隐寓劝惩"。光绪二十九年（1903年），主编《绣像小说》半月刊。在此期间，有感于时局危亡，朝廷腐败，创作了一些小说，以图揭露时弊，洗刷污浊，改良政治。先后写成长篇小说《官场现形记》《文明小史》《活地狱》《中国现在记》等。以辛辣的讽刺手法，暴露黑暗现实。这些作品在晚清小说史上占有重要地位。

梁启超（1873—1929 年）

近代思想家、文学家、学者。字卓如，一字任甫，人称任公，号饮冰子，别署饮冰室主人。广东新会人。与其师康有为同为戊戌变法的领导人，失败后流亡日本，鼓吹立宪保皇。辛亥革命后，曾在北洋军阀政府中任职，反对袁世凯称帝和张勋复辟。1916 年以后，退出政界，致力于学术研究和教育事业。他积极倡导诗界革命、小说界革命和文界革命，主张突破这些文体的旧形式，注入新思想新内容，以达到移风易俗、改变国民精神的目的。其散文"务为平易畅达，时杂以俚语、韵语及外国语法，纵笔所至不检束"，而"条理明晰，笔锋常带感情，对于读者，别有一种魔力焉"。开创了一种不同于传统古文的新文体。《少年中国说》《戊戌政变记》是杰出的代表。其诗歌以旧风格含新意境，体现了诗界革命的主张。

三、中国现当代作家

鲁迅（1881—1936 年）

文学家、思想家。原名周树人，字豫才。浙江绍兴人。1902 年去日本学医，后弃医从文，冀图以此改变国民精神。1923 年出版第一部短篇小说集《呐喊》。至 1926 年夏，先后在北京大学、北京女子师范大学任教，于此期间，出版了第二部小说集《彷徨》及学术著作《中国小说史略》。1925 年前后，参与组织、创办了《语丝》《莽原》《未名》等文学刊物。1926 年 8 月任教于厦门大学，次年 1 ~ 10 月，转任广州中山大学教授。1930 年加入中国左翼作家联盟，成为领导人之一，积极参加无产阶级文艺活动，主编《萌芽》月刊（后为"左联"机关刊物），培养文艺新人，抗击国民党的文化"围剿"。1935 年出版历史小说集《故事新编》。1936 年"左联"解散后，参加领导了文化界抗日民族统一战线。同年 10 月病逝于上海。主要作品有上述小说集 3 部，其中《狂人日记》为中国现代小说的奠基作，《阿 Q 正传》是世界文学史上的不朽作品；散文集《朝花夕拾》；散文诗集《野草》；杂文集《坟》《华盖集》《而已集》《三闲集》《二心集》《南腔北调集》《伪自由书》《准风月谈》《花边文学》《且介亭杂文》等。其杂文具有重要的历史价值和艺术价值。由于他的倡导，使杂文成为影响深远的一种文学形式。此外还有大量的论著、译著及诗作、书信选问世。

周作人（1885—1967 年）

散文家、翻译家。原名櫆寿，字星杓，自号启明、知堂等。晚年改名遐寿。浙江绍兴人。早年留学日本。新文学运动初期，提出"人的文学"和"平民文学"的口号，对五四时期的创作，产生较大影响。1921年和沈雁冰等人发起组织文学研究会。1925年参加创办《语丝》杂志，后来思想趋于消极。抗日战争期间曾任国民党南京国民政府委员、华北政务委员会教育总署督办。著有散文集《自己的园地》《雨天的书》《谈龙集》《泽泻集》《谈虎集》《瓜豆集》、回忆录《知堂回想录》等。译作有《日本狂言选》《伊索寓言》等。散文具有平和冲淡、通达闲适的风格，在其影响下，曾经形成以雅致清涩为主要特色的创作流派。

柳亚子（1887—1958年）

近、现代诗人。原名慰高，后更名人权，又更为弃疾，字安如，改字亚庐、亚子。江苏吴江人。清末秀才，早年入上海爱国学社，与章炳麟、邹容交游。后参加同盟会、光复会。1909年与陈去病、高旭创立革命文学团体南社，并主持社务多年，拥护孙中山改组国民党及"联俄、联共、扶助农工"三大政策。后遭蒋介石通缉，逃往日本。抗日战争时，与宋庆龄、何香凝等从事抗日民主运动。抗战胜利后，任中国国民党革命委员会中央常务委员。工诗，尤长于七言，豪情奔放，语言质朴，技巧熟练，流转自如。

胡适（1891—1962年）

现代学者。学名洪骍，字适之。安徽绩溪人。以倡导文学革命闻名于世。早年留美，就学于哲学家杜威，对他后来的思想有极大影响。1917年1月在《新青年》上发表的《文学改良刍议》一文，是发动文学革命的一面旗帜。参加编辑过《新青年》《现代评论》《新月》等杂志。新文化运动初期，发表了《文学改良刍议》《历史的文学观念论》《建设的文学革命论》等文章，提倡白话文学，成为新文化最初的发起者。著有诗集《尝试集》、论著《国语文学史》《白话文学史》等。

郭沫若（1892—1978年）

诗人、戏剧家、作家。曾留学日本。1918年开始新诗创作。1921年出版的《女神》以其对新中国热烈的向往，强烈地冲决封建藩篱的激情和形式的绝对自由，成为中国新诗的奠基作。并与郁达夫等人发起组织创造社，创办《创造季刊》，提倡浪漫主义文学，产生很大影响。抗日战争期间，主编《救亡日报》，从事文化界抗日救亡活动，创作历史剧，并写下了大量的诗文。1949年在全国文学艺术工作者代表大会上，被选为全国文联主席。中华人民共和国成立后，曾任中国科学院院长、中国文学艺术界联合会主席、全国人大常委会副委员长等职。主要著作有新诗集《女神》《星空》《瓶》《前茅》《恢复》《战声集》《蝈蝈集》《新华颂》《百花齐放》；戏剧《叛逆三女性》《棠棣之花》《屈原》《虎符》《高渐离》《南冠草》《蔡文姬》《武则天》；小说集《塔》《橄榄》《水平线下》《豕蹄》；传记文学《我的童年》《反正前后》《创造十年》《洪波曲》等。其他还有大量散文、词、论著、译著等作品。其中《女神》和《屈原》为代表作。前者为中国现代诗歌走向成熟的开卷之作；后者开辟了历史剧与时代脉搏一同跳动的创作道路。

许地山（1893—1941年）

现代小说家、散文家。生于台湾台南，后落籍福建漳州。名赞堃，字地山，笔名落华生。1917年考入燕京大学，先后得文学学士、神学学士学位。曾与沈雁冰等人发起组织文学研究会。有小说集《空山灵雨》《缀网劳蛛》《危巢坠简》等，其作品富于异国情调和宗教色彩。

洪深（1894—1955年）

现代导演、剧作家、教育家。名达，字潜斋。江苏武进（今属常州）人。他是中国现代话剧和电影的奠基人之一。一生创作、编译了38部话剧剧本。参加和领导过戏剧协会、复旦剧社、南国社等戏剧社团。中华人民共和国成立后曾任中国戏剧家协会副主席、对外文化联络局局长。主要作品有《赵阎王》《农村三部曲》《走私》《鸡鸣早看天》等。

叶圣陶（1894—1988年）

现代作家、教育家、出版家和社会活动家。名绍钧。江苏苏州人。曾任小学、中学、大学教师。1914年开始用文言文写小说。1921年与沈雁冰、郑振铎等发起组织文学研究会，提倡"为人生"的文学观。与朱自清等创办中国新文学第一个诗刊《诗》。创作出版中国第一个童话集《稻草人》以及小说集《隔膜》《火灾》等。1928年创作中国现代文学史上第一部长篇小说《倪焕之》。1923年任上海商务印书馆编辑，后任开明书店编辑，主编过《小说月报》《中学生》等刊物。创作态度严谨，语言朴素凝练，明净隽永，有"优秀的语言艺术家"之称。1949年后曾任出版总署副署长、教育部副部长等职。

林语堂（1895—1976年）

现代作家、翻译家。原名和乐，改名玉堂、语堂。福建龙溪人。早年留学美国和德国，曾在北京大学及北京女子师范大学任教。创办编辑过《论语》《人世间》《宇宙风》等杂志。著有散文集《剪拂集》《大荒集》《自己的话》等作品。内容多"以自我为中心，以闲适为格调"。1936年以后，还用英文写了《京华烟云》《风声鹤唳》等小说。另有译作和论著。

徐志摩（1897—1931年）

现代诗人、散文家。名章垿，字志摩。浙江海宁人。早年留学英美。1921年开始新诗创作。1923年发起组织新月社，同时加入了文学研究会。曾参与创办《现代评论》周刊，主编过《诗镌》《新月》等文艺刊物。20世纪20年代中期，游历苏、德、意、法诸国。1928年重访英国、美国、印度和日本，1930年被选为英国诗社社员，并任教于北京大学与北京女子师范大学。著有诗集《志摩的诗》《猛虎集》《云游集》《翡冷翠的一夜》。语言清新，音节和谐，意境优美，风格轻柔明丽，在中国现代诗坛上有很大影响。

徐志摩旧照

茅盾（1896—1981年）

现代作家。原名沈德鸿，字雁冰。浙江桐乡乌镇人。1921年发起组织文学研究会，提倡"为人生"的"写实主义"文学。1930年加入中国左翼作家联盟并担任领导职务。抗日战争期间，任中华全国文艺界抗敌协会理事。中华人民共和国成立后，曾任文化部部长和中国作家协会主席等职。在文学活动中，编辑过《小说月报》《文艺阵地》和《人民文学》等著名文艺刊物。主要创作有小说《蚀》《子夜》《农村三部曲》《林家铺子》《腐蚀》，散文《白杨礼赞》和《风景谈》等。小说创作多以现实生活中的重大问题为题材，视野广阔，思想深刻。

朱自清（1898—1948年）

现代散文家、诗人、学者。江苏东海人。1916年考入北京大学预科，是文学研究会早期会员，还参与发起中国新诗社，开始发表新诗，不久就蜚声文坛。曾编辑《文学季刊》和散文杂志《太白》等。历任清华大学、西南联合大学中国文学系主任。著有诗文集《踪迹》，散文集《背影》《欧游杂记》《你我》《伦敦杂记》，学术著作《经典常谈》《诗言志辨》《新诗杂话》等。其散文善于对事物做精细的描写，感情真挚、细腻，艺术成就很高。

老舍（1899—1966年）

小说家、戏剧家。原名舒庆春，字舍予。北京人。1924年去英国伦敦大学任教，开始文学创作。抗日战争期间，主持全国文艺界抗敌协会工作，从事抗战文学活动。中华人民共和国成立后，曾任全国文联副主席、中国作家协会副主席、北京市文联主席等职。主要作品有长篇小说《老张的哲学》《赵子曰》《二马》《小坡的生日》《离婚》《骆驼祥子》《四世同堂》，短篇小说集《赶集》《樱海集》《火车集》，剧本《龙须沟》《茶馆》等。其中《骆驼祥子》《四世同堂》《茶馆》为享有世界声誉的代表作。作品大多取材于"京味"十足的市民生活，具有鲜明的主旨，浓郁的地方色彩，富于幽默讽刺的妙趣，语言洗练传神。

夏衍（1900—1995年）

现代剧作家、电影艺术家。原名沈乃熙，字端轩。浙江杭州人。从小父亲早逝，生活艰难。15岁时，到杭州甲种工业学校学习。1920年公费去日本留学。因参加革命活动，1927年受通缉被迫回国。1929年翻译、出版了高尔基的《母亲》，在中国产生很大影响。1932年领导左翼电影运动，创作电影剧本《狂流》，写作了历史剧《赛金花》、多幕剧《上海屋檐下》和报告文学《包身工》。1949年后，任中国文联副主席等职。其作品风格朴实，有强烈的地方色彩和时代气息。其中《上海屋檐下》是他的代表作品，《包身工》被视作报告文学的典范。

冰心（1900—1999年）

现代散文家、诗人。原名谢婉莹。生于福建福州。1923年毕业于燕京大学文科，同年赴美国学习文学。回国后在清华大学等校任教。1923～1926年间，她在海外将自己的旅途见闻采用书信形式写成散文集《寄小读者》，颇有影响。1949年后，陆续写了《再寄小读者》《一只木屐》《小橘灯》等，深受孩子们喜爱。她的散文朴素流畅、清新秀丽，充满了童趣、美与爱。还创作小说，翻译印度诗人泰戈尔的诗歌、剧作。

蒋光慈（1901—1931年）

现代作家。原名侠僧、如恒。安徽

霍邱人。曾留学苏联。1927 年与钱杏邨等人组织太阳社，创办《太阳》月刊，提倡革命文学，为无产阶级文学最早倡导者和实践者之一。著有诗集《新梦》《哀中国》，短篇小说集《鸭绿江上》，中篇小说《少年漂泊者》《短裤党》《田野的风》《冲出云围的月亮》等。

鲁彦（1901—1944 年）

现代作家、翻译家。原名王衡，曾用名勿忘我。浙江镇海（今宁波市）人。1923 年加入文学研究会。1942 年在桂林主编《文艺杂志》。有小说集《柚子》《黄金》《野火》，中篇小说《乡下》等，均以浓郁的乡土气息见长。译著主要有《犹太小说集》《显克微支小说集》等。

柔石（1902—1931 年）

现代小说家。原名赵平复。浙江宁海人。1923 年开始文学创作。1928 年到上海，与鲁迅等人组织朝花社。曾任中国左翼作家联盟执行委员。是"左联五烈士"之一。参加过《语丝》等杂志的编辑工作。主要作品有短篇小说集《疯人》，中篇小说《二月》《三姐妹》，长篇小说《旧时代之死》。其中《二月》和短篇小说《为奴隶的母亲》为代表作，显示了作者的创作才华和作品的现实主义特色。

沈从文（1902—1988 年）

现代作家、历史义物研究家。苗族，生于湖南。1923 年到北京谋生，因求学困难，一边在图书馆工作，一边辛苦地写作。1936 年发表长篇小说《边城》。1945 年后到北京大学任教，与北平一批作家共同组织文学创作活动，有"京派作家"之称。此后的作品仍有一些以湘西少数民族生活为内容。小说、散文都富有田园牧歌的意境。1957 年后他离开文坛，在中国历史博物馆、故宫博物院研究出土文物与工艺美术图案。1978 年后研究中国古代服饰，有《中国丝绸图案》《中国古代服饰研究》等专著。

胡也频（1903—1931 年）

现代小说家。原名胡崇轩。生于福建福州。早期广泛接触五四新文化和外国文学。创作大量作品，先后出版短篇小说集、诗集、戏剧集 10 部。1930 年加入"左联"，任执行委员，是"左联五烈士"之一。著有短篇小说集《圣徒》《往何处去》，长篇小说《到莫斯科去》《光明在我们的前面》等。

冯雪峰（1903—1976 年）

诗人、作家、文艺理论家。浙江义乌人。1922 年与汪静之等人发起组织湖畔诗社。曾参加中国左翼作家联盟成立的筹备工作和领导工作，编辑过《萌芽》《前哨》等杂志。1949 年后曾任中国作协副主席。著有诗集《真实之歌》《雪峰的诗》，寓言集《雪峰寓言》，论文集《鲁迅论及其他》《论民主革命的文艺运动》等。他以鲁迅晚年战斗生活见证人和战友身份所写的回忆鲁迅的文章，素为研究者所重视。

丁玲（1904—1986 年）

现代作家。原名蒋伟，字冰之，湖南临澧人。1928 年发表代表作《莎菲女士的日记》，塑造了一位既反抗封建礼教，又充满内心矛盾的女性形象，有进步意义与艺术价值。1936 年到延安，作品开始发生较大变化，《我在霞村的时候》《一颗未出膛的子弹》等反映了革命运动中的妇女形象。1948 年 6 月写成反映中国革命运动的长篇小说《太阳照在桑乾河上》，1951 年获斯大林文学奖。1949 年后，任中国作协党组书记及常务副主席等职。1979 年续写长篇小说《在严寒的日子里》。

艾芜（1904—1992 年）

现代作家。原名汤道耕。1925 年离家，西行至缅甸。1930 年因支持缅甸农民暴动，被英国殖民当局驱逐出境。回到上海后，从事文学创作。1932 年加入中国左翼作家联盟。写有短篇小说集《南国之夜》等，中篇小说《芭蕉谷》等，长篇小说《丰饶的原野》《故乡》《山野》，散文集《南行记》《漂泊杂记》《缅甸小景》，理论著作《文学手册》等。中华人民共和国建立后，创作了反映新的社会现实的作品。长篇小说《百炼成钢》是新中国最早反映现代大工业的作品之一。

沙汀（1904—1992 年）

现代作家。原名杨朝熙。四川安县人。1921 年入成都省立第一师范学校学习，1931 年开始写作，得到鲁迅的指教。1932 年加入中国左翼作家联盟。中华人民共和国建立后，任中国作协副主席等职。早期作品有《法律外的航线》（1932 年改名为《航线》）、《老人》《战后》等，反映当时的土地革命运动和农村社会的剧烈变动。1935 年转换创作手法，开始表现他熟悉的四川农村。长篇小说有《淘金记》《困兽记》《还乡记》3 部。

巴金（1904—2005 年）

现代作家。原名李尧棠。四川成都人。1920 年考入成都外国语学校，后到法国留学，写出《爱情三部曲》和《激流三部曲》的第一部《家》。抗日战争期间，写出《火三部曲》《激流三部曲》的后两部《春》《秋》及《寒夜》。另有作品《随想录》。巴金的代表作之一《激流三部曲》是根据他少年时的经历写成的，描写了封建大家庭的没落生活方式和革命激流对封建礼教的冲击，成为中国现代文学名著之一。他在 80 岁高龄创作的《随想录》真实记录了自己的思想与情感，具有自我剖析的勇气。

李广田（1906—1968 年）

散文家。号洗岑。山东邹平人。中华人民共和国成立后，历任清华大学副教务长、云南大学校长等职，致力于少数民族文学研究，由其整理的长篇叙事诗《阿诗玛》出版。曾任全国文联理事会理事、昆明作家协会副主席。有散文集《画廊集》《银狐集》《雀蓑记》等。多以乡野故事为题材，语言朴素细腻。

赵树理（1906—1970 年）

小说家。原名赵树礼，曾用笔名野小、常哉、王甲土等。山西沁水人。出生在贫寒农民家庭，深受农村生活的熏陶。1925 年考入长治省立第四师范学校。其后曾做过教员、店员、录事等多种工作。延安文艺座谈会后，先后发表《小二黑结婚》《李有才板话》《李家庄的变迁》等优秀小说，产生广泛影响。其小说多以新农村的生活为题材，注重吸收民族形式，语言通俗、朴素、幽默，塑造了许多个性鲜明的艺术形象。中华人民共和国成立后，历任中华全国文艺界联合会常务委员，中国曲艺协会主席、中国作家协会理事等职。继续从事文学创作，主要作品有《登记》《三里湾》《锻炼锻炼》《套不住的手》等。同时还从事戏曲曲艺的整理、改编和创作。在现代文学创作的民族化方面有很大贡献。

张天翼（1906—1985 年）

现代作家、儿童文学家。原名元定，号一之。祖籍湖南湘乡，生于南京。1922 年开始写作。曾任《人民文学》主编、中国作家协会书记处书记。主要作品有小说集《从空虚到充实》《小彼得》《速写三篇》，中篇《清明时节》，长篇《鬼土日记》。其中，短篇小说《包氏父子》《华威先生》为代表作，以写灰色人生、反面人物见长，善用讽刺。

萧军（1907—1988 年）

现代作家。原名刘鸿霖。辽宁义县人。1933 年与萧红合作小说散文集《跋涉》。同年到上海，从事文学活动。1935年出版长篇小说《八月的乡村》，描写东北革命军的抗日斗争，成为他的代表作。抗日战争爆发后参加抗日文化活动。抗战胜利后，曾任东北大学鲁迅艺术院院长、《文化报》主编等职。1978 年平反，1980 年任中国作协北京分会副主席。除《八月的乡村》外，另有短篇小说集《江上》《羊》，长篇小说《过去的年代》《五月的矿山》等。

周立波（1908—1979 年）

现代作家。原名周绍仪。湖南益阳人。1928 年到上海，一面工作一面自学，考入免费的劳动大学经济系。积极参加革命文学活动，翻译了苏联作家肖洛霍夫的《被开垦的处女地》（第一部）等作品。1937 年后写了《晋察冀印象记》

《战地日记》。解放战争时期投入土地改革运动，创作了描写土改斗争的长篇小说《暴风骤雨》，1951 年获斯大林文学奖。1955 年回到故乡，曾任湖南省文联主席。1960 年完成了《暴风骤雨》的姊妹篇《山乡巨变》。

艾青（1910—1996 年）

现代诗人。原名蒋海澄。生于浙江金华。1928 年中学毕业后，入国立西湖艺术院绘画系，第二年赴法国勤工俭学。1932 年回国后加入左翼美术家联盟，组织进步艺术活动，被国民党判刑 6 年。在狱中写了大量诗歌，其中《大堰河——我的保姆》是他早期代表作，奠定了他的诗人地位。抗日战争期间是艾青创作的高峰期，写了大量作品。1941年赴延安。1979 年任中国作协副主席。有诗集《归来的歌》《雪莲》，及论著《艾青谈诗》等。

曹禺（1910—1996 年）

剧作家。原名万家宝。祖籍湖北潜江，生于天津。1928 年入南开大学政治系，次年转入清华大学西洋文学系。

曹禺

1933 年未毕业时就写出了处女作《雷雨》。之后又考入清华大学戏剧系研究生。1934 年后从事戏剧教学，业余时间创作。1988 年任中国文联执行主席。曹禺是中国话剧事业的奠基人，许多剧作都成为话剧的经典，如《雷雨》《日出》《原野》《北京人》《王昭君》等。他的代表作《雷雨》集中表现了两个家庭的成员之间前后 30 年的矛盾纠葛。

萧红（1911—1942 年）

现代女作家。原名张迺莹。黑龙江呼兰人。1930 年因反抗封建家庭出走，流浪各地。1933 年开始文学创作。有长篇小说《生死场》《马伯乐》《呼兰河传》，短篇小说集《牛车上》《朦胧的期待》等。小说具有散文结构的特点，"女性作者的细致的观察和越轨的笔致，又增加了不少明丽和新鲜"（鲁迅语）。

杨朔（1913—1968 年）

现代散文家。山东蓬莱人。1945 年创作中篇小说《红石山》。解放战争时转入部队，任新华社特派记者，同期写有《北黑线》《英雄列车》等 10 多篇反映人民解放军战斗事迹的短篇小说及中篇小说《北线》《望南山》等。1950 年入朝鲜参战，写出了著名中篇小说《三千里江山》，获朝鲜民主主义人民共和国颁发的二级国旗勋章。著有长篇小说《洗兵马》（第一卷《风雨》），通信特写《鸭绿江南北》《万古青春》，散文集《亚洲日出》《海市》《东风第一枝》《生命泉》，短篇小说集《月黑夜》，中篇小说《锦绣山河》。其文学成就主要在散文方面，《荔枝蜜》《茶花赋》《香山红叶》《雪浪花》等均为脍炙人口的佳作。

孙犁（1913--2002 年）

现代作家。河北安平人。1944 年去延安，在鲁迅艺术学院工作和学习。1945 年在《解放日报》上发表《荷花淀》《芦花荡》等作品，引起文艺界的注意。抗战胜利后，回到冀中农村从事写作，先后出版中篇小说《村歌》，小说散文集《白洋淀纪事》。1963 年发表的长篇小说《风云初起》反映了抗日战争时期冀中人民在艰苦环境中的斗争和成长。后期主要写作评论、散文、杂文和回忆录。

杨沫（1914—1995 年）

现代小说家。原名杨成业。原籍湖南湘阴，生于北京。1934 年开始发表第一篇作品——散文《热南山地居民生活素描》。此后又写了中篇小说《苇塘纪事》，短篇小说集《红红的山丹花》。1952 年开始专业创作，曾在中央电影局、北影厂任编剧。1957 年创作了长篇小说《青春之歌》，在群众中和文艺界产生了很大反响，后改编为同名电影。1963 年调北京市作协任专业作家。长篇小说《东方欲晓》（第一部，1980 年）是《青春之歌》的续篇。

梁斌（1914—1996 年）

现代作家。河北蠡县人。1955 年调河北文联为专业作家。主要作品有：剧本《爸爸做错了》《血泪卢沟桥》《堤》《五谷丰收》，短篇小说《三个布尔什维克爸爸》《父亲》，长篇小说《红旗谱》（1958 年）。1963 年《红旗谱》的第二部《播火记》出版，描写高蠡暴动的兴起和失败。1980 年《红旗谱》第三部《烽烟图》出版，描写"七七事变"前后北方农村中的阶级变化及革命烽烟的再起。1976 年完成了反映土地改革的长篇小说《翻身记事》（上部）。其作品的风格特色是厚重而深沉。

周而复（1914—2004 年）

现代小说家。原名周祖式。原籍安徽旌德，生于南京。中学起就发表杂文和诗歌。1938 年奔赴延安。解放战争时期在香港从事文化工作。1949 年后，参加过《群众文艺》《收获》等杂志的编辑工作。主要作品有：小说《白求恩大夫》，长篇小说《上海的早晨》（4 卷）、《歼灭》《子弟兵》《春荒》，诗集《夜行集》《新的起点》《山谷里的春天》《高原短曲》。

柳青（1916—1978 年）

现代作家。陕西吴堡人。1947 年写成长篇小说《种谷记》，描写减租后农业劳动互助和生产运动的情况。1952 年开始长期深入农村，到陕西长安县皇甫村安家落户，担任长安县委副书记，与农民同呼吸共命运。1956 年写成长篇巨著《创业史》（第一部）。曾任全国文联委员、作协理事、作协西安分会副主席。主要作品还有长篇小说《铜墙铁壁》，中篇小说《恨透铁》，散文特写集《皇甫村三年》，短篇小说集《地雷》。

刘白羽（1916—2005 年）

现代散文家、小说家。北京人。抗战期间的作品有：短篇小说集《五台山下》《龙烟村纪事》《幸福》，散文集《延安生活》《游击中间》。解放战争时期有散文集《为祖国而战》，中篇小说《火花在前》。1949 年后有反映社会主义革命和建设的散文集《红玛瑙集》《红色的十月》，报告文学集《早晨的太阳》，短篇小说《晨光集》《踏着晨光前进的人们》，抒情散文《冬日草》《平明小札》。在当代文学史上以散文著称，善于以铺排的句式来造成磅礴的气势，长于以绚丽的词汇来显示文采的焕发，形成一种雄浑、奔放、壮美的艺术风格。

郭小川（1919—1976 年）

现代诗人。河北丰宁人。在抗日战争前期就写有《我们歌唱黄河》《草鞋》《老雇工》等诗篇。1955 年后，有诗集《致青年公民》《雪与山谷》《鹏程万里》《两都颂》，叙事长诗《将军三部曲》。20 世纪 60 年代初，又写下了《甘蔗林——青纱帐》《林区三唱》《西出阳关》《厦门风姿》《乡村大道》等一系列脍炙人口的诗篇。还写有文艺论著《谈诗》。1977 年人民文学出版社出版了《郭小川诗选》。他的诗具有革命战士的风貌，思想深邃而想象丰富。

秦牧（1919—1992 年）

现代散文家。原名林觉夫。1938 年春到广东参加抗敌宣传工作，从事过演员、编辑、战地工作队员、教师等工作。曾任《羊城晚报》副总编辑，暨南大学中文系主任。解放前的作品有《秦牧杂文》（1946 年），新中国成立后有散文集《贝壳集》《星下集》《花城》《潮汐和船》《长街灯语》，文艺随笔《艺海拾贝》，中篇小说《黄金海岸》，儿童文学作品《在化妆晚会上》《回国》，童话《蜜蜂和地球》。《长河浪花集》是其代表作。散文艺术上的特点是用谈天说地、辨析名物的方式，借助丰富饱满的知识，抒发对人生的感悟，寄寓对人物的褒贬，启发人们去思考。作品以其思想性、知识性、艺术性交织成一个"哲理和诗的境界"。

魏巍（1920—2008 年）

现代散文家、作家。1950、1952 年两次赴朝鲜战场采访，同志愿军战士生活在一起，写出了著名的报告文学集《谁是最可爱的人》《依依惜别的深情》。1951 年任《解放军文艺》副主编。1953 年起从事专职创作，曾任总政创作室副主任、总政文艺处副处长。作品主要有：报告文学集《人民战争花最红》，散文集《春天漫笔》，文艺论文《幸福的花为勇士而开》，歌剧《打击侵略者》（与宋之的、丁毅合作），中篇小说《长空怒风》（与白艾合作），电影剧本《红色风暴》（与钱小惠合作）。1976 年以后，著有散文《在欢乐的鼓声中前进》，长诗《新的长征》。以抗美援朝战争为题材的长篇小说《东方》荣获 1982 年首届茅盾文学奖。他的散文被称为"壮丽的诗"，炽热的感情、奔放的气势是其最突出的特色。

贺敬之（1924— ）

当代诗人。山东枣庄峄城人。1940 年参加革命，入延安鲁艺文学系学习。1945 年他和丁毅执笔集体创作的新歌剧《白毛女》，曾荣获 1951 年斯大林文艺奖。作品有诗集《乡村之夜》《朝阳花开》《放歌集》，长诗《回延安》。代表他文学成就的是《放声歌唱》《雷锋之歌》《西去列车的窗口》《中国的十月》《八一之歌》。这类长篇政治抒情诗，从比较开阔的角度反映时代的重大问题，并以在生活中提炼的某种思想作为构思的线索，在我国新诗史上是不多见的。

金庸（1924— 2018 年）

现代作家、学者。本名查良镛，笔名金庸。浙江海宁人。第二次世界大战后，曾任杭州《东南日报》、香港《大公报》记者编辑。1958 年，在香港创办《明报》，后发展为《明报》集团公司，刊行日报、晚报、周刊、月刊，兼营出版社。曾担任香港特别行政区基本法起草委员会委员，及基本法咨询委员会委员。金庸自 1955 年开始撰写武侠小说，共写出 15 部，主要作品有《神雕侠侣》《倚天屠龙记》《笑傲江湖》《天龙八部》《鹿鼎记》《雪山飞狐》等，大多被反复改编成电影、电视剧。他的作品挖掘出武侠小说的审美新境界，具有以往武侠小说从未有的艺术魅力，因而拥有最广大的读者群，是港台新派武侠小说的代表作家。

王愿坚（1929—1991 年）

当代小说家。山东诸城人。1944 年参加革命，在部队从事文化、宣传工作。1956 年参加革命回忆录《星火燎原》的编辑工作。1952 年调《解放军文艺》当编辑。1954 年发表第一个短篇小说《党费》。作品主要有短篇集《党费》《后代》《普通劳动者》，电影剧本《闪闪的红星》（与陆柱国合作），短篇小说《路标》《足迹》。他的作品以朴实而饱含革命激情的笔墨，写出革命前辈精神品质中最动人的内容，努力把无产阶级的革命襟怀写得更美。

王蒙（1934— ）

现当代作家。曾任文化部部长。主要作品有：长篇小说《青春万岁》，短篇小说《组织部新来的年青人》《小豆儿》《春节》《夜雨》《眼睛》《冬雨》。1976 年以后创作有短篇小说《队长·书记·野猫和半截筷子的故事》《最宝贵的》《夜的眼》，中篇小说《布礼》《相见时难》《蝴蝶》《风筝飘带》《如歌的行板》，报告文学《火之歌》，长篇小说《活动变人形》。王蒙在 20 世纪 50 年代的创作，表现了青年的热情和敏锐。1978 年以后的作品，格调趋于清醒而冷峻，在表现手法上也有很大的不同，经常采用复线条，甚至是"放射线"式的结构，用突破时空限制的大跨度跳跃，按照生活在人们心灵中的投影，反映出经过人们咀嚼后的生活；借鉴"意识流"手法来描写心理活动，刻画人物形象。

琼瑶（1938—   ）

中国台湾作家。原名陈喆。湖南衡阳人。1949 年随家迁居台湾。16 岁发表短篇小说《云影》。读高中时发表 200 余篇文章。1963 年长篇小说《窗外》出版，一举成名。至今共创作长篇小说《幸运草》《烟雨蒙蒙》《几度夕阳红》《彩云飞》《心有千千结》等 50 余部。

蒋子龙（1941—   ）

现当代作家。1964 年开始发表散文，次年发表第一个短篇小说《新站长》。20 世纪 70 年代初开始写工业题材方面的小说和报告文学。1976 年发表小说《机电局长的一天》引起了人们的瞩目。1979 年发表《乔厂长上任记》，受到广泛的重视和好评，并获得 1979 年全国优秀短篇小说一等奖。此后获奖的作品有：中篇小说《开拓者》《赤橙黄绿青蓝紫》《锅碗瓢盆交响曲》，短篇小说《一个工厂秘书的日记》《拜年》。小说集有《蒋子龙短篇小说集》《开拓者》《蒋子龙中篇小说集》。他的小说题材重大，思想敏锐，有着非常强烈的时代气息，呈现一种刚健、雄浑的艺术风采。

刘心武（1942—   ）

当代小说家。四川成都人。中学时便热爱文学，发表过一些短小的散文、小说、杂文和评论。1961 年从师专毕业，分配在北京一所中学任教，1976 年底调北京出版社工作，任《十月》文艺丛刊编辑，《儿童文学》丛刊编委，作协理事，曾任《人民文学》杂志主编。短篇小说《班主任》开一代风气，在中国文坛引起轩然大波，成为他的代表作。主要作品有：短篇小说集《母校留念》《班主任》，儿童文学《玻璃亮晶晶》。他的长篇小说《钟鼓楼》获得第二届茅盾文学奖。之后，他又以反映社会尖锐问题的长篇纪实文学获得好评，《公共汽车咏叹调》《五一九长镜头》等都是产生了巨大社会轰动效应的力作。

三毛（1943—1991 年）

中国台湾作家。原名陈平。浙江定海人，1948 年随父母去台湾。曾在台湾中国文化大学、西班牙、德国、美国学习哲学、文学、德文、陶瓷。回台湾后，在文化大学任教。1972 年，去非洲撒哈拉大沙漠与西班牙潜水师荷西结婚。在沙漠中写下了富有大漠浪漫风情的散文集《撒哈拉的故事》《雨季不再来》《稻草人手记》《哭泣的骆驼》等作品。1979 年荷西意外遇难，她在悲痛中写下了《梦里花落知多少》《背影》等散文，情深意切。三毛的作品是她生活经历的真实记录，洒脱自如又感人肺腑，受到许多读者喜爱。

贾平凹（1952— ）

当代小说家。陕西丹凤人。初中毕业后曾在家务农，1972 年进入西北大学中文系学习，毕业后曾任《西安》文学月刊编辑。在大学时开始写作，先写诗、故事，后转向小说，1980 年后致力于散文创作数载，此后开始创作中长篇小说。主要作品有：短篇小说《姐妹行》，散文集《月迹》。小说《满月儿》获 1978 年全国优秀短篇小说奖。此外还有中篇小说《小月前本》《腊月·正月》《鸡窝洼的人家》，长篇小说《浮躁》《废都》《怀念狼》等。

世界文学

一、外国文学名著

《荷马史诗》

相传为古代希腊诗人荷马所作的两部史诗，合称《荷马史诗》，包括《伊利亚特》和《奥德赛》。《伊利亚特》是古代英雄史诗，叙述希腊人为了夺回美女海伦而远征特洛伊城的故事，歌颂了部落英雄的骁勇与威武，共 24 卷，15693

荷马吟诗图

行。《奥德赛》是描写航海生活和家庭生活的史诗，叙述特洛伊战争后，希腊英雄奥德修斯还乡途中和回家后的故事，歌颂英雄的机智与才能，共 24 卷，12110 行。《荷马史诗》规模宏伟，戏剧性强，富于生活气息，用简明的笔法勾勒出了众多令人崇敬的英雄形象，在世界文学史上占有重要的地位。

《欧也妮·葛朗台》

法国作家巴尔扎克的作品之一。发表于 1833 年。小说描写了资产阶级暴发户葛朗台一家的生活史。箍桶匠出身的老葛朗台在法国大革命年代通过各种投机成为小城的新贵。他对金钱有特殊的爱好，贪婪而又吝啬。为了金钱，他不惜赶走侄女，囚禁女儿，吓死太太。小说通过对葛朗台的描述，再现了金钱侵蚀下人与人之间关系的异化。

《高老头》

巴尔扎克的作品之一。小说以伏盖公寓和鲍塞昂夫人的沙龙为舞台，以高老头和拉斯蒂涅两个人物的故事为主要情节。《高老头》着重批判资本主义世界中人与人之间的金钱关系。高老头的两个女儿，在得到父亲 80 万法郎的陪嫁后，就把父亲撵出大门，连他上门都不让进去。作品深刻地揭露了金钱万能、人情淡薄的社会现实。

《茶花女》

法国作家小仲马的长篇小说。主人公玛格丽特是个贫穷的农村姑娘，长得异常漂亮，因环境逼迫沦为妓女，后来她与富家子阿尔芒产生了爱情。阿尔芒的父亲反对这门婚事，逼迫玛格丽特离开阿尔芒。不知真相的阿尔芒又寻机羞辱她，终于使玛格丽特在贫病交加中死去。这个爱情悲剧揭露了资产阶级自私虚伪的本质，表达了作者对受害妇女的同情，赞美玛格丽特的美好心灵。

《包法利夫人》

法国作家福楼拜的长篇小说。女主人公爱玛是一个富裕农民的女儿，在少女时代阅读了不少描写浪漫爱情的作品，却由父亲做主嫁给了一个毫无浪漫气息的医生包法利。她受到地主罗道乐的勾引，不久又被抛弃。爱玛又与实习生赖昂往来，一步步走向堕落，成了非常奢侈的人，终因债台高筑，包法利诊所破产而绝望地服毒自杀。

《悲惨世界》

法国作家雨果的长篇小说之一。小说回顾了法国大革命时期和拿破仑战争的历史事件。基本情节是冉阿让的悲惨经历。他原是一个贫农出身的工人，因饥饿偷了一块面包而被捕入狱。越狱后被主教米里哀感化，成为一名企业家并被推举为市长。后因暴露过去身份而再次入狱。逃出监狱后救出已故女工芳汀的孤女珂赛特。冉阿让一生过着颠沛流离的生活，这部小说的要旨是："贫穷使男子潦倒，饥饿使妇女堕落，黑暗使儿童羸弱。"

《牛虻》

爱尔兰女作家伏尼契的代表作。小说描写了19世纪30年代意大利革命者争取意大利独立和国家统一的斗争。主人公"牛虻"出身于富裕家庭，在现实教育下识破了天主教会的虚伪，愤然出走，经历无数磨难，成为一名革命者，被捕后英勇不屈，从容就义。

《战争与和平》

俄国作家托尔斯泰的代表作。以1812年的卫国战争为中心，反映从1805到1820年间的重大历史事件。以鲍尔康斯、别祖霍夫、罗斯托夫和库拉金四大贵族的经历为主线，在战争与和平的交替描写中把众多的事件和人物串联起来。人物有上自皇帝、大臣，下至农民、士兵等各个阶层500余名，再现了一个阶段的历史。

《母亲》

苏联作家高尔基的代表作之一。小说《母亲》的主题之一是在无产阶级革命斗争中新人的诞生和成长。小说中的母亲是一个没有文化、受压迫、逆来顺受的妇女，在参加革命斗争的过程中，成长为有觉悟的无产阶级战士。小说刻画了工人阶级先锋队的代表人物，其中巴维尔就是最优秀的代表。

《钦差大臣》

俄国作家果戈理的讽刺喜剧。故事发生在俄国某偏僻城市，以市长为首的官吏听到钦差大臣前来视察的消息，将一个过路的彼得堡小官员赫列斯达科夫当作钦差大臣，对他阿谀、行贿。市长将自己的女儿许配给这位"钦差大臣"以图升官发财，这时传来了真正的钦差大臣到达的消息，最后以哑场告终。果戈理以卓越的艺术手法，刻画俄国官僚阶层的贪赃枉法、卑鄙庸俗等本质特征。

《安娜·卡列尼娜》

俄国作家托尔斯泰的优秀长篇小说，作品反映了俄国农奴制改革后动荡的社会生活、贵族的道德败坏和家庭关系的瓦解以及农村矛盾的激化。

托尔斯泰

主人公安娜·卡列尼娜追求爱情和幸福，但她无力对抗上流社会的虚伪和道德压力，又不能脱离贵族社会，最后卧轨自杀。这部作品在世界文学史上占有重要地位。

《老人与海》

美国小说家海明威的中篇小说。主题思想是人要勇敢地面对失败。小说中的渔夫桑提亚哥在同象征厄运的鲨鱼的斗争中虽然失败，但他在对待失败的风度上取得了胜利。小说中有一句名言："一个人并不是生来要给打败的，你尽可以把他消灭掉，可就是打不败他。"桑提亚哥的形象是海明威20世纪20—30年代创造的"硬汉性格"的继续与发展。它的艺术概括程度更高，达到寓言和象征的境界。

《大雷雨》

俄国剧作家奥斯特洛夫斯基的悲剧作品。写向往爱情的青年女子杰琳娜在婆家受到种种精神折磨，最后投水自尽。这出戏具有强烈的反封建的意义。著名评论家杜勃罗留波夫把这位敢于反抗封建势力的弱女子称为"黑暗王国的一线光明"。

二、欧美作家

埃斯库罗斯（约公元前 525—约公元前 456 年）

古希腊三大悲剧作家之一。生于阿提卡的埃琉西斯，青年时期在希庇阿斯的暴政下度过，曾参加过反对波斯侵略的马拉松战役和萨拉米战役。他一共写过 90 部剧本，保留下来的有 7 部：《乞援人》《波斯人》《七将攻忒拜》《被缚的普罗米修斯》《奥瑞斯特斯三部曲》（《阿伽门农》《奠酒人》《报仇神》）。

索福克勒斯（约公元前 496—公元前 406 年）

古希腊三大悲剧作家之一。公元前 440 年被选为雅典十将军之一。他擅长写悲剧，一共写过 120 多部剧本，现存完整的只有 7 部：《埃阿斯》《安提戈涅》《俄狄浦斯王》《埃勒克特拉》《特拉斯基少女》《菲罗古忒斯》《俄狄浦斯在科洛诺斯》。作品多反映雅典民主制全盛时期的思想意识。在结构上首创倒叙式的范例，结构复杂而紧凑，情节突变、悬念等技巧运用恰到好处。他最杰出的作品《俄狄浦斯王》已成为世界戏剧的代表作之一。

欧里庇得斯（约公元前 485—公元前 406 年）

古希腊三大悲剧作家之一。生于阿提卡东海岸的佛吕亚乡。学过绘画、自然科学，喜爱哲学。他写过 90 多部剧本，现存《美狄亚》《希波吕托斯》《特洛伊妇女》《酒神的伴侣》等 18 部。作品题材广泛，反映了雅典经济、政治危机时期的思想意识。现存作品中有 12 部是有关妇女题材的，最有代表性的是《美狄亚》。他注意写实，写普通人，把神话中的英雄也当作普通人来描写，主张全体公民在法律面前人人平等。他的作品标志着悲剧由重在写神向重在写人的过渡。

阿里斯托芬（约公元前445—公元前385年）

古希腊著名喜剧作家。生于阿提卡的库达特奈昂。他一共写过44部喜剧，流传下来的有11部。阿里斯托芬的喜剧触及社会政治问题，反对雅典和斯巴达之间的内战，抨击雅典当权者的专横，希望恢复旧日的雅典民主。《鸟》是阿里斯托芬以神话幻想为题材的喜剧，表达了建立理想城邦的愿望。阿里斯托芬想象力丰富，他的喜剧情节多是虚构的，甚至趋于荒诞。语言朴实、生动、自然，深受观众赞赏。被公认为"喜剧之父"。

维吉尔（公元前70—公元前19年）

古罗马诗人。一生写了3部作品：《牧歌》《农事诗》和史诗《伊尼德》（又译《埃涅阿斯纪》）。主要歌颂奥古斯都的功绩。是继荷马之后最重要的史诗诗人。开创了欧洲"文人史诗"。

贺拉斯（公元前65—公元前8年）

古罗马诗人，文艺理论家。主要作品有《颂诗》4卷，《讽刺诗》2卷，诗体《书简》2卷。代表作《诗艺》主张写诗须以古希腊诗歌为典范，讲求规律，提出"寓教于乐"之说。

但丁（1265—1321年）

意大利诗人。第一部作品诗集《新生》歌颂对贝雅特里齐的纯真爱情，表达对美好生活的渴望，风格清新自然，开文艺复兴抒情诗的先河。代表作《神曲》广泛反映新旧交替时代意大利的社会矛盾，显示人文主义思想的萌芽，但又带有浓厚的中世纪宗教色彩。其他作

品有《飨宴》《帝制论》等。

薄伽丘（1313—1375年）

意大利文艺复兴时期作家，人文主义的重要代表，写有长篇小说《菲洛哥罗》，长诗《菲拉斯特洛》《泰萨依德》《菲佐拉的女神》，中篇小说《菲亚美达》等。代表作《十日谈》包括100篇故事，宣扬人文主义思想。

拉伯雷（1493—1553年）

法国作家。出生于律师家庭，受过修道院教育。所著长篇小说《巨人传》共5卷，塑造了理想君主巨人卡冈都亚和其子庞大固埃的形象，宣扬了人文主义思想。

塞万提斯（1547—1616年）

西班牙作家。代表作为长篇小说《堂·吉诃德》，塑造了堂·吉诃德和桑科·潘扎两个艺术形象，尽情嘲笑了骑士理想和骑士制度，是文艺复兴时期欧洲最重要的长篇小说之一，对欧洲近代长篇小说的发展具有重大影响。其他主要作品有悲剧《奴曼西亚》《惩恶扬善故事集》、田园小说《加拉黛亚》、长诗《巴尔那斯游记》以及《八个新的幕间闹剧》等。

莎士比亚（1564—1616年）

英国戏剧家和诗人。出生于英国中部一个市民家庭。13岁时因家道中落而辍学，20岁时离开家乡去伦敦谋生。莎士比亚20多年的创作生涯中，共写了37部戏剧，154首十四行诗，2首长诗。其中的悲剧和喜剧是少有的艺术珍品。最高成就是四大悲剧：《哈姆雷特》《奥赛罗》《李尔王》和《麦克白》，具有永恒的艺术生命力。另外，《罗密欧与朱丽

叶》《威尼斯商人》等也是传世名篇。他的戏剧多借用广阔的历史背景来展现,语言精美而富于表现力,对欧洲文学和戏剧的发展有深远的影响。

莫里哀（1622—1673年）

法国作家、戏剧家。从小酷爱戏剧,早期在巴黎演出,后随流浪艺人到外省巡回演出,业余从事创作。1658年起发表《丈夫学堂》《太太学堂》等名篇,讽刺贵族阶级的伪善及自大。1664年后进入创作鼎盛期,写出了《伪君子》《贵人迷》《吝啬鬼》等戏剧名篇,对资产阶级做了辛辣的讽刺。晚年重要作品有《贵人迷》《司卡班的诡计》等。一生完成喜剧30余部,为人民所喜爱,对欧洲喜剧艺术的发展具有深远影响。

笛福（1660—1731年）

英国小说家。其文学地位是由其晚年创作的一系列长篇小说确立的。代表作《鲁滨孙漂流记》《辛格顿船长》《摩尔·弗兰德斯》《瘟疫年纪事》等,歌颂资产阶级创业冒险精神,为英国现实主义启蒙小说开辟了道路。

歌德（1749—1832年）

德国作家。在故乡写了剧本《铁手骑士葛兹·封·贝利欣根》,小说《少年维特之烦恼》和《浮士德》初稿等,体现出狂飙突进运动的反叛精神。1786年9月去意大利旅行,研究古希腊罗马的艺术。回魏玛后,摆脱政务,致力于文学创作和自然科学研究,完成诗剧《托夸多·塔索》、历史剧《埃格蒙特》《浮士德》第二稿《浮士德:一个片断》等创作。1794年与席勒结交,完成《威廉·迈斯特的学习时代》和叙事诗《赫尔曼和窦绿苔》。在《浮士德》初稿和《浮士德:一个片断》基础上完成《浮士德》第一部。晚年仍好学不倦,创作甚丰,重要的有自传性作品《诗与真》《意大利游记》,长篇小说《亲和力》和《威廉·麦斯特的漫游时代》,抒情诗集《西方与东方的合集》。逝世前又完成《浮士德》第二部。歌德学识渊博,经历复杂,一生跨两个世纪,处在欧洲大动荡大变革时期,不断接受先进思想的影响,是德国民族文学最杰出的代表。

席勒（1759—1805年）

德国诗人、剧作家。年轻时为狂飙突进运动的主要代表之一。早期成名作《强盗》和《阴谋与爱情》,确立了他的反对封建制度、争取自由和唤起民族觉醒的创作道路。从1794年起,与歌德结交。完成了《华伦斯坦》三部曲、《奥尔良的少女》《梅辛那的新娘》和《威廉·退尔》等剧本。其创作意在唤醒民族意识,号召民族统一,表现人民群众的斗争和力量。

歌德（左）与席勒（右）都是狂飙突进运动的主力军。

华兹华斯（1770—1850年）

英国诗人。1798年与柯勒律治共同出版的诗集《抒情歌谣集》和他为诗集写的再版序言,开创了英国文学史上的浪漫主义时代,著名作品有《露茜》《序曲》《给杜鹃》等。歌颂宗法制农村生活，歌颂自由，谴责暴政，支持民族解放斗争。具有朴素、自然、恬静、深邃的风格。

司汤达（1783—1842 年）

法国作家。侨居意大利期间，写过不少游记、随笔和艺术家评传。回国后，发表著名的文艺论著《拉辛和莎士比亚》，主张文学要反映现实，为现代人服务。19 世纪 30 年代发表的著名长篇小说《红与黑》，是法国第一部成熟的批判现实主义作品。主要作品还有长篇小说《巴马修道院》《吕西安·娄凡》（又名《红与白》，未完成）等。是第一个用现实主义方法写当代生活的作家。作品善于提示人物内心冲突和思想感情瞬息间的变化，人物性格鲜明突出。丰富了现实主义的艺术手法，在整个法国以至欧洲文学史上占有重要地位。

格林兄弟

雅各·格林（1785—1863 年）和威廉·格林（1786—1859 年）都是德国语言学家、童话作家和民间文学研究者。生于官员家庭，早年都在马尔堡大学学习法律，后同任哥廷根大学教授。1841 年均当选为柏林科学院院士。两人共同搜集德国世代流传的民间传说、故事和童话，并进行研究，编成《儿童与家庭童话集》，即著名的《格林童话》，流传甚广。

拜伦（1788—1824 年）

英国诗人。学生时代开始写诗。诗集《闲暇的时刻》出版后，受到《爱丁堡评论》的攻击，他以《英国诗人和苏格兰评论家》一诗予以回击。1909 年，继承上议院议员席位，不久赴南欧、西亚旅行。1812 年出版《恰尔德·哈洛尔德游记》第 1、2 章，轰动全英。同年在国会发表演说。《织机法案编制者颂》一诗问世，显示出讽刺风格。后写了一系列叙事长诗，塑造了高傲、孤独、倔强的叛逆者形象，称为"拜伦式英雄"。1816 年 4 月，被迫离开故国，后定居瑞士，结识雪莱。写了《恰尔德·哈洛尔德游记》第 3 章、《锡隆的囚徒》等作品。10 月赴意大利参加烧炭党活动，写了《恰尔德·哈洛尔德游记》第 4 章，《曼弗雷德》《审判的幻景》《青铜时代》《唐·璜》等作品。其作品对欧洲诗歌的发展起了重要作用。

雪莱（1792—1822 年）

英国诗人。他的政论《告爱尔兰人民书》和第一部长诗《麦布女王》引起英国统治者的仇恨，迫使雪莱永远离开英国，流亡异国。在意大利定居期间，完成抒情诗剧《解放了的普罗米修斯》。英国 1819 年"彼得卢事件"刺激他写下了一系列优秀的、充满革命激情的政治诗歌。著名的有《致英国人民之歌》《暴政的游行》《1819 年的英格兰》等。抒情短诗在其整个创作中占有重要地位，《西风颂》《云雀》等都是名作。其文学观点集中表现在长篇论文《诗辩》中。其诗宣传自由、平等，富于鼓动性。

海涅（1797—1856 年）

德国诗人。在浪漫主义影响下开始创作。早期作品《诗歌集》，写对爱情的体验，具有浪漫主义色彩；《旅行札记》记述他在德、意、英等地的旅行观感，表现出革命民主主义思想和浪漫主义与现实主义结合的特色。1833 年论文《论浪漫派》的发表，结束了德国文学中浪漫主义的统治地位。代表作有《德国——一个冬天的童话》《西里西亚的纺织工人》等。其创作标志着德国浪漫主义文学向民主主义革命文学的过渡。

巴尔扎克（1799—1850 年）

法国作家。1833 年，《欧也妮·葛朗台》发表，标志着其现实主义风格的形成。他立志当法国社会的"书记"，写出一部 19 世纪法国社会"风俗史"。从 19 世纪 30 年代开始，逐步形成《人间喜剧》的宏伟规划，在不到 20 年的时间内，共创作小说 91 部。《人间喜剧》分为风俗研究、哲学研究和分析研究三大类。风俗研究又分为私人生活场景、政治生活场景和军事生活场景等。重要作品有《驴皮记》《乡村医生》《欧也妮·葛朗台》《高老头》《幻灭》《贝姨》《农民》等。《人间喜剧》主要反映了 1816—1848 年王朝复辟消亡史、资产阶级的发家史；揭露了金钱的罪恶和资本主义社会中人与人之间的金钱关系。艺术上善于从社会研究的高度来反映现实；注重塑造典型环境中的典型人物；重视细节的真实和精确性。他是 19 世纪欧洲批判现实主义文学的奠基人和杰出代表之一。一百多年来，他的作品传遍了全世界，对世界文学的发展产生了巨大影响。

大仲马（1802—1870 年）

法国作家。其学识和文学才能主要靠自学得来。早期厌恶伪古典主义戏剧，学习莎士比亚，创作了《亨利三世及其宫廷》等剧本。19 世纪 30 年代中期，仿效司各特，创作历史小说，写有 200 余部小说。著名的有《三个火枪手》《基督山伯爵》等。其历史题材的作品，不拘泥于史实，情节曲折生动。

雨果（1802—1885 年）

法国作家。法国浪漫主义文学运动的领袖。一生中写了大量的诗歌、戏剧、小说、文艺理论和政论著作。在诗歌方面，写有《东方集》《秋叶集》《惩罚集》《凶年集》和《历代传说》等 26 个诗集。在戏剧领域，写有《克伦威尔》《欧那尼》等十多个剧本。小说有《巴黎圣母院》《悲惨世界》《海上劳工》《笑面人》《九三年》等。文学论著有《〈克伦威尔〉序言》《莎士比亚》《司各特论》《拜伦论》等。其作品从人道主义角度反映了 19 世纪的法国社会生活。对法国和整个世界文学的发展产生了深远的影响。

安徒生（1805—1875 年）

丹麦作家。1827 年开始文学活动。写过诗歌、小说和戏剧。以童话著名，代表作有《皇帝的新装》《丑小鸭》《卖火柴的小女孩》等。对统治阶级的愚昧野蛮、虚伪残酷进行无情的鞭挞；对劳动人民的苦难寄予深切同情，并赞美他们的美德。作品想象丰富，语言清新。在全世界拥有广泛读者，是 19 世纪第一个赢得世界声誉的北欧作家。

狄更斯（1812—1870 年）

英国小说家。成名作《匹克威克外传》揭露社会黑暗，宣传道德教育思想。脱离新闻界后，写了《老古玩店》等重要作品，同情小人物，揭露慈善机关的伪善。19 世纪 40 年代，写了《游美札记》和长篇小说《董贝父子》《大卫·科波菲尔》等作品。19 世纪 50 年代后，是其创作的繁荣期。由于对工人运动缺乏正确认识，看不到社会前途，早期创作中幽默乐观的情绪削弱了。这时期的重要作品有:《荒凉山庄》《艰难时世》《小杜丽》《双城记》《远大前程》等小说。作品题材广泛，以高度的艺术概括力，生动的细节描写，细致的心理分析和幽默的语言，塑造了众多中下层小人物形象，真实地反映了 19 世纪英国社会风貌。是英国批判现实主义文学最杰出的代表，其文学成就对世界文学的发展产生了重要影响。

夏洛蒂·勃朗特（1816—1855 年）

英国女作家。生于贫苦的牧师家庭。作品主要写贫苦的小资产者的孤独、反抗和奋斗。代表作《简·爱》成功地塑造了敢于反抗、争取自由的简·爱形象。还写有小说《教师》《雪莱》《维莱特》等。心理描写真切动人。

艾米莉·勃朗特（1818—1848 年）

英国小说家。夏洛蒂·勃朗特的妹妹。代表作长篇小说《呼啸山庄》以奇

勃朗特三姐妹画像，由左至右：安妮、艾米莉、夏洛蒂。

特的想象力、引人入胜的情节、尖锐紧张的冲突和丰富的语言见长，在英国文学史上占有重要位置。

惠特曼（1819—1892 年）

美国诗人。生于纽约附近的长岛，父亲务农兼做木匠。他少年时代出外谋生，广泛接触劳动人民。1855 年，代表作诗集《草叶集》问世，以后多次增删和修改，直至逝世。他是美国著名民主诗人，其自由体诗歌为美国诗歌开辟了一条崭新的道路。

福楼拜（1821—1880 年）

法国作家。十几岁开始创作小说和剧本。19 世纪五六十年代先后写成《包法利夫人》《萨朗波》和《情感教育》3 部长篇小说，轰动法国文坛。其作品无情地揭露现实；强调时代和环境对人物性格的作用，注重细节的精确，结构的严谨，语言的锤炼。在理论上倡导"艺术至上"，号召作家"钻入象牙之塔"，追求抽象美。其创作上承司汤达、巴尔扎克的传统，下开 19 世纪法国后期批判现实主义的先河，对西方现代主义小说家的创作也有很大影响。

裴多菲（1823—1849 年）

匈牙利诗人。早期诗歌具有民间诗歌气息。1844 年发表叙事长诗《勇敢的约翰》。19 世纪 40 年代末组织匈牙利第一个作家团体"青年匈牙利"，并以诗歌当武器为人民的斗争服务。在 1848 年 3 月匈牙利爆发的革命斗争中，他领导激进青年在佩斯发动起义，朗诵了著名的《民族之歌》。1849 年在谢盖什瓦尔战斗中牺牲。短暂的一生写过戏剧、小说、政论和散文，主要作品是诗歌。共写了

800多首抒情诗、8部长篇叙事诗。代表作为叙事长诗《使徒》，是他后期总结性作品。语言质朴、意境优美，深受读者喜爱。

小仲马（1824—1895 年）

法国作家。大仲马的私生子。代表作小说《茶花女》（后改写成同名话剧、歌剧）控诉了资产阶级道德的虚伪和残忍。一生写有20多个剧本，重要的有《金钱问题》《私生子》《放荡的父亲》《阿尔丰斯先生》等。多以妇女、婚姻、家庭问题为题材，揭露资产阶级社会的丑恶风尚。戏剧结构严谨，语言流畅，富有抒情意味。

易卜生（1828—1906 年）

挪威戏剧家。参加过挪威民族运动。一生共创作了26部剧本。最重要的4部戏剧为《社会支柱》《玩偶之家》《群鬼》《人民公敌》。作品大多是揭露当时的宗教、家庭、婚姻、道德、伦理等问题，引发人们的思考，同时赞颂个人反叛、坚持真理的精神。1884年完成的《野鸭》是他晚期创作的标志，象征主义和神秘主义是这一时期的特征。

马克·吐温（1835—1910 年）

美国作家。1867年，第一本短篇小说集《卡拉韦拉斯县驰名的跳蛙及其他》在纽约出版，声名大振，此后写了许多散文、游记、小说、书信。其作品嘲笑拜金主义，暴露美国"民主竞选"的虚伪，讽刺美国政界、军界、新闻界的混乱，反对种族歧视，谴责侵略，思想内容广泛而深刻。代表作有《百万英镑》《镀金时代》《汤姆·索亚历险记》《哈克贝利·费恩历险记》等，主张以

"生气勃勃""其中有火"的心灵去写作。是美国文学史上著名的幽默文学大师，世界公认的现实主义文学巨匠。

都德（1840—1897 年）

法国小说家。曾参加普法战争。著有小说、剧本、回忆录。代表作有长篇小说《小东西》、短篇小说集《磨坊书简》《月曜日故事集》等。其中《最后一课》和《柏林之围》是脍炙人口的名篇。作品以讽刺幽默、委婉感伤、柔和轻快的艺术风格获得读者的喜爱。有"法国的狄更斯"之称。

莫泊桑（1850—1893 年）

法国作家。参加过普法战争。曾在海军部和教育部工作。创作上得到福楼拜的指导，也受到过自然主义的影响。写有中短篇小说约300篇。文学成就以短篇小说最为突出，有"短篇小说巨匠"的美称。著名作品《羊脂球》《菲菲小姐》《两个朋友》《米隆老爹》《勋章到手了》《项链》《我的叔叔于勒》等，反映普鲁士侵略者的残暴，歌颂法国人民的爱国精神；揭露资产阶级的道德沦丧和拜金主义；反映普通人民的痛苦生活和优秀品质。还写有《一生》《俊友》等6部长篇小说。小说结构严谨，人物形象逼真；善用简练的文笔描写人物的心理活动和性格。其创作对欧洲文学家影响很大。

王尔德（1854—1900 年）

英国作家。主要作品有童话故事《快乐王子集》、长篇小说《道林·格雷的画像》、剧本《莎乐美》等，多反映对爱情和享乐的追求。他主张艺术应从生活中超脱出来，否认艺术的社会内容，进一步发展了"为艺术而艺术"的

理论，是唯美主义的主要代表，现代派的先驱。

普鲁斯特（1871—1922 年）

法国作家。在中学求学期间开始创作。1896 年，将发表的纪事、随笔、故事等汇成《悠游卒岁录》出版。1896～1899 年写作自传体小说《若望·桑德伊》（未完成）。从 1906 年开始，因哮喘病不时发作，只能闭门写作。代表作长篇小说《追忆逝水年华》，写主人公对青春的无限怀恋与追忆，描述人物的潜在意识和变态心理，是著名的"意识流"小说之一。他变革了传统小说观念，革新了小说的题材和写作技巧，开辟了现代主义小说的新领域。

德莱塞（1871—1945 年）

美国作家。20 世纪初开始文学创作。早期作品《嘉丽妹妹》《珍妮姑娘》《欲望三部曲》的前两部（《金融家》《巨人》）和《天才》等长篇小说，描写下层人民特别是劳动妇女的悲惨遭遇，揭露了美国社会严重的贫富对立，抨击帝国主义时代美国"民主"的虚伪本质，流露出悲观主义情绪。1919 年开始写代表作《美国的悲剧》。1927 年访问苏联，引起思想变化。1945 年加入美国共产党。晚年写作长篇小说《堡垒》和《欲望三部曲》最后一部《斯多噶》，是 20 世纪前期美国优秀的进步作家。

毛姆（1874—1965 年）

英国作家。1897 年在伦敦取得医师资格。第一部长篇小说《兰贝斯的丽莎》就是以产科医生为题材。小说以客观挑剔的态度审视人生，充满超然和讽刺。代表作《人性的枷锁》是带有自传成分的小说，揭示了不合理的教育制度、宗教、习俗等对人性的束缚。写了游记《在中国的屏风上》《客厅里的绅士》及小说《彩巾》等，还有长篇小说《月亮和六便士》。所作 150 余篇短篇小说分别收在《方向集》《颤叶集》和《卡苏里纳树》等集子里。

杰克·伦敦（1876—1916 年）

美国作家。一生共发表长、中、短篇小说以及报告文学、政论文集等 50 余部。代表作有长篇小说《铁蹄》《马丁·伊登》等。主张用社会主义革命来改变现存社会秩序，揭露美国黑暗社会制度，同情广大下层人民。作品人物个性鲜明，情节紧凑，文字精练生动。

乔伊斯（1882—1941 年）

爱尔兰作家。现代派文学的奠基者之一。生于都柏林一个贫穷职员家庭。22 岁"自愿流亡"，离开祖国，大半生在欧洲各地度过。第一个短篇小说集《都柏林人》，基本采用现实主义手法。自传体小说《一个青年艺术家的画像》，始用"意识流"写法。代表作《尤利西斯》，更侧重描写人物下意识活动，被认为是现代派的经典作品。为心理描写开辟了新的途径。

卡夫卡（1883—1924 年）

奥地利作家。1901 年入布拉格大学学习法律，参加布拉格文学界的活动，并开始写作。1906 年获博士学位。长期当小职员，生活困苦，养成其阴郁多愁、孤僻脆弱的性格。其著作生前出版不多，死后遗稿由友人整理出版。代表作长篇小说《美国》《审判》《城堡》（均未完成），被称为《孤独三部曲》。他开创了现代派写"非英雄"人物的先例，被称为"弱的天才"。其作品情节扑朔迷离，场景荒诞无稽，格调阴沉恐怖，具有惊心骇目的艺术效果，对 20 世纪西方文学产生了深远的影响。

劳伦斯（1885—1930 年）

英国作家。一生中写了大量的长篇和短篇小说、诗歌、评论等，以写长篇小说著名。主要作品有《儿子和情人》《彩虹》《恋爱中的女人》《查泰莱夫人的情人》等。受弗洛伊德影响，多描写两性关系。摒弃了传统的艺术表现形式，在小说结构上不重视情节的发展，不追求故事的离奇和戏剧性的高潮，精于描绘几乎无法表达的各种情绪。其创作对西方现代小说的发展产生了重要影响。

伏契克（1903—1943 年）

捷克作家。1921 年加入共产党，曾担任党中央机关报记者、主编及驻苏联记者。回国后，写了大量政论、传单等，与法西斯进行斗争。1942 年被捕，在布拉格潘克拉茨监狱写下报告文学《绞刑架下的报告》。出版后被译成 80 多种文字。1943 年被害于德国柏林。

三、亚非拉作家

紫式部（约 978—约 1016 年）

日本平安时代女作家。姓藤原，名不可考，紫式部是她在宫中的称呼。主要作品有《源氏物语》54 卷，是日本最早的长篇小说。另有在宫廷供职期间所写的《紫式部日记》2 卷，具有较高的史料价值和文学价值。联合国教科文组织于 1965 年把她与但丁、歌德等并列为世界文化伟人。

朴仁老（1561—1642 年）

朝鲜李朝诗人。字德翁，号芦溪、无何翁。出身贵族。壬辰卫国战争爆发后，投笔从戎，参加海战。1599 年武科及第，历任海军将领。晚年对党争不满，弃官还乡。从军时所作的《太平词》《船上叹》等歌词，充满爱国热情，号召人民保卫祖国。归乡后的诗词多描写农村生活，反映人民疾苦，带有悲观情绪。所著《芦溪集》，收有歌词、时调、汉文诗歌和散文。他的诗词对朝鲜诗歌发展有很大影响。

夏目漱石（1867—1916 年）

日本作家。受到中国文学的道德观念和英国文学的启蒙思想的影响，并接受俳文的美学观点。写有诗歌、散文、小说和评论。其小说成就最大，揭露和批判明治维新后的文明社会，思想深刻，笔触锋利。代表作是长篇小说《我是猫》。重要作品还有未完成的《明暗》，被誉为日本近代心理小说的典范。

芥川龙之介（1892—1927 年）

日本小说家。深受中国古典文学和欧美文学的影响，作品兼有浪漫主义和现实主义的特征，是新思潮派和新现实主义代表作家。小说主题含蓄，布局精巧，语言典雅幽默，心理刻画细致。重要作品有短篇《罗生门》《鼻子》和童话小说《河童》。

博尔赫斯（1899—1986 年）

阿根廷作家。就读于剑桥大学，掌握英、法、德等国文字。1950 ~ 1953 年任阿根廷作家协会主席。1923 年出版第一部诗集《布宜诺斯艾利斯的热情》，表现出先锋派的影响。1941年短篇小说集《交叉小径的花园》发表，在阿根廷和拉丁美洲国家赢得很高声誉。

小林多喜二（1903—1933年）

日本作家。在异常艰苦的条件下，写下了反映无产阶级英勇斗争的光辉作品，为日本无产阶级文学奠定了基础。代表作有中篇小说《蟹工船》《为党生活的人》。风格刚健、质朴。

卡彭铁尔（1904—1980年）

古巴文学家。曾创办先锋派文艺杂志《前进》。1927年因反对独裁统治被捕，出狱后流亡国外。1959年回国，任国家出版社社长等职。他的长篇小说《消逝的脚步》刻画美洲受西方文明冲击的现实。《启蒙世纪》描写法国大革命时期西印度群岛发生的事件。《方法的帮助》讽刺和抨击独裁者。他被认为是拉丁美洲现代小说的先驱。

赵基天（1913—1951年）

朝鲜诗人。主张诗歌应是"燃烧在人民心中的熊熊烈火"，是"动员人民开赴战场的雷声"。其诗作激情洋溢，情节紧凑，语言凝练，声调铿锵。代表作《白头山》是朝鲜现代诗歌史上第一部长篇叙事诗。

略萨（1936—　）

秘鲁作家，秘鲁语言学院院士。生于阿雷基帕市。1958年在马德里中央大学获博士学位。1959年赴巴黎进修文学。一直从事文学创作与研究。第一部长篇小说《城市与狗》，获西班牙简明文库文学奖，因触犯秘鲁军事当局，作品被当众焚烧。1965年出版代表作长篇小说《绿房子》，几年内连获国内外多种奖项。《世界末日之战》以19世纪80年代巴西一次农民起义为题材，将魔幻与历史结合起来，获得高度评价。1976年在国际笔会代表大会上被推选为主席，成为第一个任此职的拉美作家。

四、俄国／苏联作家

普希金（1799—1837年）

俄国诗人。具有多方面的文学才华，一生写过800多首抒情诗、14首长诗和许多小说、戏剧、散文和文论。代表作有诗歌《自由颂》《致恰达耶夫》《囚徒》《致大海》《茨冈》、诗体小说《叶甫盖尼·奥涅金》和历史小说《上尉的女儿》等。其创作反映当时贵族知识分子对资产阶级自由、平等、博爱的强烈追求。艺术上具有独创性、民族性和典范性。他是俄国浪漫主义文学的主要代表，批判现实主义文学的奠基人，被誉为"俄国诗歌的太阳"。

果戈理（1809—1852年）

俄国作家。与普希金的创作相配合，奠定了19世纪俄国批判现实主义文学的基础。一生从事小说和戏剧创作，以高超的现实主义艺术手法，对俄国贵族官僚集团和农村地主阶级进行了深刻的揭露与嘲讽，对受侮辱受损害的下层人民予以深切同情，反映了人民不满封建农奴制度的情绪。代表作为剧本《钦差大臣》、中篇小说《外套》和长篇小说《死魂灵》。艺术手法以讽刺见长。

别林斯基（1811—1848年）

俄国革命民主主义者、文艺评论家。著有1000多篇文学批评文章。首次提出艺术是"寓于形象的思维"的论断，认为艺术是现实生活的再现。他的文学批评把高度的原则性和精确的艺术分析融为一体。不仅推动了俄国文学的发展，而且在世界文学批评史上占有重要地位。

莱蒙托夫（1814—1841 年）

俄国作家。普希金遇害时，莱蒙托夫写了著名的《诗人之死》一诗，激怒了沙皇政府，遭流放。叙事诗《恶魔》、长篇小说《当代英雄》等，充满对俄国封建农奴制的不满与抗议。为 19 世纪中叶俄国批判现实主义文学奠定了坚实的基础。

屠格涅夫（1818—1883 年）

俄国作家。一生中写了许多优秀的短、中、长篇小说。著名作品《猎人笔记》《罗亭》《贵族之家》《前夜》《父与子》等，批判了腐朽的农奴制，塑造了“多余人”和平民知识分子的典型形象，对俄国和世界文学的发展产生了重要影响。

陀思妥耶夫斯基（1821—1881 年）

俄国作家。先后写了《穷人》《被侮辱与被损害的》《罪与罚》《白痴》《群魔》《卡拉马佐夫兄弟》等重要小说。他第一个把市民生活带进俄国文学。深刻的心理描写是其艺术上的显著特点。第二次世界大战后，在国际上的声誉日益提高，被认为是西方现代主义的鼻祖。

托尔斯泰（1828—1910 年）

俄国作家。著有长篇小说《战争与和平》《安娜·卡列尼娜》《复活》，剧本《活尸》，短篇小说《舞会之后》，中篇小说《哈泽·穆拉特》等。其半个多世纪的文学创作，描绘了 1905 年革命前的旧俄国，提出了许多重大的社会问题，继承了俄国和西欧批判现实主义的优良传统。善于创新，擅长深刻细致的心理描写，是俄国最伟大的批判现实主义作家。

契诃夫（1860—1904 年）

俄国作家。一生创作了 470 多篇小说，中短篇小说题材多样，针砭时弊。如《一个官员之死》《万卡》《变色龙》《第六病室》《套中人》等，塑造了许多有独特性格的典型形象。

契诃夫

19 世纪 90 年代后从事戏剧创作，名篇有《海鸥》《万尼亚舅舅》《樱桃园》等。契诃夫的中短篇小说与莫泊桑齐名，戏剧能与易卜生媲美，在世界文学史上占有重要地位。

高尔基（1868—1936 年）

苏联作家。早年不平凡的经历在他的自传小说三部曲《童年》《在人间》《我的大学》中做了记录。20 世纪初，他以歌颂革命理想、洋溢着革命激情的战斗诗歌《海燕》迎接了世纪之初的无产阶级革命风暴，并开始创作剧本。《小市民》描写了小市民思想与无产阶级思想的冲突，《底层》描写了一群被抛到生活底层的流浪汉的悲惨遭遇，揭露了资本主义社会的罪恶。1906 年在美国写出代表作《母亲》第一部，并完成剧本《敌人》。

爱伦堡 (1891—1967年)

苏联作家。描写第二次世界大战的长篇小说《巴黎的陷落》和《暴风雨》，先后获得1942年度和1948年度斯大林奖。1954年发表的中篇小说《解冻》，被西方称为"解冻文学"的先声。

法捷耶夫 (1901—1956年)

苏联作家。代表作有长篇小说《毁灭》《青年近卫军》等。笔下的主人翁是为崇高理想而斗争的英勇战士。善于把严格的现实主义描写、深刻细腻的心理分析、浪漫主义的抒情笔调有机地统一起来。为社会主义现实主义文学的杰出代表之一。

奥斯特洛夫斯基 (1904—1936年)

苏联作家。有长篇小说《钢铁是怎样炼成的》和《暴风雨所诞生的》（三部曲中的第一部）。1934年加入苏联作家协会。1935年获列宁勋章。

哲 学

一、中华哲学经典

《周易》

又称《易经》，简称《易》，是儒家重要经典之一。相传为周朝人所作，所以叫"周易"。包括《经》《传》两部分。《经》为古代占卜之书，有64卦和384爻，卦和爻各有说明。《传》是对《经》的解释，共10篇，统称《十翼》。对《周易》的注解现在有东汉郑玄注、三国魏王弼注及唐李鼎祚《周易集解》等多种版本。

《易传》

又称《十翼》，是《周易》的组成部分。是对《易经》的最早注解和发挥，共10篇。旧传为孔子作，实际上不是一个人写成的，大约成书于战国至汉初之际。中心内容是强调万物的变化发展，把天地的总规律概括为阴阳之道。《易传》也指汉代以来所有对《周易》的注疏。

五经

指儒家五部经典著作。汉武帝时定为《诗》《书》《礼》《易》《春秋》。在中国封建社会长期作为封建士大夫的教科书。

《论语》

儒家经典之一。共20篇，是孔子弟子及再传弟子关于孔子言行的记录。西汉时《论语》的注解本有《鲁论》《齐论》及《古论》三种，现在的注疏本甚多。秦汉时列为七经之一，南宋时列为四书之一。

《老子》

又称《道德经》《老子五千言》，是道家学派主要著作。相传为春秋末年老子著。通行本为三国时魏国王弼的注本，分81章，《道经》在前，《德经》在后。1973年马王堆汉墓发现的汉初帛书《老子》甲、乙本，是迄今为止能够见到的最古老的抄本。《老子》一书论述了完整的以道为核心的理论体系。历代注疏本甚多。

《墨子》

墨家思想的著作总汇。是战国时墨翟的弟子或再传弟子所做的记录。今存53篇，其中《尚贤》《尚同》《兼爱》《非攻》《节用》《节葬》《天志》《明鬼》《非乐》《非命》等篇反映墨翟思想。通行的注解本为清代孙诒让的《墨子间诂》。

《墨经》

《墨子》书中的一部分。是墨子学说传人的著作。包括《经上》《经下》《经说上》《经说下》《大取》《小取》6篇。论述了认识论、逻辑学及自然科学等领域的内容。传本字句残错较多，经清代张惠言、孙诒让整理校疏，意思可以贯通。

《慎子》

战国时慎到著。是法家重要著作。原为42篇，今残存5篇。主张君主无为而治，又倡导法治。清代钱熙祚辑本参考《群书治要》本7篇和《七汇》本5篇，较完善。

《礼记》

又称《小戴礼记》。是秦汉以前各种礼仪著述的汇编，为儒家经典之一。相传为西汉戴圣编，今本为东汉郑玄注本，共有49篇。对于研究古代社会状况、礼法规范、文物制度、儒家思想有参考价值。

《大学》

原为《礼记》中的一篇。后来成为儒家经典之一，相传为孔子弟子曾子撰著。宋代开始由《礼记》中抽出，朱熹把它作为"四书"之一。提出"明明德""亲民""止于至善"三纲领和"格物、致知、诚意、正心、修身、齐家、治国、平天下"八条目。宋以后影响渐大。

《中庸》

《礼记》中的一篇。儒家经典之一，相传为战国时子思作。肯定中庸为最高道德准则，以"诚"为世界本原，以"至诚"为人生最高境界，并提出一套完整的学习过程和认识方法。宋代开始列为"四书"之一，影响渐大。

《孟子》

儒家经典之一。战国时孟轲及其弟子门人著。《汉书》中说有11篇，今存7篇。主要记录孟子的学说与活动，是研究孟子的主要资料。东汉赵岐，南宋朱熹，清代焦循、戴震都曾做过注解。

《庄子》

亦称《南华经》，道家主要著作。战国庄周及其弟子著。《汉书》上说有52篇。晋人郭象注为33篇，为今通行本，分为内篇7篇，外篇15篇，杂篇11篇。现在普遍认为内篇为庄子著，外篇、杂篇为其门人弟子著。历来注疏很多，现在流行清代郭庆藩的《庄子集释》、王先谦的《庄子集解》等。

《公孙龙子》

又称《守白论》，战国公孙龙著。名家代表作，现存6篇。全书就逻辑范畴、论辩准则、名实关系等详细论述。注本有十多种。

《尹文子》

相传为战国时尹文著。《汉书》《隋志》《唐志》中都有记述。今本似非隋唐流行本，人们怀疑是别人伪作，但又并非全部都是假的，可能是根据尹文原本残存的部分添加写成。

《荀子》

战国末荀况著。今本系唐代杨倞编

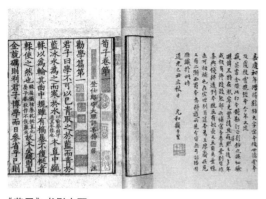

《荀子》书影内页

排，共 32 篇。涉及内容很广，对天道、人性、逻辑、教育、军事、经济均有论述。是先秦哲学思想的总结与发展。主要注疏有唐代杨倞的《荀子注》、清代王先谦的《荀子集解》、近人梁启雄的《荀子简释》等。

《天论》

《荀子》中的一篇。提出"天行有常，不为尧存，不为桀亡"的客观规律性，阐发"明于天人之分"的天人关系学说，还提出"制天命而用之"等论点，强调人的主观能动性。

《劝学》

《荀子》中的一篇。重视教育对人的作用，认为人的知识、才能是"善假于物"的结果，也就是说知识和道德修养是长期积累的结果。

《吕氏春秋》

又名《吕览》。战国末吕不韦集门客合撰成书。杂家代表作，共 26 卷，160 篇。以无为为纲纪，以建立统一帝国为目标，综合先秦诸家学说。注疏者数十家，今有多种流传。

《韩非子》

战国末韩非著。后人编成，共 55 篇。法家代表作。其中提出了"法""术""势"相结合的法治主张，并对儒、道、墨诸家均有评述。注释本有清王先慎的《韩非子集解》、近人梁启雄的《韩子浅解》、陈奇猷的《韩非子集释》等。

《喻老》

《韩非子》中的一篇。以博喻方法发挥老子思想。提出要限制权力，重视法的作用等重要观点。是解释《老子》的名篇。

《五蠹》

《韩非子》中的一篇。集中阐述韩非的历史观。分历史为"上古""中古""近古""当今"，提出应用发展的眼光看问题、解决问题的思想。把学者、言谈者、带剑者、患御者、工商之民斥为"五蠹"，主张"除五蠹"，"以法为教"，实现天下的法治。

《新语》

西汉陆贾著。2 卷 12 篇，是为帮助汉高祖刘邦总结秦汉失得天下的经验教训的奏章。认为朝代更替并不是天意，而是取决于国君的做法。主张重视人民，让他们安居乐业，无为而治。流行本为《汉魏丛书》《四部丛刊》本。

《新书》

西汉贾谊著。也称《贾子》，10 卷，58 篇。总结秦亡教训，提出政治之策，主张以民为本等思想。隋唐以来有散逸。经后人整理，现有《抱经堂丛书》《诸子集成》等版本。

《淮南子》

也称《淮南鸿烈》。由西汉淮南王刘安招集宾客苏非、李尚等人著作而成。

原有内篇 21 篇，外篇 33 篇。现存内篇 21 篇。以道家思想为主干，杂合阴阳、儒、法诸家之说，是杂家代表作。现存《二十二子》《诸子集成》等版本。

《春秋繁露》

西汉董仲舒著。共 17 卷，82 篇。糅合了儒家思想与阴阳学说，建立起"天人感应"的神秘主义理论体系。提出"三纲""五常""三统""性三品"等学说，对后世影响巨大。注疏有清凌曙《春秋繁露注》、苏舆《春秋繁露义证》等。

《盐铁论》

西汉桓宽编著，分 10 卷 60 篇。记载文学贤良与御史大夫桑弘羊在盐铁会议上，就国家大政方针展开的激烈辩论，特别是盐铁官营政策的利弊得失。有数种注释本传世。

《太玄》

亦称《太玄经》。西汉扬雄著，10 卷。混合儒道阴阳诸家思想。认为"玄"为万物之本，玄生阴阳，阴阳"判合"而生万物，提出应顺应自然的论点。有北宋司马光注本及《道藏》本等。

《法言》

西汉扬雄著。模仿《论语》的体例，共 13 卷。以儒学为主干，兼采道家思想。主张以善为本来修养身性，有晋李轨《法言注》、北宋司马光《扬子法言集注》、近代汪荣宝《法言疏证》《法言义疏》。

《新论》

东汉桓谭著。原有 29 篇，大部分已亡逸。现为后人辑本。主要反对迷信神学，倡导无神论思想。为王充所推崇。以清严可均辑本最为详备。

《白虎通义》

又称《白虎通德论》，简称《白虎通》。东汉班固等编撰，6 卷。总汇董仲舒以来今文经学经义，用迷信、神学加以解释，使之成为钦定法典。现存有《抱经堂丛书》和《四部丛刊》版本。

《论衡》

东汉王充著。30 卷，85 篇。发挥古代"元气自然论"，客观评述了先秦儒、法各家思想，特别批驳了"天人感应论"与谶纬迷信之说。有《四部丛刊》《诸子集成》等多种版本。

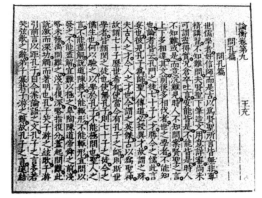

《论衡》书影

《潜夫论》

东汉王符著。10 卷，36 篇。陈述了当时政治的得失，批驳谶纬迷信之说，主张国君要了解民间疾苦，强调"天以民为心"。全面评析政治、经济，突破轻视工商业的传统，在我国经济思想史上影响很大，有《四部丛刊》本和清汪继培的《潜夫论笺》。

《嵇康集》

三国魏嵇康著。又名《嵇中散集》。史书中有记载 15 卷、13 卷、10 卷的。现为后人辑本，共 10 卷。记载了嵇康的思想与作品。以鲁迅校刊本最详备。

《养生论》

三国魏嵇康著。讨论了养生及形神关系问题。否定生死有命说，认为人只要导养得理，便可长寿到百年、千年。认为形与神不可分离，相互依存。后收入《嵇康集》。

《阮籍集》

三国魏阮籍著。书中阐明了作者的自然观，探讨了礼乐的作用，《咏怀诗》82 首则抒发忧愤之情。现存明嘉靖刻本为最古，另有上海古籍出版社校勘本。

《王弼集》

三国时魏王弼著。原有《周易注》1 卷，《论语释疑》3 卷，《老子道德经注》2 卷，《王弼集》5 卷，《录》1 卷。其中《集》及《录》已佚，不可详考。今人楼宇烈辑现存王弼全部著作，成《王弼集校释》上、下两册。主要记录了王弼的玄学思想。

《老子指略》

三国时魏王弼著。原书已佚，近人王维诚于《道藏》中重新发现。它比较了儒、道、墨、法、名、杂诸家思想，认为唯老子之学最能说明道理，并对老子思想加以发展，形成以无为本的玄学思想。后收入《王弼集校释》。

《周易略例》

三国时魏王弼著。现存《明彖》《明爻通变》《明卦适变通爻》《明象》《辨位》《略例下》《卦略》7 篇。书中主要阐释《易》，加以发挥，提出得意忘象观点，对后世文艺发展有较大影响。收入《王弼集校释》。

《神灭论》

南北朝齐梁时范缜著。提出"形神相即""形质神用"的形神关系命题，论证了神随形灭而灭的事实。发展了管子、桓谭、王充的无神论思想，具有重要的历史贡献。后收入《梁书》《弘明集》。

《天对》

唐柳宗元著。以答屈原《天问》形式，阐述了元气自然论思想。认为阴阳元气产生天地，继续发展，构成万物的生息不止。朝代更迭，时势变迁，不是天定，而是人创造的。后收入《柳河东集》。

《皇极经世》

北宋邵雍著。12 卷。包括讲解《周易》64 卦说明世界治乱的前 6 卷，讲音乐的内篇 4 卷和由他的弟子记述的外篇 2 卷。全书借"易卦"论证天地万物生成于先天的图式。清代王植有《皇极经世书解》。

《太极图说》

北宋周敦颐著。主要是对"太极图"加以说明。同时兼采《周易》与道家思想，提出以"太极"为世界本原的观点。认为"太极"生成阴阳五行与万物。明代编入《周濂溪集》。

《张子全书》

北宋张载著。共 15 卷，包括《西铭》《正蒙》《经学理窟》《横渠易说》《语录抄》等。明沈自彰编刻。

《洪范传》

北宋王安石著。通过注释《尚书·洪范》篇，阐述了自己的哲学见解。认为水、火、木、金、土"五行"生成天地万物。而万物是"相生""相克"的。后收入《王文公集》。

《二程全书》

北宋程颢、程颐兄弟著作的合编。内容包括《遗书》25卷，附录1卷，《外书》12卷，《明道先生文集》5卷，《伊川先生文集》8卷，《伊川易传》4卷，《经说》8卷，《粹言》等，记录了"二程"的所有学说与思想。以清末金陵涂刻本为佳。

《定性书》

即《横渠先生定性书》，北宋程颐著。主要论述人性问题。认为人的本性没有主观与客观的区分，人应该通过"定性"的修炼，达到顺应自然的境界。后编入《二程全书·明道先生文集》。

《朱子大全》

全名为《晦庵先生朱文公文集》，南宋朱熹著。正文100卷，续集11卷，别集10卷。收录了朱熹的所有作品。原本由朱熹的三儿子朱在编定，后又有增补。有《晦庵集》《晦庵朱先生文集》《晦庵先生集》《朱子文集大全类编》等版本。明嘉靖年间胡岳刻本较为完备。

朱熹像

《四书集注》

全称《四书章句集注》。南宋朱熹编注。包括《大学章句》1卷，《中庸章句》1卷，《论语集注》10卷，《孟子集注》7卷。参考了前人的注释，又加上自己的注释，主要从理学原则加以阐释。明代定为"四书"的必读注本。版本以《四部备要》本最好。

《陆九渊集》

原名《象山先生集》，南宋陆九渊著。他的儿子在开禧元年编定，嘉定五年由其学生刊行。共36卷。语录部分主要阐述"心即理"的哲学思想，是其他各篇的理论基础。有明嘉靖年间刻本。

《大学问》

明代王守仁著。是他在稽山书院讲授《大学》的记录，由门人钱德洪辑录。是他哲学与政治思想的纲要。主要提出"致良知"的观点，强调人要发掘良知，去除私欲，完善自身。

二、古代西方哲学

怀疑论

指对客观世界和客观真理是否存在、能否认识都持有怀疑态度的哲学学说，又称"怀疑主义"。首创者是古希腊的皮浪，故又叫"皮浪主义"。他认为认识事物是不可能的，最好的态度是对事物不做任何判断。文艺复兴时期，怀疑论被用来揭露封建教会和封建制度的黑暗，反对经院哲学，起了一定进步作用。近代怀疑论的代表人物是英国的休谟。他认为超出感觉经验以外的一切都是不可知的。所以他的怀疑论又称"不可知论"。在现代哲学中，怀疑论是重要的思潮之一。

唯理论

又称"唯理主义"。泛指同"经验

论"相对，把理性看作知识的唯一源泉的认识论学说。唯理论者一般认为知识来自理性自身，只有理性知识是可靠的，完全否认感性经验在认识中的作用。有唯心主义的唯理论和唯物主义的唯理论。唯心主义的唯理论认为知识与生俱来，是一种先验的认识理论。唯物主义的唯理论夸大理性认识的作用。唯理论也用来指17-18世纪欧洲大陆唯理论学派。或者指同"非理性主义"相对的一种知识态度，即肯定理性是知识的标准，否认知识也来源于非理性的信仰、感情和意志。

经验论

又称"经验主义"。指同"唯理论"相对，把经验看作知识的唯一源泉的一种认识论学说。经验论者一般都夸大感性经验的作用和可靠性，忽视或否认理性的作用。有唯物主义的经验论和唯心主义的经验论。唯物主义的经验论不懂得感性认识和理性认识的辩证关系，夸大了感性认识的作用。唯心主义的经验论则完全取消了客观物质世界的存在。唯心主义的经验论是现代西方哲学的主流之一。经验论也指"英国经验派"。

感觉论

又称"感觉主义"。是把感觉作为知识的唯一源泉的学说。有唯物主义的感觉论和唯心主义的感觉论。前者认为感觉是客观事物作用于感官而产生的，知识由这样的感觉产生，如伊壁鸠鲁、洛克和狄德罗。后者否认感觉是客观事物的反映，认为知识由纯粹主观的感觉产生，如贝克莱。感觉论同经验论有密切联系，故有时也指经验论。

同一论

又称"身心同一论"或"身心两面论"。是荷兰哲学家斯宾诺莎关于身心关系的学说。他认为精神和肉体是同一实体表现出来的不同属性，是两种根本性质不同的类，不能相互影响。

物活论

又译"万物有生论"。指认为一切物质都具有生命和精神活动能力的哲学学说。在反对宗教神学所宣扬的灵魂不死说等方面，这种学说曾起过一定进步作用，但它抹杀了有机物和无机物质的区别，把无机物也看作有生命、有感觉的。

泛心论

又称"万物精神论"，指认为宇宙万物都具有精神或心理活动的哲学学说。是万物有灵论的一种形式。它根据心理的活动能力对万物做了划分，认为动物（特别是高等动物）的意识、心灵、灵魂较清楚，植物次之，无机物更次之。德国莱布尼茨的单子论是泛心论的一个典型。现代西方哲学中的人格主义，也是泛心论的一种形式。

唯灵论

一种唯心主义哲学学说，认为灵魂、精神是世界的本原，是不依赖于物质而存在的唯一实体。"世界灵魂"，即包括一切的大灵魂，就是上帝。

泛神论

把神融化在自然之中的一种哲学学说。认为神存在于世界之内，与整个宇宙和自然是一体的。流行于16-18世纪的西欧，在当时反对宗教神学的斗争中起过积极作用。代表人物有意大利的布鲁诺和荷兰的斯宾诺莎。

蒙昧主义

一种反理性、反科学、反进步的唯心主义思潮或观点。它贬低和抹杀人类理性思维能力，或宣扬不可知论，或同信仰主义和神秘主义相结合，目的是使人民停留在愚昧无知的状态。

非理性主义

一种限制或贬低理性在认识过程中的作用，过分提高意志、直觉、本能等非理性因素的地位的哲学学说。现代西方哲学中的唯意志论、生命哲学、存在主义等都属于非理性主义学派。

神秘主义

一种哲学学说。认为真正的实在是不能被理性所认识的，只有通过直觉才能把握。神秘主义是宗教唯心主义的一种世界观。

理念论

古希腊柏拉图的唯心主义学说。认为有一种"理念"独立于物质世界之外，是永恒不变的普遍概念，它是世界的本质。理念的总和构成理念世界，在这个世界中有等级之分，最高的理念是"善"。实际的事物都"分有"或"模仿"理念，是理念的"影子"或"摹本"。认识真理的过程就是对理念的"回忆"。

新柏拉图主义

3～6世纪流行于古罗马的一种唯心主义学说。是在柏拉图学说基础上发展起来，又糅合了毕达哥拉斯主义、斯多葛主义等思想形成的。认为世界的本原是"太一"即神，万物都是从"太一"中产生出来的。人能通过直觉与神直接交往，达到神人合一的境界。对后来的教父哲学影响很大。

文艺复兴时期哲学

15-16世纪西欧资本主义形成时期的哲学。包括人文主义思潮、宗教改革运动中的神学哲学理论和自然科学中的唯物主义思潮。这一时期的哲学有反封建性质，但也有向封建意识妥协的一面。

人文主义

欧洲文艺复兴时期产生的与经院哲学、神学对立的一种世俗文化运动。人文主义者用"人道"反对"神道"，肯定人的尊严和伟大，提倡"个性解放"与"个人幸福"，反对禁欲主义。注重知识，反对蒙昧主义。主张恢复古希腊罗马世俗的文化。人文主义运动14世纪下半叶兴起于意大利，15-16世纪发展到欧洲各国。主要代表有意大利的彼特拉克、薄伽丘、彭波那齐，及法国的蒙田等。

法国唯物主义

又称"十八世纪法国唯物主义"。是18世纪法国启蒙运动中形成的"百科全书派"的唯物论哲学。主要代表有拉美特利、狄德罗、爱尔维修和霍尔巴赫等。他们以当时的自然科学为依据，把唯物论和无神论相结合，是机械唯物论最完善的形式。主要观点是肯定物质世界自身存在，意识是人脑的机能。否定有任何超自然的本原，批判了宗教的反动社会作用。坚持唯物论的感觉论立场，反对天赋观念论和唯心主义经验论。学说中还有不少辩证法的因素。力图把机械唯物论原则运用于社会领域，强调人是环境和教育的产物，但基本上用生物学、生理学的观点解释人的本性及精神活动，没有真正认识人的社会性。

先验唯心主义

德国哲学家康德的学说。承认在人的意识之外存在着"自在之物"，但它只提供感觉的素材，不是知识的对象。人先天具备一些形式的范畴，如时间性、空间性、因果性等，人把这些形式和范畴加到感性的素材上去，就构成了具有一定规律和秩序的普遍经验，他称作"现象"。"现象"才是知识的对象。所以通常所说的自然规律，完全不是自然本身所具有的，而是由人赋予的，"人是自然的立法者"。康德的学说强调自然界事物的规定性都是由人外加的，故称为"先验唯心主义"。

德国古典哲学

费尔巴哈

18世纪末到19世纪初的德国哲学。经历了从唯心主义到唯物主义两个发展阶段。康德是德国古典哲学的开创者，经过费希特和谢林，到黑格尔集大成，成为德国古典唯心主义哲学发展的顶峰。费尔巴哈从人本主义出发批判了宗教神学和黑格尔的唯心主义，恢复了唯物论的权威，是德国古典哲学中唯物主义的代表。德国古典哲学的最大成就是创立了辩证法，为马克思主义哲学所吸取。费尔巴哈的人本主义唯物论是德国古典唯心主义哲学到马克思主义哲学的过渡。

自然哲学

以抽象的思辨原则为基础的关于自然界的哲学学说。古希腊时代就已产生，流行于各个时期而盛行于17至19世纪初。表现为用臆想、理想来推断现实事物和联系。

人本主义

指以研究抽象的人为中心，并依此去解释一切问题的哲学学说。也指抽去人的历史性和社会性而把人仅仅看作一种生物的人本学唯物主义。主要代表为德国的费尔巴哈。他认为人是自然的一部分，宗教是人的本质异化的产物。也承认思维从存在而来，精神是肉体的属性。但把人看作纯粹生物学的自然的人，不懂得人的社会性以及社会实践对人的意义。

毕达哥拉斯学派

古希腊毕达哥拉斯所创立的学派。产生于公元前6世纪至公元前5世纪，是一个具有神秘色彩的政治宗教社团。他们用数来解释世界，认为数是世界的本质，和谐就是整个宇宙的秩序。主张灵魂不死、灵魂转世说。这一派别后来分为两部分。一部分继续宣扬神秘宗教教义和戒律；另一部分则转向天文、医学和音乐的研究，在科学上作出了一定贡献。

爱利亚学派

古希腊哲学派别。产生于公元前6世纪至公元前5世纪。主要代表是色诺芬、巴门尼德、芝诺和麦里梭。认为运动变化着的万物是不真实的，"存在"必然是"一个整体"，并且是静止的。思维和存在是同一的。

智者派

又叫诡辩派。公元前5世纪至公元前4世纪间以传播知识和诡辩术为业的一批古希腊哲学家的总称。主要代表有普罗塔哥拉。严格地说，它不是一个真正的哲学学派，只是在思想倾向上有某些共同之处，如都注意对社会政治、伦理的研究，认识上具有相对主义倾向等。该派对逻辑学、语言修饰学的发展上作出了贡献。但后来偏于玩弄概念，把哲学蜕化为概念游戏，人称为诡辩论者。

伊壁鸠鲁学派

古希腊哲学家伊壁鸠鲁所建立的学派。建于公元前307（或公元前306）年。这一学派继承了德谟克利特的原子论学说，但克服了其中的宿命论观点，宣传无神论和幸福主义伦理学，并最早提出社会契约论思想。

英国经验派

指16–18世纪英国在认识论上具有经验论倾向的哲学家的统称。主要代表有培根、霍布斯、洛克、贝克莱和休谟。他们都认为知识来源于经验，但因对经验的理解不同，又有两个派别。培根、霍布斯和洛克认为经验是外部世界的反映，这是唯物主义经验论者。贝克莱和休谟则认为经验就是认识的对象和范围，否认外部世界或宣称外部世界的存在是不可知的，这是唯心主义经验论者。

经院哲学

西欧中世纪基督教哲学，因产生并传授于教会学校而得名。它运用烦琐思辨的形式主义方法，以《圣经》为前提和依据，论证基督教信条。主张信仰高于理性，哲学是神学的婢女。以阿奎那为主要代表。

笛卡尔学派

17–18世纪笛卡尔哲学的继承者。由于笛卡尔哲学的二元论性质，他的后继者分为两派：一派发展了他的机械唯物主义自然观；一派发展了他关于上帝和灵魂的学说。

启蒙运动

通常指17–18世纪法国的进步思想家为行将到来的革命而进行的思想文化教育运动。主要代表人物有梅叶、伏尔泰、卢梭、狄德罗等。他们的观点是：不承认任何外界的权威，崇尚理性，认为一切都必须在理性的法庭面前为自己的存在做辩护或者放弃存在的权利。矛头指向当时的教会权威和封建专制制度。哲学上大致都是一些唯物主义经验论者，主张自然神论或无神论。

青年黑格尔派

又称"黑格尔左派"。是19世纪三四十年代德国资产阶级自由派的思想代表。主要代表有施特劳斯、鲍威尔、施蒂纳等。他们发展了黑格尔的学说，用"自我意识"和"实体"来代替黑格尔的绝对精神，重视黑格尔的辩证法，目的是论证德国有进行资产阶级改革的必要。批判封建专制制度与神权宗教。但蔑视人民群众，强调只有像他们那样的知识分子才是历史的创造者。

老年黑格尔派

又称"黑格尔右派"。是19世纪三四十年代德国贵族和资产阶级保守派的思想代表。主要人物有加布勒、欣里希斯、罗森克兰茨等。他们把黑格尔的学说发展到另一个方向，继承的是黑格尔的唯心主义体系，贬低、抹杀辩证法思想，依此为宗教和现存的制度进行辩护。用上帝代替黑格尔的绝对精神，宣扬有神论。但他们在黑格尔著作的传世方面作出了贡献。

俄国革命民主主义者

指 19 世纪俄国赫尔岑、别林斯基、车尔尼雪夫斯基、杜勃罗留波夫等空想社会主义者、哲学家、文艺批评家。他们在政治上，主张通过农民革命消灭农奴制，直接达到社会主义。哲学上，反对宗教和唯心主义，在某些方面也克服了旧唯物主义的局限性，但历史观仍然是唯心主义的。在美学和文艺批评上，主张批判现实主义的创作原则，反对"为艺术而艺术"的理论。

三、古代外国哲学家

毕达哥拉斯（约公元前580—公元前500年）

古希腊哲学家、数学家，毕达哥拉斯学派创始人。在西欧首次提出勾股定理，曾用数学知识研究音乐规律。他把数神秘化，认为数是世界的本原，万物都模仿数。强调整个宇宙是和谐而有序的。迷信灵魂轮回说，主张"灵魂净化"，并定出一些清规戒律和方法。其著作已散佚，仅在亚里士多德等人的著作中保留有某些观点。

色诺芬（约公元前565—约公元前473年）

古希腊哲学家，爱利亚学派创始人。反对多神论和神人同形同性论，认为神是唯一的，又无所不在，绝对不动，是一切的主宰。其思想后为巴门尼德所发展。著作有《讽刺诗》《论自然》，现仅存一些残篇。

赫拉克利特（约公元前540—公元前470年）

古希腊哲学家，爱非斯学派创始人，辩证法的奠基人之一。他认为世界的本原是物质性的火，万物由火产生，又都复归于火。世界永远在流变中，著名的论断是"人不能两次踏进同一条河流"。事物变化的原因是对立面的斗争，变化的规律即"逻各斯"。事物都是对立面的统一（如自然总是将雌雄相配，而非将雌配雌，雄配雄）；对立面又相互转化（如生和死、醒和梦、少和老，前者转化，就成为后者，反之亦然）。但其辩证法是自发的、直观的，带有某些循环论色彩。所著《论自然》，仅存若干片段。

苏格拉底（约公元前469—公元前399年）

古希腊哲学家，辩证法的鼻祖之一。早年曾学过雕刻，三次从军出征，后来从事宗教道德说教。被控以"崇拜新神""败坏青年"罪，处以死刑。宣扬神学目的论，认为世上的一切都由神有目的地安排。教人们要"认识自己"，"自知自己无知"。在伦理学上提出"美德即知识"的命题。特别爱运用通过双方一问一答，正反互辩，从个别求得一般的本质的辩论方法，这是欧洲哲学史上最早使用辩证法一词的原意。在逻辑学上，首次提出了归纳和定义的方法。一生没有著作传世，他的一些言行大都见于柏拉图和色诺芬的著作中。

德谟克利特（约公元前460—公元前370年）

古希腊哲学家、自然科学家，原子论的创始人之一。在哲学上，提出原子论，认为原子和虚空是万物的本原，原子在虚空中的运动产生世界万物。原子不可分割，有无限多个，运动为原子固有的性质。灵魂是由一些最精细的原子所组成的，因而也是物质。构成事物的原子群会不断流射出一种极细的东西即影像，作用于人的感官和心灵，产生感觉和思想。认为一切由必然性产生，不存在偶然性。在伦理学上，认为人生的目的应当是节制享乐和灵魂安宁，而不在一味追求物质上的享受。在教育上，强调要遵循自然，注重练习。在政治上，拥护民主制。著作相传有 52 种，现仅存极少数残篇。

柏拉图（公元前 427—公元前 347 年）

古希腊哲学家，学园派创始人。师从苏格拉底。约公元前 387 年在雅典创建了一所"学园"，为欧洲历史上第一所固定的学校。继承苏格拉底的思想，在欧洲哲学史上建立了第一个客观唯心主义体系。他认为一切可感觉到的事物都是变化无常的，因而是不真实的。理念是独立于物质世界之外的实体，是个别事物的"范型"；而个别事物是理念不完善的"影子"。感觉不可能是真实知识的源泉，一切真实知识只是不朽的灵魂对理念的回忆。在政治思想上，设计了一个等级森严的理想国制度，强调"哲学王"的作用，以哲学为工具治理国家。著作采用高度艺术的对话体，主要有《理想国》《斐多篇》《巴门尼德篇》《智者篇》《蒂迈欧篇》等。

柏拉图画像
希腊美学的真正奠基人，他的美学思想对后世产生了深远影响。

亚里士多德（约公元前 384—公元前 322 年）

古希腊哲学家、科学家。柏拉图的学生。曾受聘为马其顿王亚历山大的老师。公元前 335 年在雅典吕克昂建立自己的学园，其学派被称为逍遥派。对哲学、逻辑学、修辞学、物理学等都有精深的研究，对后世各学科的发展有重大影响，是古希腊知识最渊博的学者。哲学上认为个别具体事物是"第一实体"，是其他一切存在的基础，批判柏拉图的理念论。断言事物的生灭变化不外乎四种原因：质料因、形式因、动力因、目的因。肯定认识的对象是客观存在的事物，认识来源于感觉，但声称感觉所接收的只是形式，质料不可知。强调美德即适当，过度和不足都是恶行的特征。主张公共教育，让学生德、智、体诸方面和谐地发展。政治上，主张由中等阶级来治理国家。主要著作有《工具论》《形而上学》《物理学》《伦理学》《政治学》《诗学》等。

伊壁鸠鲁（公元前 341—公元前 270 年）

古希腊哲学家，伊壁鸠鲁学派创始人。曾在小亚细亚许多城邦讲授哲学，公元前 307—公元前 306 年，在雅典一座花园里建立了自己的学校，历史上通称这所学校为"伊壁鸠鲁花园"。他继承和发展了德谟克利特的原子论，认为原子还有重量的区别和自动偏斜运动。并容许了偶然性的存在。坚持以原子论为基础的"影像说"，特别强调感觉的作用，把感觉看作是认识的来源和判别真假的标准。认为神、灵魂也由原子构成，灵魂依存于身体，身体毁灭，灵魂消失。主张人生的目的是追求幸福。国家起源于人们在自愿基础上的"共同协定"，这是社会契约论最初的思想萌芽。

西塞罗（公元前106—公元前43年）

古罗马哲学家，折中主义代表。他综合斯多葛派、学园派、怀疑论派的观点，宣扬灵魂不死和禁欲主义，将伊壁鸠鲁的快乐论发展为纵欲主义。其伦理思想倾向于教条，为斯多葛理论所吸收，在宗教方面持不可知论和有神论。主要著作有《论国家》《论法律》《学园派哲学》《论神性》等。

奥古斯丁（354—430年）

基督教神学家、教父哲学的主要代表。他把哲学和神学结合起来，推崇信仰，贬低理性。利用新柏拉图主义论证基督教信条，认为人生下来都是有罪的，只有信仰上帝才能得救。作为"人世之城"的世俗政权将为教会所代表的"上帝之城"所取代。这些思想为中世纪的教权至上主义和政教合一的封建神权国家奠定了理论基础。主要著作有《上帝之城》《忏悔录》等。

弗朗西斯·培根（1561—1626年）

英国哲学家。曾任掌玺大臣、大法官等职，因受贿而下台。他反对经院哲学，强调认识自然才能主宰自然，提出"知识就是力量"。认为自然界是能动的、多种多样的物体的总和；知识来源于感觉经验，感觉经验是可靠的，创造了近代经验论的认识论原则。重视科学研究的方法，推崇观察和实验。培根还是近代归纳法的创始人。在教育方面，强调学校应传授百科知识。主要著作有《学术的进步》《新工具》《新大西岛》《培根论说文集》等。

笛卡尔（1596—1650年）

法国哲学家、科学家，近代哲学创始人之一。反对经院哲学，认为必须对以往一切知识进行"普遍的怀疑"。著名论断是"我思故我在"，强调思维决定人的存在，肯定精神实体的存在，由此确立了上帝和物质实体的存在。他是古典的二元论者，但由于认为上帝是最后的实体，所以终归倒向唯心主义。他是近代唯理论创始人。推崇理性直觉和演绎，否认感觉经验的可靠性，认为知识体系应从清楚明白的"天赋观念"和公理中推出。他还是近代心理学的创始人之一。首次提出"反射"观念，主张"身心交感"说。主要著作有《方法谈》《第一哲学沉思集》《哲学原理》等。

斯宾诺莎（1632—1677年）

荷兰哲学家。曾因反对犹太教教义被革除教籍，晚年以磨制光学镜片为生。认为实体就是自然界，也叫神或上帝，没有超自然的神存在。实体具有无限多的属性，广延和思想是人仅能认识的实体的两种属性，它们不能相互决定和影响。有限的个别事物是实体的样式。认识论方面，他认为知识必须通过理性直觉获得，知识的标准是观念的清楚明白和与它所反映的客观对象相一致，感觉经验是不可靠的。伦理学方面，他认为人生的目的就是追求幸福，但只有在理性的指导下，才能摆脱情欲的控制获得幸福。主张一切都是必然的，自由是必然的认识。主要著作有《知性改进论》《笛卡尔哲学原理》《神学政治论》《伦理学》等。

洛克（1632—1704年）

英国哲学家，英国唯物主义经验论的主要代表。继承和发展了霍布斯和培根的唯物主义，论证了知识起源于感觉的原则。反对"天赋观念"说，认为人的心灵好比一块"白板"，一切观念皆是从后天经验中获得的。他把经验分为两种：外部经验（感觉）和内部经验（反省）；把物体的性质分为两类：第一性的质和第二性的质。在政治上主张宗教宽容和国家权力的分割。在经济方面提出劳动创造使用价值、地租来自剩余劳动的学说。主要著作有《人类理解论》《政府论》《教育漫话》等。

孟德斯鸠（1689—1755 年）

法国启蒙思想家、法学家。在哲学上，承认上帝是世界的始因，但又认为一切物体都受其规律性的支配。在政治上，提出立法、行政、司法三权分立的学说，主张实行君主立宪制，以避免专制独裁。他试图揭示社会发展的规律性，但夸大了地理环境在社会发展中的作用，认为它决定了一个民族的道德面貌、法律性质和政体特点。主要著作有《论法的精神》《捍卫法的革命》等。

伏尔泰（1694—1778 年）

法国启蒙思想家、作家、哲学家、自然神论者。认为人生目的不是通过悔罪进入天堂，而是通过科学与艺术的进步保证所有人的幸福。承认宇宙按其固有的规律运动，但又认为是上帝给了宇宙第一推动力。在他的哲学幻想小说《老实人》中，提出幸福的秘密是种自己的园地这种实际的哲学观。主要著作有《查伊尔》《牛顿哲学要义》《风俗论》《历史哲学》等。

休谟（1711—1776 年）

英国哲学家、历史学家、经济学家、不可知论者。认为知识来源于经验，经验由两类知觉即印象和观念组成。通常人们所谓的事物不过是"一簇印象"，自我只是"一束知觉"而已。至于知觉如何获得，知觉之外是否有客观事物的存在，则是人们不可能知道的。因果关系是任意的，不具有客观必然性，只是一种习惯性的联想和推论。在经济方面，反对重商主义，提出"货币数量论"。主要著作有《人性论》《人类理解研究》《英国史》等。

狄德罗（1713—1784 年）

法国启蒙思想家、唯物主义者、文学家。曾组织编纂和出版《百科全书》，任该书主编。他认为物质是唯一真实的客观存在，物质之外不存在超自然的上帝。物质具有普遍感受性，因而无机界和有机界没有不可逾越的鸿沟。肯定意识是物质高度发展的产物——人脑的机能。他的自然观虽未超出机械唯物论的范围，却具有丰富的辩证法因素。在认识论上，提出认识的三种主要方法：观察、思考和实验，强调实验在认识过程中的作用。主要著作有《对自然的解释》

狄德罗像

《关于物质与运动的哲学原理》《达朗贝尔与狄德罗的对话》《演员的是非谈》《拉摩的侄儿》等。

康德（1724—1804 年）

德国哲学家、德国古典唯心主义的创始人。主张在人的意识之外，存在着"自在之物"，它是感觉的源泉，但不能为人所认识，不是知识的对象。"时空""因果"等范畴是人们先天的知识形式，它们与外来的感觉材料相结合，形成"现象"，这就是知识的对象。认为"理性"是一种最高的认识能力，它要求对不可知的"自在之物"有所认识，就必然地陷入不可解决的矛盾中。把伦理学摆在高于认识学说的地位，主张在"现象"领域里，一切都是必然的，但在道德和意志的领域，必须假定自由的存在。上帝是道德和幸福的保证。主要著作有《自然通史和天体论》《纯粹理性批判》《实践理性批判》《判断力批判》《未来形而上学导言》《论永久和平》《道德形而上学基础》等。

圣西门（1760—1825 年）

法国空想社会主义者。曾参加过美国独立战争。他认为历史是一个统一的、进步的、有规律的发展过程，资本主义社会是充满罪恶和灾难的"是非颠倒的世界"。于是幻想建立一个人人劳动、按"能力"分配、有计划地组织起来的社会，但仍保留私有制。他反对暴力革命，认为科学、道德和宗教的进步是历史发展的动力。主张由知识分子和实业家领导社会的改造运动。主要著作有《一个日内瓦居民给当代人的信》《人类科学概论》《论实业制度》《新基督教》等。

费希特（1762—1814 年）

德国哲学家、德国古典唯心主义主要代表之一。曾任耶拿、柏林等大学教授。他批判康德的"自在之物"的学说。主张哲学是"绝对的科学"，是要为一切知识确立绝对在先的出发点——"自我"，"自我"是第一性的、绝对的和无条件的。客观世界即"非我"，不过是"自我"活动的产物。"自我"与"非我"既有联系又有区别，并在"自我"中达到统一。主要著作有《全部知识学的基础》《知识学导言》《论学者的使命》《人的使命》。

黑格尔（1770—1831 年）

德国哲学家、德国古典唯心主义的集大成者。创立了欧洲哲学史上最庞大的客观唯心主义体系，同时把辩证法发展成为一个完整的形态。断言"绝对精神"是世界的本质和基础，其发展经历了逻辑、自然、精神三个阶段。黑格尔哲学的精华主要包含在他的逻辑学中。猜测到事物本身的辩证法，揭示了质量互变、对立统一、否定之否定等规律及一系列辩证法范畴。黑格尔的巨大功绩在于首次把自然、社会、精神的世界作为一个运动变化的过程来研究，并企图揭示它的内在联系。主要著作有《法哲学原理》《哲学史讲演录》《宗教哲学讲演录》《精神现象学》《逻辑学》《哲学全书》等。

四、古代西方哲学名著

《论自然》

古希腊早期许多哲学家的著作都以此命名。其中阿那克西曼德的《论自然》已失传。阿那克西米尼、赫拉克利特、巴门尼德、阿那克萨戈拉、恩培多克勒等人的《论自然》现仅存若干片段。

《柏拉图对话集》

古希腊柏拉图用对话体写成的哲学著作。由后人整理辑录。共35篇，其中9～12篇不是柏拉图所作。全书阐明了柏拉图的客观唯心主义世界观以及他的道德、政治、教育思想。主要的有《伊安篇》《普罗塔哥拉篇》《会饮篇》《巴门尼德篇》《智者篇》《国家篇》(《理想国》)等。

《理想国》

又译《国家篇》。古希腊柏拉图著。主要论述了作者的理念论哲学以及道德、政治、教育等思想。他认为，民主制是国家制度的低级形式，贵族共和国才是理想的国家形式。他把公民分为三个等级：统治阶级、武士阶级、劳动阶级。认为统治阶级的美德是智慧，其天职是治理国家。武士阶级的美德是勇敢，其天职是保卫国家。劳动阶级的美德是节制，其天职是生产物质财富。这三个阶级在国家中各尽其职，构成一个正义的国家。

《形而上学》

古希腊亚里士多德的哲学代表作。共14卷，集为1册。由公元前1世纪吕克昂学校的继承人安德罗尼柯整理出版。书中探讨了哲学对象和研究范围；对一些哲学术语做了释义；分析批判了以前的哲学家思想，重点批判了柏拉图的理念论；阐明了作者的实体、质料和形式等理论。

《物性论》

古罗马卢克莱修的哲学诗篇。共6卷。它系统地论证了德谟克利特和伊壁鸠鲁的原子唯物论和无神论思想，是古希腊罗马时期唯一保存完整的原子唯物论著作。

《论原因、本原与太一》

意大利哲学家布鲁诺的主要哲学著作。共5篇。书中肯定具有无限创造力的物质实体（自然界）是万物的本原和原因，不存在超自然的神，上帝就是自然界或宇宙本身。强调物质与精神、形式与质料是不可分的统一体。

《新工具》

原名《新工具或解释自然的一些指导》。是英国弗朗西斯·培根未完成的主要著作《伟大的复兴》的第二部分。1620年以单行本出版。全书分为两卷，第一卷着重批判经院哲学的观点，提出了著名的四假象说，主张人应该是自然的解释者，只有认识并发现了自然的规律，才能征服自然，变自然的王国为人的王国。第二卷论述了归纳方法，为归纳逻辑奠定了基础。

《方法谈》

法国哲学家笛卡尔著。1637年出版。该书着重论述作者的方法论思想，认为哲学及其他一切科学的知识体系只有像几何学那样，运用演绎法，从清楚明白的公理中推论出来，才是确实可靠的。他主张以怀疑的方法，清除一切陈旧的见解，以确立一些不用证明的公理，作为逻辑推论的出发点。书中还提出了他的二元论哲学思想，简述了他在自然科学方面的研究成果。

《利维坦》

英国哲学家霍布斯著。共4编47

章。"利维坦"指一种威力无比的海兽，霍布斯以此比喻君主专制政体的国家。该书主要论述作者的国家起源学说和社会政治思想。他认为自我保存和追求幸福是人的本性，但在人人为敌的"自然状态"中不能够实现。人们为了摆脱这种状态，便订立契约，国家由此产生。他主张君主专制制度，强调王权高于教权。此外，还阐述了他的唯物主义认识论学说，揭露了经院哲学和宗教迷信的危害。

《伦理学》

荷兰哲学家斯宾诺莎著。共5章。本书批判了唯心主义神学目的论，认为宇宙间唯一的存在就是无限的实体即自然界，无数的个别事物是实体的样式，超自然的上帝是不存在的，广延和思想是实体可知的两种属性。普遍必然性认识来自"理智的直观"，感性知识是不可靠的。反对禁欲主义，但认为只有认识了必然，才能摆脱情欲的驱使，获得自由。

《人性论》

英国哲学家休谟著。共3卷，分别论述了他的哲学观、人性观和道德观。他持唯心主义经验论和怀疑论的哲学观；人的本性是自私的；道德上是个人主义的，道德与理性无关，知觉上的快乐与痛苦是衡量善恶的标准。

《论人类不平等的起源和基础》

卢梭的哲学代表作之一。1755年出版。此书探讨了社会不平等的原因及克服的方法，批判了封建等级关系。他认为生产的发展和私有制的产生，使人类脱离了"自然状态"，产生了贫富不均的

社会现象。揣测到了矛盾斗争会发生对立面转化，以及发展是一个螺旋式上升的过程。认识到私有制是社会不平等的根源，又认为每人有少量私有财产是社会平等的基础。

《对自然的解释》

法国狄德罗的哲学代表作之一。着重讨论了本体论和认识论问题。他认为世界的本原是物质，自然的事物都是由不同性质的异质元素构成的，具有质的多样性。认识论上提出认识主要有三种方法，即观察、思考和实验，批判了凭主观思辨来虚构科学理论的观点。

《论精神》

法国爱尔维修的哲学、伦理学代表作之一。书中较为系统地阐明了洛克的唯物主义经验论，论证了功利主义的社会理论。强调"肉体感受性"是认识的唯一来源，是最可靠的。他把这种极端感觉论原则运用到社会政治领域，指出利益原则在社会生活中起着支配一切的作用。他认为只有使个人利益和公共利益趋于一致的行为才是道德的。主张"人是环境和教育的产物"，但他所理解的社会环境主要指政治、法律制度，特别是立法。

《自然的体系》

又名《物质世界和精神世界的规律》。法国霍尔巴赫的哲学代表作。全书分上下两卷31章。主要论述了他的唯物主义的自然观、认识论和无神论观点。该书被誉为18世纪的"唯物主义圣经"。

《纯粹理性批判》

德国康德的哲学代表作。本书集中表述了康德的先验唯心主义体系，特别

是认识论的基本观点。首先确定了人的认识的形式和范畴，然后论证这些先天的形式和范畴只适用于现象界，而不适用于超验的本体——自在之物。认为对自在之物的认识不是人有限的认识能力所能达到的。所以得出结论，理论理性低于实践理性，科学知识应该让位给宗教信仰。本书是欧洲哲学史上一部具有转折意义的重要著作。

《人的使命》

德国费希特的哲学著作。正文由《怀疑》《知识》《信仰》三卷构成。前两卷主要批评了主张自然因果性的体系及康德的自在之物理论，阐述了主体能动性的唯心辩证法思想。第三卷转向反理性的立场，把"信仰"当作把握实在的途径。

《精神现象学》

德国黑格尔的哲学著作。全书以客观唯心主义立场，叙述了意识从自发到自觉的各个发展阶段，即"意识""自我意识""理性""伦理精神""宗教""绝对知识"，并把这些阶段说成是人类意识在历史中所经历的发展阶段的缩影。有丰富的辩证法思想，并猜测到了逻辑和历史的统一。但始终把"绝对精神"作为自己哲学的最基本的概念，让逻辑和历史统一于"绝对精神"。初步建立了黑格尔哲学体系的基本轮廓和基本概念。

《逻辑学》

德国黑格尔的哲学代表作之一，又称《大逻辑》。全书包括"存在论""本质论"和"概念论"三编，前两编属于"客观逻辑"，后一编属于"主观逻辑"。

是黑格尔哲学体系三部分中的第一部分，通过叙述"绝对精神"在自身内部的发展过程，阐明了质量互变、对立统一、否定之否定规律及一系列辩证法范畴。第一次以唯心论的形式系统地阐明了辩证法的基本原理，从而确立了黑格尔哲学在德国古典哲学发展中集大成的地位。

《哲学全书》

原名《哲学全书纲要》。德国黑格尔的哲学代表作之一。分为逻辑学（又称《小逻辑》）、自然哲学和精神哲学三个部分。全书以客观唯心主义立场，阐述了"绝对精神"发展的三个基本阶段，即在自身内部发展的自在自为的阶段、升化为自然界和社会的阶段以及由外化而回复到自身的阶段，完整地表述了黑格尔的整个哲学体系。

《基督教的本质》

德国费尔巴哈的哲学代表作之一。认为自然界和人是第一性的，否认有超自然的上帝存在，指出上帝只是人的幻想的产物，声称"人的上帝就是人"。这部著作标志了费尔巴哈的人本主义和唯物主义体系的确立，在当时起到思想解放的作用。

《未来哲学原理》

德国费尔巴哈的哲学代表作之一。书中批判了黑格尔以前的旧哲学，揭露了黑格尔哲学的神学性质及理论困难，继而阐述了作者自己的人本学唯物论观点。指出唯心论是将理性神化，是另一种形式的上帝创世说。特别强调人首先是自然的产物，思想和存在的统一只有以人为基础时才有意义。但因为忽视了社会历史性而使人成为纯生物学的人。在对宗教的态度上，主张用抽象的人类之爱来代替对上帝的爱。

五、现代西方哲学

生存意志

又译"生活意志"。德国哲学家叔本华用语。指非理性的、盲目的生命冲动力，它的根本特征为求生存。认为物质世界只是现象，意志才是世界的本体；物体的吸引、排斥，动植物的生命本能都是意志的表现。这种意志使人在现实生活中永不知足，人生充满痛苦，只有根本否定它，才能解脱，达到佛学上的"涅槃"境界。

权力意志

德国哲学家尼采用语。指一种非理性的、盲目的权力欲望冲动。其特征是追求权力，应用权力进行创造性的活动。尼采宣称它是世界的本质，宇宙间的一切现象，如引力和斥力、化合和分解的对立，都是不同权力意志争夺的表现，其中战争是最高的表现形式。由此断言生命就是弱肉强食。

生命冲动

也叫"生命之流"。法国哲学家柏格森用语，指心理意识主体的自我活动。它是世界的本质，创造了宇宙中的一切。依据生命之流的畅通程度，形成各种形态的生命。物质是这种流动过程被削弱、被阻塞的结果。生命冲动只有靠直觉即内心体验才能把握。

直觉

通过直接观察而无须逻辑论证即可认识真理的能力。在各种哲学派别和历史时期中有不同的理解。欧洲近代的唯理论理解为是理智的一种能力。在现代西方哲学中，柏格森认为是一种超出理智活动之外的内心体验。心理学认为，直觉是以已经获得的知识和积累的经验为根据，直接地臆测到真理的认识能力。

纯粹经验

经验批判主义者阿芬那留斯和实用主义者詹姆士的用语。指纯主观经验。它既不是心理的，也不是物理的，而是中立的东西，世界上的一切都由它所构成。物理世界和心理世界的区别只是同一个纯粹经验在不同关系中的表现。詹姆士认为，纯粹经验是一种意识流。

意识流

美国哲学家詹姆士最先使用这一术语，指人的原始混沌的感觉。它处于不断流动的状态，人们可根据自己的兴趣，把他所注意的部分挑选出来而构成自己的世界。这一部分就是有逻辑的、实在的。后来"意识流"成为西方文学中广泛运用的一种表现手法。

唯意志主义

主张意志高于理性并且是世界的本质或本体的一种唯心主义哲学。作为一个独立的哲学学说始于19世纪上半叶叔本华的哲学，后由尼采继承和发展。这一哲学标榜要把人的注意力从外部世界移向人的内心世界。强调人的情感意志及一切下意识的本能冲动，认为它们是人的本质，是整个世界的基础。世界上的一切现象都是情感意志的外化或表现，人的思想、理性是为意志服务的。不同的唯意志论者的理论各有特色，但主张意志决定一切是一致的。

新黑格尔主义

19世纪末至20世纪初复活黑格尔哲学的思潮总称。主要代表有英国的格林、美国的罗伊斯等。认为主观的、神秘的经验才是唯一的实在，它只有靠非理性的本能和直觉才能达到。"和谐一致"是判断真理的绝对标准。国家是一个有意志、有道德、有人格的精神实体。

实用主义

现代西方哲学学说和流派之一。19世纪末产生于美国，20世纪初开始在资本主义各国广泛流行。主要代表有美国的詹姆士与杜威。实用主义的基本理论詹姆士称作彻底经验论，杜威称作经验自然主义，但具体主张都是一样的，他们都把客观现实与经验等同起来，宣称认识的主体与客体之分只是经验内部的区别。他们强调的"实践"，是指个人应付环境的活动，真理的标准是实践在实际中的"兑现价值"和"效用"。

杜威
美国当代著名教育家，实用主义的集大成者，他发展充实了实用主义，他提出的一些实用主义原则及其理论至今仍是美国资产阶级及其代理人的思想指导和行为准则。

实效主义

也称"实用化主义"。美国皮尔士因为不同意詹姆士对实用主义的解释而将自己的学说改称为实效主义。他认为哲学应建立在经验科学的基础上，以经验的方法能产生特殊可感觉效果的便是实在。思维的功能在于产生信仰，信仰是引起行动并满足愿望的动力，信仰就是真理。

经验自然主义

又称"自然主义的经验论"。美国哲学家杜威的学说。该学说反对把经验当作知识，认为经验就是主体与对象、有机体与环境的相互作用，正由于这种相互作用，主体与对象、经验与自然是统一不可分割的。相应的对象以及它们的种种性质都由主体所决定和创造。

生命哲学

19世纪末至20世纪上半期在德、法等国流行的一种唯心主义哲学思潮。主要代表有德国的狄尔泰、齐美尔，法国的柏格森等。这种哲学把生命现象神秘化，把它当作最真实、最基本的实在。认为外在的客观世界只是生命冲动的产物，是假象。至于生命，它并不是确定的实体，而是一系列心理意识状态连续的运动变化过程。生命是自由的，不受任何规律的约束。该哲学倡导非理性的直觉主义，认为理性认识只能停留在事物的表面，无法把握事物的实在，唯有直觉才能把握生命之流的本质。

直觉主义

一种唯心主义的哲学学说。主要代表是法国的柏格森。他认为经验和理性不能给予人们真实的知识，只有神秘的内心体验的直觉才能把握事物的本质。

创造进化论

简称"创化论"。法国哲学家柏格森

的哲学学说。它歪曲了生物进化论，把物种的变异、进化归因于精神性的生命冲动。这种生命冲动是任意的、盲目的。它没有量的特性，只是一种纯粹质的创造过程。因而具有唯心主义和神秘主义倾向。

自然主义

指一种哲学倾向。认为自然就是能认识的一切实在，宇宙中不存在超自然的实体，科学方法就是确定自然的真理。提倡经验的、试验的方法，认为这才是达到真理的唯一方法。否定信仰、直觉的认识作用，反对唯心主义和超自然主义。也用来指美国20世纪三四十年代由新实在论演变而来的哲学派别。主要代表有桑塔亚那、杜威、塞拉斯等。代表作是《物理实在主义的哲学》（塞拉斯）、《理性与生活》（桑塔亚那）。自然主义后来分化和融合到了别的哲学流派中。

分析哲学

20世纪在西方，特别是在英美广为流行的哲学学说。把哲学的任务归结为对语言进行逻辑分析或语义分析。分为人工语言和日常语言两大学派。人工语言学派主张建立一种精确的理想语言，从而消除日常语言的含混不清，也就能够避免一切哲学争论和错误。罗素所提出的逻辑原子主义是人工语言学派的典型形式。维特根斯坦的前期著作《逻辑哲学论》是人工语言学派的经典，而影响最大的首推以施里克、卡尔纳普为代表的维也纳学派。日常语言学派认为，问题的关键不在于日常语言本身，而在于人们没有明确日常语言的意义和正确使用日常语言的规则。摩尔和后期维特根斯坦最早提出了日常语言哲学的基本思想。在他们的影响下，20世纪三四十年代先后产生了剑桥学派和牛津学派。60年代后，逻辑实用主义占了上风。

弗洛伊德主义

即精神分析学，奥地利精神病理学医生弗洛伊德建立的一种心理学理论。他把人的心理结构分为"本我""自我"和"超我"三部分，主张用调节人的心理结构的办法来解决一切有关人和社会的问题。"本

弗洛伊德

我"属无意识的本能和欲望。其中最根本的是性欲冲动，它是人的整个精神活动的基础和源泉。"自我"是指理性和判断，它依靠"本我"来提供力量，为"本我"服务，但主要是调节"本我"与现实之间的冲突，使之相符。"超我"代表一种对"本我"的道德限制，与"本我"处于对立地位，并指导"自我"去限制"本我"的冲动。在一般情况下，三者处于平衡状态，在三者不能平衡的时候人的行为便会失常。

存在主义

现代西方哲学中一个重要流派，现代人本主义思潮的典型代表。产生于20世纪20年代的德国，第二次世界大战前后在西欧和美国广泛流行。丹麦的克尔凯郭尔，德国的尼采、胡塞尔为这一学说的理论先驱。主要代表人物有德国的海德格尔，法国的萨特、梅洛-庞蒂等。

又分为有神论存在主义和无神论存在主义。他们认为哲学的任务是揭示和阐释存在的意义，找到人真正存在的基础和原则。主要观点是主张"存在先于本质"。另一个代表观点是"他人即地狱"。即把个人看作独立于社会的孤立的封闭体系，个人与他人之间本质上是一种冲突关系。

结构主义

一度盛行于西方特别是法国的哲学思潮。瑞士语言学家索绪尔首先把结构分析方法用于语言学研究，强调抛开语言的外部因素的变化去找出它的内部结构。20 世纪 60 年代，法国文化人类学家列维－施特劳斯把上述方法用于原始思维和神话学的研究，企图找出社会生活诸因素之间的结构，如亲族结构、神话结构。他认为，这些结构是人的无意识结构的投射，并且在不同时期重复出现。如果找出这些结构，人类学就可上升到客观化、模式化的水平。之后法国文化史学家福科提出了以"知识型"为核心的知识结构主义。现代精神分析学家拉康则创立了结构主义精神分析学。20 世纪 60 年代末产生了以阿尔都塞为代表的结构主义的马克思主义。

新托马斯主义

又称"新经院哲学"。是现代天主教的一种官方哲学。广泛流行于法国、西班牙、德国、奥地利、比利时、意大利、美国以及拉丁美洲各国。主要代表为法国的马里旦、吉尔松，奥地利的韦特尔，瑞士的波亨斯基等。它宣称上帝是最高的精神性的存在，哲学的任务是为宗教神学做论证。世间存在两个世界，一个是经验的世界，一个是超经验的世界。

每个人只要相信宗教，就可以获得"真正的人格"。

六、现代西方哲学家

叔本华（1788—1860 年）

德国哲学家、唯意志论的创始人。出生于但泽（今波兰格但斯克），曾学医，后改学哲学，一度在柏林大学执教。他把意志看作世界的本质。认为意志首先是求生的欲望，物体的排斥和吸引、植物的向光性、动物的本能和人的求生与求偶欲望都是生存意志的表现。理性只是意志的工具，它受意志的支配去达到意志的目的。主要著作有《作为意志和表象的世界》等。

斯宾塞（1820—1903 年）

英国哲学家、社会学家，实证主义的代表之一。他认为知识和科学的对象仅限于现象的领域，实在是不可知的。知识可分为最低级的、科学的和哲学的三类，哲学的作用在于研究各种知识的外部联系。认为一切现象的基础是不可知的"力"，并且恒久作用，因而现象世界处于不断运动变化中。认为社会就像一个有机体，不同阶级承担着不同的职能，各司其职，缺一不可。主张"生存竞争、物竞天择"的社会达尔文主义，为当时英国殖民主义政策辩护。主要著作有《综合哲学》《智育、德育和体育》《社会学研究》。

尼采（1844—1900 年）

德国哲学家、唯意志论的重要代表。他继承叔本华的基本观点，但不同意他的悲观主义结论。尼采认为，生命的意义在于征服他物，驱使他物为自己的目

尼采

尼采是最有影响的现代思想家之一，他多次试图揭示对一代代神学家、哲学家、心理学家、诗人、小说家和剧作家有着深刻影响的支撑传统的西方宗教、道德和哲学的根本动机。

的服务。因此意志更重要的是权力意志。继而认为历史是"超人"创造的，平常人不过是"超人"用以实现自己意志的工具。否定以理性主义、基督教和人道主义为基础的西方传统文化和价值标准，提出"重新估价一切价值"的口号。反对民主和自由，主张弱肉强食的自然规律。认为艺术也是权力意志的表现形式，艺术家是高度扩张自我、表现自我的人。主要著作有《悲剧的诞生》《查拉图斯特拉如是说》《人性的，太人性的》《善恶的彼岸》《道德的谱系》《权力意志》等。

弗洛伊德（1856—1939 年）

奥地利精神分析学家，精神分析学创始人。他的最大贡献在于提出无意识的理论。早期他把人的心理过程分为无意识、前意识、意识三部分。后来又提出"本我""自我""超我"的人格结构。他认为人类文明是性爱受压抑的产物，人们在科学、艺术等文化方面的创造性都是这样产生的。相应的，人类社会的道德规范、宗教戒律都是针对人的性欲而产生和规定的。有《梦的解析》等著作。

杜威（1859—1952 年）

美国哲学家、教育家，实用主义主要代表之一。他声称自己的哲学是"经验的自然主义"或"自然主义的经验论"。经验包括人的思想、感情、行为等一切活动和与人的活动有关的一切东西。在经验范围内，一切客观事物的存在及性质都是由主体决定和创造的。他宣称各种概念、理论、体系都只是一种假设，是人应付环境的工具，它们的价值不在自身，而在其功效。认为社会的变化和发展决定于人性和文化（包括政治、经济、法律、教育等）这两个方面多种因素的交互作用。主张社会改良主义。主要著作有《学校与社会》《民主主义与教育》《哲学的改造》《经验与自然》《逻辑：探索的理论》《自由与文化》等。

怀特海（1861—1947 年）

英国哲学家、数学家，"过程哲学"或"有机哲学"的先驱和代表。在数学上，他试图把数学建立在逻辑的基础上，对数理逻辑系统进行了经验解释，并分析和重建了常用的数学和物理学概念。在哲学上，他区分了形而上学和宇宙论。认为每一事件都是从基本活动的个体化过程中产生的个别事实，在这一过程中对一次机遇的肯定和否定决定了它的性质，而机遇是由"主观目的"造成的。主要著作有《数学原理》（与其学生罗素合著）、《科学与近代世界》《过程与实在》《教育的目的》等。

克罗齐（1866—1952 年）

意大利哲学家、史学家，新黑格尔主义者。曾担任意大利教育大臣等职。

他强调精神就是整个实在，此外没有任何真实的东西，一切经验和认识的对象都是出于精神的创造。事物的区分只能依据精神活动的形态来划分，分为直觉、概念、经济、道德四种。宇宙万物是一个差异统一体，四种精神活动既是"相异概念"，又有联系，呈现为一个从低到高的阶梯。对立和矛盾只限于相异概念的内部。主要著作有四卷本的《精神哲学》《黑格尔哲学中的活东西和死东西》《美学原理》《伦理和政治》《史学和道德理想》《黑格尔研究和哲学解说》等。

罗素（1872—1970 年）

英国哲学家、逻辑学家。哲学上他采纳皮亚诺的数理逻辑技术，提出逻辑原子主义理论。认为世界是由原子事实构成的。主张用逻辑的观点看世界，认为逻辑是哲学的本质，哲学的任务就是对科学和常识进行逻辑分析。后来他与摩尔、怀特海一起又提出新实在论哲学。把"感觉材料"和共相都看成中性的东西，宣称心与物都不过是事实形成的逻辑构成品。主要著作有《数学原理》（与怀特海合著）、《哲学问题》《心的分析》《物的分析》《人类的知识——它的范围与限度》等。

维特根斯坦（1889—1951 年）

奥地利哲学家、逻辑学家，分析哲学的创始人之一。哲学思想有前期和后期之分。前期是逻辑原子主义者。注重逻辑语言，认为它的各个部分与世界的各部分之间有着类似的对应关系，声称只有事实命题才是真正的命题，才有意义。这样伦理学、宗教和哲学都被排除于命题之外，成为无意义的东西。后期他强调对日常语言做经验研究。提出了以语言游戏说为中心的日常语言哲学理论。主要著作有《逻辑哲学论》《哲学研究》《蓝皮书和褐皮书》《数学基础评论》等。

弗洛姆（1900—1980 年）

美国心理学家、哲学家，新弗洛伊德主义的代表。他接受弗洛伊德的理论，但不同意他的本能论，突出了经济、政治、文化、思想等社会因素的作用，认为人是在社会的影响下实现性格的形成过程。他运用这种理论批判资本主义社会是病态的不合理的社会，它摧毁了许多人经济上的独立，增加了人们的孤独、寂寞、软弱、恐怖之感，因而主张改造这个病态的社会。主要著作有《逃避自由》《心理分析和宗教信仰》《马克思关于人的概念》《爱的艺术》等。

萨特（1905—1980 年）

法国哲学家、文学家，存在主义的重要代表。提出现象学一元论，把抽象的"纯粹意识"当作认识世界的出发点。他还对"存在"有深刻分析，认为有两种不同类型的存在，即自在存在和自为存在。其中自为存在才是主动的，总在不断超越自身而又否定自身，并给世界以意义。界定了存在以后，他提出"存在先于本质"的命题，认为人的本质并非天生的，而是人通过自由选择形成的特征。主要哲学著作有《存在与虚无》《存在主义是一种人道主义》《辩证理性批判》等。

艺术·体育

音 乐

一、音乐常识

古典音乐

指过去时代除民间音乐外具有典范意义和代表性的音乐。有时专指欧洲 19 世纪以前的专业创作，特别是维也纳古典乐派的音乐及师法该乐派的音乐。也称与现代派音乐或爵士音乐相对的音乐。

简谱

音乐记谱法之一。16 世纪中叶初步成型于欧洲。17、18 世纪经过法国苏埃蒂及卢梭等人的加工而渐趋完备。传入中国后经改进而被普遍采用。现用 1、2、3、4、5、6、7 表示 7 个基本音级（读 do，re，mi，fa，so，la，si），用 "0" 表示休止，其时值相当于五线谱的四分音符和四分休止符。数字下标圆点者为低八度音（如5），数字上标圆点者为高八度音（如5）。数字后加一短横线，表示时值比原音增长一倍。调号通常用 1=C、1=D 等表示，标在曲谱左上方。

五线谱

音乐记谱法之一。以谱号、调号、音符、休止符等符号记在五条平行横线及其上下加线所组成的乐谱上，表明音乐进行。是意大利音乐理论家圭多发明的。最初仅有四线，后来增加至六、七线。16 世纪末五线谱式逐渐确立，现为世界各国通用。

民间音乐

形成并流行于民间的歌曲和器乐曲，包括民间舞蹈音乐和民间戏曲音乐。具有鲜明的民族风格和地方特色。过去主要通过口头方式流传。民间音乐语言简明洗练，形象鲜明生动，表现手法丰富多样。最能反映民族的风俗习惯和情感，是作曲家音乐语言的重要源泉。

严肃音乐

即题材、内容严肃，艺术形式严谨，具有一定教育和审美意义的音乐。体裁基本上没有限制，包括交响曲、协奏曲、奏鸣曲、歌剧和舞剧音乐、清唱剧、组曲、各类室内乐、重奏乐、歌曲等。它与采用同样体裁的轻音乐、流行音乐存在质的区别。主要表现在它形式严谨，反映内容深刻，能够产生较为持久的认识和教育作用。

通俗音乐

又称流行音乐。指一种通俗易懂、轻松活泼、容易流传、拥有广大听众的音乐。它有别于严肃音乐、古典音乐和传统的民间音乐，通常以人们的日常生活为题材，比严肃音乐、古典音乐更贴近现实，抒情性更强。演唱时一般用自然嗓音，要求吐字清晰，以情动人。但也有结合民族唱法或美声唱法的。表演往往强调表演者的个人风格和即兴发挥，具有较强的群众性。随着音响科技的兴起，它更具有商品性，不但在酒吧、舞厅演出，而且进入家庭，在全世界广泛传播。

爵士音乐

以连续切分音颠倒轻、重拍的前后次序，使之统一于疏散的结构、非同寻常的音调和即兴演奏的形式之中。形成于 19 世纪末 20 世纪初。初创时期的

"拉格泰姆"爵士乐代表了美国新奥尔良城黑人音乐与舞蹈相结合的粗犷豪放风格。它采用非洲西部的音调和舞蹈节奏，一般用钢琴、打击乐进行即兴演奏。最有名的是"布鲁斯"爵士乐，又称"蓝调"，形成于1900年前后，已经逐渐同美国南部音乐相结合。

摇滚乐

20世纪50至70年代从美国流行起来的一类通俗音乐的总称。运用现代电声乐器演奏为歌手伴唱。在音乐风格上，它兼具黑人布鲁斯和美国乡村音乐的特点，旋律亲切自然，乐句长短变化和对比打破传统结构，具有鲜明的节奏感。在表现手法上，以歌手演唱为主要形式，不再以乐器的演奏为主。主要乐器是电吉他和其他电声乐器，通常由旋律乐器和节奏乐器组成，而且不再以即兴表演为主要方式。美国摇滚歌星"猫王"普雷斯利（1935—1977年）是早期摇滚乐的代表。

披头士乐队在演奏
披头士乐队是史上最著名的摇滚乐队。它对摇滚乐的改革使日后任何一支乐队都难以超越它。

民歌

民间文学艺术的一种，指民间口头创作的歌曲。种类繁多，主要有情歌、悼歌、宗教歌、小调、山歌、渔歌、牧歌、儿歌、长调、短调、高腔、平腔、低腔以及多声部民歌等。民歌一般结构短小，篇幅长的歌词常用同一曲调反复演唱。常用夸张、重叠、谐音、隐语、双关语等表现手法。在中国文学史上占有重要地位，中国的四言诗、五言诗、七言诗以及词、曲等体裁，大都来源于此。

中国民族器乐

即用中国传统乐器演奏的民间传统音乐。其演奏形式有独奏、重奏和合奏。在独奏曲中，古琴曲《广陵散》《梅花三弄》，琵琶曲《十面埋伏》，古筝曲《渔舟唱晚》，唢呐曲《百鸟朝凤》，笛子曲《鹧鸪飞》，二胡曲《二泉映月》等，都是盛演不衰的优秀传统曲目。在合奏曲中，纯粹用锣、鼓等打击乐器演奏的锣鼓乐节奏鲜明，音色丰富；各种弦乐器合奏的丝弦乐优美质朴，细腻抒情；吹管乐器和弦乐器合奏的丝竹乐典雅细致，轻快活泼；吹管乐器和打击乐器合奏的吹打乐风格粗犷，欢快热烈。一般来说，中国的吹打乐北方重"吹"，南方重"打"。

管弦乐队

指由管乐器、弦乐器和打击乐器组成的大型管弦乐合奏乐队。近代管弦乐队又称为交响乐队。西洋管弦乐队于18世纪下半叶至19世纪20年代古典乐派时期开始逐步定型，是贝多芬在前人基础上发展确定下来的。管弦乐队分为铜管乐器组、木管乐器组、弦乐器组和打击乐器组。现代中国民族管弦乐队是借鉴西洋管弦乐队组成的，编制为70人左右，包括各种管乐器、弦乐器和打击乐器。

铜管乐队

由铜管乐器加上打击乐器组成，一般包括短号、萨克斯号、长号、大号和部分打击乐器。为丰富表现力，铜管乐队有时也增加一些其他簧管乐器，如单簧管和短笛等。铜管乐队19世纪初开始在欧美出现，在英国北部尤为盛行。铜管乐队适于演奏雄壮、欢快、节奏性强的进行曲和舞曲。

交响乐和交响乐队

交响乐指18世纪后半叶由海顿、莫扎特初创后，由贝多芬确立规范的包含4个乐章的大型器乐套曲。古典交响乐通常采用奏鸣曲套曲形式，分为4个乐章。浪漫派交响乐继承了古典交响乐的原则，在曲式、体裁、旋律、节奏及乐队编制上都有重大发展和突破。交响诗是交响乐的重要分支，为单乐章标题音乐，结构自由，乐思的发展更无拘束。

交响乐队为大型管弦乐队，演奏音域更加宽广、音色华丽、气势宏大。交响乐队的乐器种类和人员编制均超过一般的管弦乐队，大型乐队的人数均在百人左右。世界著名交响乐团有：维也纳爱乐乐团、柏林爱乐乐团、伦敦爱乐乐团、纽约爱乐乐团、波士顿交响乐团和费城交响乐团等。

电子音乐和电声乐队

电子音乐是由电子音响器件发声而构成的音乐。电子琴和电子合成器等电子乐器以电子振荡为发声原理，在音准、音色、演奏技巧等方面都大大优于传统乐器。不但能模仿传统乐器和自然界音响，而且能合成自然界不存在的音响，还可以模仿大型交响乐队的效果。20世纪50年代以后，随着现代电子技术的发展，出现了更先进的电子计算机音乐，即将音乐作品的各种要素编制成程序，通过计算机实现创作和演奏。由电子乐器以及部分传统乐器（如萨克斯管、小号和低音提琴等）组成电声乐队，它的编制大大小于传统管弦乐队。

声乐

指仅用人声表现的音乐。由于生理条件和性别的不同，人声有音域和音色的差别。声乐艺术将人声分为女高音、女中音、女低音和男高音、男中音、男低音。普通人要获得符合艺术表演要求的声音，必须对气息、发声、共鸣和吐字等进行声乐技能的科学训练。

二、中国古代音乐知识

五声

古代对宫、商、角、徵、羽五个音阶的合称，也叫"五音"。相当于现代简谱中的1、2、3、5、6，后来有了变徵与变宫，近似于简谱中的4和7。在我国传统的音阶形式里，都分别包含有这五个音阶。古人还有借五声配合五行、五方与四季的说法，即以角、徵、宫、商、羽分别与木、火、土、金、水五行，与东、南、中、西、北五方，与春、夏、秋、冬四季相配合。

七声

指中国古代七声音阶中的七个音级。即宫、商、角、变徵、徵、羽和变宫。古人把宫、商、角、徵、羽叫作"五音"或"五声"，把变徵和变宫叫作"二变"，合称"七声"。

十二律

我国古代的定音方法，简称"律吕"。即用三分损益法把一个八度分为十二个不完全相等的半音，相当于把现代使用的传统七声音阶分为十二个"律"，每个律约等于半个音。十二律从低到高依次为黄钟、大吕、太簇、夹钟、姑洗、仲吕、蕤宾、林钟、夷则、南吕、无射、应钟。上列十二律中排序为单数的六个律，简称"阳律"或"律"。与之相对的六个双数的律，称之为"吕"，即"六吕""六同"，或称"六间""阴吕"。

律管

古人用来定音的管子。传说是远古时由伶伦发明的。用十二个长度不同的律管，吹出十二个高低不同的标准音，用以确定乐音。这十二个标准音也叫十二平均律。律管先是竹制的，以后又有玉律、铜律等。

乐府

古代主管音乐的官署。汉武帝时开始设置。乐府主要掌管朝会、宴享、巡行、祭祀所用的音乐，并且收集民歌，配上乐曲。乐府官署所收集的诗歌也叫乐府。后来把魏晋至唐代可以入乐的诗歌，以至仿效乐府创作的作品都叫作乐府。

法曲

古乐曲名。原是清商乐与西域各族音乐结合后形成的"法乐"，常用于佛教法会，后来发展成隋代的法曲。乐器有铙、

铍、钟、磬、箫、琵琶等，演奏时，金石丝竹先后参加，然后合奏。唐文宗开成三年（838年），改法曲为仙韶曲。唐代著名法曲有《破阵乐》《长生乐》《霓裳羽衣》等。

大曲

古代一种大型歌舞曲。各代大曲的发展形式不同。汉魏大曲即相和大曲和清商大曲，一般用流传诗篇配乐，以增减字数来配合音节。唐宋大曲即燕乐大曲，发展为由同一宫调的若干遍组成大型乐舞，每遍各有专名。

雅乐

古代帝王祭祀天地、祖先和朝会、宴亨等重大典礼时所用的乐舞。与俗乐相对。源于周代的礼乐制度。当时各类重大典礼上所用的乐舞，都被儒家看成最为美满，因而称为雅乐。隋、唐以后的雅乐与俗乐的区分更加严格，逐渐成为带有宫廷意味和士大夫趣味的音乐的代称。

俗乐

古代对民间音乐的泛称。与雅乐相对。后世对俗乐意义的理解更为广泛，包括民乐、民谣、歌舞伴奏音乐等。内容形式均较自由，不受严格的音乐理论

歌乐图　宋

约束。

燕乐

宫廷俗乐的总称，也称宴乐。原指帝王和诸侯宴请宾客时所用的音乐，一般采自民间俗乐，区别于朝廷重大典礼所用的雅乐。隋唐时期，在汉族和各少数民族民间音乐的基础上，吸收部分外来音乐，形成了供宫廷宴饮、娱乐用的音乐，称之为燕乐。各代宫廷燕乐的形式，根据民间俗乐的演变而有所不同，如汉有相和歌、百戏等，唐有歌曲、舞曲（包括大曲、法曲）等，宋代以来有杂剧、传奇等。

清商乐

古乐中，宫、商、角三调俗称清调、平调、瑟调，合称"清商三调"或"清商"。一种古代汉族民间的歌曲就包括这三调。西晋以后，在南朝发展成江南吴歌、荆楚西声。北魏孝文帝、宣武帝收集中原旧曲和吴歌、西声，总称之为清商乐，区别于雅乐、胡乐。隋唐历朝宫廷音乐中都包括了清商乐。

鼓吹乐

古乐的一种，即鼓吹曲。源于北方少数民族，用鼓、钲、箫、笳等乐器合奏。汉初用于军中，后渐用于朝廷。乐的级别渐渐降低，一般督军将领都可以用。魏晋以后，鼓吹常用于皇帝宴会、出巡、军队行军、凯旋等场合，是非常隆重的音乐。到明清更是将它用于占卜和祭神的礼仪中。历代鼓吹乐多有歌词配合。今民间之吹打乐与鼓吹乐就有渊源关系。

阳春白雪

传说中的古代楚国歌曲名。《文选》中曾用它说明曲高和寡的道理。后来就常用"阳春白雪"比喻高深而不通俗的文艺作品，以"下里巴人"比喻通俗的文艺作品。

三、西方音乐知识

回旋曲

起源于欧洲民间的轮舞曲。特征是音乐主题的循环，即同一个基本主题多次反复循环出现。早期主题简短，形象单一，段落多而分明。后来经过发展，主题结构规模较大，适合于表现活跃欢腾的气氛。

变奏曲

用反复的手法变化发展某一个音乐主题，使之能得到多方面表现和发挥，从而丰富其意义的一种乐曲。

奏鸣曲式

指大型器乐套曲中某一乐章（多为第一乐章）常用的曲式结构，奏鸣曲、重奏曲、交响曲、协奏曲等都经常用到。一般可分为呈示部、展开部、再现部三部分。呈示部里包括两个互相对比的主题和二者之间的连接部，以及一段补充性质的结束部。展开部以各种手法表现呈示部各段落的音乐成分。再现部则对呈示部在变化中再现，重复两个主题。现代作曲家已不再严格遵守这些规定。

奏鸣曲

指由一件独奏乐器演奏，或由一件独奏乐器与钢琴合奏的多乐章的大型器乐套曲。16-17世纪时曾用来泛指各种器乐曲。17世纪后，多指类似组曲的器乐合奏套曲，自海顿、莫扎特后才定型。通常包含4个乐章：快板、慢板、小步舞或诙谐曲、终曲。

室内乐

17世纪产生于意大利。原本是指在贵族客厅中演奏或演唱的世俗音乐，与教堂音乐、剧场音乐相对。18世纪末，又指由少数人演奏、演唱，为少数听众演出的音乐。现在则指每个声部都由一件乐器演奏的小型合奏曲或各种重奏、独奏曲，以及由少量乐器伴奏的重唱、独唱曲。规模较小，与规模较大的管弦乐及交响乐相对。

交响曲

一种富于戏剧性的大型管弦乐套曲，或由管弦乐队演奏的奏鸣曲。由意大利歌剧序曲演变而成。18世纪中叶后发展成为独立的管弦乐作品。通常包括4个乐章。特点是结构宏大、色彩绚丽、音响丰满。特别适宜于通过音乐形象的变化发展，较深刻地揭示心理情感和社会矛盾冲突。早期作品一般没有标题，后来大多用上了标题，有的还加用声乐，如贝多芬的《第九交响曲》。

海顿的声乐作品《邂逅》于1775年在埃斯特哈齐公爵宫邸演出时的画作

协奏曲

一种由独奏乐器与管弦乐队协同演奏的大型器乐套曲。由莫扎特确立。原指16世纪意大利一种有乐器伴奏的合唱曲。17世纪中叶后，曾指由几件或一件独奏乐器与小型弦乐队互相竞奏的演奏形式。近代协奏曲一般包括快板、慢板、快板3个乐章。

交响诗

一种形式自由的单乐章的标题交响音乐。由李斯特首创。构思上可以体现某一哲理或诗的意境，使音乐的表现力更抽象化，也更深邃。多采用主题变形的手法，塑造特定标题内容的音乐形象。

音诗

一种单乐章的管弦乐曲，与交响诗类似。如西贝柳斯的《芬兰颂》。

组曲

由若干器乐曲乐章组成的套曲。特点是各乐章的结合较自由，每个乐章都有相对独立性。

套曲

由若干乐章或乐曲组成的成套器乐曲或声乐曲。一般交响曲、组曲、奏鸣曲等都是套曲形式。

舞曲

指以舞蹈节奏为基础谱成的器乐曲或声乐曲。特点是形式结构整齐清晰，节奏鲜明统一。通常有专供伴奏和专为独立演唱、演奏的两种。后者往往具有更高的艺术性。

进行曲

指以步伐节奏为基础谱成的乐曲。多用偶数拍子，突出大鼓、小鼓等打击乐器，节奏鲜明，结构整齐，气氛热烈，便于集体行进时演奏。著名进行曲有法国的《马赛曲》和中国的《义勇军进行曲》。

圆舞曲

音译为华尔兹。三拍子，节奏鲜明，热情奔放。18世纪出现，19世纪得到发展，同高雅的小步舞曲区别开来，深得大众欢迎。约翰·施特劳斯父子创作了由序奏、尾声加数首小圆舞曲连缀而成的圆舞曲套曲结构，完善了这种体裁的形式结构和表现内涵，标志着圆舞曲达到雅俗共赏的最高水平。

夜曲

是浪漫派音乐的一种独特体裁。因为常在夜间露天演奏而得名。通常是某种器乐短曲，具有宁静、沉思、抒情的特色，多为钢琴曲。最早由爱尔兰作曲家菲尔德首创，后来肖邦做了进一步完善发展。

小夜曲

产生于欧洲中世纪，流行于西班牙、意大利等国的行吟诗人所唱的一种爱情歌曲。多用吉他、曼陀林等乐器伴奏。歌声婉转缠绵、悠扬悦耳。通常在黄昏和夜晚演唱，所以叫"小夜曲"。

无词歌

又称"无言歌"。德国作曲家门德尔松首创。指一种模拟歌曲的抒情钢琴小曲，其中包含一个歌曲性质的旋律和相应的伴奏部分。它与夜曲性质较接近，是浪漫派音乐创作的重要体裁。

幻想曲

原指一种即兴创作的管风琴或古钢琴曲。创作时由作曲家自由发挥，不拘一格。后来发展成为一种独立的器乐曲。

随想曲

一种古老的音乐体裁。早期是指一种自由的各声部互相模仿的复调乐曲，后来泛指各种富于幻想的自由形式的乐曲，可以不受主题约束，与幻想曲较接近。

狂想曲

始于19世纪初的一种音乐体裁。多取材于民族、民间音乐或流行音乐曲调。形式自由，感情激越、奔放。

浪漫曲

原指11世纪前后欧洲的一种世俗歌曲。近代以来在德国指一种小型的叙事或抒情歌曲，在法国、俄国指一种抒情独唱曲。这些乐曲和歌曲的共同特点是情感表现比较细致，与歌词结合紧密。18世纪中叶起，也指一种富于歌唱性的器乐曲。

谐谑曲

一种生动活泼，富于诙谐、戏谑情趣的器乐曲。一般为三拍子。乐曲速度较快，节奏活跃。常以独特的音调、节奏和出其不意的转调、强弱对比等方法，造成幽默风趣的效果。

序曲

原指歌剧、清唱剧开场前演奏的管弦乐曲，以及大型器乐作品的开始曲。早期有法国式、意大利式两种类型。法国式由慢板－快板－慢板3段组成，为复调风格；意大利式由快板－慢板－快板3段组成，为主调风格。后来歌剧、话剧的序曲常有暗示剧情的作用。

前奏曲

原指15-16世纪一种古代乐器琉特琴独奏曲或古钢琴曲的引子。起初为即兴演奏，有试奏乐器、活动手指、为后面乐曲做准备等作用。17–18 世纪发展成为主要乐曲开始前的一段序奏，为了同后面乐曲形成对比。多数时候是一种小型的自由幻想曲。

间奏曲

原意是幕间戏，也指在大歌剧的两幕之间演出的独幕喜歌剧。近代多指穿插在歌剧的两幕或两场之间的管弦乐曲，以及大型套曲中两个主要乐章间的短小乐章。特点是篇幅短小，形式也较自由。

标题音乐

指以题目点明作品创作意图或思想内容的器乐曲。由浪漫乐派倡导，盛行于 19 世纪。多取材于民间传说或文学作品，标题是作曲家创作的依据，也能指导听众理解音乐。

叙事曲

原指 12–13 世纪行吟诗人唱的一种叙述故事的歌曲。14–15 世纪在西方一些国家，成为独唱曲的总称。19 世纪以来，则指钢琴伴奏或乐队伴奏的叙事性独唱或合唱歌曲。

清唱剧

一种大型声乐套曲。由独唱、重唱、合唱组成，并以管弦乐伴奏。内容富于戏剧性、史诗性。源于 16 世纪末的罗马，起初是在舞台上演出的宗教题材的歌剧。17 世纪中叶后，发展为在音乐会上演出的声乐作品。

康塔塔

是意大利语 Cantata 的音译。指一种题材广泛，包括独唱、重唱、合唱的声乐套曲，由 17 世纪初一种世俗题材的独唱声乐套曲发展而来。它与清唱剧相似，只是规模小，戏剧性不太强，偏重抒情。

组歌

指由若干在内容上相互关联的歌曲组成的声乐套曲。其中有的内容联系较紧，贯穿一定的故事情节；有的每首歌则有较大的独立性，只在内容或形式上有某些相似之处。

咏叹调

指西洋歌剧、清唱剧或康塔塔中的独唱曲。一般用管弦乐队或键盘乐器伴奏，有较强的歌唱性、抒情性、戏剧性和较完整的结构形式。

宣叙调

又称"朗诵调"，指一种音调和节奏都与语言紧密结合的独唱曲。它形式较自由，可以有简单的伴奏，也可以不用伴奏。注重音乐性，一般歌唱性较弱。常用于咏叹调之前做引子或形成相应的对比。

歌剧音乐

歌剧艺术的基本表现手段。以声乐为主、器乐为辅，带有强烈的戏剧性，两者结合以后音乐形象比一般纯音乐更明确、具体。近代西洋歌剧音乐产生于 16 世纪末的意大利，后来流行于欧洲。包括正歌剧、喜歌剧、轻歌剧等。

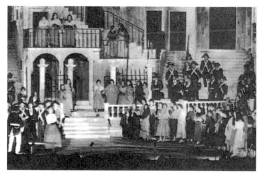

歌剧《卡门》剧照

舞剧音乐

舞剧艺术的重要表现手段之一。一般是结构完整、侧重表现人物内在情感的戏剧性音乐。同舞蹈的外在动作相配合，塑造出的人物形象鲜明，极富情感。一般以器乐为主。

四、中外著名音乐家

巴赫（1685—1750 年）

德国古典作曲家，管风琴家。生于著名音乐世家。一生为教会和宫廷服务，曾任管风琴师、宫廷乐长、教堂乐长。他的创作深受资产阶级启蒙思想影响，突破了教会音乐的模式，在德国民族音乐的基础上，汇集并融合了当时欧洲各流派的艺术成就及其精华，具有创新性。他以创作复调音乐为主，作品结构严密，感情充沛，富于哲理性和逻辑性。因为对欧洲近代音乐发展产生深远影响，所以被后人尊称为"音乐之父"。

海顿（1732—1809 年）

奥地利作曲家。他的创作深深植根于奥地利各民族的民间音乐中。1761 年在埃斯特哈齐公爵宫邸当宫廷乐长，任期近 30 年，其间创作了大量作品。之后摆脱宫廷羁绊后有机会自由创作，写了 12 部《伦敦交响曲》，成为当时首屈一指的音乐家。海顿继承前人成就，确立交响曲的规范，一生创作 100 多首交响曲，被誉为"交响乐之父"。

莫扎特（1756—1791 年）

奥地利作曲家。他生于萨尔茨堡的一个音乐家庭。4 岁开始学习音乐，6 岁已是古钢琴、管风琴、小提琴演奏能手，随父亲往维也纳、普雷斯堡旅行演奏，所到之处均引起震惊。被誉为"音乐神童"。25 岁时离开家乡定居维也纳，成为自由音乐家。他的作品涉及各种体裁，以歌剧、协奏曲、交响曲为主。作品中体现了反封建、争自由的民主思想和时代精神，对后世音乐创作产生很大影响。是维也纳古典乐派代表人物。

贝多芬（1770—1827 年）

德国作曲家、钢琴家，是集古典乐派之大成、开浪漫乐派先河的大师。他生于科隆一个音乐世家。自幼从父学音乐。早年接触启蒙思想。1793 年开始出版作品。他一生坎坷、孤独，28 岁开始耳聋，却从未放弃挚爱的音乐事业。他的创作在作曲技巧上有许多新发展，如扩充了奏鸣曲的结构，加强了它的表现力。他通过精湛的艺术手法，把欧洲古典乐派推向新的高峰，并开辟了浪漫主义乐派个性解放的新方向。代表作有《悲怆》《月光》《英雄交响曲》《命运交响曲》等。

帕格尼尼（1782—1840 年）

意大利小提琴大师、作曲家，音乐史上最杰出的演奏家之一。5 岁开始学琴，12 岁登台公演，被誉为"弦乐神童"。他的演奏技艺精湛，热情奔放，富有诗意，带有开放性和即兴性，大大发展和丰富了小提琴的演奏技巧及表现性能。首创了多种拉奏手法。他还精于吉他，并将两者的技法糅合在一起。由于高超的技艺和动人的琴声使人陶醉，被称为"魔法提琴师"。除演奏之外他还作曲，作品有随想曲、协奏曲、舞曲、室内乐等。

车尔尼（1791—1857 年）

奥地利钢琴家、作曲家、钢琴教育

家。出生于维也纳，曾向贝多芬学习 3 年。15 岁就已成为维也纳的知名钢琴教师。他专心研究钢琴教学方法，培养了许多著名钢琴家，李斯特就是他门下的高才生。

罗西尼（1792—1868 年）

意大利作曲家，19 世纪上半叶意大利歌剧三杰之一。其歌剧作品保持着古典风格。作有 38 部歌剧。1824 年移居巴黎，对法国歌剧的发展产生重大影响。代表作有《塞维利亚的理发师》和《威廉·退尔》等。

舒伯特（1797—1828 年）

奥地利作曲家，人称"歌曲之王"。他在欧洲音乐史上是一位承前启后的人物。一方面他继承了莫扎特、贝多芬的德奥古典音乐传统，另一方面又在此基础上做了创新和发展，成为浪漫乐派的奠基人。他把歌曲创作推向了一个前所未有的高度，使旋律与歌词完美地结合在一起，歌声与钢琴融为一体。他一生共写有 600 多首歌曲，代表作有《魔王》《鳟鱼》《美丽的磨坊女》《流浪者》等。还有大量歌剧、交响曲、奏鸣曲等。

柏辽兹（1803—1869 年）

法国作曲家、指挥家、音乐评论家，

柏辽兹《贝泰斯和贝尼迪》舞台照
作品根据莎士比亚的《无事生非》写成。

标题音乐的开拓者，法国浪漫乐派代表人物。他 1830 年所作的《幻想交响曲》是标题交响曲划时代的作品，显示了浪漫主义音乐的各种特征。许多作品都是以新颖的配器手法和戏剧化的处理方法来丰富交响乐的表现力。代表作有《追思曲》《罗密欧与朱丽叶》《浮士德的沉沦》等。

约翰·施特劳斯（1804—1849 年）

奥地利作曲家，人称"圆舞曲之父"。他与著名舞蹈音乐作曲家兰纳共同努力，创立了"维也纳圆舞曲"的曲式结构。一生写了 150 首圆舞曲、14 首波尔卡、28 首加洛普、35 首卡德累尔舞曲和 19 首进行曲。他的作品在传统基础上进行创新，表达了当时市民阶层健康乐观的思想感情，对当时的音乐文化起了积极作用。

格林卡（1804—1857 年）

俄国作曲家，俄罗斯民族乐派奠基人。他的两部歌剧《伊凡·苏萨宁》和《鲁斯兰与柳德米拉》为俄罗斯民族历史剧和神话史诗剧奠定了基础，开创了民族音乐新时期。管弦乐曲《卡玛林斯卡雅》生动描绘民间生活，把俄罗斯交响音乐推向前所未有的高度。

门德尔松（1809—1847 年）

德国作曲家。出生于汉堡一个银行家家庭，从小受到极好的文化教育和艺术熏陶，学习钢琴和音乐理论。9 岁开始在音乐会上演奏，11 岁尝试创作，17 岁成功地完成了《仲夏夜之梦》序曲，显示出惊人的才华和创作上的早熟。1843 年他与舒曼等创办了德国第一所音乐学院。门德尔松的作品简洁明快、严谨淳朴、流畅生动，表现出诗情画意，为 19 世纪标题音乐开创了道路。他还首创了无词歌。

肖邦（1810—1849 年）

波兰作曲家、钢琴家。6 岁接受严格训练，7 岁写下了《g 小调波兰舞曲》，8 岁登台演出，不满 20 岁已成为华沙公认的钢琴家。肖邦深入挖掘了诸多音乐体裁的潜在艺术表现力，极富个性，他演奏的和声语言新颖大胆，音质细腻而富于色彩，被后人誉为"钢琴诗人"。肖邦具有强烈的民族情感和爱国热忱。一生写下 200 多首钢琴曲和其他器乐曲，具有浓厚的波兰民族风格。

舒曼（1810—1856 年）

德国作曲家、音乐评论家。早年通过自学即成为当地首屈一指的钢琴家。1830 年开始学习钢琴，后转为音乐创作和评论。1934 年创办《新音乐杂志》。他用海涅、歌德、彭斯等人的诗所作的 200 多首歌曲和《诗人之恋》等声乐套曲，是浪漫乐派声乐宝库中的精品。另作有许多新颖独特的标题性钢琴小品，如《蝴蝶》《狂欢节》《童年情景》《森林景色》等，都是钢琴曲的名作。

李斯特（1811—1886 年）

匈牙利作曲家、钢琴家、指挥家。他把标题音乐的创作提高到新的水平，并开拓出标题音乐的新领域，首创了交响诗体裁。共写了 13 部交响诗，其中有《塔索》《匈牙利》《前奏曲》《玛捷帕》等。他的演奏大大发展了钢琴的表现能力，以出神入化的技艺名震欧洲。1875 年他创建布达佩斯音乐学院，亲任院长。他一生的音乐活动影响着 19 世纪整个欧洲乐坛。代表作还有《里昂》《匈牙利狂想曲》《拉科奇进行曲》等。

瓦格纳（1813—1883 年）

德国歌剧作曲家、指挥家、剧作家。是一位把德国浪漫歌剧推向顶峰的巨匠。成名之作是《黎恩济》，并在《汤豪塞》一剧中形成了自己独特的风格。代表作为《尼伯龙根的指环》《齐格菲尔德》等。他在《艺术与革命》《歌剧与戏剧》等著作中提出了歌剧艺术的新观点，即音乐、诗歌、舞蹈应综合为统一的有机体，称为"乐剧"理论。

威尔第（1813—1901 年）

意大利歌剧作曲家。7 岁学习风琴。18 岁开始跟随文琴佐·拉维尼柯学习作曲配器，并广泛研究意大利和西欧古典作品。1831 年开始走上歌剧创作道路。他的早期作品以《纳布科》为代表，贯穿着爱国英雄主义思想，体现了意大利复兴精神。一生创作 29 部歌剧。代表作有《弄臣》《茶花女》《阿依达》《奥赛罗》等。

古诺（1818—1893 年）

法国作曲家。他的歌剧把法国浪漫文学的抒情气质、意大利的美声唱法、瓦格纳的半音和声及丰富的配器手法结合起来，在整体上保持一种明朗、纯朴、文雅的风格。1859 年上演了他的第一部，也是最著名的歌剧作品《浮士德》。

小约翰·施特劳斯（1825—1899 年）

奥地利作曲家。人称"圆舞曲之王"。老约翰的长子。他继承父辈的传统并加以扩展，将交响乐运用到圆舞曲中，使圆舞曲这一体裁更成熟、完善。作品热情、欢快，曲调扣人心弦。一生写了

施特劳斯在一年一度的哈布斯堡宫廷舞会上指挥乐队演奏。像往常一样，他用琴弓当指挥棒，一位观众以欣赏的口吻评价说："他就像天使一样指挥着一个纯粹的提琴乐队，观众们随着这神奇的琴弓沉思、旋转、摇摆。"

170 首圆舞曲，代表作有《蓝色多瑙河》《维也纳森林》《春之歌》《皇帝圆舞曲》等。还有 141 首波尔卡、8 首加洛普、70 首卡德累尔舞曲、47 首进行曲和一些玛祖卡等舞曲，以及 16 部小型喜歌剧与轻歌剧。

圣-桑（1835—1921 年）

法国作曲家、钢琴家。5 岁时就能创作带钢琴伴奏的歌曲，10 岁登台演奏，使听众惊叹不已。11 岁入巴黎音乐学院，18 岁时已成为出色的钢琴家和管风琴师。他的作品内容丰富、种类繁多，涉及各个音乐领域。旋律流畅、配器华丽、色彩丰富、结构工整并通俗易懂，精巧地体现了贝多芬作品中的古典精神，并将之升华。代表作有《动物狂欢节》等。

勃拉姆斯（1833—1897 年）

德国作曲家。生于汉堡的一个音乐家庭。少年时对古典音乐和民间音乐有浓厚的兴趣。他研究了巴赫、贝多芬、舒伯特和舒曼的作品，结合古典主义与浪漫主义，写了大量富于抒情气息的交响曲、协奏曲、室内乐、钢琴曲、歌曲和合唱作品。他写过 4 部交响曲，有人

称他是德国古典主义最后一位作曲家。晚年完成 7 卷本《德意志民歌集》，是他对德、奥民间音乐文化的重大贡献。

比才（1838—1875 年）

法国作曲家。他创作的《卡门》是法国歌剧史上的重要里程碑，是世界上演出率最高的歌剧，已被译成 25 种语言演出，也是在我国较早演出的一部外国歌剧。《卡门》标志着法国现实主义歌剧的诞生，创造出 19 世纪法国歌剧的最高成就。

柴可夫斯基（1840—1893 年）

俄国作曲家、浪漫乐派代表人物。先学法律，后走上学习音乐之路。1877 年得到梅克夫人的资助，辞去教职专心音乐创作。这最后十多年是他创作高峰期，完成了许多名作。有歌剧《叶甫盖尼·奥涅金》《黑桃皇后》，舞剧《天鹅湖》《睡美人》《胡桃夹子》，器乐协奏曲的典范之作《第一钢琴协奏曲》《小提琴协奏曲》，交响曲《悲怆交响曲》《曼弗雷德交响曲》等。

德沃夏克（1841—1904 年）

捷克民族乐派最重要的作曲家。幼年受家乡民歌熏陶，12 岁开始学音乐，20 岁开始创作活动，31 岁以表现爱国热情的《白山的子孙》合唱曲而成名。他曾 10 次赴英，亲自指挥自己的作品。曾任纽约国家音乐学院院长、布拉格音乐学院院长。作品体裁广泛，作有 11 部歌剧、9 部交响曲和大量的交响诗、室内乐、合唱曲、钢琴曲、歌曲和两集《斯拉夫舞曲》。他的作品在内容上和捷克的历史文化紧密联系，形式上也大量吸收民族音乐语言。代表作有《自新大陆》《水仙

女》等。

萨拉萨蒂（1844—1908 年）

西班牙小提琴家、作曲家，继帕格尼尼之后最重要的小提琴大师。他 15 岁就开始了独奏家的生涯，走遍了欧洲和南北美洲，获得广泛声誉。他以西班牙民间音乐为基础，创作出具有鲜明西班牙风格的作品，把民间音乐风格巧妙地与小提琴演奏技巧结合，用精湛的表演将西班牙音乐推向全世界。

普契尼（1858—1924 年）

意大利歌剧作曲家，现实主义歌剧流派的代表人物之一。他在音乐中吸收了话剧式的对话手法，不因演唱冲淡剧情的展开。直接采用各国民歌等某些新的创作手法，用以丰富作品表现力。他个人的独特风格在旋律的创作上最为显著。在题材上总是关注普通群众的生活。他的歌剧旋律长于抒情，通俗流畅。代表作有《波希米亚人》《蝴蝶夫人》《图兰朵》等。

德彪西（1862—1918 年）

法国作曲家。他的音乐创作一方面受印象画派的影响，另一方面又受象征主义诗歌的启迪。打破传统，独辟蹊径创造了气韵生动、色彩丰富的音乐，成为印象乐派的代表人物和 20 世纪现代音乐的先驱。对欧美各国的音乐产生了深远的影响。代表作有管弦乐《贝加马斯卡组曲》，歌剧《普莱雅斯和梅丽桑德》《大海》等。

托斯卡尼尼（1867—1957 年）

意大利指挥家，世界十大指挥家之首，现实主义指挥学派奠基人。早年主修大提琴，记忆力超群。1886 年一个偶然的机会中他展示了过目不忘的本领，从此走向指挥席。1898 年被世界闻名的米兰斯卡拉剧院聘为首席指挥。他的指挥艺术在世界上影响极大，直到 20 世纪 60 年代一直占有绝对统治的地位。

卡鲁索（1873—1921 年）

意大利男高音歌唱家。生于那不勒斯。1894 年在家乡初次登台，曾到英国、西班牙、德国、奥地利、美国和南美演出，深受欢迎。演出过 50 多部歌剧，演出 600 多场次，有 500 多首歌曲是他的保留曲目，随时能演唱。他是第一位录制唱片的歌唱家。他的演唱开创了歌唱艺术的新里程，在当时被誉为"有史以来最伟大的男高音"。

拉威尔（1875—1937 年）

法国作曲家。1897 年跟当时著名作曲家福列学作曲。早期作品受到印象主义艺术思潮和德彪西风格的影响。1928 年他写下了扬名世界的《波莱罗舞曲》，成为众多作曲家写的同名舞曲中最著名的一首。

萧友梅（1884—1940 年）

中国音乐教育家、作曲家。广东中山人。1901 年赴日本留学，1912 年又到德国，前后在日本、德国学习音乐、教育、哲学。1920 年归国后，主持当时一些音乐院校的工作，同时组建了我国第一个管弦乐队。1927 年在上海创办中国第一所音乐学院——国立音乐学院。一生致力于音乐教育事业，编著大量教材和专著。代表作有弦乐四重奏《小夜曲》、歌曲《国民革命歌》等。

华彦钧（1893—1950 年）

中国民间音乐家。江苏无锡人。原

名阿炳，后来双目失明，人称"瞎子阿炳"。所奏作品内容深刻，构思巧妙，旋律生动，感情真挚深沉，具有强烈的艺术感染力。因为来自民间，深受人民群众喜爱。所遗留作品仅有二胡曲《二泉映月》《听松》，琵琶曲《大浪淘沙》《昭君出塞》等6首，是我国民间音乐的宝贵遗产。

刘天华（1895—1932年）

中国民族器乐作曲家、演奏家、音乐教育家。江苏江阴人。中学时期学习西洋管乐器，后来一度到上海参加"开明剧社"乐队。1922年到北京，在许多院校教授琵琶、二胡与小提琴。1927年发起成立国乐改进社，出版《音乐杂志》。1932年因到天桥向民间艺人收集锣鼓谱，染上猩红热病，不治而亡。刘天华为我国民族乐器的演奏与教学改进做了大胆的探索与尝试。代表作品有二胡曲《病中吟》《光明行》《良宵》，琵琶曲《歌舞引》等。

查阜西（1895—1976年）

中国古琴演奏家、音乐理论家。江西修水人。1908年开始学弹古琴。1936年在苏州、上海组织"今虞琴社"。1945年前往美国大学讲演古琴艺术，并举行古琴音乐会。新中国成立后，任中央音乐学院民乐系副主任、北京古琴研究会会长等职。他一生致力于琴学的研究、整理，主持编撰了《琴曲集成》《存见古琴曲谱辑览》等书。

保罗·罗伯逊（1898—1976年）

美国黑人男低音歌唱家、演员、社会活动家。出生于普林斯顿的黑人牧师家庭。中学时代曾参加演出莎士比亚的戏剧。1923年从哥伦比亚大学法律系毕业后从事演剧和拍电影。1925年在纽约哈伦剧院举行首次独唱会，演唱黑人歌曲。他被后人冠以"黑人歌王"的称号。

冼星海（1905—1945年）

冼星海

中国作曲家。广东番禺人，生于澳门一个穷苦船工之家。1926年进北京大学音乐传习所，学习小提琴及作曲理论。1928年到上海，考入国立音乐学院。1935年考入巴黎音乐学院，向著名印象派作曲家杜卡学习作曲。毕业后返国，投身抗日救亡活动，创作了大量歌曲。1937年参加上海救亡演剧队到各地演出，宣传抗日。1938年赴延安，任鲁迅艺术学院音乐系主任。1940年到苏联学习，1945年10月30日病逝于莫斯科。他一生中创作了大量音乐作品。代表作有《救国军歌》《到敌人后方去》《在太行山上》《民族解放交响曲》等。巨作《黄河大合唱》代表了他音乐创作上的一个巅峰，成为中国现代音乐的经典之作。

卡拉扬（1908—1989年）

奥地利指挥家，出生于萨尔茨堡。5岁登台演奏钢琴。21岁时应急指挥了歌剧《费加罗的婚礼》，获得成功，从此开始步入指挥的行列。1930年师从托斯卡尼尼。先后担任国家歌剧院、国家音乐厅的首席指挥，柏林交响乐团、柏林爱乐乐团、维也纳国立歌剧院指挥和音乐总指导，后来又被米兰、维也纳、纽约、伦敦世界四大名牌歌剧院公认为指挥权威，声名显赫。他被誉为"欧洲音乐的总指导"、欧洲的"指挥之王"和"世界管弦乐第一指挥"。1979年率柏林爱乐乐团来华访问演出。

赵春亭（1910—1984 年）

中国唢呐演奏家。河北沧州人。11岁起学吹唢呐，并能吹笙、笛等乐器。青年时就成为民间鼓乐演奏能手。1953年参加全国民间音乐舞蹈会演获好评，留在北京中央歌舞团任独奏演员。1964年到中国音乐学院任教。他的最大成就是发展了唢呐演奏技法。

聂耳（1912—1935 年）

中国作曲家。云南人。他从小喜爱民间音乐，学习演奏笛子、二胡、三弦和月琴等民族乐器。1927年入云南省立第一师范学校学习钢琴、小提琴。1931年开始学习作曲。1932年到北平（北京），参加左翼作家剧联和音联的活动。后加入中国共产党。1935年取道日本到苏联学习时，在日本不幸溺水身亡。他的作品具有强烈的时代特色和浓郁的民族风格，他所作的《义勇军进行曲》（田汉作词）现为《中华人民共和国国歌》。主要作品有《大路歌》《毕业歌》《铁蹄下的歌女》等。

马思聪（1912—1987 年）

中国作曲家、小提琴演奏家、音乐教育家。广东海丰人。他从小喜爱音乐。1925年入巴黎音乐学院学习小提琴、作曲等。1929年回国后，先后在南京中央大学艺术系、广东艺校等院校任教，还在香港创立南国音乐学院。新中国成立后，任中央音乐学院院长。代表作品有小提琴独奏曲《西藏音诗》、管弦乐曲《山林之歌》和《第二交响乐》。

梅纽因（1916—1999 年）

美国著名小提琴家，国际音乐活动家。出生于纽约。3岁学琴，9岁由旧金山交响乐队伴奏演出拉罗的《西班牙交响曲》，被誉为"神童"。10岁时到欧洲向布什和埃乃斯库学习。21岁开始遍及世界各地的旅行演出。数十年致力于音乐艺术活动，创办了许多国际音乐节。1962年创办梅纽因音乐学院。两次到中国演出、讲学，并受聘为中央音乐学院名誉教授。

李德伦（1917—2001 年）

中国指挥家。生于北京。1940年入上海国立音专学大提琴和作曲。1946年毕业后奔赴延安，任延安中央管弦乐团指挥。新中国成立后，任北京人民艺术剧院指挥。1953年在莫斯科音乐学院阿诺索夫的指挥班当研究生。回国后，任中央乐团交响乐队指挥。他指挥的曲目非常广泛，包括西欧古典乐派、浪漫乐派、民族乐派以及中国当代作曲家的交响乐作品。为中国音乐教育事业和音乐知识普及做出了巨大贡献。

沈湘（1921—1993 年）

中国著名男高音歌唱家、声乐教育家、国际声乐艺术大师。生于天津市。1940年起先后就读于北京燕京大学、上海圣约翰大学和国立上海音乐学院，学习英国文学和声乐，专攻西洋传统演唱艺术。从1950年起在中央音乐学院教声乐。他精通美声唱法的技巧和教学，并注重对民族声乐的研究。多年来培养出一大批名扬国内外的歌唱家和声乐教育家。

朱工一（1922—1986 年）

中国钢琴演奏家、音乐教育家。生于浙江宁波。从小学习钢琴，是意大利著名钢琴家帕契的学生。1949 年前后，在上海、北京等各大城市举行钢琴独奏音乐会。新中国成立后，在中央音乐学院任钢琴系主任、教授。1954 年后，他多次演出钢琴、声乐协奏曲，并指挥演出了贝多芬《第五交响曲》等。

杨秉荪（1929—1996 年）

中国小提琴家。生于湖北武汉。1939 年开始学钢琴，后学小提琴。1949 年任上海市交响乐团演奏员。1952 年任中央歌舞团交响乐队首席小提琴手及独奏演员。后在布达佩斯李斯特音乐学院学习三年，莫斯科音乐学院学习一年。回国后在中央乐团任独奏演员。在世界性小提琴比赛中多次获奖。他演奏的中国曲目有《梁山伯与祝英台》《瑞丽江边》及自编提琴曲《赫哲民歌》等。外国曲目主要是古典乐派的协奏曲、独奏曲，被誉为"用心灵演奏"的小提琴家。

彭修文（1931—1996 年）

中国指挥家。生于湖北武汉。少年时学习民族乐器。1954 年在中央广播民族乐团任指挥，致力于民族管弦乐队的改革与发展，还创作、改编了大量民族管弦乐曲。1957 年他指挥民族管弦乐团的演奏获世界青年联欢节金质奖章。

施光南（1940—1990 年）

中国作曲家。重庆人。他从小喜爱音乐，中学时期就创作了近 200 首歌曲。1959 年入天津音乐学院作曲系。是一位多产而且创作题材、体裁面很广的作曲家。其作品具有浓郁的民族风格。代表作品有歌曲《打起手鼓唱起歌》《祝酒歌》《周总理，您在哪里》《台湾当归谣》《在希望的田野上》，歌剧《伤逝》等。

帕尔曼（1945— ）

美籍小提琴家。他是波兰移民的后代，出生于以色列。4 岁时患小儿麻痹症留下终身残疾。他以非凡而超众的毅力，苦学成才。被誉为"小提琴王子"。演奏气魄宏大，感情真挚。20 多年来他到过许多国家演奏，录制了大量唱片，得到老一辈演奏大师们的高度评价，也得到了观众的一致好评与敬佩。1994 年 11 月来中国访问演出。

五、中外音乐作品

《高山流水》

中国古代琴曲。传说春秋时琴师伯牙在荒山野地弹琴，樵夫钟子期能领会他琴声中"志在高山""志在流水"的宏伟抱负。伯牙惊叹说："只有你的心是与我相通的。"子期死后，伯牙痛失知音，摔断琴弦，从此不再弹琴。古人以此为内容创作了《高山流水》琴曲。也有传说是伯牙所作。

《阳关三叠》

唐代古琴曲。又名《阳关曲》。所用歌词原是王维七言律诗《送元二使安西》，曲式是三叠的结构。全曲抒写离别之情，以简朴的艺术手法，细腻描绘了送别者眼前的景物，景物又都带上了离愁别绪，从而创造出感人至深的意境。琴谱最早见于明初《浙音释字琴谱》。

《广陵散》

又名《广陵止息》。汉魏时期相和楚

调组曲之一。相传由嵇康所作。嵇康临刑前曾从容弹奏此曲以寄怀。分为小序、大序、正声、乱声、后序五大部，是篇幅最长的琴曲之一。

《春江花月夜》

民族管弦乐曲。原为琵琶大曲《夕阳箫鼓》（又名《浔阳夜月》）。1925年改编为民乐合奏，并借用唐代乐府之题命名。全曲共分10段，以优美质朴的旋律，流畅多变的节奏和丰富巧妙的配器，描绘了夕阳西下、月夜春江、渔舟晚归的意境。

《平沙落雁》

明代叫作《雁落平沙》。以悠扬流畅的曲调，描绘出雁群降落前在天空盘旋顾盼的情景。是我国流传很广的古典标题音乐。

《十面埋伏》

古琵琶曲。描绘公元前202年楚汉战争在垓下最后决战的情景。汉军用十面埋伏的阵法击败楚军。项羽自刎于乌江，刘邦取得胜利。曲调激烈紧凑，气氛紧张，气势宏大。

《梅花三弄》

古琴曲。传说是东晋时桓伊所作。桓伊是历史上淝水之战中立下战功的名将之一，擅长吹笛。乐曲描绘了不畏霜雪严冬、品格高洁的梅花。

《二泉映月》

二胡曲。民间音乐家瞎子阿炳（华彦钧）作曲。乐曲主题由上下两个乐句构成：上乐句是沉思和诉说，委婉凄楚，但也内含着一种刚毅精神；下乐句感情起伏激动，倾诉一生的苦难遭遇和不公

冷月清风《二泉映月》曲意图扇

的世道。两组乐句经过变奏，交替出现，感情复杂委婉又层次分明。后来改编为器乐合奏曲。

《茉莉花》

流行于全国各地的民间小调，东北、华北、江浙等地都有流传很广的同名民歌。流行最广的是江苏的《茉莉花》，曲调娓娓动听，婉转幽雅。共分4句，后两句连接紧凑，更增添柔美细腻的特色，富有浓厚的江南水乡民歌特色。意大利歌剧作曲家普契尼有一部描绘中国公主形象的歌剧《图兰朵》，就运用了这支民歌作为特定环境中的音乐主题。

《嘎达梅林》

蒙古族民歌。蒙古族英雄嘎达曾领导人民起义，与封建势力展开斗争达5年之久，牺牲于辽河。1956年女作曲家辛沪光以此为背景，以民歌旋律为素材创作了交响诗《嘎达梅林》。再现了发生在草原上的一场惊心动魄的战斗，展示了嘎达威武不屈的英雄形象。乐曲中有马蹄奔驰的节奏，有刀光剑影的激烈战斗，以及英雄壮烈牺牲，人民沉痛的哀悼。乐曲感情悲壮，戏剧性强。

《毕业歌》

田汉词，聂耳曲。1934年影片《桃李劫》的主题歌。一群青年学生毕业前聚集在一起，面对着"满耳是大众的嗟

伤，一年年国土的沦丧"，青年们做出了"要做主人去拼死在疆场"的选择。表达了他们报国雪耻的决心。歌曲节奏铿锵有力，旋律明朗，情绪激昂，富于号召力。唱出了日益高涨的抗战和爱国热情。

《义勇军进行曲》

田汉词，聂耳曲。原是影片《风云儿女》的主题歌，现在是中华人民共和国国歌。歌曲铿锵有力，气魄雄健，旋律振奋，节奏坚定果敢，极有号召力。作曲家将满腔的激情倾注于音调之中，同时将外国革命歌曲和进行曲的创作特点，与民族特色相结合，创作出了这首伟大的战歌。"冒着敌人的炮火前进"的响亮歌声激励了一代又一代中华儿女。

《松花江上》

张寒晖词曲。1936年作于西安。歌曲表达了东北沦陷后大批军民被迫流亡关内，思念家乡渴望收复失地的悲愤感情，也表达了全国人民日益高涨的抗日情绪。歌中充满血泪倾诉，对侵略者带来的深重灾难满怀激愤。由对东北家乡的怀念到痛苦哀伤的倾吐，再到痛心疾呼，感情层层深入。

《延安颂》

莫耶词，郑律成曲。原名为《歌颂延安》，郑律成谱曲后定名《延安颂》。歌曲满腔热情地歌颂与赞美了革命圣地延安，抒发了青年革命者同仇敌忾的战斗激情。节奏采用抒情与进行曲对比而又统一的结合手法，既充满激情和鼓舞的动力又有舒展的歌颂性。

《黄河大合唱》

光未然词，冼星海曲。全曲气魄雄伟，声势浩大，在全国引起巨大反响。作品以黄河为背景，歌颂了中华民族的悠久历史，展现了中国人民坚持抗战的磅礴气势，塑造了东方巨人的形象。全曲共9个乐章，各乐章之间用配乐朗诵衔接，有相对的独立性。音乐形象有统一又有对比，演唱形式多样，音乐语言通俗易懂。作品以群众歌曲体裁为基础，又吸收了民间音乐素材，具有鲜明的民族风格，为广大群众所喜闻乐见。

《梁山伯与祝英台》

又名《梁祝》，小提琴协奏曲。何占豪、陈钢作于1965年。作者吸取越剧中的曲调素材而创作。该协奏曲发挥了西洋乐器的演奏技巧和配器色彩，同时在音调上紧紧扣住戏曲音调素材，具有浓郁的民族特色。曲调流畅，风格鲜明，亲切感人。其中的爱情主题在乐曲问世后得到国内外公认，受到普遍热烈欢迎，被誉为"中国的罗密欧与朱丽叶"。

《费加罗的婚礼》

歌剧。莫扎特曲。作于1785—1786年间。根据博马舍的喜剧《费加罗的故事》三部曲中第一、二部改编。1786年由莫扎特亲自指挥初演于维也纳。歌剧中广泛运用各种重唱形式表达复杂的戏剧内容和情节，运用管弦乐队达到多样

歌剧《费加罗的婚礼》中的场景
这是莫扎特最伟大的歌剧作品，于1786年完成。剧中莫扎特将固定的角色转化为活生生的人。

的艺术效果。在刻画现实生活中的各类人物形象等方面取得了前所未有的成就。其中许多唱段成为传唱不衰的独唱曲。

《塞维利亚理发师》

歌剧。罗西尼曲。1816 年初演于罗马。根据博马舍的喜剧改编。罗西尼吸收了德、法喜歌剧中夸张幽默的手法，运用于许多著名的咏叹调、浪漫曲和重唱曲之中，形成明快而独特的风格。歌剧序曲活泼明朗，充满朝气。

《弄臣》

歌剧。威尔第曲。取材于雨果 1832 年作的讽刺戏剧《国王寻乐》。讲述弄臣利哥莱托遭到群臣捉弄，要行刺公爵却误伤了自己女儿的故事。剧中采用自由的形式、似唱似说的音乐语言、切分节奏和多次出现带有哭泣式的断续的音乐，刻画出利哥莱托强作欢笑掩饰内心痛苦的情态。其中吉尔达的咏叹调《亲爱的名字》是一首著名的抒情唱段，华丽迷人，洋溢着天真的幻想。

《茶花女》

歌剧。威尔第曲。作于 1853 年。根据小仲马的同名悲剧小说改编。讲述了巴黎上流社会名妓玛格丽特与青年阿尔芒的爱情故事。序曲采用了第二幕中的爱情主题素材，定下了全剧的悲怆基调，预示悲剧结局，感人肺腑。剧中有许多咏叹调、二重唱、合唱，都给人留下了深刻的印象。整部歌剧音乐充分显示出威尔第的才华和用音乐语言描写人物的细腻心理与刻画人物形象的创作特点。

《浮士德》

歌剧。古诺曲。1859 年首演于巴黎。根据歌德的同名诗剧改编。描述了浮士德出卖灵魂后的罪恶行径及被天使的歌声解脱的经历。剧中有许多至今为人传唱的著名唱段，如《全能的上帝，慈爱的上帝》《珠宝之歌》《士兵进行曲》等。

《卡门》

歌剧。比才曲。作于 1872 年。根据梅里美同名小说改编，1875 年初演于巴黎。故事讲吉卜赛姑娘卡门玩弄了霍塞的感情，后被霍塞杀死。群众场面在歌剧中占有相当重要的地位，有 10 多首各种题材风格的合唱。作者刻画卡门的性格着墨很浓，采用了吉卜赛音乐特征并贯穿全剧，同时不断预示悲剧。剧中著名唱段有《花之歌》《斗牛士之歌》等。

《卡门序曲》

比才所作歌剧《卡门》的前奏曲。是该歌剧中最著名的段落，经常单独演奏。选用歌剧中斗牛士上场时的音乐，有充满活力的进行曲特点。主题旋律中情绪急转直下，情调灰暗，预示着不可避免的悲剧结局。序曲简练生动，概括性强，感染力丰富，深受听众喜爱，也是乐队演奏者们喜爱的乐曲。

《黑桃皇后》

音乐悲剧。柴可夫斯基曲。1890 年首演于彼得堡玛林剧院。根据普希金同名中篇小说改编。故事讲的是青年军官格尔曼为在赌博中获胜，妄图获得伯爵夫人掌握的三张致胜的牌，不惜杀死伯爵夫人，最后发现只是虚构的谣传，自己也在赌场输光后自杀。剧中采用了 19 世纪俄国城市浪漫曲音调素材，运用纯熟的交响化手法将主题贯穿发展，用各种音乐手法表现人物关系与人物内心。

《绣花女》

歌剧。普契尼曲。1896 年由著名指挥家托斯卡尼尼指挥首演于意大利图林。故事讲述了贫困诗人鲁道夫与绣花女咪咪的真挚爱情与悲惨感人的结局。剧中有许多动人的唱段至今在音乐会上演唱。如鲁道夫的咏叹调《冰凉的小手》，咪咪的《人们叫我咪咪》。20 世纪 80 年代以来在我国多次上演，著名男高音歌唱家帕瓦罗蒂 1986 年访华演出时专场演出此剧，饰演鲁道夫。

《水仙女》

歌剧。德沃夏克曲。1901 年初演于布拉格。剧情取材于德国作家拉莫特富凯的小说《翁丁》。讲述了水仙女与土子曲折动人的爱情，水仙女思念亲人，请月亮把她的心意带给王子，唤起他的情感与回忆。水仙女的咏叹调《月亮颂》抒情、优美、深情又略带伤感，是女高音歌唱家们的保留曲目。

《托斯卡》

歌剧。普契尼曲。1900 年初演于意大利罗马。故事讲述了歌剧演员托斯卡为救被判处死刑的爱人而刺死了警察总监，最后因无法挽救爱人而自杀的悲剧。剧中许多精彩的咏叹调，细致深刻地揭示了人物性格。尤以《为艺术，为爱情》《星光灿烂》这两段最著名，是音乐会上的保留曲目。

《蝴蝶夫人》

歌剧。普契尼曲。1904 年在米兰首演。根据美国作家龙格所写小说改编。故事发生在日本长崎。描述了日本姑娘巧巧桑的爱情悲剧。音乐直接采用了《江户日本桥》《樱花》等日本民歌来代表特定的环境与人物，浓郁的东方色彩和异国情调增添了作品的魅力。剧中最著名的《晴朗的一天》是巧巧桑盼夫归来时唱的咏叹调。旋律抒情、细致，揭示了她内心对幸福的向往。这部歌剧曾译成中文演出。

《摇篮曲》

也称《催眠曲》。是一种形式简单、曲调朴实、节奏平稳舒缓，用来哄孩子睡觉的歌曲。莫扎特的《摇篮曲》是一首抒情、安详的短歌，6/8 拍的节奏给人摇曳感，钢琴伴奏为歌声起着补充和衔接的作用。舒伯特的《摇篮曲》为 4/4 拍，旋律在稳定与不稳定之间晃动，营造出一片安详宁静的气氛。勃拉姆斯的《摇篮曲》特意选用 3/4 的拍子，节奏悠缓，略带有维也纳圆舞曲的典雅风格，优美柔和，舒展委婉，具有民歌的质朴。

《圣母颂》

原是天主教徒赞美圣母马利亚的颂歌。歌词是 1545 年在罗马教廷召开的会议上确定的。舒伯特的《圣母颂》旋律平稳向上，描述一个纯洁的少女虔诚地祈求圣母马利亚赐给她心灵上的安慰。曾被改编为器乐曲，其中尤以小提琴独奏、竖琴或钢琴伴奏的形式流传最广。古诺的《圣母颂》以 17 世纪德国作曲家巴赫的《C 大调前奏曲》为伴奏，按照其中和声的提示配上旋律而成，庄重、深情，呈现出恬静、真诚的气氛，有赞颂和恳切的祈求，与巴赫的钢琴曲配合得天衣无缝。

《我的太阳》

意大利歌曲。卡普鲁词，卡普阿谱曲。前半部分在中音区，歌唱性强，优美坦诚的旋律，赞美了碧蓝的天空阳光灿烂，令人精神爽朗；后半部分陡然提高八度，热情奔放地倾诉自己的感情。是闻名世界的意大利经典歌曲。

《伏尔加船夫曲》

俄罗斯民歌。流传极广，是男低音歌唱家们经常选唱的曲目之一。歌曲描述了纤夫艰苦繁重的劳动，深沉、粗犷中隐有反抗，曲调节奏变化不大，符合劳动节奏的需要，反复出现纤夫深重的号子声。歌中有压抑也有愤愤不平，有呼喊也有对未来的憧憬，特别是通过弱－强－弱的力度变化，使形象具体化。改编的男声合唱曲气势更加磅礴、广阔、悲壮。

《春潮》

拉赫玛尼诺夫曲。歌曲明朗乐观，抒情写景中蕴含着当时俄罗斯动荡的社会里人们盼望春天的高涨情绪。歌声奔放有力，犹如春潮般滚滚翻卷，伴随着钢琴伴奏，显示出不可遏制的青春与生命的活力。

《国际歌》

法国歌曲。欧仁·鲍狄埃词，比尔·狄盖特曲。歌词作于1871年巴黎公社起义失败之后，1888年工人作曲家狄盖特为它谱曲，19世纪末译成多种文字开始流传于世界各地。现在传唱的三段歌词是原诗的一、二、六段。1917—1944年苏联曾用它作为国歌。1923年，瞿秋白将它由俄文译成中文，从此开始在我国广泛流传。歌曲主歌气势雄壮、庄重，副歌最后一句是高潮，也是全曲的主题思想，激励全世界无产阶级团结起来，奋起斗争。

《马赛曲》

法国歌曲。鲁日·德·李尔作曲。作于1792年法国大革命期间，用于鼓舞法国义勇军的士气，原名《莱茵军团战歌》。同年夏天，马赛市义勇军高唱这支歌开进巴黎，从此以后被人们称为《马赛曲》。1875年，法国把它定为国歌。歌曲以军号式的调式为主要音调骨干，响亮又富有号召性，节奏具有推动力，体现战斗精神。

《G弦上的咏叹调》

原作是巴赫的《D大调第三管弦乐组曲》中的第二首。19世纪德国小提琴家威廉密将它改编成小提琴独奏曲。将原曲D大调改用C大调，使主旋律完全用小提琴的G弦演奏，增加了乐曲浓郁深沉的情调，因此被称为《G弦上的咏叹调》。开始速度极慢，由弱渐强，抒发了沉思冥想的心情，慢慢增强哀伤的气氛。从出现两次八度上跳开始，表现得有些激动，情绪逐步激昂，最后在充满自信的情绪中结束。

《魔鬼的颤音》

意大利小提琴家、作曲家塔尔蒂尼作曲。是一首富有传奇色彩的小提琴曲，正式名称为《g小调小提琴奏鸣曲》。据说是作者根据梦中魔鬼的演奏而写出的。

《吉卜赛之歌》

又名《流浪者之歌》。西班牙小提琴家、作曲家萨拉萨蒂所作。从各个角度表现了吉卜赛人的性格与情感。先用刚劲有力的曲调表现紧张不安的情绪，并带有哀怨色彩；然后快速的华彩段落、热情的旋律增强了吉卜赛人真挚而丰富的情感；继而又采用民间音乐中特有的切分节奏使乐曲柔和凄婉，揭示了吉卜赛人苦中作乐的辛酸；最后欢快炽热、热情奔放，表现了吉卜赛人开朗、粗犷的性格。音乐形象鲜明，性格刻画突出，深受小提琴演奏家们喜爱。

《土耳其进行曲》

莫扎特的《A大调钢琴奏鸣曲》中的第三乐章。原作乐曲标题是《土耳其风格》，在音乐上模仿土耳其军乐。乐曲采用回旋曲式，大小调交错，变化丰富，轻松跳跃又明快朴素。曾被改编为管弦乐曲、吉他二重奏、手风琴独奏等。

贝多芬为剧本《雅典的废墟》所作配乐中第四段，也叫《土耳其进行曲》。原曲是管弦乐曲。开始模仿一支军队在军乐声中由远处走来的情景，旋律轻巧诙谐，刻画了生气勃勃的士兵形象。力度逐渐增强，情绪也更活跃，诙谐气氛更浓。最后音量渐弱，首尾呼应，仿佛士兵队伍走远。后被改编为钢琴独奏曲。

贝多芬

《月光奏鸣曲》

贝多芬第十四钢琴奏鸣曲。为"幻想曲式的奏鸣曲"，感情丰富，由沉思到低吟，充满柔情与忧伤，再到热血沸腾的激情澎湃，逐级递升，情深感人。

《蓝色多瑙河》

全名为《在美丽的蓝色的多瑙河畔》。小约翰·施特劳斯作于1867年。原为合唱曲，在巴黎万国博览会上由管弦乐队合奏获得很大成功，被誉为奥地利的第二国歌。乐曲按照维也纳圆舞曲形式，序奏由静到动，从慢到快，情绪逐渐活跃，意味着新的一天开始了。中间5支小圆舞曲分别是轻松愉快、抒情活泼、优美典雅、热情奔放、回荡起伏，最后结束于热烈欢腾之中。

《动物狂欢节》

副标题是"动物园大幻想曲"，圣－桑作于1886年。常采用两架钢琴和小管弦乐队演奏。全曲共含13首小曲和终曲。13首小曲以管弦乐器分别模仿或描绘了各种动物的声态，结尾用较快的速度重现了前曲13个形象的旋律主题，呈现了热闹欢腾的气氛。

《胡桃夹子组曲》

柴可夫斯基曲。根据所作舞剧《胡桃夹子》音乐改编而成的管弦乐组曲。全曲分3个乐章，由8首乐曲组成。其中第二乐章性格舞曲集又包含6首乐曲。第三乐章称为花的圆舞曲，是全剧音乐中最著名的一段。先由圆号奏出华丽流畅的序奏主题，紧接着是温柔抒情的主题相互呼应，最后欢快热烈地结束。

《天鹅湖组曲》

柴可夫斯基根据舞剧《天鹅湖》的

音乐选编而成的交响组曲。其中有纯洁端庄略带忧伤哀婉的天鹅主题，有表现豪华舞会场面的圆舞曲，有刻画小天鹅天真形象的轻盈欢快的旋律，有委婉深情的双人舞音乐，有表现悲伤绝望情感的音乐。最后乐曲在悲怆的气氛中结束。

《第六（悲怆）交响曲》

柴可夫斯基完成于1893年，是作者交响曲创作的高峰。乐曲中悲哀与愉快的调式反复出现，表现了激烈的戏剧性冲突。在经过对生活的美好憧憬后却要面对悲剧结局。

《多瑙河之波》

罗马尼亚作曲家伊凡诺维奇作于1880年。管弦乐曲，后曾改编为钢琴曲、声乐曲。乐曲采用了维也纳圆舞曲形式，表现了多瑙河温和委婉又滔滔不息的多种情态。

《天方夜谭交响组曲》

又名《舍赫拉查达交响组曲》。俄国作曲家里姆斯基-柯萨科夫作于1888年。取材于阿拉伯民间故事集《一千零一夜》。乐曲没有具体的情节，但描绘了东方色彩的音乐形象。

《伏尔塔瓦河》

捷克作曲家斯美塔那1874年所作交响诗套曲《我的祖国》中第二乐章。全套曲有6个乐章。乐曲通过描绘河两岸美丽的景色及风俗人情，表达了对祖国、民族深厚的情感。分别用长笛、圆号奏出溪流汇成河、河水流经森林的情景。用波尔卡舞曲和紧张乐调表现河水流经村庄，冲过峡谷，最后用大调赞歌向布拉格城堡致意。

《第三（英雄）交响曲》

贝多芬1804年所作。本来为拿破仑所写，题名《拿破仑·波拿巴大交响曲》。总谱完成时突然听到拿破仑称帝的消息，遂改为《英雄交响曲》。全曲有4个乐章。从展示英雄的业绩和英雄性格，到深切悼念为革命英勇献身的人们，到英雄的欢舞，到盛大的节日，整个作品体现了英雄无畏的气概。

《第五（命运）交响曲》

贝多芬1805—1808年作。共4个乐章。用奏鸣曲式，依次展现命运与英雄、英雄的思考与呼唤、战胜命运和盛大的节日。全曲雄壮豪迈，充满了英雄的悲怆感、自信和勇气。启迪人们不要向命运屈服，要勇于战胜命运。

《第六（田园）交响曲》

贝多芬完成于1808年。全曲分5个乐章。分别描绘出温暖阳光下鸟语花香的田野，潺潺的流水，空山鸟语的山林，人们的欢乐之舞，雷雨及雨过天晴的清新怡人。结尾出现赞美歌，为未来的幸福祝愿和祈祷。

《第九（合唱）交响曲》

1824年5月7日由贝多芬亲自指

《第九交响曲》乐谱及贝多芬的助听器

挥首演于维也纳。全曲 4 个乐章。描述人生的艰难坎坷时,坚定悲壮;表现力量和意志时,充满热情。最富有创造性的是器乐与声乐结合的乐章,以席勒的《欢乐颂》为词写成合唱,首次突破了交响曲的结构形式,将人声与乐队结成一个整体。

舞蹈、戏曲

一、舞蹈

古代舞蹈艺术

舞蹈是以人体动态造型为主要表现手段,经过提炼、组织、加工后,使之具备动作姿态、节奏、表情三要素的一种表演艺术形式。原始舞蹈在其发展过程中逐渐成为广泛的社会活动形式或手段之一。自夏代产生女乐、俳优起,舞蹈进入表演艺术领域,有宫廷舞蹈与民间舞蹈之分。宫廷舞蹈大致分雅舞和杂舞两类,雅舞供祭祀、朝会仪式之用,杂舞用于节庆、宴饮。自西周之后,历代均有管理乐舞的中央机构。

芭蕾

一种舞台艺术。通过舞蹈、音乐和舞台布景、服装来表现戏剧情节或者在没有故事内容的情况下,只以舞蹈作为手段从视觉上解释音乐。源于欧洲民间舞,经过几个世纪不断加工逐渐形成严格的规范和结构。技术上的重要特征是用脚尖做各种高难动作。以欧洲古典舞为主,融音乐、哑剧、舞台美术为一体,也称古典芭蕾。20 世纪以后,现代舞结合古典芭蕾结构,统称为现代芭蕾。

舞剧

以舞蹈为主要表现手段,综合音乐、美术、文学及声光等艺术形式,具有一定戏剧情节的舞台表演艺术。舞剧中一般包括各种类型和风格的舞蹈,可以是以某一类舞蹈为主,其他类为辅,也可以是各类舞蹈并重。早期舞剧以叙事为主,近现代舞剧注重人物形象的刻画。舞剧在西方统称芭蕾,起源于文艺复兴时期的意大利,形成于 16 世纪的法国,现已成为世界性舞台艺术形式。

华尔兹

交谊舞的一种。原为奥地利、德国等国的民间舞,进入宫廷后,很快发展成为主要宫廷舞蹈。跳华尔兹的男女舞伴相对而立,男子左手扶住女子右肩背,上身始终保持直立,姿态典雅大方,便于相互的情绪交流。它以 3/4 拍的滑行步为主,连续旋转,形式自由简单,又可随意发挥。19 世纪风靡欧美各国。

探戈

阿根廷舞蹈。重要的舞厅舞。风格含蓄、潇洒、富于表现力。有 4 个较突出的特点:男女自始至终交臂而舞,互相保持交流;由男子引导女子,动作丰富细腻;女子的身体常有短暂的后仰,突出顿步;可任意创造动作花样。探戈曲调为 2/4 或 4/4 拍,中速,突出切分音。以钢琴、六角手风琴和小提琴等伴奏与探戈的情调相辅相成。

霹雳舞

美国舞蹈。20 世纪 60 年代末,由西非移民带入美国,并逐渐成为大众所接受并喜闻乐见的舞蹈。霹雳舞节奏感强,动作力度大，融入了杂技中的高难技巧。又分电震荡、霹雳、对峙三种类型。

迪斯科

自娱性舞蹈。20世纪60-70年代流行于美国黑人聚居区和拉丁美洲下层社会，很快就风靡世界。其音乐以夸张的强弱力度交替，反复诱发人体内在的节奏冲动，舞步更为自由。男女对舞时，身体接触少，动作也不一致，具有问答式的情绪联系和节奏的统一。根据技术要求的不同，可分为舞厅、健身和表演三类。

交谊舞

又叫交际舞。由民间舞蹈演变而成。是在大型舞会上使用较多的一种舞蹈类别，多以男女对舞的形式出现。主要有华尔兹、探戈、伦巴等。

昆曲

戏曲唱腔与剧种，又称昆山腔。始于明初，在融入民间曲调的基础上唱腔日臻完善，以演唱传奇剧本为主。伴奏乐器有笛、箫、笙、琵琶和鼓、板、锣等。形成一种细腻柔美的声腔体系。表演上注重动作优美。明代万历以后，逐渐流传各地，对许多地方的戏曲剧种产生深远影响。

话剧

中国对以说白和动作为主要表现手段的一种戏剧的称谓，即西方所称的戏剧。19世纪末，在我国戏曲改良运动中出现摆脱歌舞的"时事新戏"，同时受西方戏剧影响，出现具有话剧基本形态的学生演剧。1907年，在日本新派剧的影响下，现代话剧兴起。

交际舞

二、戏曲

梨园

唐玄宗时宫廷内设立的训练乐工的机构。主要职责是训练乐器演奏人员，以备参加演出之用。后世将戏曲界习称为梨园界或梨园行，戏曲演员则称为梨园弟子。

京剧

戏曲剧种。清乾隆年间由徽剧和汉调与其他剧目曲调及表演方法相互融合，逐渐发展而成。自19世纪中叶以来，经艺人不断探索，逐步形成完整的艺术风格和表演体系。唱腔基本属于板腔体，以西皮、二黄为主要腔调。用京胡、二胡、月琴、三弦、笛、唢呐等管弦乐器和鼓、锣、铙、钹等打击乐器伴奏。表

京剧《霸王别姬》剧照

杨小楼饰楚霸王，梅兰芳饰虞姬。《霸王别姬》是京剧艺术大师梅兰芳表演的梅派经典名剧之一。主角是西楚霸王项羽的爱妃虞姬。此剧原名《楚汉争》，总共4本。1918年，由杨小楼、尚小云在北京首演。1922年2月15日，杨小楼与梅兰芳合作。后齐如山、吴震修对《楚汉争》进行修改，更名为《霸王别姬》。

演上以唱、念、做、打并重，生、旦、净、末、丑行当齐全，多用程式动作。京剧作为国粹，已经深入到千家万户。

地方戏

与京剧等流行于全国的剧种相对而言，地方戏流行于一定地区，是具有地方特点的戏曲剧种的通称。如秦腔、川剧、梆子戏等。

哑剧

舍弃台词，以动作和表情表达剧情的戏剧。由古代的战争舞蹈、狩猎舞蹈等演变而来，后经古埃及的发展，到公元前3世纪，罗马正式出现了哑剧演员。演出时戴面具并有合唱队伴唱。中世纪后，哑剧又被即兴喜剧、假面剧、芭蕾等吸收为表现手段之一。现代哑剧突出人体造型的表情达意功能，短小简约而富于幽默情趣。

滑稽戏

戏曲剧种。流行 乃浙江部分地区。抗日战争时 "独脚戏"发展而成。杂用各 言和各种戏曲、曲艺的腔调，以及民间小调、流行歌曲等，来表现现代生活。专演喜剧和闹剧是其最大的特点。

木偶剧

由演员操纵木偶表演故事的戏剧。根据木偶形体和操纵形式的不同，可分为布袋木偶、提线木偶、杖头木偶、铁枝木偶四类，这四类在艺术上各有千秋。世界上许多国家都有木偶剧，是人们喜闻乐见的一种戏剧形式。

皮影戏

以灯光照射用兽皮或纸板做成的人物，以其投射出的影子表演故事的戏剧，也叫影戏、灯影戏、土影戏。艺人一边操纵一边演唱，并配以音乐。北宋时已出现。元代曾传到西亚，并远及欧洲。由于流行地区和剪影原料的不同而形成多类别的剧种，以河北滦县的驴皮影、西北的牛皮影和福建龙溪、广东潮州的纸影最为著名。

四大名旦

指梅兰芳、尚小云、程砚秋、荀慧生4位京剧男旦角。1927年，他们在不记名选举著名旦角中顺利过关，并按自己的条件、风格，编演新剧展开竞争，不仅繁荣了京剧舞台的演出剧目，还发展了京剧事业。四大名旦拥有大量观众，为京剧事业的繁荣做出了巨大贡献。

谭鑫培（1847—1917 年）

京剧演员。名金福。先演武生和武丑，中年后专演老生。以唱、做、念、打相互结合见长，并创造了一种悠扬婉转而略带感伤的唱腔，形成自己独特的艺术风格，世称"谭派"。对后来的老生表演艺术影响很大。以《空城计》《定军山》《卖马》等剧著名。

梅兰芳（1894—1961 年）

京剧演员。名澜，字畹华。生于北京。出身于京剧世家。早年曾试演时装戏。在长期的舞台实践中，对京剧旦角的唱腔、念白、舞蹈、音乐、服装、化妆各方面都有创造和发展，形成了自己独特的艺术风格，世称"梅派"。抗日战争期间在日伪统治下蓄须明志，拒绝演出。中华人民共和国成立后任中国京剧院院长、中国戏曲研究院院长、中国戏剧家协会副

梅兰芳剧照
此照为梅兰芳在《御碑亭》中饰孟月华的扮相。

主席等职。代表作有《宇宙锋》《贵妃醉酒》《霸王别姬》《洛神》等。

周信芳（1895—1975 年）

京剧演员。名士楚，艺名麒麟童。擅演老生。五四运动前后演出《宋教仁》《学拳打金刚》等新戏，并与其他艺人共同编演、移植了许多剧目。艺术上继承和发展了民族戏曲的现实主义表演方法，形成了自己的艺术风格，世称"麒派"。中华人民共和国成立后历任中国戏曲研究院副院长、华东戏曲研究院院长、上海京剧院院长、中国戏剧家协会副主席等职。代表作有《四进士》《徐策跑城》《萧何月下追韩信》等。

荀慧生（1900—1968 年）

京剧演员。名词，号留香。19 岁开始演京剧花旦、刀马旦。功底深厚，吸收其他唱腔形成自己的艺术风格，世称"荀派"。擅演天真、活泼、温柔一类的妇女角色。代表作有《金玉奴》《红楼二尤》《钗头凤》《荀灌娘》《还珠吟》等。中华人民共和国成立后曾任北京市戏曲研究所所长等职。

尚小云（1900—1976 年）

京剧演员。名德，字绮霞。初习武生，后改老生，再改青衣。武功根底深厚，嗓音洪亮，做功身段寓刚健于婀娜，世称"尚派"。擅演《二进宫》《祭塔》《昭君出塞》《梁红玉》等。中华人民共和国成立后曾任陕西省京剧院院长。

马连良（1901—1966 年）

京剧演员。回族。北京人。先习武生，后改老生。注重学习诸家所长，经过长期的艺术实践，发展为独树一帜的"马派"艺术。中华人民共和国成立后历任北京京剧团团长、北京戏曲专科学校校长等职。代表剧目有《群英会》《借东风》《甘露寺》《四进士》《苏武牧羊》《春秋笔》《一捧雪》等。

程砚秋（1904—1958 年）

京剧演员。原名艳秋，字御霜。满族。北京人。擅演青衣，艺术上勇于革新。根据自己的嗓音特点创造出一种幽咽婉转的唱腔，形成自己的艺术风格，世称"程派"。所编演的剧本，大都表现旧社会妇女的悲惨遭遇。中年致力于戏曲理论的研究。中华人民共和国成立后任中国戏曲研究院副院长。

严凤英（1930—1968 年）

黄梅戏演员。安徽桐城人。擅演小旦、花旦、闺门旦，兼演老旦。13 岁开始拜师学戏。1947 年曾学唱京剧。1949年后学习昆曲。她不断吸取众家艺术之所长，以丰富自己的表演技艺。其表演质朴细腻，塑造人物形象鲜明，如《天仙配》中的七仙女、《女驸马》中的冯素贞等。

曲艺

中国各地、各民族说唱艺术的总称。是古代流传于民间的口头文学和民歌，经过长期发展演变而成的一种独具特色的艺术形式，是民族民间艺术的瑰宝。

曲艺的历史可上溯到先秦、两汉，其真正兴起与形成在唐朝。它的每一个形式，如相声、单弦等称之为曲种。据不完全统计，全国现有曲种 400 多个。它们大体又可分为说、唱、又说又唱、似说似唱（近似吟诵）4 种类型。

评书

曲艺曲种，流行于北京以及北方广大地区，相传形成于清代初年。

评书艺术以结构严整取胜。一部长篇评书常常包括几个大段落，俗称"桉子"，每个桉子围绕一个中心事件讲述。一个桉子又分为几个"梁子"，每个梁子都有一个故事高潮。一个梁子之中分为若干个"扣子"。扣子即是扣人心弦的悬念，又有大扣子、小扣子之分。大扣子以叙述故事为主，情节紧凑，丝丝入扣，其中又往往贯穿着若干个小扣子。扣子的设置，叫作"使扣子"。使扣子的技巧，又叫"笔法"，有正笔、倒笔、插笔、伏笔、暗笔、补笔、惊人笔等各种笔法。评书艺人运用这些艺术手段，以层次分明、起伏跌宕的故事情节，紧紧地"扣住"听众，使之流连忘返、欲罢不能。以说书人口气叙述的，叫"表"；模拟书中人物言谈和音容笑貌的，叫"白"；评说书中人物行为、思想的，叫"评"。说书时要表、白、评三者浑然一体。

相声

北方曲艺曲种。以语言为主要表演手段的一种喜剧性曲艺艺术。明代以来，称为"象声"的隔壁戏和说笑话的非常普遍，内容也由模拟动作和声音逐步过渡到现代的说、学、逗、唱兼备的艺术。现代相声的形成不晚于 18 世纪中叶（清乾隆时期）。最初流行于北京、天津地区，20 世纪 30 年代，相声演员开始到南方演出。在相声形成的过程中，广泛地从口技、莲花落、把式、戏法儿、说书等艺术中汲取营养，融汇其他艺术的长处，丰富自身。相声的特点是寓庄于谐，即运用轻松诙谐的手法表现严肃的主题。

讽刺是相声艺术的主要功能。既可鞭挞揭露腐朽反动的事物，也可以讽刺生活中的不良现象，还能表现真善美的事物。有干预生活、评议时政的优良传统。表演方式分为单口、对口（一为逗哏、一为捧哏）、群活（三人合说，也有三人以上合说的）。据不完全统计，现存传统相声 300 多段。

梅花大鼓

北方曲艺曲种。又名梅花调。20 世纪初以来流传于北京、天津两地。脱胎于清末流传在北京北城一带的清口大鼓。金派梅花大鼓创始人金万昌和著名弦师苏起元等对清口大鼓的板式、节奏和声腔进行了改革。30 年代，天津卢成科再次对梅花大鼓进行艺术改革，特别是丰富了段落之间的过门音乐，形成"卢派"，又称"花派"。50 年代，著名弦师白凤岩又一次对梅花调的板式、唱腔、唱法和过门进行革新，丰富了变调的艺术手法，灵活地插入曲牌和小曲曲调，称为"新梅花调"。

梅花大鼓各个艺术流派的共同特点是长于在叙事中抒情。慢板、中板，声腔婉转动听；快板、紧板，活泼有力，收束时的慢板稳重而又有余音。梅花大鼓多为一人演唱，也可以二人对唱。演员自击鼓板，伴奏乐器有三弦、四胡、琵琶、扬琴等。

北京琴书

曲艺曲种。流行于北京、天津、河北。前身是清代流行于河北安次县一带及北京郊区农村中的五音鼓。以三弦、四胡、扬琴等乐器伴奏。19 世纪末逐渐有了专业艺人到北京、天津两地演唱。中华人民共和国成立后，因演员改用北京语音演唱，定名为北京琴书。曲调接近平谷调，板式全用一板三眼。早期以说唱长篇大书为主，现在多以演唱短篇唱段为主。经过整理的传统曲目有《杨八姐游春》《鞭打芦花》等。琴师吴长宝

进行艺术革新，唱腔借鉴京韵大鼓风格与技巧，创造了多板式的不同节奏的唱法，形成生动活泼的艺术特点。并编唱了不少反映现实生活的新曲目，如《考神婆》《一锅粥》等。

苏州弹词

曲艺曲种。发源于苏州地区，用苏州方言说唱，是江苏、浙江、上海一带有影响的重要曲种。

苏州弹词在其形式发展的过程中，博采各种艺术之长奠定了深厚的基础，形成了说、噱、弹、唱等丰富的艺术手段。弹唱以三弦、琵琶为主要乐器，自弹自唱，又互相伴奏、烘托。还借鉴昆曲、京剧的表演手法，运用嗓音变化和形体、面部表情等来创造各种角色。再加上时常穿插轻松诙谐的噱头，使苏州弹词成为一种高度发展的综合性说唱艺术。它具备理、味、趣、细、奇等艺术特色。

苏州弹词以说表为主，吸收、提炼丰富生动的群众语言，注重用词、用语的精确生动，讲究语音、语气、语调的变化运用，结合不同的书目，形成不同流派的说功。演出形式分为单档（一人）、双档（二人）、三档（三人）等数种。

苏州弹词传统的长篇书目有《三笑》《描金凤》《白蛇传》《玉蜻蜓》《珍珠塔》等 50 余部。

河南坠子

曲艺曲种。清末由皖北的曲艺道情、莺歌柳、三弦书等曲种结合形成。流行于河南及山东、安徽、北京、天津等地。演唱者可以是一人，也可以是对口或群口形式。左手打檀木或枣木简板，边打边唱。唱词基本为七字句。伴奏者拉坠

胡。传统曲目长、中、短篇均有。现代题材曲目则以短篇居多。

二人转

东北曲艺曲种。旧名蹦蹦，属走唱类曲艺。流行于辽宁、吉林、黑龙江和内蒙古自治区东部。二人转是在东北大秧歌的基础上，吸收河北莲花落的特点，增加了舞蹈、身段、走场等演变而成。在发展中还广泛吸收了东北民歌、太平鼓、东北大鼓、皮影喇叭戏、河北梆子、评剧等姊妹艺术的音乐唱腔和表演技巧。

二人转演出形式很多，大体分为单、双、群、戏四类。"单"即单出头，由一人演唱；"双"即二人转，是主要演出形式，由甲乙二人扮一旦一丑，有说有唱，载歌载舞；"群"即群唱、群舞、坐唱等，由十多人表演；"戏"是在二人转基础上形成的拉场戏。二人转的表演艺术分为唱、说、做、舞四功。

二人转有传统曲目300多个。代表曲目有《蓝桥》《西厢》《包公赔情》《杨八姐游春》《猪八戒拱地》等。

凤阳花鼓

曲艺曲种。形成于安徽省淮河两岸。明清时凤阳一带十年九灾，每年秋后都有成群结队的妇女外出卖唱乞讨。其中就有身背花鼓流落各地卖唱的职业艺人。

当年凤阳花鼓演唱者多为妇女，称为花鼓女。演唱时，一般是二人坐一条板凳上坐唱，段落之间敲锣击鼓，无丝弦伴奏。后来又演变出一种双条鼓代替细腰鼓。花鼓艺术从各地带回了多种民间歌曲和音乐，逐渐丰富了凤阳花鼓的声腔，并演变出多种歌舞，但都以传统的花鼓调为基础。凤阳花鼓流传南北很多地区，对各地的曲艺在曲调、表演形式等方面均产生过影响。

电影电视

一、电影百年

电影的史前发明

在电影诞生之前，人们很久以来就一直试图利用光影复现出人类的活动影像。11世纪时，科学家们就意识到了将一束光透过小孔可以使一个外部的形象在内部显现出来。16世纪被发展成为"黑箱"原理，成为电影形成的理论基础。1824年，彼得·马克·罗热向伦敦皇家协会提交了名为《关于活动物体的视觉留影原理》的报告。以此为基础，又发明了一批能使人看到活动影像的"动画"，如鸟在笼中、奔马。同时，照相制版工艺的发展为电影技术解决了留下影像的问题。19世纪30年代，约瑟夫·尼埃甫斯（1765—1833年）和路易·达盖尔（1787—1851年）将被拍下来的影像保留在金属版上。1832年，威廉·塔尔博特（1800—1877年）在纸版上制出了正片。1839年，达盖尔在巴黎展示银版照相。1849年，朗根海姆兄弟在费城试验成功了玻璃版照相。1877年，托马斯·爱迪生（1847—1931年）发明了留声机、录音机。1882年，艾蒂安·马莱发明了"摄影枪"。1884年，乔治·伊斯曼（1854—1932年）把柯达胶卷投放市场。1889年，爱迪生实验室发明了活动电影摄影机。1891年，爱迪生发明了活动电影放映机，亦称"电影视镜"。至此,形成电影的各个环节的技术都已发展完备,电影史的帷幕即将拉开。

电影的诞生

1895年12月28日晚上,在巴黎卡普辛路14号大咖啡馆的地下室里,法国人卢米埃尔兄弟用活动电影机第一次售票公映他们的《工厂的大门》《水浇园丁》等几部最早的影片。卢米埃尔兄弟把活动的影像投射于银幕,在观众中引起轰动,不仅惊动了法国,也引起了世人的关注,产生了广泛的影响。法国著名电影史学家乔治·萨杜尔认为,这次放映"标志着电影机械发明时期的结束",电影风行的时代由此开始。因而,这个日子被公认为电影的诞生日。

1895年,卢米埃尔兄弟在一个咖啡馆的地下室开办了一个电影院。

最初的故事片

卢米埃尔兄弟在巴黎放映的成功,使电影很快在世界风行。但是,电影在当时还被看作是一种"杂耍",在一时的新奇之后,人们很快又失去了对它的热情。为了吸引观众,法国人乔治·梅里埃进行特技制作,利用叠化、多次曝光、影像合成等手段,拍摄了《月球旅行记》等一大批"幻景片",还拍摄了一批"剧情片"。梅里埃是故事影片的创造者,被誉为"故事电影之父"。

电影公司的产生

故事片出现以后,电影越来越多地赢得了观众,电影商的利润滚滚而来。随着电影放映活动的普遍开展,电影制片行业也逐渐兴起。19世纪末法国的百代公司首先建立了第一家电影企业,高蒙公司也随之诞生。在美国,经过激烈竞争,爱迪生建立了自己的电影托拉斯,还建立了世界上第一个电影摄影棚——"黑玛丽"摄影棚。随之,梅里埃、百代、高蒙及英、美的一些电影人都建立了大的摄影棚。电影公司产生以后,电影制片和放映互相促进,发展很快。有些公司开始雇用导演、演员和技术人员拍片。这一切都促进了电影事业更迅速的发展。

早期美国喜剧片

美国早期喜剧电影是由著名导演、演员麦克·塞纳特(1881—1960年)开创的。1912年,塞纳特在好莱坞建立了启斯东影片公司,定期生产喜剧片。其喜剧用杂技和强烈的动作性把喜剧情节和各种各样的噱头糅合在一起,此后的美国喜剧电影就以此为基本特征。启斯东公司创造了许多著名的喜剧形象,如"启斯东警察"和"海滨女郎"等。随着查尔斯·卓别林(1889—1977年)、巴斯特·基顿(1895—1966年)、哈里·兰登(无生卒年)、哈洛德·劳埃德(1893—1971年)等一批演员登上银幕,美国喜剧电影开始进入黄金时代。

德国表现主义电影

表现主义电影是20世纪20年代初期

诞生在德国的一个重要的电影流派。其代表作是影片《卡里加利博士的小屋》（1919 年，导演罗伯特·维内）。布景成为蕴含着意义的表达手段，在影片中起重要作用。《卡里加利博士的小屋》启动了表现主义影片的发展，涌现出一批表现主义影片，如《从早晨至午夜》（导演卡尔·马丁）、罗伯特·维内（1880—1938 年）的第二部表现主义影片《盖努茵》（1920 年）、《泥人哥连》（1920 年，导演保罗·威格纳、卡尔·鲍泽）等。由保罗·莱尼（1885 ~ 1929 年）拍摄的《蜡像馆》（1924 年）是以"卡里加利风格"拍摄的最后一部作品。

德国室内剧电影

室内剧电影是 20 世纪 20 年代前半期由德国剧作家卡尔·梅育（1894—1944 年）创建的重要电影流派。梅育创作了著名的室内剧三部曲《碎片》《后楼梯》和《除夕》。1924 年，梅育写出他的最后一部室内剧电影《最卑贱的人》（导演茂瑙）。这是室内剧电影的高峰，同时又是这一电影流派的终结之作。梅育以小市民的现实生活为题材，为德国电影开创了现实主义的发展方向，也带来了电影叙事方法与摄影技术的革新。室内剧电影人物不多，情节简单，梅育还丰富画面语言，让情节自己"说话"，通过环境的描写以及小道具的运用，使故事情节从视觉上变得更加明白易懂。电影成为艺术创造的工具，而不再是一种再生产媒介。

瑞典古典电影学派

瑞典古典电影学派是对世界电影艺术的发展有较大影响的电影流派。该学派把电影作为抑恶扬善的宣传工具，最早自觉地把自然景物作为一种戏剧元素，注重人物的心理刻画，画面结构富于表现力。技法上已经较多使用了闪回镜头、倒叙、叠印等，为现实主义内容增加了戏剧性与抒情色彩。

法国印象派和先锋电影

电影是一种艺术媒介，电影自身具有丰富的艺术潜力，这是第一次世界大战后，为法国先锋艺术家所发现的。电影史上称他们为"法国印象派"。他们兼收并蓄，吸取了美国的格里菲斯、卓别林、托马斯·英斯（1882—1924 年）等人的艺术经验，肯定了瑞典古典电影学派以及德国表现主义的艺术成就，又研究并借鉴了苏联蒙太奇学派的理论和实践，在 20 世纪 20 年代形成了一个国际性的先锋电影运动。巴黎则成为国际电影艺术的一个实验中心。到 30 年代初，法国印象派经过多方探索，逐渐演变为法国诗意现实主义。

苏联 20 年代诗电影

20 世纪 20 年代苏联电影兴起了蒙太奇诗学，代表是谢尔盖·爱森斯坦（1898—1948 年）、弗谢沃洛德·普多夫金（1893—1953 年）和亚历山大·杜甫仁科（1894—1956 年）。他们的代表作分别是《战舰波将金号》（1925 年）、《母亲》（1926 年）和《土地》（1930 年）。3 部影片都采用浪漫主义的蒙太奇手法来表现革命的现实，着力于隐喻的诗性电影语言，使电影富有诗的抒情性和内在性，形成了独特的"诗电影"。在 1958 年的布鲁塞尔国际博览会上，这 3 部影片均被列入世界 12 部最佳影片的排行榜中。

电影眼睛派

电影眼睛派是在苏联纪录电影大师吉甘·维尔托夫（1896—1954年）的倡导下兴起的。他热衷于探索新的摄影和蒙太奇手法。认为电影摄影机就是电影的眼睛，缩短或拉长镜头、推进或拉开摄影机，加快或减缓摄影速度，都可以产生新奇而独特的效果。同样，剪辑镜头时的灵活性也很大。他深信把在不同地点、不同时间拍摄的镜头组接起来，就可以获得新的效果，甚至可以创造出新的事件。

有声电影的出现

1927年，胶片上能发声的"有声电影"第一次在影片中出现。同年，美国艾伦·克罗斯兰的《爵士歌王》问世，这是第一部带有音乐和部分对话场面的故事片。与观众见面后，受到一致欢迎。从此，整个电影工业开始转向有声电影。

美国音乐歌舞片

随着有声电影的出现，美国音乐歌舞片开始在20世纪30年代兴起。大致有三种类型，直接改编自百老汇舞台上的音乐剧；以著名的歌唱家、舞蹈家及喜剧演员为核心演出的作品，以表现舞台生活为内容的影片。一般都调动各种手段，以豪华的场景、大量演员的群舞和高空的俯拍镜头展示舞台上难以看到的演出场面和效果。

迪斯尼的动画片

迪斯尼电影制片公司生产的动画片是好莱坞动画电影的代表。创始人沃尔特·迪斯尼（1901—1966年）20世纪20年代即开始了动画片制作。1928年，他和助手阿维尔克合作创造了闻名世界的"米老鼠"的卡通形象。在迪斯尼推出的第一部有声动画片《汽船威利号》中他亲自为"米老鼠"配音，获得了巨大成功。1937年，迪斯尼第一部长动画片《白雪公主和七个小矮人》问世，受到观众喜爱。之后的重要影片《幻想曲》为迪斯尼的动画片在艺术上赢得了极高声誉。1955年，迪斯尼公司开办了闻名世界的"迪斯尼乐园"。20世纪90年代生产的《美女与野兽》《阿拉丁》《狮子王》等影片，在票房和艺术上都取得了重大成就，显示了动画片的巨大潜力。

美国恐怖片

恐怖片是一种以超自然的神秘力量和令人惊恐的形象激起观众害怕和恐惧情感的电影，是好莱坞重要的影片类型。美国早期的恐怖电影借鉴了德国表现主义手法，以梦魇制造恐怖。如《歌剧院里的阴影》《诺斯费拉杜》《德拉库拉》《弗兰肯斯坦》《黑猫》等。20世纪40年代的重要作品有《猫人》《我与僵尸同行》。进入50年代，恐怖片开始反映冷战和核子时代公众的恐惧心理，如《它们》《绑架者的入侵》等影片，有一定宣传作用。当代美国恐怖片开始于希区柯克（1899—1980年）的《精神病患者》。

《驱魔师》剧照

其后，暴力和性的因素开始越来越多地出现在恐怖片中。

美国盗匪片

电影的初创时期，就已经有了美国盗匪片的雏形，如1903年鲍特（1870—1941年）的《火车大劫案》。20世纪20年代末拍摄的《底层世界》是默片时代的盗匪片代表作。30年代初，《小恺撒》《公敌》和《疤脸大盗》这3部经典之作为未来的盗匪片确立了基本模式。在60年代的文化环境下，出现了《邦妮和克莱德》《强盗和我们一样》等反英雄和反传统的盗匪片。好莱坞盗匪片的重新兴盛是在70年代，著名导演科波拉（1939—　）的《教父》系列片把现实主义的风格融入传统的盗匪片中，揭示了充斥美国的集团犯罪和黑社会的内幕，成为当代盗匪片的经典之作。

美国西部片

美国西部片集中地体现着美国文化和历史的精神。西部片的内容大多反映西部边疆的开拓者和土著印第安人的生活，充满粗犷、野性、质朴的西部风味。在电影诞生的第一个10年中，就有数以百计的西部片出现在银幕上。20世纪20年代中期，詹姆斯·克鲁兹的《篷车》和约翰·福特的《铁骑》是西部片的早期经典。1939年，约翰·福特的《关山飞渡》提升了西部片的艺术品位。此后，《黄牛惨案》《太阳浴血记》《我亲爱的克莱门汀》《黄巾骑兵队》等一批西部名片相继问世。后来西部片又经历了几起几落的命运。自80年代末以来，以接连获得奥斯卡奖的《与狼共舞》和《不可饶恕》为代表，西部片又进入了一个复兴时期。

法国诗意现实主义

法国电影的印象派和先锋电影运动接纳了现实主义因素，转化为诗意现实主义。印象派和先锋电影运动讲究画面构图、光影运用和蒙太奇效果，给影片营造出浓郁的诗意；声音的出现则为影片提供了模拟现实的丰富手段。诗意现实主义正是二者的结合。同时，来自法国戏剧与文学的人物性格塑造和新产生的人物对白都强化了现实主义因素。20世纪30年代，法国的诗意现实主义成为一个成熟的流派。到40年代之后，法国诗意现实主义又经历了向"优质电影"的转化。

意大利新现实主义电影

意大利新现实主义电影出现在第二次世界大战末期。以反法西斯战争题材为开端，如《罗马，不设防的城市》（1945年）、《太阳照常升起》（1946年）、《游击队》（1946年）等。随后反映战后人民的贫困生活，如《偷自行车的人》（1948年）、《米兰的奇迹》（1950年）等。新现实主义强调细节的真实和场景的生活化，反对人为的曲折离奇情节，场景真实，演员表现朴实自然，有巨大的艺术感染力。这种创作方法把真实视为艺术美的要素，进而为世界电影语言的革新开辟了一条新路。

英国电影再度辉煌

第二次世界大战以前，英国电影引起世人瞩目的人物是亚历山大·柯尔达（1893—1956年）和约翰·格里尔逊（1898—1927年），他们代表了英国电影的两极：历史巨片和现实纪录片。第二次世界大战期间，这两种电影倾向悄悄地融入到一种新的倾向中。战后英国电影出现了再度辉煌。这种辉煌很大程度上是由大卫·里恩（1908—1991年）铸就的。《相见恨晚》（1946年）使这位默默无闻的剪接师一夜之间成为国际影坛瞩目的新秀。接着，在《孤星血泪》（1947年）和《雾都孤儿》（1948年）中他成功地将英国的传统文化用电影语言传达出来。《桂河大桥》（1957年）、《阿拉伯的劳伦斯》（1962年）等影片，以其恢宏的气势和史诗般的格局，证明了他驾驭大题材的大师级才华。《印度之行》（1984年）更是将对后殖民论题的思考融入到电影题材中。

美国的方法派表演

"方法派"师承以"体验"为核心的苏联艺术大师康斯坦丁·斯坦尼斯拉夫斯基（1863—1938年）创立的表演体系。强调演员必须"时时刻刻'生活'在他所扮演的角色之中"，通过"我就是"的真实感和信念唤起和诱导自己的天性和下意识活动，达到与角色同一的表演境界。20世纪30年代，美国"团体剧院"开始把这一表演方法应用于对演员的训练和排练，曾经在该剧院先后做过演员、编剧和导演的艾利亚·卡赞（1909—2003年）深受其影响。1947年，他在好莱坞建立了闻名于世的演员培养所，专门训练演员运用这种方法。卡赞的演员培养所和"方法派"表演对美国电影的发展产生了重大影响。马龙·白兰度、玛丽莲·梦露、詹姆斯·迪恩、朱丽叶·哈里斯、卡尔·马尔丹、保罗·纽曼等许多著名演员皆出自该培养所。

法国电影新浪潮

法国电影新浪潮是对"优质电影"的观念冲击和对抗的实践。1954年，特吕弗（1932—1984年）的论战文章《论法国电影的一种倾向》发表于《电影手册》杂志。以此为契机，特吕弗、夏布罗尔（1930— ）、戈达尔（1930— ）发表评论攻击"优质电影"，力主新观念的影片创作。近百名有志于更新电影观念的青年人在1958—1962年间，蜂拥登上被"优质电影"观念长期把持的法国影坛。其中包括《电影手册》的青年撰稿人、被"优质电影"压制的电影才子，还有新派作家。他们背景不同，艺术观也不一致，但有一个观点是一致的，即认为电影与其他艺术一样，也应该有艺术家的主动创造，展现艺术家的个人风格。法国新浪潮运动给电影史留下了一个新的评价标准——"作者论"，即一个导演如果在其一系列作品中表现出某种一贯的风格特征，就可以算是自己作品的作者。

银幕上的"重磅炸弹"

第二次世界大战后电视技术迅速兴起，这一普及率极高的大众传媒给好莱坞的电影业带来了前所未有的危机。为了与越来越咄咄逼人的电视相抗衡，大制片公司纷纷挖掘电影的优势和潜力，除了研制开发各种类型的宽银幕之外，20世纪50年代末及60年代，又推出被称为"重磅炸弹"的豪华巨片，以大投资、大制作的豪华场面和规模求得电视无法比拟的视听效果。包括《宾虚传》（1959年）、《埃及艳后》（1963年）、《窈窕淑女》（1964年）、《音乐之声》（1965年）等。这些巨片内容上仍然属于好莱坞传统的浪漫史诗的范畴，其中有些取得了成功，如《音乐之声》，有些则以失败告终，如《埃及艳后》。这些影片的巨额耗资使早已捉襟见肘的制片公司更加不堪重负。

新好莱坞

20世纪60年代初，在法国电影新浪潮的影响下，美国影坛上也出现了一股电影的艺术革新潮流。在传统的故事片制作领域中，艺术革新的代表人物有约翰·卡萨维特斯、阿瑟·佩恩、萨姆·佩金珀、约翰·弗兰肯海默和罗伯特·摩里根等一批导演。他们拍摄的《影子》《邦妮和克莱德》《野性的一群》等影片充满了反传统的方式和主题。1969年，在丹尼斯·霍帕拍摄的"公路片"《逍遥骑士》获得成功的鼓舞下，一大批新导演登上美国电影的传统舞台。科波拉、阿尔特曼、波格丹诺维奇、马丁·斯科塞斯、麦克·尼科尔斯、西德尼·波拉克等以《教父》《纳什维尔》《纸月亮》《爱丽斯不再住在这里了》《毕业生》等影片为商业性极强的好莱坞注入了生机。70年代中期，这些艺术的探索利用了好莱坞传统的工业体制，出现了斯皮尔伯格的《大白鲨》，弗莱德金的《法国贩毒网》《驱魔人》和乔治·卢卡斯（1945— ）的《星球大战》等兼具艺术性与商业性的作品，为好莱坞开创了一个新时代。

英国自由电影

英国的自由电影思想从20世纪50年代初就在《段落》杂志上被鼓吹。1956年林赛·安德森在英国电影协会宣读了"自由电影运动宣言"，运动由此开始。这一运动反对英国商业影片僵化的形式和粉饰现实的内容，提倡用纪录片的形式描述日常现实生活，揭示社会问题。后来这一运动又与文学界"愤怒的青年"思潮相结合，拍摄了一批被称为"英国新电影"的影片。60年代中后期，这一运动的主将们先后应邀赴好莱坞拍片，极大地促进了好莱坞的艺术革新。

新德国电影

20世纪60年代，26位年轻的电影艺术家共同发表了"奥伯豪森宣言"，"德国青年电影"诞生，开创了"新德国电影"时代。他们坚决同墨守成规的旧传统决裂。"新德国电影"运动在70年代中期得到繁荣，涌现了一批新一代导演，在艺术上不断创新。这场前所未有的、具有深刻影响的电影革新运动历时20年，恢复了德国电影20世纪20年代在世界影坛上曾经享有的引以自豪的地位，以崭新的风貌迎来了第二个"黄金时期"。

布努艾尔的超现实主义

20世纪20年代，路易斯·布努艾尔（1900 1983年）就在超现实主义潮流的影响下，拍出了《一条安达鲁狗》（1928年）和《黄金时代》（1930年）。这两部被公认为超现实主义电影代表作的作品，运用象征等手法，对人的潜意识进行了探索，从而奠定了布努艾尔独特的电影风格。布努艾尔在从影的50年中，拍摄了被称为"宗教三部曲"的《纳萨林》（1958年）、《比里迪亚娜》（1961年）和《沙漠中的西蒙》（1965年）；执导了以女性世界为主题的《女仆日记》（1963年）、《白日美人》（1967年）和《特里丝塔娜》（1970年）；另外还有《毁灭的天使》（1962年）、《资产阶级审慎的魅力》

（1927 年）和《欲望的隐晦目的》（1977
年）。显示了他非凡的想象力和超人的才
华。布努艾尔将超现实主义叙事手法融
入传统类型的影片中，将现实世界与梦
幻世界巧妙地结合，形成了他独特的艺
术风格。

西班牙新电影

在法国电影新浪潮的影响下，20 世
纪 60 年代初，西班牙电影也呈现出焕
然一新的面貌。西班牙"新电影"开始
出现在世界影坛上。这些影片反映社会
现实，内涵深刻，艺术格调清新。这种
新面貌尤其典型地反映在卡洛斯·绍拉
（1932—　）的创作中。他执导的《狩猎》
（1965 年）、《安娜和狼》（1972 年）、《安
赫利卡表妹》（1973 年）等影片，用隐
喻、象征、比喻等手法，委婉表达对佛
朗哥时期社会、军队、宗教及性等问题
的嘲讽，抨击独裁统治。在思想和艺术
上都达到了较高的水平，受到世人的瞩
目。1975 年后，随着社会形势的变化，
绍拉的风格也大变，他拍摄的歌舞片
《血的婚礼》（1981 年）、《卡门》（1983
年）、《着了魔的爱》（1986 年）充满激
情，喜剧片《妈妈一百岁》（1979 年）、
《啊，卡梅拉》（1990 年）则鲜明地表现
出西班牙文化特有的感染力。绍拉极力
挖掘西班牙电影的民族性、艺术性，并
取得了成功，是西班牙电影艺术的主要
代表。

称霸影坛的美国电影

当代影坛上，欧洲的艺术电影从整
体上进入了低谷时期，以好莱坞为代表
的美国电影逐渐称霸世界影坛。

自 20 世纪 80 年代中期以来，美国
电影连续 5 年保持着持续上升的势头。

仅其国内收入就从 1985 年的 34 亿美元
逐年攀升到 1989 年的 50.33 亿美元，到
1995 年已经达到 55 亿美元。海外收入近
年来已与其国内收入基本持平甚至超出。
这一票房势头是与旧好莱坞解体以来其
电影工业的重建分不开的。随着好莱坞
电影工业向大企业集团的转化和更多国
际资本的投入，好莱坞的电影产品更趋
于商业化，涌现了以斯皮尔伯格、卡梅
隆、泽米基斯（1952—　）等为代表的一
批当代好莱坞"票房大师"。他们拍摄的
"印第安纳·琼斯"系列片、《终结者》
《回到未来》《谁陷害了兔子罗杰》《侏罗
纪公园》等影片，科技手段不断更新，
内容日益大众化。而且往往是大投资、
大制作，逐渐覆盖了整个国际电影市场。
与此同时，随着大公司对巨片的关注，
大量中小公司和独立制片商也开始在当
代美国影坛上占据一席之地，形成多样
化的制片格局，因而当代美国电影呈现
出多元化的趋势。大卫·林奇、科恩兄
弟、斯蒂芬·索德伯格等新锐导演的崛
起，使美国电影在商业环境下也不乏艺
术创新与探索。

好莱坞和高科技

随着现代科技的迅速发展，高科技
特技的运用日益促成了一种新的"电
影语言"。乔治·卢卡斯 1977 年拍摄的
《星球大战》和其后出现的许多科幻片，
都以大量的高科技特技为当代好莱坞的
商业电影树立了新的典范。进入 20 世
纪 80 年代，以电脑制作为代表的高科技
电影特技使好莱坞更具优势。涌现了一
批电脑特技制作的电影，受到世人欢迎，
获得巨大成功，如卡梅隆的《终结者》
（1984 年）、泽米基斯的《谁陷害了兔子

科幻世界也是典型的虚拟技术的运用。以某种现实为背景来虚拟并不存在的"现实"。

罗杰》（1988 年）到斯皮尔伯格的《侏罗纪公园》（1993 年）等。到 90 年代，电脑特技也运用到了艺术片的制作中。如 1994 年，泽米基斯拍摄的《阿甘正传》大量运用了电脑制作手段，使阿甘的传奇变得更加生动迷人。1995 年，电脑技术的发展再次显现在电影制作中。《蝙蝠侠》中，观众可以看到由"电脑演员"完成的特技打斗场面；迪斯尼公司则推出了第一部电脑制作的三维动画片《玩具总动员》，该片甚至获得了第 68 届奥斯卡最佳影片的提名。这说明，以好莱坞为代表的当代世界电影正在迅速进入高科技的时代。

英国影坛的"三角支柱"

在好莱坞的商业巨片疯狂侵占全球市场的时候，素有深厚电影艺术传统的欧洲也不断推出风格独特的艺术电影和一代新人，以维持自己的本土风格和民族特色，在世界影坛上争得一席之地。在被好莱坞电影洗劫的"重灾区"英国，制片人麦钱特、编剧鲁恩和导演詹姆斯·艾非里三人被称为"铁三角"。他们近年来一直致力于挖掘英国传统题材，先后推出了《霍华德庄园》《昔日残恋》等影片，洋溢着浓郁的欧洲古典文化风情，并且制作精美。这些传统题材影片和莎士比亚作品的改编片以及反映英国社会下层工人生活的影片一起，构成了当代英国影坛的"三角支柱"。

二、中外电影艺术家

卓别林（1889—1977 年）

英国著名电影喜剧大师。1913 年在美国开始其电影生涯。他自编自导自演了许多部喜剧影片，成功地塑造出一个被轻蔑与被损害的小人物形象——夏尔洛，无情地揭露和讽刺了资本主义种种丑恶的社会现象。其中著名的有《淘金记》《摩登时代》等。另外，还编导并主演了《凡尔杜先生》《舞台生涯》《一个国王在纽约》等优秀影片。

弗兰克·卡普拉（1897—1991 年）

美国著名导演。1921 年开始拍摄影片。1926 年因导演《强有力的人》成名，开始向喜剧片发展。1934 年执导的《一夜风流》获最佳影片、最佳导演等 5 项奥斯卡奖。1936 年和 1938 年又以《第兹先生进城》和《你不能夺去别人的幸福》两次获奥斯卡最佳导演奖。"二战"期间有纪录片《我们为何而战》获奥斯卡奖。他导演的重要影片还有《淑女一日》《消失的地平线》等。

克拉克·盖博（1901—1960年）

美国著名演员。1931年进入演艺界。1934年因主演《一夜风流》获得奥斯卡最佳男主角奖。1939年与费雯丽合演的《乱世佳人》，成为美国电影的经典之作，保持最高票房纪录40年之久。他以善于饰演桀骜不驯、放荡不羁的角色而受影迷崇拜。

田中绢代（1902—1977年）

日本著名电影艺术家。14岁起开始电影生涯，演出过250多部影片，塑造了各种不同类型的日本妇女形象。其中著名的有《伊豆舞女》《爱情的桂树》《西鹤一代女》《雨月物语》《望乡》等影片，受到了观众的热烈欢迎和好评，并多次在国内国际电影节上获奖。她还作为日本第一位女导演执导了《情书》等6部影片。

葛丽泰·嘉宝（1905—1990年）

美国著名演员。生于瑞典斯德哥尔摩。1923年从影，1941年退出影坛。拍过29部影片，扮演过从女王到妓女等各种不同身份和性格的角色。表演中仪态万千，细腻高雅，有很多光彩夺目的镜头被人们视为电影表演艺术的经典之作。代表作有无声片《尤物》《非凡的妇人》，有声片《琼宫恨史》《安娜·卡列尼娜》《茶花女》等。

凯瑟琳·赫本（1907—2003年）

美国著名国际影星。1932年开始从影，表演富于个性。她主演的《小妇人》《舞台门》《猜猜谁来吃晚餐》《费城的故事》《本年度的名女人》《金色池塘》等片都获得了极大的成功，受到观众热烈欢迎。她4次获得奥斯卡最佳

凯瑟琳·赫本

女主角奖，是国际上名副其实的电影皇后。

费雯丽（1913—1967年）

英国著名演员。1934年进入电影界，1939年因主演《乱世佳人》获得奥斯卡最佳女主角奖，一举成名。1951年因主演《欲望号街车》再次获得奥斯卡最佳女主角奖，蜚声世界。她主演的影片还有《英伦战火》《魂断蓝桥》《安娜·卡列尼娜》《愚人船》等。

赵丹（1915—1980年）

中国杰出的人民艺术家。原名赵凤翔。祖籍山东，生于扬州。他13岁起就开始话剧演出，此后一直活跃在舞台和银幕上，扮演过上百个角色，塑造了众多的银幕形象。表演既能纯真地生活于角色之中，又能恰当地脱出角色情境而加以驾驭，从而达到了形神兼备、炉火纯青的境界。早期创造的银幕形象比较著名的有《十字街头》中的老赵，《马路天使》中的小陈，《乌鸦与麻雀》中的"小广播"萧老板等。1949年以后进入上海电影制片厂，主演《李时珍》《海魂》《林则徐》《聂耳》《烈火中永生》等影

片。著有《银幕形象创造》《地狱之门》等艺术理论著作。

英格丽·褒曼（1915—1982 年）

著名国际影星。因 1939 年主演的《插曲》而一举成名。此后拍摄了许多著名影片，如《化身博士》《卡萨布兰卡》《战地钟声》《煤气灯下》等。获得过奥斯卡最佳女主角奖。其中有不少影片已成为经典作品而名垂电影史册。

琼·芳登（1917—2013 年）

美国著名演员。1940 年因主演《蝴蝶梦》一举成名。1941 年因主演《深闺疑云》获奥斯卡最佳女主角奖，同时获纽约影评协会最佳女主角奖。她主演的影片还有《至高无上》《简·爱》《海盗艳史》等。

张瑞芳（1918—2012 年）

中国著名演员。河北保定人。1937 年开始参加话剧演出。1947 年从影。在塑造社会主义新人方面成就突出，荣获第 2 届"百花奖"最佳女演员奖。其表演风格真诚、质朴，既有浓郁的生活气息，又富于激情，具有较强的感染力。参演的作品有《南征北战》《母亲》《家》《聂耳》《李双双》《大河奔流》《泉水叮咚》等。

白杨（1920—1996 年）

原名杨成芳。祖籍湖南，生于北平。1931 年从影，在《十字街头》《八千里路云和月》《一江春水向东流》等影片中，以其精湛的演技而享誉影坛。1949 年以后主演《为了和平》《春满人间》《金玉姬》《冬梅》等影片。20 世纪 50 年代的影片《祝福》中的祥林嫂是她杰出的代表作，荣获了第 10 届卡罗维发利国际电

影节特别荣誉奖。其表演风格具有优美、自然、清新、含蓄的特点。

钱拉·菲利普（1922—1959 年）

法国著名表演艺术家。主演的《勇士的奇遇》《红与黑》《情魔》《巴马修道院》等影片深受广大观众尤其是青年人的喜爱，并多次荣获法国电影奖及国际电影奖。因塑造了许多栩栩如生的青年人形象，而被法国青年视为青春的化身。

巴塔洛夫（1928—　）

俄罗斯著名演员和导演。1954 年正式走向影坛，因在影片《大家庭》中成功扮演工人阿辽沙，而获得了戛纳国际电影节优秀演员奖。他参与演出的影片，有 6 部获得了国际奖。主演了《雁南飞》《母亲》《莫斯科不相信眼泪》等影片。同时他还是一位有才华的导演，执导的影片《外套》《三个胖子》等，深受俄罗斯观众的喜爱。

奥黛丽·赫本（1929—1993 年）

英国著名女演员。生于比利时。初学芭蕾。1951 年从影。1953 年主演《罗马假日》一举成名，并获奥斯卡最佳女主角奖。以饰演清纯美丽、天真活泼的年轻女子闻名。还主演了《修女故事》《窈窕淑女》《战争与和平》《直到永远》等影片。

高仓健（1931—2014 年）

日本著名演员。最初主演的两部武侠片是《电光空手道》和《流星空手道》。1968 年以后相继主演了《燃烧的战场》《追捕》《幸福的黄手帕》《远山的呼唤》和《南极物语》《车站》等。在《远山的呼唤》中的出色表演使他获得了日

本电影艺术科学院授予的男主角奖。其冷峻、深沉的表演深受广大观众尤其是青年人的喜爱。

伊丽莎白·泰勒（1932—2011年）

美国著名演员。10岁时就作为童星初登银幕，1944年因主演《玉女神驹》成名。1960年和1966年因主演《巴特菲尔德》和《谁害怕弗吉尼亚·沃尔夫》两次获得奥斯卡最佳女主角奖。她一生参演过60多部影片，扮演了性格、身份各异的各种角色，表现出精湛的演技。重要影片有《阳光照耀之地》《狂想曲》《巨人》《埃及艳后》等。

达斯汀·霍夫曼（1937— ）

美国著名演员。19岁开始演出话剧，1956年曾获得最佳戏剧演员奥比奖。1967年主演《毕业生》获得很大成功。1979年和1988年因主演《克莱默夫妇》和《雨人》两次获得奥斯卡最佳男主角奖。他主演的其他影片还有《蝴蝶》《总统班底》《宝贝儿》等。

达斯汀·霍夫曼在《雨人》中把雷蒙德这个自闭症患者演绎得出神入化。

罗伯特·德尼罗（1943— ）

美国著名演员。1965年进入电影界。在《慢击鼓》《穷街陋巷》《教父》续集、《出租汽车司机》以及《愤怒的公牛》等影片中有出色表演。相继获得奥斯卡最佳男配角奖、最佳男主角奖等许多大奖。表演朴实深沉，潇洒自如，富有独特魅力，被誉为20世纪80年代美国最好的男演员。

斯蒂芬·斯皮尔伯格（1947— ）

美国著名导演。13岁时就拍家庭生活影片，获儿童奖。毕业于加利福尼亚州立学院电影系。1975年，他执导的《大白鲨》轰动国际影坛。此后，他拍摄了一系列科幻惊险片，如《第三类接触》《外星人》等，获得巨大成功。80年代后期他开始改变题材风格，《紫色》和《太阳帝国》是此时优秀的代表作。1994年执导的《辛德勒的名单》获第66届奥斯卡最佳导演、最佳故事片等7项大奖。

梅丽尔·斯特里普（1949— ）

美国著名演员。1977年她在第一部影片《猎鹿人》中崭露头角，获美国全国影评学会最佳女配角奖。1980年因在《克莱默夫妇》中的出色表演，获该年度奥斯卡最佳女配角奖。此后，又先后获得奥斯卡最佳女主角奖、奥斯卡最佳女主角提名及洛杉矶影评人协会的最佳女主角奖等奖项。表演自然、细腻、含蓄，善于塑造具有复杂性格和心理的女性形象。还主演了《法国中尉的女人》《苏菲的选择》《廊桥遗梦》等。

张艺谋（1950— ）

中国电影导演。生于陕西西安。当过工人。1978年考入北京电影学院摄影系。他善于借鉴西方电影艺术手法，挖掘剧本题材的深厚意蕴，作品富于艺术性与思想性。他的作品获得多次国际性大奖。如1988年导演的《红高粱》获第38届柏林国际电影节金熊奖；1992年导演的《秋菊打官司》在威尼斯国际电影节上获金狮奖；1994年导演的《活着》获第47届戛纳影展评审团大奖及英国影艺学院最佳外语片奖；1995年的《摇呀摇，摇到外婆桥》获美国金球最佳摄影奖；2000年《我的父亲母亲》获柏林电影节银熊奖。张艺谋的导演艺术为中国电影走向世界做出了重要贡献。

陈凯歌（1952— ）

中国电影导演。祖籍福建长乐，生于北京。1978年考入北京电影学院导演系。1985年独立执导第一部影片《黄土地》取得成功，获第38届洛迦诺国际电影节银豹奖、第29届伦敦国际电影节萨特兰杯导演奖、1986年香港十佳影片之首。1986年导演的《大阅兵》在加拿大第11届蒙特利尔国际电影节上获故事片大奖。1987年导演的《孩子王》获第8届金鸡奖导演特别奖。1992年他导演的《霸王别姬》获第46届戛纳电影节金棕榈奖，及1994年的美国金球奖最佳外语片奖。

三、电视

电视

运用电子技术传送声音、图像的新闻传播媒体。它兼容绘画、雕塑、建筑、音乐、诗歌、舞蹈、戏剧、电影等空间和时间艺术之所长，通过电子编辑手段，对各门类艺术进行再加工、再创造，具有灵活性和综合性。它是融新闻、艺术、技术于一体的传播媒介。1884年，德国科学家尼普科夫发明旋转盘扫描式的传播方式，为电视的发明奠定了基础。1936年8月，英国广播公司在亚历山大宫建立电视台，11月2日正式播出电视节目，这是世界电视事业的开端。20世纪50年代，黑白电视在各国广为发展。彩色电视广播也于1954年在美国问世。中国电视事业创建于1958年。1973年5月1日播出彩色电视节目。电视除了用于新闻传播媒介外，也广泛应用于工业、军事等领域。

电视中心

制作和播出电视节目的机构。电视中心的设施具备电视节目的摄像、处理、录制、编辑、加工、录音、配音、录像播出和影片播放等功能。分为演播、控制、机房、采制等部分。演播部分有服装道具库、灯光和布景系统以及演播室。演播室中有电视摄像机、录音传声器和通信系统，以及监视器和监听设备等。控制部分包括编辑室、控制室和播出室。控制室是控制部分的中心，节目导演和制作人员在其中通过各种电子设备指挥、制作、送出电视信号。机房部分包括电视电影机室、录像机室和中心机房。摄像机送出的各种电视节目通过中心机房的处理，以保证视频的质量，并对送往录像机室、发射台等的电视图像和伴音进行最后的校正。采制部分有转播车、录像机、电子现场节目制作系统（EEP）和电子新闻采访系统（ENG）等机动的采访录制设备，以满足对体育、文艺、会议等活动的实况转播、及时报道新闻等不同的需要。

绘 画

一、绘画基本知识

绘画的种类

绘画按不同的标准有不同的类别。按使用工具与材料可分为中国画、油画、版画、水粉画、水彩画、铅笔画、木炭画、钢笔画等；按画幅形式与使用地点可分为架上绘画与壁画两大类；按所描绘的对象和表现的内容可分为宗教画、历史画、军事画、风俗画、人物画、肖像画、人体画、风景画、静物画等；按其用途可分为年画、宣传画、电影广告画、商业广告画、电影动画、装饰画、建筑画、服装画、书籍插图、漫画、舞台美术、电影美术等。若以文化传统和总体文化风貌分，可分为西方绘画和东方绘画两大体系。

绘画的特点

绘画是造型艺术中一种重要艺术形式。在使用材料和工具上，绘画是使用墨、颜料、油彩，通过笔、刻刀、喷枪等，在平面的纸、画布、木板、金属板及墙壁上塑造可视艺术形象。在表现手段及方法上，绘画是通过色彩、明暗、线条、体块，在平面上塑造出具体而可视的形象。这样的手段比小说、散文、戏剧、电影有更广阔的观众面和更直接的感染力。绘画在平面上展示一定的可视图像，其艺术形象是静止的、瞬间的，所以特别重视画面时间、环境、气氛的瞬间选择和画面瞬间形象的创造。

国画

又称中国画。指具有我国悠久历史和民族文化特征的传统绘画。一般分为写意画和工笔画两大类。传统的笔、墨、纸、砚、线条为其主要造型手段，色彩上重视主观的表现性，强调墨色可分五色，以墨色为写生之本。在画幅形式上，国画有屏风、立轴、横披、长卷、册页、扇面等多种样式，而且画面上常常题诗题字，使中国画成为集诗、书、画、印于一体的综合艺术形式，从而在世界美术领域内自成独特的体系。

西画

又称西方绘画、西洋画。泛指与中国传统的绘画相对应的欧美绘画。在使用材料和工具上，大多用油画布、油画颜料、水彩颜料、水彩纸等；在表现方法上，重视画面的整体感，强调光线、明暗、色调、体积、质感、空间感以及它们的关系和色彩的冷暖；在技法上，主要运用焦点透视法、人体解剖结构知识、绘画色彩学、绘画构图法来处理绘画对象和画面色彩、构造。

油画

西方绘画的主要画种。是用特制的油画颜料，与调色油调和后，使用扁平硬毛的油画笔，画在涂过底的布、纸板或木板上。绘制方法主要有直接写生法和长期作业法。经15世纪佛兰德斯画家凡·爱克兄弟改进后，形成独特而完善的画种，盛行于文艺复兴时期的欧洲各国。

版画

绘画品种之一。用刻刀和笔，在特定的版面上进行刻画与药水腐蚀，再通过油墨印刷。一般分为黑白版画和套色

17 世纪版画中描绘的伦敦景象

版画两种。根据版面使用的材料不同，又可分为木版、铜版、石版、麻胶版、玻璃版、纸版等。因版面处理的状态不一，还可分为凸版版画、凹版版画、平版版画、漏胶版画。版画在我国有悠久的历史，唐代已有相当精美的木刻版画。

水粉画

绘画品种之一。将水粉颜料与水调和后，使用水粉笔或油画笔画在纸、布、木板、墙壁上。它工具简单，颜色明快、鲜艳，覆盖力强，价格低，因此被广泛使用。由于用水调和时可自由控制浓淡程度，因此既可表现水彩轻薄透明的效果，也可表现油画厚重沉着的特点。水粉画是绘画领域中应用范围最广的画种之一。

水彩画

绘画品种之一。用水彩颜料和软毛画笔画在吸水性较强的水彩纸上。产生于欧洲。达·芬奇、丢勒都有水彩画手稿传世。在 18 世纪的英国风靡一时，发展为一门技法丰富、独具韵味与美感的绘画品种。因为常用水淡化颜色，透明性强，所以形成与油画、水粉画极不相同的画面效果——透明、轻快、明丽、湿润。

漫画

绘画品种之一。使用钢笔、毛笔或其他工具，以线条勾画为主，绘成一种简练生动、有强烈讽刺性和幽默性的图画。画面常取材于日常生活中的各种现象，通过夸张、变形、比喻、象征、寓意、双关、谐音、谐意等手法，造成幽默、风趣和讽刺的效果。一般分为政治漫画、生活漫画、幽默漫画、抒情漫画与漫画肖像等。

素描

绘画造型基础和绘画品种之一。通过黑白或单色的线条与块面，描画物象的形体、结构、色调和明暗的一种绘画。一般使用铅笔、木炭铅笔、木炭条、炭精棒等在纸上作画，是绘画入门的基本练习、绘画造型的重要手段与技法训练的必要基础。材料简便，方法简易，也为写生、收集素材和创作起稿之用。

速写

绘画造型基础和绘画品种之一。主要指在短时间内，以简洁概括的笔调，扼要地描绘出对象神与形的一种速记性图画。常作为创作前收集素材之用。有油画速写、水彩速写、毛笔速写、铅笔速写和钢笔速写等。

写生

对绘画对象直接进行如实描画的一种绘画方法。主要是为了训练作画者基本造型能力和提高眼、手配合的技巧。常作为绘画技能训练的基本手段与绘画创作前收集素材的重要方法。可分为素描写生、色彩写生、头像写生、人体写生、风景写生等。

二、中国古代美术知识

历史画

以历史事件为题材的绘画。如唐代阎立本的《步辇图》，描绘贞观十五年（641年）唐太宗接见吐蕃使者禄东赞时的情景。

肖像画

描绘人物形象的绘画，包括头像、全身像、群像等。肖像画刻画人物形象，表现人物的性格、精神、心理，要求做到形神兼备。自唐以后历代都有不少传世名作。唐代阎立本的《历代帝王图》、五代顾闳中的《韩熙载夜宴图》是我国古代肖像画中的珍品。

仕女画

人物画的一种，是表现中上层社会妇女生活的中国画，亦称"仕女图"。东晋顾恺之的《女史箴图卷》《洛神赋图卷》，是我国古代有名的仕女图。

山水画

我国传统画种之一。指以描写山川自然景色为主体的绘画。最早多作为人物画的背景，后来逐渐从人物画的背景中独立出来，成为单独的画种。唐代的吴道子、李思训、王维为山水画的独立做了很大贡献。宋代以后日渐兴盛。主要有青绿、金碧、没骨、浅绛、水墨等形式。

南北宗

绘画的流派。明董其昌提出。他认为绘画由唐时开始分为南北宗，北宗为唐李思训、李昭道父子的着色山水的画法，南宗为唐王维渲染传神的画法。南北二宗在以后历代各有传人。

花鸟画

我国传统画种之一。指以描写花卉、竹石、鸟兽、虫鱼为主体的绘画。花鸟画起先用于工艺品的纹样上。南北朝时期已出现不少画花画鸟的作品，到了唐代开始成为专门的画种。

水墨画

纯用水墨而不施彩色的绘画。始于唐代，以笔法为主导，充分发挥墨法的功能，用"墨呈五彩"的艺术效果描画物象。水墨画能以形传神，特别为文人画家所擅长和看重。

画工

以绘画为终身职业的艺术工匠。我国历代著名的画工很多，如春秋战国的鲁班，西汉的毛延寿等。按照社会地位，可分为民间画工、宫廷画工；按照工种可分为壁画工、漆画工、瓷画工等。

三、中国古代著名画家

顾恺之（约364—407年）

东晋著名画家，我国绘画史上早期重要代表人物。擅长人物与壁画。由于聪颖博学，才思敏捷，被人们称为"画

顾恺之

绝"。他是我国第一个主张以形写神的画家,作画时在传神上往往很费思量。许多作品已经失传,现今存世的《女史箴图卷》《洛神赋图卷》《列女图卷》均为后世摹本。《女史箴图卷》为隋代摹本,1900年被八国联军盗走,现藏英国大英博物馆。

阎立本(约601—673年)

初唐宫廷画家。在人物画上颇有造诣,画过《凌烟阁功臣二十四人图》《秦府十八学士图》等多种人物图卷,但均未保存下来。现今传世的有《步辇图》《历代帝王图》《萧翼赚兰亭图》。《步辇图》为宋人摹本,描绘的是文成公主与松赞干布联姻,唐太宗李世民接见西藏来京使臣禄东赞的场面。

吴道子(约685—758年)

盛唐画家。有"画圣"之称,民间画工们奉其为"祖师"。从小跟民间画工学画,扬名后被召入宫廷。一生画了300多幅壁画,几百幅卷轴,多数为宗教题材。他画人物用笔流畅生动,形貌体态各异,尤其善于用线,所画人物衣饰常有迎风飘扬的姿态,所以有"吴带当风"的美称。《送子天王图》是他的代表作,现为宋代摹本。整个画面近乎白描,线条挺拔,顿挫有致,将各种天神的神情准确生动地刻画出来。

顾闳中

生卒年不详。五代画家。曾在南唐画院任职,受后主李煜之命,画《韩熙载夜宴图》。整幅画为工笔重彩,工整精细,设色浓重,风格清雅。人物造型神形备至,姿态生动自然。绘画技艺高超,线条流畅,富有极强的艺术表现力。

范宽

生卒年不详。北宋著名山水画家。早年临摹前人绘画,遍访名山大川,后来定居终南山和太华山,潜心观察四时景色变化,终于达到"与山传神"的境地。传世作品有《溪山行旅图》《雪山萧寺图》《长江万里图》《雪景寒林图》等。《溪山行旅图》描绘的是秦陇山地景色,山势逼人,苍润雄伟。构图稳健,墨色深浓,用笔粗放,气势磅礴,给人以壮美之感。

张择端(1085—1145年)

北宋画家。徽宗时做过翰林,曾在北宋画院任职,擅长风俗画。作品流传极少,其中《清明上河图》最为著名,描绘了北宋京都汴梁清明时节的繁华景象。全卷有人物550余人,牲畜60余匹,楼房30多栋,船只20多艘,车轿20多台。画中人物社会各界尽有,社会活动各类俱全。笔墨章法巧妙,为我国古代绘画之瑰宝。

元四家

指元代山水画的四个代表性画家,即

黄公望、王蒙、倪瓒、吴镇。此外，有人又加上赵孟頫、高克恭，合称"元六家"。

明四家

指明代中叶的四个画家，即沈周、文徵明、唐寅、仇英。四人各有所长，在艺术上各具特色。

吴派

明代山水画流派之一。以沈周、文徵明、董其昌、陈继儒为代表。属于此派的还有文伯仁、文嘉、陈道复、王谷祥、钱谷、周位、徐贲、张羽等。他们的画法，与浙派特色不同。在当时画坛占有重要地位，影响极大。

浙派

明代山水画流派之一，戴进为创始人。浙派取法于南宋的李唐、马远和夏圭。多用斧劈皴，行笔有顿跌。在明代中叶之前，周文靖、周鼎、陈景初、钟钦礼、王谔、朱端、吴伟、张路、蒋三松、谢时臣、蓝瑛等都属此派。蓝瑛被称为"浙派殿军"。

唐寅（1470—1523年）

明代书画家、诗人。字伯虎。人物、山水、花鸟画无一不精。一生饱受挫折，中年后终日以诗酒为伴，漫游名山大川，专心致力于绘画。作品有《李端端图》《秋风纨扇图》《山路松声图》《西洲话归图》《枯槎鸲鹆图》等。《秋风纨扇图》画一仕女手拿纨扇立于秋风之中，那微微抖动的衣裙，布满愁云的容颜和徘徊怅望的神情，配上题诗，将画家感到处世炎凉的悲伤之情，表达得淋漓尽致。

徐渭（1521—1593年）

明代著名画家、书法家。字文长，号青藤。一生不得志，对明王朝的腐败深为不满。他的诗、书、画感情豪放，个性强烈，极富创新精神。尤其是水墨花鸟画，笔调超逸洒脱，水墨淋漓痛快，充满奇趣，对后世写意花卉影响至深。后代许多著名画家都对他推崇备至。作品有《墨荷图》《黄甲图》《水墨葡萄图》《杂花图》，皆为传世珍品。

四僧

指明末清初四个出家为僧的画家。他们是髡残（石溪）、弘仁（浙江）、朱耷（八大山人）和原济（石涛）。四人都擅长山水画，而各有风格。他们的画风对后来的"扬州八怪"有较大的影响。

《山水图》清 髡残
此图绘山林隐士的闲居生活。意境悠远，不见隐士身影，但见林间现出小屋一角，与著名的"深山藏古刹"有异曲同工之妙。构图变幻自如，近山重笔点染，浓墨皴擦；远山淡墨轻染，气象清疏而萧索。

四王

清初山水画家王时敏、王鉴、王翚、王原祁四人的合称。四人都是宫廷画家，提倡摹古，功力较深，但缺乏新鲜感受，不少作品趋于程式化。康熙至乾隆年间又有王昱、王愫、王玖、王宸，时称"小四王"。乾隆后期还有王三锡、王廷元、王廷周、王鸣韶，时称"后四王"。他们画山水都效法"四王"。

清六家

指清初画家王时敏、王鉴、王翚、王原祁、吴历及恽寿平。

扬州八怪

清乾隆年间在江苏扬州从事艺术活动的八个画家的总称。一般指金农、郑燮、李鱓、汪士慎、黄慎、罗聘、高翔、李方膺。他们都擅长书法、文学、印章，人称"三绝"，从而形成诗、书、画综合艺术的整体。他们的笔墨技法对近代画坛影响很大。

任伯年（1840—1896年）

清末著名画家。名颐。出身肖像画艺人家，中年在上海以卖画为生。擅长花鸟画和人物画。作品题材广泛，花鸟画常以禽鸟为主；人物画用笔简练，往往只用数笔，形神便跃然纸上。画面淡雅秀丽，创造出一种清新流畅的画风。作品有《苏武牧羊图》《高邕像》《吴昌硕像》《白头牡丹图》等。

吴昌硕（1842—1927年）

近代著名书画家。名俊卿。自幼酷爱篆刻书法。30岁后才学画，善于创造，将书法中的笔法用于花卉、山水、竹石画中，金石篆刻的古拙厚重趣味也常见于画中。构图章法讲究，虚实疏密相间，用色凝重高雅，采用西洋红渲染花果，富有清新雅致、浑厚遒劲的风格。在近代中国画坛上独放异彩。作品有《神仙福寿图》《紫藤图》《墨松图》《杂花册》等。

四、中国古代美术作品

晚周帛画

1949年在湖南长沙陈家大山战国楚墓中发现。画长28厘米，宽20厘米。内容是一只象征正义与美好的凤，正在和一只象征邪恶与灾难的夔搏斗，右下侧有一个侧身而立的细腰长裙的女子正在合掌祈祷。线条劲挺有力，形象生动自然，具有装饰趣味，是我国现存最古老的绘画。

人物御龙帛画

1973年在湖南长沙楚墓中发现，是战国时的一幅帛画。上面画着一个男子穿着长袍，戴着高帽，腰佩长剑，手执缰绳，侧身站在龙上，龙下有鲤鱼，龙尾站着一只鹭。死者御龙是希冀魂灵得以飞升。

马王堆一号汉墓帛画

1972年在长沙马王堆一号汉墓中发现。画幅长205厘米，上宽92厘米，下宽47.7厘米，呈"T"形布局。其内容复杂而多样，整个画面，从下到上，画了海中、人间、天上的景物，表达了希望死者升入天界的意思。

马王堆三号汉墓帛画

1973年在长沙马王堆三号汉墓中发现。共有四幅。第一幅与一号墓中的帛画的内容和形式基本相同。第二幅是长方形壁画，内容大约是墓主人的仪仗出行图。第三幅是东壁帛画，残破严重，只能看出有房屋、车骑、奔马以及妇女乘船的场面。第四幅是藏于一个漆奁里的"气功强身图"。

金雀山西汉帛画

1974年山东临沂金雀山九号汉墓出土的彩绘帛画，是当时用作丧葬的一种旌幡。形状为长条形，其布局上部为天体，中部为墓主贵妇的活动场面，下部为地下或大海。这幅帛画是西汉人幻想灵魂上天的一种表现。

《女史箴图》

东晋顾恺之根据西晋初张华的《女史箴》所画的插图。绢本设色。全图原12段，现仅存2段，每段题《女史箴》原文。笔彩生动形象，对人物的动作神态刻画惟妙惟肖。笔法如春蚕吐丝，细密精致。

《游春图》

隋展子虔作。绢本设色。经过历代皇家贵族及其他收藏家辗转珍藏而保存下来，是我国存世山水卷轴画中最古的一幅。画上有宋徽宗赵佶题"展子虔游春图"六字。这幅画表现阳光明媚的春天，许多人物在山水间纵情游乐的神态。色彩上运用浓重的青绿填色，作为全画的主调，用细线勾描。这种画法发展到唐代的李思训、李昭道父子，便形成了"青绿山水"，成为中国山水画中一种独具风格的画体。

《步辇图》

唐阎立本作。描绘唐太宗坐步辇接见吐蕃使者禄东赞的情景。图中有威严自若的唐太宗，有9个姿态各异的宫女，还有使者禄东赞。作者有重点、有分寸地刻画了不同人物的各种动作与表情，形象地反映了汉藏两族友好的历史。

《送子天王图》

相传为唐吴道子作。描绘释迦降生后，其父净饭王抱他去拜谒天神的情景，所以又名《释迦降生图》。此画艺术表现十分巧妙，尤其是全局结构与人物性格的刻画，能环绕主题意旨，充分表现各

个人物不同的心理变化。

《历代帝王图》

唐阎立本作。今存13图，画了两汉至南北朝、隋代的13个帝王像。根据每个帝王所处的时代、经历和个性，精心细致地刻画他们的形象神态。从画中还可体现作者的褒贬意向。

《历代帝王图》（局部）唐　阎立本　绢本

该画描绘了13位历代帝王，图中为隋炀帝。图中帝王身躯伟岸，侍从则相对矮小，体现了中国传统绘画中"主大仆小""君大臣小"的思想。人物线描凝重有力，色彩鲜丽。画像利用人物面部特征，如眼、唇、须、眉的变化等，来表现不同人物的修养和个性。这说明唐代人物肖像画的创作已达到较高水平。

《虢国夫人游春图》

唐张萱作。绢本设色。描绘唐玄宗时显赫一时的虢国夫人的出游场面。取材于现实生活，人物风姿绰约，显得格外豪华。就连对于马的刻画，也极具匠心。全画气脉联结，生意益然。现存的这一幅相传是宋徽宗赵佶的摹本。

《捣练图》

唐张萱作。绢本设色。描绘了唐代

妇女日常捣练、络线、熨平、缝制等劳动情景。人物动作自然，形象生动，富有生活气息。是唐代仕女画中取材较为别致的作品。

《簪花仕女图》

唐周昉作。描绘了仕女闲适生活的情景。传神地表现出她们拈花、拍蝶、戏犬、赏鹤、徐行、懒坐等各种悠闲情态。比较忠实地反映出当时贵族妇女的生活，是周昉影响较大的作品。

《夏山图》

五代董源作。绢幅。表现出远山深秀、树木葱茏的特色。笔法浑厚自然，不刻意雕琢。画中景物的高低、浓淡、深浅都自然适宜，表现出江南独特的山光水色。

《清明上河图》

宋张择端作。绢本设色。纵24.8厘米，横528.7厘米。画面上有社会中各种类型的人物，从事着各不相同的活动。还有大街小巷、河港池沼、官府村舍，反映的生活面极其广阔。在艺术处理上，无论对人物的造型，还是街巷、车辆、楼屋、桥梁、货船的布置，笔墨章法都非常巧妙。生动地再现了北宋都城汴京世俗生活的热闹景象。在当时影响很大，博得了各阶层观者的喜爱。宋代以后，出现了不少摹本。是中国古代绘画作品的稀世珍品。

《江山秋色图》

宋赵伯驹作。绢本设色。描绘了深秋山川郊野景色。构图严谨，意境深邃，描绘细腻而不烦琐，整个画面深远恬静，清新秀媚，充分表达出秀远的意境。

《万壑松风图》

宋代李唐晚年的精心之作。描画了深山万壑风光，气势磅礴。其间有飞瀑、幽涧，山上白云缭绕，苍松叠翠，极尽江山景物的雄壮秀美。

《万壑松风图》南宋　李唐　绢本

此图采用全景式构图，高峦耸立，危岩嵯峨，由山脚至山顶长松密郁，山泉潺潺，仿佛可闻其声。溪岸岩石俯卧，一派苍郁之气。整幅画构图注重对比，山石重叠，变化多姿，山树组合疏密相间，活跃画面气氛。作者取景较近，有迫眉之感，但因有山泉回伏，云雾穿插，因此令人感到层次井然，明快爽朗。

《千里江山图》

宋王希孟作。画中重峦叠嶂，绵亘千里。江湖碧波万顷，气势雄浑壮阔。中间还有渔村、野市、水榭、长桥以及众多的人物活动。该画继承了隋唐以来青绿山水的表现手法，在北宋的青绿山水画中别具一格。

《骑士猎归图》

宋代作品，无款。画一人一马，归猎之时，马因疲倦，垂着头在喘粗气，而骑士还在聚精会神地检查手中羽箭。这种对比手法的运用以及对人物表情的描画，达到了微妙入神的境地。

《踏歌图》

宋马远作。描绘农民于田垄溪桥之间尽情踏歌的情状。画中四个老农似有几分醉意，互相歌和，气氛融洽。运用简括的线条，清秀的色彩，把山环水抱的复杂景物画得远近分明。虽无花草的陪衬，但也表现出愉快的春山环境。

《写生蔬果图》

宋法常作。纸本，水墨。画中有蔬果、翎毛、鱼、虾、蟹等。后有沈周题跋，认为所画"不施彩色，任意泼墨，俨然若生"，是对该画的最好评价。

《富春山居图》

元黄公望作。描画了浙江富春江一带秋初的山水景色。峰峦坡石起伏变化，云树苍郁疏密有致。其间有村落、平坡、亭台、渔舟、小桥等，还有溪山深远处的飞泉。用笔利落，简洁明快。不少地方取法董源的《夏山图》而又有创新，为元代文人画中出色的实地写生山水。

《九峰雪霁图》

元黄公望作。全图分五个层次，描画了高耸的群峰银装素裹的景色。笔墨不多，表达的意境却非常深远，为艺苑名画。

《风雨归舟图》

明戴进作。绢本，浅设色。充分表现出狂风暴雨的气势。用笔挺劲，水墨淋漓，从大局到细部，有紧有松，有虚有实，在刻画上一丝不苟，技艺完备。

《春夜宴桃李园图》

明仇英作。取材于李白的诗作《春夜宴桃李园序》。写四学士春夜设宴于桃李园中，座旁红烛高烧，表现秉烛夜游、对月畅饮的情景。反映出士大夫的乐天情绪。

五、中国现当代著名画家

齐白石（1863—1957年）

现代著名书画篆刻大师。名璜。少年时精于木雕，后来苦攻金石书画。60岁时开始吸取民间艺术之长，融汇传统写意技巧，逐渐形成独特的艺术风格。他的花鸟画取材平日农家常见之物，尤喜画虾、蟹、鱼、蛙。用笔泼辣洗练，设色浓艳明快，充满民间气息和生活情趣。他的书画艺术雅俗共赏，深受人民喜爱，有很高的国际声誉。1956年由世界和平理事会授予和平奖。作品有《灯蛾图》《螃蟹图》《群虾图》《蛙声十里出山泉》《祖国万岁》等。

黄宾虹（1865—1955年）

现代国画家。名质。擅长山水画。少年学习绘画篆刻，后在各地美术院校任教。其山水画富于变化，雄壮奇伟，清新空灵。能创造性地运用各种墨法，喜欢在整幅积墨山水画中留一明处，收到奇效。作品有《栖霞晚眺图》《春雨蒙霏图》《霜林清溪图》等。

李铁夫（1869—1952年）

现代画家。原名玉田。广东鹤山人。为中国第一位学油画者。早年赴英国阿灵顿美术学校学习，师从蔡斯、萨金特学画。1916年入美国绘画研究院。1930年回国。他擅长油画、水彩画和雕塑。画风早期较细腻，晚期渐呈粗放。还善书法、诗歌。有《李铁夫画集》。

徐悲鸿（1895—1953年）

现代著名画家、教育家。擅长油画和中国画，尤以写意奔马最为独到传神。早年留学法国，回国后历任数所美术大国画选集》。

徐悲鸿创作像

学教授和校长。1949 年以后为中央美术学院院长、全国美协主席。他主张的写实主义道路，对我国美术教育的发展和国画的创新改革，起了重要作用。他画的奔马，挺拔舒展，气势豪放，线条精练，笔墨酣畅。不但姿态生动、结构准确、神情逼真，同时也被作者赋予了对国家与民族命运的忧喜之情。代表作有《愚公移山》《田横五百壮士》《骏马图》等。

刘海粟（1896—1994 年）

现代著名画家、美术教育家。早年入周湘主持的背景画学堂学画。在上海创办中国第一所美术学校——上海国画美术院。后来曾到日本、欧洲写生、考察、讲学。1949 年以后曾任南京艺术学院院长等职。多次将卖画巨款捐献于发展艺术教育事业，为中外美术交流作出了积极贡献。他长于油画、中国画，油画多作风景、静物，笔触粗放，色彩明艳；中国画以山水为主，所画黄山最为出色。作品有《海粟老人书画集》《刘海粟黄山纪游》《刘海粟画集》《刘海粟中

潘天寿（1897—1971 年）

现代国画家。擅长写意花鸟。早年入浙江师范得李叔同指教，后与吴昌硕交往，受益颇深。1949 年以后为浙江美院院长、中国美协副主席。绘画线条劲健精练、构图奇险、墨色淋漓、风格沉雄奇崛。代表性作品有《雁荡山花》《红莲》《鹰石》《小龙湫下一角》等。

张大千（1899—1983 年）

现代著名国画家。擅长山水、人物、花鸟，对工笔、写意、泼墨、泼彩无一不精。青年时代留学日本学习工艺美术。42 岁时去敦煌临摹和研究壁画。50 岁后旅居国外。1957 年被世界美术家协会推为当代第一大画家。先后在世界各地举办大型画展。他的作品博采众家之长，融工笔、写意于一体，创造性地将泼彩、泼墨、青绿山水与水墨结合并用，博大豪放、气魄不凡。作品有《长江万里图》《庐山图》《云山图》《乔木芳晖图》《红花仕女图》《墨荷图》等。

林风眠（1900—1991 年）

现代画家、美术教育家。1919 年赴法，曾在巴黎国立美术学院学习油画。1925 年回国后任数所艺术学校校长。1928 年创建杭州国画艺术院，任校长。新中国成立后任上海画院画师。1977 年移居香港。一生既从事美术教育，又从事中西绘画融合的探索研究，画风独特，成就显著。作品有《樱花小鸟》《猫头鹰》《秋艳》《火烧赤壁》《南天门》等。

傅抱石（1904—1965 年）

现代国画家。早年自学篆刻和绘画。1933 年赴日留学，主攻美术史和绘画。

回国后在中央大学艺术系任教。历任中国美术家协会副主席、江苏国画院院长等职。在美术史研究与中国画探索上有一定成就。绘画作品有《潇潇暮雨》《兰亭图》《嘉陵景色》《江南春》《江山如此多娇》等。

六、外国绘画艺术

拜占庭艺术

即东罗马帝国时代的艺术。约5世纪到15世纪以君士坦丁堡为中心的拜占庭帝国与基督教会相结合的官方艺术。其风格特点是将罗马晚期的艺术形式和东方艺术形式相结合，注重色彩的灿烂、装饰的华丽，强调人物精神的表现。在教会建筑、圣像画、镶嵌画、壁画、细密画以及工艺美术等方面都有较大的成就。

尼德兰美术

中世纪的尼德兰相当于现在的荷兰、比利时、卢森堡和法国东北部的部分地区。15世纪的尼德兰美术，对以往的宗教主题给予人文主义的表现，更着眼于人的生活和环境，创造了许多反映平民生活的风俗画和风景画。最有代表性的画家是凡·爱克兄弟，他们对油画技法的改进做出了贡献。荷兰独立后，尼德兰美术发展为荷兰美术和佛兰德斯美术。

佛兰德斯美术

16-18世纪尼德兰南部地区（现比利时及法国的一小部分）美术的通称，原为尼德兰美术的一个组成部分。它在当时的社会政治形势下具有两面性：一方面因受异族压迫的影响，带有民主性和人民性的倾向；另一方面为了适应封建统治阶级和天主教会的需要，形成了豪华、铺张和享乐的风气。代表画家有鲁本斯、勃鲁盖尔、凡·戴克等，在欧洲美术史上占有重要地位。

荷兰画派

欧洲的重要画派之一，形成于17世纪。1581年荷兰共和国建立后，科学、文化、艺术相继繁荣。许多画家以表现世俗生活、自然风物和航海活动等为艺术创作的主要题材，反映了新兴资产阶级的风尚和情调。代表画家有伦勃朗、哈尔斯和维美尔等，其中以伦勃朗的成就最高、影响最大。

巴洛克艺术

17世纪意大利的艺术风格。原意为"不圆的珠"或"荒谬的思想"，意指它背离了当时的生活及古典传统。特点是一反文艺复兴盛期的严肃、含蓄、平衡，而倾向于豪华、浮夸。特别是在教堂及宫殿建筑中，造型夸张，追求动势起伏，使建筑在透视与光影下，产生飞升向上的幻觉和戏剧效果。代表人物有贝尼尼、波若米尼、考尔都那及鲁本斯等。

洛可可艺术

原意为"贝壳形"，指法国国王路易十五时期人们所崇尚的艺术风格。主要表现在建筑和绘画上，也表现在音乐上。其特点是纤细、轻巧、华丽和带有烦琐的装饰性，夸张的曲线和轻淡柔和的色彩是当时最常用的。这种艺术风格影响了欧洲各国，在其形成过程中又受到中国清代工艺美术的影响。主要代表人物有画家布歇、瓦托和弗拉戈纳尔，雕塑家勒姆安，建筑家赖曼，音乐家库普拉、拉摩和斯卡拉蒂等。

七、外国绘画流派

古典主义

欧洲文艺复兴以后产生的一种文艺思潮。主张用民族规范语言，按照规定的创作原则进行创作，崇尚理性和自然，以古代希腊、罗马的文学艺术为典范，并大量采用古代题材。具有现实主义因素，在一定程度上反映了当时的社会生活面貌，但对各类艺术的创作原则有严格规定，趋于僵化，存在着严重的保守性和形式主义倾向。浪漫主义思潮兴起之后，古典主义逐渐衰退。绘画方面的代表人物有普桑等。

学院派

欧洲美术院校的正统艺术流派。起源于16世纪的意大利，17–18世纪流行于英、法、俄各国，其中法国势力最强，影响最大。学院派画家重视素描，但思想保守、陈旧，艺术形式刻板，不重视性格特征的刻画。创作题材上只着眼于基督教传统、神话故事，不能反映社会生活。学院派以古典传统的维护者自居，认为自己才是正统，排斥其他艺术流派的革新和创造。

巴比松画派

19世纪法国画派之一，又称枫丹白露派。巴比松是巴黎郊外枫丹白露森林西边的村落，以风景优美著称。1847年画家卢梭、朱莱、丢普勒、狄亚兹、杜比尼等相聚这里，一起对景写生，研讨画理，成为描写农民生活和乡间景色的著名田园画派。

浪漫主义画派

19世纪初资产阶级民主革命时期兴起于法国的艺术流派。先驱者为画家藉里柯。他们主张摆脱学院派和古典主义的束缚，提倡批判与继承古代绘画传统，充分发挥艺术家自己的想象和创作激情。作品多取材于现实生活、中世纪的传说及莎士比亚、但丁、歌德、拜伦等的文学名著。

印象画派

19世纪下半叶在法国兴起的一个重要画派。代表画家有莫奈、毕沙罗、西斯莱、德加和雷诺阿等。1874年举办第一次画展时，莫奈的油画《日出·印象》遭到批评家的猛烈抨击，画家们索性以"印象画派"命名。他们反对学院派的陈腐观念和画风，主张到大自然中去，在阳光下直接作画，注重光色的瞬息变化，反对宗教神话主题内容和毫无生机的灰褐色调。

原始画派

19世纪末20世纪初法国画坛的一个流派。他们的绘画作品具有原始艺术的稚拙趣味，力求单纯、朴素、简洁而富于幻想。他们本不是正式的画家组织，因为共同特征是大真朴拙、自然天成，所以被称为"原始画派"。代表画家有亨利·卢梭等。

新印象画派

即点彩画派，又称分色主义。19世纪末产生于法国，是从印象派的光与色彩的原理中发展而来的。创始人为修拉，他创造出一种不必在画板上调色，只用各种色点密密麻麻地点在画布上，作用于观赏者的视网膜而形成丰富的色彩效果的方法。点彩画派把绘画发展为形式主义的机械游戏，丧失了绘画的表现性，活动时间较短。修拉的继承者有西涅克、克罗斯等。

后期印象画派

以塞尚、凡·高和高更为代表的改造印象画派创作方法所形成的画派。他们虽然在印象派用色的基础上进行了革新，但仍然觉得印象派对自然的描绘过于客观。他们强调根据自己的主观感受去进行再创造，赋予客观物象以强烈的主观色彩，不必注重光感表现，但要描绘出客体的内在结构，使之富有体积感和装饰效果。这些主张对后来的野兽派和表现派有很大影响。

拉斐尔前派

19世纪出现于英国的绘画流派。他们认为真正的艺术存在于拉斐尔之前，发扬文艺复兴全盛期之前的艺术才能挽救已趋于穷途末路的英国绘画。反对学院派的陈规陋习，主张直接研究大自然，强调绘画的宗教道德教育作用，反对艺术的矫揉造作。画风审慎而细致，色调清新而柔和，但部分作品流露出忧郁情绪，反映了现代工业文明给人带来的精神困惑。代表画家有亨特、罗赛蒂、密莱司和布因·琼斯等。

野兽派

20世纪初在法国产生的一个重要画派。主要特点是反对欧洲传统的写实画法，强调画家的个人主观意识，提倡根据画家的主观感受自由地运用色彩，完全不受客观对象色彩关系的束缚。以强烈的色彩、狂野的笔触和扭曲的形象为本质特征。代表画家有马蒂斯、弗拉芒克等。影响了后来的德国表现派。

巴黎画派

产生于20世纪第一次和第二次世界大战之间的法国巴黎的绘画流派。帕斯桑、莫迪里亚尼、夏加尔、基斯林、藤田嗣治、郁特里罗等是巴黎画派的代表。他们之间并没有共同的画风和题材，在艺术上各具一格。他们刻苦追求，注意写实，作品具有浓厚的抒情性，力图通过绘画抒发思乡、贫困和忧愁等内心感受。

立体派

又叫立体主义。1907-1914年出现在法国画坛的一个现代艺术流派。他们把一切物体形象都简化为几何形体，然后加以主观的安排组合，使物体立体结构都能同时表现在画面上，完全不受任何时间空间和正常视线的限制。富有理念，强调从不同视角进行观察、理解而展现形象。许多作品非常抽象，已不再呈现为客观形象，而只表现了某种观念。代

《亚威农少女》毕加索　西班牙

这是毕加索的第一幅立体派绘画杰作，创作于1907年。画中少女变形的脸是画家探索伊比利亚人和非洲黑人雕塑的结果。画面中间的两个少女仍然是普通的形象，而左边少女的脸带有悲剧性的美感，躯体则坚硬冰冷，如同画面边缘用来切开瓜果的刀子一般邪恶、可怕。画面右侧的少女深刻地反映了毕加索对非洲和伊比利亚雕塑艺术中的变形和扭曲手法的迷恋，形象极端丑陋。这种将现实人物加以扭曲变形，从而反映出画家内心情感的艺术手法简直是摄人心魄。

表画家有毕加索和布拉克。

抽象艺术

1910 年开始流行于西方国家的现代美术流派。这一流派抛弃客观世界的具体形象和生活内容，在画面上作几何形体的组合或色彩和线条的挥洒。画面杂乱，是客观形象的变形，或与作者内心情感有某种契合，表现怪诞。代表画家有俄国的康定斯基、马勒维奇，荷兰的蒙德里安和美国的波洛克等。

超现实主义画派

第一次世界大战后在法国兴起的美术流派。由法国达达主义诗人昂特莱、布洛东所创。借鉴了主观唯心主义、直觉主义和精神分析学说。反对一切现实的艺术规律，把表现人类潜意识的梦境、幻觉、性爱本能和生死矛盾等，作为艺术创作的内容。表现形式都带有象征、寓意和暗示的意味。这个画派在第二次世界大战后流传到美国，推动了美国抽象表现主义的形成。代表画家有米罗、达利、马逊、恩斯特等。

超前卫艺术

20 世纪 80 年代初在意大利画坛崛起的一个新流派，并波及欧洲其他各国。它以意义的体现、创作和欣赏的趣味为主。他们认为对观念的过分迷恋，使绘画变得晦涩难懂，主张让绘画仍旧回到画布上去，回到人的自我感受中去。他们不回避传统也不排斥任何过去风格的再运用。

激浪派

正式形成于 1961—1962 年间，成员散布世界各地。他们的目的是冲破规范美术的追求，极力打破艺术与生活的界限。作品形式极不规范，多是一些行为过程，可以是即兴的书写、摄影、演讲，乃至直接的表演，颇具禅宗精神和东方色彩。激浪派的主要成员是约瑟夫·博伊于斯和沃尔夫·优斯泰尔等。

八、外国美术家

波提切利（1445—1510 年）

意大利文艺复兴时期的杰出画家。佛罗伦萨人。作品大都以神话或古代英雄人物为题材，作品细腻精巧，造型秀逸典雅，色彩明丽，线条富有节奏感。主要作品有《维纳斯的诞生》《春》等。

达·芬奇（1452—1519 年）

意大利文艺复兴时期最杰出的画家、科学家、工程师。他在艺术与科学上都有很深的造诣，把科学知识和艺术想象有机地结合起来，并在数学、解剖、透视和造型的各种实验和研究中，形成系统理论，应用于绘画。对欧洲绘画的发展影响很大。主要著作有《绘画论》，绘画作品以《最后的晚餐》和《蒙娜丽莎》最为著名，为世人所称道。

丢勒（1471—1528 年）

德国文艺复兴时期杰出的油画家、版画家、雕塑家和建筑家。青年时期倾向宗教改革运动。作品洋溢着人文主义思想，研究透视学和人体解剖学，著有《人体比例研究》4 卷。代表作品有木刻组画《启示录》《忧郁》《四使徒》等。

米开朗琪罗（1475—1564 年）

意大利文艺复兴时期杰出的雕塑家、画家、建筑师和诗人。青年时期是一个洋溢着爱国热情的民主政治的拥护者。他曾以顽强不屈的精神在西斯廷教堂 800 平方米的天花板上连续工作 4 年，完成

《最后的审判》米开朗琪罗 意大利

《最后的审判》面积达 200 平方米，耗时 6 年。米开朗琪罗只用一个助手就完成了这样一幅鸿篇巨制。画中的人物充满超人的力量，表现了丰富的运动，并充满戏剧性。

了题为《创世记》的巨型天顶画，震惊艺术界。他所塑造的人物气魄宏伟，体态健美，具有坚强意志与力量。主要作品还有壁画《最后的审判》，雕塑《摩西》《奴隶》和《大卫》等。

乔尔乔内（1477—1510 年）

意大利文艺复兴时期威尼斯派画家。出身于农民家庭，曾师从乔凡尼·贝里尼学画。其作品构图新颖，造型柔和，色彩丰富，层次鲜明。他对提香和后代画家都有较大影响。作品有《入睡的维纳斯》《劳拉像》《暴风雨》《三个博士》等。

拉斐尔（1483—1520 年）

意大利文艺复兴时期杰出的画家、建筑师。生于乌尔宾诺。师从勃鲁其诺学画，在艺术上吸取了达·芬奇的技法和 15 世纪意大利的绘画精华，逐渐形成了构图圆润和谐、人物形象温顺柔情的艺术特点，特别善于用世俗的方法去处理和描绘宗教题材。1520 年春，在绘制巨型画幅《圣母升天》时发高烧死去，年仅 37 岁。代表作有《带金莺的圣母》《花园中的圣母》《雅典学派》《教义之争》《西斯廷圣母》等。

提香（1490—1576 年）

意大利文艺复兴时期威尼斯派著名画家，作品有《天上的爱和人间的爱》《纳税钱》《花神》《乌尔比诺的维纳斯》等。内容多以神话和宗教传说为主，但表现的都是人世间的生活和爱憎情感。清新典雅，富有诗的情趣，对后世影响深远。

卡拉瓦乔（1573—1610 年）

意大利现实主义画家。擅长用强光黑影突出主要物体。早期多作风俗画，后期转为以宗教画为主，但仍带有浓厚的世俗气。他主张艺术要表现个性，反映生活，极力反对学院派，对 17 世纪欧洲现实主义绘画的发展有较大的影响。作品有《圣马太与天使》《赌徒》等。

鲁本斯（1577—1640 年）

佛兰德斯画家，巴洛克艺术的代表者。曾在意大利研究文艺复兴时期绘画和 17 世纪绘画的表现技法。作品具有运动感和旺盛的生命力，以及富丽堂皇的装饰性和戏剧性等风格特点，对欧洲绘画的发展有重大影响。代表作有《亚马孙之战》《劫夺吕西普斯的女儿们》《农民的舞蹈》等。

伦勃朗（1606—1669 年）

荷兰杰出的现实主义画家。他的肖像画特别注重人物内心世界的刻画，善于用聚光和透视阴影突出主题，并运用细致的笔法表现质感。他的作品有许多以《圣经》和希腊神话为题材，同时也有不少作品表现城市贫民、流浪者和农民的形象。他留下了 600 幅油画、350 幅蚀刻画和 1500 张素描。代表作有《蒂尔普教授的解剖课》《夜巡》《戴金盔的男子》《丹娜伊》等。

大卫（1748—1825 年）

法国古典主义画派的代表人物和旗手。早期作品多以历史英雄人物为题材，认为艺术作品应有不可推卸的社会责任。他的画造型准确，技法精细。代表作品有《马拉之死》《荷拉斯兄弟的宣誓》《加冕》等。

德拉克洛瓦（1798—1863 年）

法国杰出的浪漫主义画家，有"浪漫主义的狮子"之称。他的作品多以现实生活和历史故事为题材，构图大胆，色彩绚烂，重视对人物的情感和内心世界的刻画。留下各种作品 9000 多件。主要代表作品有《但丁的小舟》《自由引导人民》《阿尔及尔妇女》《希阿岛的屠杀》等。

米勒（1814—1875 年）

法国著名现实主义画家，巴比松画派卓越代表。他的许多作品歌颂了农民的劳动生活和淳朴性格，揭露了剥削制度的残酷。作品画风质朴、凝重，富有抒情气氛。代表作有《牧羊女》《晚钟》《扶锄的人》《拾穗者》等。

塞尚（1839—1906 年）

法国画家，后期印象派的代表人物。力图借助色彩的配合，而不依赖明暗效果去表现物体的内部结构。造型粗犷，色彩明快，表现出独特的风格。其创作实践和理论成为立体画派的变革依据。他开启了西方现代绘画之风，被称为"现代绘画之父"。作品有《酒神宴舞》等。

莫奈（1840—1916 年）

法国著名画家，印象画派的创始人之一。曾长期探索光、色与空气的表现效果，捕捉瞬间的感受，并由此创造了"色彩并置法"。代表作有《日出·印象》《睡莲》等。

罗丹（1840—1917 年）

法国杰出雕塑家。深受多那太罗和米开朗琪罗的影响，确立了现实主义的创作方法。他先学绘画后攻雕塑，对欧洲近代雕塑的发展有很大影响。代表作有《思想者》《吻》《加莱义民》《巴尔扎克像》等。著有《艺术论》，是他创作经验和理论的总结。

高更（1848—1903 年）

法国画家，后期印象派成员。善于用泼辣的线条和强烈的色块创作具有东方色彩和装饰味道的绘画，对后来法国的野兽派和象征派有很大的影响。代表作有《我们来自何方？我们是什么？我们走向何方》等。

凡·高（1853—1890 年）

荷兰著名画家，后期印象派的代表人物。他以跳跃式的线条、强烈明亮的色调，以及凸起的色块表达主观感受和澎湃的激

《向日葵》凡·高

情，对后来的野兽派和表现派的发展影响深远。代表作有《向日葵》《自画像》《星光灿烂》等。

马蒂斯（1869—1954年）

法国著名画家，野兽派的代表人物。善于以单纯的线描和色块的组合，形成具有装饰感的画面效果，造型生动夸张。作品有《舞蹈》《宫女》。

毕加索（1881—1973年）

西班牙杰出画家，法国现代画派的主要代表。画风多变，不断求新。有时倾向于原始艺术或写实主义创作，有时又追求形式上的奇异或浪漫主义氛围。对现代艺术的发展有着非常重要的影响。他留下的各类美术作品达数万件之多。作为艺术革新家而载入世界艺术史册。作品有《弹曼陀林的姑娘》《人生》《拿烟斗的男孩》《格尔尼卡》等。

达利（1904—1989年）

西班牙画家，超现实主义绘画大师。20世纪艺术史上最富盛誉的艺术家之一。致力于梦境幻想的描绘，开辟了绘画表现的新领域。代表作有《记忆的永恒》《内战的预感》《安达鲁小狗》等。

摄影艺术

现实主义摄影

摄影艺术的主要流派之一。强调摄影作品要尊重摄影艺术的本质特点，按照事物的本来面貌来反映生活；反对虚假矫饰，反对对其他艺术的模仿抄袭。在不同的历史时期，可分为自然主义摄影、纯粹派摄影、写实派摄影等类别。

浪漫主义摄影

摄影艺术的主要流派之一。强调运用一切方法和手段来创造摄影者心目中的理想境界，追求"永恒性"的主题和典雅、含蓄的古典格调。在不同的历史时期，又分为绘画主义摄影、印象派摄影、抽象派摄影、超现实主义摄影等。题材多为自然风光、室内景物及人物等，具有浪漫色彩。

绘画主义摄影

也称画意摄影。产生于19世纪中叶的最早的摄影艺术流派。照片画面崇尚古典主义，追求绘画效果，强调作品的情感、意境和形式之美，造型和构图含蓄、典雅。题材多选用圣经故事及历史事件。曾推动早期摄影技术、技巧的发展和成熟。

印象派摄影

摄影艺术流派之一。产生于19世纪80年代。主张回归到自然界和质朴的田园生活中寻找创作灵感。着眼于对摄影者刹那间印象的描绘，深刻而生动地表达出人的肉眼在观察中感受到的自然景物的效果。题材上主要拍摄纯粹的自然风光或人物肖像。具有调子沉郁，影纹粗糙，富有装饰性，但缺乏空间感等特点。

写实派摄影

摄影艺术流派之一。又称纪实主义摄影，是摄影艺术中基本的、主要的流派。强调摄影的纪实特性，追求真、善、美，认为摄影应具有与自然本身相同的忠实性。创作题材大都取于社会生活，较少涉足风光静物等纯美一类的范畴。

艺术风格质朴无华，但具有强烈的见证性和揭示力量。

自然主义摄影

摄影艺术流派之一。产生于19世纪80年代。反对摄影上的虚假、矫饰的作风，主张重视现实，回归自然，并使摄影艺术脱离绘画，成为一门独立的艺术。题材大都是自然风光和社会生活。

纯粹派摄影

摄影艺术流派之一。产生于20世纪初。主张用纯净的摄影技术去追求摄影所独具的美感效果。强调准确、直接、精微和自然地表现被摄对象的光、色、线、形、纹、质等方面，精细地描绘客观景物，体现摄影艺术独特的表现能力和艺术韵味。

新现实主义摄影

摄影艺术流派之一。产生于20世纪20年代。反对逢迎的肖像照和其他一切虚伪的作品，并摒弃形式主义的抽象化创作方法。采用小光圈，用高敏锐度的特写照片，充分表现对象的固有形态、细微部分和表面质感。拍摄题材多是日常事物或社会生活、自然风光。

堪的派摄影

摄影艺术流派之一。兴起于第一次世界大战后。主张尊重摄影自身特性，在真实、自然、不干涉对象的情况下，提倡抓取自然状态下被摄对象的瞬间情态。题材多为社会现实生活。

超现实主义摄影

摄影艺术流派之一。兴起于20世纪30年代。认为照相机是进行"创造性幻想"的工具，主张冲破和超越现实，打

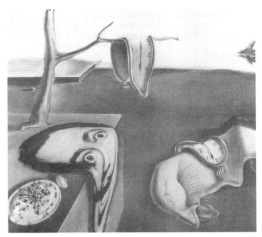

超现实的达利（1952年）

这张照片是在达利1931年的名画《持续的记忆》的基础上制作的，只是把一只耷拉在桌面上的表改为了达利变形的肖像。画面上的景物光怪陆离，而且钟表全都柔软得像面饼一样，充分体现了超现实主义摄影的风格。

乱原型，用主观想象的荒诞不经的形象，表现人的潜在意识。摄影上常采用奇异的摄影视点、怪诞的光线效果、中途曝光、叠放、剪贴等手法，表现人类的下意识活动、偶然的灵感、心理变态及梦境等。

抽象派摄影

摄影艺术流派之一。也称抽象摄影。兴起于第一次世界大战后。主张冲破机械性的束缚，通过表现奇幻的景物来反映人类最有本质力量的潜意识世界。以色块、线条、光影作为画面的基本要素，以各种特技和暗室加工为主要创作手法。

主观主义摄影

摄影艺术流派之一。产生于第二次世界大战后。蔑视一切已有的艺术法则和审美标准，主张摄影艺术的终极应是揭示摄影家自身的某些朦胧意念和表现不可言传的内心状态。在创作手法上，利用镜头的

透视特性，把被摄体从现实中"移"到画面上去；利用近摄手段清晰而又强烈地表现物体的某一细部形态；运用暗室技法或曝光手段调换时空位置等。

建筑园林

一、中国古建筑艺术

长安城

唐朝都城。全国的政治、宗教中心，亚洲各国经济文化交流中心。建筑宏伟富丽。城北当中是宫城和皇城。城内街道整齐、树木成行，两边有排水沟。宫城东北的大明宫含元殿，是城内最宏伟的建筑。皇城南边的朱雀大街，把南城分为东西两半。城内住宅区和商业区以"坊"和"市"分开，设许多旅店、货栈和茶肆。唐都长安商业十分繁荣，来自各地的少数民族和亚洲各国人聚居于此，使之成为一座国际性的大都市。

太和殿

俗称"金銮殿"。北京故宫中最大的一个殿。明清两代帝王即位、节日庆典或朝会大典处。明永乐十八年（1420年）建，嘉靖时改名皇极殿，清顺治二年（1645年）始称太和殿。建于三层汉白玉台基上，殿高35米，东西长64米，南北宽33米，面积2377平方米。全殿内外立有大柱84根，为全国最大的木结构大殿。

天坛

为明清两代皇帝祭天、祈祷丰年的场所。位于北京市区东南隅永定门内东侧。建于明永乐十八年（1420年）。坛内古柏参天，气氛肃穆，建筑造型优美。分北坛与南坛两大部分，南坛有圆丘坛、皇穹宇，北坛有祈年殿等建筑。附属建筑有祈年门、皇乾殿、神库、神厨、宰牲亭等。西南有斋宫。天坛面积约270万平方米，为我国现存最大的祭坛建筑群，是古代建筑艺术的珍贵遗产。

岳阳楼

我国江南三大名楼之一，位于洞庭湖边岳阳市。原为三国时吴将鲁肃训练水军的阅兵台。唐开元四年（716年）始建。上下分为3层，高19米余。上为盔顶，檐角高翘，有凌空欲飞之势。楼侧有三醉亭、仙梅亭。北宋庆历四年春（1044年）重修岳阳楼，范仲淹以"先天下之忧而忧，后天下之乐而乐"的千古名句使岳阳楼声名大振。

赵州桥

原名安济桥。位于今河北省赵县。建于隋朝，是现存世界上最古老的石拱桥。桥长52.58米，宽9.6米，桥上有3股道，中间走车马，两侧行人。采取单孔弧拱形式，桥拱净跨度为30.37米，大拱两端的上方各有两个小拱，用以减轻桥基压力。遇到洪水又可增加排水量，减弱激流对桥身的冲击。桥侧栏板刻着龙形花纹，古朴美观。赵州桥是不可多得的艺术品，历经沧桑而不堕，堪称世界奇迹。

佛宫寺释迦塔

即"应县木塔"。是我国现存最古老、最高大的木结构塔式建筑。始建于辽代清宁二年（1056年）。塔顶为八角攒尖形，五层六檐，底层为重檐，顶部有铁刹。塔内明层均有佛像。每层之内均使用内外两圈木柱支撑梁架，组成复梁式结构。在塔内发现有辽代写经、刻经和木版套色绢质佛画等文物，对研究辽代的政治、经济、文化、宗教等都有重要价值。

殿堂

中国古代建筑群中的主体建筑，包括殿和堂两类建筑形式。"堂"字出现较早，原意是相对内室而言，指建筑物前部对外敞开的部分。"殿"字出现较晚，原意是后部高起的物貌，用于建筑物，表示其形体高大，地位显著。作为单体建筑，殿和堂都可分为台阶、屋身、屋顶。殿一般位于宫室、庙宇、皇家园林等建筑的中心或中轴线上，其平面多为矩形，也有方形、圆形、工字形等。殿的空间构件的尺度往往较大，装饰做法比较讲究。堂一般作为府邸、衙署、宅院、园林中的主体建筑，其平面形式多样，体量比较适中，结构做法和装饰材料等也比较简洁，且往往表现出更多的地方特征。

亭

一种开敞的小型建筑物，多用竹、木、石等材料建成。平面一般为圆形、方形、六角形、八角形、扇形等，常设在园林中和风景名胜处。供游客眺望、观赏和休息。设在路边的称凉亭、长亭。此外，尚有井亭、碑亭等。

楼阁

中国古代建筑中的多层建筑物。楼是指重屋，阁是指下部架空、底层高悬的建筑。阁一般平面近方形，两层，在

平遥古城楼

建筑组群中居主要位置。楼则狭长，在建筑组群中常居于次要位置。中国古代楼阁多为木结构，有多种构架形式。

廊

屋檐下的过道或独立有顶的通道，如走廊、廊庑、游廊等。

二、中国园林艺术

园林

一种模仿自然山水风景，将山石、湖水、植物与建筑物综合起来的建筑艺术。其精华所在是利用有限的面积创造出无限的空间以及丰富的景观。通过采取曲折而自由的布局，用景物划分景区与空间，以及借景和巧妙穿插等造园手法，将具有浓厚民族风格的亭、台、楼、阁、榭、轩、馆、桥与自然的花木、湖水、山石融于一处，组成一幅幅富有意境和审美情趣的画面。北京颐和园、苏州拙政园等堪称典范。

中山陵

民主革命家孙中山的陵寝。位于南京紫金山南坡。1929年建成。占地130公顷，其主体建筑牌坊、陵门、碑亭、祭堂、墓室等布置在一条中轴线上。从牌坊至墓室的水平距离约700米，上下高差70余米。整个主体建筑沿着南山山坡而上，由分为8段290级的台阶和顶端祭堂所构成。高处鸟瞰其平面形象犹如一座巨大的中国古钟，象征警钟长鸣，唤起民众。

颐和园

我国现存最大的古典园林。位于北京市西郊，面积近300公顷，原为皇帝行宫花园。光绪十四年（1888年）重建后，改名颐和园。全园分万寿山与昆明湖两大部分。万寿山有排云殿、佛香阁、智慧海等建筑。昆明湖湖上及四周则有石舫、十七孔桥、知春亭、凤凰墩等。园内湖山亭阁错落有致，相映成趣，景色宜人，是国家重点文物保护单位。

圆明园

位于北京市西郊。为环绕福海的圆明、万春、长春三园的总称。始建于清康熙四十八年（1709年）。园内有亭台楼阁140余处，著名的有勤政殿、安佑宫、文源阁等48景。咸丰十年（1860年）毁于英法联军之手。现仅存部分断壁残垣。

拙政园

苏州四大名园之一。位于苏州市娄门内。大部分建筑临水。最初为唐代陆龟蒙的住宅，清同治年间改为奉直会馆，名为拙政园。园内有景观30多处。主要建筑有见山楼、远香堂、玲珑馆、鸳鸯厅等。设计精巧，结构紧凑，小巧的亭

拙政园小飞虹

楼伴以湖光水影，美不胜收。

三、世界古建筑

巴比伦城

古代两河流域的最大城市，巴比伦王国的首都。位于今伊拉克巴格达南88千米处。始建于公元前30世纪，曾进行大规模的重建。占地1万公顷，是当时世界上最大的城市。用花木覆盖在高台上建造的空中花园，为世界七大奇观之一。公元前539年波斯国王居鲁士攻占巴比伦，巴比伦遂成为波斯帝国最富裕的行省中心。公元前331年亚历山大大帝征服巴比伦，巴比伦也开始了希腊化。后逐渐衰落，2世纪时化为废墟。

古罗马斗兽场

又称角斗场。建于70-80年弗拉维王朝，是奴隶主和无业游民观看奴隶角斗的场地。整个建筑呈椭圆形，立面高48米，长轴188米，短轴156米，中央是椭圆形的表演区，四周是观众席，可容纳8万人左右。由于它的形制结构较为合理完善，因此在体育建筑中其基本形制一直沿用至今。

哥特式建筑

12–16 世纪初期，出现于欧洲的一种建筑样式及其附属的雕刻、绘画与工艺风格。线条明快的尖拱券、造型秀劲的小尖塔、轻盈通透的飞扶拱、修长的立柱或簇柱的运用，以及彩片玻璃镶嵌的花窗，给人造成一种飞动向上和天国神圣之感，反映了基督教盛行时期的时代观念。其代表建筑有法国的巴黎圣母院、意大利的米兰教堂。

巴黎圣母院

法国著名的天主教堂，建于 1163 年。平面宽约 47 米，深约 125 米，可容纳 9000 余人。其正面塔楼高约 68 米，屋顶正中的尖塔高 90 多米。教堂正立面中心是用彩色玻璃镶成的玫瑰花窗，下

巴黎圣母院
位于塞纳河中心的城岛上，是一座法国哥特式的雄伟建筑，它的出名不仅仅是因为雨果的著名小说《巴黎圣母院》，更因为它是巴黎最古老、最大和建筑史上最出色的天主教堂。

侧有一排《旧约全书》中的国王雕像。底层三座尖拱形大门中有《最后审判》浮雕和圣母子浮雕。整座建筑辉煌壮丽、高耸挺拔，是欧洲早期哥特式建筑与雕刻的代表。

罗曼式建筑

10–12 世纪欧洲基督教地区流行的一种建筑风格，多见于修道院和教堂。罗曼式建筑采用古罗马建筑的一些传统做法，如半圆拱、十字拱等，有时也用简化的古典柱式和细部装饰。经过长期的演变，逐渐用拱顶取代初期基督教堂的木结构屋顶，对罗马的拱券技术不断进行试验和发展，采用扶垛以平衡沉重拱顶的横推力，后又逐渐用骨架券代替厚拱顶。平面仍为拉丁十字。出于圣像、圣物膜拜的需要，在东端增设若干小礼拜室，平面形式渐趋复杂。罗曼式建筑的典型特征是：墙体巨大而厚实，墙面用连列小券，门窗洞口用同心多层小圆券，以减少沉重感，西面有一两座钟楼，中厅大小柱有韵律地交叉布置。窗口窄小，在较大的内部空间造成阴暗神秘气氛。罗曼式建筑的著名代表是意大利比萨主教堂建筑群。

埃菲尔铁塔

法国巴黎的著名建筑。位于塞纳河南岸马尔斯广场。1887 年为庆祝法国大革命一百周年和在巴黎举行的国际博览会而设计建筑。塔为铁结构，重 9000 吨，原高 300 米，1959 年装上电视天线后为 320 米。塔上设有高 57 米、115 米和 276 米的平台，可供公众游览，俯视巴黎市容。在第四层平台设有气象站。顶部为巴黎电视中心。1930 年以前为世界上最高的建筑物。

体 育

一、田径

田径运动

体育运动的一种。包括竞走、跑、跳跃、投掷和全能运动5个部分。分为径赛、田赛、田径全能运动3个类别。田径运动是从人们生活和生产技能中发展起来的具有自身特点的竞技性活动，对于发展自身速度、灵敏度、力量、耐力等方面都起到了良好作用。

国际业余田径联合会

简称国际田联。国际性的田径体育组织。1912年7月17日在瑞典首都斯德哥尔摩成立，总部设在英国伦敦。以保护国际业余田径运动的权益，在各协会之间建立友好诚挚的合作关系，在会员协会之间不允许有任何种族、宗教、政治和其他形式的歧视为宗旨。最高权力机构是代表大会，该组织负责举办世界杯田径赛和世界田径锦标赛。

世界田径锦标赛

简称田径世锦赛。由国际业余田径联合会主办的国际性田径比赛。以各国或地区协会为单位参赛。赛期为每届奥运会后第三年。赛程8天，中间休息1天。比赛项目有男24项、女16项。从1983年开始举行。

田赛

田径运动中跳跃和投掷项目的统称。跳跃项目包括跳高、跳远、三级跳远、撑竿跳高，投掷项目包括掷标枪、掷铁饼、推铅球、掷链球等。成绩以厘米为计算单位。

跳远

田赛项目之一。技术动作由助跑、起跳、腾空和落地这紧密衔接的4个部分组成。获得水平速度的助跑和获得垂直速度的起跳是跳远中至关重要的两部分。起跳又分为蹲踞式、挺身式和走步式3种。

跳高

田赛项目之一。技术动作可分为助跑、起跳、过竿与落地4个部分。俯卧式和背越式是比较先进的两种跳高姿势。

铅球

田赛项目之一。起源于14世纪中叶的欧洲。分男、女项目。比赛用的男子铅球直径为11～13厘米，重7.26千克；女子铅球直径为9.5～11厘米，重4千克。成绩的测量以厘米为计算单位。基本技术由持球、预备姿势、滑步、用力推出、维持身体平衡5个动作组成。

链球

田赛运动中唯一用双手持握器械进行投掷的运动项目。起源于中世纪的苏格兰。现代链球重7.26千克，由球体、链子和把手三部分组成。球体不得少于6.8千克，直径为10.2～12厘米；链球从把手内侧至球体远端的全长为117.5～121.5厘米。一般采用双扣锁式握法，由握持、抢摆、旋转、用力掷出、维持身体平衡5个动作组成。

铁饼

田赛项目之一。在投掷圈内通过身体旋转用单手将铁饼掷出。铁饼为圆盘形，中间厚，周围薄，用金属和木料制成。男子铁饼重2千克，直径22厘米；

女子铁饼重 1 千克，直径 18 厘米。采用背向大半径旋转掷出。其基本技术由持饼、预摆、旋转、用力掷出、维持身体平衡 5 个动作组成。

标枪

田赛项目之一。标枪为长杆形流线休，带有金属枪头，中段有缠线把手。男子标枪重 800 克，长 260 ~ 270 厘米；女子标枪重 600 克，长 220 ~ 230 厘米。比赛时，每人先轮流试掷 3 次，选出成绩较优的运动员若干名再试掷 3 次，取其 6 次中最佳成绩判定名次。其基本技术由持枪、助跑、引枪、交叉步、用力投出、维持身体平衡 6 个动作组成。

径赛

田径运动中在跑道和公路上举行的运动项目，包括竞走和赛跑。按规定距离比赛，有时也按规定时间定时比赛。竞走有场地和公路等区别。赛跑有短距离、中距离、长距离、超长距离、跨栏、接力、障碍和越野跑等。成绩以时间计算。

短跑

径赛项目之一。全程技术包括起跑、起跑后的加速跑、途中跑和终点冲刺。短跑的起跑采用蹲踞式，并使用起跑器。现代奥运会中男、女 100 米、200 米和 400 米属于短跑。

中长跑

径赛项目之一。是中距离跑和长距离跑的合称。奥运会正式田径比赛项目中规定 1500 米和 800 米属中跑；女子 3000 米，男、女 10000 米和 5000 米属长跑。全程技术分为起跑、加速跑、途中跑和终点冲刺几个部分。

跨栏跑

径赛项目之一。在快速奔跑中，连续跨过规定数量和高度的栏架的短距离跑项目。起源于英国。比赛时不能进入他人跑道而且必须跨完全部栏架。正式比赛中，男子为 110 米、400 米栏；女子为 100 米、400 米栏。比赛全程均为 10 个栏架。

障碍赛跑

径赛项目之一。指在不分道赛跑的情况下，依次跨过按规定距离设置的一定数量栏架和水池等障碍物的赛跑。全程为 3000 米，需 35 次越过高 0.911 ~ 0.917 米、宽 3.96 米、重 80 ~ 100 千克的栏架。7 次跨越或脚蹬栏顶跳过长宽各 3.66 米的水池。

接力

径赛项目之一。由若干运动员组成接力队，每人跑完一定距离后将接力棒或接力带传递给同伴，相互配合跑完全程的集体径赛项目。19 世纪末期出现。目前，径赛上设有：男、女 4×100 米、4×400 米、4×800 米、男子 4×1500 米和距离不等的马拉松分段接力赛。技术包括赛跑技术和传接棒技术。最后的成绩以时间计算。

马拉松比赛

径赛项目之一。田径运动中在公路上进行超长距离赛跑的项目。起源于古希腊。全程 42.195 千米。因各地举行这项比赛的客观条件相差较大，所以没有世界纪录，只公布最高成绩。比赛虽然在公路上进行，但起点及终点都设在田径场内。

越野赛

径赛项目之一。在野外进行的超长

距离赛跑。起点和终点设在田径场内，比赛沿环形路线进行，途中须用红、白旗帜指示方向，并用箭头标明距离。有男子成年组 12 千米、女子成年组 6 千米、男子青年组 8 千米、女子青年组 4 千米等项目。

竞走

径赛项目之一。速度比普通走步快，比跑步慢，平均步长 110 厘米左右，步频为每分钟 200 步左右。竞走时两脚必须与地面轮换接触，不能有腾空阶段。现代竞走技术中的鲜明特点是骨盆沿身体纵轴的前后转动。这种转动可以增加步长，使动作自然简练。

二、球类

篮球

用球向悬在高处的目标进行投准比赛的球类运动。篮球是 1891 年由美国体育教师史密斯博士创造的。1936 年第 11 届奥运会将男子篮球列为比赛项目，并统一了世界篮球竞赛规则。女子篮球于 1976 年第 21 届奥运会上被列为比赛项目。现代世界篮球强队集中在美洲和欧洲。

中国著名篮球运动员姚明

排球

球类运动的一种。比赛用球重 250 ～ 280 克，皮制，内装橡皮胆，圆周 65 ～ 67 厘米。球场长 18 米，宽 9 米，中间有横隔球网。比赛分两队，每队 6 人，运用各种发球、垫球、传球、扣球、拦网等技术和战术，相互攻守。比赛采用每球得分制。正式比赛多采用五局三胜制。

网球

球类运动的一种。球重 56.7 ～ 58.4 克，白色或黄色，以橡皮为核心，外层包有毛质纤维，富有弹性。球场长 23.77 米，单打场宽 8.23 米，双打场宽 10.97 米，中间有横隔球网。场地有草地、沙地、泥地等数种。比赛时，运动员用球拍击球。分男、女团体，男、女单打，男、女双打及混合双打七种。男子多采用五盘三胜制，女子则为三盘二胜制。

沙滩排球

球类运动的一种。场地要求边线外 5 米、端线外 4 米内无障碍物；细沙的深度至少 0.3 米，界线用宽 5 ～ 8 厘米的深蓝缎带构成。正式比赛的人数为每方两人制，其他比赛有女子四人制，男女混合两人、三人、四人制。比赛又可分为一局制和三局两胜制。

手球

是综合篮球和足球的特点而发展起来的一种用手打球、以球攻入对方球门得分的球类运动。男子用球重 425 ～ 475 克，圆周 58 ～ 60 厘米；女子和少年用球重 325 ～ 400 克，圆周为 54 ～ 56 厘米。比赛分 7 人制和 11 人制。场地长 40 米，宽 20 米。球门高 2 米，宽 3 米，门

柱横断面为 8 厘米 ×8 厘米。比赛时间
为 60 分钟。

羽毛球

球类运动的一种。球用软木托插
14 ~ 16 根羽毛制成。球场长 13.40 米，
单打场宽 5.18 米，双打场宽 6.10 米，中
间横隔球网。比赛分男女团体、男女单
打、男女双打及男女混合双打 7 种。比
赛时，运动员用球拍将球在空中来往拍
击，有高球、杀球、吊球、搓球、勾球、
推球等技术动作。多采用三局二胜制，
在室内外均可进行。

水球

球类运动的一种。男子比赛场地长
30 米，宽 20 米，水深 1.80 米以上；女
子比赛场地长 25 米，宽 17 米。比赛时
间每场 28 分钟，分 4 节进行。每节比赛
开始前，或任何一方得分后，都可替换
队员。运动员在比赛中穿水球裤或游泳
裤，戴水球帽。

冰球

球类运动的一种。比赛场地长
56 ~ 61 米，宽 26 ~ 30 米。双方各 6 人，
分为守门员、左后卫、右后卫、左前锋、
中锋、右前锋。每场比赛 60 分钟，分 3
局进行。规定每射中 1 球得 1 分，得分
多者为胜。基本技术可分为滑冰技术和
攻防技术。

乒乓球

球类运动的一种。分为男女团体、
男女单打、男女双打及男女混双 7 种。
球用赛璐珞或塑料制成，重 2.7 克，直径
为 40 毫米，色白或橙黄。球场长 14 米、
宽 7 米以上。球台长 274 厘米，宽 152.5
厘米，高 76 厘米；中间横隔球网，长

183 厘米，高 15.25 厘米。比赛时，运动
员手持球拍用挡、抽、削、搓、拉等技
法击球。球须在台上反弹一次后才能还
击过网，以落在对方台面上为有效。

曲棍球

球类运动的一种。球重 156 ~ 163
克，用麻线缠绕软木制成，表面以皮革
缝合，色白。球场长 91.49 米，宽 55 米，
两端中央设有球门。比赛分两队，各 11
人。分上下半时，共 70 分钟。每人手持
1 米长的曲棍击球，以射入对方球门次数
多者为胜。

高尔夫球

球类运动的一种。比赛分个人和
团体两种。球重 45.93 克，用橡皮筋为
芯，外包白色坚硬合成材料，富有弹
性。标准球场长 5943.6 ~ 6400.8 米，
面积约 60 公顷，设有 18 个穴。用木或
金属曲棍击球，以击数少而入洞穴次数
多者为胜。

足球

球类运动的一种。比赛用球重
396 ~ 453 克，皮制，内装橡皮胆，圆
周 68 ~ 71 厘米。球场长 90 ~ 120 米，
宽 45 ~ 60 米，两端中央设有球门。比
赛分两队，每队的 11 人分别担任守门
员、后卫、前卫、前锋等。除守门员在
规定区域内可以用手外，其他运动员用
足踢球或用头顶。比赛分上下半时，共
90 分钟。以将球射入对方球门次数多者
为胜。

台球

球类运动的一种。台盘分落袋台盘
和四角台盘两种。枪棒用硬木制成，球
用坚韧物质制成，比赛时以枪棒在台盘

上击球。按用球数量不同分落袋台球、彩色台球和四球台球 3 种。3 种台球竞赛规则和计分方法各不相同。

棒球

球类运动的一种。为男子比赛项目。球重 141.75 ~ 148.84 克，用橡皮或软木为芯，球面用白色马皮或牛皮制成。球场呈直角扇形，由内场和外场两部分组成。内场又设有 1、2、3、本共 4 垒。比赛分攻守两队各 9 人。攻队队员在本垒依次用棒击守队投来的球，并乘机跑垒，能安全回至本垒者得 1 分。守队队员戴手套接球，并将球传到垒上，迫使或触杀跑垒者出局。有 3 人出局，即攻守换位。两队轮攻 1 次为 1 局，比赛 9 局，以积分多者为胜。

橄榄球

球类运动的一种。分英式和美式两种。球呈橄榄状用皮革制成，内装橡皮胆。比赛时，球可足踢、手传，也可抱住奔跑。对对方持球队员可采用各种抓、摔、抱，以及合理冲撞等方法，阻止其前进。

橄榄球赛

垒球

球类运动的一种。为女子比赛项目。球重 177.19 ~ 198.45 克，其制作材料比

棒球软。球场呈直角扇形，由内场和外场两部分组成。内场设有一垒、二垒、三垒和本垒共 4 个垒位。一般分 7 局进行，其他规则与棒球竞赛相似。

三、水上运动

游泳运动

运用头、躯干及四肢的动作在水中游进的运动。包括竞技游泳、花样游泳和实用游泳等。标准泳池长 50 米，宽 21 米，水深 1.80 米以上，水温 26℃。池内设 8 条泳道，中间隔以各色浮标连成的分道线。出发台设在泳道中央，前缘高出水面 50 ~ 75 厘米，台面面积至少为 50 厘米 × 50 厘米。

自由泳

竞技游泳项目之一。可以使用任何姿势参加比赛，因爬泳速度最快，所以在自由泳比赛中普遍使用爬泳参加比赛。因而人们习惯于把自由泳等同于爬泳。

爬泳

竞技游泳项目之一。是竞技游泳中速度最快的一种游式。游时身体平伏于水面，通过两臂轮流由前向后划水与两臂举出水面前伸的动作重复交替；两腿伸直交替上下打水，来推动身体前进。头部朝侧面转动吸气。腿、臂、呼吸动作多采用 6∶2∶1 的配合方式。

仰泳

竞技游泳项目之一。身体平躺在水中，头部和肩稍高出水面，在快速游进时两肩和胸部露出水面。两臂轮流划水，整个划水路线由深到浅再到较深，呈 S 形。两腿则上下交替踢水，向上时用大腿带动小腿，形成脚面的最后拍打动作。

向下时是直腿下压，当一腿下压时，另一腿又开始向上动作。

蛙泳

竞技游泳项目之一。身体俯卧水中，两臂伸直向两侧分开，向后屈臂加速划水，接着使两手在胸前会合向前伸出；两腿由两侧向后呈半弧形加速蹬，而后伸直、并拢、回收。一般采用蹬腿1次、划臂1次、呼吸1次的配合方法。

蝶泳

竞技游泳项目之一。游时，两臂入水向外分开，手心转向侧外，然后转向侧下进行划水，保持高肘姿势，再由前向后、由外向里划水，划至腹下时肘关节弯曲程度要达到最大，接着向后向外推水结束臂的划水动作；同时两腿并拢进行波浪形的上下打水。在游进时身体呈波浪形是现代蝶泳的技术特点之一。

花样游泳

女子竞技游泳项目之一。又名"水上芭蕾"。比赛设单人、双人、集体3个项目。每项都包括规定动作、技术自选和自由自选动作。规定动作由大会统一制定，技术自选和自由自选动

花样游泳

作均有时间限制。名次由三者得分总和来决定。

跳水

水上运动项目之一。分竞技跳水和非竞技跳水两类。前者包括跳板跳水和跳台跳水两种。后者包括教学跳水、实用跳水等多种。比赛时，运动员需选择直体、屈体、抱膝、翻腾、转体等跳水姿势做出规定动作和自选动作，以两种动作得分的总和决定名次。

跳板跳水

跳水项目之一。分为走板起跳和立足起跳。走板和起跳是技术基础。目前大多采用5步走板。从跳板后半部开始的走板技术，是进入充分走板和保持身体平衡的保证。它与立足起跳一道，都需要臂、髋、膝、踝各关节协同动作，以便与跳板振动节奏相吻合。

跳台跳水

跳水项目之一。以较快的速度助跑，不需要高的跨跳步，允许采用单脚起跳，在跳的过程中多了一组臂立跳水动作。做臂立动作时，两手与肩同宽，抓住跳台前沿，采用单腿摆起成臂立，或以双腿屈体慢起成臂立。要求身体保持稳定平衡，以完成各种跳水动作。

冲浪运动

水上运动项目之一。采用腹板、跪板或充气的橡皮垫、划艇、皮艇等驾驭海浪的一项运动。冲浪板长1.5~2.7米，宽约60厘米，厚7~10厘米，重11~26千克，板轻而平，前后两端稍窄小，后下方有起稳定作用的尾鳍。当海浪推动冲浪板滑动时，运动员使冲浪板保持在浪峰的前面并站起来，

两腿前后自然开立，两膝微屈，随波浪快速滑行。

皮划艇

水上运动项目之一。艇用胶合板或玻璃钢制成，状如独木舟。有单人、双人、四人艇数种。艇身短，划桨时，运动员一腿跪立，一腿屈膝，用单叶桨在固定的舷侧划行。有 500 米、1000 米、10000 米等比赛项目。比赛在航道内进行，以艇首抵达终点的先后决定名次。

帆板

水上运动项目之一。帆板长 3.65 米，宽 0.65 米，由板体、帆杆、三角帆和桅杆组成。运动员站立于板体上操纵帆杆，通过变换帆与板体重心的相对位置，借助风力滑行。分单人、双人和多人比赛。比赛项目有长距离赛、三角绕标赛、自由滑比赛等。

帆船

水上运动项目之一。是利用桅帆借助风力推动船只前进的运动。分龙骨艇、稳向板艇和多体艇 3 类。有 5.5 米型、龙型、星型、飞行荷兰人型、芬兰人型等多种船型。比赛时，在开阔的海面上采用短距离三角绕标航行，直线航程为 28 千米。每次比赛取七轮中的六轮最好成绩之和来决定名次。

四、体操

体操

体育运动的一种。按练习形式分为徒手和利用器械两类。按体育任务又分锻炼性、竞技性、表演性等。内容丰富，动作多样，姿态优美，具有美感和观赏性。

竞技体操

体育运动项目之一。是一种专门的体育比赛运动，简称体操。分男子六项和女子四项。男子六项为跳马、吊环、单杠、双杠、鞍马、自由体操；女子四项为跳马、高低杠、平衡木、自由体操。

艺术体操

女子体操项目之一。包括器械和徒手两种。其特点是以音乐为伴奏，徒手或手持轻器械轻松自如、优美流畅地完成各种身体动作和轻器械动作，充分体现出自然、和谐、韵律等女性独有的健美与优雅气质。

自由体操

体操运动项目之一。场地为面积 12 米 × 12 米的专用地板。男子自由体操由平衡、用力、静止等徒手体操动作和跳跃、屈身起、手翻、空翻等技巧动作组成。女子自由体操由各种方向的手翻、滚翻、空翻等技巧动作和各种转体、跨跳、走、跑、站、坐、卧等体操动作组成，比赛有音乐伴奏。时间为男子 50 秒～1 分 10 秒，女子 1 分 10 秒～1 分 30 秒。

吊环

男子体操运动项目之一。吊环是横切面直径为 2.8 厘米、内径为 20 厘米的木制环，用钢索悬挂在高 580 厘米的立架上。基本动作有摆动、屈伸、转肩、回环和静止用力等，通过两臂的分开和夹拢来完成比赛。静止姿势要求停 2 秒钟。运动员完成包括用力慢起和摆动两种倒立的全套动作时，吊环应尽量保持静止，不能摆荡。

鞍马

男子体操运动项目之一。鞍马长 160

男子鞍马是现代竞技体操里的项目。

厘米，固定有两个鞍马环，鞍马环的上沿离地面120厘米，两环相距40～45厘米。比赛动作包括两臂交替支撑的各种单腿摆越，正、反交叉，单、双腿全旋和各种位移转体动作。

单杠

男子体操运动项目之一。单杠由直径2.8厘米、长240厘米的弹性钢制成，高255厘米，用钢索固定在两根立柱上。基本动作包括摆动、屈伸、回环、转体、腾越、空翻等。比赛的成套动作必须全部由各种摆动动作组成，不能停顿。

双杠

男子体操运动项目之一。双杠由四根立柱架设两根平行的木制横杠制成，高175厘米，长350厘米，两杠距离为38～64厘米。比赛的成套动作包括由各种支撑、悬垂来完成的屈伸、倒立、回环、转体、腾越、空翻，以及各种用力动作和静止动作。其中，以摆动和腾空为主要动作。

高低杠

女子体操运动项目之一。高杠高230厘米，低杠高150厘米，长度均为240厘米，两端用钢索牵引。高低杠动作是在悬垂或支撑中进行各种屈伸、回环、

摆越、换握、转体、倒立、腾越和空翻等动作。但在一个杠上最多只能连续做4个动作。

平衡木

女子体操运动项目之一。平衡木长500厘米，宽10厘米，高120厘米。以平衡、走、跑、跳步、转体、倒立、滚翻、手翻、空翻等动作为主。动作完成的规定时间为1分10秒～1分30秒。

跳马

竞技体操项目之一。跳马使用的器械长160厘米，宽35厘米。男子用的高135厘米，纵向跳越，故称"纵跳马"；女子用的高120厘米，横向跳越，故称"横跳马"。基本动作以助跑、踏跳、手推马身、转体、翻转等动作为主，包括空中沿纵轴转体、横轴翻转等。

五、冰雪项目

速度滑冰

简称"速滑"。起源于西欧和北欧，是以冰刀为工具在冰上进行的一种竞速运动。比赛一般在椭圆形冰场上进行，分短距离、中距离、全能等几种。有男女500米、1000米、1500米，男子5000、10000米，女子3000米等项目。

花样滑冰

一项将体育与艺术紧密结合的冰上运动项目。运动员穿着特制的带有冰刀的鞋在音乐的伴奏下，在冰面上滑出各种曲线、步法，做出跳跃、旋转和舞蹈等动作。比赛有单人花样滑冰、双人花样滑冰、冰上舞蹈等项目。

冰球

在冰上进行的集体运动项目。两队各6人分前锋3人、后卫2人、守门员1人。运动员脚穿冰鞋，手持球杆，在冰场上滑行，同时运球、传球、射门。以用冰球杆将球射入对方球门次数多者为胜。

滑雪运动

冬季运动的一类。是一项借助于滑雪板和其他器具在雪地上滑行的运动。比赛项目有越野滑雪、高山滑雪、跳台滑雪、花样滑雪、现代冬季两项、雪橇运动等。

高山滑雪

滑雪运动项目之一。以滑雪板和滑雪杖为工具在山坡专设线路上快速回转、

高山滑雪

滑降。分为男、女速降，回转障碍下，大回转障碍下，超级大回转障碍下以及两项全能等10个独立的项目。

越野滑雪

滑雪运动项目之一。以滑雪板和滑雪杖为工具，在起伏的山地沿规定的路线进行的一种雪上竞赛项目。男子有10千米、15千米、30千米、50千米和4×10千米团体接力赛；女子有5千米、10千米、15千米、30千米和4×5千米团体接力赛。

跳台滑雪

冬季奥运会的比赛项目之一。是以特制滑雪板为工具，沿着跳台的倾斜助滑道急速下滑，借助速度及弹跳力使身体跃入空中并保持数秒钟的雪上竞赛项目。目前，跳台滑雪比赛项目有标准台、大跳台、团体赛3种。

现代冬季两项

是越野滑雪和射击相结合的一种滑雪运动项目。使用5.6毫米小口径步枪。分成年男子组、成年女子组和青年男子组、青年女子组进行比赛。其中，男子20千米、10千米、4×7.5千米接力，女子15千米、7.5千米和4×7.5千米接力成为冬季奥运会项目。

六、棋牌类

国际象棋

棋类竞技项目之一。棋盘为正方形，黑白相间，纵横各8格。分黑白两方各16子，即一王、一后、双车、双象、双马和八兵。执白棋一方先走，双方轮流走棋，一方王被吃掉为负，也可成和棋。根据国际象棋棋手在各种比赛中取得的成绩，可评为国际特级大师、国际大师、国内大师等。

中国象棋

棋类竞技项目之一。由棋盘和32枚棋子组成。棋盘由9道直线和10道横线形成90个交叉点。棋盘中间的地方叫作"河界"。画有斜交叉线的地方，叫作"九宫"。分为黑红两方，每方棋子有将（帅）1个，车、马、炮、相（象）、士各2个，兵（卒）各5个。对局时执红棋一方先走，双方轮流走棋，以吃掉对方的

"将"为胜，或走成和局。

围棋

棋类竞技项目之一。棋盘面由纵横19道线交叉，形成361个交叉点。棋子共360枚，分黑白两色。执黑子方先下，随后双方轮流下一子。通过做眼、点眼、围、劫、断、逼等多种技巧吃子并占有空位，将实有空位和子数相加，以超过规定子数为胜。

五子棋

棋类竞技项目之一，亦称"连珠"。棋盘纵横15路，分黑白两种棋子：黑子113枚，白子112枚。黑白轮流下子，以先将五子连成一线者为胜。

桥牌

牌类竞技项目之一。使用扑克牌52张（除去正副百搭），分黑桃、红心、方块、草花4种花色，每种花色牌的大小按A、K、Q、J、10、9、8、7、6、5、4、3、2的顺序排列。由4名牌手分成两方对抗，每个牌手得13张。出牌时每人均应按照首先出牌人所出的花色跟牌，出最大一张牌的牌手赢得这一墩。每副牌有13墩，以赢得墩数多者为胜。

七、武术

武术

中国传统体育项目。指徒手或操持各种器械，按一定的套路做出技击动作的运动项目。包括拳术、器械以及单练、对练和集体表演几大类。具有健身和学习武艺双重作用。

刀术

武术竞技项目之一。其主要特点是凶猛神速，杀伤力强。包括单刀、双刀、大刀3个种类。单刀是一手持刀，一手随刀法变化做各种配合动作；双刀为双手各持一刀，左右配合；大刀为双手舞一柄大刀，可与其他兵器对练。

枪术

武术竞技项目之一。主要动作为拦、拿、扎。枪术除单练之外，也可与其他武器对练，如大刀对枪、剑对枪、三节棍对枪等。

剑术

武术竞技项目之一。讲究动静、虚实以及身法、手法、步法的配合协调。剑术包括单剑、双剑、长穗剑、短穗剑等项目，有单练、对练、集体练三种形式。

棍术

武术竞技项目之一。其特点为刚劲神速，招式多变，且运动范围大。有三节棍、大梢子棍、小梢子棍等种类。

长拳

武术拳种之一。指出手伸腿皆以放长击远为特征，是一种动作舒展、刚柔相济的拳派类别。包括查拳、红拳、花拳、六合拳、少林拳等。

南拳

武术拳种之一。中国南方各地流行的拳术统称。其特点为动作紧凑，擅长短打，步法稳固，重心较低，拳势刚猛，常以发声吐气助长劲力。南拳器械训练有棍、刀、叉、铜、斧等。既可单练，又可对练。

太极拳

武术拳种之一。吸取前人各名家拳

术流派之所长，以古代阴阳学说为理论基础创编而成。基本动作为掤、捋、挤、按、捌、采、肘、靠"八法"和进步、退步、左顾、右盼、中定"五步"，故又被称为"十三势"。

少林拳

著名武术拳派之一。包括拳术、散打、气功、器械等几方面，器械中以棍法著称。其拳法套路紧凑、攻防严密、招式多变，具有先发制人、以刚克柔、以动制静的特征。可作健身、防身之用。

空手道

日本的一种拳术，是手脚并用的一种格斗技术。进攻者称攻手，防御者称受手。比赛时攻手须在触及对方前的一瞬间停止，不准直接击中对方身体，否则判为犯规。每场2分钟，动作正确而有效得1分，即为胜利。分为个人赛和团体赛两种。

散手

亦称抢手、散打。武术运动形式之一。是由两人运用武术技击法制胜对方的徒手相搏运动。比赛者身着护具，使用踢、打、摔等技术，以击中或击倒对方获得点数。比赛分三个回合，以得点数多者为胜。

摔跤

两人进行徒手较量、力求把对方摔倒的一项竞技运动。国际上列为正式比赛项目的有古典式摔跤、自由式摔跤和柔道。古典式摔跤，只准用手抱对方腰以上部位，不准用脚绊或踢钩。凡能使对方两肩同时着地，并保持1秒钟者即为胜利。自由式摔跤比赛时手和脚可并用，凡能使对方两肩同时着地者为胜。

柔道

竞技运动项目之一。明末清初中国人陈元赟在日本创建柔术。1964年第18届奥运会上被列为正式比赛项目。运动员赤足，着柔道服，在14～16米见方的场地上把对手摔倒或使对手背着地为胜；也可拿住对手肘关节或绞住对手颈动脉而迫使对手认输。比赛时间为3～20分钟。比赛分男女，各按不同体重分为8个级别。

八、其他项目

举重

使用规定方式和方法举起重物的运动。现代举重比赛使用标准杠铃，举重方式有抓举、挺举等。整个动作在边长为4米的正方形举重台上完成。运动员按体重分10个级别。

射箭

竞技运动的一类。选手借助弓的弹力将箭射出，比赛射击准确度或射程的运动。现代国际射箭比赛有射准、射远、室内、野外、环靶射箭比赛等多种。多数以在不同距离内射中箭靶的环数计算成绩。

击剑

竞技运动的一类。运动员穿戴击剑服装和护具，在击剑场上以一手持剑互相刺击，击中对方身体有效部位多者为胜。可在规则许可的范围内运用各种战术。比赛项目包括男子花剑、重剑、佩剑和女子花剑。均有个人赛和团体赛。团体赛为每队4人的队际相遇赛。

花剑

击剑运动项目之一。剑长1.10米，

重不超过 500 克，由剑柄、剑身和护手盘组成。分男女两项，有个人赛和团体赛两种。比赛时，只准刺对方躯干等有效部位，不可劈打。

佩剑

击剑运动项目之一。剑长不超过 1.05 米，剑身长度不超过 0.88 米，重量不超过 500 克。比赛时，既可以刺又可以劈打，运动员腰部以上均为有效部位。由 5 名裁判员进行裁判。

重剑

击剑运动项目之一。全长不超过 1.10 米，剑身长度不超过 0.90 米，重量不超过 770 克。运动员在比赛时只准刺，不准劈打。全身均为有效部位。

拳击

竞技项目之一。比赛在 6 米见方的台上进行。运动员双手戴拳击手套，按一定的姿势、步法和拳法，互相击打对方自眉、耳以下的脸部和身体正面的各个部位。以击打次数、击倒与否或防守技术高低等作为决定胜负的评分标准。分业余和职业两种。职业比赛至多为 15 个回合。业余比赛每场为 5 个回合。

马术

驾驭马匹或马车的竞技性运动。国际马联举行的世界性比赛项目有盛装舞步赛、超越障碍赛、3 日赛和 4 轮马车赛。其他国际比赛尚有各种规格的马赛。

中国古代（尤其唐代）即有马戏与马术活动。现今，主要有具有民族特色的马上游戏，如叼羊、姑娘追等。

登山运动

体育运动的一类。有金字塔形兵站

攀岩运动是一项向自然极限挑战的运动。

式登山、阿尔卑斯式登山、技术登山和攀岩等活动方式。其中攀岩活动流行较快。专业运动员须具有坚强的意志、体质和一定的技术，在严寒和缺氧的情况下，攀登至山的顶峰。中国登山运动员已多次登上世界第一高峰珠穆朗玛峰。

摩托艇运动

用摩托艇作为运动工具而进行的一种水上竞技运动。摩托艇运动是一项水上综合性的技术活动，要求运动员熟悉并适应水上生活，具有航海基本知识、驾驶船艇和使用小型高速发动机的技术。竞赛摩托艇以其发动机的安装形式可分为发动机挂在尾板上的舷外艇和发动机安装在艇内的舷内艇；以发动机的技术要求可分为竞速艇和运动艇；以航行水域可分为内陆水域航行艇和近海航行艇。

汽车运动

使用汽车在公路和野外比赛速度、

驾驶技术和车辆性能的一种运动项目。19世纪80年代，在欧洲大陆出现了汽车的雏形。汽车运动也随之发展而兴起。汽车比赛不断推动各国汽车工业改进技术，而汽车工业的发展又推动汽车性能的不断提高。汽车比赛始终围绕交通车和专门特制赛车这两大类车种发展。目前国际上比较统一的有下列各项比赛：环形公路竞速赛、创纪录赛、多日赛（又称拉力赛）、卡丁车赛。

摩托车运动

借助于摩托车从事训练和比赛的运动项目。摩托车具有体积小、速度快、机动性强、越野性好、操纵简便等特点。摩托车竞赛既是运动员驾驶技术的比赛，又是各种新型摩托车的较量。摩托车产品质量也通过竞赛不断改进。而优质赛车又促进驾驶技术水平的不断提高。摩托车运动已经成为世界各国大力开展的一个运动项目。

航空运动

利用飞行器或其他器械在空中进行的一项体育运动。它是伴随着飞行器的诞生和发展而开展起来的。国际上普遍开展的航空运动项目有飞行运动、航空运动。

跳伞

利用降落伞从高空跳下的一项体育运动。跳伞可以从正在飞行的各种飞行器上跳下，也可以从固定在高处的器械、陡峭的山顶或高地上跳下。它能培养人们勇敢、机智、沉着、果断的品质，被称为"勇敢者的运动"。跳伞运动按载人器具分为伞塔跳伞、氢气球跳伞和飞机跳伞。跳伞作为一项航空运动，在世界许多国家已普遍开展。国际航空运动联合会把跳伞列为竞赛项目和创纪录项目。

九、人物

顾拜旦（1863—1937年）

法国教育家，现代奥林匹克运动创始人。主张从竞技游戏开始改革教育，进而改造社会。建议举行世界性体育比赛，倡议恢复奥运会。1889年组织成立法兰西竞技协会。1894年在巴黎成立由12个国家参加的国际奥林匹克委员会，任秘书长，并亲自设计奥委会会徽、会旗。1896年第1届现代奥运会在雅典举行，同年接替希腊人维凯拉斯任国际奥委会主席。1925—1937年任名誉主席。顾拜旦著有《运动心理学理论》《竞技运动教育学》等，开拓了运动心理学领域的研究。

欧文斯（1913—1980年）

美国男子短跑运动员。15岁时就在短跑方面表现出惊人的才能。19岁时在中学生运动会上平了100码（1码=0.9144米）跑世界纪录。1935年在安阿伯举行的大学生运动会上，先后破5项平1项世界纪录。其中8.13米跳远的世界纪录保持了25年之久。1936年在第11届奥运会上，他夺得100米、200米、4×100米接力赛跑和跳远4枚金牌。1955年任美国国务院负责体育的大使级官员。1980年被欧美各报评为20世纪最佳运动员之一。国际业余田径协会设立了以他的姓氏命名的欧文斯奖，每年颁发给为当代田径运动做出杰出贡献的优秀运动员。

萨马兰奇（1920—2010年）

原国际奥林匹克委员会主席。西班

牙巴塞罗那人。毕业于巴塞罗那高级商务研究院。他喜爱射击、曲棍球、帆船、高尔夫球、拳击、足球和骑马等体育运动。1966 年开始任国际奥委会委员，1967—1971 年任西班牙奥林匹克委员会主席。1968—1975 年及 1979 年以后任国际奥委会礼仪委员会主席；1970—1978 年及 1979 年任国际奥委会副主席。1980 年 7 月，在国际奥委会第 83 届全体会议上，萨马兰奇当选为国际奥委会主席，直到 2000 年。他为体育走向更广泛的世界领域，为体育的全面发展，为有更多人参加到奥林匹克体育运动中来，做出了突出贡献。

贝利（1940—　）

巴西足球运动员。18 岁时作为国家队成员参加世界杯赛，以半决赛中连进 3 球，决赛中连进 2 球的惊人表现为巴西队夺得了第一个世界杯冠军。1962、1966、1970 年他又三次参加世界杯赛，帮助巴西队获得两次冠军，使巴西队被誉为有史以来最强大的球队。贝利以精湛的球技被誉为足球天才、球王。他在 20 年 的 足球生涯中共参加了 1363 场比赛，射进 1281 个球，其中包括 92 次一场连进 3 球。他的球技、球风在世界上产生很大影响，成为最受尊敬的足

脚下盘球的贝利

球运动员之一。

阿里（1942—　）

美国拳击运动员。原名卡修斯·克莱。1960 年，他获得了奥运会次重量级拳击冠军，在世界拳坛崭露头角。4 年后成为世界重量级拳击冠军。此后在 20 世纪 60 年代保持了常胜不败的纪录。由于他拒绝服兵役参加越南战争，因此被剥夺了所有冠军头衔。1970 年重返拳坛，分别在 1974 年和 1978 年再次获得重量级冠军。阿里一生共获得过 22 次世界冠军，仅失败过 3 次。近些年来，他被帕金森氏病困扰，但仍以坚强的意志从事和平运动，受到世人敬佩。

许海峰（1957—　）

中国男子射击运动员。生于福建漳州。1983 年达到运动健将标准并破一项全国纪录。1984 年入选国家队。他性格内向，自控能力强，枪法稳定。1984 年在第 23 届奥林匹克运动会射击比赛中，以 566 环获自选手枪慢射冠军，实现中国在奥运会史上金牌"零"的突破。在第 6 届亚洲射击锦标赛上又获气手枪冠军。1986 年在亚运会上他一人就为中国赢得 4 枚金牌，并刷新一项世界纪录。1986 年获国际级运动健将称号。1984 年、1987 年获得国家体委颁发的体育运动荣誉奖章。1995 年 2 月，担任国家女子射击队主教练。

格里菲斯·乔伊娜（1959—1998 年）

美国女子田径运动员。1984 年参加洛杉矶奥运会，夺取 200 米跑银牌。1988 年 7 月，在美国奥运会选拔赛上，以 10 秒 49 创造 100 米跑世界纪录，至今无人突破。接着在汉城奥运会上，连

取 100 米、200 米和 4×100 米接力等 4 枚金牌，并 3 次刷新 200 米和 4×100 米接力世界纪录，被誉为"世界第一女飞人"。

刘易斯（1961— ）

美国田径运动员。生于田径世家，擅长短跑、跳远。他 4 次参加奥运会，获取 9 枚金牌；3 次参加世界田径锦标赛，8 次夺冠。还 4 次打破 100 米和 4×100 米世界纪录。其中 1984 年洛杉矶奥运会上，他和欧文斯一样，4 夺金牌，被誉为"欧文斯第二"和"田径超人"。

乔丹（1963— ）

美国男子职业篮球运动员。1984 年作为头号种子选手，进入美国奥林匹克篮球队，率美国队夺得奥运会冠军。同年，加入芝加哥公牛队，成为职业篮球运动员。他弹跳力惊人，有"空中飞人"之称。1988 年成为世界篮球史上在同一赛季中抢篮板球 200 次、盖帽 100 次的唯一选手，并囊括了 NBA 当年颁发的最佳运动员、最佳防守、最佳得分手 3 项

桂冠，成为最有价值球员。1991—1993 年他率领的芝加哥公牛队三次蝉联 NBA 总冠军。1993 年之后两度退役又两次复出。1996—1998 年率公牛队实现了第二个三连冠，蝉联 NBA 总冠军。创造了篮球运动史上的奇迹。

李宁（1963— ）

中国男子体操运动员。生于广西柳州，壮族。8 岁开始练体操。1982 年在第 6 届世界杯体操比赛中一人独得个人全能、自由体操、鞍马、吊环、跳马和单杠 6 枚金牌，获得世界声誉。1984 年在第 23 届洛杉矶奥林匹克运动会上夺得 3 枚金牌、2 枚银牌和 1 枚铜牌。此次大赛他 7 次得满分 10 分，获得"体操王子"的称号。这一年，国际体操联合会公布了以李宁名字命名的两个难新动作"吊环李宁摆上"和"双杠李宁大回环"。17 年的体操生涯中，他 8 次参加世界大赛共获 13 枚金牌，2 次当选世界最佳运动员，5 次荣获国家体育运动荣誉奖章。1988 年退役后从事商业活动，仍热衷于体育事业。

信息 · 技术

电子信息技术

一、信息产业

数字通信

传送离散数字信号的通信方式。其传送的数字信号可以代表数字、文字及各种数据，也可以代表语音、图像等模拟信号。数字通信系统中还必须包括一个同步系统，它保证收发两端的各种信号同步工作。数字通信抵御干扰的能力强，有很高的信息传输可靠性，数字信号便于加密，它使用现代计算机技术进行处理、加工、存储和交换，性能良好且成本低。数字通信正逐步发展成为主要的通信手段。

数据通信网

由数据终端和传输、交换、处理等设备组成的体系，可提高网内各种设备的利用率。它一般是与计算机结合在一起的，计算机通过数据终端和通信网收集有关各点的数据并加以处理，再根据需要把处理后的数据向有关点发送出去。目前，数据通信网向着多层次结构的标准化方向发展。它的另一发展方向是兼容电话、图像、数据等的综合业务数字网。

综合业务数字网

能够把各种信息综合在一起，以统一的数字信号进行传送、交换、处理、存储、检索和显示的智能化通信网。它的优点是经济成本低和适应能力强。这是因为将各种业务合并后进行综合传输和交换，比单独传输和交换经济得多。而且在综合业务数字网中，用户不仅可

以传递电话、电报、数据、图像等信息，还可以向社会各个部门索取所需的各种信息，这将极大地提高通信业务的工作效率，并促使各种通信手段发生根本性的变革。

全球卫星定位系统

一个以太空为基地的导航系统，可以在全球范围内全天候地为海上、陆地、空中的各类用户连续不断地提供高精度的三维位置、三维速度和时间信息，是世界上精度最高的一种太空无线电导航系统。

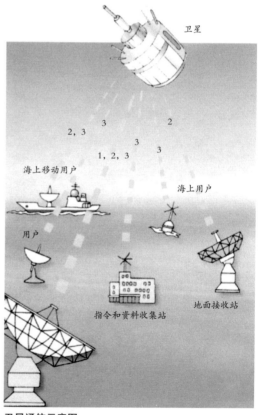

卫星通信示意图

全球信息系统

全球规模的各种信息系统的总称。按应用领域可划分为全球医疗信息系统、全球教育信息系统等。通过这个系统可

以迅速、准确和方便地进行全球信息传送、交换，提高事务处理的效率。

程控交换技术

利用电子计算机技术，以预先编制好的程序来控制接续的电子自动交换技术。它的技术成熟于20世纪70年代的程控数字交换技术，通过硬件和软件相互配合，完成对交换的控制。

该技术的主要特点是系统体积小、接续速度快、杂音小、系统适应性强，便于和各种不同方式的系统配合，还可以组成综合通信网，以交换电话、电报、数据和图像等。系统灵活性大，只需变换或增加相应的程序，就可以改变系统的性能或开展多种新业务，如缩位拨号、呼叫转移、自动回叫等。

频分制多路通信

把一条公共信道可传输的频带分割成若干个较窄频段，每个频段构成一条独立传输信道的通信方式。其基本原理是：在发送端，将各路信息搬移到互不重叠的频带内，然后进行合并，最后由一个信道把它们一起传输出去；在接收端，再将各路信号分开，恢复出原来被传输的各路信号，并从不同的端口输出。频分制多路传输带宽，利用率较高，无须同步，便于传输速变信息信号。

时分制多路通信

多路信号轮流依次使用一条公共信道，从而构成多个周期性的传输信道的通信方式。其基本原理是利用发信端的多路电子开关循环地输出每路这一时刻的采样信号，在收信端，利用同步系统对各路输出进行解调就可以恢复出原始信息信号。其特点是电路较简单，统一

性好，抗噪声能力强，便于和计算机连用，且传输路数多。为了充分发挥频分制和时分制各自的优点，现在多路传输的发展方向之一是将频分制与时分制组合起来应用。

信源编码

信源输出符号的变换或重新编排。其目的是对这些符号加以变换以压缩其长度，使传输时间缩短或可在较小容量的信道中传输。信源编码通过译码可完全恢复原来的信源符号，称之为无失真信源编码。当在允许范围内有一定失真时，称为限失真编码。

信道编码

在通信中，通过增加与待传的信息序列有一定规律的多余码元，来保证在出现错误后能及时发现或纠正错误，即靠牺牲有效性来换取可靠性的一种编码，如纠错码等。

信道容量

信道能无错误传送的最大信息率。对于只有一个信源和一个信宿的单用户信道，它是一个数，单位是比特每秒或比特每符号。它代表每秒或每个信道符号能传送的最大信息量，或者说小于这个数的信息率必能在此信道中无错误地传送。对于多用户信道，当信源和信宿都是两个时，它是平面上的一条封闭线。

长波通信

利用波长在1000～10000米之间的无线电波进行的通信。其优点是传播距离远、穿透土壤和海水的能力较强、受气象变化影响小。其不足是设备较复杂、成本高、通信容量小。长波通信主要应用于地下通信、水下通信和越洋通信等。

超长波通信

利用波长为 10000 ~ 100000 米的无线电波进行的通信。其优点是地波传播距离远、传播稳定可靠（特别是在磁暴、太阳黑子爆发、核爆炸的情况下）、超长波穿透海水和土壤的能力强（一般能穿透海水 15 ~ 30 米深）。其不足是超长波通信需要庞大的发射天线，成本高，频带窄，通信容量小。超长波通信适合于对水下潜艇的通信以及地下通信等。

中波通信

波长在 100 ~ 1000 米之间的无线电通信方式。中波的地波传播距离近，长波则可达较远的距离。中波通信主要用于海洋、航空的无线电通信等。

微波通信

利用波长在 30 厘米以下的无线电波进行的通信。其优点是频带范围宽，通信容量大（所以微波通信一般都是多路通信），微波传播相对稳定。其不足是微波天线有很强的方向性，微波一般只能进行视距内的通信。对于长距离通信，则需采用微波中继站、卫星等工具进行接力的通信方式来完成，即微波中继通信和卫星通信。

移动通信

通信双方或至少有一方处在运动中的通信。移动通信系统包括地面移动通信系统、航海通信系统和航空通信系统。和我们日常生活关系最紧密的是地面移动通信系统，它包括公用移动电话系统、调度系统、寻呼系统、局部专用系统、无绳电话系统等。

移动通信集中了现代通信的最新技术成就，已广泛应用到经济、军事等领

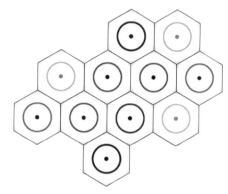

从 20 世纪 80 年代以来，蜂窝电话及相关技术发展非常迅速。蜂窝电话网络将地理区域分成单元区（如上图）。因为蜂窝电话和基站采用的都是低功率发射机，所以相同的频率在互不毗邻的单元区可以重复使用（图中同一颜色表示同一种频率）。起初，所有的信号传送都是相似的（也就是说发射的信号是连续的流或波）。大约从 1990 年起通信服务商开始采用数字技术，它可以将连续波打断，以短进波形式发送出去，数据因此能更快且不被歪曲地传达。

早期的蜂窝电话（手机）大且笨重。1983 年，摩托罗拉公司研制出了第一台真正的商用便携式手机，其重量只有 450 克。在 20 世纪和 21 世纪之交出现的手机重量只有 85 克，而手机业总产值高达 300 亿美元。

域。未来移动通信的基本趋势是采用数字传输，开放多种业务，发展便携电话，实现人—人通信，并利用卫星中继扩大服务范围。

地面站

设置在地球表面用以进行空间通信的设备。通信卫星与地面站的距离远，无线电波在空间传输时损耗大，地面站一般采用大口径天线、大功率发射机和高灵敏度低噪声接收机以及大容量多路通信设备，以便准确地发射或接收信息。

现在由于人造卫星制造技术的成熟，如发射功率增大和采用高增益天线，使地面站有了较大的机动能力，因此也被航空和航海部门用作通信和导航设备。目前，卫星通信地面站的通信业务种类日趋多样。

比特

信息量的单位。比特（bit）是二进制单位（binary unit）或二进制数字（binary digit）的缩写，它代表从一个二进制数组中选出一元（0 或 1）所提供的信息量（若此二元出现的概率相等）。在实际场合，常把每一位二进数字称为一比特，而不论这两个符号出现的概率是否相等。

滤波器

能选择、通过或抑制某频率范围内的信号的器件、装置。滤波器在 1915 年由美国的坎贝尔和德国的华格纳分别独立发明。根据处理信号的形式，滤波器可分为模拟滤波器和数字滤波器。其中，数字滤波器是 20 世纪 60 年代中期出现的。现在可以用集成电路或"软件"方法——在计算机上编程来构成数字滤波器。前者速度快但价格较高，后者速度较低但价格也低。随着微电子学的发展和计算机技术及其辅助设计的普及，滤波器的发展将更加趋向小型化、集成化和数字化。滤波器是信号处理中的重要系统，广泛地应用在通信、广播、电视、雷达及许多仪器和设备中。

可视资料系统

将电视接收机和电话机等结合起来作为用户终端，并通过图像信息中心来实现新型的会话型图像信息业务的通信系统。这个系统最早由英国政府于 1979 年建立，主要服务对象是家庭，用户可利用可视资料系统，坐在家里通过操纵终端设备方便地从图像信息中心检索社会生活中需要的各种可视信息。某些国家的可视资料系统还可以用于销售、贷款以及承担以前只能在银行内办理的业务。目前，人们正在解决可视资料系统与其他远程信息系统互通的技术途径。

微光电视

能在微弱光照明条件下工作的电视系统，也称为低照度电视、月光电视。主要是因为其摄像机带有由 1 ~ 2 节微光管组成的图像放大器，能将微弱的目标图像放大到足够的亮度。不仅如此，微光电视在明亮的光线下也能工作。微光电视还有安装灵活、隐蔽安全等特点。它在军事侦察、野外观察、海洋勘察及工业的暗室作业等方面都有广泛应用。

双向电视

电视台一边向用户传送电视节目，一边还能接收用户的控制信息，使电视台前端和用户之间可以进行双向信息传送的电缆电视系统。它兼有前端至用户的下行信号和用户至前端的上行信号。下行信号传送电视节目或其他信息，上行信息主要有资料查询信息、监测信息、情报业务以及用户水、电、气的消耗量遥测和其他一些数据的遥测等。双向电视系统经过 30 年的发展，它的业务范围仍在不断扩大。

光纤通信系统

利用光波在光导纤维中传输信息的通信系统。该系统中光端机是重要设备，它是把电信号转变为光信号（发送光端机），或把光信号转变为电信号（接收光端机）的设备。

光通过玻璃纤维时的情形

光纤通信现在普遍采用的是数字编码，并

在光纤上进行直接调制与解调的系统。其工作原理是：发送光端机将信号脉冲电流加在激光二极管上，得到相应的光脉冲功率信号输出，此光脉冲经过光纤传输到达接收端，经光端机变为电脉冲，然后恢复为电信号脉冲输出。

海底光纤通信

利用铺设在海底的光缆跨越海洋，在大陆或岛屿之间进行的通信。它利用光纤的特点，实现海底传输线路的数字化、大容量化、经济化。

海底光纤通信和陆地光纤通信的基本原理相同，只是由于光缆敷设在海底，维修困难，因此对光缆、元器件、设备的质量和可靠性要求很高，对施工的质量要求很严。对光缆而言主要是需选用高强度光纤。

光调制

利用机械、电、声、磁等改变光波的振幅、频率、相位、强度和偏振状态等参数，实现信息传输的方法。其中，机械调制速率较低，光电调制和声光调制速率较高。光纤通信中大多采用光电调制。

微电子技术

固体元器件微型化的电子技术。微电子技术的研究对象的特点是：体积小、重量轻、可靠性高、成本低、功能强。其主要领域有：微型电子计算机、集成电路、磁泡、超导器件、机器人等。

微电子技术发端于晶体管的产生，30年来逐步进入普及阶段，深深地影响了我们的工作和生活。许多企业单位都采用了事务计算机、文字处理机、复印机等办公自动化设备。一些工业发达国家正在扩大通信容量，进一步开展电子划账、电子邮政、电视会议等。家庭自动化也是微电子计算机和现代通信技术结合的产物。微型计算机已进入家庭，微处理机已在空调机、洗衣机、微波炉、电冰箱等家用电器上开始使用。

场效应晶体管

利用输入电压的电场作用控制输出电流的一种半导体器件。一般有三个极，即源极、漏极和栅极。因工作时，其内部只有一种载流子参与导电，故又称单极型晶体管。场效应晶体管具有输入阻抗大，噪声小，极限频率高，抗辐射能力强等特点。广泛应用于放大、振荡、开关等电路中。

双极型晶体管

半导体中电子和空穴两种载流子都起导电作用的晶体管。有两种基本结构：PNP型和NPN型。按功率耗散能力大小可分为小功率管、大功率管；按工作频率高低可分为低频管、高频管和微波管。双极型晶体管已广泛应用于广播、电视、通信、雷达、电子计算机等领域。

集成度

在单块晶片上或单个封装中构成的集成电路所包含的最大元件数。集成度用来衡量集成电路规模的大小，相同芯片面积下的集成度表征集成密度的大小。

集成度少于100个元件的集成电路为小规模集成电路；集成元件数在100～1000之间的集成电路为中规模集成电路；集成元件数在1000～100000之间的集成电路为大规模集成电路；10万个元件以上的集成电路为超大规模集成电路。

二、系统工程

系统

由若干个相互联系、相互作用的要素或部分所组成，具有一定结构和功能的有机整体。一个系统可以包含若干个更小的系统，而它自身又从属了更大的系统。系统的形态和类型是多种多样的，可以划分为天然系统和人造系统，实体系统和虚拟系统，动态系统和静态系统等。每个系统都具有整体性、关联性、有序性、动态性和目的性等基本特征。

系统科学

以系统思想为中心的一类新型科学群。它包括系统论、信息论、控制论、耗散结构论、协同论、运筹学、系统工程、信息传播技术以及控制管理技术等众多学科，是 20 世纪中叶以来发展最快的一类大型综合性学科。这些学科分别在不同领域中诞生和发展起来，但相互间紧密联系、互相渗透，在发展中趋于综合和统一，有形成统一学科的趋势。

系统工程

运用系统科学的观点研究、设计、实现、运转复杂系统的一门综合工程技术。系统工程的内容包括系统的调查研究、系统的探索计划、系统的研制计划、系统的开发和系统的跟踪。

系统工程起源于美国。1957 年美国教授正式提出"系统工程"这一名称。目前，包括工程系统、社会系统、经济系统、农业系统、工业系统、科学技术管理系统、环境生态系统、人才开发系统、运输系统的系统工程已运用于各个领域。

系统工程理论本身尚处于发展阶段，尤其是在应用系统及社会系统的研究方面还有待充实。

运筹学

运用数量化、模型化方法实现决策目标最优化的一门数学科学。兴起于 20 世纪 40 年代。主要研究经济、军事、工程活动中能用数学模型定量表示的有关安排、筹划和管理决策等方面的问题。对所研究的问题着眼于长远的总体效益，以实现众多因素之间的最优平衡。

运筹学的应用范围极为广泛，涉及资源分配、选址、排序、服务系统、可靠性、库存、搜索、人口学、冲突与对策、决策、规划、交通运输、市场分析、预测、教育、工农业生产乃至医疗卫生等方面。还可应用于评价航空武器装备系统的效能，作战指挥系统的效能，判定空军的作战能力等。

数学规划

运筹学的一个主要分支。以研究求解变量受约束的极值问题为主要方向的理论和方法。用数学语言表示，数学规划可以表达成求目标函数 $f(X_1, X_2, \cdots, X_n)$ 在规定 $(X_1, X_2, \cdots, X_n)ER$（约束域）的要求之下的极大（或极小）值。若目标函数是变量 $X_1, X_2, \cdots X_n$ 的线性函数，约束域可表示成变量的线性函数，则称此类规划问题为线性规划，若目标函数不只是一个，则称为多目标规划。

多目标规划的研究来源于实践，针对各类现实问题发展了许多算法。尽管至今仍处于发展阶段，但多目标规划的研究越来越受人们的重视。

数学规划广泛应用于航空工业和运输领域。

决策

决策是指人们为一定目的而进行收集信息和发现、选择方案的过程。决策论是用数学或其他现代化手段，研究决策的性质和规律，并指导人们进行决策的一门学科。它以概率和数理统计为理论基础，用统计判定理论做工具，并与对策论相结合发展而成。根据决策者的认识水平和决策能力，决策可分为最优决策和满意决策两大类。

对策论

研究随机情况下如何进行策略选择的一种数学方法，亦称"博弈论"。1921年法国数学家布莱尔首先开始研究在与对抗者或竞争者各自做出决策的情况下，怎样才能使自己得到最有利结果的问题。这是对策论的核心问题。1928年，匈牙利的冯·诺伊曼证明了最小最大原理，建立了对策论的理论基础。1944年冯·诺伊曼和摩根斯特恩合作发表了《对策论与经济行为》，把对策论从对桥牌、象棋格局的研究，发展成为处理经济、社会、心理、政治和军事领域竞争行为的数学理论，建立了分析竞争局势的数学模型，以寻求最优的对抗策略。

冲突分析

以元对策为理论基础，研究对策论与逻辑学相结合的求解冲突问题的方法，亦称"对抗分析"。在建立了冲突问题的数学模型之后，主要依据决策者的偏好，进行逻辑推理和稳定性分析以寻求最佳方案。它是近年发展起来的决策论新分支。第一部专著《冲突分析、模型与求解》已于1984年在荷兰正式出版。由于它对国际争端问题的特殊贡献，已引起了政界和学术界的广泛关注。

排队论

运筹学的一个分支，又称"随机服务系统理论"，主要研究服务系统中排队现象的随机规律。所研究的服务系统有三个基本组成部分：一是输入过程，即顾客到达服务系统的规律；二是排队规则，即为顾客的服务次序；三是服务机构，即为顾客服务的各种人员或设施及服务时间的概率规律。

网络分析

研究网络一般规律及其计算方法的理论，又称"网络理论"或"网络流"。通过把一个工程系统或组织计划问题用网络的形式来描述、分析和计算，使其最优化。网络理论是20世纪50年代在电路理论的研究中蓬勃发展起来的。美国将它应用于北极星导弹潜艇研制的工程管理中，使计划提前两年完成。目前，网络分析已广泛应用于电缆电视网络、计算机网络、航空能源输送、计划管理及其他处理物质流和信息流的系统中。

系统分析

研究在自然环境条件下，受人控制和影响的有目的的运行系统机理的分析技术。系统分析的基本内容是分析建立与系统有关的基本要素，包括系统的目标、可行方案、系统模型、实施系统方

工作人员正在军事指挥中心进行系统分析。

案所需的费用及获得的效果、系统方案的评价准则等。系统分析的目的在于为决策者选择最优系统方案提供科学依据。

系统仿真

研究用模型代替实际系统做实验的理论、方法及其应用的综合性学科，小称"系统模拟"。它以概率和数理统计为基础，对随机系统或解析法不能求解的系统进行分析、实验和预测。力求在实际系统建成之前，得到较好的系统设计方案。为此，必须预测系统在真实环境下的性能和效率。在人为控制的条件下，通过改变特定的参数选择来观察未来系统的各种方案模型的响应，这个过程就是"仿真"。它在现代工业、农业和航空系统工程中有着极其广泛的应用。

系统模型

系统模型是以某种适当的形式对系统本质方面的表达，使之具有与系统相似的数学描述或物理属性。由于系统模型可以经济地收集或传递系统的信息，因而成为设计分析大型复杂动态系统的重要部分，是达到系统目的的手段。建立系统模型的主要原则是模型需真实反映系统原型和主要特征，模型在满足要求的前提下要尽量简易、经济、实用。

系统评估

对系统的性能进行定性与定量的估价过程，其结论是系统决策的主要依据，又称"系统评价"。系统评估的步骤是：首先明确评估目标，然后确定出表示各目标重要程度的评价系数，并计算各评估对象的综合评价值，以此对系统做出全面整体的评价。评价过程既要采用定量计算方法，又要注重定性分析。目前常用的评估方法有优缺点列举法、特尔菲专家评估法、层次分析法、加权加法评分法、连乘评分法、主分量分析法、成本—效益分析法，以及模糊综合评价法等。系统评估方法广泛应用于技术经济分析、方案评估、行业评估等许多方面。

管理决策支持系统

一门正在发展中的主要用在管理领域的科学。可理解为支持和辅助中高层领导人员解决管理中非结构化和半结构化决策问题，具有一定应变能力的人机系统。其基本机理是：用户通过人机界面，输入所需解决的决策问题及其状态、情况等，然后从数据库、知识库、模型库等中得到所需的数据、模型、知识等内容，再进行运算、处理或推理演绎，得到若干个决策方案或若干信息供用户参考，从中择优使用。管理决策支持系统在运行过程中随时受人的控制和干预。由于涉及的问题领域很大，边界不十分清楚，因此增加了开发的困难性。智能化的管理决策支持系统（IDSS）仍是当前研究的热门课题。

高新技术

一、基础知识

高技术

"高技术产业"或"高技术产品"的代称。在美国，高技术产业有一个标准，研究与开发经费占产品销售总额的比例和科技人员占全部雇员的比例等项指标超过传统制造业一倍以上的产业，称为高技术

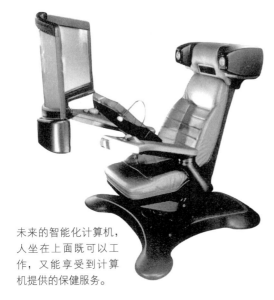

未来的智能化计算机，人坐在上面既可以工作，又能享受到计算机提供的保健服务。

产业。它具有高增长率、高利润、高风险率、高变化率、高知识水平等特点。

据此，下列 10 个部门属于高技术产业：导弹和航天器、电子和电信、飞机及其部件、办公室自动化、军械及附件、药物和药品、无机化学品、专业和科学仪器、发动机和部件、塑料及橡胶和合成纤维。

在当今世界上，高技术的发展水平，已经成为衡量一个国家综合国力的主要标志。

知识密集型产业

需要投入较多高级复杂劳动，即需要较多科技人员综合运用先进的现代科学技术的产业，也称为"技术密集型产业"。其特点是：附加价值高，资源、能源消耗少，科技人员的数量和研究开发投资额增大，产品更新换代快等。

软技术

在软科学基础上发展起来的，适应现代大科学、大生产的需要而产生的综合智能技术，具有综合性、可变性和智能性的特征，如协调技术、决策技术、预测技术。

产业革命

亦称"工业革命"。产业革命一般狭义地指从以手工技术为基础的资本主义工场手工业过渡到机器大工业的资本主义工厂制度的变革过程。

广义的产业革命，指一切历史阶段上发生的生产体系、组织结构和经济结构的跃变。一般认为，广义的产业革命包括第二次工业革命和新技术革命推动下的产业变革，它们都会引起整个社会的全面变革，带来经济、政治、社会、文化和生活方式的巨大变化。

新技术革命

发端于 20 世纪 40 年代，以原子能、空间技术和电子计算机等新技术的广泛应用为主要标志的技术革命。

新技术革命涉及的主要技术领域是：信息技术（含微电子技术）、新能源技术、新材料技术、生物技术、空间技术和海洋技术。主要特点是技术科学化、技术群体化、技术智能化和高技术化。

信息革命

20 世纪在信息技术，包括信息产生、传递、处理等技术上发生的革命性事件，信息革命是新技术革命到来的主要标志。其技术基础是传感技术、微电子技术、通信技术和计算机技术的产生和发展。它的主导作用表现在：信息技术应用的广泛性、信息技术与其他技术的相关性，各种新兴技术都是以信息技术为基础或是为信息技术的需要发展起来的。信息技术的发展，使人类的劳动方式发生了革命性的变化，开创了人类智力解放的新纪元。

第三次浪潮

这个概念最初由美国社会学家阿尔温·托夫勒提出，他指出人类文明已经历了两次浪潮。第一次浪潮是历时几千年的"农业阶段"；第二次浪潮是历时300年的"工业阶段"。目前，我们正面临着第三次浪潮的冲击。这次浪潮可能只需几十年就能完成。

托夫勒把电子与计算机工业、航天工业、海洋工程、生物工程列为第三次浪潮的四大骨干产业，其中最重要的是电子与计算机工业。这些产业的生产特点将转变为小型化、分散化和多样化。

知识产业

生产知识和提供知识服务的产业。其特点是产品具有高度的知识性、信息性、探索性、创造性和继承性，因而被称为"第四产业"。新技术革命的出现导致知识产业的迅速发展。为了便于研究，人们把知识产业分为教育、研究与开发、通信媒体、信息机械、信息服务五类，其中教育产业和信息产业将有广阔的发展前景。

信息技术

利用机器处理和传送信息。包括电脑在内的多种电子和电信设备都是用来处理和传送信息的。收集、处理和储存信息称为数据处理。例如商店可利用数据处理电脑来算账。

信息产业

从事信息的生产、检测、传输、加工和利用等活动的总称。一般认为，信息产业包括计算机产业、信息处理产业以及其他产业三大类。计算机产业又分为计算机制造业和计算机销售业，信息处理业又分为软件业、信息处理服务业和信息提供服务业。其他产业则包括设备管理业、成套设备业和附加价值通信业。

软件产业

从事知识密集型计算机软件的研究、开发、生产、销售、维护、管理和其他服务的产业。软件产业是信息处理产业最核心的部分。科学家们为规定软件产业形成与否建立了一个客观标准，即软件成果产品化，软件开发工程化，软件经营企业化，软件服务工业化。特点是产品的附加价值非常大，产出投入比大大超过传统产业，而且对周围环境污染小。

"尤里卡"计划

尤里卡（Eureca）的全称是"欧洲研究协调机构"。它是法、德等西欧国家于1985年提出的高科技发展计划。该计划强调信息技术、生产技术和生命科学是欧洲技术复兴的三大关键领域。并提出了欧洲计算机、欧洲机器人、欧洲通信、欧洲生物和欧洲材料五项计划。"尤里卡"计划的显著特点是军民两用高科技计划，并强调科技成果转化成现实的生产力。其研究开发的核心是信息技术和自动化技术。

超高压

几千个大气压以上的压强。产生超高压的方法有动态法和静态法，前者利用爆炸、碰撞、火花放电等方法；后者在特制容器中，用机械挤压等方法。人们利用超高压条件下物质的物理、化学性质的显著变化，来制造和合成某些具有特殊性质的物质，如石墨变为金刚石。

超导技术

超导技术分为超导强磁技术和超导弱磁技术。超导强磁技术是指可以用强电流在范围很大的空间取得一个稳定强磁场，而只消耗微小的电力，这是常规技术所无法实现的。超导弱磁技术是基于超导弱链的约瑟夫森效应发展起来的，是超导技术应用的一个重要方面。

超导电力储存

就是利用超导体无电阻、不能做热功的特点，把超导体制成线圈，在其中引入电流，把电能就磁场形式无损耗地储存起来。超导磁体可得到很高的电流密度和磁通密度，因而可达到极高的能量密度。可用来调节电力系统在不同用电时间内的负荷差异，以充分发挥发电设备的潜力。

超导磁悬浮列车

超导磁悬浮列车的设想是由美国人最早提出的，后被日本首先开发与应用。超导磁悬浮列车是根据超导体的完全抗磁性来设计建造的。其原理与一超导体可以悬浮于另一通电的导体上相似。超导列车的速度可以超过轮行列车的速度极限，时速达 500 千米 / 小时以上，并具有高速、平稳、无噪声、安全等特点。

由于低温的作用，超级冷却的超导体使磁铁在其周围"飘浮"，这就是磁悬浮现象。超级冷却的材料也可以产生蒸汽，如图中显示的一样。

超导电机

安装有超导磁体的电机。与常规电机相比，超导电机有下列特点：单机功率提高 5 ~ 10 倍，体积为常规电机的 1/2，重量为常规电机的 1/3，效率可达 99.5%。现已研制成多台 2 万千瓦、3 万千瓦、5 万千瓦的试验样机。超导电机是潜水艇中推进动力的最佳选择。

超导磁体

低温下用具有高转变温度和临界磁场特别高的第二类超导体制成线圈的一种电磁体。它的主要特点是无导线电阻产生的电损耗，也没有因铁芯存在而产生的磁损耗，具有很强的实用价值。在工业和科研上应用极广，但它必须在液态氦温度下工作，成本较高。

二、激光技术

激光

基于受激发射而获得光放大的一种特殊相干辐射。其特点是优异的定向性、极高的亮度、极好的单色性和相干性。目前，在测距光纤通信、医学等方面，激光都得到广泛应用。激光的出现引起了现代光学技术的巨大变革。激光是通过一种设备使光增强以后产生的强烈、集束、纯色的光，在激光束中，光波是"同步"的。激光有广泛的用途，包括切割或熔化金属，在手术中切割组织以及制作全息摄影等。激光也用于门锁扫描、印刷、复印和 CD 演奏设备。

来自太阳和大多数人工光源的光线是不同波长的混合物（或者，用光学术语说就是带有不同能量的粒子、光子）。这种光是以光源为核心向许多方向扩散的。激光则不同，它是一致的——它的波长范围很小，所有的光波都是同步的。总之，激光远不像普通光线那样容易扩散。激光带有一种叫作激光媒介的物质，通常可能是一种固体、液体或气体。用一种能量激活激光媒介中的原子，这些原子便会发光，这些光在释放为光束之前被光学腔里的反射镜捕获并被增强。根据激光的类型，光束可以是持续的和脉冲的，它可以是可见的、红外的或紫外的，它的能量范围可以从千分之一瓦到几兆瓦。

激光器

利用受激发射原理产生激光的器件或装置。最早的激光器是 1960 年美国休斯实验室制成的人造红宝石固体激光器。6 个月之后，美国贝尔电话实验室制成了第一台氦氖气体激光器。通常所说的激光器，一般由激光工作物质、激励（泵浦）系统、光学谐振腔三大部分组成。激光分类法很多，通常按工作物质的不同物态分为固体激光器（如红宝石激光器、钕玻璃激光器等）、气体激光器（如氦氖激光器、二氧化碳激光器等）、液体激光器（如可调谐染料激光器）、半导体

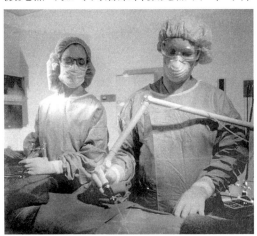

在手术室中，一位护士正在一旁观看外科医生利用激光给一位病人实施手术。由于激光的高定向性，激光手术切口既精准又非常小，激光手术比用手术刀手术给病人造成的损伤就小得多，这是激光手术最大的优点。

激光器（如半导体二极管激光器）及自由电子激光器。

氩离子激光器

以惰性气体氩离子为工作物质并在离子能级间由受激发射产生激光的典型离子激光器。采用直流放电方式激励，使氩原子电离并激发，从而输出各种波长的可见激光。氩离子激光器有输出功率高、光束质量极佳等特点。主要用途为激光显示、信息处理激光光谱研究，以及在医学上用作眼科治疗、内腔肿瘤治疗的"光刀"等。

染料激光器

以有机染料溶液作为工作物质，采用光泵激励，输出激光波长为连续可调的一种典型液体激光器。它综合了固体和气体激光器的某些重要优点，主要应用于激光光谱学和非线性光学的研究。此外，在激光显示、信息记录与存储、激光医学及生物学研究等方面也占有重要地位。

半导体激光器

以半导体材料为工作物质的注入型激光振荡器，被誉为将主宰 21 世纪激光技术的激光器。它具有体积小、寿命长、效率高、可直接调制、波段覆盖面宽等特点，在激光通信、测距、雷达、信息存储、处理与显示、激光光谱学研究等方面得到广泛应用，特别适用于航空航天领域。

自由电子激光器

以在空间周期性变化的磁场中做高速运动的自由电子束为其"工作物质"的一种全新的特殊类型激光器。它的最大特点是功率高，其次是输出波长可从

X 射线波段到微波区域内连续调节。

美国近年来研制的自由电子激光器，最大峰值功率已超过 100 兆瓦，能量转换效率超过 5%（理论极限为 40%）。该种激光器在激光武器、激光反导弹、雷达、激光聚变、激光推进器、精密手术器械，以及通信、遥感、加工、化学、生物学、光谱学和非线性光学研究等方面都有不可估量的应用前景。

激光加工

把激光作为热源对材料进行高精度的焊接、打孔、切割、表面热处理等热加工的技术。因成品率高，便于实现加工过程自动化。

激光准直与导向

利用激光亮度高、定向性好的特点，把激光技术应用于准直与导向的技术。该技术主要用在大型精密部件的测量和安装及桥梁、隧道等建筑施工中。激光准直仪或导向仪由激光器、发射望远镜、光接收器和方位显示器等组成。通常采用氦氖激光器发出的 632.8 纳米的红色光束作为参考轴线，红光可见，易于观测，精确性高，用它导引掘进机打通 2 ~ 5 千米的隧洞，中心位置只偏离十几毫米。

激光印刷

采用激光飞点扫描技术，把油墨从载墨衬底转印到纸面上。激光飞点印刷机的工作过程是：把不同的视频数据先转化为强弱不同的激光束，再令激光束扫描光敏物质，来使光束信号还原为相应的视频数据，进行印刷。许多高速印刷工作都是由计算机操作的，其范围可从击打和油墨喷射到传真电报。彩色复印机可印刷带有图片的彩色数字信息。

激光表面热处理

利用激光束高能量产生的热效应对金属材料表面进行热处理的一项新技术。该技术的工作过程是：用激光照射零件表面，可加热至临界相变温度以上，移去激光束后，该表面迅速冷却自行淬火。这在提高金属表面的耐磨性、耐腐蚀性、耐疲劳性和冲击性等方面，都取得明显的效果。激光处理的优点是无污染，且属局部表面处理，压力小、变形小，因而有广阔的应用前景。

激光化工

利用激光对特定化学反应进行控制，实现光学催化、聚合、提纯、分离的过程。其原理是选择适当的激光频率使参与化学反应的特定化学键发生共振激发，从而人为地控制化学反应。这一技术预计将在工业、科学技术及军事上占有重要地位。但现在尚处在实验阶段。

激光育种

利用激光辐照对生物的光效应、热效应、压力效应、电磁效应来选择和培育优良品种的技术。科研人员根据不同种类的种子，对激光的波长、能量密度、照射时间、照射方式进行最佳选择，才能达到预期效果。激光育种的前景十分广阔。

全息照相

利用光的特性，记录并再现物体光波的全部信息，从而显示物体立体图像的一种技术。这种技术适用于任何电磁波，而激光是其最理想的光源。激光光源下的全息照相具有立体感强、局部可再现原物的全像、在同一底片上可以多次曝光而互不干扰三个特点。

全息照相分记录和再现两个过程。记录过程是利用干涉原理把被摄物体光波的信息记录（拍摄）下来。经显影、定影后记录下来的干涉图样，称为全息图，或称全息照片。再现过程是利用衍射原理把全息照片记录的物体的全部信息重现出来。全息照相在军事、医疗、电影、电视方面都有广泛应用。

激光全息干涉测量

利用全息干涉图样对物体微变状态或过程进行测量的方法。激光全息干涉测量技术可对任意表面粗糙度的物体实现非接触三维测量，并允许从不同视角去考察物体的变化，是一种高精度的光学测量方法。全息干涉测量法有双曝光法、单次曝光法、连续曝光法三种。可用于科研、国防等诸多部门与领域。

激光光谱技术

以激光为光源来研究物质的微观运动规律和微观转换机制及其应用的光谱技术。是一种具有极高的探测灵敏度的光谱技术。较重要的分析技术有激光微区发射光谱技术、激光吸收光谱技术、激光荧光光谱技术、激光拉曼散射光谱技术、多光子光谱技术等。

激光多普勒测速

激光束照射到运动粒子上，其散射光的频率发生变化（频移）的现象，称为激光多普勒效应。利用多普勒效应，可以准确地测定运动粒子的速度。激光多普勒测速主要优点是对流体没有任何干扰；空间分辨率很高，典型分辨率为 20 ~ 100 微米；能同时测定速度的大小和方向，且一般不受温度的影响。

它在医学、军事等领域应用十分广泛。

激光扫描装置

利用束发散角小、束斑直径小、方向性强的激光进行扫描成像的装置。对于需要大面积显示或检测的场合都需要激光扫描系统。激光扫描装置有很多类，其中检流计扫描器和谐振镜扫描器轻便灵活，广泛应用于印刷、排版、传真等领域。全息扫描器能提供多方位的二维扫描场，可以满足一些特殊应用的需要，如医学、航空、照片分析等。

激光扫描显微镜

在显微领域内应用激光扫描成像或检测的仪器。其原理是从激光扫描的漫散射中可以得到比聚焦光点小得多的被测物体的表面细节信息。扫描显微镜把这些信息数字化并输入信号处理机，经处理后的图像就显示在监视器上。

激光信息处理

用激光进行信息或数据处理的技术。该技术的优势是速度快、信息容量大。用光学、电子学方法或计算机处理光学图像，用光学方法处理电信号和声信号这两方面是激光信息处理技术的主要方面。激光信息处理的应用可使模糊图像变清晰，可检出淹没在噪声中的信号，可处理雷达和声呐信号等。

光盘存储器

简称光盘。一种用光学方式写、读信息的圆盘。光盘的记录（写）是利用极微细的激光束使存储介质上产生物理、化学变化以进行记录。光盘的读出是用激光束在介质上扫描，根据反射光的变化，读出记录的数据或图像信息。

光盘有只读式光盘、一次写入式光盘、可擦重写式光盘、直接重写式光盘四种类型。其中最后一种光盘的问世标志着信息存储手段将发生划时代的变革。

激光电视

利用激光实现图像彩色显示的电视。它的工作原理是把电视台发射的图像信号转化为红、绿、蓝三束调制激光，把光束汇合后，扫描到屏幕上，实现图像的彩色显示。

因为激光电视不同于传统电视用电子束传送显示图像的机理，因而有很优异的性质。如显像管不必抽成真空，传送距离远，可设置很大的屏幕，亮度大、分辨率高、图像清晰度好、色彩鲜艳丰满等。激光电视可应用于雷达、计算机、红外探测、工业电视、广播电视等方面。

激光测距

以激光为信号源测量目标距离的技术。其特点是探测距离远、测距精度高、抗干扰性强、保密性好等。激光测距主要有脉冲波测距法。由激光测距仪发出光脉冲，经被测目标反射后返回测距仪，通过测量发射和接收光脉冲的时间间隔来计算距离。适于测量远距离目标。此外还有适于测量近距离的连续波测距法。激光测距已广泛应用于军事、工程等领域。

激光制导

利用激光特性确定导弹和目标的相对位置，修正弹道，使导弹不断接近并击中期望的目标。激光制导的最大优点是命中率高，其缺点是受气候条件影响，不能全天候使用。其工作过程是：导弹上的激光接收器不断接收激光波或其反射波的信号，经处理后变换为修正或校准导弹飞行的指令，直到导弹击中目标。若激光发射器和接收器均装在导弹上，则它可完全自主地追踪目标（主动式）；若激光发射器置于前沿阵地上，导弹上仅装接收器，则它不能完全独立自主地跟踪（半主动式）。

激光雷达

利用激光对各种目标的速度、方向等进行探测的电子设备。其工作原理也是利用反射回波来探测目标。这与微波雷达相似。与微波雷达相比，激光雷达的优点主要有发射天线直径小，分辨率高，抗干扰能力强，不受地面假回波影响，可测量各种地面和低空目标。其缺点是激光束发散小，不宜用作搜索雷达；波长短，大气成分对激光散射和吸收严重，气候条件会影响激光雷达的正常工作。

激光武器

利用激光的高亮度、高方向性、能量集中等特点制成的一种摧毁目标的武器。现在的激光武器主要有激光致盲武器及各种战术、战略激光武器。

利用激光进行瞄准，提高了射击的准确率。

航空、航天

一、航空

航空学

研究飞行器和与飞行器有关的科学。作为航空理论与航空工程实践等学科的总称，它包括的门类较多，如空气动力学、飞行力学、结构力学、航空发动机原理、飞机和发动机构造、航空材料、飞机和发动机制造工艺、航空电子学、飞行控制理论等。

航空工程

对在地球大气层内航行的综合性工程技术进行开发和利用的工程。包括航空器的研究、设计、制造、试验、使用、维护和管理等。以基础科学和技术科学为依托的航空工程技术复杂，要求严格。其发展水平代表了科技进步的程度。

空气动力学

以研究空气的运动和空气与物体相对运动时相互作用为主的科学。研究对象包括气动特性与飞行器外形的关系，飞行姿态、外界条件对气动特性的影响等，对这些特性的研究为飞行器外形设计提供了最重要的理论依据。人们在航空航天工程中遇到的新问题，提出的新要求促使了空气动力学的发展，反过来，空气动力学的新成就又促使航空器和航天器的性能不断得到提高。

工程热力学

研究热能和机械能转化的规律，并从工程技术的角度进行阐述的一门学科。飞行器上所用的各种类型的发动机（也称热机），便是将热能转变为机械能的装置。工程热力学对热能、机械能转变机理的正确阐述，是设计航空发动机的重要理论基础，也是提高热机效率的保证。

燃烧学

研究燃烧现象和燃烧理论的学科。作为极其复杂的物理化学过程，燃烧理论还需通过实验来验证和完善。对燃烧的机理、火焰的传播及稳定的条件等方面的研究，不仅是指导燃烧室的设计，使燃烧充分完全、稳定可靠的保证，也是发动机等动力机械的重要理论依据。

传热学

研究物体内部热量或物体与物体之间由温度差引起热量传递过程的一门学科。是飞行器及其推进系统设计的重要理论依据。传热的具体方式有传导、对流和辐射三种。传导是当物体内部温度不均，或温度不同的物体接触时，由于物质的分子、原子运动而引起的热量传递。对流是流体流过固体表面时发生的热量传递。辐射是物体表面以电磁波的形式向外界发射能量，并被另一表面吸收转变为热能。

马赫数

飞行器的飞行速度 v 与该处的音速 a 之比称为马赫数，以 M 表示，简称 M 数，公式为 $M = v/a$。M 为 1 即为音速，M 为 2 即为音速的二倍。根据马赫数的大小，飞行速度可分为：马赫数小于 0.8 的为亚音速飞行，马赫数在 0.8 ~ 1.2 之间的为跨音速飞行，马赫数在 1.2 ~ 5.0 之间的为超音速飞行，马赫数大于 5.0 的为高超音速飞行。

风洞

在人工造成的气流流过洞道时，观测气流与物体之间相互作用的实验装置。飞行器的气动性能对其自身有很大的影响，气动性能的获得除了要进行大量的计算之外，还要通过风洞实验来验证和修正。把按比例缩小的飞行器模型置于风洞中，人工气流流经模型，可以模拟飞行器的真实飞行状态，通过仪器测量所需的数据。

根据人工气流流速不同，风洞可分为：$M < 0.3$ 范围内的低速风洞，$0.3 < M < 0.8$ 范围内的亚音速风洞，$0.8 < M < 1.2$ 范围内的跨音速风洞，$1.2 < M < 5.0$ 范围内的超音速风洞，$M > 5.0$ 范围内的高超音速风洞。

激波

一种强烈的空气压缩波。飞行器飞行时，空气受到扰动，扰动产生的波以音速形式向四周传播。当飞行器以超音速飞行时，扰动波来不及传到飞行器前面去，飞行器前面的空气被压缩而形成一层波面，即为激波。激波的出现使飞行阻力骤然增加。增大的这部分阻力称为波阻。

边界层

紧贴在物体表面流过的一层薄的气流层，又称附面层。气流以一定的速度流经飞机时，由于空气的黏性速度为零，离表面远的气流受黏性阻滞的影响较小，所以速度较大。由于空气黏性阻滞而产生的阻力，称为摩擦阻力。

边界层内气流流动的情况分两种，一种是层流边界层，气流成层流动而不互相混杂，摩擦力小。一种是紊流边界层，气流除了向前流动外，还有旋涡和上下流动，摩擦力大。

音障

飞机的飞行速度超过音速时所遇到的障碍。在亚音速范围内，因飞行速度提高而导致的升力下降阻力剧增，往往成为提高飞行速度的障碍。尤其是当飞机表面的气流速度达到音速时，产生激波和气流分离，使得空气动力特性变化剧烈而且不稳定，仿佛有一道不可逾越的障碍阻止飞行速度超过音速，所以称为音障。后来，利用空气动力学研究的成果改进了飞机的外形设计，采用喷气发动机加大推力，才实现了超音速飞行。

音爆

飞机在超音速飞行时，把在头部和尾部产生的激波传到地面上，使空气压强急剧增大而发生的雷鸣般巨响。音爆的强弱与飞行速度、飞行高度、气象条件等因素有关。强烈的音爆会使人受伤，房屋受损。为了减轻音爆对地面的影响，超音速飞行应在 1 万米以上高空进行。

超音速飞行

飞行速度超过音速的飞行。随高度而变的音速，在海平面为每小时 1190 千米，在 12 千米高空为每小时 1060 千米。1947 年，美国的 X-1 型火箭飞机第一次突破音障。1953 年，美国的卡 -100 喷气战斗机第一次实现超音速飞行。第一次实现超音速飞行的轰炸机则是美 B-58 轰炸机。

热障

当飞行器提高飞行速度时，由于空气动力加热而遇到的障碍。飞行器表面处空气受到摩擦阻滞和压缩，流速降低而温度升高，飞行器表面遂被加热。飞行速度越高，气动加热越严重，飞行器性能降低，速度受到限制。当飞行时速超过一定标准时，必须采取防热措施，例如用耐高温的材料制造重要的受力构件，用隔热层和冷却系统来保护飞行器内部的结构和人员等。

推力

由飞行器的发动机产生的推动飞行器运动的力。发动机的螺旋桨转动时把空气向后排开，与此同时，有一股反作用力作用在螺旋桨上，这就是推力（或称拉力）。喷气式发动机的推力是向后喷出高速燃气流同时获得反作用力。

两架协和式客机一字排开，等待试飞。

推重比

航空发动机推力与发动机（或飞机）重量之比。衡量发动机（或飞机）的重要性能指标。发动机所产生的最大推力与发动机重量之比称为发动机推重比，它的大小对飞机的飞行性能有直接影响。发动机起飞时的推力与飞机重量之比称为飞机推重比，它的大小对飞机的爬升率、升限、平飞速度、机动性等战术技术性能有直接影响。

飞行器

所有能离开地面进行飞行活动的器械总称。可分为航空器、航天器、火箭和导弹三大类。航空器是指在地球大气层内飞行的飞行器。航天器是指在大气层外空间飞行的飞行器。火箭是指以火箭发动机为动力的飞行器，可在大气层内或者大气层外飞行。导弹是指在可以控制的火箭上装有能够摧毁目标的炸药弹头或核弹头的飞行器。既有在大气层外飞行的弹道导弹，也有在大气层内飞行的地空导弹、巡航导弹等。

航空器

能在大气层内进行高空可控飞行的各种飞行器。航空器必须依靠一个向上的力，才能升入空中。根据产生向上力的基本原理的不同，可以把航空器划分为轻于空气的航空器和重于空气的航空器两类。轻于空气的航空器的主体是一个气囊，由空气静浮力使航空器升空。重于空气的航空器的升力是由其自身与空气相对运动产生的。

飞机

由固定机翼产生升力，由动力装置产生前进推力，在大气层中飞行的重于空气的航空器。飞机的组成主要有机翼、尾翼、机身、起落架、操纵系统、动力装置和机载设备七大部分。1903年12月17日，美国莱特兄弟设计制造的"飞行者"1号成功试飞，标志人类首次成功运用重于空气的航空器实现有动力、可操纵的持续飞行。以后30年内，飞机性能不断提高，结构不断完善，开始在军事上获得广泛应用。20世纪30年代以后，双翼机逐渐被单翼机取代，飞行速度不断提高。第二次世界大战后，飞机速度已接近音速。进一步提高飞行速度需要巨大的功率，于是诞生了涡轮喷气发动机。

气球

轻于空气的无推进装置的航空器。主体是一个大气囊，充以密度比空气小的气体，在气囊下面有吊篮或吊舱，可以装载乘员和压舱物。气囊中可充氢气或氦气，也可以充填密度小的热空气。丢弃压舱物可以减轻气球的重量，排放充气或停止加热空气可以减小浮力，以此来实现气球的升降。气球用于高空科学探测等科研方面，热气球运动则是一种体育运动项目。

飞艇

轻于空气的有推进装置并可控制飞行的航空器。有一个很大的流线型艇体，艇体下部有吊舱，可以乘人和载物。气囊中充填密度比空气小的氢气或氦气，当浮力大于飞艇的重力时，飞艇便可离地升空飞行。用抛弃压舱物或排放充气操纵飞艇升降。飞艇靠发动机推动前进，靠方向舵控制方向。第一次世界大战期间，飞艇曾用于巡逻、轰炸、空运等军事活动。1929年德国"齐柏林伯爵"号飞艇首次完成载人环球飞行。飞艇还可用于巡逻、吊运大型装备、探矿和科学研究工作。

滑翔机

重于空气且没有动力装置的固定翼航空器。可由飞机拖曳起飞，也可用绞盘车或汽车牵引起飞。在无风情况下，下滑飞行依靠自身重力的分量获得前进动力。在上升气流中，可依靠气动升力实现平飞和升高。滑翔机是人类最早制造的重于空气的航空器。现主要用于体育运动，如训练飞行、竞赛、表演等。

扑翼机

重于空气且机翼能像鸟和昆虫翅膀那样上下扑动的航空器，又称"振翼机"。扑动的机翼不仅产生升力，还产生向前的推力。鸟类和昆虫的飞行表明，扑翼机在低速飞行时所需的功率比普通飞机小得多，并且具有优异的垂直起落能力。但是要真正实现像鸟类翅膀那样的复杂运动或是其他昆虫翅膀那样的高频率运动，则非常困难。设计扑翼机所遇到的控制技术、材料和结构方面的问题一直未能解决，所以目前仍停留在模型制作和设想阶段。

螺旋桨飞机

用空气螺旋桨将发动机的功率转化为推进力的飞机。较轻的重量和较小的尺寸使它具有良好的低速和起降性能。分为活塞式螺旋桨飞机和涡轮螺旋桨飞机。后期较多采用的涡轮螺旋桨发动机的功率、重量比前期采用较多的活塞式发动机大 2 ~ 3 倍。在现代飞机中，除超音速和高亚音速干线客机外，螺旋桨飞机也占有重要地位。

火箭飞机

以火箭发动机作为动力的飞机。火箭发动机的强大推力，使火箭飞机不仅能够做高空飞行，还可以做高超音速飞行。其主要用途是通过科学研究和实验，解决飞机的气动外形、结构、飞机突破音障和超音速飞行突破热障等问题。

直升机

重于空气并能垂直起落的航空器。装有一副或几副类似大直径螺旋桨的旋翼，由动力装置驱动，能在静止空气和相对气流中产生向上的升力。直升机既能垂直上升下降、空中悬停，又能向前后左右任一方向飞行，可以在狭

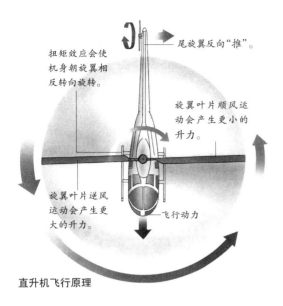

扭矩效应会使机身朝旋翼相反转向旋转。

尾旋翼反向"推"。

旋翼叶片顺风运动会产生更小的升力。

旋翼叶片逆风运动会产生更大的升力。

飞行动力

直升机飞行原理

小场地上垂直起飞和降落而无须特定的跑道。

直升机按重量级别可分为轻型、中型和重型；按用途可分为多用途直升机、起重直升机、攻击用直升机；按机翼的不同可分为单旋翼带尾桨式和双旋翼共轴式、双旋翼纵列式、双旋翼横列式等。

喷气式飞机

喷气发动机向后喷射高速气流，以此来产生推力的飞机。按喷气发动机类型的不同分涡轮喷气飞机、冲压发动机喷气飞机、火箭飞机和组合动力装置的喷气飞机。现在使用的喷气式飞机几乎都是涡轮喷气飞机。

世界上第一架喷气式飞机是 1939 年 6 月 15 日首次试飞的德国 He-176 火箭飞机，同年 8 月 27 日又试飞成功第一架涡轮喷气飞机 He-178。喷气式飞机因高速飞行的经济性和优异的超音速性能，在军用和民用航空中都得到广泛使用。

超轻型飞机

20 世纪 70 年代脱颖而出且重量最轻的一类飞机。重量不超过 115 千克（单座机）和 150 千克（双座机），最大速度不超过 100 千米／时，失速速度不超过 44 千米／时，乘员不超过 2 人。由于构造简单，重量轻，价格便宜，易于驾驶，几乎不需维护，超轻型飞机作为娱乐和体育运动器材受到人们的喜爱。它除了主要用于娱乐和体育运动外，在农林牧渔业、侦察、巡逻和短途交通等方面也将逐渐得到应用。

鸭式飞机

机身头部（主机翼前方）装有一对前小翼（鸭翼），没有水平尾翼的飞机。由于其主翼置于后方，上反角出奇的大，机身很单薄，样子笨拙似"鸭子"，故名。

气动稳定性差以及鸭翼承载能力有限的鸭式飞机，随着飞机性能特别是速度的提高，优点越来越明显。1969 年瑞典采用近耦合鸭式三角翼的布局研制的多用途超音速战斗机 Saab-37 首次试飞成功。

鸭式飞机依靠鸭翼附加正升力产生平衡力矩，来提高全机的升力。它不易失速，有利于简化飞机驾驶，保证飞行安全。

垂直和短距起落飞机

在起飞和着陆时，角度垂直或接近垂直的飞机称为垂直起落飞机。能在很短距离内起飞和着陆的飞机则称为短距起落飞机。垂直和短距起落飞机都由固定翼产生空气动力升力来平衡飞机重力。垂直起落飞机起飞和着陆时不靠机翼升力，而是直接由动力装置产生向上的升力，实现垂直起落。短距起落飞机则由高度增升的机翼提供升力。

垂直起落飞机能依靠自身的动力在空中悬停，并能完成一系列如垂直机动、后退飞行、原地转向等其他飞机不能完成的飞行动作。短距起落飞机没有悬停能力，必须滑跑加速才能起飞。

垂直起落飞机有飞机转向、动力装置转向、推力转向、复合推力转向四种换向方案。通过旋翼、推进螺旋桨、涵道风扇、涡轮风扇－涡轮喷气四种装置来实现。

伞翼飞机

重于空气且以伞翼为升力面的固定翼航空器。位于全机上方，一般由左、右对称的两部分圆锥面组成。由充气骨架或铝管保持平面形状的伞翼，利用迎面风吹鼓伞布形成产生升力的翼面。

伞翼飞机结构简单，重量轻，最大速度不超过 70 千米／时，而且操作简单，可用于低空农林作业、查线、探矿、水文测量、运动和娱乐等方面。

斜翼飞机

两半翼分居左右，且可绕机身垂直轴转动的飞机。在原理上与变后掠翼飞机相似。区别之处在于，当左半翼处于后掠位置时，右半翼则前掠。机翼在斜翼位置时，整个飞机横截面面积沿机身轴的分布较均匀，在降低波阻方面比后掠翼更为有利。左右半翼连成一体，简化了机翼与机身的连接结构，但美中不足的是固定刚性较差。

鱼雷飞机

一般用直升机、轰炸机、强击机及其他战斗机等改装而成的携带式鱼雷发射专用机。借助机载雷达、磁探仪等搜索水面以及水下目标，当发现目标时，迅速计算、确定和占领有利的攻击位置，发射鱼雷。舰艇的要害部位诸如机器舱、弹药舱等一般都在水下，鱼雷在水下攻击能达到比较理想的效果，给予敌舰以致命打击。鱼雷飞机早在第一次世界大战中就投入了使用。翅载鱼雷飞机能够扩大舰队的攻击范围，从而发挥舰队的更大作用。

人力飞机

依靠人的体力驱动的飞机。人们曾模仿鸟类飞行试图制造出靠人力驱动的飞机，滑翔机的出现推动了这一研制活动的进程。20 世纪 30 年代实现了短距离的平飞。60 年代以后人力飞机的空机重量降低到 30 千克左右，单位机翼面积上的载荷与一般鸟类相同，使得实现较短距离的人力飞行有了可能。1979 年美国的"蝉翼信天翁"号人力飞机首次完成了横越英吉利海峡的飞行，平均时速 12.7 千米。

太阳能飞机

以太阳辐射作为推进能源的飞机。其动力装置由太阳能电池组、直流电动机、减速器、螺旋桨和控制装置组成。由于太阳辐射的能量密度小，飞机上应有较大的摄取阳光的表面积，以便铺设太阳能电池，因此太阳能飞机的机翼面积设计得较大。

20 世纪 70 年代末，在人力飞机积累

1981 年，轻型太阳能动力"太阳挑战者"号飞机成功飞越英吉利海峡。

了制造低速、低翼载、重量轻等经验的基础上，美国研制出"太阳挑战者"号单座太阳能飞机，于1981年成功地由巴黎飞到英国。有效载重和速度都很低的太阳能飞机还处于试验研究阶段。

二、航空人物

莱特兄弟

美国飞机发明家，航空先驱者。哥哥威尔伯（1867—1912年）和弟弟奥维尔（1871—1948年）从小就对飞行感兴趣。1896年莱特兄弟转向研制航空动力飞行器。1899年，他们采用翼尖翅曲方式保持飞机的侧向稳定和操纵。1900—1903年共制造了三架滑翔机，在进行了近千次的滑翔飞行试验后，终于实现了稳定操纵的目的。他们在第三架滑翔机上安装了一台功率为8.8千瓦的自制内燃机，这架被命名为"飞行者"1号的飞机，是世界公认的第一架有动力装置的飞机。1905年，莱特兄弟制造的"飞行者"3号在空中持续飞行时间超过半小时，被看作是世界上第一架实用型飞机。1906年，莱特飞机获得美国专利。1908—1909年莱特兄弟组建了莱特飞机公司，接受美国陆军部的订货。1909年莱特兄弟获美国国会荣誉奖。同年9月19日，应国王路易十六和法兰西学院的邀请，在巴黎凡尔赛宫做飞行表演。11月21日，两名法国人乘坐蒙哥尔费热气球在巴黎上空飞行了25分钟，落地点距离起飞地点8.9千米，实现了人类首次升空飞行。兄弟两人因此被载入航空史册。

乔治·凯利（1773—1857年）

英国航空科学家。少年时代就研究过直升旋翼飞行器。经过不懈的研究和实验，于1809—1810年发表《论空中航行》一文，最早阐明了重于空气飞行器的飞行原理。他是利用旋臂机进行空气动力学研究的第一人，对空气动力学的诞生作出了重要贡献。

他系统地论述了现代飞机的概念，并且确立了现代飞机的组成部分和基本布局。他还设想飞行器的外形应是流线型，提出了研制更轻的动力装置以及机翼采用曲翼面的重要性。他于1853年制造的一架滑翔飞机，首次完成了载人滑翔，证明了其理论的有效性。

齐伯林（1838—1917年）

德国飞艇制造家，大型实用硬式飞艇的发明者。1863—1864年曾乘坐氢气球升空。1891年后，致力于硬式飞艇的研究，提出用全硬式飞艇来取代半硬式飞艇，并于1900年研制成功第一艘雪茄形铝制硬壳、长128米、直径11.7米、氢气囊总容积11300立方米、时速30多千米的硬式飞艇。但由于操纵性能不好，试飞失败。后来他对飞艇结构做了改进，1906年制成两艘，试飞取得了成功，德累斯顿工程学院因此授予他名誉工程博士学位。齐伯林硬式飞艇是世界上最早应用于正式空运旅客的交通工具。1908年创建"齐伯林飞艇公司"。1909年创立"德国航空运输有限公司"，开辟汉堡—美国之间跨大西洋的商业航班。

李林塔尔（1848—1896年）

德国滑翔飞行家。作为世界航空先驱者之一，他从小就表现出对飞行这项活动的喜爱。长期观察研究鸟的飞行规律，使他认识到飞机机翼只有像鸟翼一样具有弓形截面，才能获得更大的升力。于是他成为世界上最早设计和制造出实用滑翔机的人。1891 年他与弟弟一起造出了曲面翼滑翔机，滑翔飞行距离超过 30 米，后来他又制造了多架不同型号的单翼和双翼滑翔机。李林塔尔的飞行实践和理论研究为飞机的诞生奠定了重要基础。

茹科夫斯基（1849—1921 年）

俄国空气动力学家，苏联航空事业的奠基人。1918 年创办苏联中央流体动力研究院，同时创建了空气动力学科目。他在 19 世纪 90 年代相继发表的著作奠定了飞机气动力计算的基础。20 世纪初，他提出升力计算公式以及用环流理论说明升力产生的原理。在航空飞行器和空气动力学领域的重大成就使他获得"俄罗斯航空之父"的殊荣。

容克斯（1859—1935 年）

德国著名飞机设计师，航空企业家。49 岁开始从事飞机研制工作。1910 年建立工厂。1913 年建造了德国的第一座风洞。他设计了世界首架张臂式全金属单翼飞机 J-1 型，1915 年 12 月试飞成功。第一次世界大战结束以后，容克斯主要开发民用运输机。1919 年他设计制造了世界上第一架硬铝合金旅客运输机 F-13，在国际民航发展史上功劳卓著。从 30 年代开始，世界许多航空公司相继使用容克斯飞机工厂生产的运输机 Ju-52。1936 年容克斯飞机公司和容克斯发动机公司合并成容克斯飞机发动机公司，在第二次世界大战中，主要为德国空军生产各种军用飞机。

普朗特（1875—1953 年）

德国力学家，近代航空流体力学奠基人。24 岁即获弹性力学博士。在实际工作中发现了管壁压力的测量值与理论值不等，1901 年任汉诺威大学教授时专门就此问题进行水槽实验，并求出了边界层方程及其解。1904 年到哥廷根大学组建应用力学系，创立空气动力实验所和流体力学研究所，开始了他的空气动力学研究。1925 年起任威廉（后来改名马克斯·普朗克）流体力学研究所所长。普朗特除了提出边界层理论外，还提出了升力线、升力面理论，使有关机翼理论得到充实。他创立的风洞模型实验技术，推动了空气动力学的研究。

波音（1881—1956 年）

美国飞机设计师和企业家，波音公司创办人。1915 年与人合作设计制造出教练机和水上飞机。1916 年创办太平洋航空产品公司。1917 年改为波音飞机公司，除设计制造军用机外，公司还积极发展民用机和航空运输业务。第二次世界大战中，波音以设计生产重型轰炸机等军用机著称于世，"空中堡垒" B-17 和"超级空中堡垒" B-29 以及战后研制和生产的 B-47、B-52 等是著名代表，波音 707、波音 727、波音 737、波音 747、波音 757 则是他研制的大型喷气运输机的系列产品。

冯·卡门（1881—1963 年）

匈牙利裔的美国著名空气动力学家。1911 年用他发现的水流过圆柱体产生两列交错漩涡的规律，成功地解释了机翼张线的"线鸣"和水下螺旋桨的"嗡鸣"现象。1912 年后任亚琛航空学院院长，主持空气动力学的研究工作。1936 年提出紊流附面层对数定律和超单速流中的波阻概念理论。

1941 年，卡门提出了著名的卡门—

钱学森公式，同年创建美国第一个制造液体和固体火箭发动机的航空喷气通用公司，第二年建成火箭工厂。1946年提出跨音速相似律，成为可压缩空气动力学完整理论体系的一部分。1947年，根据卡门的构思设计成的火箭飞机X-1第一次突破了音障。20世纪50年代和60年代，卡门主要致力于学术交流与技术合作，功绩显著。

冯如（1884—1912年）

中国最早的飞行家和飞机制造家。受莱特兄弟制造飞机试飞成功的影响，决定从事设计制造飞机事业。1907年在旧金山东边的奥克兰建立制造飞机的工厂，两年后又成立了广东飞行器公司，并于当年制成了第一架飞机，试飞成功。1910年制造了一架双翼飞机。同年在奥克兰成功地进行了飞行表演，获得美国国际航空学会颁发的甲等飞行员证书。1911年2月他同助手携带两架飞机回国，但清政府的昏庸使他发展航空事业报效祖国的愿望难以实现。辛亥革命后，广东革命政府委任他为飞行队长。1912年在广州燕塘飞行表演中因飞机失事不幸遇难。

图波列夫（1888—1972年）

苏联著名飞机设计师。1918年与茹科夫斯基共同创建苏联中央动力流体研究院。1922年开始领导该研究院的飞机设计局，1936年成立独立的图波列夫飞机设计局，同时任航空工业管理局总工程师。他最先研究出苏联的全金属结构飞机和张臂式单翼机，领导设计制造了70多种飞机。第二次世界大战后研制出图16、20、22、26等轰炸机，并首先研制出世界第一种超音速客机图-144。他

设计的飞机创造了78项世界纪录。

西科斯基（1889—1972年）

俄裔美国飞机设计师。19岁毕业于基辅工艺学院，23岁即研制成世界上第一架装有四台发动机的"俄罗斯勇士"号飞机，在第一次世界大战中摇身一变成为当时世界上最大的重型轰炸机。1929年组建西科斯基飞机公司，同年研制成功的S-38，是美国早期的民航客机。他还设计了多种水上飞机和水陆两用飞机，其中水上飞机S-42在大西洋和太平洋之间顺利航行。20世纪30年代末期，研制成功第一架实用的直升机VS-300，奠定了美国直升机发展的基础。S系列直升机使西科斯基飞机公司获得世界声誉。

1939年，伊戈尔·伊万诺维奇·西科斯基在一次系缆飞行中操纵他自己研制的VS-300直升飞机。这是单旋翼直升机首次试飞成功，并且被美国和英国在第二次世界大战前期用于装备军队。

道格拉斯（1892—1981年）

美国飞机设计师、航空企业家。1920年创办道格拉斯飞机公司。由他设计的"道格拉斯世界巡航者"号双翼机历时5个月22天，实现了人类第一次环球飞行。从20世纪30年代到50年代中期，道格拉斯设计了DC系列飞机，其

中 DC-3 在第二次世界大战期间改为军用运输机,在盟国军队中普遍使用。DC 的成功标志着现代民航的诞生。7 年后首架喷气客机 DC-9 投入使用。

米高扬(1905—1970 年)

苏联著名飞机设计师。曾在波利卡尔波夫飞机设计局工作,从事高空高速歼击机的设计。1940 年建立独立的米高扬飞机设计局,设计的第一架飞机米格 -3 在第二次世界大战时用作高空截击机。战后,米高扬设计出性能优异的米格 -9 和米格 -15 歼击机。从此,米格飞机成为苏联航空武器的主力。自米格 -19 歼击机研制成功之后,米格 -21、三倍音速的米格 -25、变后掠翼多用途的米格 -23 也相继问世。米高扬一直把高空、高速作为主要设计目标,共研制出 30 多种型号的飞机。

雅科夫列夫(1906—1989 年)

苏联著名飞机设计师。1932 年起任轻型飞机设计局总设计师。他设计的飞机操纵简单,气动性能好,先后有歼击机、截击机、轰炸机、教练机、体育运动机、垂直起落飞机、直升机和旅客机等 75 种雅科型飞机投入批量生产,总产量约 66000 架。一生著作颇丰,主要有《苏联航空制造 50 年》《一个飞机设计师的故事》等。

惠特尔(1907—1996 年)

英国航空工程师、发明家、喷气推进技术的先驱。16 岁到克兰威尔空军学院学习。21 岁提出了喷气热力学的基本公式。23 岁获得涡轮喷气发动机设计的专利。1937 年后的 7 年时间里任英国喷气动力有限公司总工程师。他研制的

单转子涡轮喷气发动机 1937 年首次运转成功。装有他设计的 W-1 发动机的 E-28/39 飞机,在 1941 年 5 月试飞成功。20 世纪 50 年代初期研制成第一种涡轮螺旋桨旅客机"子爵"号和第一架涡轮喷气客机"彗星"号。这一时期英国航空喷气推进技术居世界前列。

奥海因(1911—1998 年)

德国发动机设计师。24 岁获哥廷根大学物理学博士学位。1935 年获离心式涡轮喷气发动机专利。1936 年制造出第一台以氢气做燃料的涡轮喷气发动机 HeS-1,第二年制造了 HeS-2。与此同时,他又着手研制燃烧汽油的涡轮喷气发动机,于 1938 年成功。1939 年初生产出实用型涡轮喷气发动机 HeS-3B,且装备这种发动机的 He-178 试飞成功,这是世界上第一架以涡轮喷气发动机作为推进动力装置的喷气飞机。1947 年,奥海因赴美国为美空军进行空气喷气发动机研究,后任俄亥俄州莱特 – 帕特森空军基地航空航天研究实验室的首席科学家。

吴仲华(1917—1992 年)

中国工程热物理学家和航空发动机专家。于 20 世纪 50 年代初创立了叶轮机械三元流动理论,这个理论至今仍是先进叶轮机械设计和分析计算的理论基础。他还提出了物理概念清晰、计算简便直接的燃气力性质的计算机方法,编制了热力性质表,该表特别适用于燃气轮机装置的热力性能计算和方案比较。

惠特科姆(1921—2009 年)

美国空气动力学家、航空工程师。主要从事飞机减阻和激波谱的研究,他

的主要贡献是发现和提出面积律理论。此外，他还提出超临界翼型，能将临界马赫数推迟到0.9以上，这一技术已被一些运输机广泛采用。

三、航天

星际航行

包括行星际航行和恒星际航行。不载人的行星际航行已经实现，而恒星际航行尚处于探索阶段。行星际航行的主要目的是进行行星探测和行星际探测，以便了解太阳系的起源、演变和现状。通过对各主要行星的比较研究，进一步认识地球环境的形成和演变，探索生命的起源和演变。

恒星际航行首先遇到的困难是路途太遥远。除太阳外，离我们最近的恒星——半人马座星距地球40万亿千米，约合4.3光年。用现代火箭航行到半人马座星约需6.5万年，这显然无法实现。

在航天器上，每年航行2000多光年的距离即可进入银河系内部。而人的呼吸、血液循环，以至于思维活动等都要减慢到原来的1/2000。这种情况对于人来说是无法承受的。

航天

飞行器飞出大气层后在太空的航行活动，又称"空间飞行"或"宇宙航

苏联的"暴风雪"号航天飞机与美国太空总署（NASA）的航天飞机极其相似。

行"。也有人把太阳系内的行星际航行称为航天，太阳系外的恒星际航行称为宇航。

在太阳系内进行的航天活动包括环绕地球运行，以及飞往月球和其他行星的航行，目的是探索、开发和利用太空以及地球以外的天体。航天活动可以是无人的，也可以把人送入太空参加工作。

宇宙速度

在忽略空气阻力的情况下，物体环绕地球表面做圆周运动而不坠地所需要的最小速度称为第一宇宙速度，也称对地球的环绕速度，其值约为7.91千米/秒。永远离开地球引力场所需要的最小速度称为第二宇宙速度，其值为11.2千米/秒。第三宇宙速度是指地球表面上的物体脱离太阳引力场所需的最小速度，其值为16.7千米/秒（略去大气阻力）。

航天学

作为人类从事航天活动的理论基础，航天学是航天基本原理和指导航天工程实践的综合性技术科学。主要包括空气动力学、航天动力学、飞行器结构力学、航天热物理学、燃烧学、火箭发动机原理、航天材料学、火箭和航天器制造工艺学、飞行控制和导航理论、空间电子学、航天医学、航天系统工程理论等。是在各种基础科学和技术科学应用于航天工程的实践中发展起来的。

航天动力学

研究航天器和运载器于飞行中在所受力和力矩作用下运动规律的学科，又称"星际航行动力学"。航天器飞行一般分为发射段、运动轨道段和降落轨道段三个阶段。它以数学、力学、控制理论

为基础，研究内容分为轨道运动、姿态运动和火箭运动三个部分。

轨道运动是指航天器的质心运动，常用开普勒椭圆轨道描述航天器的大致运动。姿态运动包括航天器整体围绕其质心的运动以及航天器各部分之间的相对运动，其任务是求出任意时刻航天器的姿态状况。火箭运动的研究以变质量力学和经典力学为基础，任务是求出任意时刻火箭的运动状态和分析火箭姿态运动的稳定性。

航天工程

通常称为"航天技术"或"空间技术"，是一种探索、开发和利用太空以及地球以外的天体的综合性工程技术。随着航天学理论应用于航天器和运载火箭的研究、设计、制造、试验、发射、飞行、返回、测控、管理等工程实践而形成。主要包括：喷气推进技术、制导和控制、空间通信、遥测技术、遥控技术、遥感技术、火箭和航天器设计、火箭和航天器制造技术、生命保障、飞行器环境工程、火箭和航天器试验发射技术、航天器返回技术、航天系统工程、可靠性与质量控制等。

人造天体

按照天体力学规律在宇宙空间运行的各种人造物体，包括航天器和空间垃圾。空间垃圾包括废弃的航天器、运载火箭末级残体和碎片等。

航天器

在地球大气层以外的宇宙空间运行的各类飞行器。航天器分为无人航天器和载人航天器两大类。无人航天器又分为人造地球卫星和空间探测器，载人航天器按飞行和工作方式分为载人飞船、航天站和航天飞机。

轨道器

轨道器是目前最复杂的航天器。通常具有大型货舱、机械臂、有效载荷发射系统、宇航员舱外活动设备。为保证有较高的变轨和机动能力，轨道器周身布满了各种推力不等的控制发动机，还装有完善的综合性控制与导航系统，即通称的"航天飞机"。长37.2米，高17.2米，翼展23.79米，自重74.8吨。组成异常复杂，有5台计算机，23架天线，各种监视、操纵与控制系统，49台大小不一的火箭发动机。前部分成上、中、下三层，分别为驾驶舱、生活舱和设备舱。

环境控制和生命保障系统把舱内温度保持在18.5℃～24℃，提供由氧氮组成的一个大气压的气体。整个工作和生活条件都优于载人飞船。1982年11月11日进行的首次商业飞行就发射了3.6吨重的两颗通信卫星，发射费用约为火箭发射费用的3/10，经济效益十分明显。

空间站

可供多名宇航员巡访、长期工作和居住的大型载人航天器，又名"航天站"。在空间站运行期间，宇航员的替换和物资设备的补充可以由载人飞船或航天飞机运送。

空间站通常由轨道舱、生活舱、服务舱、专用设备舱、对接舱、气闸舱、电池帆板等组成。轨道舱是宇航员在轨道上的主要工作场所，内部装有各种仪器设备和生命保障系统。生活舱是宇航员休息、进餐、睡眠的地方。服务舱内装有推进系统、气源、电源等设备，为整个空间站服务。专用设备舱是根据飞行任务而设置的安装专用仪器的舱段。对接舱用以停靠载人飞船或其他航天器。气闸舱是宇航员在轨道上或其他航天器中出入的通道。

空间站内部容积大、适应性强、在轨时间（或称寿命）长，广泛用于天文观测、地球资源勘测、医学和生物学研究、发展新工艺新技术、大地测量、军事侦察、试验和发射航天器、开发太空资源等方面。

航天器返回技术

使航天器脱离原来的轨道进入大气层，并在地面安全着陆的技术。是发展洲际导弹、载人航天技术、开展空间科学实验的一项关键技术。从外层空间返回地面通常经历脱轨、过渡、再入和着陆四个阶段。脱轨阶段利用火箭发动机动力使航天器改变运行速度，转入一条能进入地球大气层的过渡轨道。过渡即从脱轨到进入大气层前的阶段。再入阶段是高速通过大气层，通过气动外形的合理设计和再入轨道控制，达到减速目的。在着陆的最后降落阶段，航天器会弹出降落伞，使速度进一步降低到10米/秒左右。返回技术的难点集中于返回控制和制导、再入防热、回收和着陆。掌握航天器回收技术的有俄罗斯、美国、中国等国家。

一箭多星发射技术

由美国最早实现的利用一枚运载火箭同时发射多颗卫星入轨的技术。有两种发射方法：一种是把几颗卫星一次送入一个相同的轨道或几乎相同的轨道；

航天飞机进入地球轨道后，以28160千米/小时的速度历时90分钟环绕地球一周。

航天飞机的发射、飞行及返回过程
发射后（1），航天飞机向上加速（2），2分钟后，两侧的火箭推进器（3）脱离机身，借助降落伞落回地球并回收，以重复使用。约8分钟后，航天飞机进入飞行阶段（4），进入地球轨道并抛离外挂燃料箱（5），燃料箱在进入大气层时烧毁。在航天飞机完成预定任务（6）后开始转向（7），点燃火箭以减速（8），并重新进入大气层（9）。重新掉头之后（10），机翼侧转（11、12）以减速，然后进入着陆阶段（13），并滑翔下降（14）至机轮着陆（15），借助减速伞停在预定地点。波音运输机（16）则将航天飞机运回空军基地，为下一次飞行做准备。

二是分次分批释放，使卫星分别进入不同的轨道。第一种比较简单。第二种难度大，要解决多星依次分离问题、火箭与卫星的干扰问题、各星间无线电干扰问题、轨道与轨道速度精确测算问题以及火箭精确控制等问题。即使如此，能够降低发射成本的一箭多星技术仍然红红火火地发展起来了。在有些应用卫星需要几颗同轨道或近轨道近距离配合使用时，利用一箭多星技术便是最好的选择。

航天器控制系统

控制航天器轨道和姿态的整套系统。其中，三轴姿态控制已在对地观测卫星、通信卫星、载人飞船和航天飞机上得到成功的运用。

精度和可靠性比运载火箭控制系统高得多的航天器控制系统极为复杂，除了有惯性器件、中间线路、控制计算机、伺服和执行机构外，还有太阳敏感器、地球敏感器、恒星敏感器，以及各种长期工作的小推力推进器、角动量存贮装置。

作为一个有交叉耦合的多自由度系统，各种测量值和系统状态又间接相关，航天器在系统和测量中存在各种干扰因素。为解决这些复杂的控制问题，正逐步建立起一套比较完整的现代控制理论，包括多变量控制、统计滤波、最优控制和随机控制等，以适应未来的星际航行。

航天器姿态控制

控制航天器在太空定向姿态的技术，包括姿态稳定和姿态机动两方面。前者是保持已有姿态，后者是从一个姿态到另一个姿态的转变。不同的航天器对姿态控制的要求有很大差异。其中，三轴稳定技术是一种能够主动稳定的技术，它依靠航天器三个相互垂直的轴分别使空间的特定参照系保持稳定。一旦偏离参照系，敏感机构、计算机构、执行机构会使三轴修正到原来的姿态。这类航天器所需的姿态确定度为几度至十分之几度。通信卫星、对地观测卫星或哈勃望远镜一类的航天器，则要求姿态确定度在十分之几度。

航天器轨道控制

对航天器质心施加外力，以改变其运动轨迹的技术。包括几个方面：一是测量元件，如惯性导航系统、太阳敏感器、地球敏感器、星跟踪器、空间六分仪和陆标跟踪器等；二是数据处理元件，如导航计算机等；三是执行元件，如伺服机构、操纵机构、轨道控制发动机系统等。

轨道控制按应用分为四类：变轨控制和轨道机动，轨道保持，交会和对接，再入和着陆控制。轨道控制是一项难度很大的技术。受各种因素影响，轨道会自发飘移、降低，在轨道上运行的航天器会受到反作用推力、气动力、太阳辐射压力、电磁力、其他非重力场力以及行星引力的作用而产生变化。对轨道控制不好，会直接影响航天器的寿命。

星际航行导航与控制

确定空间探测器在空间的位置和速度，控制空间探测器的飞行使之达到目标星的技术。特点是精度高、技术复杂、自主性大，要求导航与控制系统的功耗和重量更小，可靠性更高。

有三种导航方法：天文导航，通过测量探测器相对于天体的角度来确定探测器舱的位置和速度；无线电导航，根据无线电波特性来测量航天器相对于无线电发射机的距离和速度；惯性导航，用安装在惯性平台上的加速度计测量探测器的加速度和距离。

空间平台

一种大小、成本、寿命和用途均介于人造卫星和空间站之间的不载人航天器。较大的服务舱可以为多个同一类型有效载荷共用，进一步降低成本，还能有效解决轨道拥挤问题。与应用卫星相比，它扩大了卫星应用功能又延长了寿命。与空间站相比，它没有扰动和污染，定向精度高，能提供更干净的微重力环境。还可作为空间站的一个对接舱，进行某种功能的应用和实验。可分为低轨平台、极轨平台和同步轨道平台。

空间平台拥有电源、数据管理、通信、热控制、姿态控制和机动变轨能力。这些特点和能力，使空间平台成为未来人造卫星和空间站的重要补充性航天器，并将获得更加广泛的发展和应用。

太空工厂

在轨道上运行的、进行商业生产和加工的设施。由许多小型的车间——空间平台、实验舱、加工舱等构成，可以完成各种空间商业生产任务，真正实现太空工业化。主要是利用太空中的超真空、微重力环境，生产、制造地面上很难或根本无法生产的材料和产品，包括特种医药、高级光学玻璃、高性能电子器件等。

太空工厂可以借助光学流体实验系统、声波无容器定位组件、凝固实验系统、悬浮区域提纯系统等进行各种实验和生产活动。小型的太空生产与加工早在20世纪60年代就已开始，此后发展迅速。这些在太空生产的先进产品，年产值可达10亿～200亿美元。

航天器发射场

运载火箭和航天器进行试验和发射的专门场区。工作流程是：运载火箭和航天器由工厂运送到发射场后，首先在测试区进行检查、装配和测试；经检验合格的火箭和航天器，转移至发射区；在发射区完成火箭和航天器的发射前准备并进行发射；对起飞后的火箭和航天器进行跟踪和观测以及飞行安全的判断，直至火箭各级分离；如果发生故障或紧急情况影响起飞，应立即推迟发射，检查并排除故障；如果取消这次发射，应将火箭和航天器运回测试区。发射场需要大量的技术设备和工程设施，包括测试发射系统、指挥系统、测控系统、通信系统、时间统一系统、气象系统、大地测量系统和技术勤务系统等。

载人宇宙飞船

宇航员在外层空间生活和工作，以执行航天任务并能安全返回地面的航天器。包括卫星式载人飞船和星际航行载人飞船。

组成载人飞船的主要分系统有：结构系统、姿态控制系统、轨道控制系统、无线电测控系统、电源系统、返回着陆系统、生命保障系统、仪表照明系统、应急救生系统。

组成飞船的舱段有返回舱、轨道舱、服务舱、对接舱。返回舱是载人飞船的核心舱段，是宇航员乘坐的舱室，也是整个飞船的控制中心。

载人宇宙飞船具有多种用途，包括进行近地轨道飞行，试验各种载人航天技术，如轨道交会和对接，宇航员太空活动，考察轨道上失重和空间辐射等因素对人体的影响，为太空站接送人员和运送物资，进行军事侦察和地球资源勘测，为行星际航行实验各种技术，进行太空加工、太空科学研究等。

载人飞船往往在环境控制、应急救生、人工控制和高可靠性等方面采取多种安全措施。但是由于作用有限，价格昂贵，且不能重复使用，宇宙飞船有可能被航天飞机或空天飞机所取代。

"阿波罗"登月工程

美国于 20 世纪 60 年代至 70 年代初组织实施的载人登月工程。主要目的是实现人对月球的实地考察，为载人行星飞行和探测进行技术准备。登月的大致过程是：三级"土星"V 号运载火箭的前两级将第三级连同"阿波罗"号飞船送入近地轨道；第三级点火加速，把飞船加速到第二宇宙速度并朝月球飞去；进入月球轨道时，飞船上的发动机点火，使整个飞船进入环月轨道；登月舱脱离飞船，变轨朝月面飞行，最后以近似零速度在预定地点着月。在月面上工作完后，登月舱上半部分的发动机点火，将其推离月面并同在轨道上的飞船对接，宇航员进入飞船。其后，飞船发动机点火，飞船离开月球返回地球。

1969 年 7 月，"阿波罗"11 号飞船顺利抵达月球。宇航员在月面上安放月震仪和激光反射器，采集月球岩石和土壤样品 22 千克。工作了两小时后，3 名宇航员安全返回地球。"阿波罗"登月工程虽然在科学上取得的成就不大，但这项计划揭开了人类征服宇宙新的一页，带动了许多相关技术的发展，亦使太空活动深入人心。

空间探测器

又称"深空探测器"，是对月球、行星和行星际进行探测的无人航天器。以美、苏发射居多。

月球探测器

对月球和近月空间进行探测的无人航天器，是在人造卫星基础上发展起来的。最简单的一种探测器，由结构、电源、通信、导航与控制系统组成，比人造卫星要求高，必须达到第二宇宙速度。由于飞行距离远，所以对导航与控制精度要求较高，还必须由轨道和发动机控制变轨。

对月球探测有三种方式：一是从月球近旁飞过，进行近月探测，成为月球的卫星，进行长时间观察；二是在月球表面硬着陆，利用坠毁前的短暂时间考察月面；三是在月球表面软着陆，进行实地考察，亦可取样品返回。人类探测月球的历史正是遵循这个发展线索不断前进的。

恒星际航行

飞出太阳系，进行恒星际飞行的太空航行。由于空间探测器的速度只有每秒钟数十千米，即使到达最近的恒星，也需要大约 6.5 万年的时间。为了实现有价值的恒星际航行，目前提出的主要推进方式有：核裂变推进、核聚变推进、恒星际冲压发动机推进、反物质推进、太阳风帆推进和激光推进。其中，核聚变推进是比较可行且技术难度相对较小的方法，反物质推进则是最理想的推进方案。无论哪种方案，飞船上的主动或被动动力装置都可以使飞船连续加速几年时间，可达到光速的 1/10，甚至可以

绕木星轨道飞行的"伽利略"号探测器

接近光速（例如可达到 0.99c）。研究表明，人类将能够制造出无人自动恒星际探测器，从研制、发射到最后接收到发回的探测信号大约只需要 50 年。

星际探测器

对行星和行星际空间进行探测的无人航天器，通常包括结构、电源、温控、制导与控制、动力等分系统。对于内行星，可使用太阳电池，对于外行星则必须使用核燃料电池。制导要求比月球探测器高得多。例如，火星探测器入轨时，若速度误差 1 米/秒，到达火星时距离偏差就达 10 万千米。

四、火箭

火箭

依靠火箭发动机推进的飞行器。可在大气层内或在没有大气的空间飞行，应用范围十分广泛。其组成主要包括有效载荷、推进系统和箭体结构。对于有控火箭还包括制导和控制系统。有效载荷是火箭上直接完成任务的部分；推进系统是火箭飞行的动力源；箭体结构的作用是装载火箭的有效载荷、设备、燃料等，构成一个整体，维持良好的空气动力外形。

探空火箭

对近地空间进行环境探测、科学研究和技术实验的火箭。按研究对象可分为气象火箭、生物火箭、地球物理火箭等，是 30 ～ 200 千米高空的唯一探测工具。

运载火箭

由多级火箭组成的航天运输工具。其用途是把人造地球卫星、载人飞船、空间站和空间探测器等有效载荷送入预定轨道。一般由 2 ～ 4 级组成，每一级都包括箭体结构、推进系统和飞行控制系统。末级有仪器舱，内装制导与控制系统、遥测系统和逃逸救生系统。为提高运载能力而又不做大的改动，许多运载火箭的第一级外围还对称地捆绑 2 个、4 个或更多助推器。

运载火箭一般在专门的航天发射场发射，有的小型运载火箭也可在重型卫星、航天飞机或空间站上发射。从地面发射到进入预定轨道要经过大气层内飞行段、等角速度程序飞行段、过渡轨道三个阶段。运载火箭目前已普遍进入市场，在设计上具有通用性、经济性、渐改性和积木结构等许多商业化特征。一次性使用的运载火箭必将长期获得应用并进一步得到发展。

五、卫星

人造地球卫星

环绕地球在空间轨道上运行的无人航天器。其最基本的组成部分是结构系统、热控制系统、电源系统、无线电测控系统、姿态控制系统和轨道控制系统等。此外，有些卫星还装有计算机系统，用以处理、协调和管理各分系统的工作。根据具体的科学探测、技术实验、对地观测和数据中继任务，人造卫星上还装有完成相应任务的专用系统。

人造卫星可以广泛用于天文观测、空间物理探测、全球通信、数据中继、电视广播、军事侦察、气象观测、资源普查、环境监测、大地测量、搜索营救等。全世界发射的 4000 多个航天器中，人造卫星占了 90%，是发射数量最多、用途最广、发展最快的航天器。

科学卫星

科学卫星是为科学研究服务的人造卫星，主要探测和研究高层大气、地球辐射带、宇宙线、太阳辐射和极光等空间环境，观测研究太阳和其他天体。包括空间物理探测卫星和天文卫星等。

1958 年，美国发射成功了世界第一颗科学卫星——"探险者" 1 号，揭开了利用航天器进行空间探测和研究的序幕。目前在这方面居于世界领先地位的国家和国际组织有美国、俄罗斯、日本和欧洲空间局等，它们研制的科学卫星大多已形成系列，从 20 世纪 50 年代末以来陆续发射，获得了有关空间物理环境、宇宙天体和其他空间物质的知识，取得了丰硕的科学探测和科学实验成果，同时也促进或形成了高层大气物理学、空间地球物理学、空间物理学、空间天文学和天体物理学、微重力材料科学和生物科学等学科领域。

应用卫星

应用于地面实际业务的卫星。可分为民用和军用两种。前者主要用于气象、通信、广播、导航、地球资源勘测等方面。后者主要用于气象、信息、照相侦察、电子侦察、测地、导航预警、海洋监视、反卫星等方面。军用卫星一般具有较高的保密或抗干扰性能，并有较高的遥感精度。某些卫星如气象、通信、导航、测地等则可以军民两用。

通信卫星

作为无线电通信中继站的人造地球卫星。通过反射或转发无线电信号，实现卫星通信地球站之间或地球站与航天器之间的通信。通信卫星的性能指标包括发射信道数，即卫星转发器的信道数；等效全向辐射功率，指卫星各发射信道向覆盖区辐射的功率；覆盖区，达到规定的地面功率通量密度的区域；寿命，指设计所规定的卫星有效工作时间。一般采用高轨道，目的是保证覆盖范围大，通信距离远，并便于跟踪。良好的性能使通信卫星成为应用最早、使用最广的人造地球卫星之一。

静止通信卫星

也称"同步卫星"，指地球静止轨道距地面约 35800 千米、倾角 0°，运行周期与地球自转周期相同的顺行圆轨道的卫星。1963 年上半年，美国先后发射的"同步通信" 1 号和 2 号均未取得预期效果。1964 年 8 月 19 日发射的 3 号却取得成功，很快就用来现场直播东京奥运会。它除具有一般通信卫星的全部系统外，还装有远地点发动机、轨道微调发动机。静止通信卫星覆盖面广、轨道稳定、对地面台站要求低，是通信卫星发展的主要方向。

导航卫星

为地面、海洋、空中和空间用户导航定位的人造地球卫星。卫星上装有专用导航设备，包括高稳定度时钟、遥控

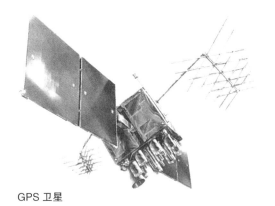
GPS 卫星

接收机、导航参数存储器、播发导航信号的双频发射机和定向天线等。用户接收到卫星发来的无线电导航信号后，根据各种数据参数求出定位瞬间卫星的实时位置坐标，从而定出用户的地理位置坐标和速度矢量分量。

按导航方法可分为多普勒测速导航和时间测距导航，按是否向卫星发射信号分为主动式导航和被动式导航，按照轨道高度可分为低轨道、中高轨道和静止轨道导航。已投入民用的导航卫星用途日益广泛。

国际日地物理卫星（ISTR）

美国国家航空航天局、欧洲空间局、日本宇宙与航天科学研究所以及俄罗斯空间研究院等航天机构合作的科学卫星计划。其主要目的是观测太阳、地球的空间环境以及日地间的相互作用。本系列已发射成功的卫星有地磁尾卫星、风卫星、太阳和日球观测台以及极卫星。

多镜面 X 射线观测卫星

欧洲空间局研制的最大的科学卫星。质量达 3800 千克，于 1999 年 12 月 10 日由"阿里亚娜"5 号运载火箭发射升空，进入远地点 11.4 万千米、近地点 7000 千米的运行轨道。卫星的主要有效载荷是一架口径为 30 厘米的光学望远镜，这架望远镜由 3 个相同的 X 射线反射镜组成，并有 174 块反射镜，因而具有很高的光通量和灵敏度。

这颗新型 X 射线观测卫星的灵敏度比以前任何一种同类卫星的灵敏度都要高。天文学家们期望利用这颗卫量得到宇宙中黑洞存在的确实证据。设计寿命为 10 年。

"探险者"系列卫星

"探险者"系列是美国最早的，也是历时最长的科学卫星系列，自 1958 年 1 月"探险者"1 号发射以来，美国共发射了 74 颗"探险者"卫星。其主要任务是：探测地球大气层和电离层，探测磁层和行星际空间，探测天文学和天体物理学现象，探测地球的形状、磁场和地球表面。

初期的几颗"探险者"卫星都是小卫星，质量 14 ~ 65 千克。其中最著名的是"探险者"1 号卫星，它不仅是美国的第一颗卫星，而且首次发现了围绕地球的辐射带，后人称为范艾伦带。

从 1960 年 11 月 至 1975 年 11 月，美国发射了"探险者"8 ~ 55 号卫星。这个时期发射的是质量为几十至几百千克的小卫星，它们在发射前都有自己的名称，发射后加上"探险者"系列的编号。这些卫星共有 6 种，分别为电离层探险者、大气密度探险者、行星际监测平台、射电天文探险者、小天文卫星和大气探险者。行星际监测平台是其中数量最多的一个系列，共发射了 10 颗卫星。

太阳辐射监测卫星

美国早期的太阳观测卫星系列，也

是世界上第一个天文卫星系列。1960—1976 年共发射了 10 颗。其主要任务是对太阳 X 射线和紫外线辐射进行整个太阳活动周期的连续监测和提供实时数据，探测太阳 X 射线和紫外线辐射通量，了解日地关系，预报太阳质子和电子事件。

1960 年 6 月 22 日发射的太阳辐射监测卫星 1 号是世界上第一颗天文卫星，它的发射揭开了人类利用卫星进行太阳探测和研究的序幕。

哈勃空间望远镜

欧洲航天局和美国航空航天局合作的在轨道上绕地球运行的望远镜，它以美国著名天文学家哈勃（1889—1953 年）的名字命名。质量达 11000 千克，长 13.1 米，直径 4.27 米，于 1990 年 4 月 25 日由"发现"号航天飞机拖放入轨，进入 600 千米高的近地轨道。

哈勃空间望远镜的观测由于不受地球大气层的影响，其分辨率可比地面望远镜高 10 倍左右，达 0.1 弧秒。它的另一优点是可以在轨维修，例如在 1993 年 12 月和 1997 年 2 月，航天飞机的航天员两次舱外活动，对哈勃空间望远镜进行在轨维修。

高级 X 射线天体物理卫星

美国于 1999 年 7 月 23 日发射的大型天文卫星。质量达 4790 千克。它是美国国家航空航天局"大型观测台"计划中的第三个大型天文望远镜。主要提供关于黑洞和河外星系碰撞以及超新星残余物等最主要的宇宙 X 射线源的高清晰度图片，其分辨能力是早期 X 射线望远镜的 10 倍。卫星后以印裔美国天文物理学家钱德拉塞卡的名字命名。

六、航天人物

齐奥尔科夫斯基（1857—1935 年）

苏联航空和航天科学家，现代航天学和火箭理论的奠基人。研究飞艇、流线型飞机和气垫列车的基本原理以及喷气飞行器的运动原理，给出星际火箭的示意图，并推导出著名的齐奥尔科夫斯基公式。为纪念他在航天研究方面的卓越贡献，1954 年，苏联科学院设立齐奥尔科夫斯基金质奖章，用以表彰在星际航行领域内作出杰出贡献的科学工作者。

戈达德（1882—1945 年）

美国火箭专家，现代航天学奠基人之一。1919 年发表的《到达极大高度的方法》，阐述了火箭运动理论、多级火箭原理以及月球火箭的设计与着月检测理论等。他从 1920 年起潜心研究液体火箭并取得了杰出成就，包括 1926 年试飞成功世界第一枚全液体火箭。1929 年试验了在火箭上装载探测仪器并用降落伞回收的可行性。1931 年使用与现代火箭相似的程序系统发射火箭。1932 年首次使用陀螺控制的燃气舵操纵火箭的飞行。1935 年试验的火箭以超音速飞行。

科罗廖夫（1906—1966 年）

苏联著名火箭专家和航天学家。1932 年领导喷气推进研究小组开始研究液体火箭以及火箭飞机。1933 年任喷气科学研究所副所长。主持设计的火箭飞机在 1941 年进行了成功飞行。"二战"结束后，领导设计了苏联一系列近程、中程和洲际导弹。其中中程导弹试射和 P-7 洲际导弹发射试验均取得成功。用 P-7 改装的"卫星"号运载火箭成功地将苏联第一颗卫星送入轨道。还领导了运载火箭"东方"号、"联盟"号、"闪电"号与飞船"东方"号、"上升"号的研制。月球背面最大的环形山以科罗廖夫的名字命名。

格鲁什科（1908—1989年）

苏联火箭发动机专家。13岁即对星际航行产生了浓厚兴趣。1929年开始在列宁格勒气体动力学实验室工作，很快研制成功世界上第一个电热火箭发动机。1945年担任研制运载火箭液体发动机的总设计师。由他设计的液体火箭发动机广泛应用于苏联的"卫星"号、"东方"号、"联盟"号、"质子"号等运载火箭上。格鲁什科在特型喷管、液体火箭发动机常平座、燃烧室用的二氧化锆隔热涂层、化学点火、推进剂供应系统涡轮泵等研究和设计方面都取得过突出成就。

冯·布劳恩（1912—1977年）

德裔美国著名火箭专家。1930年参与了几种型号液体火箭的研制和实验。1932年在德国陆军中参与军用火箭研究，

年轻的布劳恩正在研究一艘两级运载火箭宇宙飞船。后来在美国工作时，他继续致力于多级火箭的研究。

负责技术工作和研制液体火箭发动机，起飞助推器，远程弹道导弹A-1、A-2、A-3、A-4、A-5等工作，其中A-4成为战时液体火箭技术水平的代表。

1945年后，冯·布劳恩领导了"红石"号导弹、"丘比特"号中程导弹的设计。由他主持设计的"朱诺"1号火箭成功地发射了美国第一颗人造卫星。由他领导研制的"土星"系列运载火箭成功地将12名宇航员送上月球，成为他辉煌的科学生涯的顶峰。

孙家栋（1929— ）

中国航天技术专家、月球探测一期工程的总设计师。1958年后从事火箭导弹总体研究设计工作。曾参加中国地地导弹和运载火箭初创阶段的工作，担任中国自行设计的中程导弹的主任设计师。自1967年以来，他负责组建人造地球卫星总体设计部，参加和领导了中国第一颗人造地球卫星、返回型遥感卫星的研制和发射工作。孙家栋是中国第一颗地球静止轨道试验通信卫星的总设计师。他在中国各类卫星研制和发射过程中解决了大量工程技术问题，对中国航天事业的发展作出了重要贡献。

阿姆斯特朗（1930—2012年）

美国宇航员，第一个登上月球的人。1946年取得飞行员证书，并在1949—1952年担任海军飞行员。1955年任刘易斯研究中心试飞员。1962年被选为宇航员，于1966年3月16日乘"双子星座"8号飞船进入太空。

1969年7月16—24日对于阿姆斯特朗来说是人生的一个里程碑，作为"阿波罗"11号飞船指令长，他与同伴完成了人类首次登月飞行。在踏上月面时他

说："对于我个人，这只是一小步；但对于人类来说，这是一次巨大的飞跃。"由于首次登月成功，他获得了美国自由勋章、美国国家航空航天局卓越服务奖章和国际航空联合会金质奖章。

加加林（1934—1968 年）

世界上第一名宇航员，首次进入太空的人。23 岁时成为战斗机飞行员。1960 年被选为宇航员。1961 年 4 月 12 日驾驶"东方"1 号飞船绕地球一周，完成了人类历史上的一次壮举，荣获"苏联英雄"称号。1968 年在一次练习飞行时失事遇难。为纪念他，苏联将他的出生地改名为加加林区，国际航空联合会设立了加加林金质奖章，月球背面的一座环形山也以他的名字命名。

瓦莲京娜·捷列什科娃（1937—　　）

世界上第一名女宇航员。1963 年 6 月 16 日驾驶"东方"6 号飞船与两天前入轨的"东方"5 号飞船共同完成了编队飞行。飞行历时 70 小时 41 分，共绕地球 48 圈，比美国"水星"计划中宇航员留空总时间还长。这次飞行不仅完成了生物医学和科学技术考察计划，而且证明女性能在太空正常工作和生活。

王赣骏（1940—　　）

美国物理学家，第一位华裔宇航员。1972 年在美国国家航空航天局喷气推进实验室工作。1976 年提出"零重力液滴状态研究"课题，被选为航天飞机的科学实验项目。1984 年被选定为参加太空科学实验的科学家。1985 年 4 月 29 日至 5 月 6 日，他乘坐"挑战者"号航天飞机，用自己设计的液滴动力测定仪研究了液滴在失重状态下的行为并获得成功。

社会·军事

经 济

一、经济

经济

主要指人类创造财富的社会活动，即人们在一定的经济关系的前提下进行生产交换、分配、消费以及与之有密切关联的活动。有六个比较重要的意义：（1）节约、节省。（2）个人或家庭的收支状况。（3）适应于一定社会生产力发展阶段的社会生产关系的总和。（4）物质财富的生产、分配、交换、消耗及再生产。（5）非物质资料生产部门及其活动。（6）一个国家或多个国家国民经济的总称。

自然经济

是以自给自足为特征的经济形式。生产只是为了直接满足生产者自身（包括家庭或经济单位）的需要，而不是为了投入社会进行交换。生产的东西不进入流通领域或只有极小部分进入流通领域，产品不具有商品的性质。自然经济的重要特点是农业和手工业结合十分紧密。这使各个经济单位之间孤立分散、很少相互往来。自然经济是不发达社会（如原始社会）的经济。在人类社会经济发展史上，自然经济曾长期占据着统治地位。

商品

用来交换的劳动产品，具有使用价值和价值两种属性。使用价值是商品的自然属性，是商品价值的物质承担者；价值是商品的社会属性，是体现在商品

中无差别的人类社会劳动。

货币

是商品交换的媒介，是用来固定地充当一般等价物的特殊商品。货币具有五种职能：价值尺度、流通手段、贮藏手段、支付手段和世界货币。其中，价值尺度和流通手段是货币的基本职能。在人类历史发展过程中，牲畜、毛皮、食盐、贝壳、布帛、铜、铁等都充当过一般等价物，这就是早期的货币。随着商品生产和商品交换的发展，一般等价物最终固定在自然属性最适宜充当货币的贵金属（金和银）上。各国都有自己的货币，现今一般是纸币。纸币是由国家发行并强制流通的价值符号。一个国家发行的纸币量是以该国的黄金储备为基础的。

中国古代使用的钱币

价格

商品价值的货币表现形式。商品价值不可能从商品本身得到表现，只有当一种商品同其他商品进行交换时才能表现出来。此外，商品价格的变化还受市场供求关系变化的影响。供不应求时，商品价格上涨；供过于求时，商品价格下跌。因此商品价格总是在供求关系的影响下围绕价值上下波动。

价值规律

商品经济中存在的一种基本规律，反映商品经济过程中内在的、本质的、必然的联系，体现着商品经济运行过程的必然趋势。商品的价值量取决于生产商品的社会必要劳动时间；商品必须按照价值量相等的原则进行交换。价值规律是通过价格围绕价值上下波动（即供需关系）的形式得到实现的。当商品供过于求时，生产者为卖出商品而降价，使价格偏离到价值以下；当商品供不应求时，购买者为获得商品而抬价，使价格偏离到价值之上。其作用一般概括为三个方面：（1）调节社会劳动在各个生产部门之间的分配，优化资源配置。（2）刺激社会生产的发展。（3）促进优胜劣汰。

计划经济

以社会化大生产为前提，在生产资料公有制的基础上，由中央政府对国民经济进行统一计划管理、协调资源配置、实现生产与需求之间的联系，以使国民经济有计划按比例发展的经济体制。原则是统一计划、分级管理。通常把计划价格和计划调拨作为两种重要的调控手段。

商品经济

是直接以交换为目的的一种社会经济活动方式，是商品生产和商品交换关系的总和。商品经济产生的条件，一是社会分工，二是生产资料和产品属于不同的所有者。社会分工是商品生产存在的前提，但有社会分工，不一定就有商品生产。当社会分工中处于不同地位的生产者以产品的不同所有者身份出现，其劳动产品作为商品来生产和交换时，才产生商品经济。在不同社会中，商品经济有着不同的特点和表现形式。奴隶社会和封建社会的商品经济是简单商品经济。资本主义社会的商品经济是发达的商品经济，这个时期，不仅一切劳动产品都成为了商品，而且连劳动力也变成了商品。社会主义社会所发展的是以生产资料公有制为基础的社会主义市场经济。

市场经济

是以市场为资源的主要配置者，以市场为经济活动的主要调节者，以市场的自发调节为机制的一种商品经济形式。市场经济的基本特征主要有自主性、平等性、开放性、竞争性、分化性。市场经济并不是资本主义专有的，社会主义尤其是在其初级阶段也需要市场经济这种经济形式，而且是不可逾越的一个阶段。

通货膨胀

指物价水平普遍持续上涨导致货币购买力下降。其形成原因可概括为以下几种：（1）需求拉动型通货膨胀。（2）成本推进型通货膨胀。成本推进型通货膨胀又可分为工资推进通货膨胀和利润推进通货膨胀。（3）结构型通货膨胀。

经济危机

通常指资本主义经济发展过程中周期性爆发的生产过剩的危机。其主要特征是：企业纷纷倒闭，生产大幅度下降，工人失业人数剧增，信用关系遭到破坏，物价下降，整个国家的经济生活处于极端混乱和瘫痪中。经济危机产生的根本原因在于生产社会化与生产资料资本主义私人占有形式之间的矛盾。经济危机

341

20世纪70年代的经济危机，各国的失业人数剧增，造成大量的罢工事件。

期间最明显的两个反常现象是通货膨胀和物价上涨，即所谓"滞胀"。经济危机是资本主义矛盾激化的产物，只有社会主义制度代替资本主义制度，才能最后消灭经济危机。

货币资本

以货币形式存在的资本。在资本主义社会，货币资本主要用来购买生产资料和劳动力，以进行剩余价值的生产。随着资本主义的发展，货币资本从产业资本的循环中分离出来，形成独立的借贷资本，但仍从属于产业资本并参与瓜分剩余价值。

经济全球化

即国际经济一体化。通常指国家间的经济一体化。一般表示两个或两个以上国家在社会再生产的某些领域内实行不同程度的经济调节和经济联合。随着生产力的调整发展和科学技术的不断进步，生产社会化、国际化的程度得到了进一步的提高，经济全球化得到更进一步的发展。

经济全球化主要表现在国际分工、国际商品交换和国际资本流动等方面。国际分工是在社会生产力发展到一定水平时产生的，并随着社会生产水平的提高而发展。随着国际经济的发展、产业结构调整的强化和跨国公司的崛起，发达国家与发展中国家之间的国际分工也得到发展。国际分工的不断深化极大地促进了国际商品交换的发展。随着国际分工和国际商品交换规模的扩大，资本国际流动的规模也迅速扩大。

国际分工的深化、国际商品交换的发展和国际资本流动规模的扩大，对经济全球化提出了更高的要求。这一要求促进了区域经济一体化和国际经济组织的作用的强化。一些国际组织如世界贸易组织、国际货币基金组织、世界银行等在经济全球化当中起着相当重要的作用。

世界贸易组织（WTO）

简称世贸组织，英文缩写是WTO。致力于监督世界贸易和使世界贸易自由化的国际组织。总部设在瑞士日内瓦。由部长会议、总理事会和总干事负责管理。每两年召开一次部长会议。总理事会执行部长会议政策决议和负责日常行政事务。总干事由部长会议任命。

WTO的前身是关贸总协定（GATT）。1947年10月，23个国家签署了"关税与贸易总协定"。中国是关贸总协定的缔约国之一。1995年"关贸总协定"演变为"世界贸易组织"，但其宗旨和规则未变，即保证大规模地削减关税和贸易壁垒，实现互惠互利，遵循最惠国待遇、国民待遇、无歧视待遇、透明度等原则，促进国际间贸易发展。

WTO是独立于联合国之外的经济组织，是建立在市场经济原则之上的世界性公平组织。加入WTO意味着将得到更广阔的市场空间，将对国民经济发展和人民生活的改善产生较大的影响。中国几经周折和通过多年的努力，于2001年正式加入世界贸易组织。

国际质量认证体系

质量管理中的组织机构、责任、程序、过程和资源构成的有机整体。其国际标准ISO9000系列，由第三方认证机构对标准的实施进行审核和认证。ISO9000系列标准由"质量管理和质量保证"的5个标准构成，在质量体系审核和认证规程管理方面为认证机构提供指导。其中3个质量保证模式分别为：ISO9001为开发设计、生产、安装和服务的质量保证模式；ISO9002为生产和安装试验的质量保证模式；ISO9003为最终检验的质量保证模式。另两个非合同环境模式是：质量管理与质量体系要素指南和ISO9004。

ISO9000系列为基础的质量体系的建立，有利于改良产品设计、改进产品质量、提高生产效率、增强用户信心、健全企业质量文化、树立企业良好信誉、提高竞争力、增加出口份额。全世界越来越多的企业积极参与国际质量认证，并建立起自身的质量体系。

经济学

是一门研究经济关系和经济活动规律及其应用的科学。最早出现于奴隶时代。在封建社会末期商品经济发展到资本主义生产关系阶段出现了资产阶级经济学。到19世纪中叶，马克思主义政治经济学诞生了。马克思主义政治经济学的基本原理与中国国情的结合，进一步推动了社会主义革命和建设。而毛泽东等马克思主义者也极大地丰富了马克思主义经济学说。经济学的主要内容包括：财政学、货币学、国际经济学、劳动经济学、工业经济、农业经济、经济增长和发展、数理经济学、计量经济学等。

生产力

人类在与自然界的物质变换过程中，把自然物改造成为适合人类需要的物质资料的力量。又称社会生产力。

生产力的要素有：劳动者、劳动资料和劳动对象等。具有一定生产经验和科学知识及劳动技能的劳动者，是生产力的主体，在生产过程中发挥着主导作用。劳动资料是劳动者置于自己和劳动对象之间，用来把自己的活动传导到劳动对象上去的物件或物件的综合体，它主要由生产工具，以及土地、厂房、道路及其他辅助设施构成。广义的劳动资料还包括动力系统、运输系统和信息系统。在生产力要素中，科学技术是最重要的因素之一。

生产力是一个复杂的系统，是各要素有机组合的一个整体。生产力是生产中最活跃最革命的要素，它不断变化、提高，从而推动人类社会从低级向高级发展。

生产关系

人们在物质资料生产过程中形成的相互关系。它是生产方式的一个方面，是物质生产的社会形式，经济关系指的是与一定的社会生产相适应的生产关系的总和，它是人类社会存在和发展的基础。

生产关系有狭义和广义之分。狭义的生产关系指直接生产过程中人与人的关系。广义的生产关系则包括再生产过程中的一切经济关系，其中有直接生产过程中的关系、分配关系、交换关系和消费关系，也包括作为一定的生产的前提和基础的社会条件。

生产方式

人们生产生活资料和生产资料的方式。生产方式的范畴包括：人们使用什么样的生产资料进行生产，生产中采用什么样的劳动方式，生产资料和劳动力在技术上和社会形式上如何结合，人们在什么样的生产关系下进行生产等。

生产方式包括生产力和生产关系两个方式，生产力是社会生产的物质内容，生产关系是它的社会形式。生产力决定生产关系，生产关系又对生产力发生积极的反作用。生产力发展导致生产关系变革，生产关系变革进一步促进生产力的发展。作为生产力和生产关系相统一的生产方式，决定着人们的政治生活和精神生活。

价值

凝结在商品中的一般的无差别的人类劳动或抽象的人类劳动。价值是构成商品的因素之一。

价值是商品经济的特有范畴，由生产商品所耗费的相同的人类或抽象劳动所创造。一个物品虽然凝结了人类劳动，是人们通过劳动创造的，但如果不是商品，它的劳动就不形成价值。相反，没有凝结人类劳动的东西，即使具有使用价值，也没有价值。如空气和阳光等。因而，必须是具有使用价值和交换价值并由人类劳动所创造的商品才有价值。

生产者通过商品的价值形式，把他们的劳动当作等同的人类劳动来互相发生关系。他们互相交换商品。比较其价值，实际是在互相交换和比较其劳动。通过这种劳动交换使社会上不同的商品

生产者发生经济联系，形成商品生产者之间的社会生产关系。

劳动

劳动力的使用和消费。它是人以自身的活动来引起、调整和控制人和自然之间的物质变换的过程。劳动是人类最基本的社会实践活动，是人通过有目的的活动，改造客观对象，并在这一活动中改造人自身的过程。

劳动是人类自下而上最基本的条件，通过劳动，人类使自然物发生形式变化，使之适合自己的需要。通过劳动，人使自己与外部自然之间交换物质与能量，使人的生命得以维持和延续，并不断改善和改变自己的身体，劳动过程又是人类的再造过程。劳动使猿手变成了人手，促使猿脑转变为人脑，导致了语言的产生，使人类从动物界中提升而成为人。劳动说明人不是消极地适应自然界，而是能动地支配自然界，这是人和动物的基本区别。劳动是社会过程，人类所特有的劳动只有在一定的社会关系中才能实现，这是人和动物活动的又一区别。随着劳动的发展，人们之间的社会关系

18世纪60年代，工业革命开始于英国。这场空前规模的技术革命使英国先后建成了纺织、钢铁、煤炭、机器制造和交通运输五大工业部门，到19世纪50年代取得了世界工业和贸易的垄断地位。英国经济的发展促进了整个西方经济学的发展。

愈来愈密切，形成日益丰富的社会关系体系。

工资

劳动力价值或劳动报酬的一种形式。工资既存在于资本主义社会，也存在于社会主义社会，但它的根本性质却不同。资本主义社会资本家付给工人的工资实质上是劳动力价值的货币转化形式，即劳动力价格。这种工资掩盖了工人的必要劳动和剩余劳动，有酬劳动和无酬劳动之间的区分，掩盖了资本家对工人的剥削实质。

而社会主义工资是指国家或集体经济组织根据按劳分配原则，以货币形式分配给劳动者的那部分价值。在社会主义社会中，劳动者是生产资料的主人，工资是按劳分配的主要实现形式，体现着国家、企业和劳动者之间根本利益一致的关系，在社会主义条件下，劳动者在工资分配上的差别大体与人们的劳动差别一致，技术高、劳动贡献大的工资就高。必须反对分配上的平均主义。

在中国，构成工资总额的项目有：标准工资、加班加点工资，各种奖金，各种津贴，其他工资等。

竞争

不同个人或群体为了争先获得同一目标而进行的争夺，竞争的发生要具备以下条件：（1）必须有争夺的目标。没有共同的争夺目标就不会形成竞争。（2）追求的目标必须是比较稀少和难得的，一个人或一些人夺取或达到这一目标，就意味着其他人失去达到这一目标的机会。（3）竞争多按照一定的规范进行，如体育竞争要按照体育规则进行，经济竞争要在法律允许的范围内进行等。竞争是一种普遍的社会行为，它的激烈程度依争夺目标或事物对于竞争双方的价值而不同，目标或事物对双方的价值越大，争夺就越激烈。竞争可能是直接的，也可能是间接的，竞争的结果是胜者获得某种利益，败者蒙受损失，但是，竞争总会使双方集中各自的力量来努力，从而使得团体或社会充满活力，因此可以说竞争是进步的杠杆。

垄断

指少数大企业为了共同控制某个或若干部门的生产、销售和经营活动，以获取高额垄断利润而实行的一种联合，又译独占。

垄断是从自由竞争中成长起来的，资本家为了在追逐利润的竞争中取得胜利，必须采用新的技术设备，扩大生产规模，以提高劳动生产率和降低生产成本，这就需要不断地进行资本积聚，即通过剩余价值的资本化来不断地扩大资本。在资本积聚的基础上，竞争又引起资本集中，这主要是通过大资本并吞小资本或建立股份公司方式来实现的，资本积聚和资本集中的结果，使生产日益集中于少数企业。当生产集中发展到一个部门已被少数大企业所控制的阶段时，必然会形成垄断。

常见的垄断形式有：（1）托拉斯。其英文原意为"信托"，指受托人替委托人管理资产，进行经营。19世纪后美国有人利用信托形式在工业中建立垄断。托拉斯作为垄断的组织形式，主要通过兼并相同类型的竞争对象，在没有竞争的条件下由共同的总部，对市场实行垄断。（2）卡特尔。与托拉斯不同，卡特尔在组织形式上没有共同的总部，也不需要通过兼并来实现。卡特尔指在竞争对手间，通过协议或默契，进行结盟，从而对市场实行垄断。

二、产业

产业

把原材料变成产品或提供有用服务的所有的工农业和服务行业的总称。产业部门生产或提供社会所需要的所有产品和服务，并把这些送达消费者。一个国家的财富主要以其产业为基础，产业效率越高，国家的财富越多。一个国家的生活水平，可用其产业所生产的产品数量、成本和质量来衡量。我国产业的划分一般是农业为第一产业，包括农、林、牧、渔各业和采掘业；第二产业为工业，包括制造业、能源业和建筑业等。第一、二产业以外的为第三产业，包括流通和服务等部门。

传统产业

利用传统技术进行生产的产业，在西方发达国家又称"夕阳产业"。一般是生产技术和生产装备比较落后、产品技术含量不高、劳动生产率水平较低、经济效益较差的产业，如纺织产业、钢铁产业等。随着科技的高速发展，传统产业面临巨大的挑战，需要进行大规模的调整，甚至有一些将被新兴产业所取代。然而，传统产业所提供的产品和服务仍是经济发展和人类生活所需求的，大部分传统产业仍将具有强大的生命力。但是这些传统工业必须用先进的技术对落后的生产工艺进行改造，以提高资源的利用率、劳动生产率和市场竞争力，满足市场、社会的需求和产业自身发展的要求。经过彻底的技术改造和结构调整的传统产业有可能成为全新的产业，并对国民经济和人民生活作出新贡献。

高技术产业

技术含量相对较高的产业。高技术产业是在研究开发的基础上通过技术创新形成的新产业，具有高增长率、高附加值、强烈的出口导向和高技能劳动密集等特点，如计算机、微电子、现代通信、生物工程、智能机器人、新材料、原子能发电、太阳能利用、海洋采矿、飞机制造、太空利用等产业。而高技术是指高技术产业中的主导技术，如信息技术、生物技术、新材料技术、新能源技术、空间技术和海洋开发技术等。

位于旧金山以南75千米的硅谷是美国电子科技行业的大本营。它在1950年随着电子计算机的问世应运而生。是由斯坦福大学实验室演进而来的电子高科技园区，目前已成为全世界发展速度最快、规模最大的高科技和微电子科研产业区。

劳动密集型产业

投资较少、劳动力较多、装备落后、技术落后的产业。其特点是投资少、技术操作要求较低、劳动工具简单、能够吸收较多的劳动力，以及活劳动消耗比重高、物化劳动消耗比重低。比较典型的劳动密集型产业有服装产业、家具工业、玩具工业、皮革工业、工艺手工业等。

社会生产力的发展和现代科学技术

的广泛应用，使劳动密集型产业对生产的机械化程度和自动化程度以及对资本、技术和劳动力素质的要求不断提高，逐步向资本密集型产业和技术密集型产业的方向转化。

资本密集型产业

投资较多、技术装备程度较高的产业。资本密集型产业具有资本投入比劳动力投入对产业的贡献大、工艺过程比较复杂、设备相对比较庞大、原材料消耗量大、单位投资能容纳的劳动力相对较少、劳动生产率较高的特点。如冶金工业、汽车工业、石油开采业、石油化工工业和重型机械制造业等大型工业都属于资本密集型产业，在国家经济发展和社会进步中有着举足轻重的作用。资本密集型产业除需要较大的资金外，对社会生产力水平以及原材料、产业技术、基础设施、劳动力素质、管理水平、市场容量和发育程度等基本要素也都有较高的要求。

技术密集型产业

运用先进的科学技术进行生产的工业部门。其特点是知识性劳动的投入取代简单体力劳动投入和资金投入，产品的附加价值高，科技人员比例较大等。技术密集型产业对现代科学技术有很高的需求，一般需要投入较多的研究开发经费和较多的研究开发人员。此外，由于其产品和生产工艺的技术密集程度高，生产装备的精密程度高，因而需要较大的投资规模。技术密集型产业所使用的技术通常都是较为先进的技术，因此，也称作高技术产业。技术密集型产业的每项技术都有自己的生命周期，随着时间的推移，必将被更新、更高水平的技术所取代。因此，不同的历史时期有不同的技术密集型产业。

农业

是耕耘土地、种植和收获庄稼、饲养牲畜的科学和技术。农业、林业和渔业是人类最古老的和最重要的产业。大约半数的世界劳动力从事农业生产。耕作方法和所种植的农作物各国不尽相同。许多不发达国家的农业仅处于维持生存的水平，农民生产的粮食仅够养活他们自己和家人。先进国家的农业机械化程度较高，从而生产率也较高，农民种植作物在市场上出售，是商业的初级阶段。

矿业

是自远古以来人类所从事的一个基本行业。矿山提供矿石用以提炼金属和化学品，提供金银用以制造首饰，提供盐供人食用。世界上的能源大都必须加以开采，如煤、石油、天然气以及用于核动力的放射性矿石。工业所需要的许多原材料必须从地下取得。

矿产资源是不可再生的，必须保护不能再生的资源。采矿业保护自然资源的方式是采用更为有效的和浪费程度较低的方法开采和加工自然资源。采矿是一种危险的工作，目前机械已取代了许多井下作业的工人，而且使劳动生产率大大提高了。

建筑业

建造基础设施的产业，是第二产业的一种。基础设施是人民生活不可缺少的因素。这些基础设施包括办公室、工厂、住房、道路桥梁、港口及运输系统的其他部分基础设施，还包括电站、电力分配系统以及通信网。几乎工业的所有生产中枢都是基础设施。发展中国家应优先考虑建立基础设施，以及为迅速增长的人口建造住房。活跃的商品经济中所得到的利润绝大部分被用于修建桥梁、港口和工厂，以及工业设施。

建筑业是经济活动变化的晴雨表。在繁荣和扩展时期，建筑业发展迅速。当经济发展速度放慢时，建筑业的发展也相应减缓。建筑业由于未能全面机械化，所以还是劳动力的主要雇用者。

制造业

把原材料变为制成品甚至商品的产业。制造业由于增加了原材料的功用而使其增值。制造业的产出通常用所增加的价值计算，即投入生产中的原材料的价值和它的销售品价值之间的差额。工厂既生产生活资料又生产生产资料。

现在，发达国家主要的制造业为非电子机械、运输（包括汽车）、食品、化学制品以及电力和电子设备。而发展中国家的工业一般是提供吃、穿、住等必需品的基本产业。随着经济的发展，这些工业也必然会从生产基本的必需品发展到制造先进的生活资料和生产资料方面。这成为一种发展模式，许多国家的发展实践已经证明了这一点。

制造业的发展与变更，充分体现了产业的生命周期——开始时是快速发展的新兴产业，之后成为经济的主要产业，最后成为逐渐衰落的产业。这种生命周期由经济结构调整需要所决定。

运输业

为制造业和农业等提供运输服务的产业。人们必须把商品和原材料从工厂和农场运到市场和其他制造中心，这是

18世纪法国食品和燃料的经常性短缺，导致民心不稳，这些运小麦和木材的船只大受欢迎。

原料和产品流通必不可少的环节。产业革命之前，运输很困难，把商品运到市场上去的费用很高，运输成本占产品最终成本的比重很高。产业革命带来运输的快速发展，现已大大减少了运输的时间和成本。运输成本的下降，降低了许多商品的价值，使更多的消费者可以有能力购买到自己所需的物品。

各产业的发展使运输业的产生和发展成为可能，更加密切了与运输业之间的联系，而日益发展的运输业也促进了各产业的发展。另外，运输业也同国际贸易有密切关系，较低的运输成本为更多的国家进入世界市场提供了可能。

通信业

使用先进的技术，完成信息的传递与交流的产业。多通过光纤电缆、激光光束或卫星传送出来。半导体的广泛应用，曾在通信设备中引发了一场革命。而今计算机存储和传递信息，并同其他的计算机进行联网对话，使办公室通信对书籍、纸张、电话和邮政的依赖大大减少。随着工业时代的逐步发展与完善，商品经济的日益繁荣，人类将完全置身于一个高速运转的商品和信息社会。商品与信息的交流打破了地域限制，扩展

到国际领域的各个重要角落。通信业的发展已经是经济生活与交流必不可少的一部分。

服务业

提供服务的行业。主要包括商业服务、卫生保健、教育、休闲服务以及批发贸易和零售贸易。

同农业和采矿业相比，服务业是最后发展的经济部门。服务业目前是所有国家的基础行业。工业化过程产生了制造业，而制造业又需要金融和通信等方面的服务。制造业的发展，给服务业即第三产业部门创造了更多的发展机会。在经济发达国家，服务业已成为发展得最快的经济部门，它所创造的价值不仅在国民经济中占重要地位，而且它所提供的就业机会已逐渐居各行业之首。

公用事业

为产业发展及基础设施提供动力和服务的产业部分。因为各产业的每一次发展都要使用更多的动力。比如电力现在仍支配着现代产业。大部分电力来自公用事业的电力配送系统。电力由水力发电厂、石油发电厂、煤发电厂或核电站生产出来并输送给用户。由于公用事业生产电力的效率越来越高，电价已逐渐降低，加之各产业之间的相互促进与发展，公用事业的设备和服务水平也越来越好，从而能够更好地推动产业的发展。

三、金融与商业

金融

货币流通与信用活动的总称，是商品经济发展到一定阶段的产物，货币的经营促使银行业的诞生，资本的发展又

《银行保密法》颁布后，瑞士银行业十分发达，瑞士人的储蓄率十分高，这为瑞士的发展奠定了基础。

使信用逐步成为金融的主体，使商业信用、银行信用、证券信用都获得了较快的发展。

金融与融资密切相关，金融活动本身就是融资的过程。它是一种以所有权和增值价值索取权为背景的资金借贷行为。通过货币资金的重新组合与集中，增加实物生产要素的积累力量，并通过非生产性货币向生产性货币的转化，为再生产提供资金来源。它与信用结合会使社会资金更快更自由地运转，不仅对扩大再生产有益，而且对整个国家的经济都起着重要的推动作用。

商业

随着商品经济的发展而发展起来的商品交换活动的总称。在商品流通过程中产生了买和卖的分离，也产生了商人。当商品流通再进一步扩大时，便出现了商业，以至于后来出现批发商业以适应商品经济和需求的发展。

商业是专门从事商品流通的国民经济部门，是与生产相分离的专门行业。商业的基本职能是媒介商品交换，商品经过这个媒介才能由生产领域转向流通领域。另外，商业还承担诸如商品的运输、保管、分类、编配以及其他为商品

经营活动服务的业务活动。总之，商业作为一个独立的社会经济部门，对国民经济的发展有着不可低估的促进作用。对完善社会分工、提高生产率、提高经济效益、促进生产力发展都有着积极的影响。

金融国际化

金融活动从地区性传统的业务活动发展为全球性的、创新性的业务活动的过程。通过一国在海外设立金融机构，形成信息灵敏、规模适宜、结构合理的金融网络，并允许外国金融进入本国，使国内金融与国际金融在更广泛的范围内得到优化配置。金融国际化主要形式有：金融机构的国际化、金融市场的国际化、金融资产和收益的国际化等。金融国际化是随着世界经济一体化及金融自由化程度的不断加深而发展起来的。它的发展有利于促进各国金融业提高经营效率，促进行业竞争，降低流通费用，推动金融新产品的开发，并推动整个国际金融与经济秩序的发展与完善。

电子货币

使消费方式和支付方式无纸化的操作方式。目前的电子货币一种是以 IC 卡为基础的"电子钱包"；另一种是借用互联网络发行的"电子现金"。电子钱包将个人的现金信息储存于 IC 卡的芯片中，使用者可借助电话、个人电脑或 ATM 等设备，将个人银行账户上的钱，以电子信息方式划入 IC 卡中。持卡人只须将卡片放在终端机上读取，即可购买商品或做其他现金支付。电子货币还可以通过互联网实现电脑购物，并可付款观看有线电视，以及在装有 POS 终端的商场、

餐厅、电影院等做日常购物和消费，既省去携带现金或支票出门的麻烦，同时使银行和服务机构也相应地减少了一定的成本和风险。电子货币是随着电子通信技术的进步而发展起来的银行业务电子化的产物。它的出现已在金融工作中表现出极大的优越性，显示出极强的生命力。

POS

商业销售网点的终端系统，是金融电子服务系统的服务方式之一。POS 系统是根据信用卡在各行各业的需要而发展起来的，它的使用促进了信用卡的发展，使信用卡的使用更方便，资金结算更迅速。一般在大型百货公司、超级市场、加油站等处安装，并与银行电脑中心联网。客户在上述场所消费时，无须使用支票或现金支付货款，经验收信用卡无误后即可在终端上通过转账支付进行结算，并通过与银行主机通信，自动从客户银行账户中扣除所用款额。它的使用减少了社会上现金和支票的流通，推动了信用卡的大规模使用。另外把终端机与顾客家中的电子计算机进行联网，客户无须出门，只要打电话给银行，就可以办理所有的银行业务，或者打电话给购物场所进行购物。

风险资本

高科技公司在创业期所融通的、用于开发研究高技术产品的投资资金。这类公司由于无法准确测定高技术产品的消费需求，以及新产品研究项目能否取得成功，因此往往有相当高的风险，但潜在收益却可能超出平均水平。风险资本一般来源于富有的个人投资者、银行子公司、小企业投资公司、投资银行集

团、创业基金或创业资本有限合伙实体。投资者可在利润、优先股票、销售特许权以及普通股的资本增值部分获得收益。风险资本融资是创业者弥补自有资金不足的有效手段，投资者以资本为股份，工程师、科学家等专业技术人员以技术为股份，双方均分股票额。为了分摊和减少风险，风险资本家在选择项目时极其慎重，并且通常联合承担一项投资项目的投资。有的还亲自参加到风险企业的管理之中。

股票

是拥有某家公司股份的书面凭证。它是有价证券的主要形式之一。股票上一般要写明公司名称、设立登记的日期、每股金额、发行股数、发行日期等。股票的持有人称为股东。股东凭股票定期从股份公司取得的收入称作股息，又称股利。股票按股东权利分为优先股和普通股。优先股是对公司的收益或结算时享有权利的一种股票。普通股是在支付优先股的股息之后，确定股息的股票。

股票只是代表投资人取得收益的权利，是对未来收益的支取凭证。它只是间接地反映实际资本的运动状况，是一种虚拟资本，本身并没有价值，但可以作为买卖的对象和抵押品，具有价格。买卖股票实际是一种获取股息收入凭证的转让，是一种权利的转移。通常在证券交易所进行。

债券

表明债权、债务关系的一种凭证。是由公司或政府发行的有偿还义务的借款契约。它证明持券人有按约定的条件取得利息和到期收回本金的权利。债券主要包括公司债券和公债券。

公司债券是由公司发行的一种信用契约，常存在于发行债券的公司及被信托人之间。一般都有期限，到期公司偿还本金，赎回债券，并按事先规定利率付给持券人利息。公司债券的种类很多，有记名债券和不记名债券；抵押债券和信用债券；可兑换债券和赎债券；保证债券和承担债券；收益债券和分息债券等。

公债券是由政府发行的债务凭证。它以发行债券的政府部门的课税能力予以支持或用于特定的收益项目，如收费道路、机场等。债券上附有息票的称作分次取息债券；债券上没有息票，到期按票面金额计算还本付息的称作一次取息公债券。由中央政府发行的公债券叫国家公债券，由地方政府发行的叫地方公债券。

现货交易和期货交易

现货交易是指买卖成交后卖方立即付货收款，或者先付货延期收款的一种交易方式。在现货市场上，零售企业的现货交易一般采取一手交货一手收款、银货两清的方式。批发企业的现货交易，

19世纪棉花交易情景
在《国民经济学原理》中，门格尔将"交换"看作是货币的起源，当以物易物的形式严重阻碍了交易进程、交易范围时，就需要一种中间媒介在物物之间周转，货币就是这种媒介物。

除了采取一手交货一手收款的方式外，还通过银行收款付款，在期限内结算的方式。

期货交易是指事先通过签订合同或协议而达成交易，并约定一定日期后交货的交易方式。在期货市场上从事交易的一般是大宗商品的批发贸易。这样，买方可以得到稳定的货源，卖方有可靠的销路保证，对稳定市场，发展生产有积极的作用。但是，由于期货交易中，双方并不真正进行证券的买进和卖出，而是根据有价证券行市的涨落进行结算差额，因而会出现投机者买空卖空、从中牟利的现象。

储蓄

把当前的部分收入留出来供将来使用的过程，还指在一定时期内积累资金的流程。银行储蓄一般可以分为活期储蓄和定期储蓄。活期储蓄是一种可以随时存入和取出的储蓄。定期储蓄是规定了取出期限的储蓄形式，它有整存整取、整存零取、零存整取和存本取息4种形式。储蓄可以将分散在人们手中的货币集中起来，用于发展生产和各项经济事业，对稳定经济、调节货币流通起着重要的作用。有的邮局也能开展储蓄业务。

利息

使用货币的费用。也就是借款人因使用借入货币而支付给贷款人的报酬。利息本身有数量上的限制，不能为零，更不能为负数。利息的多少受平均利润率、市场竞争、借贷资金供求情况、借贷风险的大小、借贷时间、商品价格水平、国家利率、经济与货币政策等因素的影响。通常分为年息、月息、日息三种，有存款利息、贷款利息和各种债券利息之分。一定时期内利息量和本金的比率叫利率。

利润

利润是剩余劳动在价值上的具体体现。是现代企业经营和追求的目标。企业取得利润的多少，决定于劳动者提供的剩余劳动的多少。它以工作时间充分利用，采用新技术、新的管理方法，采取科技手段提高劳动生产率等指标为前提。另外，企业还必须适应市场需求的变化，生产适销对路的商品满足消费者的需要，提高产品质量，增强企业竞争力，这样才能获得更高的利润。

税收

国家根据法律法规预先制定标准，无偿强制取得财政收入的一种方式，是国家进行经济管理的主要手段。税款通过国家的预算安排，用于发展科教、文化、卫生等各项事业。带有强制性、无偿性和固定性等特征。它是人类社会发展到一定阶段的产物，它的性质和内容随社会生产力与生产关系的发展而变化。

我国的税收原则是取之于民，用之于民，采用税收基本用于国家经济建设、科学文化教育建设和政权建设的基本思路。国家运用税收杠杆来调整经济结构和产业结构，使社会资源优化配置。依法纳税是公民应尽的义务。

支票

是存款户向银行支取其活期存款账户上一定金额的凭证。在银行开立支票存款账户，银行才给予空白支票簿，存款户在存款的数额内签注一定的金额付款给指定人或持票人。

现在，许多国家采用的支票主要形式有：即期支票和定期支票，记名支票和不记名支票，现金支票和转账支票。在中国，支票是向银行或信用社提取现金或办理转账结算的一种凭证，采取记名方式，不准流通转让。支票的运用减少了货币流通量，节约流通费用，有利于经济的运行。

经纪人

在市场的洽谈和交易中为买卖双方充当中介的中间商人。经纪人可以分为一般经纪人和交易所经纪人。一般经纪人是指受企业雇用或委托的中间商人。交易所经纪人是依法取得一定资格，并向交易所缴纳保证金，代顾客进行买卖，取得佣金的中间商人。经纪人的收入主要是买卖双方支付的佣金。在市场经济条件下，经纪人作为商人的组成部分，起着越来越重要的作用。

信用

信用是指经济生活中的一种借贷活动，是以偿还为条件的价值运动形式。在信用交易中，债权人以有条件让渡的形式赊销商品或贷出货币，债务人按约定的日期偿付贷款或偿还借款，并支付利息。

在目前的经济活动中，个人使用赊购购买房子、汽车、电器、家具等商品或劳务；企业利用赊购扩充存货，建造新工厂；政府利用赊购弥补税收和行政费用的支出差额等，这些都是信用的体现。许多行业，如果没有信用就没有现在的规模。银行的工作几乎完全是信用的分配。

信用的主要形式有：商业信用、银行信用、国家信用和消费信用。它不仅是聚集资金的可靠保证，而且能实现资金的合理流动，促进经济发展，是调节国民经济运行的有效手段。

信用卡

消费信用的一种形式，是银行或其他专门机构发行的消费信贷凭证。持卡人凭卡到指定的商店、旅馆等处购买商品或支付劳务费用时，不必支付现金，只要在有关单据上签字即可。商店、旅馆等单位凭持卡人签过字的单据向发卡单位的结算中心收款。结算中心按期向持卡人结算。部分信用卡还可以透支小额现金，甚至赊购。顾客用信用卡购物后有两种付款方式，一是一个月内全部付清，不收利息、不加计费用；二是延迟付款几个月需收利息和加计费用。现在，信用卡在发达国家发行数量不断增加，流通范围很广，有的已成为跨国的信贷工具。我国有部分银行和其他机构也开始发行信用卡，并办理信用卡国际间的兑付业务。

国际货币制度

货币制度是指国家用法律或法令规定的货币流通制度。它的主要内容包括货币金属（币材），货币单位（货币名称、价格标准），各种通货的铸造、发行和流通程序，货币偿付能力的限度和准备制度。国际货币制度包括国家之间支付的一切安排、规章、具体做法和执行机构等方面的内容。它所涉及的重大问题，集中在以下三个方面：（1）国际收支的调整，包括收支不平衡时使用信贷或外汇储备来支付的问题。（2）汇率的确定和改变。（3）有关国际储备的问题。因此，凡是各国货币制度的类别、性质、作用和有关汇率、货币兑换、国际结算、国际收支、国际储备、国际金融机构及国际金融市场等事项都属于国际货币制度。

国际金本位制度

金本位制是指一国的本位币用一定量的黄金表示的货币制度；而本位币就是作为一国货币制度标准的货币。英国于 1816 年制定《金本位制度条例》，1821 年实行金本位制度，这是世界各国实行金本位制度的开始。自 19 世纪后半期至 20 世纪初，金本位制度发展成为世界性的货币制度。在世界大多数资本主义国家都实行金本位制度的情况下，黄金就具有国际货币的机能，而且普遍用作国际清算的手段，国际金本位制因而成立了。根据货币与黄金的联系标准，金本位制度可区分为金币本位制度、金块本位制度和金汇兑本位制度三种。金币本位制度是金本位制度的最初形态，也是纯粹金本位制度。

第一次世界大战前各国实行的金本位制，都属于金币本位制。第一次世界大战后，在 1924—1928 年资本主义相对稳定时期，一些资本主义国家，在名义上恢复了金本位制，但实际上都无力恢复金币本位制，而是改行金块本位制。金块本位制，除不发行金币外，其他情况完全与金币本位制相同。所以它也能发挥自动调节的功能，促使黄金价格和汇率的稳定。

金汇兑本位制也称虚金本位制。在金汇兑本位制下，在国内既不铸造和行使金币，也不一定要有黄金储备；但必须与一金币本位制或金块本位制国家的货币密切联系，使本位货币对于该金币本位国的货币保持一定的比率，并须存储准备金于这有密切联系的金币本位国。

国际货币基金组织

根据 1944 年 7 月 1 日联合国 44 个国家的代表签订的"布雷顿森林协定"，国际货币基金组织于 1945 年 12 月正式成立，并于 1947 年 3 月 1 日开始营业，现共有会员国 148 个。

国际货币基金组织的宗旨：（1）建立永久性的货币机构，协商和促进国际货币合作。（2）便利国际贸易的扩大和平衡发展，借以提高和维持各会员国的就业与实际收入于高水平，并开发各会员国的生产资源。（3）促进外汇汇率稳定，适当安排会员国之间的外汇交易，避免货币贬值竞争。（4）建立多边支付制度，废除外汇管制。（5）货款给会员国用以调节它们国际收支的不平衡。（6）缩短会员国国际收支不平衡的时间，并减轻不平衡的程度。

基金组织虽有以上六项宗旨，但其最基本的目的是维持外汇汇率的稳定；其基本职能在于以短期资金供应会员国，以调节各会员国的国际收支平衡，确保汇率的稳定。基金组织最高权力机构是理事会，每年 9 月间与世界银行联合召开年会一次。

黄金输送点

在金本位制度下，汇率只在一定的界限范围内变动；在金本位制下的国际结算，有使用外汇和运用黄金两种办法可供选择。黄金的运送，需要各种运送费用，如包装费、运费、保险费，以及运送期间的利息、化验、铸造等费用。这样，汇率的变动，如果以负担运送费用运出黄金比以外汇作为国际结算手段为有利时，就会把黄金运出国外，进行结算。因此，金本位制下的汇率变动不会超出一定的界限，若超过此界限，人们就宁愿运黄金出国作为支付手段；可

黄金储备与现钞

见黄金的运送费用，就是构成汇率变动界限的因素。假设运送黄金不需要支付任何费用，那么金本位制下的汇率就应该等于黄金平价，而不会发生变动。但实际上，运送黄金一定要支付若干费用，所以汇率必然会发生变动。这么一来，这种汇率变动的最高界限或上限，等于黄金平价加上黄金运送费用之和；其最低界限或下限，等于黄金平价减去黄金运送费用之差。前者称为黄金输出点，后者称为黄金输入点。

金平价

在金本位制度下，汇率的决定和变动有一种基准，这就是金平价，又称为法定平价或铸币平价。金平价是根据各国的法律规定，各国本位货币所含有的黄金纯量之比；这也是金本位制度下各国货币的交换比率。第二次世界大战后，国际货币基金协定规定成员国对各自的货币以黄金或美元计算外汇平价，即金平价。例如 1952 年 12 月 17 日瑞士法郎含金量为 0.2032258 克，美元含金量为 0.888671 克，两种货币的比价为 4.37282 瑞士法郎等于 1 美元。1978 年 4 月 1 日国际货币基金组织关于第二次修改协定条例的决议，取消了有关平价的规定。

但同时又规定，当 85% 的投票权同意时，可重新采用平价，这时平价可用特别提款权或基金组织所规定的类似的共同计值单位来表示。这种共同计值单位不应是黄金或某一国家的货币。

特别提款权

1969 年 9 月 28 日国际货币基金组织在其第 24 届年会上通过创设"特别提款权"。这是一种新国际储备资产，也是国际货币基金组织的记账单位。但在本质上仍然具有"融通便利"的性质。特别提款权的单位价值等于 0.888671 克纯金，即与 1971 年 12 月美元贬值前，每 1 美元所含的纯金相等。美元两次贬值后，含金量降至 0.73662 克，但特别提款权的含金量未变，因此，1 特别提款权等于 1.20635 美元。特别提款权的创立，事实上并未解救美元危机和其他资本主义货币危机，更谈不到解决资本主义货币制度的改革问题。

外汇

外币汇兑的简称。它具有两种含义：一是动态的，指把一个国家的货币兑换成另一个国家的货币，借以清偿国际间债权债务关系的一种专门性的经营活动；二是静态的，指它是一种以外币表示的用于国际结算的支付手段。现在，国内普遍使用的外汇的意义，即是指的这第二个含义。具体地说，外汇包括：（1）外国货币，包括钞票、铸币等。（2）外国有价证券，包括政府公债、国库券、公司债券、股票、息票等。（3）外币支付凭证，包括外币票据、银行存款凭证、邮政储蓄凭证等。（4）其他有外汇价值的资产。此外，黄金在国际支付和结算中是最后手段，执行世界货币职能，所以也应当是外汇。

汇率

是两国不同货币之间的交换比率，换句话说，是一国货币用另一国货币表示的价格。因此汇率也称汇价。汇率有两种标价法：一是直接标价法，即以一定单位（一、百、千、万等）的外国货币为标准计算应付若干单位的本国货币。例如100美元等于若干人民币。假设外国货币数量不变，所折合的本国货币数量多了，这表示本国货币价值下降，外币价值上升。二是间接标价法，即以一单位（一、百、千、万等）的本国货币为标准计算应收若干单位的外国货币，例如100元人民币等于若干美元。假设本国货币数量不变，所折合的外国货币数量多了，这表示外国货币的币值下跌，本国币值上升。现在世界大多数国家都采用直接标价法，少数国家如美英两国则采用间接标价法。

浮动汇率制度

是固定汇率制度的对称。在固定汇率制度下，黄金虽仍具有作为国际清算手段的职能，但是作为各国汇率基础的黄金平价和变动界限的黄金输送点，都已不存在。在这种情况下，汇率是由外汇市场上的外汇供需情况决定的，而且随外汇供需情况的变动而波动。这种汇率任由市场上的外汇供需情况而决定的制度，就叫作浮动汇率制度，或自由波动汇率制度。在理论上，浮动汇率制度有以下几种优点：（1）汇率的自由波动，可调整国际收支的不平衡。（2）浮动汇率可减少如黄金和外汇等国际储备的需求。（3）容易发现合理的汇率水平。（4）浮动汇率制度下的外汇投机，有时可促

进外汇市场的安定。但是，此项制度也有其缺点，主要为：（1）汇率的自由波动使国际经济交易处于不安定的状态。（2）汇率的不安定，会引起大量投机性资本的国际移动。（3）汇率缺乏客观的标准。（4）各资本主义国家利用汇率下浮，加剧相互间的货币战。

固定汇率制度

外汇汇率长期间保持不变，这种汇率就叫作固定汇率。在各种形式的金本位制度下，汇率的决定基础是两种货币的含金量之比，只要其含金量不变，汇率也能保持不变。所以在金本位制度下的汇率都是固定汇率。也可以这么说，自从19世纪中期到20世纪初期，金本位货币制度在各资本主义国家相继设立以来，一直到1973年初（两次世界大战间的短期除外），绝大多数国家的汇率制度，基本上均属固定汇率制度。在不同的货币制度下，固定汇率制度的表现形式也随之而异，因而对其利弊也不能一概而论。在固定汇率制度下，一国有维持汇率规定波动界限的义务，因此，当一国国际收支恶化时，为稳定汇率，就需要大量黄金、外汇储备供应市场，困难很大，容易引起货币贬值。

外汇市场

国际金融市场的组成部分之一。它是各种经营外汇业务的机构和个人汇合在一起或通过各种现代化的通信手段，进行具有国际性的外汇买卖的场所。外汇市场是自由买卖外汇的地方，外汇管制的国家，并无外汇市场存在。按有无固定场所区分，可分为有一定交易场所的和无具体交易场所的两类外汇市场。前者如巴黎、法兰克福、阿姆斯特丹、

米兰等外汇市场，经营外汇业务双方在每个营业日的规定时间进行交易；后者如伦敦、纽约、苏黎世等外汇市场，是通过电传、电报、电话、电子网络与各种外汇机构进行联系来达成外汇交易。参加外汇交易者的资格，主要参照其长期财务状况和信誉等情况给予正式和非正式的承认。外汇市场的基本作用是：通过即期外汇、远期外汇等各种外汇交易，进行国际间的相互结算、信贷融通和资本流动。外汇市场的业务可分为：（1）现汇业务。（2）期汇业务。（3）套汇业务，包括地点套汇、时间套汇、套利交易等。至于外汇市场的交易范围则包括：（1）外汇指定银行与外汇经纪人或顾客之间。（2）同一市场各银行之间。（3）国际市场的各银行之间。（4）中央银行与外汇指定银行之间。（5）各国中央银行之间。外汇指定银行在外汇市场的交易方式一般是汇总或集合其客户所提供的和所需求的外汇资金在外汇市场进行交易。

套算汇率

又称交叉汇率。指两种货币通过各自对第三种货币的汇率计算得出的汇率。例如A国货币对B国货币的交换比率为1：2，B国货币对C国货币的交换比率为1：3，则A国货币对C国货币的交换比率应该是1：6。在上例中，B国货币与C国货币之间的汇率就叫作交叉汇率，也就是套算汇率，A国货币对B国货币的汇率则称为基本汇率。

市场汇率

资本主义国家在外汇市场上买卖外汇的实际汇率。官方宣布的汇率往往只起中心汇率的作用。在外汇市场上按供求关系另外形成市场汇率。由于政府有关部门常用各种手段进行干预，市场汇率不致脱离官方汇率过大，如两者相差过大，政府又无力干预时，就不得不宣布货币法定贬值。

国际金融市场

各种国际金融业务活动的场所，也就是由国际间资金的借贷、结算，以及证券和黄金、外汇的买卖所形成的市场。在这个意义上，国际金融市场可分为国际货币市场（短期资金交易市场）、国际资本市场（包括中长期资金借贷和国际债券市场）、外汇市场和黄金市场。狭义国际金融市场仅指国际资金借贷交易，即国际资金融通的场所。按照资金融通期限的长短，分为国际货币市场和国际资本市场。国际金融市场是随着资本主义向垄断阶段发展和国际经济发展的需要，在具备一定条件的国内金融市场的基础上形成和发展起来的。第二次世界大战后生产国际化、市场国际化、资本国际化成为金融市场国际化的客观基础，国际化的金融市场如欧洲货币市场正是适应这种客观的要求产生和成长起来的。

欧洲货币市场

经营欧洲货币借贷业务的市场。它是指集中存放在伦敦或其他欧洲金融中心的境外美元和其他境外欧洲货币，用于国际货币投放的国际资金市场。由于欧洲货币市场借贷的货币主要是美元，所以欧洲货币市场主要是指欧洲美元市场。西方金融界和一些报刊习惯上把欧洲货币市场简称为欧洲市场。这里所谓"欧洲"一词，实际上是"境外的""非国内的""离岸的"或"化外的"意思。

欧洲美元

指存放在美国境外各国银行（包括美国银行的国外分行和附属机构）中的美元。这些美元原来是美国国内存款，通过非现金结算流往国外，被存入美国以外的，主要是欧洲的商业银行，而成为当地的外币存款，这就是欧洲美元。这种存款自20世纪50年代后期逐渐增多，不久就成为欧洲金融市场上一种重要的国际短期资金，并出现了以伦敦为中心的欧洲美元市场。欧洲美元并不一定是存在欧洲各国的生息美元存款，实际上其分布遍及世界各地。

伦敦金融市场

是资本主义世界最早的和最重要的金融市场，虽经历两次世界大战，发生了巨大的变化，但由于它具有悠久的历史，有广泛的外部联系和便利的市场条件，迄今仍不失为仅次于纽约金融市场的重要金融市场之一。伦敦金融市场主要包括：（1）英镑短期资金市场。（2）伦敦长期资金市场（包括英国政府债券市场、公司新证券市场、房地产抵押贷款市场、银行中长期贷款市场）。（3）伦敦外汇市场。长期以来，由于英国是国际金融、贸易中心，所以伦敦外汇市场也成为世界重要的外汇市场。伦敦外汇市场并没有具体的交易场所，外汇指定银行可以通过电话、电传、电报等与国外同业进行交易。（4）伦敦黄金市场。第二次世界大战前是资本主义世界最大的黄金市场。第二次世界大战发生后，英国实行外汇管制，黄金市场随之关闭，直至1954年3月22日重开。（5）伦敦欧洲货币市场。伦敦金融市场的重要组成部分，也是资本主义世界的国际资金市场的中心。

纽约金融市场

第二次世界大战后，纽约金融市场的地位有了进一步的提高。参加纽约金融市场活动的有纽约联邦储备银行、商业银行、储蓄银行、投资银行、保险公司、外汇经纪人和股票经纪人，等等。其中商业银行占重要地位。纽约联邦储备银行是纽约州的中央银行，在纽约金融市场中居于领导地位，是联邦储备局各项政策的执行和监督机关。

纽约股票市场

纽约金融市场组成部分之一，包括纽约股票交易所和美国股票交易所。美国股票的交易方式有两种：一种为现金交易，即投资者用现金购买股票，直接占有这批股票；另一种为保证交易，许可顾客先交一部分现金即可头进股票，其差额由股票行号垫付并以所购股票为担保从银行取得抵押贷款。进入交易的股票有上市的和不上市的之分。只有取得了注册资格的股票才能正式上市，否则只能在"场外交易市场"进行交易。

四、企业

战略管理

是指对一个组织的未来方向制定决策并付诸实施的过程。它包括组织制定和实施战略的一系列管理决策与行动，并在大体上分为战略规划和战略实施两个阶段。

战略管理是一种循环往复，不断发展的全过程的总体性管理。它的实施有利于组织提高竞争力和促进长远发展。

生产管理

是对企业生产活动的计划、组织和

越是庞大的企业，越是需要科学的管理，建立严密的组织结构，任命称职的管理者，制订明确可行的计划等。

控制工作，它把企业的生产活动过程作为一个有机整体和系统，实行全面、有效的管理，以实现企业生产和预期目标。企业通常采取最适合自己的组织机构来完成生产管理工作，而且还根据需要适时调整，以保持其适应性与灵活性。生产管理是企业管理的重要组成部分，其水平的提高，可以合理组织企业的生产活动，充分利用各项资源，降低成本，提高效率。这既是增加企业利润的重要前提，也决定了生产管理在整个企业管理体系中的重要地位。

人力资源管理

就是对人力资源的取得、开发、保持和利用等方面进行的计划、组织、指挥和控制等一系列的管理活动。它通常的工作是在一定的组织内进行人与人、人与事关系的协调，以充分挖掘人才潜力，调动其积极性，提高工作效率，更好地实现组织目标。由于劳动者受教育水平和综合素质的提高，对于自我实现的需求也变得更为显著。这就要求企业或组织加强对人力资源管理的研究，提高人力资源管理的水平，以便使企业或组织长远地发展下去。

零库存管理

使库存数量达到零的管理模式。这样既可以避免库存积压，减少资金占用，还可节省仓储费用，它是 20 世纪 80 年代在日本盛行的一种管理方式。在这种思想指导下制定了一种较为先进的管理制度，即准时生产制度。该制度中最重要的管理方式是看板管理。它要求企业在全部生产工序上严格按照既定的数量标准配置原料和零部件，去除生产工序之间、车间之间不必要的零件和中间制品库存，使原材料、零部件、在制品以及制成品接近于"零库存"，以求用最少的流动资金，使企业获得最高的经济效益。

企业文化

是企业在长期的生产经营活动中形成的，并经全体企业成员认同信守的企业群体理想目标、价值观念和行为准则的综合。它对企业的规章制度具有导向作用，能把全体成员团结起来，激发出其积极性和创造精神并能为员工创造良好的环境与氛围。企业文化需要不断向社会辐射，以起到宣传企业、产品与人文风貌的作用。

企业形象设计

通过科学的、有计划有步骤的、持续连贯的一系列活动，全方位树立企业形象的过程。通常所采用的形式有：标志、注册商标、产品、装潢和广告以及各种印刷品的设计工作，并以此唤起人们对企业及其产品的好感、兴趣和信赖，从而在消费者心中树立起对企业整体、对企业产品或服务的良好印象和高度信誉，增加企业的影响力，并使其获得较好经济效益和社会效益。

企业形象设计越来越受到企业的重

视。20世纪初发展起来的企业形象识别系统（CIS）如今已经在世界范围内得以推广和应用，并已成为当前形象设计的重要环节。同时，形象性战略也成为企业公共关系工作的重要方面，对提高企业信誉、完善企业形象、搞好企业经营有着不可估量的作用。

公司

经国家注册批准、以经营工商业为目的而组建的一种法定组织。公司的投资人称为股东。公司的财产为公司所有，不因股东个人的债务和退股而受影响。按股东对公司债权人所负责任的不同可分为无限公司、有限公司、股份有限公司等。按其从属性可分为子公司和母公司。按股份情况可分为封闭公司和开放公司。按国籍可分为本国公司、外国公司和跨国公司。

公司投资人一般只负有限责任，在蒙受损失时只以其投入的资本额为限；公司股票可以转让；公司本身具备法人资格，享有法律地位，可以以公司名义起诉、签订合同和拥有财产；公司具有无限持续期，不会受创办人参加时间的限制。公司由于其灵活性而适于聚集巨额资本进行投资大规模的经济活动。它在社会和经济生活中的影响越来越大，特别在西方发达国家，在发展中国家的重大产业中也起着举足轻重的作用。

跨国公司

是资本国际化的产物。它是指在两个或多个国家进行投资或设立分支机构从事制造或销售活动的公司。它以世界市场为经营目标，追求全球战略和实现跨国界的一体化，通过参与、控制的方式，加速资本的积累和生产的集中，从而获得高额利润。跨国公司在国际经济中起着很重要的作用。

跨国公司有横向型、垂直型和混合型三种形式。它们之间的经营方式各有不同，横向型公司生产和经营单一产品，垂直型公司母子公司生产和经营相互关联的不同产品，而混合型公司的产品和行业则互不关联。跨国公司的活动在很大程度上促进了社会生产力的发展，但也不可避免地会与东道国的民族利益发生矛盾，应当在各方面进行更进一步的规范。

超级市场

零售商业的形式之一。是一种以自选方式经营的综合性大型商场。随着工作、生活节奏的加快和对生活质量要求的提高，大多数消费者乐于惠顾那些快速、方便、商品齐全而价格又相对便宜的超级市场。超级市场一般设在人口相对集中、交通比较便利的地段。在超级市场上出售的商品，一律实行明码标价，商品的包装上都详细注明了商品的作用、用法、注意事项和生产日期等，按品种分别摆放在不同的货架区。顾客进入商场内，可以随便选购商品。然后到商场

超级市场

的出口处检点付款，并获得价目单。由于其自身特点所限，超级市场中的商品基本上是家庭日常生活用品。

连锁商店

是由一个零售商业管理中心，在各个地区或地段设立的使用同一个店名的零售商店总体。管理中心统筹安排各个商店的资本周转、进货、定价、市场预测和商品推销。连锁商店的店面装饰有统一的装潢色彩和模式。连锁商店的经营成本较低，一般在各个地区（或地段）都设有销售点，为顾客购物提供了方便，有着很大的潜在市场。但在某种程度上也缺乏灵活性，有待于进一步完善。

经济核算

经济中常用的一个术语，它本身包括两种含义：（1）对生产过程（或经营过程）中的生产耗费和生产成果进行记录、计算、分析和对比的活动，即通常所说的簿记和算账。（2）指社会主义经济组织自由经营，用货币来比较经济活动的耗费和成果，以收抵支，保证赢利的经营管理制度。实行经济核算的国有企业具有法人地位，独立与其他经济组织发生经济关系，有权运用归其支配的奖金，按照社会需要组织生产经营，同时对国家承担完成生产任务、促进资产增值的经济责任。实行经济核算有利于调动职工的积极性，改进生产技术和经营管理，提高经济效益。

经济信息

反映经济活动特征及其发展变化情况的各种消息、情报、资料、数据等的统称。关于生产、销售、市场、价格、信贷等各方面资料都属于经济信息，可以通过多种途径来传递，随着现代科技的发展，经济信息传递的速度也越来越快。利用互联网，经济信息可以在几分钟内由源地传递到地球的任何一个角落。经济信息是国民经济决策和计划的基础，也是控制、监督经济活动的依据和手段。作为"特种经济资源"和"无形的财富"的经济信息，它的传递也要求更加精确和快速。

破产

债务人全部财产不能偿还债务的一种状态，它以法律的形式解决债权和债务人之间的关系，将可供清偿的财产公平地分配给债权人，并免除债务人继续偿还其未清偿债务的责任。破产的目的是保护债权人以及债务人的合法利益。它的一般程序为：由债务人或债权人提出破产申请；由法院宣告破产并指定专人对破产人财产进行清理；清算后的全部财产，公平地分给债权人抵债；经破产程序后仍未清偿的债务，债务人不再负责。

法 律

宪法

宪法是国家的根本大法，具有最高的法律效力。它规定国家的根本制度、公民的基本权利和义务以及国家机关的组织与活动的基本原则。宪法是制定普通法律的依据，与宪法内容相抵触的普通法律无效；但宪法不能代替普通法律。宪法的制定和修改一般都有特别程序。宪法可分为成文宪法和不成文宪法。

行政法

有关国家行政管理法律规范的总和。其内容主要包括：国家行政机关的组织和体制，及其在国家行政管理中的法律地位；国家公务人员的管理制度，以及公务人员在国家行政管理中的法律地位；其他国家机关、企业事业单位、社会团体、公民、在中国境内的外国组织和外国人在国家行政管理中的法律地位；国家行政管理的内容、形式、程序和方法；行政违法、不当及其行政责任；行政司法（行政调解、行政复议和行政仲裁）；行政诉讼。

行政诉讼法

规定法院审理行政案件程序方面的法律规范和行政诉讼参与人行使权利、承担义务的各种法律规范。

刑法

关于犯罪以及犯罪处罚的法律规范的总称。包括犯罪和刑罚。广义的刑法包括以下多种形式：刑法典、单行刑法、附属刑法。

西方刑法学家曾提出过刑法的三大原则，即罪刑法定原则、罪刑相适应原则和刑罚的人道主义。其中，罪刑法定原则在近、现代西方各国的刑法中被法定化。中国《刑法》的基本原则有：罪刑法定原则、罪刑相适应原则、法律面前人人平等原则。

刑事诉讼法

规定司法机关与诉讼参与人进行刑事诉讼活动的原则、程序和权利、义务的法律规范。它具体规定了刑事诉讼的性质、任务、基本原则、制度、案件管辖，国家专门机关在追诉犯罪中的职责及相互关系、诉讼参与人的范围及其权利义务，收集、审查和判断证据的规则，强制措施的种类和适用情况，立案、侦查、起诉、审判、执行的具体程序和步骤。

民法

调整特定的财产关系和人身关系的法律规范的总和。一般包括自然人和法人的民事法律地位、所有权、合同、私有财产继承、民事侵权行为、人格权、亲属、婚姻、家庭等规定。

民事诉讼法

规定民事审判程序、调整法院与民事诉讼参与人之间诉讼活动关系的法律。它是法院审判民事案件和一切诉讼参与人进行民事诉讼活动所必须遵守的准则，是法院对企业事业单位、机关、团体和个人的民事权益实行司法保护的程序。

经济法

调整国民经济管理和社会组织在经济活动中所发生的经济关系的法律规范的总称。经济法一般包括：制定各种经济法规的目的和意义、指导思想；调整各种经济法规应遵循的基本原则，管理体制主体及其职能、任务、权利、义务和相互关系；劳动组织、收益分配、财务管理、经济合同、信贷关系、经济活动的程序和方法，以及检查监督的制度；经济责任与奖励制度等。经济法是国家干预和管理经济的重要工具和手段。

合同法

调整合同当事人之间为实现一定经济目的，而产生的商品货币关系的法律规范的总称。合同法一般包括：购销合同、建设工程承包合同、加工承揽合同、货物运输合同、供用电合同、仓储保管合同、财产租赁合同、借款合同、财产保险合同等。

婚姻法

调整婚姻、家庭关系的法律规范的总和。中国《婚姻法》的主要原则有：婚姻自由，一夫一妻，男女平等，保护妇女、儿童、老人的合法权利，实行计划生育。它规定，必须男女双方完全自愿而且达到法定婚龄的情况下才能结婚，即男不得早于 22 周岁，女不得早于 20 周岁。直系血亲和三代以内的旁系血亲、患麻风病未经治愈或患其他医学认为不应当结婚的疾病者禁止结婚。男女双方必须亲自到结婚登记处进行登记结婚。《婚姻法》还规定了离婚的原则和程序。男女双方自愿离婚的，向登记机关申请，并领取离婚证；如果一方坚持不离，应先行调节，调解无效，法院以感情是否破裂为界限，依法判决。

未成年人保护法

以保护未成年人的身心健康，促进未成年人在德、智、体等方面全面发展以及保障未成年人合法权利为内容的法律规范。国家对未成年人的保护，主要有家庭保护、学校保护、社会保护和司法保护。国家、社会、学校和家庭应当教育和帮助未成年人运用法律手段，维护自己的合法权益。中国《未成年人保护法》规定了如下原则：保障未成年人的合法权益、尊重未成年人的人格尊严、适应未成年人身心发展的特点、教育与保护相结合。

兵役法

国家关于公民参加武装组织或在武装组织之外承担军事任务、接受军事训练的法律。主要规定国家所实行的兵役制度，公民服兵役的条件、形式、期限和权利、义务等。其目的在于保障军队的兵员补充，加强国家的武装力量建设。中国《兵役法》规定实行义务兵役制为主体的义务兵与志愿兵相结合、民兵与预备役相结合的兵役制度。所有公民，不分民族、种族、职业、家庭出身、宗教信仰和教育程度，都有依法服兵役的义务。

劳动法

调整劳动关系以及与劳动关系密切联系的社会关系的法律规范的总称。通常包括劳动合同、集体合同、工作时间和劳动报酬制度、劳动保护、劳动纪律和奖惩办法、劳动保险、工会的地位和权利义务，劳动争议处理程序等规定。劳动法作为独立的法律部门，产生于 19 世纪，与产业革命的出现及工人运动的声势日益壮大密切相关。

环境保护法

调整因保护环境和自然资源、防治污染和其他公害而产生的各种社会关系的法律规范的总称。包括各种自然资源的合理利用和保护、各种污染的防治等规定。18 世纪末 19 世纪初的产业革命使社会生产力大发展，也使大气污染和水

工厂的排放物严重污染了大气。

污染日趋严重。20世纪后，化学和石油工业对环境的污染更为严重。一些国家先后采取立法措施，以保护人类赖以生存的生态环境。

国际法

以国家之间的关系为主要调整对象的有约束力的原则、规则和制度的总和。又称"国际公法"。国际法是法律中一个比较特殊的部门。与国内法相比较，国际法主要有三个特征：国际法的主体主要是国家；国际法的制定者是参与国际关系的国家；在强制实施方面，它没有像国内法那样集中的、有组织的强制机关。作为独立的法律体系，国际法是近代欧洲的产物，是以拥有独立主权的国家为基础的。

国际私法

在世界各国民法和商法互相歧异的情况下，对含有涉外因素的民法和商法关系，解决应当适用哪国法律的法律。民法和商法在西方传统中称为私法，国际私法因此得名。其实质是解决各国法律之间的冲突，因此，国际私法又被称为"冲突法"。它与各国之间交往的扩大和日益频繁有密切关系。

国际经济法

调整国际经济关系的法律原则和规范的总和，是随着各国之间贸易和经济往来日益增长以及国家对贸易和经济活动的干预日益加强而形成和发展的。国际经济法有广义和狭义之分。广义的国际经济法包括一切超越国界并涉及任何经济利益的交易和交往的法律规则与制度。狭义的国际经济法只调整国际贸易、经济交易中除私法问题和国内法问题外的法律关系。

军 事

一、军事

常规战争

使用常规武器进行的战争。在人类战争史上，常规战争经历了三个时期。

第一个时期是冷兵器时代。使用的兵器是石头、棍棒以及大刀长矛和简单的机械兵器。这一时期一直持续了几万年。

第二时期是热兵器时代。使用的武器主要有枪炮火器、坦克、飞机、军舰、火箭、导弹、地雷、鱼雷等机械能、热能、化学能相结合的武器装备，辅以战斗群体的力量，讲究战略、战术，其规模破坏性都很大。但是其战争的规模与核生化等大规模毁灭性战争相比易于控制，战争造成的毁灭和破坏相对有限。这一时期从17世纪末期工业革命至今，已有300多年的历史。

第三个时期是高技术武器时代。使用的是以信息技术为核心的高技术武器，诸如信息战武器、精确制导武器、隐身武器、遥控无人武器、航天武器、定向能武器、动能武器、非致命武器等。这类战争具有较强的可靠性。是常规战争的一种高级发展阶段。1991年美国等对伊拉克进行的海湾战争就是人类历史上第一次具有高技术战争雏形的常规战争。

高技术战争

使用高技术武器和相应的军事理论而进行的战争。高技术武器精度越来越高，对目标的选择性较强。可实现对目标的中、远程精确打击，对非目标的附带损伤很小，战争破坏规模有较大的可

在美伊战争中，大量而频繁的军事行动都是在电子计算机的指挥部署中进行的。

控性。其首选打击目标一般是军事首脑机关、指挥控制中心、微波中继塔、电话交换站、光纤传输枢纽、通信网络等指挥、控制、通信、计算机、情报侦察、监视系统。

高技术战争中不仅采用新式高技术武器装备，还将创造出新的作战理论，全新的作战支援和后勤保障模式。另外，也将比任何时候都重视人的作用，把作战部队培养为高素质的智能型部队。

信息战

把信息技术应用于军事领域，使用了信息密集型武器装备、系统以及电子装备和技术的战争。信息战的具体表现形式是以电子战为核心的指挥控制战。计算机网络攻防对抗是信息战的主导形式之一。信息战充分体现了高技术战争的本质与特点，对未来的军事建设有深远的影响。

闪电战

用最先进的武器、最好的战争装备和适当的作战方法，先于敌方发动闪电般的突然袭击的一种战争形式。目的在于一举摧垮对方的抵抗力，在短期内赢得战争的胜利。法西斯德国在第二次世界大战中首先使用。

在信息时代，利用信息化武器的高度机动性、远程火力的精确性、先进的信息战能力和后勤支援能力，在有充分准备的前提之下，有可能实现先敌展开、突然袭击和强大精确的首次突击。

反潜战

为防止敌潜艇进入领海进行攻击或执行其他任务而在海上、水下或空中搜索和消灭敌潜艇的一种作战行动。反潜战是海军的主要作战任务之一，水面舰艇、潜艇和航空器均可执行反潜任务。此外导弹核武器和深水核炸弹也可用于反潜作战。

目前，军事大国的反潜力量已形成陆上、海上、水下、空中、太空一体化的联合反潜作战格局。海上有从猎潜舰到反潜航母的各种水面舰船，水下有潜艇、鱼雷、深水炸弹和各种探测仪器，太空有跟踪监视、光电侦察、海洋观测等各种卫星，地面有超视距雷达、指挥控制信息处理中心。

反舰战

搜索并消灭敌军水面舰船的军事行动，以达到防止敌舰入侵领海，阻止其对己方陆上、海上、水中目标的侦察和攻击的重要作用。在未来高技术局部战争中反舰战的主要目标是打击以航母为中心的水面舰艇。

反舰战的主战平台是水面舰艇、潜艇和航空器，反舰战的主力兵器是巡航导弹、岸对舰导弹、空（舰）对舰导弹、岸（舰）对舰火炮、鱼雷、水雷。在现代反舰作战中，空中力量具有日益突出的优势。飞机、直升机飞行速度快，机动灵活，易隐蔽，可突然攻击，而且可在防区外发起攻击。

在信息系统支持下，巡航导弹、潜对舰导弹、舰对舰导弹和防区外空对舰导弹可对以航母为中心的各类水面舰艇实施远程精确打击。

水雷战

在海上特定区域内布设水雷障碍、破坏敌方水雷障碍以及与敌布雷、扫（猎）雷兵作战的军事行动。水雷可布设在海底、海中某一深度和水面，通过近炸、触发、声学及电磁引信引爆，攻击水中和水面目标。水面舰艇、潜艇、飞机是布设水雷障碍的主要武器。其中飞机特别适于进入敌防区展开布雷行动。在现代战争中布设水雷障碍是实行海上封锁、夺取制海权的一种重要手段。

在反水雷行动中，一般以装备有水雷探测器材和水雷销毁器材的扫（猎）雷舰为主。此外，直升机扫雷具有机动灵活、安全可靠、效率高等优点，已在各军事大国得到利用。

生化战

利用各种生化武器参加作战的一种现代战争，随着生物化学技术的发展，这些技术也被应用到军事上，利用许多可以传播蔓延的细菌病毒、毒剂、孢子等作为武器原料制造出各式武器。这些武器参加到战争中，后果极为可怕，不但可以立刻置人于死地，还可通过改变基因等各种方式将战争后果遗传给下一代，给人类的繁衍带来难于修补的遗憾。在"二战"期间，日本侵略军就曾使用过一些生化武器。

空袭

使用航空器或远程打击武器对地面、水面或水下目标实施的轰炸突击行动。它是以空中力量摧毁敌方有生力量及武器装备、军事设施和其他目标，达成作战意图的重要手段。飞机是主要的空袭武器，轰炸机、强击机、多用途战斗机、直升机以及无人机都可执行空袭任务。实施空袭的另一个重要方面是远程打击，主要采用地地弹道导弹、巡航导弹和舰舰导弹等武器精确地对预定目标实施致命打击。

制空权

通过空战消灭空中的敌机，或通过空袭轰炸、歼击、消灭敌机场上的航空器、机场跑道、指挥控制中心及其他重要设施，从而使交战一方的空中力量取得绝对的优势，即所谓取得制空权。另外还可以用巡航导弹、地地弹道导弹和防区外精确制导武器对上述目标进行远程精确打击。

取得制空权，就能保障一个国家的陆、海、空军和后方在执行任务时，不致遭到敌空中力量的严重打击，以使战役乃至整个战争取得胜利。按规模大小，制空权可分为战略制空权、战役制空权和战术制空权。

国家科学技术发展水平和经济实力是获取制空权的基础。随着航空、航天及军事技术的发展，争夺制空权的斗争已演变到高、中、低空及地（海）面全空域，远、中、近程全战区，白天、黑夜全天候。在争夺制空权斗争中，要综合运用各种方法，灵活运用各种武器装备，发挥所有军兵种的力量，如此才能确保在战争中夺取制空权。

防空

为抗击敌方飞行器的入侵，保卫己方重要设施和居民区免遭空袭而采取的一系列战斗行动。主要内容有建立各种防空体系,进行反空中侦察,反袭扰和轰炸作战,实施对空隐蔽、伪装和防护等。担当防空作战任务的武器装备有歼击机、防空导弹、高炮等防空 C4I 系统和激光武器等。

在未来高技术战争中,对付地地弹道导弹、巡航导弹、无人机等空中目标将是防空作战的重要方面。防空导弹、反弹道导弹,反低空、超低空目标的全方位武器系统部署已势在必行。导弹攻防对抗将更为激烈。防空 C4I 系统是防空系统的神经中枢,要取得防空主动权,必须首先夺取并保持电磁优势,取得制信息权,否则将丧失防空能力,处于被动挨打局面。另外,动员人民群众做好顶防准备,消除空袭后果也是防空中重要的一步。

制海权

交战一方的海军在海洋战区所取得的压倒对方的决定性优势。夺取制海权能为海军创造完成任务的有利条件。它需要首先取得制信息权和制空权,再由海军的各兵种进行一系列的战役进行配合。

在现代海战中,海上战场环境极其复杂多变,任何单一军兵种都不具备全面应付各种复杂情况的能力。诸军兵种联合作战、综合制海是必然趋势。如发挥信息战、远程精确打击、空袭、海上防空、反潜战、海上封锁、反舰战、水雷战、海上登陆作战的整体效益以夺取胜利。

海上封锁

现代高技术局部战争的重要手段,用武力隔绝敌方的海上联络并进行进攻性作战的军事行动。是破坏敌方经济、军队补给和剥夺其采取大规模军事行动能力的一种有效方法。一般分为严密封锁和监视封锁两种。海上封锁作战方式灵活多样,战争规模和强度易于控制,有利于展开政治、外交斗争。海上封锁的主要武器有潜艇、水面舰艇、战斗机、水雷、精确制导武器等。要取得海上封锁的成功,必须在局部海域夺取制信息权、制空权及制海权。此外,它要受国际政治、外交的制约。

航空母舰战斗群

以航空母舰为核心的海军作战编队。航母上装备有各型飞机、直升机和导弹,以便攻击敌人或保卫舰队。航空母舰战斗群在战斗时可进行海空联合打击、防空、反潜、反舰和护航,是常规威慑的重要手段,也是海上预警、巡逻、指挥、控制和电子战的中心。当前,航母战斗群的进攻作战能力,取决于其级型和舰载飞机的质量与数量,其防御能力则取决于警戒舰、舰载飞机及其防空、反导弹武器的质量和数量。航母战斗群通常采取远、中、近三层攻防配套,而且互为一体形成立体的攻防体系。

快速反应部队

执行军事干涉、反恐怖、平叛乱、营救、"维和"等特种或紧急任务的部队。这种部队在执行任务时,通常作为先遣队快速占领前沿基地以稳定战场形势,为后续大部队的行动创造条件;或直接参与空中、海上封锁,担负阻滞防御、阻断袭击、战场空袭、近距离支援、地面进攻等任务。快速反应部队一般配备有先进的武器系统,并装备有先进的武器 C4ISR 系统(指挥、控制、通信、计算机、情报、侦察、监视系统）。

数字化部队

采用数字化通信技术，将指挥、控制、通信、情报、侦察、监视等系统进行联网，武器装备数字化、智能化，各作战单位高度协调，整体作战效能极高的部队。数字化部队适应了 21 世纪的作战需要，其部队一般采用这样的编制，即在较低级的梯队编制上采用将大多数陆军兵种合成的形式，在合成军一级采用空军、海军、海军陆战队、特种作战部队的综合编制。

C4I 系统

自动化的指挥、控制、通信、计算机和情报系统的简称。它以计算机为核心，综合利用各种信息技术实现军事情报搜集、传递、处理、分发自动化，保障各级指挥员对部队和武器装备等信息的实时了解并付诸指挥和控制。给战场提供最快速、精确的信息，保证战争的必胜性。

精确打击

有效运用军事力量实现其军事意图的过程。它是现代高技术战争中的一种新的作战样式，即准确地确定敌军的位置，指挥己方部队，对敌方的关键力量或军事能力进行精确打击，并准确地评估打击效果的一种作战方式。一般采用的武器装备有精确制导武器，监视、获取目标的装备，以及 C4I 系统。实施精确打击，不仅能大大节约军事时间，准确评估战斗毁伤性，而且可对非攻击目标的附带破坏性减到最小限度。

星球大战计划

又称战略防御计划，它是美国为研

F—16 战机发射响尾蛇导弹。

究和发展针对苏联大规模战略弹道导弹攻击，保护美国及其盟国的战略防御系统，从而谋求核大战中的战略优势地位，保持和提高美国在世界高技术领域的领先地位而发起并实施的一项高技术计划，希望以此建立一整套包括各种天基与地基定向能武器和动能武器在内的多种类型的先进防御武器，对敌方弹道导弹实施多层拦截的防御系统。它是美国里根政府于 1983 年 3 月 23 日发起的，但由于政府、技术和经费上的原因，于 1987 年将原计划调整为"第一阶段战略防御系统"，由原来的全面拦截改为仅要求拦截来袭的 1400 个弹头，针对的目标仍以苏联大规模导弹攻击为主。1991 年布什政府将该计划再次调整为"防御有限攻击的全球保护系统"，针对的目标已转向以苏联意外发射或未经授权发射的和第三世界国家发射的少量导弹攻击为主，要求拦截的来袭弹头数为 200 枚。1993 年克林顿政府把该计划更名为"弹道导弹防御"计划，计划的特点由发展战略导弹防御系统转为发展针对第三世界导弹威胁的"战区导弹防御"系统。小布什就任总统后，又将此计划全面铺开，并列上了议事日程。

核威慑

以核武器为手段，使对方不敢采取某种行动。在目前世界的几个核国家中，美国仍未放弃"扩展的核威慑"政策，继续向西欧和日本等盟国提供不同程度的核保护伞，针对原苏联地区和第三世界国家进行核威慑。俄罗斯为了保持其大国地位，也未放弃强硬的核威慑政策。英国和法国一直采取防御性的核威慑政策，强调保持最小但更先进的核武器力量。中国一直遵循防御性的核威慑政策，承诺"无条件地不首先使用核武器"。

核裁军

削减或销毁核武器的试验、库存和部署，其目的在于加强合作安全，谋求军事稳定性，减少核战争爆发的可能性，以至全面禁止和彻底销毁核武器。核裁军的方式主要有改组、削减和禁止。

二、兵种

陆军

现代陆军是由步兵、装甲兵、炮兵、工程兵、通信兵、雷达兵、骑兵、陆军航空兵、陆军防空兵、铁道兵和特种作战部队等兵种组成的陆地上作战的兵种。装备有步兵武器、坦克、装甲车、火炮、导弹和直升机等。按军（集团军）、师（旅）、团、营、连、排、班的序列编制。陆军的作战方式多种多样，根据客观条件的不同，可分为持久战、速决战、阵地战、运动战、游击战等陆战方式；根据地理条件不同而形成山地战、沙漠战、城市巷战、高原战等；还有依据主要武器的使用而形成的地雷战、化学战、坦克战、生物战、电子战等陆战模式。由于核武器、生化武器、光电武器等特殊武器的发展和战场使用，导致现代陆战变得更加复杂多变。这就对现代陆军进行多种作战能力，提高作战反应速度提出了更高要求。陆战部队还可乘直升机和运输机从空中进入战场，给予直接、全面火力支援的新战术，使陆军跨入空地一体战或联合作战的新阶段。

步兵

是陆军中徒步或搭乘车辆实施机动作战的兵种，是陆军的基本力量。步兵以使用步枪、机枪、反坦克武器和防空火器、轻型火炮等装备为主，以射击、投弹、爆破、土工作业和刺杀等五大技术为训练内容，强调"一专多能"，即单兵学会使用多种武器和装备，努力提高连、排、班战术素质。

炮兵

以火炮、火箭炮、陆基战术导弹为基本装备的战斗兵种，是陆军的重要组成部分。按照任务可分为地面炮兵和高射炮兵；按照运动方式又可分为摩托化炮兵、骡马炮兵和要塞炮兵。通常按师、团、营、连、排、班的序列编制。以强大火力，集中、突然、连续向地面、水面和空中目标实施射击，压制、消灭敌人的有生力量和火力，支援、掩护己方部队的战斗行动，并以较高的机动力和其他军兵种协同作战。炮兵部队还有指挥、侦察、通信、测地、气象和后勤保障等专业分队。

导弹部队

以导弹武器系统为主要装备的独立或协同其他军种、兵种作战的部队统称。按隶属关系分为陆军导弹部队、海军导弹部队和空军导弹部队，按装备的导弹种类分为战略导弹部队和战术导弹部队。

装甲兵

是陆军中以坦克和其他装甲车辆为基本装备的战斗兵种，也称坦克兵。装甲兵以坦克部队、装甲步兵部队为主体，还配属有炮兵、反坦克兵、航空兵、工程兵等保障部队，具有强大的火力、灵活的机动力和良好的防护力，是陆军的主要突击力量。

装甲兵以"进攻"作为战术原则，即使防御也是以进攻方式进行。其基本原则是战前疏散隐蔽配置，战时发起集中进攻，进攻中要求密切协同作战，快速机动，注意及时组织后勤保障。随着协同作战程度的深入，兵器性能的提高，高技术的应用使得装甲兵战术更为完善，向中等规模、快速反应、立体机动的方向发展。

空军

由各种航空兵、高射炮兵及保障部队等组成的空中作战的军种。装备有战斗机、轰炸机、强击机、侦察机、运输机、直升机及其他作战支援飞机，具有远程作战、高速机动和猛烈突击的能力。担负国土防空和支援陆军、海军作战，对敌人后方实施空中打击，并负责空运和航空侦察等任务。

航空兵主要有歼击航空兵，即使用战斗机从事空战，争夺制空权，保护己方部队和武器的兵种；以及轰炸航空兵，即装备轰炸机使用航空炸弹和空地导弹以飞行编队对地面进行战略和战术轰炸的兵种。

空降兵

以伞降、机降方式投入地面作战的兵种或部队，又称伞兵。由步兵、装甲兵、炮兵、工程兵、通信兵等部队组成。隶属于陆军，由统帅部直接掌握使用。其主要作战程序是"空降—夺取—坚守—会合"，即以空降形式夺取并坚守敌纵深内的重要目标或地域，接应会合己方正面部队，达到破坏敌方指挥机构、交通枢纽、导弹、核武器等设施的目的。现代空降兵逐渐与陆军其他兵种混合编织，形成空地一体的快速反应部队的骨干。空降部队的大型运输机可以载运坦克、装甲战车和其他重型武器装备，使得突击力和火力大为提高，战场更加模糊化、立体化、纵深化。

海军

以舰艇部队为主体，由水面舰艇部队、潜艇部队、海军航空兵、海军岸防兵和海军陆战队等兵种组成的在海洋上作战的军种。现代海军具有从水面、水下、空中、岸上实施攻防作战的能力。可以独立或协同其他军种完成任务。一些海军强国还具备战略袭击和远洋作战的能力。

科学技术的飞快发展，使现代海军的变化日新月异。核武器、核动力、各种导弹以及电子战装置、计算机指挥控制系统等高技术装备使海上作战变得更加复杂难测。具有快速反应、综合突击威力、电子对抗能力是海军获胜的保障，而能否全力夺取和掌握制空权与制海权是一个国家军事实力的体现。海军是国家重要的军事威慑力量。

海军陆战队

隶属于海军或舰队，担负登陆作战任务的兵种。由陆战步兵、炮兵、装甲兵、工程兵、通信兵等部队或分队编成。具有机动性强、反应快、独立战斗力强的特点。编有师、团、营和特种部队，担负登陆作战和海岸守卫任务。由于登陆作战的特殊性，海军陆战队的训练对诸军兵种动作训练的要求十分严格，以应付极其复杂的登陆作战，所以海军陆战队称为"军中之军"。使用步兵自动武器、水陆坦克、两栖装甲输送车、轻便自行炮、喷火器及反坦克导弹和防空导弹等武器，其海上运载工具有登陆舰艇、登陆运输船等。抢滩登陆的工具有登陆艇、气垫船、水陆坦克、两栖装甲输送车等。现代战争中出现了用直升机输送海军陆战队进行垂直登陆作战的方式。

特种部队

执行特种作战仕务的部队。受最高军事机构指挥，执行侦察、袭扰、破坏、绑架、窃取情报和救援等任务。为了表达政治意志，解决重大军事、政治、外交争端，往往要进行特种作战。特种部队成员少，承担任务重，要求每个特种部队成员都拥有较高的专业技术，能够运用各种侦察通信手段和装备，熟练地掌握射击、爆破、格斗、暗杀、攀登、泅渡、潜水、空降、绑架、驾驶、通信、化装、敌国语言等特种技术。对特种兵实施的体力、心理承受能力、应变能力以及野外生存训练、极限训练等都非常严格。行动要求果断迅猛，撤退快速而不留痕迹。特种部队所使用的武器主要有近战武器，如冲锋枪、手枪、高级无声枪械，还有炸药、手榴弹、特种爆破装置以及作战车辆、飞机、舰艇、各种侦察器材、轻便工兵器材等。此外，在特殊情况下，还使用匕首、弓弩等冷兵器。

三、枪

手枪

口径在 7.62 ～ 11.43 毫米之间，单手发射，用于近战和自卫的短枪。手枪按用途可分为自卫手枪、战斗手枪和特种手枪。按构造可分为转轮手枪和自动手枪。转轮手枪的转轮既可做弹仓，又可为弹膛的弹巢，通常可以装 5 ～ 7 发子弹，由于装弹时转轮从左侧摆出，故又称左轮手枪。自动手枪是利用火药燃气能量，实现自动装填子弹和连发。另外，还有特种手枪，包括微声手枪和隐形手枪等。执行特殊任务时有匕首枪、钢笔枪、手杖枪、雨伞枪等。手枪名称一般以设计师的名字命名，如勃朗宁。

步枪

有效射程一般为 400 米的单兵肩射的长管枪械。作为步兵有效的野战武器，它可以发射枪弹和枪榴弹。步枪按用途可分为突击步枪、普通步枪、骑枪（卡宾枪）、狙击步枪等。按照自动化程度可分为非自动步枪、半自动步枪和全自动步枪三种。非自动步枪就是要用手或机柄辅助完成开锁，抛出弹壳、装弹和闭锁等动作的步枪。半自动步枪就是利用火药燃气等能量完成上述动作，但不能连发。全自动步枪则能单发和连发。现代步枪多为全自动式，用弹匣供弹，每个弹匣一般装有 20 ～ 30 发子弹，射速为 40 ～ 150 发 / 分。

冲锋枪

用双手握持、发射手枪弹的单兵连发枪械，兼有手枪和机枪的特点，是城市巷战、丛林作战、堑壕作战的理想武器。

冲锋枪射程近，杀伤力小，命中精度差。20世纪60年代，被20多个国家所采用的以色列乌齐·加尔设计的乌齐式冲锋枪代表了现代冲锋枪的发展方向，成为特种部队的制式武器。

机枪

机枪是利用支架或枪座实施连发射击的自动枪械。以杀伤有生目标为主，兼顾射击地面、水面和空中的薄壁装甲目标，以达到压制敌人火力的目的。机枪种类可分为重机枪，轻机枪、大口径机枪和通用机枪。为适应大型装备的需要还可分为野战机枪及车载机枪、舰用机枪、航空机枪等。另外还有水冷式机枪和气冷式机枪，并向小口径化和枪族化方向发展。机枪配用现代观察瞄准装置后，进一步提高了机枪的全天候作战能力。

喷火器

喷射燃烧液柱的近距离火攻武器。亦称火焰喷射器。主要用于攻击火力点消灭防御工事内的有生力量，杀伤和阻击冲击的集群步兵，喷火器喷出的油料形成猛烈燃烧的火柱，能四处飞溅，顺着堑壕、坑道拐弯黏附燃烧，杀伤隐蔽处的目标。燃烧要消耗大量的氧气和生产有毒烟气，能使工事内的人员窒息。在攻击坑道、洞穴等坚固工事时，喷火器具有其他直射武器所没有的独特作用。

喷火器有便携式和车载式两种主要类型:(1)便携式喷火器由单兵背负使用，压源为压缩空气或无烟火药，全重23千克左右，装油料10～18升，可持续喷射数秒钟或3～10次，最大射程为40～80米。(2)车载式喷火器，亦称机械化喷火器，安装在坦克或装甲车上，可携带200～1500升油料，能持续喷射数十秒或数十次，最大的射程为200米左右。此外，还有手提式喷火器、重喷火器、地雷式和堡垒式喷火器等。

四、火炮

火炮

是以发射药为能源进行发射，口径在20毫米以上的管形射击武器。不仅担负着歼灭、压制敌方有生力量和火力、摧毁防御工事和其他设施的任务，而且能够完成特殊射击任务。火炮种类繁多，按照用途可分为地面压制火炮、高射炮、坦克炮和舰炮等；按照弹道特性可分为加农炮、榴弹炮和迫击炮；按照运动方式可分为自行火炮、牵引火炮；按照炮膛可分为线膛炮和滑膛炮。

现代火炮正在向射程远、射速快、威力大与精确度高、机动性强等方面快速发展，大量高新技术的应用使得火炮更加具有"战争之神"的威力。

坦克炮

安装在坦克上的火炮，分为线膛炮和加农滑膛炮。它具有威力大，命中精度高和火力机动好等特点。身管一般装有抽气装置和热护套，有的还装有双向稳定装置，红外线夜间瞄准装置和炮弹自动装填装置等。坦克炮使用的炮弹主要有穿甲弹、空心装药破甲弹、碎甲弹和杀伤爆破弹等。

反坦克炮

主要用于对坦克和其他装甲目标射击的火炮。反坦克炮的构造与一般火

反坦克炮

英国军队的反坦克炮（单个步兵使用的反坦克炮）首次使用于 1943 年。它是一种不同寻常的武器，这是因为它使用弹簧装填射击系统来引燃相对少的推进弹药，这反过来使得高爆炸威力的反坦克炮弹最远可以打到 100 米外。这种反坦克炮的优点是，它和美国的火箭筒不同，在射击时不会喷涌出一团火焰，从而向敌人暴露出武器使用者的方位。出于同样的原因，反坦克炮也可以在一个狭窄的空间内承担反坦克之外的其他角色，例如炮对炮的互射。这种武器的缺点是量重（15 千克），以及它的 1.4 千克重的高爆炸威力的反坦克炮弹并不能穿透一些德国装甲车前面的装甲。

炮基本相同。一般采用半自动炮闩和测距与瞄准合一的瞄准装置。它口径达 57～100 毫米，初速达 900～1000 米/秒，穿甲厚度在 1000 米距离上达 70～150 毫米。由于它有多种弹药，适应性好，比较经济，近距离首发命中率较高，因此有些国家仍在继续装备使用。

无坐力炮

又叫无后坐力炮。发射过程中炮身不后坐的火炮。主要配用空心装药破甲弹，由炮身、炮架和瞄准装置组成。炮身尾部有炮闩，闩上有孔，其后有喷管。发射时，向前运动的弹丸和火药燃气的动量与由闩孔和喷管向后喷出的火药燃气的动量大小相等，故炮身不后坐。其口径一般为 57～120 毫米，对坦克的直射距离为 400～800 米。它体积较小，重量较轻，适于随身携带；结构简单，操作方便，适于伴随步兵作战。主要用于摧毁近距离的装甲目标和火力点。

高射炮

简称高炮。从地面或舰艇上对空中目标射击的火炮。由炮身、炮闩、自动装填机构、摇架、反后坐装置、托架、高低机、方向机、平衡机、炮车、自动瞄准具等组成。一般小口径高炮采用穿甲燃烧弹，以直接命中毁伤目标，也有采用近炸引信毁伤目标的。大中口径高炮是采用时间引信和近炸引信爆破弹片毁伤目标的。高炮炮身细长，初速大，射速快（有的达 1000 发/分）、射界大（方向射界 360°，高射射界 10°～87°），射击精度高。除对空中目标射击外还可用于地面或水面目标射击。

舰炮

装备在舰艇上的火炮。舰炮及其弹药和火控系统组成舰炮武器系统。现代舰炮的口径一般在 20～130 毫米，一般初速为 1000 米/秒左右，射速的 10～1000 发/分，最大射高为 3～15 千米，最大射程为 4～20 千米。通常是采用加农炮，自重平衡，多管联装，具有重量较轻、结构紧凑、射界较大、射速快、操纵灵活、瞄准快速、命中率高和弹丸破坏威力大等特点。使用的弹药有穿甲弹、爆破弹、杀伤弹、空炸榴弹和特种弹。用于射击水面、空中和岸上目标。

航空机关炮

简称航炮。安装在飞机上，口径在 20 毫米以上的自动射击武器。一般由炮身弹膛和航空炮装置等组成。其口径一般为 20～44 毫米，弹丸初速为 700～1100 米/秒，射速一般为 400～1200 发/分，有效射程为 2000 米左右。使用的弹药具有杀伤、爆破、穿甲和燃烧作用。主要用于射击空中飞行目标。

自动炮

利用火药气体能量和机械作用完成装填、退壳和连发射击的火炮。操作简便，发射速度快，适用于射击快速目标。有的还能用指挥仪进行射击计算，通过电动装置进行自动瞄准射击。

迫击炮

是用座钣承受后坐力，发射迫击炮弹的曲射火炮。其特点是射角大、弹道弯曲、最小射程近，适于对近距离遮蔽物后的目标和反斜面上的目标射击。具有较强的机动性，能够伴随装甲兵和步兵作战。在配备多种炮弹的情况下，可歼灭和压制暴露目标与隐蔽目标。迫击炮既可以前装填，又可以后装填，分触发和拉发两种射击方式。采用末端制导炮弹后的现代迫击炮在命中精度、杀伤力、对装甲活动目标的打击能力等方面都有了很大的提高。

榴弹炮

一种身管较短、弹道较弯曲的火炮。射击角度较大，弹丸落角较大。榴弹炮主要用于歼灭和压制暴露、隐蔽的敌军部队及武器，破坏各种工程建筑设施。运动方式可分自行式和牵引式，爆破效果较好。第二次世界大战后，榴弹炮既保持原有射角大等优点，又提高了初速和射程。炮长为口径的30～40倍，接近甚至达到同口径加农炮的水平。因此，又被称为加农榴弹炮，简称加榴炮。

加农炮

是一种管身长、射程远、弹道低伸的火炮，穿透力强，并使炮弹具有极高

高速加农炮

这种加农炮安装在舰艇上，用于沿海近距离防御。19世纪末开始服役，后来改进了后坐力机械装置，使得发射炮弹时可以保持炮身的稳定。炮兵起初配有防护甲，后来躲进了炮塔里。

的初速。适于平射暴露于地面的活动目标、装甲目标、垂直目标和远距离目标，但无法射击遮蔽物后面的目标。加农炮的身管长度和口径的比例相差得越大，其射程就越远，因为这一特点海军的舰炮多以加农炮为主。

火箭炮

炮兵装备的火箭弹发射装置。火箭炮发射速度快，火力强，突袭性好，因射弹散布大，多用于大面积目标射击。射程最大达40千米，定向器装弹数目一般为12～40发。除配用杀伤爆破火箭弹外，还可配用燃烧弹、烟幕弹、末段制导弹、反坦克子母弹、燃烧空气弹和干扰弹等。火箭炮未来的发展方向将进一步减小射弹散布，实现自动化装弹，采用电子计算机控制操作和指挥，并在保证良好机动性的前提下，适当地增加定向器的装弹数目和增大射程。

单兵火箭

单兵使用的一种小型武器。用于摧毁近距离内的装甲目标和坚固工事。由身筒、击发机构、瞄准具、支架等部分

组成。筒内无膛线，发射时无后坐力，装有红外线瞄准镜，可在夜间进行射击。直射距离一般为 150 ~ 300 米。它重量轻，体积小，携带和使用方便。

单兵反坦克火箭筒

用于攻击装甲目标，非装甲地面目标等。其性能逐渐朝着高破甲力、远射程、轻便、多用途的方向发展，并且已经成为步兵必备的反坦克武器。

五、弹药

弹药

含有火药、炸药等装填物，能对目标起毁伤作用的物品或完成其他战术任务的军械物品。包括枪弹、炮弹、手榴弹、枪榴弹、航空炸弹、火箭弹、导弹、鱼雷、水雷、地雷等。军用弹药一般由战斗部、投射部和稳定部等部分组成。弹药按其攻击方式的不同，可分为射击式弹药、自推式弹药、投掷式弹药、布设式弹药。

枪弹

从枪管内发射的弹药，用于射击暴露的有生目标和薄壁装甲目标等。俗称子弹。它由弹头、发射药、弹壳和底火构成。底火点燃发射药，高温高压的火药燃气高速膨胀，将弹头射出枪膛。高速飞行的弹头可直接杀伤或破坏目标。弹壳将各个元部件连成一个整体，盛装发射药，密封防潮，并使枪弹在膛内定位。发射时还能密闭火药燃气，保护弹膛不被烧蚀。

炮弹

一次性发射的炮兵弹药。一般包括装有引信的弹丸，装有发射药的药筒或药包，装药点火具和辅助元件。炮弹按其用途分为实弹、练习弹、教练弹及空包弹。按其装填方式可分为定装式炮弹、药筒分装式炮弹及药包分装式炮弹。

枪榴弹

用枪和枪弹发射的超口径弹药。它由弹体、引信、弹尾等组成。常用的弹种有杀伤枪榴弹、反坦克枪榴弹、反装甲枪榴弹、杀伤破甲枪榴弹，以及燃烧、发烟、照明、信号、毒气枪榴弹等。杀伤枪榴弹体多为球形或柱形，预制破片弹壳，配瞬发或跳炸引信。一般弹径 35 ~ 65 毫米，弹重 200 ~ 600 克，杀伤半径 10 ~ 30 米，最大射程 300 ~ 600 米。

手榴弹

用手投掷的爆炸性武器。早期手榴弹的外形和破片有点像石榴和石榴子，所以称之为手榴弹。特点是弹体轻小、具有一定的威力，生产、携带、使用简便。其构成一般有弹体和引信两个部分。弹体呈圆柱形或鸡蛋形，里面盛有炸药或其他装填物。中国制造的手榴弹大多带有手柄，采用拉发或击发延期引信。手榴弹可以分为杀伤、反坦克、燃烧、发烟、照明、毒气和教练等弹种。

榴弹发射器

一种发射小型榴弹的轻武器。主要用于毁伤有生目标和轻型装甲目标，口径一般为 20 ~ 60 毫米，外形、结构和使用方式大多像步枪或机枪。也有的像迫击炮。可配用杀伤弹、杀伤破甲弹、榴霰弹以及发烟、照明、信号、教练弹等。榴弹一般配触发引信，也有的配反跳或非触发引信。

枪榴弹发射器

一种发射小型榴弹和破甲弹的武器。用以杀伤暴露的有生力量，或毁伤装甲目标。枪榴弹发射器按照结构、性能和使用方法的不同，可分为枪榴弹筒、单兵枪榴弹发射器和枪榴弹自动发射器三类。

航空炸弹

一种从航空器上投放的航空弹药。航空炸弹可分为主要用途的炸弹和辅助用途的炸弹两类。主要用途的航空炸弹，以其爆炸的破坏作用、弹片和火焰摧毁各种地面目标和海上目标。用毒剂杀伤有生力量的航空炸弹，也属于主要用途的航空炸弹。辅助用途的航空炸弹用来完成专门的任务。

深水炸弹

由舰艇、飞机发射，投射到水中一定深度，通过爆炸攻击潜艇等水中武器。按携带方式分为舰用深水炸弹、航空深水炸弹、火箭式深水炸弹。还可分为核装药深水炸弹和常规装药深水炸弹。

火箭弹

现代齐射火箭炮使用的靠火箭发动机推进的非制导弹药。火箭弹的弹径为37～300毫米。按战斗用途可分为杀伤弹、爆破弹、空心装药破甲弹、子母弹、燃料空气炸药弹、燃烧弹、发烟弹等。按飞行的方式分为非旋转火箭弹和旋转火箭弹。

六、地雷

地雷

是埋于地下或安置于地面的，能够构成爆炸性障碍物的武器。用于杀伤敌人的有生力量和炸毁敌人的军车、坦克

和装甲车，破坏道路和建筑，阻碍敌军前进。

七、鱼雷

鱼雷

在水中自航、自控和自导，以爆炸毁伤目标的水中兵器。由鱼雷发（投）射、射击指挥、探测等装置构成鱼雷武器系统；动力类型有势动力、电动力和火箭助飞等。除使用常规战斗部外，还可以使用核装药战斗部。

八、水雷

水雷

依靠舰船碰撞或进入其作用范围而起爆的水中武器。具有隐蔽性强、威胁时间长、影响大、造价低廉等特点。用于毁伤和阻碍敌方舰船。根据水中状态的不同，水雷可分为沉底雷、漂雷、锚雷，按引信类型也可分为触发水雷、非触发水雷、控制水雷。非触发水雷主要有沉底雷、自动上浮和自动跟踪水雷以及声磁水雷、水压水雷、遥控水雷、自导水雷等。

锚-1 大型触发水雷，总重约 1000 千克。

九、导弹

导弹

一种可以高速准确投送弹头的火箭动力武器。导弹的类型主要有地地导

弹、空空导弹、空地（舰）导弹、潜地导弹、舰舰导弹、岸舰导弹、反弹道导弹、反坦克导弹及反雷达导弹等。此外，导弹按其飞行方式分为巡航导弹和弹道导弹，按作战使用目的分为战略导弹和战术导弹。

导弹具有射程远、速度快、命中精度高、杀伤破坏威力大等优势，是现代战争中极为重要的军事武器。

洲际导弹

射程在 8000 千米以上的导弹。有弹道导弹和巡航导弹两种类型。洲际导弹通常采用多级火箭发动机，通过惯性或复合制导，携带核装药单弹头和多弹头。具有推力大、飞行速度快、射程远、命中精度高、杀伤破坏威力大等特点。

弹道导弹

主动段按预定弹道飞行，被动段按自由抛物体轨迹飞行的导弹。按其射程可分为洲际、远程、中程、近程导弹。

弹道导弹的制导方式有无线电遥控制导、惯性制导、星光－惯性制导等。它决定了导弹能按预定的弹道飞行并准确攻击目标。

弹道导弹能沿着预定的弹道飞行并攻击固定的目标，它的垂直发射能缩短在大气层中飞行的距离，并以最低的能量损失去克服空气阻力而进入稀薄大气层或外大气层内。弹道导弹现已发展成为精确度极高、威力巨大的杀伤武器。

"飞毛腿 B" SS-1C 地对地战术弹道导弹

苏联的一种地对地战术弹道导弹。射程约 300 千米，命中精度 300 米。弹长 11.16 米，弹径 0.88 米，翼展 1.81 米。发射重量 6300 千克。采用惯性制导，液体火箭发动机，车载地面机动发射。

反弹道导弹

拦截敌方来袭的战略导弹的导弹，又叫反导弹，通常是两级或三级的有翼导弹，用固体火箭发动机推进，并装有核导弹。采用无线电指令制导，控制导弹对来袭弹头进行拦截。它可以多层次、多手段、多方位地进行拦截。通常所采用的探测手段有微波雷达、激光雷达和红外探测器等。拦截的手段主要有高能粒子、非核拦截导弹、中子流和冲击波等摧毁目标。

巡航导弹

以巡航状态在大气层内飞行的导弹。它可从地面、空中、水面或水下发射，攻击固定目标或活动目标。巡航导弹主要由弹体、制导系统、动力装置和战斗部组成。其特点是体积小、重量轻、精度高、突防能力强大，甚至可以搜索、识别和攻击目标。

正在发射的"战斧"式巡航导弹

地地导弹

从陆地发射打击陆地目标的导弹。它由弹体、弹头或战斗部、动力装置和制导系统等组成。是战略核武器的重要组成部分，它既可打击地面固定目标，又可打击地面活动目标，还可打击面目标或者点目标。可采用地面、地下、固定、机动、垂直、倾斜等多种发射方式。

潜地导弹

由潜艇在水下发射攻击地面固定目标的导弹。具有机动性大、隐蔽性好、生存能力强、便于实施核突击等优势，是战略核武器的重要部分。它有弹道式和巡航式两大类。潜地弹道导弹多用固体火箭发动机动力装置，采用惯性制导或天文加惯性制导，携带核弹头。射程1000～10000千米。潜地巡航导弹通常采用空气喷气发动机。

反雷达导弹

用于摧毁雷达的导弹。反雷达导弹既可利用雷达站天线系统的主辐射，也可利用背景辐射实现制导。可在高空或低空、平飞、爬高、俯冲以及直接对准飞行中的目标，从运载飞机上发射。其主要的作战方法是首先对雷达站进行侦察，测定其辐射参数和所在位置，然后实施打击。

地空导弹

从地面或水面发射攻击空中目标的导弹。由弹体、弹上制导装置、动力装置、战斗部和电源组成。具有射程远、命中率高、反应速度快、火力猛、威力大，不受目标速度和高度限制，可以在高、中、低空及远中近程进攻等优势。

空空导弹

从飞行器发射攻击空中目标的导弹。由弹体与弹翼、制导装置、战斗部、引信、动力装置等组成。可分为近距格斗导弹、中距拦射导弹和远距拦射导弹。具有机动能力强、精度高，可同时进攻

美国"响尾蛇"ATM-9L近程空对空导弹，它的射程在20千米以内。

多个目标，全天候、全方向作战等优势。

空地导弹

从飞行器上发射攻击地面或水面目标的导弹，是空地导弹系统最重要的组成部分。它由弹体、战斗部、动力装置、制导装置等组成。其动力装置可采用固体火箭发动机、涡轮喷气发动机或涡轮风扇喷气发动机等。制导方式有自主式制导、遥控制导、寻的制导和复合制导。最大射程可达2000多千米，弹重在10吨以内，速度可达3倍音速以上，通常采用核战斗部。空地导弹按其作战使用分战略空地导弹和战术空地导弹，按专门用途可分为反舰导弹、反雷达导弹、反坦克导弹、反潜导弹以及多用途导弹等。

舰舰导弹

舰艇之间互相攻击的导弹，是舰舰导弹武器系统的主要攻击武器之一。主要由弹体、战斗部、动力装置、制导系统和电源等组成。其战斗部有聚能穿甲型、半穿甲型和爆破型，可采用普通装药或核装药，配备触发引信或非触发引信。舰舰导弹具有射程远、命中率高、威力大等优点。射程一般为40千米左

右，当导弹靠外界提供信息进行中继制导时，射程可达数百千米。其飞行速度多为高亚音速或超音速。

空舰导弹

从飞行器发射攻击舰船的导弹。通常由弹体、弹翼、战斗部、动力装置、制导系统等组成，是空舰导弹武器系统的重要进攻武器。空舰导弹一般以火箭发动机或空气喷气发动机为动力装置，采用寻的制导或复合制导，能有效地搜索和捕捉目标。战斗部采用普通装药或核装药。速度多为高亚音速或超音速，射程一般为数十至数百千米。具有飞行速度快，抗干扰和捕捉目标能力强的特点。

岸舰导弹

从岸上发射攻击水面舰船的导弹。由弹体、战斗部、动力装置和制导系统等组成，是岸舰导弹武器系统的主要进攻武器之一。通常分为固定式和机动式。其射程为数十到数百千米，飞行速度多为高亚音速。具有射程远，命中精度高，破坏威力较大等特点。

反潜导弹

用于攻击潜艇的导弹，是反潜导弹武器系统的进攻武器。由弹体、战斗部、动力装置、制导装置、电源和减速伞等组成。按其发射方式分为水面舰艇、潜艇和飞机发射三类，按弹道特点分为弹道式和巡航式两类。其射程一般为数十千米，甚至数百千米。具有速度快，射程远等优点。

反坦克导弹

用于击毁坦克和其他装甲目标的导弹。由弹体、战斗部、动力装置、弹上制导系统等组成，是反坦克导弹系统中

的重要武器。具有自动控制系统，飞行速度一般在 200 ~ 500 米 / 秒，体积较小，重量较轻，飞行时间较短，对活动目标的命中精度较高。

导弹弹头

即导弹的战斗部，是导弹毁伤目标的专用装置。主要由壳体、战斗装药、引爆装置和保险装置组成。一般安装在导弹前部。战略弹道导弹弹头有的还装有制导系统和突防装置。壳体是放置战斗装药等的构件。战斗装药是导弹毁伤目标的能源，采用核装药、普通装药、化学战剂、生物战剂或其他预制杀伤件。引爆装置用于适时引爆战斗部，通常分为触发引信和非触发引信两大类。保险装置用于保证弹头在运输、贮存、发射和飞行时的安全，通常采用多级保险装置。弹头制导系统能提高战略弹道导弹弹头的突防能力、命中精度和摧毁目标的能力。突防装置能提高战略弹道导弹突破敌方反导弹系统的能力。

导弹弹头的分类，按其携带的弹头多少，可分为单弹头和多弹头；按弹头在弹道被动段的可控性，可分为有控弹头和无控弹头；按作战任务，可分为战术导弹弹头和战略导弹弹头；按战斗装药，可分为核弹头、普通装药弹头、化学战剂弹头和生物战剂弹头。

十、核武器

核武器

在爆炸的瞬间能产生强烈的冲击波、光辐射、早期核辐射、放射性沾染和核电磁脉冲等杀伤破坏效应，其作用比常规化学炸药的能量要大数千万倍，其威

力统以 TNT 当量（简称当量）来表示。

核武器按核装料和反应方式的不同分为原子弹、氢弹、中子弹；按作战使用范围分为战略核武器和战术核武器；按配用的武器或运载手段分为导弹核武器（有弹道核导弹、巡航核导弹、防空核导弹、反导弹核导弹等）、反潜核武器、深水核炸弹、核航弹、核地雷、核炮弹、核水雷、核鱼雷等；按当量区分为小型、中型、大型和特大型（美国区分为超低当量型、低当量型、中当量型、高当量型和超高当量型）。

核武器爆炸的方式有空中爆炸（简称空爆）、地面（水面）爆炸、地下（水下）爆炸和高空爆炸。不同的爆炸方式所产生的杀伤破坏效应也各有不同，通常按使用的目的选择。

战略核武器

进攻战略目标的核武器。主要用于攻击敌军事基地，工业基地，交通枢纽，政治、经济中心和军事指挥中心等。其作用距离可远至上万千米，突击性强，核爆炸威力通常有数十万吨、数百万吨乃至上千万吨 TNT 当量。

战术核武器

打击敌方纵深内重要目标的核武器的总称。主要打击目标有导弹发射阵地、指挥所、集结的部队、飞机、舰船、坦克群、野战工事、港口、机场、铁路枢纽、重要桥梁和仓库等。

战术核武器的类型主要有战术核导弹、核航弹、核炮弹、核深水炸弹、核地雷、核水雷和核鱼雷，以及具有战役战术核攻击能力的飞机、舰艇等。具有体积小、重量轻、机动性能好、命中精度高的特点。爆炸威力有百吨、千吨、

万吨，甚至十万、百万吨 TNT 当量。

导弹核武器

以导弹作为运载系统的核武器。具有大规模杀伤破坏功能，且有射程远、杀伤威力大、命中精度高、飞行速度快、高度高、战斗部反射面小、发射隐蔽、不受气象条件和昼夜的限制等特点。按其完成任务的性质，可分为战略导弹核武器、战役导弹核武器和战术导弹核武器。可配置在地面、舰艇和飞机上使用。

原子弹

亦称"裂变弹"。其原理是利用易裂变的重原子核链式反应瞬间释放出的巨大能量，来达到杀伤破坏的目的。主要由核装料构成的核部件、引爆控制系统、炸药部件、核点火部件和外壳等组成。原子弹的爆炸威力巨大，相当于几百到几万吨 TNT 当量。由引爆控制系统引爆炸药，然后推动、压缩中子反射层和核装料，使处于次临界状态的核装料瞬间达到超临界状态，再由核点火部件适时提供中子，触发链式裂变反应，形成猛烈爆炸。

中子弹

以高能中子辐射为主要杀伤因素的低当量小型核弹，中子弹的核辐射效应比其他核武器大大增强。又称"增强辐射武器"。强辐射与低当量是中子弹的两大特点。利用氘、氚原子核的聚变反应，中子弹能够增强穿透力很强的高能中子的辐射强度，有效地杀伤坦克和地面建筑物中的人员，大幅度减少对武器装备或建筑物的破坏。

十一、化学武器

化学武器

是以毒剂杀伤有生力量的各种武器及其器材的总称。包括装有毒剂的化学炮弹、化学航空炸弹、化学火箭弹、导弹化学弹头、化学地雷、化学于榴弹，以及化学航空布洒器和毒烟施放器材。当毒剂分散成蒸气、液滴等状态时，空气、地面、水源和物体就会沾染上毒剂，从而杀伤、疲惫敌方有生力量，并阻碍他们的行动。

化学武器的核心是毒剂，分为刺激性毒剂、窒息性毒剂、糜烂性毒剂、全身中毒性毒剂、神经性毒剂、失能性毒剂六大类。

化学武器具有杀伤途径多、持续时间长、杀伤范围广、价格低廉等特点，所以中、小国家也重视研制化学武器。但化学武器受气象、地形条件的影响较大。

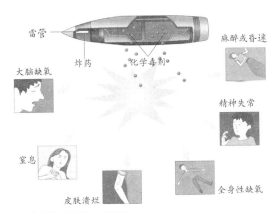

化学武器对人的各种危害

化学炮弹

利用军用毒剂制成的炮弹。它由装有军用毒剂的弹体、炸药或火药的爆炸装置以及引信组成。通常借助炸药的爆炸能量将弹体炸开，装料飞散，从而以各种状态的有毒物质对空气、地面染毒，起到杀伤作用。

放射性武器

以核裂变产生的放射性物质作为杀伤因素的武器，也称放射性战剂。放射性物质通过炸药爆炸等方式散布，以污染水域、地面、空气和军事技术装备等方式，杀伤有生力量。放射性物质可以从核反应堆的废料中分离，也可在反应堆中用中子照射某些化学元素制取。但它除对人员造成急性损伤外，还可能造成不良的遗传后果。目前国际上都在呼吁禁止研制、生产、贮存并使用这种武器。

感生辐射弹

一种利用感生辐射加强放射性污染的核武器。由于核爆产生的中子与弹体内的选定材料相互作用，产生感生放射性物质，在一定时间和地区造成污染，从而达到杀伤敌方有生力量的目的。

γ 射线弹

利用 γ 射线的核辐射作用为杀伤因素的核炸弹。它爆炸后能释放核辐射，迫使敌人撤离爆炸区，具有极高的威慑作用。

冲击波弹

一种增强冲击波和光界射线而削弱剩余辐射的战区核武器。可以用来破坏机场跑道、摧毁建筑物和地下指挥所等，也可以炸出障碍沟，阻拦对方前进。采用了俘获中子而不产生或少产生放射性产物的结构材料，吸收中子的屏蔽材料，以减少中子与周围物质和土壤的活化作用，抑制高能中子反应物的产生。由于活化产物少，裂变当量小，所以剩余辐射少，己方部队可以迅速进入爆炸区。

苯氯乙酮

一种化学毒剂。纯品呈无色结晶状，熔点55℃，沸点247℃，蒸汽比空气重4.3倍，难溶于水，易溶于有机溶剂。其可耐浓度是0.0003毫克/升，不可耐浓度是0.0025毫克/升。当其浓度在0.05毫克/升时可引起水肿，0.1毫克/升时对皮肤有刺激作用。它可以通过对苯乙酮进行氯化的方法制取，防御办法是戴防毒面具。

塔崩

即二甲胺基氰磷酸乙酯，是一种神经麻痹性毒剂。纯品是无色液体，熔点50℃，沸点230℃，比重1.087(20℃时)，微溶于有机溶剂。塔崩在空气中的致死浓度为0.4毫克/升（1分钟），液滴落在皮肤上的致死浓度为14毫克/升，浓度在0.01毫克/升时，可引起瞳孔缩小（2分钟）。总之不论是其蒸汽还是液滴落在皮肤上均具有杀伤作用。防护措施是戴防毒面具和穿防护服。

光气

一种无色有异味的窒息性毒剂。其熔点-118℃，沸点8℃，气态光气比空气重2.5倍，易溶于有机溶剂，它在0.005毫克/升时造成伤害（60～90分钟），0.5毫克/升时致命（10分钟）。光气中毒可引起肺水肿，中毒时有潜伏期，而且重复中毒时作用加强。由一氧化碳、氯气的相互反应制取。可使用防毒面具防护。

M110型155毫米芥子气榴弹

美国的一种糜烂性毒剂弹。弹重45千克，长0.67米。装料为3千克沙林。

M426型203毫米VX毒剂榴弹

美国的一种神经性毒剂弹。弹重90千克，长0.89米。装料为6.5千克VX毒剂。

XM674型CS毒剂弹

美国的一种燃烧型CS毒剂弹。弹重340克，长0.25米。装料为50克CS毒剂和50克烟火混合剂。

OXAB-100-90JI炸弹

苏联的一种神经性毒剂弹。弹重233千克。装料为8千克沙林。触发式爆炸，单发弹60秒内造成伤害面积可达25000平方米。

XCO型152毫米沙林炮弹

苏联的一种神经性毒剂炮弹。毒剂重2.8千克，炸药重1.3千克，弹丸总重40千克。毒剂为沙林。触发式爆炸，单发弹60秒内伤害面可达1200平方米。

XCO型MC-24沙林火箭弹

苏联的一种神经性毒剂炮弹。毒剂重7.2千克，炸药重3.44千克，弹丸总重112.4千克。触发式爆炸，单发弹60秒内伤害面达2750平方米。

XA型MC-24氢氰酸火箭弹

苏联的一种中毒性毒剂炮弹。毒剂重12.55千克，炸药重28千克，弹丸总重110千克。触发式爆炸，单发弹60秒内伤害面达1900平方米。

十二、坦克·战车

装甲车

部分或全部装有可抵御子弹、炮弹或其他射弹的装甲机动车辆。分为轮式和履带式（有两条循环式金属链带）两种。主要的战斗装甲车是坦克，其他的军用装甲车有人员装甲输送车、装甲汽车、自行火炮、自行反坦克炮，以及机动式防空系统。还包括用于输送贵重物品的民用装甲汽车。继坦克之后使用最广泛的装甲车是人员装甲输送车。它是履带式装甲车，用于输送步兵投入战斗，或是用作步兵能在其上战斗的作战平台而不必下车。最新型人员输送车装备了自动火炮和反坦克导弹。装甲汽车是一种轮式装甲车，通常装备一挺20～90毫米口径的炮和一挺机关枪。第二次世界大战中，装甲汽车首次在北非战区大量出现。这些车辆基本上就是配有装甲门和射击孔的防弹室，其内部空间可容纳贵重物品和武装押运人员。

坦克

是具有强大直射火力、高度越野性能和坚强装甲防护能力的履带式装甲战斗车辆。坦克可分为重型（重40～60吨），中型（重20～40吨）和轻型（重10～20吨）。此外，还有水陆两用坦克。现代坦克以中型坦克为主，又称主战坦克。结构主要有武器系统、推进系统、防护系统三个部分。由于各种反坦克武器的发展，促进了坦克技术的进一步提高。新结构坦克将随着第四代坦克的研制而出现，如顶置火炮坦克、双体坦克等。

特种坦克

装有特种设备，具有特种性能或担负专门任务的坦克。主要类型有水陆两用坦克、架桥坦克、扫雷坦克、喷火坦克、侦察坦克等。

无炮塔坦克

一种没有炮塔的坦克。它的火炮敞露在外面，通过一个顶架装在车体上，可相对于车体和顶架做水平和俯仰运动。坦克乘员全体位于车体内较低位置。这种坦克在隐蔽射击时，不仅中弹面积小，而且火线宽，既能提高生存力，又有利于发挥火力。

主战坦克

担负主要作战任务的坦克，是现代装甲兵的基本装备和地面作战的主要突击兵器。多采用高膛压、高初速的105～125毫米滑膛炮或线膛炮。主要使用长杆尾翼稳定脱壳穿甲弹。武器系统普遍装备了以电子计算机为中心的火控系统。推进系统多采用750～1500马力的增压柴油机。坦克越野时速达30～55千米，最大行程300～650千米，最大爬坡度约30度，越壕宽2.7～3.15米，通过垂直障碍高0.9～1.2米，涉水深1～1.4米，潜水深4～5.5米。车体和炮塔多采用金属与非金属的复合材料，抗弹能力较强。

美国海军陆战队的 M60A1 主战坦克

防空坦克

一种未来专门对付空中目标的高射坦克。它装有性能卓越的防空武器系统，用来对付敌方攻击型直升机、战斗轰炸机及来自敌方的其他现代化武器的威胁。这种高射坦克具有火力猛、装甲强、履带性能优越等特点，能部署在地形崎岖、气候恶劣和受核爆炸、化学污染的战场上。

扫雷坦克

装有扫雷器的坦克。在地雷场中为坦克开辟通路。扫雷坦克通常在坦克战斗队内边扫雷边战斗。扫雷器的主要类型有机械扫雷器和爆破扫雷器等。

为了适应在复杂条件下扫雷的需要，一些国家在坦克上安装了三具火箭爆破扫雷器，美国装备了爆破和挖掘相结合的混合扫雷装置。许多国家在发展扫雷坦克的同时，还研制和装备了各种专用装甲扫雷车。一些国家甚至已开始研制磁感应扫雷器。

喷火坦克

一种装有喷火装置的战斗坦克。燃烧着的喷火油料可杀伤敌方有生力量并毁坏军事技术装备。以喷火器作为主要武器的喷火坦克，其喷火器通常装在炮塔上，而以火炮和机枪为主要武器以喷火器为辅助武器的喷火坦克的用途更广泛，装有喷火油料的贮存器可装在坦克内或车体外，亦可用单轴挂车携载。

水陆两用坦克

能顺利通过水障碍并能在水上进行射击的履带式装甲战斗车辆。这种坦克的浮力是靠密闭车体的必要排水量来提供的，利用螺旋桨作为水上推进器，或靠履带划水前进。这种坦克只有防枪弹装甲和机枪武器。

装甲指挥车

专门用于作战指挥的装甲车辆。车内设有指挥室，配有电台和观察仪器。指挥室内可乘坐 2 ~ 8 人，并装有多部不同调制体制的无线电台、接收机、多功能的车内通话器、观察仪器及工作台、图板等。有的还装有有线遥控装置、辅助发电机和附加帐篷等。

装甲通信车

装有专用通信设备的轻型装甲车辆，分为履带式和轮式两种。主要装备坦克和机械化步兵部队的通信分队，用于保障部队作战指挥、协同等通信联络。

装甲输送车

用于执行输送任务的装甲车辆，即往战场输送摩托化步兵分队的人员和对其进行支援。可用来实施侦察、行军警戒和巡逻。带有专用装置的装甲输送车可用来牵引火炮、护送伤员、运输弹药和其他物资。现代装甲输送车体内安装有制式武器、动力装置、传动装置；设有战斗室和操纵室两部分。

轮式装甲输送车的行驶速度每小时可达 100 千米，最大行程达 800 千米；履带式装甲输送车的时速为 65 ~ 70 千米，最大行程为 350 ~ 400 千米。装甲输送车的爬坡度可达 30°，侧倾行驶坡度可达 25°。四轴轮式装甲输送车和履带式装甲输送车可以越过 2 米宽的堑壕。

装甲侦察车

装有侦察设备的装甲战斗车辆。现代装甲侦察车装有多种侦察仪器和设备，白天使用大倍率光学潜望镜，最大观察距离为 15 千米左右。红外夜视观察镜、微光瞄准镜、微光夜视观察系统和热像仪用在夜间侦察。侦察雷达是一种主动式电子侦察器材，具有全天候侦察能力，最大探测距离约 20 千米，误差一般为 10 ～ 20 米。有的车上还装有地面导向仪、红外报警器、地面激光目标指示器、核辐射及毒剂探测报警器等。装甲侦察车的外廓尺寸小、重量轻、速度快。装甲侦查车全重 6 ～ 16 吨，乘员 3 ～ 5 人。车长 4.4 ～ 7.7 米，车宽 2.1 ～ 2.9 米，车高 1.9 ～ 2.8 米。车上通常装有 20 ～ 30 毫米机关炮和 7.62 毫米机枪，有些车装有 76 ～ 105 毫米火炮或 14.5 毫米机枪。

坦克抢救车

装有专用救援设备的履带式装甲车辆。主要用于对淤陷、战伤和故障的坦克实施拖救和牵引后送，也可用于排除路障和挖掘坦克掩体等。通常装有绞盘起吊设备和刚性牵引装置等，有的还携带拆装工具和部分修理器材。车上通常有两名乘员，还可搭乘 2 ～ 3 名修理人员。

水陆装甲抢救车

具有在陆地和水上作业能力的装甲抢救车辆。车上装有抢救、牵引、起重设备和水上行驶装置。主要用于抢救、牵引水陆坦克和其他水陆装备。

坦克维修工程车

装有坦克维修设备、工具、仪器的技术保障车辆。主要用于野战条件下对损伤和有技术故障的坦克及其他装甲车辆进行检测、修理、充电、充气和保养。通常混合编组配套使用，也可单车开展工作。各种专业车上大都配套有功率为 5 ～ 20 千瓦的交流发电机、工作台、帐篷、取暖设备和钳工工具等。按专业需要，还分别配有起吊重量为 1 ～ 6 吨的吊杆、通信和电气设备的检测仪器及其他专用工具。

装甲汽车

装有武器的轮式装甲战斗车辆。用于侦察、战斗警戒和通信、摧毁敌人兵器和杀伤敌人的有生力量。装甲汽车内安装有可防护乘员免遭大规模杀伤武器伤害的通风过滤装置、电台和夜视仪等。装甲汽车的底盘为 2 轴或 3 轴全驱动式，并装有防弹充气轮胎。装甲汽车车身为承载式，通常是密闭的，内装武器，无旋转炮塔。

军用汽车

军队用的汽车，包括运输汽车。通常是全驱动轮式车辆，具有较高的通行能力。运输汽车用来输送人员、军事技术装备和武器、各种军用物资以及牵引挂车和半挂车。特种军用汽车用来安装专用设备。

指挥车

用来指挥军队或武器作战的军用车辆。通常用来在战斗过程中不断地向分队、部队和兵团的指挥员及其司令部提供有关敌人、地形、气象方面的情报，并为指挥系统制订各种计划、命令等。指挥车有轮式的和履带式的；有的有装甲，有的没有装甲；通常具有高度的通行能力；可以空运，并有浮渡能力。

军队指挥车供指挥员、参谋组和勤务人员作业时使用，车内设有必要数量的座位，及各种指挥设备和技术器材，还携有各种人员生活保障用品。武器射击指挥车用于对各种杀伤兵器的准备、检查、射击以及控制其飞行。车内装有检测仪器、信号操纵装置和其他必要的设备，并设有战勤班组人员的座位。

越野车辆

在无道路条件下使用的车辆。通常具有高度的通行能力和良好的通过水障碍的适应能力。一般采用全轮驱动，在传动装置中增加减速传动部件，安装功率较大的发动机，保证车辆具有高达50% ~ 65%的爬坡能力。越野车辆通常装有由传动部分通过机械传动装置带动的绞盘，可以拖救淤陷车辆和自救。越野车辆的涉水深度可达0.6 ~ 0.8米。水陆两用越野车辆具有不透水和有一定浮力的车体、专门的水上推进器、浮渡驾驶操纵机构和辅助设备。水上时速一般为8 ~ 12千米。

特种车辆

装有指挥部队和射击专用设备以及保障部队战斗行动装置的车辆。有轮式的、履带式的、混合式的等几种推进器。特种车辆按其类型一般可分为军队指挥车、武器射击指挥车、战斗保障车、特种保障车及技术保障车等类。

输送车

用于运输人员、军事技术装备、物资器材的履带式或轮式车辆。由车体、动力装置、传动装置、行路部分和附加设备等部分组成。按推进器的种类，分为轮式输送车和履带式输送车。常见的输送车有下列类型：多用途输送车、牵引输送车、工程输送车、登陆输送车、越野输送车、履带式雪地沼泽地输送车和牵引输送车。

牵引车

用于牵引挂车及其他车辆的一种自引车辆。牵引车按推进器的种类，分为轮式牵引车和履带式牵引车。按照连接挂车的方法，可分为拖挂式牵引车和鞍式牵引车。

野战炊事车

担负战场饮食任务的野战炊事装备。它能减轻炊事人员的工作负荷，提高工作效率，增加炊事班的机动能力，减轻天气、气候对野外做饭的影响。

十三、舰船

军舰

用于完成战斗任务和保障任务的战斗舰艇和特种舰艇。现代军舰一般装有导弹、鱼雷、火炮、反潜武器、水雷、反水雷武器，有的还载有战斗机和直升机等，还有的舰上装有电子设备和其他技术器材。军舰动力装置类型有：蒸汽动力装置、柴油机动力装置、燃气轮机动力装置和联合动力装置甚至核动力装置。军舰按其排水量和武器装备情况划分为不同的等级。

驱逐舰

用于消灭敌方潜艇、水面舰艇及船舶，同时保护己方军舰免受侵害的战斗舰艇。汽轮机发动，其排水量一般为1000 ~ 1300吨，速度30 ~ 40节。配备有450毫米和533毫米双联发鱼雷发射器，88 ~ 102毫米火炮及其他反潜和高射武器。

反潜舰艇

专门用来与潜艇作战的水面舰艇。根据排水量和武器装备，划分为下列舰级：反潜巡洋舰、大型反潜舰、小型反潜舰和反潜艇。反潜艇上一般装备有水声器材、记录潜艇非声学物埋场的器材、火箭助飞鱼雷、自导鱼雷、深水炸弹及直升机，还有火炮、防空导弹系统、航海器材、无线电通信器材、无线电技术侦察器材和电子对抗器材等。由于潜用导弹核武器系统问世，有的反潜舰艇上还装备了攻击航空母舰、驱逐舰、护航舰和其他水面舰艇的武器和器材。

潜艇

一种能长时间潜入水中，并具有隐蔽性战术性能的战斗舰艇。用于消灭敌方水面舰艇、潜艇和运输船只，摧毁敌领土上的地面目标以及执行需要隐蔽进行的各种特殊任务。

美国的核动力潜艇
潜艇出水与鲸极为相似。

潜艇上装备有导弹、巡航导弹、鱼雷和水雷，还有声呐站、雷达、无线电通信器材、导航综合系统、导弹和鱼雷射击指挥仪等，还有各种无线电电子设备。另外，为了在水下对水面和空中进行目视观察，艇上装有潜望镜，并配有升降装置。为了给现代潜艇创造正常的生活和工作条件，艇上有各种生活保障设备。

潜艇按其装备的主要武器分为导弹潜艇和鱼雷潜艇，按其主要动力装置又可分为核潜艇和柴油机潜艇。

战列舰

具有很强的装甲防护和较强的突击威力，在远洋作战中以大口径舰炮为主要武器的大型水面舰只，亦称战斗舰，因在海战中常用多艘战列舰列成单纵队进行炮战而得名。装有 8 ~ 12 门大口径炮，动力强劲，能保证战列舰的高航速和远航程。在吃水线以上使用相当于主炮口径厚度的装甲进行屏护，以抗击对方战列舰的炮火攻击。由于目标较大，战列舰容易受到飞机和潜艇的攻击，所以已相继退役。

巡洋舰

具有强大火力、良好的远洋机动性和多种用途的水面战舰。作战能力仅次于航空母舰和昔日的战列舰。巡洋舰装备有攻防武器系统、全面探测系统、通信系统和指挥系统，既可充当航空母舰和战列舰护航编队的旗舰和主力，也可单独作战或指挥驱逐舰进行多种作战。依据作战使命、排水量和火炮口径的不同可分为轻型巡洋舰和重型巡洋舰。

护卫舰

用来警戒海上航渡的和在无屏障停

泊场锚泊的大型军舰、运输船、登陆舰（船）以防敌潜艇、鱼雷艇和飞机攻击的战斗舰艇。主要担负反潜、护航以及侦察、警戒、巡逻、布雷和支援登陆作战等任务。武器装备高平两用炮、自动炮、反潜导弹和深水炸弹，还有鱼雷发射器。

目标舰

专供海军进行战斗训练的舰船。可对其进行导弹、火炮和鱼雷的射击实习，也可供飞机进行空投鱼雷和炸弹的训练。目标舰一般都比较小，装有专门设备和各种模拟器，能模拟不同舰种的水面战斗舰艇，而且可以保障目标舰航行机动及其与外部的通信联络等。机械和装置都是自动遥控的，能自动改变航向和航速，并把武器命中的情况和其他所需要情报用无线电发射反馈。

登陆舰

运输和遣送登陆兵上岸的军舰。登陆舰备有供技术兵器和登陆人员上下舰船用的装置、航海仪器、通信工具、导弹和火炮。舰上还有供登陆人员用的住舱和卫生生活舱室。轮式和履带式技术装备可经跳板直接开上登陆舰。坦克、装甲输送车、汽车、导弹发射装置、火炮和其他技术装备均可放在登陆舰舱中。

破雷舰

用来破坏水雷障碍的军用船只。可以撞爆并触发水雷，或由舰上造成的磁场、声场、水压场等物理场诱发非触发水雷引信起爆。从而为舰艇或运输、登陆船只突破水雷障碍开辟安全通道。

布雷舰

布设水雷障碍的军舰。通常装有起重机或吊杆、水雷吊柱和水雷甲板，水雷甲板上装有 2 ～ 4 条雷轨用以检验和投放水雷。大型布雷舰上还设有水雷仓、雷管舱、储藏室、水雷输送机、布雷操纵台以及航海设备。专门建造的布雷舰排水达 2000 吨，航速 15 ～ 20 节，武器有 76 ～ 127 毫米火炮 1 ～ 4 门、20 ～ 40 毫米高射机关炮 2 ～ 8 门，水雷 400 个，舰员可达 200 人。

水翼艇

利用水翼支持艇体离开水面的一种动力支撑艇。主要是用在海战区对付水面舰船，同时也作为警戒艇和巡逻艇使用。这种舰艇速度极快，并装备有导弹和各种火炮。

滑行艇

一种在行进时依靠流水的动压力支托船体从而高速飞驶的小型船只。在行进时其艇首抬起，艇体依托尾部在水面滑行，从而能减少阻力，提高航速。艇上装备有轻型内燃机或燃气轮机，推进器为螺旋桨或喷水器。

鱼雷艇

携有鱼雷，并以鱼雷为主要武器的小型水面战斗舰艇。通常以编队形式对敌方大、中型水面舰船实施鱼雷攻击。

护卫艇

在濒陆海区和己方基地附近执行护卫和巡逻勤务的战斗舰艇，还可以为进出基地的潜艇和濒陆交通线上的运输船担任航行警戒。其排水量一般为 25 ～ 100 吨，航速约 25 节。配备武器有 20 ～ 57 毫米炮、机枪、投弹器及深水炸弹等。

水雷艇

对敌舰艇进行水雷攻击的蒸汽艇。开始装备的是撑竿水雷或拖带水雷，后来装备了自航水雷。平均排水量为14～16吨，艇长达20米，航速达14节。为适应战争形势的需要，现在水雷艇在各方面都做了改进。

导弹艇

是以舰舰导弹为主要武器的小型水面舰艇，以编队形式对敌方舰船进行攻击。装备有巡航式舰舰导弹和以计算机为中心的作战指挥系统。能够完成搜索探测、武器控制、通信导航和电子战等项任务。

巡逻艇

是以小口径舰炮为主要武器的小型水面舰艇。满载排水量达数十吨至数百吨、航速10～45节。现代巡逻艇装备有速射自动舰炮、深水炸弹、雷达、声呐，红外探测仪及低能见度电视和录像设备。主要担负近岸海区巡逻、护航、护渔及近海搜索、监视和攻击敌方潜艇的任务。

航空救生艇

供空勤组在海域上空被迫脱离飞机或在水上迫降时救生用的工具，其主要部分是防水气囊。航空救生艇有单人用和集体用两种。供单人用的救生艇配备有碳酸气瓶、手拉风箱、浮锚、勺子和堵漏用的橡皮塞等；供集体用的航空救生艇除上述物品外，还备有帆、桨、药箱、信号器材和无线电台。

航空母舰

以舰载机为主要武器，是舰载机编队的最大舰种。按照排水量分为大型、中型和小型航空母舰。按照动力分为

美国大型航母
排水量在6万吨以上。美国有"企业"级、"尼米兹"级、"小鹰"级等多种大型航母。目前美国约有15艘大型航母在服役，最大的"尼米兹"级排水量超过了10万吨。

核动力航空母舰和常规动力航空母舰。还可以按照战斗使命分为攻击航空母舰、反潜护航航空母舰和多用途航空母舰。航空母舰的任务是空袭敌方舰艇和陆上目标，并夺取作战海区的制空权和制海权。

破冰船

一种能在冰间航行的船只。用于引导船队或单艘船只通过冰封区，也可用于破坏冻港和冰封锚地的冰层。破冰船分为海洋破冰船、湖泊破冰船和江河破冰船。破冰船的船体水下部分强度较高，设有双层水密底。首尾及两舷有压载水柜，船舷与水平面的夹角达30°。这种船型能提高破冰能力，可降低冰对船的挤压力，便于破冰船在冰层前行。

救生船

专门用于防险救生保障、进行打捞作业和各种水下作业的辅助船只。这种船航海性能好，生命力强，航行自给力大。主要类型有援潜救生船、救助拖船、消防船、潜水工作船和打捞船等。

拖船

拖带非自航浮动工具和援救失事船只用的船只。拖船的发动机功率大，机动性能好。一般都带有专用拖带设备、灭火器材和排水器材。其主要类型：远洋拖船、近海拖船、锚地拖船、港内拖船和内河拖船。

运输舰

主要是向陆基地或岛屿运送人员、武器装备和军用物资的勤务舰船。装备有防御武器。航速一般在 20 节以内。运输舰船分为人员运输舰船、液货运舰船输、干货运输舰船和驳船等。

人员运输舰船，以运送人员和武器装备为主，同时运输部分军用物资，高层甲板两舷配有多艘救生艇（筏）。液货运输舰船，用于运送散装燃料油、机油或淡水，通常设有海上纵向补给装置，可在航行中向其他舰艇补给油料或淡水。干货运输舰船，用于运送包装成件的军用物资，设有较多的起吊设备和索具。驳船，用于驳运人员或干、液货，船型和设备均较简单，大多为非自然航式，单驳的装载量一般较小。民用运输船舶是海军舰船的重要后备力量，其类型较多，有散装干货船、集装箱船、载驳船等，经过相应的改装即可用于军事运输或作为其他军用舰船。

电子侦察船

用于电子技术侦察的海军勤务舰船。装备有各种频段的无线电接收机、雷达接收机、终端解调和记录设备、信号分析仪器及接收天线等，有的还装备有电子干扰设备。能接收并记录无线电通信、雷达和武器控制系统等电子设备所发射的电磁波信号，查明这些电子设备的技术参数和战术性能，获取对方的无线电通信和雷达配系等军事情报。其满载排水量一般为 500 吨以上，大型的达 4000 吨左右，航速 20 节以下。能较长时间在海洋上对港岸目标或海上舰船实施电子侦察。但其侦察活动受海洋气象条件影响较大，自卫能力弱。为了隐蔽企图，电子侦察船多伪装成拖网渔船、海洋调查船、科学考察船或商船等。

十四、飞机

军用飞机

用于军事用途的飞机。军用飞机主要包括歼击机、战斗机、轰炸机、武装直升机、侦察机、预警机、电子对抗飞机、水上飞机、军用运输飞机、空中加油机和教练机等。军用飞机可装航炮和携带导弹、火箭、炸弹和鱼雷等武器，用于攻击空中、地面、水面或水下目标。

水上飞机

能在水面起降的具有特殊结构的飞机。其机体底部能产生流体动升力，并能保证起飞滑跑稳定。按结构类型可分为船式水上飞机、浮筒式水上飞机和水陆两用飞机。主要用于海上侦察、搜索和消灭敌潜艇，以及进行海上救生等。

核动力飞机

以原子能发动机作为动力的飞机。具有航程飞行时间长等优点。但在热交换等方面尚需改进。

强击机

从低空或超低空对地面、海上小型活动目标进行袭击的作战飞机。为避免火力伤害这种飞机，一般都有装甲，所使用的武器有炸弹、火箭或者火炮。强击机通常都用于直接支援陆军和海军作战。

反潜飞机

用于搜索和攻击潜艇的飞机。有岸基飞机和舰基飞机两种。飞机上装备了主动式探测器材和被动式探测器材，而且这些器材和电子计算机相连，组成一个搜索瞄准系统。此外还装有自导鱼雷、深水炸弹、导弹和水雷。

电子对抗飞机

是专门用于对抗敌方雷达通信和电子制导系统，实施电子侦察、电子干扰的飞机总称。通常用其他军用机改装而成。根据作用不同，可分为电子侦察机、电子干扰机和反雷达飞机。电子侦察机可侦察敌方雷达、通信等性能参数和数据。电子干扰机在电子侦察机的基础上实施强烈干扰，造成敌方雷达瘫痪，通信中断，制导武器失灵。反雷达飞机是使用反雷达导弹摧毁敌方电子系统和雷达系统，以保证己方飞机的安全。

电子侦察飞机

执行电子侦察任务的飞机。分为有人驾驶和无人驾驶两种。机上装有电子侦察设备，用于对敌方地区实施不定期的电子侦察，是电子侦察的主要手段。

电子干扰飞机

用于对敌人防空体系内的各种雷达和防空指挥通信设备等实施电子干扰的飞机，阻止攻击机群突防和作战。机上装有大功率杂波干扰机、无源干扰投放器和侦察、引导接收机。当飞机接收机接收到信号，经计算机处理后释放有源和无源干扰。

歼击机

主要用于歼灭空中敌机，争夺制空权的飞机，也叫驱逐机、战斗机。歼击机由机体、动力装置、操纵装置等组成。具有机动性能强、加速性好、爬高速度快、盘旋半径小等特点，便于空中格斗。战斗机武器系统包括火控雷达、航空机关炮、空空导弹等。现代火控雷达是具有搜索、跟踪和引导多个目标能力的脉冲多普勒雷达，作用范围最远可达285千米。战斗机大多使用空空导弹作战，有很强的对地攻击能力。

轰炸机

从空中对地面或水上目标进行轰炸的飞机。有装置炸弹、导弹等的专门设备和防御性的射击武器，载重量大，飞行距离远。如B-29轰炸机，B-52重型轰炸机，B-2轰炸机。

F-15鹰

美国新一代多用途战斗机。F-15有很大的机翼面积和高推重比，因此具有很强的爬升能力和机动性，特别适于近距格斗和超视距导弹攻击。最先服役的两个型号为F-15A单座和F-15B串列双座。1979年6月后续的F-15C双座改进了引擎，增加了边引导边跟踪的空战能力和载荷，增设了地形绘制系统。

引擎采用两台普惠F100-PW-220补燃涡轮风扇发动机，单台推力10634千克。翼展13.05米，机长19.43米，高5.63米，翼面积56.5平方米，F-15C空载12973千克，最大起飞重量30845千克；F-15E空载14379千克，最大起飞重量 36741 千克。升限 15000 米，时速 2655 千米。

主要机载设备。F-15C 备有 AN/APG-70 火控雷达，自动驾驶仪，中央计算机，平视显示器，惯性导航系统，雷达预警和电子对抗设备。F-15E 备有改进的高分辨率 APG-70 火控雷达，IBM 高速中央任务计算机，夜间低空导航和红外瞄准吊舱，数字式三余度飞行控制系统，环形激光陀螺惯性导航系统，彩色 CRT 多功能显示器。

武器装备。F-15C 备有一台 20 毫米 M61A1 六管机炮 940 发炮弹，9 个外挂点 10705 千克弹药，可同时携带 4 枚 AIM-9 响尾蛇空空导弹和 4 枚 AIM-7 麻雀空空导弹或 8 枚 AIM-120 先进中距空空导弹，对地攻击携带核武器、空地导弹、火箭、炸弹、副油箱和电子战舱 ECM。F-15E 备有一台 20 毫米 M61A1 六管机炮 512 发炮弹，11 个外挂点 11113 千克弹药，包括核武器，集束炸弹，常规炸弹，激光制导炸弹，AGM-65 小牛空地导弹，AGM-88 哈姆空地导弹。AIM-7 麻雀空空导弹，AIM-9 响尾蛇空空导弹 AIM-120 先进空空导弹，和三个外挂副油箱。

F-22A 猛禽 Raptor 多用途战斗机

F-22 是美国空军用于在 21 世纪替代 F-15 战斗机的先进战术战斗机（ATF）。有出色的机动性能，并加装了三维数码头盔飞行控制器和二维矢量推进喷气管。引擎可以进行超音速巡航而不必打开加力燃烧室。三角形机身布局使之具有一定的隐身性能。发动机进气口两侧和机腹的武器舱可以携带空空和空地导弹。

目前，F-22 正在试生产和进行飞行试验，共计划生产九架用于完整测试，两架用于地面测试。引擎采用两台普惠 F-119-PW-100 补燃涡轮风扇发动机，单台推力 35000 磅，翼展 13.56 米，机长 18.92 米，高 5 米，重 30000 千克，最大起飞重量 60000 千克，升限 15240 米，超音速巡航时速 1590 千米。装备有：一台 M61A2 型 20 毫米机炮，全内置两枚 AIM-9 响尾蛇空空导弹，六枚 AIM-120 先进中程空空导弹和两枚 JDAM-1000 精确制导导弹，两个翼下副油箱。

侦察机

专门用于从空中获得情报的军用飞机，载有航空照相机、微波成像、测视雷达和电视、红外侦察设备等。按任务范围分为战术和战略两类侦察机。战术侦察机常由战斗机改装而成，战略侦察机是为获取战略情报而专门设计的。因为侦察机一般不装备有武器弹药，所以侦察机的飞行高度和速度都大大超过其他种类的飞机。美制 SR-7I 高空高速战略侦察机的飞行侦察高度可达 25 万米，最大飞行速度是音速的 3.2 倍。

预警飞机

用于搜索、监视空中及海上目标，指挥引导己方飞机进行作战任务的飞机。通常由运输机加装预警雷达、情报处理、指挥控制、通信导航、电子战等设备改装而成。具有良好的探测低空、超低空目标的性能和便于机动等特点，可以同

美国 E-3A "望楼" 预警机
它可以同时指挥航母上的战斗机作战。

时搜索、跟踪方圆数百千米的大小目标。在海湾战争中以美制 E-3 为首的预警飞机保证了多国部队 11 万架次飞机的飞行和作战，显示了预警机的巨大作用。

空中加油机

专门给飞行中的飞机补加燃料的飞机，能够加大作战飞机的航程和提高其作战能力，一般由大型运输机和轰炸机改装而成，是各国空军远程作战必备的支援机。美制 KC-10-A 加油机可在空中输油 90.7 吨。

教练机

专门用于训练飞行人员的飞机，其座舱内安装有两套供教练员和学员学习、使用的座椅及联防发动操纵机构。一般由轰炸机或运输机配备专门用于训练的技术设备改装而成。可分为初级训练教练机、基本训练教练机和高级训练教练机。新一代教练机多为超音速飞机，用途广泛，具有对敌攻击的能力。

无人驾驶飞机

由遥控设备或自备程序控制系统操纵的不载人飞机，简称无人机。结构简单、重量轻、尺寸小、造价低廉，可由机载从空中投放，也可从地面发射或起飞，由操纵员在地面或空中利用遥控设备操纵，也可通过自备程序控制系统控制飞行。它有一次使用的，也有多次使用的。无人机的主要用途之一是做靶机，用于飞机、高射炮、导弹等兵器试验和性能鉴定，以此来训练飞行员和高射炮、地空导弹、雷达操纵人员。由于能完成有人驾驶飞机不宜执行的某些任务，无人机正在军事上得到广泛应用。

运输机

利用机身内很大的货舱或客舱来运输货物和人员的飞机。装有各种通信、导航设备，能在复杂气象条件下不分昼夜地飞行。按用途可分为军用和民用两大类。运送兵员和武器装备的称"军用运输机"，运送旅客的称"客机"，运输一般货物的称"货机"。较大的载重量要求运输机保证安全可靠。

直升机

是依靠发动机带动旋翼产生升力和推动力的航空器。能够垂直起落、空中悬停、原地转弯并能随意向各个方向飞行，而且对起飞场地条件要求低。直升机负担着运输、吊装物资、反潜、反舰、反坦克、布雷、扫雷、火力支援、救护、观测和通信指挥等任务，是军队的重要技术装备。现代军用直升机可以分为两类：一类承担运输空降和通信勘察等工作，是军队行动的主要工具；另一类发射地（舰）导弹、鱼雷、火箭及航空机关炮，能够进行反坦克、攻击潜艇等战斗。

舰载机

以航空母舰或其他军舰为基地的海军飞机。用于攻击空中、水面、水下和地面目标，并执行预警、侦察、巡逻、护航、布雷、扫雷和垂直登陆等任务。它是海军航空兵的主要作战手段之一，是在海洋战场上夺取和保持制空权、制海权的重要力量。

舰载机按使命分为歼击机、强击机（攻击机）、反潜机、预警机、侦察机和电子对抗飞机等。

舰载机能适应海洋环境。普通舰载机一般在 6 级风、4 ～ 5 级浪的海情下，仍能在航空母舰上起落。舰载机能远在母舰舰炮和战术导弹射程以外进行活动；借助母舰的续航力，可远离本国领土进入各海洋活动。舰载歼击机多兼有攻击水面、地面目标的能力，舰载强击机（攻击机）多兼有空战能力，以充分发挥有限数量舰载机的最大效能。舰载机在母舰出海时上舰，母舰返回基地时飞回岸机场，一艘航空母舰可搭载数十至百余架舰载机。通常是多机种同时搭载，以形成综合作战能力。

十五、军用飞行器

军用卫星

应用于军事的人造地球卫星。军用卫星按用途一般可分为侦察卫星、军用通信卫星、军用气象卫星、军用导航卫星、军用测地卫星等。一些民用卫星也兼有军用用途。

侦察卫星

用于获取情报的人造地球卫星，主要利用光电遥感器或无线电接收机等侦察设备，对目标实施侦察、监视或跟踪，搜集相关的情报，并用胶卷、磁带等记录存贮于返回舱内，在地面回收；或者通过无线电传输的方法传输到接收站，经光学设备或电子计算机等处理加工后，从中提取有价值的情报。卫星侦察具有侦察面积大、范围广、速度快、效果好，可定期或连续监视一个地区，不受国界和地理条件限制，能获得其他手段难以获得的情报等优势，对于军事、政治、经济和外交等均有重要作用。根据执行的任务和侦察设备的不同，侦察卫星一般分为照相侦察卫星、电子侦察卫星、

海洋监视卫星和导弹预警卫星。

军用气象卫星

提供军事气象资料的卫星。它通常利用各种气象遥感器拍摄云图和获取其他气象资料。有保密性强、图像分辨率高的特点。

军用导航卫星

为军事用户导航定位的人造地球卫星。具有定位精度高、全天候、全方位及设备简单等特点。军用导航卫星主要为核潜艇提供在各种天气条件下全球导航定位服务，也能为地面战车、空中飞机、水面舰艇、地面部队甚至单兵提供精确位置、速度和时间信息。

军用火箭

依靠火箭发动机向后喷射气体所产生的反作用力而推进的飞行器。它又分为可控和无控火箭。可控火箭是导弹家庭的成员；无控火箭是靠火箭发动机推进的非制导性武器，用于杀伤、压制敌方的有生力量，破坏工事和武器装备等。火箭发射系统主要包括单兵反坦克火箭筒、火箭炮、航空火箭、运载火箭等。

航空航天飞机

一种攻击性的战略航空武器。这种飞机具有航程长（可能无限长）、起飞迅速、速度快等优点，能在90分钟内到达地球任何角落对目标实施攻击。此外，它还可在大气层或近宇宙空间做改变轨道平面飞行，从而能做到对近地球轨道平面进行广泛的攻击。

卫星式武器

从人造卫星运行轨道上攻击地面目标和外层空间目标的武器。它分为轨道

武器和截击卫星两类。前者在敌对行动开始时，从地面发射入轨，在接到命令以后进入大气层攻击地面目标，称为轨道轰炸系列。后者携带攻击武器，采用自身爆炸、发射激光和火箭等方式摧毁空间目标。

十六、雷达·声呐

雷达

运用无线电定位方法探测目标并测出其坐标和特性的装置。具有发现目标距离远，测定目标坐标速度快，能全天候使用等特点。在警戒、引导、武器控制、侦察、航行保障、气象观测、敌我识别等方面成为现代战争中重要的技术装备。

雷达由发射机，接收机，天线系统，输出装置，防干扰设备和电源等部分组成。雷达按其任务可分为警戒和引导雷达、武器控制雷达、侦察雷达、航行保障雷达、气象观测雷达；按其架设位置可分为地面雷达、机械雷达、舰载雷达、导弹雷达、航天雷达、气球载雷达等；按工作频段可分为米波雷达、分米波雷达、厘米波雷达、毫米波雷达；按发射信号形式可分为脉冲雷达、连续雷达、

远警雷达装置

脉冲压缩雷达等；按天线波束扫描控制方式可分为机械扫描雷达、机电扫描雷达、频扫雷达和相控阵雷达等。

热雷达

通过红外波段的电磁波束对目标进行探测和定位的雷达。由光系统、发射机、接收机、显示器、同步部分、控制部分和电源组成。以电磁波照射目标，接收目标的部分反射波，并将其转换成可见图像或电信号。通过发射机红外射束和接收机瞬间视界角的空间同步扫描方法来搜索和跟踪目标。热雷达具有从视观察中识别伪装目标的能力，而且测定目标坐标的精度很高。

激光雷达

利用激光束对目标进行探测和定位的光电子装置。一般由激光发射机、接收机、信号放大及脉冲电子线路、显示设备、电源等部分组成。具有测距精度高，距离和角度分辨力好等优势。能够测量目标的距离、方位、运动速度，并能自动跟踪目标。

红外雷达

利用目标所辐射的红外线进行探测和跟踪的雷达。主要用于导弹制导、侦察等方面。由搜索系统、跟踪系统、测距系统、数据处理系统、显示记录系统等组成。具有隐蔽性能好、体积小、重量轻、跟踪精度高的优点。但近距离识别目标有困难。

全息雷达

利用全息术原理工作的雷达。它首先由发射机天线向给定的探测区进行照射。若有不反射的电磁波进入接收机天线，接收机可测定每一点上波的振幅和

位值。由存储系统记录这些数据，形成无线电全息图。然后用计算机和显示系统再现，形成目标输出图像。全息雷达的无线电全息图可以多次处理，而且所获的立体图像很详细。

舰载雷达

舰艇上装备的雷达。用于探测和跟踪海面、空中目标，为武器系统提供目标坐标，引导舰载飞机着舰，保障舰艇安全航行和战术机动等。舰载雷达按战术用途可分为警戒雷达、导弹制导雷达、炮瞄雷达、鱼雷雷达、攻击雷达、航海雷达、舰载机引导雷达和着舰雷达等。

弹道导弹预警雷达

一种远距离搜索并提供导弹来袭情报的雷达。用于测定洲际、中程及潜地弹道导弹的瞬时位置、速度、发射点和弹着点等参数，并迅速提供有关情报。弹道导弹预警雷达配有高性能的计算机数据处理系统，发现目标后，测定其位置，计算弹道轨迹。如判定是导弹攻击，则进行跟踪，做进一步的精确判断，计算来袭导弹的发射点、弹着点及行进时间和落地时间，并将详细情报发往预警中心。

弹道导弹跟踪雷达

一种远距离跟踪雷达。用于跟踪洲际、中程和潜地弹道导弹，并测定其坐标速度，识别真假弹头，精确预测其弹着点位置，制导反弹道导弹等。按其用途可分为导弹截获雷达、导弹阵地雷达、导弹目标特性测量雷达和精密跟踪测量雷达等。

侦察雷达

专门用于侦察的雷达。主要有战场侦察雷达，炮位侦察校射雷达，活动目标侦察校射雷达，侦察与地形测绘雷达。

导航雷达

专门用于导航的雷达。一般由定时器、发射机、接收机、天线、显示器、天线控制设备、电源等部分组成。按其用途可分为飞机导航雷达和舰船导航雷达。

声呐技术

利用声学方法探测水下目标和实施水下通信的技术。一般配备潜艇、水面舰艇、反潜飞机或海岸防潜警戒系统，还可由潜水员携带。用于搜索、测定、识别和跟踪水中目标，进行水声对抗、水下战术通信、导航和武器制导。

十七、尖端武器

定向能武器

又称"死光"，使能量以一定方向传播的武器。它以光的形式传播，速度快，杀伤力巨大。定向能武器包括激光武器、粒子束武器和微波束武器等。激光武器就是利用激光束的辐射能量，在瞬间危害或摧毁目标的定向能武器。粒子束武器是利用微观粒子构成的定向能束去摧毁目标的武器。具有快速、高能、灵活、干净与全天候等特点。微波束武器是采用强微波发生器和高增益定向天线发射出强大的、汇聚的微波波束，对目标起杀伤破坏作用的武器。具有照射较大目标区、作用距离远、不受气候影响的特性，对付隐形飞机、导弹飞行目标极为有效。

核动力航空母舰

一种靠核能驱动，机动能力很高的

航空母舰。它能够长期进行高速航行，而不受燃料的制约。每更换一次核燃料，可以连续航行十几年，而且不用海外军事基地。它还能对舰载飞机的起降提供充足的动力，提高舰载飞机的使用效率。另外，由于它没有烟囱，不会引发气流紊乱，为舰载飞机的起降安全提供了保障。

军用机器人

应用于军事的机器人。军用机器人的种类有机器人步兵、机器人侦察兵、机器人防化兵、机器人工兵及机器人潜水员等。从技术上可以把机器人分为遥控军用机器人和自主、半自主军用机器人。遥控军用机器人，可以由人遥控或由计算机程序控制，代替士兵完成一些危险而困难的任务；自主、半自主军用机器人具有一定的感知、推理、判断和行为的能力，由它们操作的火炮、坦克、巡逻车等武器装备，将在未来的陆战场上发挥重要作用。

未来轰炸机

在未来的空战中，军用飞机将继续向垂直短距离起落方向发展，无人驾驶飞机将用于对地攻击以至空战。机载设备综合化和由计算机控制方面，将有重大进步。电子对抗系统具有更为重要的地位，机体的设计将进一步改进机体外形和大量采用"隐形"材料，同时武装直升机也将得到迅速的发展。

未来轰炸机将大大提高其突破防线能力，并全面改进现有轰炸机的性能。例如美国的B-2隐身轰炸机，便具有极佳的隐身性能，整个外形呈三角形，机身采用了大量的复合材料，涂有深灰色的隐身和吸波涂料，对于各种雷达和红外线以及可见光均有很好的隐身特性。

二元化学武器

一种新型化学武器，基本结构是将两种或两种以上能产生毒剂的化学物质，分别装填在隔开的容器内，弹药发射后，隔膜破裂混合而产生化学反应，在到达目标的瞬间生成毒剂以杀伤对方人员。这种武器的出现增大了毒剂扩散的危险性。二元化学武器大多为活性很大的化合物，在战场上使用方便，难以防护。在未来战争中，化学武器的应用将出现许多新的特点，不仅增强了杀伤力及杀伤范围，而且破坏力也将大大增强。

生物基因武器

把致病力强的基因、耐药性高的基因或多种有害基因转移到同一种生物的活性细胞内，渗入或组合在它的脱氧核糖核酸或基因组中，可以改变它的遗传结构和某种遗传特性。利用这一生物原理制造出的危害更大的新型生物战剂就称为生物基因武器。

生物基因武器是继原子弹、氢弹之后又一种新型毁灭性武器，如果将其应用于未来的战争中，其后果是极其严重的。

基因技术在军事上的研究应用，将给人类带来毁灭性的灾难。

反电磁波辐射导弹

又叫反雷达导弹，它是利用敌方雷达的电磁辐射进行导引，进而摧毁敌方雷达及其他有源干扰系统的导弹，是一种摧毁能力极强的锐利武器。它与机载或舰载探测跟踪、制导、发射系统等构成反雷达导弹武器系统，通常有空对地、舰对舰反雷达导弹等类型。常在防空压制、空中突击、电子对抗中充当"杀手"的角色。未来的反电磁波辐射导弹，将向着增强抗干扰能力，提高导引头性能，增大射程、威力和攻击多种电磁辐射源的方向发展。

吸氧武器

一种能吸收局部空间氧气，进而造成人员死亡和使一些需要氧气的机器停止转动的武器。它只需在普通炸药中掺入大量的吸收氧气的化学药物即可。如果这种武器应用于战场，会使人无声无息地死亡，舰船莫名其妙地停止运转，飞机突然地坠落。

臭氧武器

运用物理或化学方法使敌占区上空臭氧层出现"洞穴"，从而使强烈的紫外线直射敌国的地面、海面，使该区域的人员死于非命。只是一旦臭氧出现"洞穴"，将会给世界带来巨大的灾难。但是，只要找到能够再次产生臭氧的方法，这种武器也必将问世。

化学雨武器

化学雨武器主要由碘化银、干冰、食盐等能使云体形成水滴、造成连续降雨的化学物质，及能够造成人员伤亡或使武器装备加速老化的化学物质组成。用隐形飞机或其他无人飞行器偷偷运往敌国上空撒布，使敌军武器加速锈变，进而丧失作战能力。该武器具有高腐蚀性和高毒性的特点。

子母航空炸弹

子母航空炸弹由许多小型子炸弹装在母箱内构成，总重量从几十千克到上千千克不等。子弹被抛射后，投弹箱可多次使用。子炸弹有杀伤、燃烧、反坦克、毒气等类型，具有不同的杀伤破坏效果。子炸弹的数量成千上万，具有杀伤破坏面积大，成本不高等特点。

"昆虫"士兵

一种只有几毫米大小，外形像昆虫的高科技微型机器人。预先潜藏在外形像砖头、石头一样的母机中，然后用飞机把这些"砖头"或"石头"投放到或用大炮发射到敌方重要的军事设施或建筑物附近。这些"昆虫"士兵就像昆虫一样，通过门窗缝隙，或附在人身上进入建筑物内。有的机器人士兵身上带有传感器，可把侦察到的结果用无线电信号发送给母机，再由母机立刻发送给上空的侦察卫星，及时地将信息传回到自己的军事情报部门。

"小草"侦探

一种外形像小草的微型侦察器材。它的叶片是微型摄像机的传感器，能听到周围的声音，看到周围的景物，还能感测到外界的震动。它可以用在野外战场上探测敌人的坦克、大炮，感知飞机在空中的飞行，发现部队的行进踪迹等，并把侦察到的军事情报传送到自己的指挥部。

"苍蝇"导弹

一种外形像苍蝇的导弹。此种导弹

具有巨大的威力，能炸毁坦克、大炮、飞机甚至火药库，还可飞入设在地下的敌方指挥部，消灭敌方的指挥中心。而且，"苍蝇"导弹还能炸毁航空母舰。另外，这种"苍蝇"导弹直接受电波遥控，只要轻轻地按动遥控器，就能完成庞大的破坏任务。

全向照射武器

一种能致使目标的光学系统受损的强光武器。人员受其照射，就无法看清任何东西。这种武器是通过高能炸药的骤然爆炸，使周围的物质迅速被加热到超高温而形成等离子状态，与此同时，还发出强烈的闪光。全向照射武器有全向发光和定向发光两种类型。它们均能由各种常规武器发射或投掷，特别适于在城市和山区作战。一旦特种部队和警察装备了这种武器，将会大大提高工作效率。

低能激光武器

一种由轻便蓄电池提供低能量的多变色激光武器。它能对人眼或各种监视器、探测仪之类仪器的光学系统造成严重的损坏。它的激光颜色在红、黄、绿、蓝、紫五种单色之间来回变换，给防护

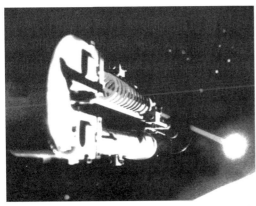

设想中的激光炮，可以装载在卫星上，用于攻击来袭导弹。

造成困难。而且它的体积小，可安装在步枪、机枪上使用，也可装在汽车、飞机或舰船上作为长久性的作战兵器使用。

强电磁脉冲武器

它是一种由功率超过1000兆瓦的电子束发生器触发产生强电磁脉冲的武器。它能使通信、导航、数据处理和计算机系统等电子设备失去作用。目前，如何缩小能源设备的体积、重量和提高电容器的贮存能力，是这种武器应用于实践的技术关键。

电磁脉冲发生器武器

电磁脉冲发生器武器是指利用电磁脉冲直接杀伤、破坏或使目标丧失作战效能的一种微波武器。使用这种武器可以改变电磁场，使数字存储器失常，对电子装置产生干扰，或者改变输入到敏感电子器电流的方向，使依赖于电子线路工作的任何军车、导弹和飞机等失效。目前，把电磁脉冲发生器与各种军事结合使用的试验正在进行，相信不远的将来，即可投入军事实践之中。

超导舰艇

应用超导技术制成的舰艇。它由超导电磁力推进装置取代了传统的旋桨推进部件，具有构造简单、维修方便、推力大、航速高、无震动、无噪声、无污染、造价低等诸多优点。潜艇应用超导推进系统后，有效地消除了噪声影响，降低了红外辐射，能更好地隐蔽自己，从而大大地提高了生存能力和快速机动突防能力。

超导鱼雷

又称磁流体动力鱼雷。它由超导电磁铁和超导电圈等部件组成。超导电磁

铁通过电离海水产生推动，磁化后不再需要能量维持磁场。超导电圈必须装在冷却箱里，液态氦要冷却到接近绝对零度。鱼雷的速度由超导电圈产生的磁场强度和磁流体动力管道前部电极对海水的电离度提供。超导鱼雷由于没有活动零件，航行噪声相当小，所以不易为对方发现；而超导鱼雷的推进系统几乎不需要预警时间。

超导激光武器

一种采用超导闭合线圈储能的激光武器。由于超导线圈中的电流是一种持久的电流，所以只要将线圈保持超导状态，它所储存的电磁能便会毫无损耗地长期保存下来，并可随时把强大的能量提供给激光武器。这样激光武器就可时刻保持高度的战备状态。

太阳武器

太阳聚集热源中的温度可达数千度，足以毁灭一切，如果把它作为武器其威力是无比巨大的。1994 年，俄罗斯卫星在距地球 4 万米的轨道上安放了镜片，镜片反射光在夜间掠过地球。人类用太阳光作为大规模杀伤性武器或许只是个时间问题。

思想控制武器

是在大脑激励控制技术发展的基础上产生的。而大脑激励控制技术的任务是给大脑以电磁激励，使它有更大的输出频率，以达到控制人意念的目的。它由能产生光线和连串语言的计算机组成，能根据电脑分析人的个性，并发出一些潜意识信息来影响单个人或一批人，即通过它来控制作用对象大脑的反应，使其思维按照施加作用者的意愿活动。这项军事武器尚处于发展阶段，但是它的意义和影响将是重大而深远的。

信息化弹药

即对导弹、制导炸弹等精确制导武器制导的弹药，及对其他物理的和化学的目标信息（如声波、电磁波、可见光，甚至气味等）来制导的弹药。这些弹药由于利用了信息能而杀伤力极高。它主要包括智能弹药、粒子束武器、高功率微波和激光致盲等非致命武器，以及对敌方武器装备的功能起干扰、削弱和压制作用的各种软杀伤武器（电磁脉冲武器、计算机病毒武器、信息干扰武器等）。

电子战飞机

即电子干扰飞机，它通过施放电子来干扰破坏敌方通信系统，使之瘫痪，从而取得初战优势。最典型的电子战飞机是美国的"徘徊者"，它具有 5 种克敌制胜的法宝：（1）先进的雷达告警接收机。这种设备一旦收到敌方雷达信号，可在 5 秒钟内向机组人员报警，告示飞机受到威胁程度和威胁信号的来源。（2）大功率战术干扰系统。这一系统能混合发出不同频的干扰信号，以迷惑敌方雷达。（3）高效能的欺骗式干扰机。这种设备是利用干扰发射机发射与目标回波信号相同或相似的信号，以达到欺骗敌方雷达的目的。（4）灵敏的干扰物投放器。这种装置能够发射 60 枚箔条弹或曳光弹，在紧急情况下，可使飞机安全脱险。（5）威力强的超短波通信干扰机。它可根据需要采用自动、半自动或手控方式进行干扰，破坏敌方通信联系。

智能无人机

一种能自行完成侦察、干扰、电子对抗、反雷达等多种军事任务的无人驾驶飞机。它既可以对敌进行干扰迫使其关闭雷达，又可以诱敌发射导弹，以利于己方飞机突破防线。

智能坦克

一种由计算机控制中心、信息接收和处理系统、指令执行系统及各种功能组件组成的新型坦克。该种坦克根据使用和任务的不同，可分为智能作战坦克、智能侦察坦克和智能扫雷坦克。智能作战坦克是一种可以顺利通过各种障碍物，能够识别目标并确定最佳行动方案，从而控制武器射击的坦克。智能侦察坦克装有核、生物、化学探测器，红外传感器和激光测距机等侦察器材，能区分人员与自然地物，探测地雷，绘制地形，并确定目标。智能扫雷坦克可排除一次性触发地雷，也可远距离引爆感应地雷。

智能导弹

一种能自动搜索、识别和攻击目标，并能自动返航回收的新型导弹。一般装有先进的探测、控制设备。由超低空飞机远距离发射后，自动爬升到上千米的高度，自动俯视战场，选择目标。另外，如果目标已有导弹跟踪，后到的导弹就会自动寻找其他的目标从而获得最大杀伤效果。

智能地雷

一种能自动识别目标，自动控制装药爆炸，并在最有利时机主动击毁目标的地雷。目前已有自动机动地雷、遥感电磁地雷、自寻目的地雷、反直升机地雷、光电地雷和反装甲地雷等类型。

隐身飞机

是根据探测飞机的种种探测系统的工作原理与性能，以及飞机作为目标的各种信息特征，综合运用多种隐形技术研制而成的。它是隐身武器中装备研制发展最快、取得成果最多的领域。这种飞机一般都有奇特的外形以抑制和散射雷达波束，使用各种复合吸波材料，以降低雷达波的作用。另外，还采用其他减弱热、声、光、电、烟等信号的隐身技术。

隐身导弹

隐身导弹是为降低其可探测概率，减少被拦截概率，增加突防攻击能力而研制的。飞机的各种隐身技术都可用来研制隐身导弹。各种巡航导弹、战术导弹、洲际导弹的隐身技术都在积极发展之中。近年来美国已研制成功的隐身导弹主要有 AGM-137 型和 MGM-137 型隐身战术导弹。

隐身舰船

各种侦察探测系统、红外线反舰导弹、新一代鱼雷和水雷的迅速发展，都要求舰船降低可探测概率，在这种情况下隐身舰船应运而生。当前，许多国家都在设计或研制隐身技术的舰船，如英国"海洋幽灵"级轻型护卫舰，美法联合研制的"美洲狮"级护卫舰，俄罗斯的"基洛夫"级驱逐舰，意大利的"萨埃蒂亚"号导弹艇，以及美国的"阿利·伯克"级驱逐舰和 SSN-21"海狼"级潜艇等。

隐身坦克

是在现代高技术反坦克武器不断

发展的情况下，为躲藏被发现和被击毁的命运而发展起来的，并且已找到了提高其生存能力的有效途径。目前，隐身坦克主要采用的隐身技术有：采用复合材料、降低红外辐射、披挂迷彩外衣、降低噪声及采用烟幕技术等。

"黑客"与未来战争

"黑客"是指那些采取非法手段躲过计算机网络的存取控制而进入计算机网络的人。"黑客"不仅干扰计算机网络，还破坏网络中的数据，是计算机网络的杀手，具有极大的危害性。作为未来战场基础的计算机网络系统，一方面极大地提高了战场信息的流量、流速，另一方面也极易受到攻击，尤其是网络"黑客"技术被用于军事以后，战场网络的安全性与可靠性受到严厉的挑战。

在未来战争中，利用网络"黑客"技术，依靠鼠标、电脑荧光屏和键盘就可以将灾祸降临到敌对国家，而不用投入大批军队和武器。通过计算机网络把电脑病毒传入敌对国的通信网络系统，造成通信系统中断。并在预定的时间激活隐藏在敌对国计算机网络中的"逻辑炸弹"，摧毁其控制交通的网络系统，造成交通堵塞。利用指挥控制机网络夺取敌对国的指挥控制权，向敌对国的军队发布假命令，使他们溃散在战场或军营中。接着，派出心理战飞机干扰敌国电视广播，使敌国军队处于厌战状态。还可以利用"黑客"通过网络进入金融或其他系统，切断其可能的外援。这样，就可以轻松地取得胜利，并改变整个战场的程序。这就是网络"黑客"技术的威力。

单兵作战

新世纪可能出现的战争，将是高技术、高对抗、立体、全方位的战争。士兵不仅面临枪林弹雨和核、生物与化学武器的威胁，还面临着诸如采用声、光、电作为杀伤手段的非杀伤性武器的威胁。提高单兵作战能力，减少作战人员，避免伤亡，已日益为各大军事强国所重视。在未来战争中既要取得胜利，又得减少伤亡和损失，提高武器性能及利用率，强调单兵作战势在必行。

20世纪90年代初，美国已开始研制名叫SIPE的单兵综合作战系统。该系统由美国陆军纳蒂克研究发展工程中心牵头研制，多方参加。它融防护技术、火控与通信技术、对抗技术、武器技术与其他先进技术于一体，强调士兵的5种作战能力，即杀伤能力、指挥与控制能力、生存能力、耐久能力和机动能力。

环境武器

主要是利用海洋、岛屿、陆地以及大气等相关环境中某些不稳定因素，如巨浪、海啸等，同时借助各种物理或化学方法，从这些不稳定因素中诱发出巨大的能量，去攻击敌方的军事目标，使其丧失战斗能力。目前，环境武器尚处于进一步研制开发之中，但其利用的前景已令各国军事科学家们瞩目。环境武器包括化学武器、披持迷彩外衣隐身、吸氧武器、臭氧武器等。

智能武器

随着超高速处理和超大规模集成电路的出现，计算机科学的发展以及遥感技术、精确制导技术的诞生，一些国家越来越重视武器的智能化发展趋势，让炸弹、炮弹、导弹"长上眼睛"，自动寻找目标，"发射后不用管"，大大提高了命中率和部队的战斗效能。这便是智能武器。智能武器，是一种不用人直接操作而可自行完成侦察、搜索、瞄准、攻击目标，以及情报的搜集、整理、分析和综合等多种军事任务的新型武器。也有人把其称作是有"思维""会听""会说""会看"的武器。

智能武器大致有两种情况：一种是高灵敏度全身自动指挥、火控系统，通过极灵敏的传感器（如声音鉴别系统、光敏元件等）和先进计算机装置，能够对人的声音、眼神自动做出反应，并作用于武器、仪器的自动操作，使人可用口令和眼神控制或操纵飞机的飞行。另一种是具有自动识别目标、寻找目标能力的攻击武器。

太空武器

随着航天技术的发展和军备竞赛在质量方面的升级，太空武器成为未来武器库中一个宽广的新领域。太空武器包括航天飞机、航天母舰、太空功能武器、太空定向功能武器、轨道武器等。

航天飞机

是联系太空与地面的桥梁，今后航天飞机的起飞和着陆将和普通飞机一样，就利用普通机场跑道水平起降，不需要用火箭助推器垂直升空。航天飞机一经装备侦察、预警、通信设备和种种其他空间武器，就将成为最理想的太空武器，可以执行太空侦察、反敌方导弹（含卫星、航天器）和战略轰炸等多重任务。

航天母舰

是一种永久性航天站，长期在太空运行，可容纳数百至千人，是外层空间的指挥中心和军事基地。它本身具有通信设施，可指挥航天舰队进行太空作战、侦察、运输等任务；同时装备各种定向功能武器和其他空间武器，能摧毁地面目标和太空飞行目标，还能作为储备太空作战物资、维修航天器的太空后方基地。

太空功能武器

把电磁轨道炮设置在航天器上，袭击敌方洲际导弹、卫星及其他航天设施的一种太空作战武器。

太空定向功能武器

把激光武器、粒子束武器设置在航天器上，对付敌方各种空间武器的太空武器。

多功能三防服

是由特殊材料制成的，穿上它，全身的每个部位都会受到很好的保护。它由上衣、裤子和头盔式防毒面具等组成，可分解结合，使用方便。这种三防服具有极高的防光辐射性能，上衣和裤子的结构分为两层，外层是一种特殊的防火织物，有极强的牢度和韧度，可以有效地防止热辐射，并有自行消毒的功能。落在三防服上的含毒液滴，会自动地在表面散布开来，使液滴在短时间内蒸发，这样就避免了毒剂进入人体，这是关键的第一道防线。内层是一种经浸渍和涂碳的热反应纤维织物，不仅是防止细菌和化学物质侵入人体的内层防线，也是使士兵免受酷暑之苦的自动调温装置。

隐身军服

是现代战争中保存部队战斗力的重

要装备。穿上这种隐身军服,在可见光条件下,敌方目视难以发现,可以神出鬼没,出入战场如同进入无人之境。这种"隐身衣"上有4种颜色的变形图案,这种图案是由计算机对大量丛林、沙漠、岩石等背景环境进行统计分析后模拟出来的。隐身军服色彩的种类、色调、亮度、对光谱的反射特性,以及各种色彩的面积分布比例都经过精确的计算,使"隐身衣"上的斑点形状、色调、亮度与背景一致。于是着装者的轮廓发生变形。从近距离看是明暗反差较大的迷彩,远距离看这些细碎的图案与周围环境完全融合,即使在活动时也不会被肉眼发现。

教 育

一、古代教育

书院

中国古代的教育机构。源于唐代。著名的书院有白鹿洞书院、岳麓书院、丽泽书院和象山书院等。南宋书院兴盛,元代则将书院官学化,明初由于国子监等官学的发达,书院处于沉寂状态。清

圣迹图·孔子不仕退修诗书　明
此图描绘了孔子不仕而退修诗书、办私学、整理传授"六经"的情景。私学也是学校的一种早期形态。

代由官府设书院,多数成为准备科举的场所。清末废科举,书院改为学校。书院教学内容以儒家经籍为主,有的还设有武学、医学。书院由名家主持,讲习、教师指导、自学相结合。各书院均有《学规》,其中以朱熹的《白鹿洞书院学规》影响最大。

私塾

中国古代私人开办的学校,是私学的一种形式。有塾师自设的学馆,商人、地主开设的家塾,也有以祠堂、庙宇的地租收入或是私人捐款开设的义塾(免缴学费)。一般一塾一师,学习年限不定。

太学

中国古代的大学。出现于西周,发展于东汉,于唐初盛极一时。太学教师称博士。履行对弟子授业传道的职责。同时奉使议政,荐贤举能。太学的学生称谓及入学资格历代不一,但教材均以儒家五经为主,且学规严格。直到元、明、清时期,才取消太学而代之以国子监。

国子监

源于国子学,北齐改为国子寺,隋炀帝始改为国子监,是中国封建社会的教育管理机构和最高学府。唐宋时,作为管理机构总辖国子学、太学、四门学等。元代所设的国子学、蒙古国子学等亦称国子监。明朝国子监规模最大,分南北两监,分设北京、南京。明清国子监兼具国家教育管理机构和最高学府两种性质。清光绪三十一年(1905年)遂废。其教学内容规定《五经》或《四书》为主要教材。历代统治者对国子监的管理十分严格。国子监在繁荣中国古

代学术文化、学校管理等方面起到了积极的作用。

状元

在中国古代科举中获得殿试第一名的进士，是科举中的最高荣誉。唐朝时又称"状头""榜首"。有时殿试的前三名都称状元。元朝以后才仅限于称呼殿试一甲第一名，别称"殿元"。

榜眼

在中国古代科举考试中获殿试一甲第二名的称谓。始见于宋代，起初殿试一甲第二名、第三名都被称为榜眼，意为榜中之双眼。明代起榜眼专属殿试一甲第二名。

探花

在中国古代科举考试中获殿试一甲第三名的称谓。唐朝时进士在杏园举行"探花宴"，以2～3名少年英俊者为探花使，又称探花郎，遍游各园折名花。南宋以后才专指殿试一甲第三名。

举人

中国唐宋时期，全国各地的乡贡入京参加礼部开科考试者的通称。明清时期作为一种出身资格，成为乡试考中者的专称。

进士

始见《礼记·王制》。封建王朝科举考试的名目和及第的等级，是中国古代贡举的人才，可以晋爵受禄。进士科于隋朝始设，唐宋相沿并作为主要科目，通过礼部考试的举人都称作进士。明清两代的进士除通过会试外还须经过殿试。

秀才

始见于《管子·小区》。泛指才能优秀的人。汉代时作为选士科目之一，南北朝和唐代很重视，后来逐渐废止，仅作为对读书人的统称。宋朝凡应举者皆称秀才。明清两代专指通过童生考试，进入地方官学的生员。

斯巴达教育

一种以军事体育教育为主的古希腊教育。斯巴达是古希腊城邦国家之一，教育具有军事体育性质，社会组织也趋向军事化，目的是培养本民族忠勇凶悍的军人。儿童7岁前由家庭教育，7～18岁进入国家设的教练所，受军事体育训练和政治训练。训练方法严酷，生活条件极艰苦，以此来磨炼青少年吃苦耐劳的精神。青少年18岁后经严格挑选进入军训团，进行正规军训；20岁后驻军国境，实地学战；30岁才成为合格军人。妇女也要接受军训，锻炼体魄。斯巴达教育是一种片面尚武的原始时期教育。

雅典教育

是以学校为主的德、智、体教育。雅典教育是由私人设置的文法、音乐及修辞

柏拉图学园
柏拉图鼓励学生进行独立思考和争论辩驳。

的学校，也是产生哲学家的园地。雅典的教育非常发达，各派学者都提出自己的学术见解，著书立说，辩求真理。苏格拉底、柏拉图等即为著名代表。古希腊时期，希腊文化传播到欧、亚、非三大洲，希腊雅典式的学校教育制度传到各地。希腊文明成为古代希腊罗马文明的基础，对后世产生了重大影响。

二、当代各类教育

幼儿园

幼儿教养机构。1771 年法国牧师奥贝兰于孚日创办幼儿学校。1802 年欧文在苏格兰新拉纳克为 2 ~ 6 岁的工人子女创办幼儿学校。1837 年福禄培尔创办幼儿园。19 世纪后半期，各资本主义国家相继设立。中国 1904 年《奏定学堂章程》规定设蒙养院，收 3 ~ 7 岁幼儿。最先设立的为武昌模范小学堂的蒙养院和京师第一蒙养院。1912—1913 年的壬子·癸丑学制改称蒙养园。1922 年定名为幼稚园。以游戏为主要活动，逐步进行有组织的作业，如语言、认识环境、图画、手工、音乐等，并注重培养良好生活习惯。为了便利教养，按照年龄划分为小班、中班、大班。农村人口分散，则采取单班分组办法。根据条件和需要，有全日制、寄宿制等形式。1981 年，教育部颁发《幼儿园教育纲要（试行草案）》，规定幼儿园的任务是向幼儿进行体、智、德、美全面发展的教育，使他们的身心健康活泼地成长，为入小学打好基础。

小学

对学龄儿童实施初等教育的学校。西方国家小学起源很早，19 世纪末推行义务教育，始有较大的发展。中国西周即有小学，其后各代继续设立，名称不一。近代小学创设于清末，上海正蒙书院的小班（1878 年设）、沪南三等学堂（1896 年设），是它的萌芽。1897 年南洋公设外院（后改称"南洋公学附属小学"），为公立小学之始。1951 年根据《政务院关于改革学制的决定》，小学学习年限为 5 年。1953 年《政务院关于整顿和改进小学教育的指示》决定仍沿用四二制，学习年限为 6 年，分初（4 年）、高（2 年）两级。以后也有实行五年制的。任务是给儿童以全面的基础教育，为社会主义建设事业培养劳动后备力量和为高一级学校培养合格的新生。

中学

实施中等普通教育的学校。1526 年德国梅兰希顿创设的广科中学为近代中学之始。中国 1895 年（清光绪二十一年）中西学堂所设的二等学堂，1897 年南洋公学所设的二等学堂即中院为中学性质。根据学制设立中学，始于 1902 年壬寅学制。新中国成立后，根据 1951 年《政务院关于改革学制的决定》，中学学习年限为 6 年，分初、高两级，各 3 年，均单独设立。分别招收小学毕业生、初中毕业生或具有同等学力者，以后有初、高两级设于一校的，按三、三分段；有实行五年制的，按三、二分段；也有实行五年一贯制，不分段的；在试行五四三学制的部分省市，中学按四、三分段。

专科学校

实施高等教育的学校之一。按不同学科、专业设校，如农林专科学校、冶金专科学校、医学专科学校、师范专科学校等。在中国，招收高级中学及同等学校毕业生或具有同等学力者，学习年限为二至三年。

大学

实施高等教育的学校，分综合大学、专科大学或学院。中国大学以本科为基本组成部分，有的设专修科和研究生机构。大学本科根据社会主义建设需要和学校性质分设若干专业，以几种相近的专业合组成系，招收高级中学及同等学校毕业生或具有同等学力者，学习年限一般为四年，医科及某些专业为五年或五年以上。近代大学在中国的设立，始于1898年（清光绪二十四年）的京师大学堂。此后由政府，外国教会和私人陆续建立了一些大学。在外国，古老的大学迄今还存在的有859年创于摩洛哥非斯城的加鲁因大学，970年创立的开罗爱资哈尔大学等。欧洲最早的大学建于12世纪，具有代表性和影响较大的有意大利萨莱诺大学、博洛尼亚大学，法国巴黎大学，英国牛津大学等。

义务教育

国家法律规定，儿童在一定年龄须接受某种程度的学校教育，又称强迫教育、免费教育或普及义务教育。义务的含义包括父母与家庭有使学龄儿童就学的义务，国家有设校兴学以使国民享受教育的义务，以及全社会有排除影响学龄儿童身心健全发展的种种不良因素的义务。

实施义务教育的年限长短，由该国的经济发展水平和文化教育程度决定。1986年4月12日第六届全国人民代表大会第四次会议通过的《中华人民共和国义务教育法》规定，国家实行九年制义务教育，并要求省、自治区、直辖市根据本地区经济、文化发展状况，确定推行义务教育的步骤。该法于同年7月1日起施行，成为我国义务教育制度确立的标志。

中等教育

在初等教育的基础上继续实施的中等普通教育和中等专业教育。实施中等教育的各类学校统称中等学校，中学是承担中等教育的主要教学单位，其他还有中等技术学校、中等师范学校，担负着为国民经济各部门培养中等专业技术人员的任务。

成人教育

通过业余、脱产或半脱产的途径对成年人进行的教育。18世纪出现了欧洲。19世纪中叶后推广普及。中国有组织的成人教育始于19世纪末20世纪初。现行学制设立一系列业余学校，如职工大学、夜大学、广播电视学校、函授学校、短期培训班、职业补习学校、各种讲座及自学考试等。

职业教育

以就业为目的的培训或教育。它是近现代经济和社会发展的产物，其目标是使学生具有从事某种特定职业所必需的知识和技能，毕业后具有从事某种特定职业的能力。职业教育依水平的不同可划分为初、中、高三个层次。

世界各国由于经济发展水平不同，职业教育的发展状况也不相同。现阶段我国的职业教育已有了很大的提高，在探索符合我国国情的职业教育发展道路方面进行了许多新尝试，取得了显著成绩，职业教育的规模得到扩大，职业教育改革日益深化，职业办学水平逐步提高，职业教育服务体系建设步伐也迅速加快。目前，我国已建成的中等职业学校中，在校学生人数均已达到相当规模，对经济和社会的高速发展做出的贡献也越来越大。

师范教育

专门培养师资的教育体系。1952年教育部颁布了《关于高等师范学校的规定（草案）》，规定师范学院修业年限为4年，培养中等学校师资；师范专科学校修业年限为2年，培养初级中等学校师资。高等师范院校设有研究生部，并授予硕士、博士学位。

世界各国师范教育的发展有逐步减少中等师范学校，发展、提高高等师范教育的趋势，同时，对在职教师进修以及对中小学教师资格的要求也随之进一步提高。

高等教育

建立在中等教育基础之上的各种专业教育。分专修科、本科和研究生班。担负着培养各种专门人才和开展科学研究的双重任务。通常由大学、学院和专科学校等机构来实施。大学一般分文、理、法、教育、农、工、商、医等学院。教学组织形式有全日和业余，面授和非面授，学校形式和非学校形式。

1951—1953年，高等学校被分为两种类型：一是综合性大学，一是独立学院和专科学校。综合性大学分文理两科，直接设系，取消了学院一级；独立学院和专科学校按专科性质分设若干系科。此外，还专设外语学院、体育学院和音乐、戏剧、美术、电影等各类艺术院校。

终身教育

是贯穿于人的一生的多种教育形式的有机统一。它是法国著名教育家保罗·朗格朗首先提出的。终身教育以发现和发挥人的潜力、培养全面发展的新人为目标，要求实现教育的民主化，实现教育机会均等，解决教育机会不平等的问题。它所依存的理论与实践支柱是：学会认知，将掌握足够广泛的普通知识与深入研究少数学科结合起来，从终身教育提供的种种机会中受益；学会做事，不仅获得专业资格，而且要获得能够应付许多情况和集体工作的能力；学会共同生活，以尊重多元性、加强相互了解和促进价值观的平等为出发点，增进对他人的了解和对相互依存问题的认识；学会生存，充分发展自己的人格，不断增强自己的自主性、判断力和责任感；综合开发和发挥人的记忆力、推理能力、美感、体力和交往能力等潜力。

在另一方面，终身教育要求和体现着教育与社会、教育与科技、教育与经济、教育与人生的互渗、互动和协调发展，要求深刻地改革传统的学校教育制度，改革学校教育的内容和方法，改革现行的学校考试制度及其他制度；要充分利用现代科技手段及其提供的可能方式组织和实施多种形式的学校教育、家庭教育和社会教育。这就体现出终身教育是一个由多种多样的教育形式有机地统一在一起的教育系统，它不仅贯穿于人的一生，而且能满足人的全面发展和社会健全发展的多种多样的需要。总之，终身教育理论的提出和发展，是教育思想和教育观念上的重大发展和深刻变革。

函授教育

运用通信方式进行的教育。学员利用业余时间，以自学函授教材为主，由函授学校给予辅导和考核，并在一定时间进行短期的集中学习和就地委托辅导。它为社会成员提供了继续受教育的机会。

高等学校举办函授教育，在学习内容，课程安排和修业年限等方面比较灵活多样。可以办本科、专科，培养高级专门人才，也可以设若干单科，供学员选学，还可以开设一些新技术学科，为在职人员提供新的科学技术教育的机会。本科和专科的修业年限可长可短，可实行学年制，或实行学分制，函授生所在单位最好把组织职工参加函授学习同培训本单位干部的规划结合起来，保证函授生的学习时间和必要的学习条件，并帮助他们解决一些实际困难。

人的全面发展

马克思主义关于人的全面发展理论，要求充分发挥人的自然潜能，发挥人的创造性，实现人的自由发展，努力实现体力劳动与脑力劳动的结合，克服各种形式的片面性和狭隘性。马克思主义关于人的全面发展的理论，在当时是批判资本主义文明和旧教育制度的有力武器，对于今天而言，则有着培养新人、建设新教育制度、建设新型文明和新型社会、推动经济和社会发展的重要意义。

素质教育

是培养学生全面发展的教育形式，是一种与当今社会发展、科技进步和经济全球化相适应的教育理念与模式。它以提高国民的素质为根本宗旨，以培养学生的创新精神与实践能力为重点，尊重学生的身心发展特点和规律，使学生生动活泼、积极主动地得到发展。

继续教育

是为适应和满足工作中的新需要而进行的进一步的培训或进修。它是学校后教育，是终身教育的一种形式。我国于 1987 年发出的《关于开展大学后继续教育的暂行规定》中指出，我国大学后继续教育的对象是"已具有大学专科以上学历或中级以上专业技术职务的在职专业人员和管理人员"，指出了逐步建立和完善我国大学后继续教育制度的要求，有力地推动了我国继续教育的发展。继续教育的形式有全日制或非全日制，可以脱产培训也可在职进修，教育内容丰富，而且富有针对性。

三、中外著名大学

北京大学

前身为京师大学堂。成立于 1898 年 12 月。1912 年改名为北京大学。1917 年，著名教育家蔡元培出任北京大学校长，他实行"兼容并包"的方针，对北京大学进行了卓有成效的改革，促进了思想解放和学术繁荣。陈独秀、李大钊、毛泽东以及鲁迅、胡适等一批杰出人才都曾在北京大学任职或任教。

1937 年卢沟桥事变后，北京大学与清华大学、南开大学南迁长沙，共同组成长沙临时大学。不久，临时大学又迁到昆明，改称国立西南联合大学。抗日战争胜利后，北京大学于 1946 年 10 月在北平复学。

新中国成立后，全国高校于 1952 年进行院系调整，北京大学成为一所以文理基础教学和研究为主的综合性大学，为国家培养了大批人才。据不完全统计，北京大学的校友和教师有 400 多位两院

蔡元培

院士，中国人文社科界有影响的人士也有相当多出自北京大学。

2000 年 4 月 3 日，北京大学与原北京医科大学合并，组建了新的北京大学。两校合并进一步拓宽了北京大学的学科结构，为促进医学与人文社会科学及理科的结合，改革医学教育奠定了基础。近年来，在"211 工程"和"985 工程"的支持下，北京大学进入了一个新的历史发展阶段，在学科建设、人才培养、师资队伍建设、教学科研等各方面都取得了显著成绩，为将北大建设成为世界一流大学奠定了坚实的基础。今天的北京大学已经成为国家培养高素质、创造性人才的摇篮，科学研究的前沿和知识创新的重要基地，以及国际交流的重要桥梁与窗口。

清华大学

前身是清华学堂，始建于 1911 年，曾是由美国"退还"的部分"庚子赔款"建立的留美预备学校。1912 年，清华学堂更名为清华学校。1925 年设立大学部，开始招收四年制大学生。1928 年更名为"国立清华大学"，并于 1929 年秋开办研究院。清华大学的初期发展，虽然渗透

着西方文化的影响，但学校十分重视研究中华民族的优秀文化瑰宝。以国学研究院四大导师王国维、梁启超、陈寅恪、赵元任为代表的清华学者，主张中西兼容、文理渗透、古今贯通，对清华的发展产生了深远的影响。

抗日战争时，与北京大学、南开大学在昆明组成西南联合大学。1946 年，清华大学迁回清华园原址复校。1952 年国家高等教育院系调整后，清华大学成为一所多科性的工业大学，重点为国家培养工程技术人才。1978 年以来，清华逐步恢复了理科、经济管理和人文社会科学等学科。1999 年，原中央工艺美术学院并入，成立清华大学美术学院。在国家和教育部的大力支持下，经过"211工程"建设和"985 计划"的实施，清华大学在学科建设、人才培养、师资队伍、科学研究以及整体办学条件等方面均跃上了一个新的台阶。目前，清华大学设有 14 个学院，56 个系，已成为一所具有理学、工学、文学、艺术学、历史学、哲学、经济学、管理学、法学、教育学和医学等学科的综合性、研究型大学。

中国人民大学

是一所以社会科学、人文科学、经济和管理科学为主的综合性全国重点大学。成立于 1950 年，前身是 1937 年在延安创建的陕北公学，以及后来的华北联合大学和华北大学。教育学家吴玉章、成仿吾、袁宝华、黄达、李文海先后担任校长。

学校现有 22 个学院、13 个跨院系研究机构，另设有体育部、继续教育学院、培训学院、国际学院及深圳研究院

等。学校设有学士学位专业64个，第二学士学位专业8个，硕士学位学科点158个，博士学位学科点104个，博士学位一级学科授权点14个，博士后流动站15个。截至2009年12月，学校有专任教师1759人，其中教授504人，副教授606人。

从陕北公学至今，学校共培养了20多万名高水平的优秀建设者和各行各业、各个层面的领袖人才，其中既有许多成就卓著的专家学者，又有许多声名在外的企业家，政绩斐然的党政军高级领导干部，以及卓有建树的新闻、法律、文学艺术和科学技术工作者。

复旦大学

创建于1905年，原名为复旦公学。1917年改为私立复旦大学，下设文、理、商三科以及预科和中学部。1937年抗战后，迁重庆北碚，1941年改为"国立"。1946年，迁回上海江湾原址。1952年全国高等学校院系调整，复旦大学成为文理科综合性大学。

20世纪80年代以后，复旦大学逐步发展成为一所人文科学、社会科学、自然科学、技术科学以及管理科学在内的多科性研究型综合大学。2000年上海医科大学与复旦大学合并，成立新的复旦大学，为综合性大学的发展目标奠定了坚实的基础。

学校现有复旦学院、中国语言文学系、哲学学院、历史学系、法学院、经济学院、管理学院、物理学系、化学系、软件学院、上海医学院等29个直属院系，设有本科专业70个，一级学科博士学位授权点24个，博士学位授权学科、专业点153个，硕士学位授权学科、专

业点225个，并设有25个博士后科研流动站。

复旦大学已成为国际上有影响的学术中心之一，具有广泛紧密的国际联系，学术交流活动非常活跃，已与近30个国家和地区的150多所高校和研究机构建立了合作交流关系。100多年来，学校在培养人才、创新科技、传承文明、服务社会方面为国家做出了突出贡献。复旦历史上拥有一大批学术大师和著名学者，在中国学术和教育史上产生深远影响。

南京大学

前身是1902年创建的三江师范学堂，而后历经两江师范学堂、南京高等学校、国立东南大学、国立第四中山大学、国立中央大学。1949年8月更名为南京大学。1952年全国院系调整，以南京大学和金陵大学的文理学院为主体，奠定了今日南京大学的基础。

学校目前拥有鼓楼、浦口、仙林三个校区，设25个学院、71个系，共有全日制学生28000余名。全校设本科专业82个，专业硕士学位授权点12个，硕士学位授权点213个，博士学位授权一级学科点23个，博士后流动站28个，并有一级学科国家重点学科8个，二级学科国家重点学科13个；共有国家实验室（筹）1个，国家重点实验室6个，国家基础学科人才培养基地12个，国家生命科学与技术人才培养基地1个，教育部人文社会科学重点研究基地4个。

自20世纪初建校以来，南京大学就一直是开展国际交流与合作最活跃的中国大学之一，与世界上众多一流大学和高水平科研机构建立了紧密的协作关系。

在过去的一个多世纪中，南京大学在各个历史阶段培养和造就了众多中华英才，他们在各自的领域建功立业、成就卓著。

上海交通大学

是教育部直属，由教育部和上海市共建的全国重点大学，被国家确定为21世纪首批重点建设的若干所大学之一。前身为创办于1896年的南洋公学。20世纪30年代初期，学校建成包括理、工、管理3个学院的体系，并形成了"工为重点，理为基础，兼学管理"的教学思想；树立和发展了"求实学""务实业"的优良学风，使学校逐渐成为当时中国知名学府。1921年改称交通大学。分上海、北平（今北京）、唐山三部分。在上海的称交通大学上海学校，1928年改名为交通大学，并与北平、唐山部分重新合校。

1956年夏，根据国务院决定，学校部分迁往西安，分为交通大学上海部分和西安部分。1959年3月两部分同时被列为全国重点大学，7月经国务院批准分别独立建制，交通大学上海部分启用上海交通大学校名。六七十年代，学校先后归属国防科工委和原六机部领导，积极投身国防科研和国防人才培养，为"两弹一星"和国防现代化做出了巨大贡献。

改革开放以来，在国家和上海市的大力支持下，学校先后恢复和兴建了理科、管理学科、生命学科、法学和人文学科等。1999年并入原上海农学院，2005年与原上海第二医科大学强强合并。至此，学校完成了综合性大学的学科布局。近年来，通过国家"211工程"和"985工程"的建设，学校高层次人才日渐会聚，科研实力快速提升，实现了向研究型大学的转变。与此同时，学校通过与美国密歇根大学等世界一流大学的合作办学，实施国际化战略取得重要突破。学校现有徐汇、闵行、法华镇、七宝和重庆南路5个校区。

截至2009年10月，学校共有24个学院/直属系，12个附属医院，全日制本科生18496人，全日制硕士研究生11326人，博士研究生4657人；有专任教师3130名，其中教授759名；中国科学院院士15名，中国工程院院士18名，中组部"千人计划"10人，"长江学者"特聘教授和讲座教授72名，国家杰出青年基金获得者57名，国家重点基础研究发展计划（973计划）首席科学家16名，国家重大科学研究计划首席科学家6名。

一百多年来，学校为国家和社会培养了20余万各类优秀人才，包括一批杰出的政治家、科学家、社会活动家、实业家、工程技术专家和医学专家。在中国科学院、中国工程院院士中，有200余位交大校友；在国家23位"两弹一星"功臣中，有6位交大校友。

浙江大学

1998年由原浙江大学、杭州大学、浙江农业大学和浙江医科大学四所高校合并组建而成，是目前中国规模最大、学科门类最齐全的综合性大学。1995年正式列入国家"211工程"和"九五"建设规划，成为首批进入"211工程"的若干所重点大学之一。

学校位于浙江省杭州市。学校设玉泉、西溪、华家池、湖滨、之江5个校区，占地面积5.18平方千米，分布于杭州市区不同方位。浙江大学前身是创建于 1897 年的求是书院。1928 年定名为国立浙江大学。抗日战争期间迁至贵州，1946 年复校，中华人民共和国成立后发展成为多科性理工科大学。

浙江大学的学科涵盖哲学、经济学、法学、教育学、文学、历史学、理学、工学、农学、医学、管理学等十一大门类。学校现有 112 个本科专业，47 个博士后流动站，具有一级学科博士学位授权点 41 个，二级学科博士学位授权点 242 个，二级学科硕士学位授权点 317 个，另有临床医学专业博士学位授权点以及 14 个专业硕士学位授权点。学校现有一级学科国家重点学科 14 个，另有二级学科国家重点学科 21 个。国家重点（专业）实验室 14 个，国家工程（技术）研究中心 5 个，国家人文社科重点研究基地 3 个。国家基础科学研究和教学人才培养基地 7 个，国家工科基础课程教学基地 4 个，国家战略产业人才培养基地 3 个，国家大学生文化素质教育基地 1 个和国家动画教学研究基地 1 个。

学校师资力量雄厚，现有教职工8400 余人，其中中国科学院院士 13 人，中国工程院院士 12 人；教授及其他正高职人员 1200 余人，副教授及其他副高职人员 2400 余人。全校有全日制在校学生39000 余人，其中硕士研究生 9500 余人，博士研究生 6600 余人，本科生 22900 余人；另有攻读专业研究生学位 6200 余人，外国留学生 1700 余人。

西安交通大学

前身是 1896 年创建于上海的南洋公学，1921 年改称交通大学，是国内建立最早的高等学府之一。1956 年交通大学的主体内迁西安，1959 年正式定名为西安交通大学，并被列为全国重点大学。西安交大是国家"七五""八五"重点建设的几所大学之一。也是首批进入国家"211 工程"建设的七所大学之一，1999 年又被国家确定为我国中西部地区唯一一所以建设世界知名高水平大学为目标的若干所大学之一。2000 年 2 月经国务院批准，西安医科大学、陕西财经学院与西安交通大学实现合并。

西安交通大学是一所具有理工特色，涵盖理、工、医、经济、管理、文、法、哲、教育等 9 个学科门类的综合性、研究型大学。学校设有 19 个学院（部）和3 个临床教学医院。现有教职工 5583 人，专任教师 2332 人，其中教授、副教授1300 多人。

西安交通大学现有全日制在校生30642 人，其中博士、硕士研究生 12728人。全校有 74 个本科专业，199 个学科（专业）有权授予硕士学位，114 个学科（专业）有权授予博士学位。学校有 8 个国家一级重点学科，37 个国家二级重点学科。拥有工程硕士、临床医学硕士和MBA、MPA 等 9 个专业学位点，19 个博士后流动站，4 个国家重点实验室，4 个国家专业或专项实验室，2 个国家工程研究中心，8 个教育部重点实验室，2 个教育部工程研究中心，2 个卫生部重点实验室，17 个省级重点科研基地和 3 个省级文科重点研究基地。学校设有西部地区唯一的国家高性能计算中心。

南开大学

是国家教育部重点综合性大学，位于天津市。从 1994 年 12 月起成为天津市政府与国家教委共同建设的大学。

南开大学已有近80年的历史，学校前身是由著名的教育家张伯苓和严复在1904年创建的南开学校。1919年建立私立南开大学。抗日战争时期，与北京大学、清华大学在昆明组成西南联合大学。1946年复迁回建改为国立南开大学。

南开大学占地144.3万平方米，建筑面积125万平方米，校园网络设施先进，图书馆藏书325万册。除主校区外，还建有迎水道校区（天津市内）、泰达学院（天津经济技术开发区）。按照"独立办学、紧密合作"的原则，与天津大学全面合作办学。

南开大学是国内学科门类齐全的综合性、研究型大学之一。在长期的办学过程中，形成了文理并重、基础宽厚、突出应用与创新的办学特色。有22个专业学院（系），设有研究生院、继续教育学院、现代远程教育学院。学科覆盖文、史、哲、经、管、法、理、工、农、医、教、军全部12个门类，是一所覆盖全部学科门类的研究型大学。

南开大学具备培养学士、硕士、博士和博士后的完整教育体系。现有全日制在校学生22989人，其中本科生12677人，硕士研究生7148人，博士研究生3230人。此外，有留学生2397人，成人教育学生6019人，远程教育学生12659人。

中国科学技术大学

1958年创办于北京，首任校长郭沫若，1970年迁至安徽省省会合肥市。学校在合肥和北京分别设有研究生院，与中科院合肥分院联合成立中国科大等研究院，在北京设立了管理学院。

学校有11个学院、26个系，以及研究生院、软件学院、继续教育学院、网络教育学院等，在上海、苏州分别设有研究院。有数学、物理学、力学、天文学、生物科学、化学共6个国家理科基础科学研究和教学人才培养基地以及1个国家生命科学与技术人才培养基地，8个一级学科国家重点学科，4个二级学科国家重点学科，2个国家重点培育学科，1个安徽省A类重点学科，19个安徽省B类重点学科。建有国家同步辐射实验室、合肥微尺度物质科学国家实验室（筹）、火灾科学国家重点实验室、国家高性能计算中心（合肥）、蒙城地球物理国家野外科学观测研究站等34个国家和院省部级重点科研机构。

现有专任教师1162人，科研机构人员286人，在校学生16100多人，其中博士生2200多人，硕士生6500多人，本科生7400多人。本科生生源和培养质量一直在全国高校中名列前茅。

牛津大学

在欧洲历史上影响深远的英国最古老的大学。12世纪创办于英国牛津城，为英国上层社会造就人才的最高学府。本科学制3年，实行导生制，以人文和社会科学方面的成就闻名于世。其化学、生命科学（包括医学）和数学等学科，是该校的精华。提倡独立思考的教育方式。培养了许多融会贯通、见多识广的领导人才。

哈佛大学

1636年创建，为美国最早的私立大学之一。前身为哈佛学院。1780年扩建为大学。现拥有医学、法律、商业、神学、教育、行政、管理、牙医、设计和公共卫生等研究生院。其法学院、医学

肯尼迪是美国历届通过竞选而获胜的最年轻的总统，作为一名"现实的政治家"，他向美国人民展示出未来的宏图，并使这一宏图得以逐步实现，由此而赢得了许多美国人的拥戴。

院在全国声名昭著。哈佛为美国培养出肯尼迪、奥巴马等7位杰出总统，还有很多杰出的文学家和科学家。

剑桥大学

始建于13世纪，是英国最古老的大学之一。实行导生制。数学、物理学研究处于世界领先地位，其他如天文学、地质学、生理学、冶金材料学等学科也很著名。共设25个系，下辖31个学院。校内有著名的菲茨威廉博物馆。牛顿曾在该校担任数学教授达30年之久。著名物理学家卢瑟福担任物理实验室主任，在实验物理领域取得了重大进展。剑桥大学图书馆为英国的版本图书馆。良好的人文环境使该校在700年间始终人才济济，对英国的政治、经济及科学文化的发展都有较大的影响。

莫斯科大学

创建于1755年，前身为苏联国立大学，是俄罗斯规模最大、历史最长的一所综合性大学。全称国立莫斯科罗蒙诺索夫大学。教学分别按日课部、夜课部、函授部进行，学生通过入学考试择优录取。莫斯科大学拥有核物理、天文、化学、人类学等研究所以及众多的教研室和实验室。

哥伦比亚大学

1754年创建于美国纽约，为美国著名的私立综合性大学。前身为"皇家学院"，1784年改为哥伦比亚学院，1912年改用现在的名称。下设哥伦比亚学院（大学本科男生部）、伯尔拿学院（大学本科女生部）以及哲学、文理、法律、工程和应用科学、建筑设计、新闻、商业、艺术、医学、口腔外科、国际事务、图书管理、药学、师范等院系。

麻省理工学院

创办于1861年，为美国私立综合性大学，作为从事科学、技术方面教学和研究的中心，这所学院为国家培养了许多高级科技人才和管理人才。学院原为单纯技术性质的专科学校，后增设人文社会科学。其办学方向是把理论科学和应用科学研究相结合。学院设建筑、城市规划、工程、人文学科，有社会科学、管理、理科等5个分院、24个系、70多个专业实验室。在通信、计算机技术、惯性制导系统等方面的研究成果显著，对美国军事技术的改进起了极大的作用。

加利福尼亚大学

是美国州立加利福尼亚大学的九所分校中历史最久、最著名的一所。1868年创建于奥克兰市，1873年迁至伯克利市。该校的研究生部是美国最大的研究生部，研究生占学生总数的1/3。该校的劳伦斯辐射实验室、劳伦斯科学馆、古生物学、动物学与人类学等博物馆，以及可容纳1万名观众的希腊式赫斯特剧场等设施较为著名。

柏林大学

是德国的著名大学，1810 年正式开学。以洪堡提出的"学术自由"和"教学与研究相统一"的办学思想为指导方针。该校学术空气活跃，培养了很多有真才实学的理论家和科学家。马克思和恩格斯曾在这里就读，著名哲学家黑格尔、自然科学家洪堡、物理学家爱因斯坦等曾在这里任教。第二次世界大战后，柏林大学属德意志民主共和国，改名为柏林洪堡大学。1948 年，原柏林大学的部分师生在西柏林又成立了另一所柏林大学，命名为柏林自由大学。

东京大学

是日本著名的国立综合性大学，建于 1877 年，是日本近代第一所大学。以"适应国家需要、传授学术理论和技艺，进行深奥的学术研究"，"注意陶冶人格和培养国家主义思想"为办学方针。现设有法学院、文学院、理学院、工学院、医学院、药学院、经济学院、教育学院、农学院和基础学院 10 个学院，学院下面设学科（相当于系）。该校是日本最有社会影响的大学，有很多政府官员、参议员、众议员和日本一流企业的管理人员出自该所学校。

早稻田大学

是日本著名的私立综合性大学，建立于 1882 年，原为东京专门学校。该校创始人大隈重信以"学问的独立""知识的实际运用"以及"造就模范国民"为办校方针，主张自由探讨学术，提倡独创的钻研精神，培养具有实际应用知识，并在国际事务中具有广泛活动能力的人才。该校现设有大学本科和研究生院。一百多年来，为日本培养出众多的政界、经济界和文化界的著名人士。

耶鲁大学

是美国历史最悠久的私立大学之一，创办于 1701 年。建校初期受公理会教派控制，课程着重古典学科。19 世纪初，当美国东部许多高校纷纷设立实用学科时，该校抛出著名的《耶鲁报告》，极力为古典学科辩护。19 世纪中期，开始拓宽课程设置和科研方向。1861 年在美国首次授予哲学博士学位。在任教师均有博士学位。现有神学、建筑、艺术、戏剧、音乐、法学、管理、医学等专门学院。本科生与研究生之比为 1 ∶ 1。

巴黎大学

是法国国立大学，欧洲最古老的高等学府之一，建于 12 世纪后半叶。法国大革命时期，巴黎大学曾被撤销，直到 19 世纪末才得以恢复。第二次世界大战后，随着经济的恢复和民主运动的发展，巴黎大学不断扩大，到 60 年代已有 10 多万学生。1968 年后，法国政府将旧大学以大化小，并新建了一些大学。目前，巴黎地区有 13 所独立的综合性大学，各校在专业设置方面有所侧重，如巴黎第一、第四大学侧重文学、艺术专业，巴黎第三大学侧重外国语言文学专业，巴黎第二、第九大学侧重经济、法律专业，巴黎第十一大学侧重自然科学专业等。

普林斯顿大学

是美国私立大学，建于 1746 年，创办初期以传统文科和理科为主。后逐渐发展工程与应用科学、建筑学、政治学、艺术等学科。办校以来，培养了大批知名人士和政治家。著名物理学家爱因斯坦曾在该校任教。毕业生中有两人曾任美国总统，近千人担任过政府高级官员。该校的历史、哲学、数学、物理等系最为著名，物理系教授有 3 人获诺贝尔奖。

康奈尔大学

最早是由美国政府赠地、资金和私人捐款建立的。1870 年，该校在美国最早开始实行男女同校。至 19 世纪末，该校逐渐形成以通用课程、理科与应用课程并重、广泛开展学术交流、通过科学研究向社会提供服务为基本特征的"康奈尔大学计划"，成为当时美国许多大学（尤其是赠地学院）学习的榜样。"一校两制"（兼具公立和私立双重性质）是该校的一大特色。该校有 3 个公立学院：农业与生物、人类环境、工业与劳工学院；4 个私立学院：艺术科学、建筑艺术与规划、工程、旅游管理学院。

斯坦福大学

是创办于 1885 年的美国私立大学。现为全美最著名的综合性大学之一。"二战"以后，该校注重应用研究和开发，强调教授要与科研、企业界保持密切联系。工程科学后来成为该校的一大特色。1951 年又率先成立斯坦福高技术工业区，80 年代发展成为闻名世界的"硅谷"。该校建有世界一流的理论物理粒子直线加速器实验室，基础研究名扬海外。1939 年起在美国率先开设西方文明课程。该校对全体本科生提出人文社会科学和艺术教育的明确而严格的要求。该校研究生与本科生的比例为 1∶1，外国留学生中 90% 是研究生。

伦敦大学

1836 年以英国大学学院和国王学院为基础建立而成，现已成为由 43 所院校联合组成的大学，校园分布于英国各地，学生数万人，图书馆藏书百万余册。大学校部的主要任务是组织考试和授予学位。学校现有文、理、工、医、经济、教育、音乐和神学等 9 个学部。英国国内及英联邦的任何未经特许成为高等学校的学生均可报考该校的校外学位。校外学位制度是该校的一大特色。

巴黎理工学校

成立于 1794 年。19 世纪初被拿破仑改为军事学校。该校在法国高等学校中地位特殊。学制 3 年，第一年军训，第二、三年理论学习。毕业生颁发综合理工学校工程师文凭。毕业生一般还需要进入诸如矿业、桥梁等应用性工程师学校学习 2 年。毕业生经过两个学校学习并获得双重工程师资格后，很受社会欢迎。国家规定毕业生须在公立机构服务 10 年，否则要偿还全部培养费用。办学 200 多年来，已为法国培养了大批科研、技术与管理人才。